KB273665

21세기 지정학

21세기 지정학

5000년 문명사를 통해 보는 세계질서의 대전환

아미타브 아차리아 **지음** | 최준영 **옮김**

The Once and Future World Order

21세기북스

일러두기

· 면 하단 각주는 모두 옮긴이 주다.
· 원문의 기울임체 강조는 고딕체로 표시했다.

내 가족에게, 사랑과 배려 그리고 기쁨으로
함께하는 시간에 감사합니다.

추천사

"이 책은 역사상 모든 세계질서가 서구적인 것은 아니었으며, 지금 우리는 비서구 국가들이 미래의 핵심이 되는 새로운 다극 질서로 향하고 있음을 강력하게 상기시켜준다. 서구의 지배는 규칙 기반 국제 체제의 필요조건이 아니다."

— 오드 아르네 베스타, 《위대한 변혁The Great Transformation》 공저자

"이 책에서 아미타브 아차리아는 본질적으로 식민지적 학문인 국제관계학의 전제들을 탈식민주의적 관점에서 엄밀하게 검토한다. 이 책은 비슷한 식민주의적 가정 위에 세워진 다른 많은 학문 분야들의 모델이 되어야 한다."

— 아미타브 고시, 《연기와 재Smoke and Ashes》 저자

"이 책은 탈서구 세계질서의 가능성에 대해 신선하고 독창적인 관점을 제시한다. 아차리아는 현 글로벌 시스템을 명료하고 통찰력 있으면서도 도발적으로 비판하는 동시에 과거에 대한 조망과 서구와 나머지 세계 간의 미래 역학에 대한 시각화를 제공함으로써 우리의 세계화된 세상의 국제 관계에 관심 있는 모든 이들을 자극한다!"

— 샤시 타루르, 《치욕의 제국Inglorious Empire》 저자

"두려워할 것 없다! 서구 지배가 끝난다고 인류 문명이 종말하지는 않는다. 오히려 역사의 서로 다른 시점에서 번영했던 많은 찬란한 문명들이 귀환할 것이다. 풍요로운 다문명 세계가 우리를 향해 다가오고 있다. 아차리아는 옛 세계와 새 세계에 대해 그리고 그것들이 어떻게 하나로 결합될지에 대해 훌륭하게 묘사한다. 인류가 향하고 있는 진정한 미래를 엿보려면 이 책을 주의 깊게 읽으라. 이 책은 당신을 매혹시키고 흥분시키며 미래에 대한 큰 희망을

안겨줄 것이다.”

- 키쇼어 마부바니, 《아시아 시대를 살아가기Living the Asian Century》 저자

“21세기 지정학은 독점이 아닌 시장이 될 것이다. 고대 문명과 현대 논쟁을 연결하는 이 풍부한 태피스트리 같은 책에서 아차리아는 지금 펼쳐지고 있는 다극화, 다문명 세계질서가 역사적 상례임을 상기시켜 주며, 이는 지식이 동서남북 모든 방향으로 퍼져나갈 기회로서 축하받아 마땅하다고 말한다. 이 책은 탈서구 세계에 대한 필수 가이드다.”

- 파라그 카나, 《커넥토그래피Connectography》 저자

“세계질서는 되돌릴 수 없을 정도로 변화하고 있으며, 앞으로 무슨 일이 일어날지 아차리아보다 더 잘 안내해 줄 사람은 없을 것이다. 이 책은 각 국가들이 자신들의 과거를 바탕으로 미래에 서로 어떻게 관계를 맺을 것인지 깊이 있는 비전을 제시한다.”

- 라나 미터, 《잊어버린 동맹Forgotten Ally》 저자

“저자는 세계질서에 대한 새로운 글로벌 역사를 엮어낸다. 과거뿐만 아니라 21세기를 이해하기 위해 누구나 반드시 읽어야 할 책이다.”

- 아이셰 자라콜, 《서구 이전Before the West》 저자

“이 책은 나머지 세계의 역할에 대한 편협한 오만함이 서구의 정책 분석과 역사 서술에 계속 만연해 있는 현실에 시의적절한 교정을 가한다. 이 책은 방대한 연구를 바탕으로 명료하게 씌어진 설득력 있는 읽을거리이다.”

- 가레스 에반스, 호주 전 외무장관, 국제위기그룹 회장

목차

서론

코로나바이러스 팬데믹은 세계질서를 영원히 바꿀 것이다.

– 헨리 키신저[1]

세계질서의 종말

– 로버트 블랙월과 토머스 라이트, 미국외교협회Council on Foreign Relations 보고서[2]

새로운 세계 무질서.

–《이코노미스트Economist》[3]

세계질서는 없다.

– 요슈카 피셔, 전 독일 외무장관,《프로젝트 신디케이트Project Syndicate》[4]

최근 서구에서는 미국이 주도하는 세계질서의 종말에 대한 헤드라인
이 쏟아지고 탄식의 목소리가 어느 때보다 크게 들려온다. 이런 목소리는
학자, 정책 연구 기관, 언론인, 평론가 들로부터 나오고 있으며 두 가지 확

신에서 비롯된다. 첫째, 미국과 서구가 주도하는 현재의 세계질서는 대체로 좋은 것이었으며, 주요 전쟁을 막고 국제 무역, 경제성장 그리고 놀랍도록 안정적이고 번영하는 국제체제가 가능하게 했다는 것이다. 둘째, 비서구 국가들의 부상과 익숙한 미국 주도 세계질서에 대한 대안의 등장은 두렵고 예측 불가능한 것이며, 거의 확실히 더 나쁜 방향으로의 변화가 될 것이라는 점이다. 2022년 2월 러시아의 우크라이나 침공은 적어도 서구에 있어서는 미국 주도 세계질서가 붕괴하고 푸틴식 정글의 법칙으로 대체될 위험을 날카롭게 경고했으며, 점점 더 강력해지는 중국의 도움과 방조는 이러한 붕괴를 부추겼다.

이러한 사건들과 추세들은 놀랄 것도 없이 특히 미국과 그 동맹국들 사이에 불길한 예감을 극심하게 불러일으켰다. 2차 세계대전 이후 우리가 알아왔던 세계질서의 붕괴는 분명 세계사적 의미를 지닌 발전일 것이다. 이러한 변화는 무엇보다도 미국의 위상과 영향력의 쇠퇴뿐 아니라 다른 강대국들, 특히 권위주의적이고 야심에 차 있으며 권력에 굶주린 중국의 부상浮上을 포함할 것이다. 서구의 통념에 따르면 중국 지도부는 서구 통치자들과는 매우 다른 시각으로 세계를 바라본다. 더욱이 중국은 공격적인 자원 부국 러시아 그리고 극도로 반미 성향을 보이는 이란과 동맹을 맺고 있다. 서구의 지배적인 통념으로 볼 때 끔찍한 전망이다.

미국과 서구 지배의 종말이 정말로 그렇게 나쁠까?

많은 엘리트들의 의견과는 달리, 이 책에서 나는 특히 장기적으로는 반드시 그렇지 않을 수 있다고 주장한다. 그 이유는 중국과 러시아를 포함한 비서구 강대국들의 부상에 대한 서구의 두려움이 항상 과장되어 있다는 것(때로는 권력과 위신을 잃을까 봐 실제로 과장되어 있기도 하지만) 때문이 아니다. 서구 우월주의 자체가 불안정, 불의, 무질서를 크게 초래했으며, 이러한 문제들이 서구의 쇠퇴로 완화될 수도 있다는 것이 그 이유다.

더 중요하게는, 몇 세기 동안의 서구 지배가 나머지 세계에 대한 일종의 오만과 무지를 낳았으며, 역사 전반에 걸쳐 안정과 발전에 대한 다른 문명들의 사상과 기여를 간과하게 만들었다는 것이다. 우리는 국가 간의 협력과 평화를 가능하게 하는 정치적 구조인 세계질서가 서구의 부상 훨씬 이전부터 존재했으며, 우리가 서구의 발명품이라고 가정하는 많은 사상이 실제로는 다른 문명에서 유래했다는 사실을 잊었다. 외교, 경제적 상호 의존성, 해양자유freedom of the seas, 전쟁과 평화에서 사람들을 보호하는 원칙, 환경 보존, 주요 강대국 간의 협력 등 세계질서의 핵심적인 메커니즘과 가치들은 전 세계에 걸쳐 몇천 년 동안 점진적으로 형성된 것이다.

유럽과 서구가 민주주의, 인권, 법치주의 분야를 선도했을 가능성을 부정하려는 것은 아니다. 그러나 비서구 문명들도 평화, 협력, 도덕을 위한 메커니즘을 제공했으며, 이러한 사상들 중 상당수는 서구의 부상 훨씬 이전부터 존재했다. 민주주의와 인권에 관해서도 서구는 독점적인 권리를 주장할 수 없다. 다양한 구성원이 통치에 참여하도록 허용했던 고대 공화정과 정치적 의회 그리고 잔인하고 부당한 처벌에 대한 금지 규정 등의 이상은 서구가 아닌 다른 사회에서도 선례를 찾을 수 있다. 더욱이 많은 비서구 국가들은 서구 식민 통치로부터 해방된 후 국제연합(유엔UN) 같은 다자 기관을 통해 인권 원칙을 발전시키는 데 중요한 역할을 했으며, 인도와 라틴아메리카 국가들은 한계와 좌절을 극복하고 민주적 통치를 옹호했다. 마찬가지로 규칙 기반 질서는 서구 전문가들이 주장하는 것처럼 그렇게 새롭거나 미국적인 혹은 서구적인 것이 아니다. 과거에도 규칙이 존재하고 규칙 기반 질서가 존재했으며, 현재의 질서도 여러 면에서 전 세계적으로 개발된 유사한 제도들을 정교화한 것이다. 서구가 이를 더 발전시켰을 수도 있지만 발명한 것은 아니다.

세계질서의 가치와 토대가 서구의 독점적인 소유물이 아니므로 서구 강대국이 쇠퇴하더라도 그것들은 지속될 것이다. 현재 세계질서의 많은 핵심 요소가 형성되는 과정에서 서구의 역할은 가르치는 교사보다는 학생에 가까웠다. 미래 세계에서 서구는, 계속 발전하고 과거 제국주의의 과오를 극복하기 위해 나머지 세계로부터 다시 이러한 사상과 접근 방식을 구할 수도 있다. 서구의 쇠퇴가 세계질서의 종말을 의미한다는 비탄은 잘못되었다. 이것만으로도 서구의 쇠퇴가 전 세계적인 혼돈으로 이어질 것을 두려워하지 않을 충분한 이유가 된다.

오늘날 서구가 세계의 무질서에 불안해하는 것은 어느 정도는 얼마 전까지도 분명하게 드러냈던 과신과 오만의 결과이다. 실제로 1980년대 후반과 1990년대 초반, 냉전에서 서구가 놀라운 승리를 거둔 직후에는 전 세계적으로 민주주의의 확대 추세가 불가피하고 바람직해 보였다. 동유럽 전체가 소련의 실질적 통제에서 벗어났고 아프리카, 동남아시아, 남아메리카에서도 민주주의가 강화되었다. 심지어 이제 나머지 세계와 경제적으로나 외교적으로 완전히 연결되어 있는 공산 중국조차 결국에는 민주주의 대열에 합류할 것이며, 그렇게 되면 서구 사상과 관행의 지배력이 더욱 강해지리라 예상되었다. 이러한 불가피성에 대한 가장 유명한 진술은 프랜시스 후쿠야마의 '역사의 종말' 이론이었다. 이는 서구식 자유 민주주의가 행복하게 승리했으며, 이념 전쟁은 끝나고 서구가 영원히 승리하리라는 것을 의미했다.[5]

이 같은 승리의 분위기 속에서, 역사가 끝나지 않았다는 사실 그리고 서구체제가 영원히 지속될 것이라는 생각이 갑자기 다른 어떤 체제가 지배하리라는 확신으로 대체되었다는 사실이 우려스러운 것은 당연하다. 이것이 재앙이 아니라는 게 나의 본질적인 주장이다. 오히려 장기적으로는 좋은 일이 될 수도 있다. 왜 그럴까? 몇 가지 이유가 있다. 하나는 서구 지배의 질서가 많은 서구인이 믿었던 것만큼 온화하지 않았고 경제적 불평등, 인종차별주의racism* 그리고 주로 글로벌 사우스global South**에서 벌어진 선택적 전쟁으로 얼룩졌기 때문이다. 나머지 세계의 관점에서 볼 때 미국과 서구의 지배는 축복이라기보다는 그들의 안녕과 독립뿐 아니라 자존심에까지 미치는 위협이었다. 이들 국가에게 서구 지배의 종식은 더 나은 세상을 만들고, 더 많은 목소리와 권력, 번영을 찾을 기회를 제공한다. 즉 더 공정하고, 더 균형 잡히고, 더 평등한 세상을 말한다. 이어지는 장들에서 보겠지만 서구 국가들 이외의 다른 국가들도 가까운 미래의 세계질서에 기여할 전통과 가치와 관행을 지니고 있으며 이는 서구에도 이로울 것이다. 서구의 지배가 종종 야기했던 분노와 불만에서 벗어날 수 있기 때문이다. 진정으로 더 다양한 글로벌 공동체에서 새로운 균형이 나타날 것이며, 이 공동체에서는 어떤 단일 구성원이나 구성원의 집단도 헤게모니를 장악할 수 없을 것이다.

이것이 낙원을 의미하지는 않는다. 어떤 세계질서도 갈등과 전쟁이 없던 적이 없었으며, 앞으로도 그럴 것이다. 베트남, 아프가니스탄 그리고 물론 우크라이나 같은 곳에서 소위 팍스 아메리카나Pax Americana의 '평화롭지 못한' 요소들을 보면 알 수 있다. 여기서 나의 목표는 떠오르는 세계질서가 완벽할 것이라고 제안하려는 것이 아니다. 그보다는 서구가 퇴각할 때 혼란이 폭발하지 않을 것이며, 더 인간적인 세계가 나타날 수도 있다고 주장하는 것이다.

이 책은 세계질서 자체의 서사적 역사를 제시하며, 그것이 어떻게 진화하고 서구 질서로 발전했는지 밝힌다. 고대 수메르와 이집트로 거슬러

---

*　더 넓은 외교적·사회적·문화적·이념적·개인적 차원을 담기 위해 공식적으로 인종주의racialism라고 불린다.

**　남반구 및 저위도에 위치한 개발도상국을 지칭하는 말.

올라가 거의 5000년 전의 과거를 탐구하는데, 주류 역사가들과 문명사 분석가들이 절대 시도하지 않았던 방식이다. 문명의 깊은 역사를 숙고할 때 우리는 새롭게 떠오르는 세계질서가 어떤 모습이어야 하는지 다시 상상하는 것을 도와줄 다양한 가능성을 열게 된다. 이 책은 이 이야기를 고려하면서 일종의 '과거로 돌아가는 미래back-to-the-future'라는 논지를 제시한다. 나는 역사가 반복되거나 순환한다고 말하는 것이 아니다. 그러나 역사를 통해 미래에 대한 단서나 가능성을 엿볼 수는 있다. 나는 역사상 대부분의 시기에 중국, 인도, 이슬람 세계는 국제 무대에서 강력한 행위자였으며, 권력은 다양한 권역에 분산되어 있었고, 문화적 다원주의가 광범위하게 퍼져 있었음을 보여줄 것이다. 다시 말해 이러한 것들이 몇 세기 전의 규범이었다. 서구의 지배는 이러한 규범을 위반했으며, 공화정 제도에서 국제 협력에 이르기까지 기존 세계질서의 핵심 요소들이 서구의 발명품이 아니라는 점을 염두에 둔다면 그 규범들을 복원하는 것은 모두에게 실제로 이로울 것이다. 기존 질서의 핵심 요소들은 오히려 세계 여러 지역에서 독립적으로 또는 상호 접촉을 통해 발전했다. 따라서 이러한 문제에 대한 통념과 달리, 서구 지배가 끝나도 이 같은 요소들은 사라지지 않을 것이다.

이것은 '서구 대 나머지the West versus the Rest'보다는 '나머지와 **함께하는** 서구the West with the Rest'라는 세계질서를 진정으로 열망하는 사람들과 서구든 비서구든 특정한 단일국가나 문명이 지배하지 않는 세계질서를 희망하는 사람들에게 틀림없이 좋은 소식이다. 미래를 두려워하는 대신, 서구는 역사에서 배우고 나머지 세계와 협력하여 더 공평한 질서를 만들어야 한다.

세계질서란 무엇인가?

더 나아가기 전에 이 책에서 사용된 핵심 개념들을 명확히 할 필요가 있다.

첫째는 **문명**civilization이라는 용어다. 이에 관해 가장 일반적으로 떠오르는 개념은 문화적·사회적 발전, 도시화, 기념물, 문자 체계, 농업 잉여, 장거리 무역, 사회 분업 그리고 어떤 형태의 국내 정치조직이다.[6] 그러나 이것만으로는 충분하지 않다. 사회가 서로 어떻게 관계를 맺고 평화와 안정을 창출하는가 하는 것도 문명의 중요한 요소로 간주해야 한다. 이 지점에서 문명은 세계질서라는 개념과 연결된다.

그렇다면 세계질서란 무엇인가? 이 용어에는 정확한 의미가 없다. 이는 단순히 어떤 시대의 세계의 상태 또는 그 주요 정치적·경제적·문화적 특징을 의미할 수도 있다. 《맥밀란 영어 사전Macmillan English Dictionary》은 이 용어를 "특정 시기의 세계의 정치적·경제적·사회적 상황"으로 정의한다.[7] 그러나 세계질서는 평화와 안정을 의미할 때가 더욱 빈번하며, 이는 전 세계에 대한 현대적 '법과 질서law and order' 개념과 유사하다. 두 가지 의미를 결합하여, 나는 세계질서를 세계 또는 그 상당 부분이 정치적·경제적·문화적으로 어떻게 조직되어 있는지 그리고 권력 구조, 경제적 연결, 정치 사상, 리더십이 인류의 안정과 평화를 보장하기 위해 어떻게 작동하는지 나타내는 방식으로 이해하고자 한다.

그러나 이러한 정의는 많은 질문을 미해결 상태로 남긴다. 세계질서는 누가 어떻게 만드는가? '세계'는 무엇이며, 어디까지 확장되는가? 모든 것은 어디서, 언제 시작되었는가?

이러한 질문에 대한 답변을 시작하기 위해 그리고 이 책을 더 잘 이해하기 위해 네 가지 핵심 사항을 염두에 두기를 독자 여러분께 강력히 권한다.

첫째, 이 책에서 사용하는 세계질서 개념은 제국과 주권국가 시스템을 모두 포함한다. 페르시아와 로마가 몇백 년 동안 그랬듯이 제국에서는 하나의 지배적 세력이 다른 국가 또는 국가 집단의 내부 및 외부 관계를 공식적으로 합병하고 통제한다. 제국은 역사적 기록에서 많은 주목을 받는데 이는 당연한 일이다. 그러나 세계질서는 공유된 신념, 정치체제, 경제적 연결로 묶인 독립국가 체제를 지칭할 수도 있다. 바로 고대 수메르, 그리스, 메소아메리카의 '도시국가city-states'들, 고대 인도의 '공화국republics'들 그리고 중국의 '전국 시대' 국가들의 경우이다. 이 모든 사례가 이 책에서 논의된다. 이러한 도시국가, 국가, 공화국 중 다수는 제국이 흡수했지만 그 이전의 그들은 정치 사상과 통치 방식에 있어 창조적 공간으로 상당 기간 유지된 독립적 실체였다. 따라서 그들을 세계질서로 간주해야 한다.

그러나 오늘날 우리가 아는 세계질서는 유럽의 특정한 시간과 장소, 즉 1648년 독일 베스트팔렌 지역에서 탄생했다. 그곳에서 유럽 통치자들은 30년 전쟁, 간단히 말해 개신교와 가톨릭 국가들이 서로의 신념과 체제를 강요하려다 유럽을 황폐화시킨 전쟁을 종결시키는 협정에 서명했다. 베스트팔렌 조약은 각 국가의 절대주권을 인정함으로써 전쟁을 종식시켰고, 이에 따라 어떤 국가도 다른 국가의 내정에 간섭하는 것을 금지했다. 종교나 다른 어떤 것에 대해서도 마찬가지였다. 거의 400년이 지난 지금도 이는 현재 세계질서의 가장 근본적인 원칙이다. 원래 유럽 내 국가에 적용되던 베스트팔렌 모델을 오늘날에는 거의 전 세계적으로 받아들이고 있다.

공식적 제국과 독립국가 사이의 중간 단계에 해당하는 또 다른 형태의 세계질서는 강력한 국가가 다른 국가들을 식민지화하지 않고, 복종을 명령하고 조공을 받거나 세금을 징수하는 조공 체계이다. 중국은 그러한 체계의 가장 중요한 역사적 사례를 제공한다. BCE 206년 등장한 한나라 이래로 중국은 자체 제국을 발전시키면서도, 중국의 문화적 우위를 인정하되 독립을 포기하지 않는 이웃 국가들에 세금을 부과하지 않고 선물을 교환하는 병행 체계를 유지했다.

제국은 더 이상 세계질서의 주요 구성 요소가 아니지만 그 유산은 여전히 강력하다. 현재의 세계질서는 베스트팔렌 체제의 뚜렷한 특징을 가지고 있지만 많은 유럽 및 아시아 국가들, 특히 전자에 속하는 영국, 프랑스, 러시아와 후자에 속하는 중국, 인도, 튀르키예는 본래 정복을 통해 획득했던 영토를 통제하고 있으며, 제국주의적 구조의 상당 부분을 유지하고 있다. 제국의 또 다른 유산은 19세기와 20세기에 독립한 라틴아메리카, 아시아, 아프리카, 태평양 국가들의 수많은 국경인데 이는 예전에 그들의 제국주의 지배자들이 형성한 것이다. 이와 비슷하게, 미국은 원주민을 식민지화하고 추방한 후 완전히 제국이라고 할 수는 없을지라도 자신들의 권력과 목적에 봉사하는 계층적 세계질서를 구축했다. 2차 세계대전 이후에 존재하게 된 세계질서는 이러한 미국의 제국적 우월성을 중심으로 구축되었다.

둘째, 세계질서가 반드시 전 세계를 아우를 필요는 없다는 것이다. 이 책에서 제시하는 **세계질서**world order라는 용어는 단일 문명이나 지역뿐만 아니라 국가 간 및 지역 간 구조에도 적용된다. 하버드대학교의 역사학자 존 K. 페어뱅크가 발전시킨 '중국 세계질서'라는 용어는 주로 동아시아의 중국 조공 체계를 지칭했다.[8] 비슷한 맥락에서 이집트, 수메르, 페르시아, 인도, 이슬람, 메소아메리카, 안데스, 서아프리카, 몽골, 유럽, 미국 세계질서 등을 언급할 수 있다. 헨리 키신저는 2014년 "진정으로 글로벌한 '세계질서'는 존재한 적이 없다"고 썼을 때만 옳았다(이것은 아마도 그와 내가 모두 동의하는 유일한 주요 지점일 것이다).[9] 비록 내 책이 키신저의 책보다 아프리카와 콜럼버스 이전 아메리카를 비롯해 더 많은 '세계'를 다루지만 나는 대부분의 역사적 세계질서가 지역적 범위에 머물렀다는 점에 동의한다. 비록 그 일부는 다른 것에 비하면 더욱 광범위했을지라도 그러하다. 페르시아, 알렉산드리아, 마우리아 시대의 인도, 중국의 한나라 및 당나라 그리고 우마이야, 무굴, 오스만 제국 같은 전설적 제국들은 매우 거대한 규모였지만 본질적으로는 지역적 실체였다. 심지어 몽골인들이 건설했던 역사상 가장 큰 육상 제국도 그 범위는 기껏해야 유라시아에 국한되었다. 그러나 그들은 자신들이 알려진 세계의 중심이며, 통치에 대한 자신들의 사상과 접근 방식이 보편적이라고 믿었기에 세계질서로 간주될 수 있다. 그리고 그들의 사상, 제도, 관행은 그들 사이의 모든 유사점과 차이점에도 불구하고 후대 국가들의 권력관계, 경제적 상호작용, 도덕 원칙에 영향을 미쳤다. 요컨대 나는 현재의 세계질서가 고대와 현대, 강대국과 도덕적 국가, 서구와 비서구를 포함한 여러 문명의 기여물이라고 주장하고 싶다.

어떤 경우에 '세계'라는 개념은 새로운 의사소통 방식과 외부 영향의 결과로 인해 확장될 수 있다. 예를 들어 고대 중국인들이 중국의 세계 중심적 위치를 묘사하기 위해 '중국中國'이라는 개념을 발전시키고, 그들의 통치자들이 하늘 아래 모든 것이라는 '천하天下'라는 개념을 만들어 냈을 때 그들은 서쪽의 야만인들 너머에 이집트, 메소포타미아, 인도, 그리스 같은 선진 문명이 존재한다는 사실을 알지 못했다. 서한 시대(BCE 206~CE 9년) 동안 불교의 유입과 실크로드의 개통으로 중국의 세계 개념은 인도와 페르시아를 포함하도록 확장되었고, 중국은 이들을 거의 동등한 존재로 받아들였다. 따라서 천하는, 비록 중국인들은 이를 보편적이라고 상상했을지라도 특정 시점에 중국인들이 알고 있던 세계였다.

물론 '세계'는 유럽의 발견 항해, 식민지화 및 탈식민지화 그리고 세계화 덕분에 그 어느 때보다 더 글로벌해졌으며 이 모든 것은 상업, 관광, 미디어, 정치 사상과 제도의 확산을 가속화했다. 역사상 그 어느 때보다도 세계의 한 지역에 있는 사람들이 다른 지역에서 일어나는 일에 대해 더 잘 알게 되었다. 그러나 해가 지지 않는다고 여겨졌던 영국 제국조차 유럽 대륙을 정복하지 못했고, 할 수도 없었다. 영국을 대체하여 세계 최고의 강대국이 된 미국은 소련권이나 중국을 통제하지 못했다. 미래의 세계질서는 과거보다 더 연결되어 있겠지만, 다시 한번 지역적 세계질서의 네트워크로 구성될 수 있을 것이다.

셋째, 세계질서는 크든 작든 고립되어 나타나거나 존재하지 않는다는 것이다. 모든 질서는 외부 세력의 영향을 받아 형성되며, 다른 곳에서 배우면서 발전한다. 그러나 이 책은 단순히 연결에 관한 것만이 아니라 세계질서의 핵심 사상과 제도의 독립적이고 병행적인 기원을 포함한 창조에 관한 것이기도 하다. 사실, 요즘 유행하는 문명 간의 연결성에 대한 지나친 강조는 위험을 내포한다. 나이지리아 태생의 코넬대학교 아프리카 정치사상 교수 올루페미 타이워는 "우리 세계의 다른 곳곳에서 발견되는 유사한 사상들을 그 영향이나 공통된 기원이라는 면에서 설명할 필요는 없다"고 상기시킨다.[10] 이 점을 명심할 필요가 있다. 그렇지 않으면 콜럼버스 이전 아메리카나 사하라 이남 아프리카같이 세계의 비교적 고립된 지역의 문명들이 개발한 모든 것이 식민지화를 포함한 외국의 접촉 때문이라는 거짓 주장을 하게 될 수도 있기 때문이다. 실제로는 많은 문명들이 자신들만의 힘으로 서로 유사한 세계질서 사상을 발전시켰다. 종종 이렇게 개별적으로 창조된 사상들은 다른 사상들과 접촉하여 완전한 수렴은 아니더라도 유사점과 중첩을 만들어냈다. 한 문명이 다른 문명과 상호작용하듯이 세계질서는 종종 그들이 정복하거나 지배했던 세계질서까지 포함한 다른 세계질서와 상호작용하며 그 영향을 받는다. 이것이 이 책의 핵심 주장이다. 존 홉슨, 피터 프랑코판, 조세핀 퀸 같은 서구 작가들은 유라시아 및 지역 간 문화적·경제적 연결이 서구의 부상에 기여했다는 점을 훌륭하게 서술한 바 있으나 이 책은 더 넓은 전 세계적 규모에서의 창조와 연결에 초점을 맞추고, 정치 사상과 제도에 특별한 주의를 기울인다.[11] 이는 서구 와 나머지 세계가 글로벌 문명과 세계질서의 토대를 마련하는 데 있어 어 떻게 서로를 만들었는지made each other를 보여준다.

넷째, 세계질서는 안정과 밀접하게 연관되어 있다. '혼돈 대 질서'라 는 이원론은 시대를 통틀어 세계질서 개념의 근간을 이뤄왔다. 물론 세계 질서가 안정만을 의미하는 것은 아니다. 경제적 복지, 정의, 인권보다 훨씬 더 보편적 용어인 인간 존엄성이라는 목표도 있다. 모든 문명 또는 세계질 서는 그러한 목표를 추구하며, 때로는 강력하게 추구한다. 종종 통치자들 은 정의와 권리라는 목표가 안정을 해친다고 판단할 때 안정을 선택한다. 실제로 고대 수메르부터 오늘날의 미국에 이르기까지 정의와 권리가 그 자체로 추구되거나 질서보다 우선시되는 경우는 매우 드물다. 그러나 많 은 경우에 사회와 통치자들은 이러한 목표를 상호 배타적인 것이 아니라 상호 보완적인 것으로 보았으며, 경제 발전과 인간 자유를 안정과 질서의 실현에 필수적인 것으로 간주했다.

몇 세기 동안 개별 국가와 세계질서에 존재해 왔던 공통적 개념 중 하나는 혼돈 대 질서라는 표현으로 요약된다. 이 서사는 정치적 권위의 창출에 정당성을 부여해 왔는데 이는 강력한 국가와 통치자의 필요성 그 리고 한 국가가 다른 국가를 정복하거나 통제하려는 욕구에서 비롯된다. 이러한 서사는 고대 이집트, 수메르, 페르시아, 그리스, 인도(힌두교 및 불교 교리)에서 그리고 몽골, 아즈텍, 근대 유럽, 2차 세계대전 이후의 미국에서 도 찾아볼 수 있다.[12]

그림 1: 나르메르 팔레트. 나르메르 왕은 질서와 조화(마아트ma'at)를 상징하며, 혼돈(이스페트isfet)을 상징하는 적을 내려치고 있다(카이로 이집트 박물관).

따라서 이집트의 파라오들은 스스로를 '마아트ma'at'(질서 또는 조화)의 힘으로 '이스페트isfet'(혼돈 또는 폭력)를 극복하는 존재로 표현함으로써 자신들의 권위를 정당화했다. 고대 수메르 신화에서는 신들이 '시끄럽고' 폭력적인 지구인들에게 홍수, 질병, 죽음을 보내 벌함으로써 우주적 질서를 회복시켰다. 키루스 대왕이 세운 아케메네스 페르시아 제국의 이념은 우주적 질서인 '아샤asha' 대 혼돈과 무질서인 '드루즈druj'라는 조로아스터교 이원론에 기반을 두고 있다. 힌두 문명의 주요 서사는 빛과 평온을 위한 영원한 투쟁에서 '데바스Devas'(질서의 신성한 힘)와 '아수라스Asuras'(혼돈과 어둠의 악마적 힘)가 대립하는 내용을 담고 있다. 인도-유럽 신념 체계와는 별개로 진화했지만 유교와 도교 사상이 인도하는 중국 문명은 무질서에 대한 사회적 조화, 균형, 안정의 필요성을 아마도 가장 극단적으로 추구했으며, 그 영향은 오늘날까지 지속되고 있다.

엄격히 '혼돈 대 안정' 이원론은 아니지만 이슬람은 이슬람 원칙과 통치 방식에 따라 조직된 '다르 알-이슬람Dar al-Islam'(이슬람의 집 또는 영토)과 이슬람 원칙이 없고 무슬림의 안전이 보장되지 않아 공격 및 흡수의 대상으로 정당화되는 '다르 알-하르브Dar al-Harb'(전쟁의 집 또는 영토)를 구분한다. 칭기즈 칸과 그의 후계자들은 '영원한 푸른 하늘'이라는 '텡게리tenggeri', 즉 몽골인들의 천국 개념을 내세워 그들의 통치 권위를 정당화했는데 이는 혼돈 위에 질서를 부과하는 것을 의미했다.

멀리 떨어져 고립된 대륙에서 잉카 제국의 통치자들은 이웃 국가들에게, 복종하면 안정뿐만 아니라 번영과 정의도 가져다줄 것이라고 말함으로써 자신들의 확장 정책을 정당화했다. 더 북쪽에서는 아즈텍 통치자들이 혼돈에 대한 두려움과 자신들의 태양신 우이칠로포치틀리가 제공하는 질서의 필요성을 이용해 국내 통치와 해외 정복을 정당화했다.

대서양 건너편, 근대 초기 유럽에서 영국 정치철학자 토머스 홉스는 삶이 "고약하고, 가난하고, 야만적이고, 고독하고, 짧은 자연 상태"를 상상함으로써 안전과 안정을 제공할 신화적인 전능한 존재 '리바이어던Leviathan'을 정당화했다. 영국 철학자 존 로크와 프랑스 사상가 장 자크 루소는 이에 반박했다. 이 두 사람은 홉스처럼 어두운 방식으로 자연을 보지 않고 원시적이고 목가적인 장소로 보았다. 루소는 자연을 '고귀한 야만인noble savage'의 고향으로 보았는데 이러한 이미지는 아메리카 원주민 사회에서 차용한 것인 듯하다. 그러나 로크와 루소에게도 정치적 국가는 필요했다. 자연만으로는 질서를 만들거나 유지할 수 없었으며, 사회가 복잡해

지면 혼돈으로 퇴보할 것이다.

20세기 우드로 윌슨과 프랭클린 D. 루스벨트 같은 미국 지도자들은 자신들의 국가 이상을 혼돈의 세력, 특히 공산주의에 대항하는 보편적 선善의 힘으로 보았다. 미국은 이러한 신념을 바탕으로 세계질서를 조직했으며, 이를 종종 자유주의적 국제질서liberal international order라고 부른다. 실제로 리바이어던의 이미지는 너무나 강력해서 미국에 대해 화려하고 긍정적인 의미로 적용되어 왔다. 미국은 '자유주의적 리바이어던'이며, 세계 초강대국이 된 이래로 세계에서 질서를 보존하고 혼돈을 막는 것이 주된 역할이었다.[13] 자유주의적 리바이어던은 이집트의 마아트와 이스페트가 국내 및 외교 관계에서 가지던 것과 동일한 정치적 목적을 국제 영역에서 가진다. 그리고 서구 지배의 종말과 다른 국가들의 부상에 대한 서구의 많은 두려움을 정의하는 것은 바로 이 혼돈 대 질서 서사다.

세계질서 구축 과정은 종종 혼돈의 위협에 의존했지만 항상 폭력이 필요한 것은 아니었다. 그 대신 도덕적 원칙과 외교 규칙, 무역, 사회들 간의 문화 교류 등 다양한 수단에 기반을 두었다. 이러한 사례는 고대 근동 지역Near East 강대국들 간의 평화 조성 및 협력 규칙, 고대 인도의 종교적 관용 및 폭력 제한, 중국 역사 속 무역 특권 교환을 위한 문화적 존중 그리고 상품과 사상의 흐름을 원활하게 하기 위해 이슬람 세계, 잉카인들, 인도양의 상인들 및 사제들이 구축한 광대한 네트워크에서 찾아볼 수 있다. 이러한 원칙과 의사소통 방식은 현대 세계질서의 구성 요소가 되었다.

이 모든 것을 종합함으로써 이 책은 오늘날의 세계질서가 본질적으로 서구 역사와 서구 정치 사상, 특히 자유와 민주주의의 파생물이라는 서구에 널리 퍼진 개념에 반대한다.

이 개념에 어떻게 도전할지 생각하기 전에 이러한 견해가 왜 존재하는지 잠시 생각해 보자. 순전히 서구 강대국 외에 중요한 한 가지 요인은 국제 문제와 세계질서에 대한 글과 논쟁에 있어 영어의 세계적 지배력이다. 영어는 그리스어와 라틴어에서 많은 정치적 단어들을 흡수했으며, 현대 세계질서에 대한 일부 핵심 용어도 포함한다. 예를 들어 sovereignty(주권)라는 용어는 라틴어 super(위에)에서 유래한다. hegemony(헤게모니)는 그리스어 hēgemonía(리더십, 우월성)에서, balance(균형) 또는 balance of power(권력균형)는 라틴어 bilancia(저울) 또는 bilanx(두 개의 저울)에서, peace(평화)는 라틴어 pacem(평화를) 또는 pax(평화)에서 유래했다. 이러한 언어적 유산은 전 세계 학자들과 전문가들로 하여금 표현된 사상들이 그리스와 로마, 즉 서구에서 발명되었다고 가정하게 했다. 이는 다시 이 학자들로 하여금 다른 문명 언어에서 동일하거나 유사한 의미를 가진 용어들에 대해 무지하게 만들었다. 이것이 서구 편향의 주요 원천이다.

게다가 우리는 그리스인과 로마인이 발전시킨 세계질서의 사상과 제도가 기껏해야 근사치에 불과했다는 사실을 종종 잊는다. 예를 들어 민주주의가 고대 그리스에서 나왔다는 것은 흔한 유럽 중심적 믿음이지만 그리스는 오늘날 우리가 아는 민주주의를 실제로 발명하지 않았다. 투표권은 남성 시민에게 제한했고, 그리스 체제는 개인의 자유를 포함하지 않았다. 그러나 미국 정치학자 로버트 달은 그리스의 결함과 한계 때문에 민주주의의 근원으로서의 고대 그리스를 부정한다면 라이트 형제가 비행기를 발명한 공로를 부정하는 것과 같다고 주장했다. 또 다른 예를 들면 〈마그나 카르타〉도 오늘날 정의되는 인권을 명시하지 않았다. 그것은 기본적으로 재산권에 대한 귀족들의 폭력적 요구였으며, 귀족들은 이를 통해 가장 큰 이득을 얻었고, 농노들을 계속 억압할 수 있었다. 그러나 〈세계인권선언〉을 초안한 위원회의 의장이었던 엘리노어 루스벨트는 유엔 총회에 문서를 제출하면서 그것이 "전 세계 모든 사람을 위한 국제적 〈마그나 카르

타〉가 될 수 있을 것"이라고 썼다.[14]

비슷한 논리를 사용하여 그리스를 민주주의의 발상지로, 영국 〈마그나 카르타〉를 인권의 모델로 받아들인다면, 수메르인을 재산권의 발명자로 받아들여서는 안 될 이유가 있을까? 수메르 왕 우루카기나의 법전은 가난한 사람이 공정하다고 생각하는 가격으로 팔기를 원하지 않는 한 부자가 가난한 사람의 집이나 생산물을 강탈하는 것을 금지했다. 아쇼카 왕의 바위 칙령들rock edicts이 평민들에 대한 잔인하고 불의한 처벌을 금지함으로써 인권의 토대를 마련했다고 이와 유사하게 인정해서는 안 될 이유가 있을까? 이러한 사고방식을 제안하면서 나는 노벨상을 수상한 인도 경제학자 아마르티아 센의 인권에 대한 설명을 참고하고자 한다. 센에 따르면 "모든 인간의 권리로서의 인권 개념은 (⋯) 사실 최근의 발전"이다. 권리라는 개념이 '보편적'이라는 것은 서구를 비롯해 어느 곳에서도 고대의 사상으로는 존재한 적이 없지만 전 세계 많은 문명들은 "자유와 관용에 대한 제한적이고 조건적인 옹호 그리고 검열에 반대하는 일반적 논리"를 유지해 왔다.[15]

달리 말해 고대 그리스와 〈마그나 카르타〉를 19세기와 20세기 들어서야 현재의 형태를 갖추게 된 현대 민주주의와 인권 개념의 근사치로 보는 것이 가장 적절하다. 18세기와 19세기 유럽의 정치질서가 '절대주의 시대'로 불렸다는 사실을 잊어서는 안 된다. 동시에 기초적 형태든 발전된 형태든 안정적 세계질서를 구축하는 많은 메커니즘은 비서구 문명에서 비롯되었다. 국가의 독립, 국가 간 협력, 외교, 평화조약, 잔인하고 불의한 처벌로부터의 보호, 종교적·문화적 관용, 해양자유, 상호 이익이 되는 무역, 환경보호가 여기에 포함된다. 이 목록에 선도적 국가가 다른 국가들을 식민지화하지 않고 안보와 무역 혜택을 제공하는 것을 더해 보자. 이런 의미에서 중국의 조공 체계는 2차 세계대전 이후 미국의 세계질서와는 먼 친척뻘이

기도 하다.[16]

이러한 사상들과 실천의 다른 예시로는 평화조약 체결, 외교, 경제적 상호 의존성, 국제법 그리고 강대국 협력이 있다. 그러나 서구는 몇 세기 동안의 세계 지배에 힘입어 이러한 사상들이 가지고 있는 원래의 넓고 보편적인 뿌리 대신 가장 최근의 좁은 형태들을 옹호해 왔다. 이는 서구가 현재의 세계질서를 자신들의 독특하고 독점적인 창조물인 양 거짓으로 제시할 수 있게 했다. 현대의 개념이 이러한 방식으로 거슬러 올라갈 수 있는지에 대한 타당한 이견이 있을 수 있지만 그리스, 로마, 근대 초기 유럽에 대해서는 그렇게 하면서 다른 문명에 대해서는 그렇게 하지 않는다면 위선적일 것이다. 따라서 이 책은 그리스, 로마, 또는 서유럽을 글로벌 문명 발전의 척도로 사용하는 널리 퍼져 있는 경향에 도전한다.

관련된 사항으로는 오늘날 우리가 질서, 평화, 안정, 협력, 민주주의, 공화주의, 인권, 상호 의존성 같은 개념들을 서구 철학자들과 지도자들이 정의한 방식, 즉 유럽 또는 서구의 경험에서 가져오고 서구 역사를 반영하고 보여주는 방식으로 생각한다는 점이 있다. 다른 사회가 개발한 유사한 사상이나 심지어 더 나은 평화와 발전의 길은 무시하거나 일축한다. 이러한 사상들을 넓은 관점에서 살펴보면 우리는 그들의 수많은 기원을 미발달된 형태로 인식할 수 있으며, 다양한 문명들이 현대 세계질서에 기여한 바를 설명할 수 있다.

이것이 오늘날 우리가 살고 있는 세계질서로 이어진다. 통상적 관점에서는 이 질서가 1945년 2차 세계대전에서 연합국이 승리한 후 유엔 같은 국제기구의 창설 및 냉전 이후 미국이 지배하는 단극 세계의 출현과 함께 나타났다고 주장한다. 실제로 그 견해에는 많은 진실이 있지만 서유럽과 미국을 의미하는 '서구의 부상'은 크리스토퍼 콜럼버스와 바스코 다 가마가 1490년대에 아메리카와 인도를 '발견'한 때부터 몇 세기 동안 진행되어 왔다. 서구의 점진적 상승이 19세기 중반 극적으로 가속화되면서 서구 제국주의는 전 세계를 휩쓸고 기존 제국들을 무너뜨렸다. 몇 가지 관련 사건들이 이 같은 전 세계적 현상에 결정적이었다. 두 차례의 아편 전쟁(1839~1842년 및 1856~1860년)에서의 중국의 패배, 1857년 영국 식민 통치에 대한 인도의 반란 진압, 1884년 베를린회의에서의 유럽 열강에 의한 아프리카 분할이 그러했다. 다시 말해 2차 세계대전에서 나치 독일과 제국주의 일본에 대한 연합국의 승리가 오늘날 우리가 아는 세계질서를 공고히 하는 데 분명히 중요했지만 그 틀은 이미 유럽 제국주의가 아시아와 아프리카의 넓은 지역을 정복함으로써 확립되었다. 두 주요 식민 세력인 영국과 프랑스는 자신들의 통치 관료제, 학교, 경찰력과 법원, 언어 그리고 자신들의 종교와 가치 상당 부분을 전 세계 피지배 민족들에게 강요했다. 독일인, 벨기에인, 포르투갈인 들은 이러한 유럽의 힘과 관행을 아프리카로 전파하는 데 참여했고, 미국도 필리핀에서 거의 같은 일을 했다. 중국은 식민 세력의 직접적 지배를 받은 적은 없지만 홍콩, 마카오, 상하이, 산둥성, 만주 일부를 외국이 통치하도록 넘겨주어야 했다.

현재의 세계질서도 여러 단계와 출발점을 통해 등장했다. 우리는 세계질서를 "특정 시기의 세계의 상황"(《맥밀란 영어 사전》의 정의)으로 생각할 수 있지만 지배적 질서는 항상 이전 세계질서의 요소와 특징을 포함해 왔다. 여기에는 우리가 이제 비서구 세계라고 여기는 아시아, 아프리카, 이슬람 지역, 콜럼버스 이전 아메리카에서 발전한 것들도 포함된다. 문명이나 세계질서의 부상은 결코 전적으로 스스로의 힘으로 이루어지는 것이 아니라 항상 다른 문명, 특히 선행하는 문명으로부터 정치적·문화적·기술적 사상과 혁신을 차용함으로써 도움을 받는다.

따라서 세계 최초의 주요 중앙 집중식 국가였던 이집트의 신성 왕권은 이전 누비아 정치 전통의 영향을 받았으며, 이는 신성한 통치자가 되려는 알렉산드로스 대왕의 야망에 영감을 주었다. 페르시아는 아시리아의 전쟁 기술을 빌려 세계 최초의 대제국으로 부상했다. 페르시아의 위대한 왕 제도는 그 정복자인 알렉산드로스 대왕이 열렬히 모방했고, 마우리아 왕조 시대에 등장한 인도의 보편 군주(차크라바르틴chakravartin) 개념의 모델이 되었을 수도 있다. 로마의 세계질서는 에트루리아인과 그리스인의 영향을 받았다. 아마도 중국의 천하 개념과 몽골의 텡게리 개념은 중앙아시아 유목 전통에 뿌리를 두고 있을 것이다. 인도 불교의 이상은 중국 당나라 및 여러 왕조의 정치적 정당성에 영향을 미쳤고, 이슬람 과학, 기술, 철학 논쟁은 중국의 기술 및 인도의 수학과 함께 유럽과 미국의 세계질서가 부상하는 데 기여했다. 이 책의 상당 부분은 이러한 선행적 영향과 그들의 복합적 유산에 초점을 맞추어 그러한 것들이 어떻게 현대 세계질서의 배후에 놓여 있는지를 보여준다. 따라서 현대 세계질서를 소수의 유럽 국가와 그 후손인 미국의 독특한 창조물로 간주해서는 안 된다.

물론 문명들은 결코 다른 사상들을 통째로 차용하지 않는다. 그들은 필요한 것을 선택적으로 취하고, 필요 없는 것은 제외한다. 더욱이 그들은 종종 외래 사상들을 자신들의 사회에 맞게 수정하거나 '현지화'한다. 외래 사상들은 결코 현지 사상들을 완전히 대체하지 않고, 더 발전되고 진보적인 사회를 구축하기 위해 그러한 것들과 융합된다. 이처럼 현지 사상과 외래 사상의 융합을 창출하는 과정은 문명과 세계질서의 부상을 이해하는 데 근본적인 것이 된다.

어떤 시각으로 보든, 진실은 세계질서를 창조할 능력을 어떤 단일 문명이 독점한 적이 없다는 것이다. 모든 주요 국가는 세계질서의 창조자이거나 혹은 창조를 열망하는 주체이다. 세계질서는 몇천 년 동안 존재해 왔으며, 인류 역사 전반에 걸쳐 서로를 계승하고 서로에 기반을 두어왔다. 오늘날 우리가 세계질서라고 부르는 것은 서로 다른 시기의 다양한 문명들의 사상과 접근 방식을 활용한다. 이는 서구 지배의 질서가 그리 멀지 않은 미래의 새로운 세계질서에 자리를 내어줄 때에도 계속될 것이다.

이 책에서 사용한 서구West와 비서구non-West(또는 나머지the Rest)라는 용어에 대해 몇 가지 설명하고자 한다. 서구라는 개념은 원래 지리적·영적 표현으로, 로마 제국의 분열이나 불교 지식을 찾기 위한 중국인 순례자의 《서유기西遊記》를 연상시켰지만 현대 들어서는 지정학적·인종적 개념이 되었다. 이는 근대 시대에 서유럽과 미국이 누렸던 자기 미화적인 지배력의 산물로, 이러한 구분을 사용하여 자신들을 정치적·인종적으로 나머지 세계 위에 두려 한 것이다. 비서구, 제3세계Third World, 글로벌 사우스라는 용어는 훨씬 더 최근에 생긴 것으로, 20세기에 탈식민지 국가들에게 집단적 목소리를 부여하고자 등장했다. 서구와 비서구 또는 단순히 서구 대 나머지라는 이러한 광범위한 구분은 현대 세계질서의 결정적인 단층선이 되었다. 냉전 이후 세계는 주요 문명 간의 갈등으로 정의될 것이라고 경고하며 '문명 충돌'이라는 용어를 만들어내 유명해진 하버드대학교 정치학자 고故 새뮤얼 헌팅턴은 실제로 서구 대 나머지 세계의 갈등을 언급했으며, 이 아이디어는 싱가포르 외교관 키쇼어 마부바니에게서 차용한 것이다.[17] 서구나 나머지 세계는 동질적 범주가 아니지만 서구-나머지라는 구분의 개념은 강력한 지속력을 보여왔으며 미디어, 정치 지도자, 지식인 들이 서구 우위에 대한 도전을 존재론적 위협으로 규정하고 세계질서를 세계 혼란으로 대체하는 한 계속될 것이다. 그 대표적 사례로는 중국의 부상이 있다.

그러나 이 책에서 나는 서구와 비서구를 고정되고 동질적인 범주로 받아들이기보다는 참조 또는 편의상의 용어로 사용한다. 나의 목표는 이 둘 모두를 뒤엎는 것이며, 국가들 간의 오랜 역사적 상호 의존성과 상호 학습을 보여줌으로써 서구가 현대 세계질서의 주된 기여자라는 주장을 반박하고자 한다. 나는 이러한 해롭고 인위적인 세계 구분에 도전할 것이다. 어쨌든 우리는 역사의 새로운 단계에 접어들었고 그러한 분할은 그 자체로 무의미해지고 있다. 그리고 나는 이러한 분할을 끝내는 것, 즉 '서구'라는 개념을 먼저 '퇴역시키는' 것이 세계질서의 새로운 시작을 위해 필수적이라고 주장하고자 한다.

미래 세계는 어떤 모습일까?

내가 생각하기에 과거로 회귀한다고 해서 새로운 세계질서가 의미하는 바가 서구의 부상, 팍스 아메리카나, 식민주의, 세계대전 이전 세계질서의 정확한 재탄생은 아니다. 그러나 비서구 국가들은 유럽의 부상 이전처럼 자신들의 운명과 세계 전체의 운명을 형성하는 데 더욱 중요한 역할을 할 것이다. 또한 미래 세계는 '하나의 세계one world' 정부나 보편 제국 아래 통합되지 않을 것이다. 어떤 단일국가나 문명이 지배하지 않을 것이다. 이는 서구도 동양(중국)도 자신들의 이익과 가치에 따라 미래 세계를 형성하지 못할 것임을 의미한다.

또한 이 미래 세계는 문화적·정치적 다양성에 의해 형성될 것이다. 이는 후쿠야마가 주장한 '역사의 종말' 이론과는 완전히 다른 모습일 것이다. 그는 서구 자유주의가 사회적·정치적 발전의 최종 단계이며 이데올로기적 갈등이 사라질 것으로 보았다. 미래 세계는 현재 사라져가는 세계질서와 유사하게, 경쟁하는 사상들과 일정 정도의 수렴이 동시에 있을 것이다. 그러나 이는 새로운 형태의 연결성과 안정성을 갖춘 세계질서일 것이며, 이 세계에서는 서구도 나머지 세계도 지배적이지 않을 것이다. 즉 이는

2014년 내가 《미국 세계질서의 종말The End of American World Order》*에서 언급한 '멀티플렉스'와 유사할 것이다. 여기서 관객은 제작자, 감독, 배우, 줄거리 등을 선택할 수 있는 다양한 프로그램을 제공받는다.[18] 이 세계질서는 단순히 '포스트-미국'이 아닌, 더 넓은 의미의 '포스트-서구'적 성격을 띠게 될 것이다.

중국은 이 전환 과정에서 중요한 역할을 했는데 그 기반은 1978년 덩샤오핑의 경제 개방으로 중국의 부상이 가능해지기 훨씬 전에 이미 마련되어 있었다. 중국이나 인도의 부상만이 아닌 나머지 국가들의 부활은 글로벌 멀티플렉스의 출현을 더욱 광범위하게 주도했다. 이로 인해 빈곤과 불평등에서 기후변화와 질병에 이르기까지 인류가 직면한 공통된 문제들을 관리하기 위해 글로벌, 지역, 국가, 지역 사회 수준에서 다양한 아이디어, 기관, 접근 방식이 동시에 작동하게 될 것이다. 정치적·문화적 다양성은 경제적 상호 의존성 및 증가하는 연결성과 함께 발전할 것이다.

이런 미래 세계를 고민할 때, 서구는 세계질서 구축에 중심적 역할을 해온 모든 문명과 마찬가지로 자비와 안정만큼이나 잔혹함과 폭력에도 능숙했음을 인정해야 한다. 현대 세계질서의 창시자라고 주장하는 서구는 관용, 민주주의, 법치주의를 내세우지만 과거와 현재를 막론하고 폭력, 법치 부재, 타민족에 대한 지배를 통해 세계적 혼란의 주요 원천이 되어왔다. 로마 역사학자 타키투스는 이른바 '팍스 로마나Pax Romana'가 "전쟁에서는 끔찍했으며, 평화 시에도 공포로 가득 차 있었다"고 관찰했다.[19] 이는 국내나 해외에서 평화를 수립했다고 주장하는 대부분의 문명, 특히 현재의 미국 주도 세계질서에도 적용된다. 서구의 가장 잔혹한 사상 가운데 일부, 예를 들어 고대 로마의 권위를 상징하는 파스케스fasces라는 말에서 유래

---

*　　한국어판은 《세계질서의 미래》.

한 파시즘도 내부로부터 도전받았다는 점을 잊어서는 안 된다. 어떤 문명이라도 특정 시점에는 두 가지 면이 존재한다. 계몽주의 철학자 임마누엘 칸트의 인종차별적 견해는 동시대인 요한 고트프리트 폰 헤르더의 도전을 받았다. 고대 인도에서 정치 전략가 카우틸야는 마우리아 제국 건국 시기에 정복과 확장을 주창했다. 하지만 그 제국의 세 번째 통치자인 아쇼카는 피비린내 나는 제국 정복 이후 전쟁을 영원히 포기하고 정의와 자비로 통치했다.

이와 유사하게 인간을 어떻게 대우할 것인가를 둘러싼 대립된 사상, 즉 유교의 인仁과 법가法家의 억압이 고대 중국에서 등장했다. 그러나 서구의 현대 지도자들과 지식인들은 세계질서에 대한 가장 심오한 사상들이 거의 전적으로 서구에서 비롯되었으며, 오직 서구만이 평화롭고 번영하는 공정한 세계질서를 제공할 수 있는 반면 다른 국가들은 야만주의로 돌아갈 것이라고 끊임없이 주장해 왔다. 이런 주장에는 역사적 근거가 없다.

이런 주장은 이 문제에 대한 일반적 견해와 극히 상반된다. 헨리 키신저, 니얼 퍼거슨, 프랜시스 후쿠야마 그리고 페레드 자카리아, 토머스 프리드먼, 리처드 하스 같은 인기 있는 논평가들이 표현한 견해와도 크게 달라서 최근 러시아의 우크라이나 침공이나 이스라엘-하마스 전쟁 같은 현재의 사건 흐름으로 반박할 수 있는 급진적 관점으로 보이기도 한다. 그러나 세계질서의 역사적 흐름을 살펴보는 것은 우리가 아무리 일상적 사건들에 매몰되어 있을지라도 더 깊은 통찰을 제공할 것이다. 이 책의 교훈과 논쟁은 서구의 쇠퇴가 글로벌 재앙으로 이어진다고 우려하는 이들을 어느 정도는 안심시킬 것이다.

역사의 긴 흐름에서 서구의 지배는 단지 잠깐 동안의 현상에 불과했다. 서구의 경제적 쇠퇴, 주요 비서구 문명과 강대국들의 부상, 미국의 글로벌 영향력 약화 그리고 장기적 영향이 아직 명확하지 않은 코로나19 팬데믹으로 인한 혼란에 힘입어, 지난 몇백 년간의 서구 근대성과는 매우 다른 새로운 세계가 지평선 너머로 다가오고 있다는 데는 의심의 여지가 없다. 그러나 이것이 전 세계적 혼란을 의미하지는 않는다. 다자간 기구들 같은 바람직한 것들을 포함해 기존 질서의 일부 요소들은 새로운 질서로 이어질 것이다. 어떤 세계질서도 완전히 새로운 시작이나 전면적 출발점은 아니다. 서구 주도 세계질서의 쇠퇴가 가져올 혼란과 폭력을 한탄하는 사람들은, 신흥국들과 비서구 국가들의 사상과 접근법이 세계질서 관리에 있어 더욱 가시적이고 중요해지더라도 미국과 유럽을 포함한 서구의 기존 행위자들과 사상들 역시 여전히 존재할 것이라는 점을 잊어서는 안 된다. 이러한 변화로부터 나올 수 있는 한 가지 가능성은, 새로운 세계질서는 전체코 대통령 바츨라프 하벨과 경제학자 센을 비롯한 일부 사상가들이 '글로벌 문명'이라고 칭하던 것과 유사하리라는 점이다.[20]

이는 전 세계에 단일하고 매끄럽고 동질적인 문화가 존재하게 될 것이라는 아이디어가 아니며, 얼마 전까지 인기 있었던 '지구촌' 개념 같은 것도 아니다. 그러한 글로벌 문명은 가능하지도 바람직하지도 않다. 오히려 글로벌 문명은 문명들 간의 일종의 근본적 상호 연결성을 의미할 것이며, 이들 문명은 경쟁하면서도 문화적·정치적 차이를 유지하면서 협력한다. 하벨이 묘사한 바와 같이 "과도기의 특징적 면모는 문화들의 혼합과 융합 그리고 지적이고 영적인 세계들의 다원성 또는 병행성이다. 이러한 시기는 모든 일관된 가치 체계가 무너지고, 시간적·공간적으로 멀리 떨어진 문화들이 발견되거나 재발견되는 시기이다. (…) 새로운 의미는 서로 다른 많은 요소들의 만남 또는 교차점에서 점진적으로 탄생한다".[21] 우리는 지금 서구의 지배가 종료되는 데 힘입어 그러한 시기에 진입하고 있다.

글로벌 문명이라는 아이디어는 서구든 비서구든 문명들이 완전히 독특하거나 그 자체로 유일한 경우는 거의 없다는 것을 의미한다. 어떤 문명도 섬이 아니다. 세계의 모든 사람은 공유된 인간성으로 연결되어 있으며, 유사한 문제들을 다루기 위해 스스로가 또는 상호 학습을 통해서 비슷한 해결책을 제시하는 경향이 있다. 이는 전 세계 여러 지역에서 세계질서에 대한 공유된 아이디어와 접근법이 존재한다는 것을 의미한다. 나의 글로벌 멀티플렉스라는 아이디어가 뒷받침하는 미래 세계는 문명 충돌이 아닌 그러한 문명들의 합류점을 중심으로 구축될 것이다. 이븐 할둔이 700년 전에 쓴 말을 빌리면 "새롭게 존재하게 될 세계가 있다"는 것이다.[22] 과거의 어떤 세계도 유토피아가 아니었고, 우리의 미래 세계도 유토피아가 되지는 않을 것이다. 그러나 역사는 문명들이 충돌할 수 있지만 또한 서로 배우고 협력하며, 심지어 이전보다 더 나은 것을 만들어낼 수 있다는 것을 보여주었다. 역사는 끝나지 않고 계속 나아가고 전진할 것이다.

제1장 최초의 기반

세계질서 발전에 있어 가장 초기의 주요 발상지 중 두 곳은 메소포타미아의 수메르와 아프리카의 이집트였다. 이 두 문명은 고립된 존재가 아니었으며, 몇 가지 공통점이 있었고, 서로서로 그리고 인접 국가들과 연결되어 있었다.[1] 우리의 목적상 이 문명들은 중요하다. 왜냐하면 이들이 최초의 세계질서를 구성하는 일부 사상들과 관행을 발명했기 때문이다. 이는 광범위한 사람들과 국가들 간의 관계에서 안정과 평화를 보장하는 외교적·경제적·문화적 합의를 뜻한다.

두 문명 중 더 오래된 수메르는 BCE 4000년경 출현했다. 수메르는 메소포타미아 남부에 위치했는데 메소포타미아는 그리스어로 '강 사이'를 의미하며, 이 경우 티그리스강과 유프라테스강을 가리킨다. 메소포타미아 지역 북쪽에서 아카드, 아시리아, 바빌론 등 다른 정치 중심지들이 등장하지만 이들은 수메르가 BCE 2000년 후반에 쇠퇴한 후 출현했다. 이들 후속 문명은 수메르의 유산을 이어받아 세계질서의 첫 번째 기반을 구축하는 데 기여했다.

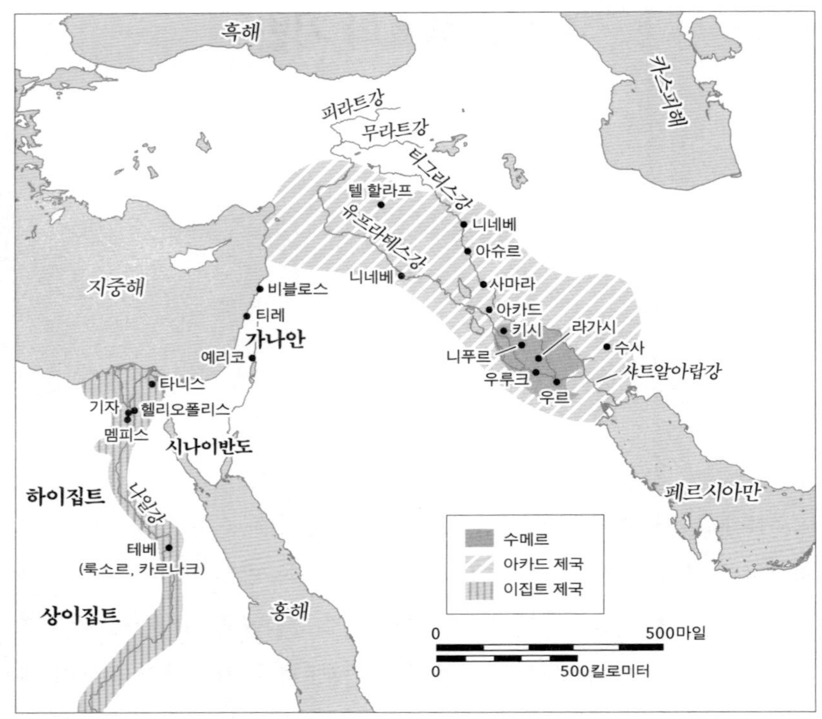

지도 1: BCE 3000년에서 BCE 2000년의 수메르와 이집트.

이집트 문명의 출현은 수메르의 뒤를 이어 BCE 3150년경 나르메르*
왕이 하이집트, 즉 지중해로 이어지는 나일강 삼각주 지역을 정복하여 나
라를 통일하면서 이루어졌다. 두 문명은 수메르가 붕괴되기 전까지 얼마
동안 공존했다. 그 후 이집트는 역사가들이 중왕국과 신왕국이라고 부르
는 시대를 거쳐 몇 세기 동안 지속되었고, 각 시대는 불안정한 시기를 거
치며 서로 구분되었다. 이집트는 아시아와 아프리카를 연결하고 두 대륙
의 문화적·정치적 영향을 흡수했지만 아프리카적 요소가 아시아적 요소

---

*   메네스라고도 알려진 곳이다.

보다 이집트 문명과 정치질서의 탄생에 더 근본적이었을 수 있다. 한 역사가는 "고대 그리스가 '유럽'이었다는 사실을 증명하는 것보다 고대 이집트가 '아프리카'였다는 사실을 증명하는 것이 더 쉽다"고 쓰기도 했다.[2]

이집트에 미친 남부의 영향 중 하나는 통치자의 신성한 권위에 대한 사상이었는데 이는 역사상 가장 중요한 정치적 신념 체계 중 하나다. 신성 왕권은 수메르에서도 나타났으며, 역사학자 윌리엄 맥닐이 주장하듯이 후기 수메르는 이집트로부터 이 아이디어를 얻었을 가능성이 있다.[3] 이집트 역시 남부 이웃 국가들, 특히 누비아로부터 신성한 통치 개념을 가져왔을 수 있다. 통치자의 개인적 신성함 같은 누비아의 권위에 대한 사상은 BCE 4000년으로 거슬러 올라가며, 근동 지역의 다른 곳에서는 아직 발견되지 않았다. 이는 초기 이집트의 정치체제에 영향을 미쳤으며, 이집트의 통치자들은 이를 더욱 발전시켰다.[4] BCE 11세기경 누비아에서 출현한 쿠시 왕국*을 포함한 인근의 후기 통치자들도 이 개념을 채택한다.[5] 이처럼 역사 전반에서 흔히 볼 수 있듯이, 세계질서의 진화는 정치 사상과 제도의 상호 교류에 의해 촉진되었다.

이와 동시에 이집트는 북쪽에 있던 레반트, 특히 신왕국 시대(BCE 1570~BCE 1069년경)에는 이 지역의 다른 네 '강대국' 하티,** 미탄니,*** 아

---

* 고대 누비아(현재 수단) 지역에 있던 아프리카 문명으로 BCE 1070년경부터 CE 350년경까지 약 1400년간 지속되었다. 이집트를 정복하여 제25왕조(BCE 712~BCE 664년)를 세운 '검은 파라오들'로 유명하며, 나파타와 메로에를 수도로 하면서 철기 기술과 독자적 문자 체계를 발달시켰다. 나일강을 따라 이집트와 아프리카 내륙을 잇는 교역의 중심지 역할을 하기도 했으며, 이집트 문화를 흡수하면서도 고유한 누비아 문화를 유지한 강력한 아프리카 문명이었다.

** BCE 1800~BCE 1300년경 현재 튀르키예 아나톨리아 중부를 중심으로 번영했다. 본문에서는 히타이트와 하티를 혼용해서 사용하고 있다.

*** 하티의 남동쪽에 위치했다. BCE 1500~BCE 1300년경 현재의 시리아 북부와 튀르키예 남동부, 이라크 북부에 걸쳐 존재했던 고대 근동의 5대 강국 중 하나. 특히 말과 전차 기술이

시리아, 바빌론과 중요한 상업적·외교적 상호작용을 발전시켰다.

이 기간 동안, 즉 수메르 도시국가들의 부상부터 이집트의 신왕국 시대까지 세계질서의 가장 영속적 요소 중 다섯 가지가 처음으로 함께 나타났다. 신성 군주제, 독립국가 체제, 제국, 혼돈 대 질서 서사, 강대국 협력이 그것이다. 수메르와 그 주변 지역 간의 접촉 그리고 아프리카와 아시아를 잇는 교량으로서의 이집트의 역할을 고려할 때, 고대 세계질서를 아프리카-아시아의 기원이라고 정당하게 간주할 수 있다.

수메르의 무정부 상태

수메르는 독립적이고 경쟁하는 국가체제의 발상지이다. 현재 이라크에 해당하는 티그리스강과 유프라테스강 사이의 남부 지역에서 출현한 이 체제는 BCE 3000년에 가장 발달했다. 수메르는 '무정부적' 체제로 가장 잘 설명된다. 여기서 무정부anarchy라는 용어는 혼돈이나 전쟁을 의미하지는 않지만(비록 그런 경우가 많았지만) 수메르가 역사 대부분의 기간 동안 제국이 아닌 경쟁국 체제로 남아 있었다는 사실을 강조하기 위한 것이다. 적어도 아카드의 사르곤의 정복(BCE 2334~BCE 2279년경) 전까지는 그러했다. 앞서 논의했듯이 이러한 독립국가 체제는 나중에 다른 지역, 특히 BCE 1000년에 그리스의 펠로폰네소스반도, 인도의 갠지스 평원, 중국의 황허 주변 서부 지역 그리고 마야 문명에서 나타났다. 이 체제는 그 후, CE 17세기 베스트팔렌 평화조약 이후 유럽에서 더욱 발전된 '근대적' 형태를 취하게 되었다.

뛰어났고, 이집트와는 동맹 관계를 유지하면서 히타이트와 경쟁했다.

그림 2: 구데아는 BCE 2150년경 라가시의 수메르 왕으로 재위했다.

수메르 체제는 사제 계급의 지배와 통치자의 신성한 권위에 기반을 두었다. 수메르의 왕들은 일반적으로 이집트와 달리 자신을 개인적으로 신성하다고 여기지는 않았지만 숭배하는 신들로부터 정통성을 얻었다. 각 도시는 신이 주재했으며, 그 신을 대표하는 통치자 또는 왕이 있었다. 왕의 의무는 신들을 기쁘게 하는 것뿐 아니라 신과 인간 사이를 중재하는 것이었다. 그러나 수메르 판테온의 신들은 동등하지 않았다. 엔릴은 수메르 판테온의 최고신이었으며, 그의 신전은 BCE 2000년까지 수메르에서 가장 신성한 도시인 니푸르에 있었다. 그러나 이 '신들의 왕'조차 다른 신들의 권위를 대체하거나 간섭할 수 없었으며, 그의 역할은 주로 그들 간의 분쟁을 중재하는 것이었다.

키시의 왕*은 가장 잘 알려진 수메르의 위대한 왕 가운데 하나였지만 그의 권위는 황제의 권위와는 거리가 멀었다. 그럼에도 그는 매우 존경받았기 때문에 키시의 왕이라는 칭호는 메소포타미아의 다른 통치자들에게 그들의 우월한 지위를 나타내기 위해 전해졌다. 수메르의 점토판은, 남쪽에 있는 두 개의 수메르 도시국가인 라가시와 움마의 경계 분쟁에서 그가 중재자로서 한 역할에 대한 기록을 제공한다.[6] 이것은 세계 최초로 기록된 경계 표지로서, 시대를 통틀어 세계질서를 심오하게 형성했던 수메르의 또 다른 정치적 혁신으로 이어졌다. 또한 수메르인들은 육상 및 해상 무역을 발전시켰으며, 그들의 상선대商船隊는 동시대 문명이었던 인도의 인더스 계곡 항구에 도달할 수 있었다.

다른 문명들과 마찬가지로 수메르 세계질서는 선과 악, 질서와 혼돈의 개념을 중심으로 전개되었다. 〈길가메시〉라는 유명한 수메르 서사시에서 우루크의 왕 길가메시는 어둠과 악을 상징하는 숲에 사는 거인 훔바바를 물리친다. 이때 길가메시는 어둠을 이기는 빛의 힘을 가진 태양신 샤마시의 보호를 받는다. 길가메시는 이로써 숲의 자원에 접근할 수 있게 되고 그의 백성에게 영웅으로 자리매김한다. 그러나 수메르의 신들은 지구상의 질서를 형성하는 데 있어 극도로 복수심이 강한 면도 있었다. 인간이 너무 '시끄럽고' 폭력적으로 변했을 때 신들은 홍수를 일으켜 인류를 멸망시키려 했다. 단 한 명의 남자만이 친절한 신이었던 엔키의 재촉에 따라 배를 만들고 가족과 표본으로 삼을 모든 동물을 한 마리씩 가지고

---

*　키시는 수메르 문명 초기의 가장 중요한 도시국가 중 하나로, 메소포타미아 북부(현재 이라크 바그다드 남쪽)에 위치했던 고대 도시다. 키시의 왕이라는 칭호는 메소포타미아 전체의 패권자를 의미하는 칭호로 간주되는 정치적 정통성의 상징이었다.

안전한 곳으로 항해하여 미래에 지구를 재생하도록 했다.[7]

수메르 도시국가들은 서로 독립적으로 남아 있으면서도 집단적 정체성과 역사적 연속성에 대한 신화를 발전시켰는데 이는 지배 계층의 정치적 정통성 확보에 사용되었다. 모든 위대한 문명은 이렇게 하는데 중국이 가장 극단적으로 그러하다. 수메르의 경우, BCE 22세기 후반 우투헤갈 왕의 통치 기간에 서기가 쓴 것으로 추정되는 사후 작성 '왕 목록'은 수메르의 군주제 및 신성한 혈통에 대한 기록을 제공하여 외부인에 대한 수메르의 응집력, 연속성, 단결의 정도를 암시했다.[8]

수메르 시대의 또 다른 중요한 발전은 법전의 출현으로, 이는 법을 통해 혼돈에 대한 질서를 유지하려는 최초의 시도였다. 비록 국내의 안정을 유지하는 것이 주된 목적이었지만 그 창조자와 백성들은 이 법전들을 보편적인 것으로 간주했다. 이 법전들이 메소포타미아 지역의 많은 국가들(수메르, 아카드, 바빌론)에 걸쳐 확산된 것은 세계질서의 발전으로 볼 수 있다.

가장 초기에 알려진 사례는 BCE 24세기 라가시의 왕 우루카기나가 공포한 〈우루카기나 법전〉이었다. 실제 법전은 유실되었지만 후기 문서에서 확인되는 내용은 부자들이 빈자들에게 토지, 가축, 식량을 강제로 팔도록 강요할 수 없다는 조항을 포함하고 있었음을 보여준다. 또한 이것은 채무로 인해 강제 노역에 처해진 사람들에게 구제를 제공하고, 관리들의 세금 부과 권한을 제한했다.[9] 〈우루카기나 법전〉은 수메르의 우르남무 왕이 발표한 〈우르남무 법전〉으로 이어졌는데 이 역시 고아, 빈자, 과부 같은 사회의 약자들을 부자와 권력자로부터 보호했다. 예를 들어 "고아는 부자의 먹이가 되지 않았다"고 기록되어 있으며 "과부는 권력자의 먹이가 되지 않았다"고 했다. "1세켈을 가진 남자는 1미나(60세켈)를 가진 남자의 먹이가 되지 않았다"고도 했다.[10]

이 초기 법전들은 법 위반에 대해 비교적 가벼운 처벌을 부과했지만 BCE 1792년~BCE 1750년 바빌론을 통치했던 함무라비 왕의 법전에서는 상황이 바뀐다. 〈함무라비 법전〉은 고대에서 가장 유명한 법전으로, 범죄자가 저지른 범죄에 직접적으로 상응하는 처벌을 가하는 보복적 정의의 원칙에 기반을 두었다. 즉 "어떤 사람이 다른 사람의 눈을 멀게 하면 그의 눈도 멀게 해야 한다" "다른 사람의 뼈를 부러뜨리면 그의 뼈도 부러뜨린다" 등이다.[11] 그러나 〈함무라비 법전〉은 가혹한 처벌을 부과하면서도 무죄 추정의 원칙과 유죄가 입증될 때까지는 무죄라는 원칙 그리고 입증 책임이 고발자에게 있다는 사상을 도입했다. 고대 로마법과 현대 법전에서 이러한 원칙이 등장하기 훨씬 이전의 일이었다.

결론적으로, 수메르 도시국가들은 종종 갈등을 겪었지만 신들로부터 보호를 구하는 것뿐만 아니라 영토 경계 표시, 무역 장려, 법전 개발, 중재를 통한 국가 간 분쟁의 해결 같은 현실적 혁신을 통해서도 질서를 유지했다. 당면 문제를 해결하기 위한 인간의 독창성은 신성한 권위를 보완했다.

초기 메소포타미아 세계질서의 진화에서 다음 단계는 작고 동질적인 도시국가들이 이웃 땅을 정복함으로써 더욱 크고 문화적으로 다양한 영역으로 변모하면서 이루어졌다. 이 과정에서 가장 중요했던 것은 아카드의 사르곤*의 등장이었다. 그는 초기 메소포타미아 지역의 북서쪽으로 확장함으로써 세계 최초의 다국적 제국 건설자로 간주될 수 있었지만 이후 아케메네스 페르시아 제국보다는 그 규모가 작았다.[12] 고대 정치질서에 대한 아카드의 또 다른 기여는 아카드어였다. 이 언어는 고대 근동 외교와

---

*   수메르 도시국가들을 정복하여 하나의 제국으로 통합함으로써 아카드 제국(BCE 2334~BCE 2154년)을 창건했다. 메소포타미아 전체를 통일한 최초의 인물이며, 강에 버려진 갓난아기라는 출생 관련 이야기는 이후 모세, 로물루스 등 많은 영웅 서사의 원형이 되었다.

국정 운영의 공용어lingua franca가 되었다. 그중에서도 미래 정치조직의 영속적 특징으로 자리 잡게 된 것은 사르곤의 정복을 통해 발전한 제국이라는 제도였다. 이후 아시리아 제국이 이 제도를 계승했으며, BCE 6세기 아케메네스 페르시아 제국 아래에서 가장 발전된 형태를 이루게 된다.

이집트의 중심성

수메르의 독립국가들 체제와 대조적으로, 또 다른 세계질서의 발상지인 이집트의 정치조직은 단일한 중앙집권 국가로 출현했다. 나르메르의 국가 통일은 나르메르 팔레트에 상징적으로 묘사되어 있다. 이 팔레트는 당시의 퇴적암으로 된 방패 모양의 유물로, 현재 카이로의 이집트 박물관이 소장하고 있다. 그것은 왕이 적들을 무찌르고 한쪽에는 상이집트의 흰 왕관을, 다른 쪽에는 하이집트의 붉은 왕관을 쓰고 있는 모습을 보여준다. 수메르처럼 이집트도 신성 군주제를 발전시켰지만 이는 왕이 신과 같거나 신들에게 선택받았다는 생각보다는 왕이 실제 신이라는 생각에 더 기반을 두었다. BCE 18세기부터 파라오pharaoh라고 불리게 된 이집트 왕은 처음에는 매의 신 호루스의 현현으로 여겨졌다. 5왕조 시기(BCE 2465~BCE 2325년)에 헬리오폴리스에서 태양 숭배가 부상하면서 왕은 태양신 라의 아들로 여겨지게 되었다.[13]

통치자가 실제 신이든 아니면 신과 같은 존재였든지 간에 이집트의 질서 구축은 나르메르 팔레트의 이미지에 나타난 혼돈 대 질서 서사에 깊이 뿌리박고 있었는데 이는 왕이 질서를 확립하기 위해 혼돈의 세력을 진압하는 것으로 해석할 수 있다. 이것은 이집트의 우주론 및 통치자의 권위에 대한 근본적 본질을 설명하는 신화와 깊이 연관되어 있었다. 이집트인들은 우주의 운명이 두 가지 대립하는 힘, 즉 마아트(질서와 조화)와 이스페트(혼돈, 폭력, 불의) 간의 지속적 투쟁에 의해 형성된다고 믿었다. 질서는 마아트가 이스페트를 극복할 때 나타난다. 이를 보장하기 위해 사회에는 신성한 왕이 필요하며, 이 왕은 이집트 판테온의 수많은 신을 조화롭게 이끌 수 있어야 했다. 이 투쟁은 주기적이었다. 새로운 이스페트의 힘이 끊임없이 나타나며, 우주 자체의 안정을 보존하기 위해서는 마아트의 새로운 대응이 필요했다. 이 투쟁은 해돋이와 해넘이, 나일강의 범람 같은 자연의 힘으로 표현된다. 만약 마아트가 개입하지 않으면 이스페트가 우세해져 매년 나일강의 범람이 멈추게 되고, 이로 인해 이집트는 농업 및 생계수단의 주요 원천을 잃게 된다.[14] 혼돈과 파괴가 뒤따른다. 신성한 통치자라는 개념처럼, 질서와 혼돈 간의 끊임없는 투쟁이라는 이 사상은 후속 문명들에서 왕, 황제, 폭군 또는 독재자 같은 강한 통치자와 세계질서의 기반이 된 규칙들을 정당화하기 위해 채택되었다.

이집트인들의 이러한 세계관은 이집트 국내 문제뿐만 아니라 외교 관계에도 중요했다. 이집트 통치자들은 고대 중국이 자국을 바라보는 시각과 매우 유사하게 이집트를 세계의 중심에 두고 외국은 혼돈의 장소로 묘사하는 국가 이데올로기를 만들어냈다. 반면 통치자들 덕분에 이집트는 질서의 영역이었다. "왕과 마아트를 위한 그의 끊임없는 투쟁 없이는 온 세상이 혼돈과 쇠퇴에 빠질 것이다."[15] 실제로 왕이 대중 앞에 나타날 때 그 주변에는 민족적 '타자others'의 이미지들이 배치됨으로써 이스페트를 대표하는 외세 적대자들에 맞서는 마아트의 수호자라는 그의 역할을 강조했다.[16]

그러나 이집트는 국내적으로는 고도로 중앙집권적이었음에도 신왕국 시대라는 주요 예외를 제외하면 거의 완전한 제국이 되지는 못했다. 이집트 제국은 신왕국 시대에 남쪽 누비아와 북쪽 레반트를 포함하는 가장 큰 영역까지 차지했지만 아케메네스 페르시아 제국의 영토 규모나 다문화 구성을 따라가지 못했음이 명백하다. 여기에는 몇 가지 이유가 있다. 비옥한 나일강이 제공하는 경제적 자급자족은 자원 획득을 위한 정복의 필요성을 줄이는 데 큰 역할을 했을 수 있다. 사방이 사막으로 둘러싸인 장벽이라는 지리적 요인과 보수적 사제 계층이 조성한 문화적 우월감은 고립된 정치 문화의 형성을 조장했다. 무엇보다도 이집트인들에게는 제국주의적 모험 과정에서 발생할지도 모를 해외에서의 사망이나 외국 땅에 시신이 남겨지는 것에 대한 문화적 금기가 있었다.

그러나 이집트가 이웃 국가들과 완전히 단절된 것은 아니었다. 이집트는 근동 강대국들과의 전쟁과 평화 모두에 참여함으로써 세계질서에 기여했으며, 궁극적으로 강대국 협력과 세계 최초의 평화조약의 기반을 마련하는 데 도움을 주었다. 사르곤 이전의 수메르 독립국가 체제와 이집트 사이에는 차이점이 있지만 이 둘은 신성하거나 신의 지명을 받은 통치자라는 이데올로기의 원조였다. 이 이데올로기는 고대의 가장 영속적 발명품 중 하나가 되었으며, 다름 아닌 알렉산드로스 대왕에게 채택되어 더 넓은 세계로 전파되었다.

강대국들의 '가족'

1887년, 고고학자들은 이집트 신왕국의 파라오 아크나텐(또는 아멘호텝 4세)의 궁전이 있던 자리인 이집트 텔 엘 아마르나에서 약 350통의 서신을 발견했다. 아카드어 설형문자로 되어 있는 이 서신들은 BCE 1352~BCE 1336년 작성된 것으로, 고대 세계의 여러 주요 실체 지도자들 간의 소통을 담고 있었다. 그 실체는 바빌론, 하티, 이집트, 미탄니, 아시리아라는 다섯 국가였다. 그들 간의 상호 교류는 일부 학자들이 '아마르나 외교Amarna diplomacy'라고 칭하는 외교체제를 구성했다. 이 체제에서는 "지중해에서 페르시아만에 이르는 근동 전체의 강대국들이 상호작용하며 정기적으로 왕조 간 결혼을 하고 상업적·전략적 관계를 맺었다".[17] 물론 여기서 강대국이라는 개념은 오늘날 사용하는 용어와는 다른데 오늘날에는 인접한 주변 지역을 넘어 권력과 영향력을 투사할 수 있는 국제적 행위자를 의미하기 때문이다. 아마르나의 강대국들은 현대 강대국들 같은 지정학적 영향을 미치지는 못했지만 당시에도 여전히 광대한 지리적 영역에서 중요한 행위자였다.

아마르나 외교체제에서 이집트는 다른 세계 강대국들로부터 어느 정도 존중을 받았지만 다른 모든 강대국도 우정과 가족 정치라는 용어를 이용해 자신들의 이익을 추구하고, 차이를 극복할 수 있었다. 통치자들은 형제나 아버지로 호칭되었고, 그들 간의 관계는 축제 초청이나 가족 간의 정략결혼 같은 사회적 관습에 기반을 두었다. 이는 후대에 유럽, 아시아 등지의 통치자들이 행하게 될 동맹과 위신을 구축하는 유서 깊은 방법의 시작이었다. 통치자들 간의 교류나 대화는 상호 지원과 명령 준수에 대한 기대를 기반으로 한 정치적 관계를 보여준다. 예를 들어 한 통치자는 다른 통치자에게 황금을 요청하는 이유를 자신이 필요해서가 아니라 자신의 '형제', 즉 다른 통치자가 그것을 제공하리라 기대되기 때문이라고 정당화했다.

애정 어린 가족 관계의 언어는 매우 현실적인 정치적 계산, 특히 위대한 왕들 사이의 동등한 지위와 호혜성에 대한 열망을 가리고 있었다.[18] 새로이 부상하는 세력인 아시리아가 이러한 형제 관계에 참여하고 싶어 했을 때 아슈르 우발리트 왕은 이집트의 파라오, 아마도 아크나텐에게 서신을 보냈다. 서신은 일반적 관행에 따라 선물과 함께 왔지만 또한 신속한 답변을 요구했으며, 이집트와 그 통치자에 대한 정보를 얻는 것이 그 목적임을 분명히 했다. 현재 뉴욕 메트로폴리탄 미술관이 소장하고 있는 서신 내용은 다음과 같다.

> 이집트 땅의 왕에게 전하거라: 아슈르 땅의 왕 아슈르 우발리트가 전합니다. 당신과 당신의 가문, 당신 땅의 모든 것이 평안하기를 빕니다. 당신을 방문하고 당신의 땅을 방문하기 위해 저의 사절을 보냈습니다. 지금까지 제 선대 왕들은 편지를 쓴 적이 없으나 오늘 저는 당신께 편지를 씁니다. 당신께 인사 선물로 멋진 전차, 말 두 필 그리고 진짜 청금석으로 만든 대추야자 씨앗을 하나 보내니 방문을 위해 당신께 보낸 사절이 지체하지 않도록 힘써주십시오. 그는 당신을 방문하고 나서 이곳에 돌아와야 합니다. 당신이 어떤 사람인지, 당신 땅이 어떤지를 본 후에는 이곳에 돌아와야 합니다.[19]

바빌론의 부르나 부리아시 왕이 이집트 파라오에게 보낸 또 다른 서신도 호혜성을 요구한다. 부르나 부리아시는 이렇게 썼다. "이제 당신과 나는 친구이기는 하지만 당신의 사절들이 세 번이나 이곳에 왔는데도 당신은 나에게 아름다운 선물을 하나도 보내지 않았습니다. 그래서 나도 당신에게 단 하나의 아름다운 선물도 보내지 않았습니다."[20]

이집트 파라오는 강대국 클럽에서 다소 높은 지위를 가지고 있었지만 다른 모든 위대한 왕들에게 각각 비슷한 가치가 있는 선물을 주어 동등하게 대우해야 했다. 따라서 아시리아의 아슈르 우발리트가 미탄니의 통치자보다 이집트로부터 황금을 적게 받았을 때 아시리아 왕은 파라오에게 자신이 받은 선물이 "사절들이 왕복으로 여행하고 돌아오는 비용으로 충분하지 않다"고 불평하는 서신을 보냈다.[21] 이집트 궁정에서 사절들이 부당한 대우를 받았다고 느낀 통치자들의 이 같은 항의에서 볼 수 있듯이 상호 존중과 외교적 명예에 대한 기대가 존재했다.

아마르나 체제의 외교적 관례와 규범은 놀랍게도 후대의 외교적 관례와 규범을 예고했다. 이집트 텔 엘 아마르나 궁전이 관련 기록을 보관했는데 이는 그 몇천 년 후 유럽 외무부 기록 보관소가 서신 기록을 보관하는 방식과 유사했다. 아마르나 체제는 지속적 접촉, 그 접촉을 확인하는 공식 도장 그리고 "관련 당사자들이 신성한 증인 앞에서 맹세하는" 식으로 통치자들의 협정에 대한 공식 비준 절차를 제공했다.[22]

나폴레옹의 패배 후 정치적·전략적 문제를 관리하기 위해 1815년 결성된 '유럽협조체제' 같은 또 다른 강대국 클럽에서처럼 위대한 왕들이 단체로 만났다는 증거는 없다. 그러나 아마르나 통치자들의 사절들은 여행 중에 만났을 가능성이 있다. 사절들은 또한 외국 궁정, 특히 이집트 수도에서 함께 시간을 보냈을 수도 있다. 아마르나 서신에는 한 국가의 통치자들이 다른 국가의 분쟁을 중재하거나 군사 동맹의 협상에 관여했음을 암시하는 부분은 나오지 않는다.

그럼에도 이러한 상호작용을 통해 통치자들은 서로의 이해관계와 필요를 잘 알고 있었고, 이 체제는 두 세기 동안 주요 강대국들 간의 전쟁을 방지하는 데 성공했다. 이는 부분적으로는 그들 중 군사적으로 우세한 세력이 없었기 때문이었다. 강대국 집단 내에서 이집트의 우위는 주로 상징적이었는데 이는 몇 세기 후 조공 체계 내에서의 중국의 경우와 매우 유사하며, 이집트의 유서 깊고 지속적인 문명을 인정하게 하는 것이었다. 지속적 평화는 또한 공통 언어를 통한 의사소통이 촉진한 호혜성과 평등의 규범 덕분이기도 했다. 아마르나 서신에서 중요한 용어 중 하나는 '아후투ahhutu'인데 이는 형제애 또는 형제 집단을 의미하며, 권력의 평등이 아니라 지위의 평등을 의미했다.[23] 이 체제는 모든 위대한 왕이 그들 자신을 글쓰기 기술과 사치품 제작 기술을 가진 '문명화된' 배타적 그룹의 일원이라고 생각했기 때문에 작동했다. 아마르나 클럽에 가입하는 것은 선별적으로 이루어졌으며 군사력, 봉신vassal 보유 그리고 다른 위대한 왕들에게 동등한 지위를 인정받은 것이 요구되었다.[24] 3000년 이상이 지난 후, '문명화된' 것이 무엇을 의미하는지에 대한 다소 유사한 개념이 유럽에서 세계 식민지화와 함께 나타났다. 그러나 아마르나 시대에는, 유럽과 미국이 계몽주의 기간 전후에 추진한 유럽 문명 개념과 세계질서 사상의 근본이 될 인종적 편견의 증거는 없다.

결론적으로, 아마르나 체제는 매우 다른 맥락에도 불구하고 외교와 국제 관계의 원형이었다. 19세기 유럽협조체제와 완전히 유사하지는 않지만 어떤 국가도 제국을 건설하거나 헤게모니를 확립하지 않고 강대국들이 관계를 관리하는 협정의 가장 초기 모델을 제공한 것이다.

전쟁을 끝내고 평화를 건설하다

아마르나 강대국 체제 내에서 일부 양자 관계는 더 발전했는데 특히 이집트인과 아나톨리아의 히타이트인 사이에서 그러했다. 몇 세기 전 수메르 국가들의 발자취를 따르면서 몇천 년 후 유럽 강대국 간의 관계를 예고했던 이집트와 하티는 국경을 표시하고, 갈등을 피하기 위해 군사력 배치를 결정하고, 무역을 규제하고, 동맹을 발전시킴으로써 갈등과 협력 속에서 관계를 관리했다.[25] 이집트-히타이트 관계의 중요한 결과는 '세계 최초의 국제 평화조약'이었으며, 이는 확실하게 문서로 기록한 최초의 조약이었다. 이 조약이 바로 BCE 1259년 체결한 카데시 조약으로, 그보다 약 16년 전에 이집트 파라오 람세스 2세와 히타이트 왕 하투실리스 사이에 벌어진 카데시 전투의 이름을 따서 명명한 것이다.[26] 다음과 같이 요약되는 이 조약의 네 가지 조항은 특별히 주목할 만하다.[27]

1. 하티의 왕은 영원히 이집트 땅을 침범하지 않고 아무것도 취하지 않을 것이다. 그리고 (…) 이집트의 왕도 영원히 하티 땅을 침범하지 않고 아무것도 취하지 않을 것이다.

2. 만약 다른 적이 이집트 땅을 공격한다면 그리고 이집트의 왕이 하티의 왕에게 사람을 보내어 "그에 맞서기 위해 오라"고 한다면 하티의 왕은 그 요청에 응하고 와서 (…) 그의 적을 무찌를 것이다. 그러나 만약 하티의 왕이 [직접] 가는 것을 원하지 않는다면 그는 보병과 전차병을 보낼 것이다.

3. 만약 이집트의 왕이 자신에게 속한 신하들에게 격분하고, 그들이 그에게 또 다른 죄를 범하고, 그가 그들을 처형하러 간다면 하티의 왕은 그들이 함께 분노한 모든 사람을 처형하기 위해 행동할 것이다.

4. 마찬가지로 만약 고위 인사가 이집트 땅에서 도망쳐 하티로 온다면 (…) 하티의 왕은 그들을 받지 [않을 것이고] (…) 그들을 이집트의 왕에게 송환할 것이다. 만약 고위 인사가 하티 땅에서 도망쳐 이집트로 온다면 (…) 이집트의 왕은 그들을 받지 [않을 것이고] (…) 그들을 [하티]의 왕에게 송환할 것이다.

이러한 조항들은 현대 국제 관계에서의 평화 및 안보조약과 유사하다는 점에서 놀랍다. 위 조항 중 첫 번째는 불가침 또는 무력 불사용 및 내정 불간섭 원칙과 유사하다고 볼 수 있다. 실제로, 이것들은 전 세계 유엔 및 지역 기구들의 핵심 설립 원칙이기도 하다. 두 번째 조항은 북대서양조약기구(이하 NATO로 표기)의 집단방위 조항 및 미국과 일본, 미국과 한국 간의 상호방위 조약같이 오랜 세월을 거친 동맹의 전형적 모습이다. 세 번째 및 네 번째 조항은 내부 반란에 대한 상호 지원과 국내의 적 및 범죄자 은닉 금지, 심지어 그들에 대한 인도를 요구하는 것을 시사한다. 이 모든 것은 오늘날 서구 및 비서구 국가들 사이에서 매우 흔하게 볼 수 있다.

카데시 조약 사본이 뉴욕 유엔 본부 벽에 전시되어 있다는 사실은 놀라울 것도 없다. 이는 오늘날 우리가 소중히 여기는 서구 주도 질서의 많은 부분이 국제 협력에 대한 서구의 독점적 결과물이 아니라 먼 과거에도 존재했음을 겸손하게 인정한다는 의미다.[28]

제국의 기원

아마르나 시대의 종말은 아카드의 사르곤 제국을 훨씬 능가하는 고전 시대의 가장 강력한 제국 중 하나가 부상하는 것으로 이어졌다. 아시리아의 기원은 BCE 2000년 초로 거슬러 올라간다. 그러나 아시리아는 BCE 1000년대에 와서야 진정한 제국주의 세력이 되었으며, 이 시기는 신아시리아 제국(BCE 912~BCE 612년, 일부 역사가들은 BCE 746년부터 시작된다고 보기도 한다)으로 알려지게 되었다. 이 제국은 동쪽으로는 현재의 이란에서 시작해 서쪽으로는 이집트에 이르는 당대 가장 큰 제국이었으며, 이스라엘 유다 왕국을 포함한 많은 작은 세력들을 통합하고 있었다. 지역 세력에서 제국으로 발전하는 다양한 단계에서 아시리아는 지속성 및 군사 혁신 면에서 로마에 비견할 만하며 제국 조직의 진화에 있어 중요한 이정표가 되었다.

　첫째, 아시리아인들은 노련한 군사 혁신가였으며 철제 무기, 공성전, 공성추 등 새로운 군사 기술을 개발한 것으로 평가받는다. 이 모든 것은 페르시아, 로마 그리고 훗날 유럽에서 사용할 기술의 선구자와도 같았다.[29] 아시리아인들은 메소포타미아 본토 외부에 광범위한 무역, 통신 및 운송 체계를 개발하면서 속국 체계를 통해 간접적으로 통치했다(비록 이집트에는 주둔군이 있었지만). 이들 속국들은 제국 유지 비용을 분담했으며, 아시리아의 적들과 거래하는 것은 금지당했다. 아시리아인들은 지식 보존에도 뛰어났다. 아시리아의 마지막 위대한 왕으로 알려진 아슈르바니팔 왕의 도서관은 아마도 고대 세계에서 최초이자 최대 규모의 체계적 지식 수집처였을 것이다.[30]

　아시리아인들은 이집트인들과 수메르인들처럼 신성하고 초자연적인 힘을 이용해 자신들의 통치를 공고히 하고 다른 땅을 정복했다. 그들의 주신은 전쟁의 신 아슈르였으며, 그의 이름을 따서 수도의 이름을 명명하기도 했다. 아슈르와 수메르인의 최고신 엔릴 그리고 아시리아를 정복한 신 바빌로니아 제국을 다스린 마르두크 신 사이에는 유사점이 있다. 이것은 메소포타미아 고대 사회들 간의 사상의 연속성과 전파를 시사한다. 아시리아 왕은 적들에게 두려움과 존경심을 심어주기 위해 고안한 '멜람무 melammu', 즉 '초자연적이고 경외심을 불러일으키는' 후광 또는 아우라로 표현되었다. 때때로 왕이 아우라를 잃는 일이 일어나면 신의 지지를 상실한 것으로 간주되었다. 아시리아의 아우라는 일부 초기 기독교 황제에 대한 묘사에서 보는 것과 유사하다.[31] 그리고 이는 유교의 '천명天命' 개념을 연상시킨다. 이는 상황이 심각하게 잘못되면 황제가 통치권을 잃는다는 사상이다.

　현대의 대중적 기록들은 아시리아인들의 공격성과 무자비함, 특히 제국에 반란을 일으킬 가능성을 줄이기 위해 정복한 백성들을 고문하고 이

주시킨 관행을 비난한다. 일부 역사가들은 이를 나치가 자행한 인구 이동에 비유하기도 한다. 그러나 이러한 인식은 아시리아인들 자신의 석조 부조 작품과 비석에 새긴 글에서 비롯된 것이었음을 명심해야 한다. 이는 몽골 정복자들의 진술과 다소 유사하며, 적들에게 공포와 두려움을 심어주기 위한 것으로, 로마에서 몽골에 이르는 제국들이 사용한 시대를 초월한 전술이다.[32]

신아시리아 제국이 쇠퇴하자 그 공백을 메우기 위해 강대국들이 경쟁하면서 수많은 폭력을 자행했다. 우리가 지금 핵전쟁으로 인한 전면적 파괴를 묘사하는 데 사용하는 아마겟돈Armageddon이라는 용어는 바로 이 시기에 생겨났다. 이 용어는 BCE 609년 이스라엘 유다 왕 요시야와 이집트 통치자 네코 2세가 므깃도라는 곳에서 벌인 전투에서 유래하는데 요시야는 이 전투에서 패배한다.[33]

아시리아인들을 정복한 신바빌로니아 제국은 역사에서 엇갈린 평가를 받는다. 그들의 가장 유명한 왕 네부카드네자르 2세(BCE 605년 또는 BCE 604~BCE 562년까지 통치)는 바빌론을 당대 가장 웅장한 도시로 재건했다. 그리고 현재 영국 박물관이 소장하고 있는 그 시대의 점토판 지도가 시사하듯이 그 도시를 세계의 중심으로 제시한다. 그러나 유다 왕국을 정복하고 예루살렘 성전을 파괴한 후 유대인들을 예루살렘에서 바빌론으로 추방했기 때문에 성경을 포함한 여러 기록은 그를 악명 높은 왕으로 묘사한다.[34]

바빌론은 과학, 특히 관측 분야에서 인상적 발전을 이루었으며, 이를 그리스인들이 계승해 기하학과 철학의 초기 기반을 다졌다. 이슈타르 문과 고대 세계 7대 불가사의 중 하나인 공중 정원 같은 전설적 건축물은 그들의 문화적 활기를 보여주었다. 그러나 스스로를 세계의 중심이라고 여겼음에도[35] 신바빌로니아 제국은 BCE 539년 아케메네스 왕조 페르시아 제국의 창시자 키루스 대왕에게 정복당했다. 이 제국은 현재의 이란에서 시작하여 동쪽으로는 인더스 계곡까지, 서쪽으로는 발칸반도와 이집트까지 확장되었다. 아케메네스 제국이 통치한 광대한 영토와 그 통제하에 있던 다양한 민족을 고려할 때 아케메네스 왕조 페르시아 제국은 흔히 최초의 진정한 보편 제국으로 간주된다.

유산

수메르, 이집트, 페르시아에서는 세계질서의 세 가지 초기 원형이 출현했다. 수메르 세계질서는 무정부 상태, 즉 독립국가 체제였다. 이집트는 계층적이었는데 명목상으로는 형제 강대국들과 동등했지만 더 큰 위신을 누렸다. 페르시아는 아카드와 아시리아의 발자취를 따라 이웃 국가들을 완전히 정복하고 지배함으로써 제국주의적 세계질서를 발전시켰다. 신성 왕권, 강대국 외교 그리고 혼돈 대 질서 서사라는 세 가지 요소는 역사의 친숙한 특징이 되었고 시대를 통틀어 세계질서에도 계속 영향을 미쳤다.

실제로 다양한 형태의 신성 군주제는 단연 가장 흔하고 지속성이 있으며 널리 퍼진 정치체제로서, 모든 주요 문명에서 발견할 수 있다. 주요 경쟁자인 공화정, 즉 통치자의 승계가 세습을 요구하지 않는 체제는 이보다 드물다. 그리고 대중 투표를 통해 통치자를 선출하는 민주주의는 훨씬 더 희귀하게 나타난다. 서론에서 언급한 바 있는 그리고 다음 장에서 논의할 아테네 민주주의는 제한적이었고 단명했으며, 그 이념은 근대에 훨씬 뒤늦게 부활했다. 이와는 대조적으로, 신의 승인을 받은 통치라는 기본 개념은 몇천 년 동안 지속되었으며, 세계 모든 문명에서 어떤 형태로든 발견되어 오늘날까지 살아남았다.

　　세계 여러 지역에서의 군주제 및 신성 군주제의 출현이 근동으로부터 확산된 것인지 또는 별개로 발전한 것인지는 명확하지 않다. 어떤 형태든 신의 승인은 통치자가 백성과 외국의 우방 및 적들 앞에서 자신의 권위와 정통성을 강화하는 매우 매력적인 방법이었다는 점을 고려하면 둘 다 가능성이 있다. 그런데 그리스인들과 로마인들은 이집트와 아시아로부터 많은 사상과 제도를 가져왔으므로 신성 군주제가 그중 하나가 아니라고 믿을 이유는 없다. 다음 장에서 논의하겠지만 아리스토텔레스를 비롯한 일부 그리스 사상가들은 페르시아 키루스 왕을 덕망 있는 통치자로 칭송했다. 알렉산드로스 대왕은 두 문명 간의 적대감에도 불구하고 아버지 필리포스처럼 페르시아의 위대한 왕을 본받고 싶어 했다. 실제로 알렉산드로스는 자신에게 신성이 있다고 생각했으며, 이집트와 페르시아라는 두 광대한 영토를 정복한 후 즉시 자신을 이집트의 파라오이자 페르시아의 위대한 왕으로 추대했다.[36]

　　로마 제국의 독수리는 근동 문명에서 유입된 것으로, 그곳에서는 독수리를 태양신의 사자로 여겼다.[37] 아우구스투스를 시작으로 로마 황제들도 개인의 신성함이라는 생각에 매료되어 이를 전적으로 받아들였다. 아우구스투스는 자신을 양자로 삼은 암살당한 율리우스 카이사르를 신성한 지위로 격상시켰는데 아마도 자신의 죽음 후에도 같은 지위를 탐냈을 것이다(그는 소원을 이룬다). 또 다른 지역에서는 인도의 신성 왕권 개념(데바라자devaraja)*이 동남아시아로 퍼져 당시 느슨하게 조직된 개인 추장국을 완전한 국가로 전환시켰다. 신성 군주제는 이후 여러 시대를 거쳐 오늘날 태국의 국왕 와치라롱껀까지 이어져왔다. 다른 맥락에서는 중세 및 근세

---

*　　왕이 단순한 세속 통치자가 아니라 신의 화신 또는 신의 대리인이며, 신이 왕의 권위를 직접 부여한다고 간주한다. 따라서 왕에 대한 복종은 당연한 종교적 의무가 되었다.

유럽의 왕권신수설 개념(예: 17세기 영국의 제임스 1세)에도 반영되어 있다.

신성 군주제와 마찬가지로, 사르곤이 창안하고 페르시아가 완성시킨 제국의 개념과 제도 역시 근대 후기까지 세계질서의 주요 특징으로 계속 존재했으며 인도, 중국, 로마, 유럽, 아프리카, 아메리카 같은 모든 주요 문명에서 발견할 수 있다. 분권화된 독립국가 체제는 17세기경 유럽에서 출현한 베스트팔렌 질서에서 가장 발전된 형태를 찾을 수 있다. 혼돈 대 질서 서사는 미국과 중국 같은 강대국을 포함한 현대 국가들의 외교 정책 및 국가 안보 문제를 계속해서 뒷받침하고 있다.

제2장 그리스 신화와 페르시아의 힘

　　서구인의 마음속에서 고대 그리스는 가장 유서 깊은 문명이며, 현대 자유 민주주의 삶에서 근본적 사상과 관행의 기원으로 여겨진다. 그리스는 고대 문화 중 가장 신성시되거나 이상화된 문명이기도 하다. 그리스가 문학, 과학, 철학, 정치 사상에서 탁월하고 창의적이고 선구적이었음에는 논쟁의 여지가 없다. 그렇다고는 해도 그리스는 서구 역사가들로부터 지나치게 많은 존경을 받아왔으며 그 결과 서구 문화는 고대 그리스의 업적을 과장하고 심지어 그 어두운 면과 다른 문명, 특히 이집트와 메소포타미아에 대한 그리스의 의존도를 과소평가한다. 그리고 우리는 그리스가 정치와 외교를 조직하는 방식 및 그리스의 세계질서 구축에 대한 교훈이 갈등과 무질서를 일으킨다는 사실을 잊고 있다.

　　우리는 세계질서 개념이 고대 근동, 특히 이집트, 아나톨리아, 메소포타미아의 교차점에서 어떻게 시작되었는지 살펴보았다. 바로 이곳에서 신성 왕권, 제국, 강대국 외교, 평화조약 체결 등 세계질서의 핵심 제도들이 출현했다. 또한 이집트, 아나톨리아, 레반트, 메소포타미아 간의 정기적 상호작용은 포괄적 경제 교류와 문화 확산 체계를 만들었다. 이들은 몇 세기에 걸쳐 수정되고 추가되면서도 오늘날까지 이어지는 세계질서의 기반을 마련했다.

그러나 BCE 5세기경부터 역사의 큰 움직임이 그리스와 페르시아라는 두 신흥 문화로 옮겨가기 시작했고, 그러한 변화와 함께 세계질서의 이론과 실제에 중요한 발전이 있었다. 그리스와 페르시아 문명은 각자의 방식대로 세계질서를 형성했으며 서로가 매우 달랐다.

간단히 말해 그리스 세계질서는 도시국가 체제였으며 헤게모니 세력이 없었다. 아테네는 그러한 헤게모니 구축을 시도했지만 결국에는 재앙으로 끝이 났다. 역사를 공부하는 대부분의 학생들이 한 번쯤 배우듯이 BCE 5세기 그리스와 페르시아 간의 갈등은 고대 역사에서 중요한 사건 중 하나였다. 역사가 헤로도토스는 이 갈등을 훌륭하게 기록했으며, 특히 살라미스 해전과 마라톤 전투 같은 사건들이 유명하다. 페르시아 침략에 대한 저항이 시작된 후 아테네는 다른 그리스 국가들로부터 공물을 거두고 내정간섭을 시작했다. 이에 대한 대응으로 스파르타와 코린토스를 포함한 여러 국가들이 균형을 맞추기 위한 연합을 조직해 맞섰으며 이는 궁극적으로 아테네의 몰락을 초래했다.

더욱 흥미롭게도, 일부 그리스 국가들은 전쟁 후 승리자 편에 서지 않음으로써 반反패권주의적 자세를 유지했다. 예를 들어 코린토스인들은 승리자를 지지하는 것이 패권 추구를 부추길 것을 우려해 종종 갈등에서 패배한 편에 섰다. 국가의 패권 추구를 반대하는, 세력균형 원칙으로 알려진 이 원칙은 역사에서 드물지 않게 나타나며, 19세기와 20세기 초 유럽 체제의 주요 특징이었다. 그러나 이는 보편적 경향이 아니다. 중국의 동아시아 이웃 국가들은 역사 대부분의 기간 동안 중국에 대항하여 균형을 맞추지 않았다. 영국과 다른 서구 강대국들은 미국이 2차 세계대전 후 세계의 지배적인 강대국으로 부상했음에도 미국에 대항하여 균형을 맞추지 않았다. 두 경우 모두에서 대부분의 국가들이 지배적 강대국 편에 섰는데 이는 정치학자들이 '편승bandwagoning'이라고 칭하는 경향이다. 따라서 고대 그리스의 국가체제는 국가들이 역사를 통해 안정과 세계질서를 어떻게 달성해 왔는지에 대한 부분적 단면만을 제공한다.

그리스에게는 세계질서가 일종의 균형 잡기였다면 페르시아에게는 신성 왕권과 보편 제국이라는 두 가지 사상의 확장이었으며, 이후 많은 세계질서가 이를 채택했다. 고대 그리스는 우리에게 영속적 정치 사상과 제도를 제공했으며 서구 문명의 선구자로 여겨지는 반면, 페르시아는 이후 역사를 형성하는 데 훨씬 더 중요하고 안정적인 세력이었다.

그리스-페르시아 관계

서구 지식인들과 정치인들은 그들의 유산을 묘사하기 위해 자랑스럽게 그리스-로마라는 용어를 사용하지만 그리스-아시아 또는 그리스-페르시아가 더 정확할 것이다. 그리스-아시아에서 그리스는 학생이자 스승이었고, 침입자이자 원주민이었으며, 승리자이자 패배자였다. 그리스와 로마를 단일 문명 복합체로 연결하는 것은 현대 유럽 또는 서구의 발명품으로, 그리스의 정체성 발전과 독립적인 그리스 도시국가 체제의 생존에 있어서 페르시아의 중심적 역할을 무시하는 것이다.

고대 그리스는 서부 지중해의 섬들과 해안 지역에 정착지를 세운 것 외에는 서유럽 및 북유럽과 전략적 상호작용이 거의 없었다. 로마가 그리스 문화를 높이 평가하고 차용했다는 점에는 의심의 여지가 없지만, 그리스 문명의 기원과 과학적·철학적 성취가 서쪽의 어떤 문명보다도 이집트와 아시아의 선진 문명에서 많은 영향을 받았다는 점 또한 의심의 여지가 없는 사실이다. 실제로 그리스를 유럽 또는 서구 문명으로 간주하는 것은 역사상 가장 근거 없는 믿음 중 하나다.

오히려 그리스인들은 유럽인들의 지성과 세계질서를 조직하는 능력을 경멸했으며, 아시아인들이 이 분야에서 우월하다고 여겼다. 아리스토텔레스의 《정치학Politics》에 나오는 한 구절은 이를 명확히 보여준다. "추운 기후의 유럽에 사는 사람들은 기개가 넘치지만 지능과 기술이 부족하다. 그러므로 비교적 자유를 유지하지만 정치조직이 없으며, 타인을 지배할 능력도 없다." 아리스토텔레스는 아시아인들이 "지능적이고 창의적"이지만 "기개가 부족하여" "항상 종속과 노예 상태"에 있다고 보았다. 유럽인들과 아시아인들 사이에 끼어 있던 그리스인들은 "기개가 높고 지능적"이었다. 아리스토텔레스는 이 때문에 헬레네 인종을 "자유롭고 (…) 어느 민족보다도 잘 통치할 수 있으며, 만약 하나의 국가로 통합할 수 있다면 세계를 지배할 것"이라고 보았다.[1]

아리스토텔레스의 소원은 이루어지지 않았고, 고대 그리스인들은 대부분의 역사에서 분열 상태로 남아 있었다. 그들은 백인 유럽인이나 흑인 아프리카인, 아시아인 등 이웃 누구보다 자신들이 우월하다고 여겼지만, 문화적·언어적 자부심에 비하면 피부색은 중요성이 덜했다. 그리스어 용어 '바바리안barbarian'은 그리스어를 사용하지 않는 모든 외국인에게 적용한 말로 켈트족, 발트족, 슬라브족, 페니키아인, 에트루리아인, 마케도니아인, 카르타고인, 바이킹, 갈리아인, 고트족 같은 '서부'의 '유럽인'을 비롯해 아프리카의 여러 민족을 포함했다. 그들의 견해는 어두운 피부를 정신적 열등 또는 '야만barbarism'과 연결하고 흰 피부를 우월한 문명과 연결하는 현대 유럽의 관점과는 달랐는데, 이는 피부색에 기반한 인종차별주의가 현대 유럽의 독특한 발명품이라는 생각에 신빙성을 더한다.

어쨌든 고대 그리스는 강력한 아시아적 기반을 가진 지중해 문명으로 가장 잘 설명할 수 있다. 지중해는 아프리카, 아시아, 유럽 사회가 서로 긴밀하게 지속적으로 상호작용하는 다양한 문명들의 복잡한 모자이크와도 같았다. 그러나 르네상스 이후 서구 학자들과 지도자들은 고전 그리스가 자신들의 조상이라 주장하고, 고전 그리스의 동방과의 연결과 연계를 무시한 채 오직 유럽적 또는 서구적 정체성을 부여했다. 프랑스 역사가 페르낭 브로델은 이것이 얼마나 이기적이고 꾸며낸 전유물이었는지 잘 포착한다. 그는 "'그리스의 기적'이 현대 서구 세계에서 차지하는 위치는 분명 모든 문명이나 인류 집단이 자신의 기원을 선택하고 자랑스러운 조상을 만들어낼 필요성에서 비롯된다"면서[2] "조상에 대한 이 믿음은 사실상 필연적인 것이 되었다"고 썼다. '문명화된' 것으로 식별할 만한 적절한 조상을 찾지 못한 현대 유럽인들은 그리스와 로마로 그 공백을 메웠다.

현실은 이러한 필요에서 비롯된 신화와는 매우 달랐다. 그리스의 과학적·철학적 업적이 아시아, 특히 현재 튀르키예에 위치한 아나톨리아와 인접한 이오니아섬에서 처음 꽃피운 사실은 우연이 아니다. 이는 아나톨리아가 그리스 본토보다 고대 근동 문명인 이집트, 수메르, 페르시아에 훨씬 더 가까웠기 때문이다. 역사가 파벨 올리바는 그리스 문명의 탄생에 관한 책에서 아나톨리아 해안의 밀레투스 같은 과학 및 철학 중심지를 설립한 동부 지중해의 그리스 정착민들은 "새롭고 발전된 문명의 전달자라기보다는 유망한 학생의 역할을 했다"고 쓰기도 했다.[3] 심지어 우주의 작동에 대한 과학적 이해에 있어서도 그리스인들은 이웃 나라의 영향을 받았다. 고대 그리스 최초의 과학자라고 할 밀레투스의 탈레스는 수학자이자 천문학자, 철학자였다. 그는 물을 첫 번째 원소로 간주하며 세상이 물에 기반을 두고 있다고 주장했는데 이는 과거 많은 역사가들이 그리스의 과학적 사고방식을 보여주는 선구적 예시로 여긴 사상이다. 그러나 탈레스는 물의 창조적 역할에 대한 고대 이집트의 믿음을 재활용했을 가능성이 있다. 브로델은 "그리스의 기적"은 "바빌론의 선구적인 화학, 이집트의 의학, 메소포타미아의 천문학"같이 "오래전에 확립된 견고한 기반 위에 세워졌다"고 썼다.[4] 그리스인들은 페니키아인들에게서 문자를 가져왔고, 리디아인들에게서 주화의 개념을 빌려왔다. 또한 이집트, 수메르, 바빌론의 선구적 업적은 그리스인들의 천문학, 예술, 수학에 영향을 미쳤다.[5]

그리스인들은 세상의 기원을 신성한 창조로 보는 종교 사상에서 벗어나 자연적 인과관계라는 세속적 사상으로 옮겨간 최초의 자연철학자로 여겨진다. 즉 '신성한 것의 탈신비화'를 이룬 것으로 간주된다.[6] 하지만 이 또한 사실이 아닐 가능성이 높다. 유럽 역사가들은 이를 미신적인 동양과 합리주의적이며 과학적인 서양의 뚜렷한 구분이라고 제시하지만, 초기 아시아 문명들이 가진 신념과의 단절은 이러한 역사가들이 제시한 것만큼 근본적이지 않았다.

근본적인 그리스 세계관을 이집트 세계관과 비교하면 둘 다 초자연적 믿음에 깊이 뿌리내리고 있다는 유사점을 발견한다. 이집트인들의 개념에서 질서는 훗날 파라오로 알려지는 통치자가 대표하는 것으로, 그는 신의 아들로 이해되면서도 이집트 필멸의 적들인 혼돈의 세력을 싸워서 물리쳐야 했다. 그리스 개념에서 질서는 어떤 반신반인의 통치자가 아니라 에로스, 가이아, 타르타로스, 닉스/에레보스라는 네 가지 순전히 신성한 힘이 창조한 것이다. 심지어 더 과학적이고 철학적인 지식 기반으로 전환한 후에도 그리스인들은 신성 개입이라는 개념을 완전히 포기하지 않았다. 대부분의 고대 문명에서와 마찬가지로 신성한 것과 자연적인 것, 합리주의와 미신은 그리스인들 사이에서 계속 공존했으며 그들의 신도 전쟁과 평화, 그 밖의 인간사를 형성하는 자연과 계속 공존했다. 따라서 그리스인들을 "합리적 사고 능력과 (…) 미신에 대한 극도의 집착" 모두와 관련지을 수 있다. 그들은 "델피의 동굴에 웅크리고 앉아 월계수 잎을 씹는 노파가 전하는 모호한 신탁"을 근거로 신탁을 구하고, 침략하는 페르시아인들에게 저항할 것인가, 말 것인가 등 중요한 결정을 내렸다.[7]

그러나 그리스 합리주의 사상은 오늘날까지 서구인의 마음에 남아 있으며, 아시아 및 다른 비서구 문명에 대한 서구 유럽 중심적이고 오리엔탈리즘적인 묘사를 재생산한다. 이는 서구 학자들이 페르시아, 중국, 인도가 발전시킨 비서구 역사적 세계질서 모델을 신성함과 제국적 위계질서에 흠뻑 젖은 것으로 폄하하게 만든다. 아시아 문명들을 독재적이라고 여기는 것과는 대조적으로, 그리스를 합리적·세속적이며 무엇보다도 '자유로운' 것으로 묘사하게 한다. 이러한 사고방식은 서구와 나머지 세계 사이에 너무나 극명한 대조를 초래한다.

고대 그리스의 기여 중 가장 중요한 것은 자유와 민주주의 사상이다. 서구인들은 그리스를 민주주의 발상지로 숭배한다. 그러나 그리스 민주주의의 범위와 기간은 매우 제한적이며, 많은 그리스 도시국가들을 '폭군'이 통치했다. 민주주의는 주로 BCE 460~BCE 320년 아테네에서 발전했지만 코린토스, 메가라, 아르고스, 시라쿠사, 로도스 같은 다른 도시국가들도 역사 속 일정 기간 동안 민주주의를 채택했다. 민주적 통치를 했던 그리스 도시국가는 50개가 넘을 수도 있지만 종종 단명하고 만다.[8] 심지어 이러한 민주주의조차 그들의 통치하에 사는 사람들에게 제한된 자유만을 제공했다. 아테네 민주주의는 재산을 소유한 계층을 중심으로 이루어졌는데, 이는 전체 성인 인구의 30퍼센트를 넘지 않는 수준으로 운영되었음을 의미한다.[9] 아테네에 살던 대다수 사람들은 시민권이 없었기에 여성, 어린이, 노예를 포함해 많은 사람들이 민주주의를 행사하는 데 참여하지 못했다. 브로델의 또 다른 추정치에 따르면, 아테네 주변 지역 아티카의 총인구는 BCE 431년 31만 5000명이었는데 이 가운데 17만 2000명만 시민이었다. 이 중 4만 명이 남성 시민이었는데, 이들은 투표권을 가진 유일한 집단이었다.[10] 나머지는 외국인(메틱스metics*)과 노예였다. 이 기록에 따르면, 민주주의는 인구 12.7퍼센트만이 부여받는 특권이었다.

그리스 역사가 투키디데스가 기록했듯이, BCE 431년 도시국가의 지도자였던 페리클레스는 당연하게도 아테네의 민주주의와 관용의 미덕을 찬양한다. 아테네의 정치권력은 "소수가 아닌 전체 인민의 손"에 있고, 아테네 정치는 "자유롭고 개방적"이어서 "우리 시민 각자는 삶의 다양한 측면에서 그 자신의 정당한 군주이자 주인임을 스스로에게 보여줄 수 있다". 같은 연설에서 페리클레스는 아테네가 타인에게 베푸는 친절과 관대함을 자랑한다. "우리는 남에게 선행을 받음으로써가 아니라 남에게 선행을 행함으로써 친구를 사귄다. (…) 우리가 남에게 친절을 베푸는 것은 이해득실을 계산해서가 아니다. 우리의 자유로운 관대함에 의존하여 깊이 생각하지 않고 그렇게 한다."[11] 그러나 페리클레스는 아테네 사회의 추악한 진실을 숨기고 있었다. 아테네의 자유와 관대함에 대한 실제 기록은 서구 제국주의와 민주주의를 옹호하며 싸운 저명한 세계 지도자 중 하나인 인도의 자와할랄 네루가 인식했듯이 그리 온화하지도 고무적이지도 않았다. 영국 감옥에서 쓴 글에서 네루는 다음과 같이 말했다. "자유를 사랑하는 아테네는 멜로스를 약탈하고 파괴했으며, 그곳의 모든 성인 남성을 죽이고 여성과 어린이를 노예로 팔았다. 투키디데스가 아테네의 제국과 자유에 대해 쓰고 있을 때조차, 그 제국은 무너지고 자유는 더 이상 존재하지 않았다."[12]

다른 작가들도 이 견해를 지지한다. 그리스 민주주의의 목적은 "개인의 자유를 보호하는 것이 아니었다. 도시의 자유를 보호하고 이웃 도시들보다 영웅적일 정도로 우위를 차지하는 것이었다".[13] 그것은 기껏해야 집

---

* 메틱스는 상업 활동 등을 이유로 아테네에 거주하지만 시민권이 없는 외국인을 뜻하는 단어.

단적 의미의 자유였다. 그리스 민주주의는 현대 인권 개념의 본질인 정부의 침해로부터 개별 시민을 거의 보호하지 못했다. 또한 폴리스polis는 언론의 자유를 보호하지 못했다. 이론적으로는 의회나 공공장소에서 자유롭게 발언할 수 있었지만 공식 입장에 동의하지 않으면 처벌을 피하지 못했으며, 국가가 확립한 권위가 국가의 행위를 유효한 것으로 간주하는 한 국가권력에는 아무런 제한이 없었다. 종교에 대한 견해 때문에 자살을 강요당한 가련한 소크라테스를 생각해 보라. 그는 공식적으로 인정받은 아테네 신들을 받아들이기를 거부하고 자신의 철학적 교리로 젊은이들의 마음을 타락시켰다는 이유로 독배를 들어야 했다.

그리스 민주주의의 발상지인 아테네에서는 "대중demos이 자신들의 이익이 위협받는다고 생각할 때 개인의 자유를 언제든 박탈할 수 있었다".[14] 가장 불우한 사람들은 가난한 자들이었다. 심지어 아리스토텔레스조차 자유로운 아테네 시민들도 진정으로 자유롭지 못했다고 한탄했다. "아테네 헌법은 모든 면에서 소수가 지배하는 것으로, 가난한 사람들은 그 자신뿐 아니라 아내와 자녀들까지 실제로는 부유한 자들에게 노예처럼 종속되었다."[15]

그리스인들은 폴리스의 자급자족과 독립 유지에 지나치게 집착했기에 외부인뿐 아니라 서로가 상호 협력하는 체제를 발달시키지 못한 데다 국제질서도 발전시키지 못했다.[16] 그리스인들이 포괄적인 평화 체계를 발전시키기보다는 경쟁적인 권력 게임에 몰두한 전형적인 예는 펠로폰네소스 전쟁을 "아테네의 권력 성장과 이것이 스파르타에게 야기한 두려움"의 결과라고 설명한 투키디데스의 유명한 말에서 잘 드러난다. 이것은 오늘날 현실 정치realpolitik를 연구하는 전 세계 학생과 실무자들을 강타하는 한마디지만 전쟁과 평화 이면에 있는 경제적·도덕적 요인을 무시하고 있다.[17] 따라서 그리스 역사에서 파생된 국제 문제에 대한 설명과 예측, 예를 들어

마치 미국과 중국이 '투키디데스의 함정Thucydides Trap'*에 빠질 운명이라
는 주장 등은 부분적이고 단순하다.[18]

더욱이 그리스 민주주의는 수출 가능한 모델이 아니었다. 폴리스는
규모가 작고 인구가 적었으며, 노예가 아닌 남성 시민만이 의사 결정에 참
여 가능하다는 점은 아테네와 그리스 민주주의를 후대에 재현하기 어렵
게 만들었다. 현대에는 스위스 같은 작은 국가들만이 전국적 규모로 직접
민주주의를 실천할 수 있었다. 아테네 민주주의는 다른 문명의 마을 의회
와 비견되지만, 더 큰 국가에는 적합하지 못했다. 한 인도 역사가가 썼듯
이 "아테네 민주주의는 그 헌법이 갖춘 모든 지혜가 무색하게도 매우 짧
은 기간에 실패하고 만다".[19]

요컨대 그리스가 서구 문명에 큰 공헌을 했다는 것은 의심의 여지가
없는 사실이지만 오늘날 세계질서의 모델로서 그 유산을 몽환적으로 찬
양하는 것은 정당화될 수 없다. 이집트, 아나톨리아, 페르시아, 중국, 인도
를 비롯해 고대의 여러 문명들이 국가 간 협력, 전쟁과 통치에서의 인도주
의적 원칙, 경제적 상호 의존성, 문화적 다양성 등 현대 세계질서의 핵심
측면에 더 실질적·영속적으로 기여했다. 그들은 그리스인들의 독특한 "노
예제도, 끊임없는 전쟁, 제도화된 남색 그리고 잉여 인구의 무자비한 제
거"라는 독특한 조합을 모방하지 않고도 그렇게 했다.[20]

칼에 의한 헬레니즘화

그리스 문명 연구에서 주요 개념 중 하나는 헬레니즘화Hellenization이며, 이는 그리스 문화의 확산을 의미한다. 헬레니즘화는 알렉산드로스 대왕의 정복 이전과 이후 모두에서 발생했다. BCE 10~BCE 8세기, 그리스인들은 주변 지역과의 교역 및 식민지 개척을 위해 이주하면서 지중해 대부분의 지역에 그리스 방식과 사상을 퍼뜨렸다.

항상 그렇지는 않았으나 이러한 과정은 때로 폭력과 전쟁을 특징으로 하는데, 특히 그리스 식민지화의 첫 주요 지역인 서부 지중해의 시칠리아에서 그러했다.[21] 처음에는 평화롭게 진행되던 그리스 식민지화를 군사적 수단을 통해 확립한 경우도 있다. 그리스 이주가 폭력적이지 않았던 소아시아 일부 지역에서도 그리스인들은 현지 사회와 관습을 경멸하며 문화적으로 스스로 고립되었는데, 이는 훗날 유럽인들이 원주민 사회를 식민지화했을 때와 매우 유사하다.

그리스 식민지화는 새로운 도시국가들, 즉 폴리스들의 건설로 이어졌다. 비록 그들의 모도시母都市, 즉 초기 이주민 대부분이 이주해 온 원래의 그리스 도시국가들과는 정치적으로 분리되었지만, 새로운 도시국가들은 원래 폴리스의 언어적·종교적·문화적 전통과 신화 및 제도의 확장판이었다.[22] 그들은 거의 전적으로 그리스적이었으며, 원주민들과의 문화적 또는 정치적 혼합이 거의 없었다. 한 추정치에 따르면 시칠리아, 트라키아, 아나톨리아에 주로 이식된 그리스 폴리스 중 10~20퍼센트만이 비그리스적non-Greek 특징을 명확히 보여주는 혼성체였다.[23] 일부 해외 폴리스는 시간이 지남에 따라 더 많은 원주민들이 그리스 정착민들과 접촉함에 따라 독점적인 그리스적 특성을 잃고 더욱 다문화적으로 변모했지만, 그렇게 되기까지는 페르시아의 아나톨리아 정복과 알렉산드로스 대왕의 인도 서부 국경 진출을 기다려야 했다.

한편, 헬레니즘화는 기존의 지역 전통과 주민에 대한 수용이 거의 없었으며, 이들은 종종 강제이주를 당하고 소외되었다. 식민지를 개척한 그리스인들은 일부 지역 신들을 받아들이긴 했지만 헬레니즘화는 대부분의 경우 그곳에 살던 사람들의 문화가 흔적을 거의 남기지 못하게 했다. 주요 사례 중 하나는 그리스인들이 도착하기 전 시칠리아의 많은 지역에 거주했던 선先헬레니즘 부족인 시켈족(또는 시셀족)이다(섬 이름 자체가 이들에게서 유래했다). 이들은 내륙으로 밀려났으며 이곳에 도착한 그리스인들과 가까이 지내던 사람들은 자신들의 토착 문화마저 잃게 된다. 한 역사가가 썼듯이 "시켈인은 브리튼인이 잉글랜드인이 될 수 있었던 것보다 더 완전하게 그리스인이 될 수 있었다".[24] 여기서 우리는 북미와 남미, 또는 호주와 뉴질랜드에 유럽인 정착민이 도착하면서 원주민 문화가 소멸되었을 때와의 유사점을 찾을 수 있다.

결론적으로, 그리스 식민지화는 고대 및 초기 중세 시대의 페르시아화와 인도 문명의 확산, 특히 동남아시아로의 확산 같은 동양의 식민지화보다 훨씬 더 문화적으로 배타적이었다. 동남아시아에서 일부 역사가들이 동남아시아의 '인도화Indianization'로 칭하는 인도 문화의 유입 현상(3장에서 논의할 것이다)은 기존 주민들에게 활력을 불어넣었으며, 이들은 힌두-불교 사상과 신화를 활용하여 현지 문화를 풍요롭게 하고 현지 통치자들에게 힘을 실어주었다. 대조적으로 그리스 식민지화는 대부분 그리스인의, 그리스인에 의한, 그리스인을 위한 것이었다. 그리스 문명이 가장 국제적인 성격을 띠게 된 것은 지금의 아프가니스탄, 파키스탄, 인도를 포함하는 남부아시아로 확장되었을 때뿐이다. 그곳에서 현지 문화와 융합되면서 그리스 확장은 간다라 불교 예술 같은 예술적 경이로움을 만들어낼 수 있었다.

　요컨대, 그리스 세계질서의 주요 요소는 도시국가 체제를 중심으로 전개되었으며, 이는 어떠한 단일 폴리스에 의한 헤게모니도 거부하는 경향이 있었다. 나중에 논의하겠지만 현대 세계질서의 핵심 특징 중 일부, 즉 분권화와 세력균형은 그리스 체제와 유사하다. 그러나 이것이 그리스만의 독특한 기여는 아니었다. 비非헤게모니 체제의 다른 예로는 수메르, 마야 그리고 마우리아 제국 이전 인도의 정치체제들이 확립한 질서 등이 있다. 그러나 이들 중 그리스 체제만큼 서구인의 상상력을 사로잡은 것은 없었다. 이는 주로 고대 그리스가 유럽 르네상스와 계몽주의에 미친 영향 때문이었다.

　동시에 그리스 체제는 간과해서는 안 될 몇 가지 한계를 안고 있었다. 첫째, 그리스인들은 창의성이 있긴 했으나 서구 작가들이 그들에게 공로를 돌린 모든 것을 스스로 개발하지는 못했다. 그들은 주변 문화로부터 과학, 예술, 조각, 기술, 철학에 대한 아이디어를 빌려왔다. 둘째, 비록 민주주의 사상을 낳았지만, 그리스는 역사 전반에 걸쳐 폭정과 공존하는 매우 제한된 민주주의 관행을 따랐다. 셋째, 그리스 세계질서는 본질적으로 불안정했다. 자신의 폴리스를 숭배하는 것은 다른 폴리스와의 치열한 경쟁을 낳았다. 그들 간의 통일은 외세의 위협이 임박했을 때나 그리스인들이 외부 세력을 끌어들여 그들 사이의 평화를 중재하도록 할 때만 달성되었다. 그런데 그리스 세계질서에서 공통의 적이자 보호자 역할을 모두 수행한 문명이 하나 있었으니 그 세력은 페르시아였다. 이제 그곳으로 눈을 돌려보기로 하자.

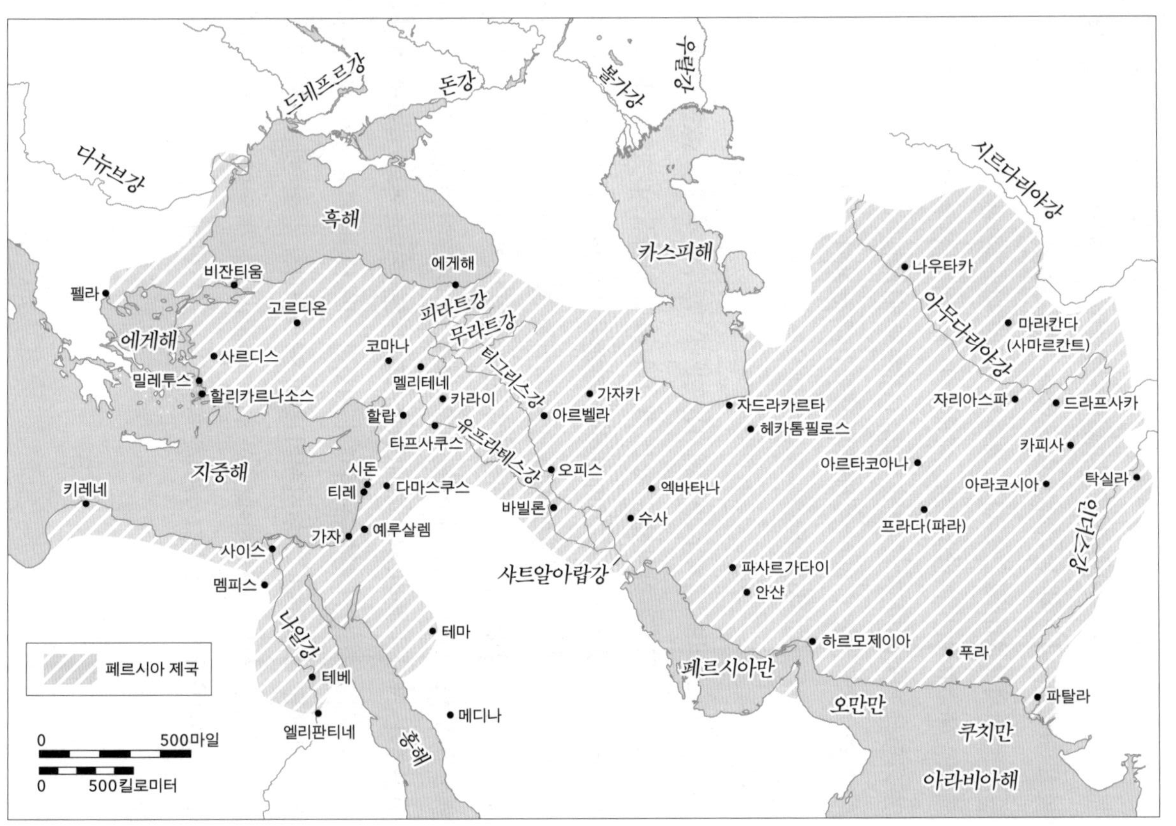

지도 2: 페르시아 제국의 최대 영토 범위.

페르시아 세계질서

우리가 아는 최초의 보편 제국은 BCE 550년 키루스 대왕이 건국했다. 이때 로마는 테베레강 강둑의 작은 마을로 건설된 후 여전히 왕들의 통치를 받고 있었다. 키루스의 아케메네스 페르시아 제국은 BCE 330년까지 지속되었으며, 토착 종교인 조로아스터교를 비롯해 여러 문명과 신앙을 포괄했다는 의미에서 보편적이었고, 이후 알렉산드로스 대왕의 단명하는 제국이 나타나기 전까지는 같은 종류의 제국 중 가장 규모가 컸다. 키루스의 통치는 아프가니스탄, 소그디아나,* 북서 인도의 힌두–불교 문화권까지 확장되었으며, 이집트와 서아시아의 아나톨리아인, 아르메니아인, 메소포타미아인, 그리스인, 유대인 등 수많은 민족을 포괄했다. 이 제국은 일관된 행정 체계가 있었고, 효율적인 통신 및 운송 체계를 유지했으며, 독특한 세계관을 지녔다. 또한 조로아스터교가 지배적 이데올로기를 형성했으나 정복당한 백성들에게 이 종교를 강요하지는 않았다. 조로아스터교의 핵심 교리는 선과 악의 투쟁으로, 세계 최초의 예언자 조로아스터(자라투스트라)가 BCE 1500~BCE 500년경 확립한 것이다.[25] 그에 따르면, 우주의 유일한 주님은 아후라 마즈다Ahura Mazda, 즉 '지혜로운 주님'이며 그는 진실과 허위를 상징하는 대조적인 두 영혼, 즉 긍정적 영혼 스펜타 마이뉴Spenta Mainyu와 부정적 영혼 앙그라 마이뉴Angra Mainyu를 창조했다.[26]

조로아스터는 BCE 550년경에 사망했으나(정확한 날짜는 논쟁의 여지가 있다) 조로아스터교는 아케메네스 왕조 아래에서 부활하여 국교가 되었는데, 창시자의 시대와는 중요한 차이가 있었다. 이제 선악의 영혼은 유일한

---

* 우즈베키스탄, 타지키스탄 일대로 사마르칸트, 부하라 등이 존재했다. 실크로드의 중요한 교역 중심지였으며 알렉산드로스 대왕에게 정복당한다.

창조주인 아후라 마즈다 안에 머무르는 대신 선한 신 아후라 마즈다와 악한 신 아흐리만Ahriman으로 분리되었다.[27] 따라서 아케메네스의 세계관은 "두 가지 교리 (…) 보편적 우월성에 대한 주장 그리고 세계 변방의 혼란스러운 지역에서 안정을 보장할 의무"를 중심으로 전개되었다.[28]

현대 서구 출판물들은 일반적으로 그리스와 페르시아 간의 경쟁을 서양의 도덕적 우월성을 보여주는 예시로 제시한다. 예를 들어 헤로도토스의 《역사The Histories》 펭귄 클래식판 뒤표지에서는 그리스-페르시아 경쟁을 "작고 분열된 그리스가 강력한 페르시아 제국에 맞서 영웅적이고 성공적으로 투쟁한 이야기: **동양의 절대주의와 서양의 자유로운 제도 사이의 근본적인 갈등을 내포함**"으로 묘사한다(강조는 지은이).[29] 옥스퍼드의 학자 로빈 레인 폭스의 《고전 세계The Classical World》에는 페르시아 문명을 특히 폄하하는 묘사가 나오는데, 그는 페르시아의 정복 방식을 "잔인하고" "끔찍하며" "지독히 야만적"이라고 비난한다.[30] 그러면서 페르시아인들의 "잔혹한 무자비함"을 "그리스의 절제, 겸손, 정의의 가치"와 대조시킨다.[31]

페르시아에 대한 이러한 묘사의 상당 부분은 두 문명 간의 갈등을 다룬 고전 그리스 문헌에서 비롯된다. 하지만 페르시아와 그리스 통치자는 상당히 협력하기도 했음을 항상 명심해야 한다. 매우 긴 이야기를 짧게 요약하면, BCE 546년 키루스의 리디아 정복을 기점으로 페르시아인들은 지중해 전역의 식민지화 물결 초기 그리스인들이 정착했던 아나톨리아 해안 전체를 장악했다. 이집트를 정복한 키루스와 그의 아들 캄비세스 2세는 그들의 제국을 당시 세계에서 가장 큰 제국으로 만들었고, 다양한 종교적 신념을 존중하는 정책을 유지했다.[32]

페르시아인들은 짧은 기간을 제외하면 BCE 334년 알렉산드로스 대왕이 등장할 때까지 이 지역을 계속 지배했으며, 매우 긴 기간 동안 그리스 정치에 깊이 관여했다. 그러나 키루스 대왕이 BCE 530년(또는 529년)에 사망하고 아케메네스 제국의 세 번째 통치자인 다리우스 1세가 페르시아 왕위에 오른 지 얼마 지나지 않아 그리스인들과 페르시아인들은 장대한 대결을 시작했다. 이 시기, 즉 BCE 499~BCE 493년 이전에는 아케메네스 통치하에 비교적 자치권을 유지했던 아나톨리아의 이오니아 지역 그리스 도시들뿐만 아니라 아이올리스, 도리스, 키프로스, 카리아의 도시들도 페르시아인들에게 반란을 일으켰다. 반란을 진압한 다리우스 1세는 이오니아 반란을 지지한 아테네와 에레트리아의 그리스 국가들을 응징하려 했으나 아테네와 스파르타를 포함한 그리스 국가들은 동맹을 맺고 BCE 490년 저 유명한 마라톤 전투에서 페르시아인들을 격파했다.

복수를 맹세하며 아테네 원정을 준비하던 다리우스 1세가 실행을 앞두고 사망하자 그의 아들 크세르크세스 1세는 아테네를 불태우고 테르모필레 협곡에서 스파르타가 지휘하는 그리스 병력을 전멸시킨다. 그러다 그의 병력 중 일부가 BCE 480년 살라미스 해전에서 그리스인들에게 패배한 후 크세르크세스 1세는 페르시아로 퇴각했고, 이로써 오랜 그리스-페르시아 전쟁은 종식된다.

페르시아인들이 이런저런 전쟁들에서 잔인한 전술을 사용했음에는 의심의 여지가 없다. 예를 들어 이오니아 반란을 진압하며 성인 남성 생존자들을 살해하고, 소년들을 거세했으며, 가장 아름다운 여성들은 다리우스 1세의 궁정으로 보냈다. 객관성 덕분에 이름난 사람이 아님을 감안할 필요는 있으나 아무튼 헤로도토스는 "도시 전부, 신전을 포함한 모든 것이 불에 탔다" 그리고 살아남은 이오니아인들은 노예가 되었다고 썼다.[33]

하지만 전쟁에서 잔인했던 것은 그리스인 또한 마찬가지였으며 동족 그리스인에게도 예외가 아니었다. 제국주의 아테네가 스파르타가 이끄는 그리스 국가연합과 대결했던 펠로폰네소스 전쟁(BCE 431~BCE 404년)에서 그 예시를 찾을 수 있다. 이 전쟁과 관련된 유명한 일화로 BCE 416년 여름 아테네의 멜로스 침공이 있다. 멜로스인들은 전쟁에서 중립을 지키겠다고 읍소했지만, 투키디데스가 썼듯이 아테네인들은 "징집 연령인 멜로스 남성들을 죽이고, 여성과 어린이들은 노예로 삼았다".[34] 대량 학살을 연구한 어느 현대 역사가가 주장했듯이, "멜로스인에게 한 처사는 어떤 기준에서 보아도 인류에 대한 범죄였다".[35] 다시 말해 그리스인과 페르시아인 모두 잔혹한 폭력을 저질렀음에도 서구 역사가들은 페르시아인을 보편적으로 잔인한 사람으로, 그리스인을 온건하고 절제된 사람으로 일반화하여 묘사하는 데 몰두했다.

학자들은 아테네의 대량 학살에 대한 예시로 멜로스를 가장 주목하지만 그것이 유일한 사례는 아니다. 예전에 아테네의 동맹국이던 북그리스의 스키오네라는 또 다른 사례가 있으며, 아테네와 동맹을 맺었던 또 하나의 폴리스인 레스보스의 미틸레네도 멜로스와 거의 비슷한 운명을 겪을 뻔했다. 미틸레네의 무조건적 항복에 개의치 않고 아테네 의회는 징집 연령인 모든 남성을 살해할지 여부를 투표에 부쳤다. 심지어 그 결정이 철회되었음에도 반란을 선동했다는 이유로 미틸레네인 1000명가량을 처형한다.[36] 이러한 일화들은 아테네가 보여주듯이 공화국 또는 민주국가가 본질적으로 더 평화롭거나 덜 비인간적인 것이 아님을 상기시키는 유용한 자료이며, 이 점은 이 책 후반부에서 다룰 것이다.

서구 역사가들은 편향된 그리스 기록에 의존해 그리스 사회의 자유와 민주주의 범위를 과장한 것과 마찬가지로 페르시아 제국이 피지배자들에게 제공한 개방성과 문화적 포용성을 과소평가했다. 이러한 지배적인 서구적 관점은, 언급했듯이 모든 그리스인이 페르시아인을 부정적으로 본 것은 아니겠으나 편향된 그리스 작가들의 영향을 크게 받았다. 반면 플라톤은 키루스 시대의 페르시아인들이 "피지배자들에게 자유를 나누어 주고 평등한 지위로 발전시켰다"고 했다. 그는 계속해서 "만약 그들 중 현명한 사람이 있어서 조언을 할 수 있으면, 왕은 질투하지 않고 자유로운 발언을 허용했다. 왕은 도움이 될 어떤 조언도 존중했기에 그런 조언을 하는 사람은 자신이 가진 지혜의 열매로 공동의 재산에 기여할 기회를 획득했다. 결과적으로 그 당시 그들의 모든 노력은 자유, 우정, 이성의 상호 교환 덕분에 진전을 이루었다”라고 말한다.[37]

플라톤의 사색을 액면 그대로 받아들일 수는 없어도 풍부한 역사적 증거에 근거할 때 아케메네스 페르시아 제국이 패배한 민족들을 포함해 역사상 존재한 제국들 가운데 가장 관용적 제국 가운데 하나였다는 점은 의심의 여지가 없다. 구약성경에 나와 있듯이 키루스는 네부카드네자르가 바빌론에 추방했던 유대인들이 예루살렘으로 돌아가 성전을 재건하도록 허락했다. 현재 영국 박물관이 소장한 점토 원통에는 자신을 '세계의 왕'이라고 칭하는 키루스의 바빌론 정복(BCE 539년)에 대한 텍스트가 기록되어 있다. 이 텍스트는 키루스가 현지 주민의 노예 노동을 중단시키고, 이웃 국가들의 사원과 종교적 숭배를 복원했으며, 유대인들에게 허락했듯이 바빌론에 추방된 사람들의 귀향을 허용했다고 명시한다.[38]

일정 부분 이러한 관용 덕분에 명성을 얻은 키루스는 알렉산드로스 대왕부터 토머스 제퍼슨에 이르기까지 시대를 통틀어 세계 지도자들의 롤 모델이 되어왔다. 키루스를 이상적인 통치자로 본 그리스 역사가이자 철학자 크세노폰은 《키로파에디아_Cyropaedia_》(사본은 워싱턴 DC 스미소니언 박물관이 소장하고 있다)로 이 페르시아 황제를 기록했다. 〈미국독립선언〉을 작성한 제퍼슨은 《키로파에디아》를 읽고 특히 지배적인 종교 없이 다양한 문화로 이루어진 국가라는 페르시아 모델에 매료되었다.[39]

그럼에도 서구는 페르시아에 대한 부정적인 묘사를 관례로 받아들였다. 이는 페르시아 제국이 정복한 영토에 대한 간접 통치를 선호함으로써 기존 문화의 번성을 허용했다는 점을 무시하는 것이다. 페르시아가 아나톨리아 해안의 그리스 식민지를 통치하면서 그리스의 지적 활동을 억압하지 않았던 것도 이러한 사례 가운데 하나다. 이 지역은 페르시아인들이 임명한 현지 그리스 통치자들 아래에서 과학적·철학적 성과를 계속 이어갔다.[40] 그리스 철학의 기원(BCE 580~BCE 500년으로 추정)은 페르시아의 아나톨리아 정복 시기와 겹친다. 탈레스(BCE 624~BCE 548년), 아낙시만드로스(BCE 610~BCE 546년), 아낙시메네스(BCE 585~BCE 528년) 등 이오니아 최초의 거물급 사상가들은 페르시아 통치 이전의 인물이지만 페르시아 패권 시기에 등장한 철학자들도 있다. 에페소스의 헤라클레이토스(BCE 540년 출생)가 그중 하나다. 그는 우주를 정체 상태가 아닌 끊임없이 변화하는 상태로 보았으며, 그의 사상은 플라톤에게 영향을 미쳤다.

페르시아나 페르시아의 지원을 받은 그리스 통치자들이 그리스 지식인들을 탄압했다는 증거는 거의 없다. 반대로, 그리스인들은 정통에 도전하고 페르시아 편에 선 자신들의 철학자들을 박해했다. 일식과 운석에 대해 최초로 과학적 설명을 제시한 아낙사고라스는 BCE 500년 당시 페르시아 지배하의 클라조메나에서 태어났다. 과업을 수행하고자 아테네로 간 그는 친페르시아적pro-Persian 견해 때문에 추방당한다. BCE 500년경, 이오니아 반란의 중심지였던 밀레투스는 복구되었으며, 페르시아의 간접 통치 하에 지적으로나 경제적으로 '번성'하는 것으로 보였다.[41]

정치적으로는, 그리스 도시국가 상당수 그리고 테베, 아르고스, 메가라 같은 중부 그리스 지역의 도시들을 포함하는 무역 정착지들이 아테네나 스파르타 같은 그리스 세력의 통치나 보호보다는 페르시아의 통치나 보호를 선호했다. "페르시아인들의 온화한 지배는 그리스 적들의 파괴적인 가혹함보다 덜 악했다."[42] 때로는 델피의 신탁조차도 폴리스들에게 페르시아 편을 들라고 조언했다. 페르시아의 통치는 그리스의 통치보다 느슨하고, 지역 자치권을 존중했다. 뿐만 아니라 페르시아 제국의 광범위한 도로와 운송 체계는 정복당한 국가에 무역 활성화의 기회를 제공했다.

　페르시아의 군사 및 행정체제에 종사하는 그리스인들도 많았다. 알렉산드로스 대왕이 페르시아 제국에 대한 공세를 시작했을 때 상대편에는 종종 페르시아에 복무하는 그리스 병사들과 지휘관들이 있었다. 알렉산드로스가 군사적 충돌에서 처음으로 페르시아에 승리한 그라니쿠스(현 튀르키예 비가강) 전투에서도 마찬가지였다(단, 페르시아 왕 다리우스 3세는 이 전투에 참여하지 않았다). 또한 페르시아는 내부 문제에 직면하거나 숙청 위기에 처한 그리스인들에게 탈출구를 제공했다. 살라미스의 영웅으로 칭송받던 테미스토클레스는 아테네가 등을 돌리자 피난처를 찾아 페르시아 궁정으로 도피했고, 그곳 총독으로 여생을 보냈으니 아이러니가 아닐 수 없다.

　더욱이 페르시아는 여러 그리스 도시국가들을 보호하면서 약탈을 일삼는 이웃 그리스 국가들에게 독립을 빼앗기지 않도록 도왔다. 예를 들어 BCE 4세기에는 이들 도시국가 중 일부가 초강대국 페르시아의 지원으로 스파르타, 아테네, 테베의 정복을 좌절시키기도 했다.[43] 마찬가지로 페르시아의 개입은 펠로폰네소스 전쟁의 결과에 결정적이었다. 여기서 큰 역할을 한 것은 페르시아의 군사력보다는 페르시아의 자금, 즉 페르시아의 금이었다. BCE 404년 아테네의 몰락은 스파르타 해군력을 증강시킨 페르시아의 자금 지원으로 인한 것이었다.[44] 그리스 도시국가들은 종종 페르시아의 균형자 역할에 의존했다. 세계질서 구축에 있어서 그리스 도시국가 체제는 자율적이지 않았고, 사실 여러 면에서 페르시아-헬레닉Persian-Hellenic 체제였다.[45]

　세계질서를 연구하는 학생들에게 이오니아 반란 이후 페르시아가 그리스 본토 문제에 개입한 이유를 묻는다면 좋은 질문이 될 것이다. 이미 언급했듯이, 한 가지 이유는 반란을 지원한 아테네를 응징하려는 것이었다. 이때 페르시아의 개입은 혼돈 방지와 제국 내외의 안정 유지라는 보편적 책임을 부과한 아케메네스 세계관에 따라 이루어졌다.[46] 이는 특이한 일이 아니다. 앞서 보았듯이, 혼돈 방지와 질서 확립은 역사를 통틀어 문명과 제국이 세계질서를 구축하는 데 핵심 동기가 되었기 때문이다. 2차 세계대전 후 미국이 자신만의 세계질서 구축에 착수했을 때도 거의 마찬가지였다.

그리스-페르시아 갈등의 마지막 요점은 다음과 같다. 그리스인에게 승리는 패배보다 더 큰 의미를 가졌고, 페르시아인에게 패배는 큰 의미가 없었다. 페르시아인들은 더 큰 문제, 특히 광대한 제국을 관리하는 일 등 더 중요한 일이 있었고, 여기에는 서로 많이 다투는 그리스인들 사이의 평화를 유지하는 것도 포함되었다. 그리스인들은 페르시아 전쟁이 자신들의 정체성 발전에 핵심적이라고 보았지만, 페르시아인들에게 그리스 내의 갈등은 대체로 사소하고 주변적인 문제였으며, 문제가 발생해도 큰 고통을 받지 않았다.[47]

오늘날의 기준으로 볼 때 페르시아 세계질서에 어둡고 폭력적인 측면이 없었다는 말이 아니다. 그보다는 서구 세계질서의 역사에 관한 서사가 페르시아 제국의 불쾌한 측면에만 초점을 맞추었으며, 다른 비서구 세계질서의 부정적인 요소들도 마찬가지 취급을 했다는 것이다. 서구의 지배적인 생각은 그리스를 서구 자유주의의 자유롭고 온화한 세계질서의 발상지로서 제시하는 것이었다. 반대로 페르시아와 다른 문명들은 완벽하게 독재적이며 따라서 평화롭고 진보적인 세계질서에 긍정적 기여를 할 수 없는 것으로 묘사한다. 그러나 고대 그리스에 대한 이러한 찬양과 비서구 문명에 대한 이러한 비난은 역사에 대한 편협하고 편향된 시각이며, 세계가 새로운, 탈미국적post-American 세계질서로 치닫는 상황에서 재검토될 필요가 있다.

알렉산드로스와 교육

BCE 4세기 아케메네스 페르시아 제국은 알렉산드로스 대왕에게 패배했다.[48] 이 승리로 알렉산드로스는 고대 세계에서 가장 위대한 정복자가 되었을 뿐만 아니라 가장 위대한 동방의 제자가 되었다.

알렉산드로스는 아버지 필리포스의 무자비하고 어쩌면 무정한 감시 아래 마케도니아의 궁정에서 자랐다. 필리포스는 스스로를 그리스 전사이자 신으로 변모한 헤라클레스의 후손이라고 주장했으며, 알렉산드로스는 자신을 트로이 전쟁의 전설적인 영웅 아킬레우스의 후손으로 여겼다. 알렉산드로스의 어머니 올림피아스는 그가 신적 존재로 태어났다고 확신했고, 알렉산드로스 자신도 결국 이 믿음을 받아들였다. 그는 자신을 필리포스라는 필멸의 아버지가 아닌 그리스의 하늘 신이자 번개를 휘두르는 자, 보호자이자 통치자인 제우스의 아들로 생각했다.

이러한 변화는 어떻게 발생했을까? 그것은 알렉산드로스의 이집트 원정(BCE 332~BCE 331년), 특히 옛 수도 멤피스와 북서부의 시와 오아시스에서 일어났다. 이와 관련해 약간의 배경 지식이 도움이 될 것이다. 알렉산드로스가 BCE 332년 멤피스에 도착했을 때, 그는 이미 페르시아 왕 다리우스 3세와 힘든 전쟁을 치렀고, 전년도 11월에는 이수스 전투(오늘날의 튀르키예 남부)에서 그를 물리친 바 있었다. 다리우스 3세의 어머니와 아내, 두 딸은 마케도니아인들에게 포로로 잡혔지만 다리우스 3세 자신은 탈출했고, 페르시아는 아직 정복당하지 않은 상태였다. 그러나 알렉산드로스는 주된 목표인 페르시아에 대한 최종 공격으로 전환하기 전 이집트로 우회하기로 결정했다.

이 운명적인 결정에는 두 가지 이유가 있을 수 있다. 이집트는 페르시아 제국의 일부였으므로, 알렉산드로스가 그 지역의 다른 페르시아 속주들과 함께 이집트를 정복하는 것이 논리적이었다. 따라서 이집트 점령은 알렉산드로스의 주요 정치적 목표인 페르시아 정복의 중요한 단계였다.

그러나 이집트는 제국의 가장 서쪽 부분이었고 페르시아의 느슨한 통치를 받고 있었다. 훨씬 더 동쪽에 있는 바빌론으로 도피한 다리우스 3세를 물리치는 것이 목표라면 이집트 점령에는 큰 전략적 이득이 없었다. 더욱이 이집트로의 우회는 알렉산드로스가 횡단해야 할 1600킬로미터 이상의 위험한 사막을 추가로 포함했다. 페르시아 제국 정복이 의심의 여지 없이 알렉산드로스의 주된 목표였음을 고려하면 이집트 원정은 전략적으로 중요한 의미가 없었다. 이수스에서의 승리 후 페르시아 왕이 병력을 재편성하고 재건하기 전에 다리우스 3세를 즉시 추격하는 것이 알렉산드로스에게는 더 합리적인 선택이었을 것이다.

알렉산드로스가 이집트 우회를 결정한 두 번째 이유는, 정치적이기보다는 개인적이고 심리적인 동기에서 비롯되었다. 그리스인에게 이집트는 페르시아와는 달리 문화적 매력이 있었다. 그들은 이집트의 종교를 존중하고 그들의 건축물에 경탄했다. 그러므로 신으로 인정받고 싶다는 알렉산드로스의 열망을 실현하기에 완벽한 장소였다. 이집트에는 알렉산드로스가 자신을 신성한 세계 정복자로 재해석하게 해주는 파라오 사원들이 있었다.

이때 알렉산드로스가 최초로 한 행동이 멤피스에서 이집트의 신성한 황소 하피Hapi(그리스어로는 아피스Apis)에게 제물을 바치는 것이었다고 해서 놀랄 일이 아니다. 그 대가로 그는 상이집트와 하이집트를 상징하는 이중 왕관을 받았는데 이 왕관은 파라오에게만 허용되는 것이었다. 알렉산드로스의 현대 전기 작가 피터 그린이 썼듯이, 이 사건과 그가 이집트에서 보낸 다음 몇 달은 알렉산드로스가 "깊이 느끼는 감정적·영적 경험"으로 변모했다. "젊은 마케도니아인은 파라오로 엄숙히 즉위하면서 (…) 마침내

[그의 어머니] 올림피아스의 신적 출생설에 대한 믿음을 완전히 받아들이는 환경과 접한다."[49]

멤피스를 떠난 알렉산드로스는 서쪽으로 향하여 리비아 사막에 있는 유명한 시와 신탁 신전을 방문했다. 이곳은 그리스-이집트 혼종 신을 따서 명명한 제우스-아문 또는 암몬 신전이었다. 국수주의적인 그리스인들은 일부 외국 신들을 자기네 판테온에 흡수하여 자신들의 신들 중 하나와 동일시했다. 이들은 이집트의 가장 중요한 신 중 하나인 아문-레의 후손들이 파라오라고 믿었으며, 아문-레는 고대 그리스의 가장 강력한 신인 제우스와 동일시되어 제우스-아문을 형성했다.

그림 3: 이집트의 신성한 왕으로 묘사된 알렉산드로스 대왕이 제우스-아문 신에게 경의를 표하고 있다(룩소르 신전).

알렉산드로스의 원정기를 기록한 그리스 역사가 아리아노스가 전하는 바에 따르면, 알렉산드로스는 제우스-아문의 신탁이 '진실'이었기에 존경했으며, 미래에 자신에게 어떤 일이 벌어질지 알고 싶어 했다.[50] 마케도니아인이 시와에 도착하자 신전의 사제는 "알렉산드로스를 암몬의 아들로 맞이했다".[51] 알렉산드로스는 "자신이 세계를 지배할 운명인지" 신탁을 구했는데[52] 신전 안에서 정확히 무슨 일이 일어났는지 아무에게도 말하지 않았다. 아마도 사제는 그가 실제로 그렇게 된다고 답했을 것으로 추정된다.

고대 그리스인들은 개인의 신성함을 '신이 되는 것'과 '신의 아들이 되는 것'이라는 두 가지 유형으로 구분했다. 이집트에서 알렉산드로스는 두 가지 모두였다. "그리스인의 마음속에 항상 반쯤은 신비롭기까지 한 경외감을 불러일으키는 문명인 고대 이집트의 장엄함 속에서 그는 자신이 진정으로 신이자 신의 아들이라는 사실을 알게 되었다"고 그린은 썼다. 이것은 "그의 삶에서 심리적 전환점"이 되었다.[53]

이집트에서 종교적 충만감을 맛본 알렉산드로스는 최종적으로 페르시아를 패배시키고 자신을 아시아의 군주로 확고히 한다는 정치적 성취에 관심을 돌렸다. 그의 의도는 이수스에서 다리우스 3세에게 최초의 승리를 거둔 후 이미 분명해졌다. 아리아노스에 따르면, 페르시아 통치자는 알렉산드로스에게 동맹을 제안하는 서신을 보냈다. 이에 대해 알렉산드로스는 "앞으로 전갈을 보낼 때는 나를 아시아의 왕으로 칭하시오"라고 답했다.[54]

이 지점에서 알렉산드로스가 그리스식 공화정보다 동양식 군주제를 선호했으며, 특히 페르시아 군주제에서 영감을 받았다는 점을 강조하고 싶다. 그의 아버지 필리포스는 페르시아 정복을 통해 신적인 왕의 지위를 구하려 했다.[55] 그리스 수사학자 이소크라테스는 필리포스에게 편지를 써서 다음과 같이 권했다. "필리포스시여, 지금 위대함으로 칭송받는 왕(즉 페르시아 대왕)이라고 불리는 왕에게 당신의 명령을 따르도록 강요한다면 (…) [그에게는] 신이 되는 것 말고는 아무런 선택지가 없습니다."[56]*

알렉산드로스는 또한 페르시아 체제를 모방했는데 이런 면에서는 스승이던 저명한 그리스 철학자 아리스토텔레스의 영향을 받았을 가능성이 높다. 알렉산드로스는 학업을 마친 후에도 오랫동안 아리스토텔레스에 대한 존경심을 잃지 않았다.[57] 오늘날의 사람들은 아리스토텔레스가 군주제를 민주주의보다 우월한 정부 형태로 여겼다는 사실에 놀랄 수도 있다. 아리스토텔레스는 민주주의가 "무정부적인 폭도 통치"를 낳는다고 믿었으며, 군주제가 통치자의 이기적인 이익을 위한 것(그럴 경우 폭정으로 분류된다)이 아니라면 공동선을 위한 역할을 할 수 있다는 가능성을 열어두었다.[58] 일부 역사가들은 아리스토텔레스가 페르시아 군주제를 폭정으로 보지 않았다고 주장한다. 그는 키루스 대왕을 이전 통치자인 메디아인으로부터 백성을 해방시킨 덕망 있는 왕이라고 칭송했다.[59]

이렇게 알렉산드로스는 정복한 영토에 그리스인들의 공화정 폴리스 체제를 수립하는 대신 페르시아의 위대한 왕을 모방하여 자신의 통치를 확립했다.[60] 새로운 제국을 관리하기 위해 그는 사트라프라는 페르시아 행정 체제를 채택해 사트라프에 임명된 사람들이 그들의 주군인 알렉산드로스 자신에게 충성을 맹세하도록 만들었다.[61] 예를 들어 그는 지금의 튀르키예 중부 지역인 그리스 왕국 프리지아에서 칼라스 장군을 사트라프로 임명하고 자신의 종주권 아래 두었다. 간단히 말해, 알렉산드로스는 "페르시아 제국을 정복했다기보다는 그 왕좌를 찬탈했다".[62] 그는 페르시

---

* 이소크라테스가 필리포스의 페르시아 침공을 부추기면서 그 정당성을 찬양한 편지에 나오는 말.

아 세계질서를 모방하고 채택하고 있었다.

알렉산드로스는 군주제 출신이었지만, 마케도니아 궁정은 페르시아 궁정보다 권력이 제한적이었고 왕실 관습이 덜 화려했다. 페르시아는 그에게 신성한 왕이자 보편 군주로서의 완전한 위엄과 권위를 보여줄 기회를 제공했다.

또한 알렉산드로스는 페르시아와 그리스 문명을 융합하여 '세계 왕국' 또는 '인류의 형제애'를 건설함으로써 공통의 정치질서를 만들려고 노력했다.[63] 페르시아를 비롯한 정복당한 영토의 여성들과 그리스 및 마케도니아 남성들의 결혼을 주선한 것도 이러한 행위의 일환이었다. 마찬가지로 알렉산드로스 자신도 소그디아나(지금의 우즈베키스탄에 위치한 이란 문화권에 해당한다.)의 공주 록사나와 결혼한다. 그는 마케도니아인들과 그리스인들이 페르시아 관습과 복장을 채택하도록 촉구했으며 그 반대도 마찬가지였다. 또한 그는 인도 국경에서 이집트 지중해 연안에 이르기까지 다양한 민족 간의 경제적·문화적 연결을 촉진하기 위해 일련의 도시들을 건설하고 모두 '알렉산드리아'로 명명했다. 이 도시들은 과학과 철학을 포함한 그리스 사상과 혁신을 동쪽으로 확산시켰고, 그 반대로 동양 사상과 문화를 그리스 세계로 확산시켰다. 가장 극단적 사례로, 알렉산드로스는 페르시아 왕처럼 옷을 입었을 뿐 아니라 마케도니아인과 그리스인 지휘관들이 자신에게 다가올 때는 엎드리라고 명했다. 아리아노스은 알렉산드로스가 아케메네스 통치자들처럼 자신도 신성한 왕이라는 사실을 보여줌으로써 새로운 페르시아 신하들의 충성심을 고양하고자 이처럼 특정한 페르시아 궁정 의식을 채택했음을 시사한다.[64]

페르시아 통치자로서 알렉산드로스의 정책은 역설적 효과를 가져왔다. 한편으로 이는 비非그리스인들을 동식물처럼 대하라는 아리스토텔레스의 견해를 비롯해 그리스인들의 고립된 사고방식에 도전하는 것이기도 했다. 알렉산드로스의 행위는 이제 그리스인들이 일부 비그리스인들을 문명인으로 받아들여야 한다는 것을 의미했다. 이렇게 그는 인류의 통합을 의미하는 공유된 '호모노이아homonoia'에 대한 인식을 더욱 고취했을 수 있다.

다른 한편, 알렉산드로스의 공유된 인류라는 생각은 그리스인 동족 및 마케도니아 지휘관 일부의 반대를 불러왔으며 심지어 조롱을 유발하기도 했다. 예를 들어 로마 역사가 퀸투스 쿠르티우스 루푸스의 말에 따르면 알렉산드로스의 보좌관 중 하나인 헤르몰라우스는 알렉산드로스가 페르시아 관습을 채택하자 너무 못마땅해서 이렇게 말했다.

> 당신은 우리를 야만인에게 내던지고, 기이한 방식으로 승리자가 굴욕을 당하게 했습니다. (…) 당신을 기쁘게 하는 것은 페르시아인들의 복장과 습성입니다. (…) 당신은 고향의 관습을 혐오하게 되었습니다. (…) 당신은 마케도니아인이 당신에게 무릎 꿇고 당신을 신처럼 숭배하기를 바랐고, 필리포스를 아버지로 인정하지 않으며, 만약 주피터(로마인들이 그리스 신 제우스를 일컫는 이름)보다 더 위대한 신이 있다면, 당신은 주피터마저 경멸했을 것입니다. 자유인인 우리가 당신의 오만함을 견뎌낼 것인지가 의문인가요?[65]

그리스 철학자 칼리스테네스는 알렉산드로스의 맹렬한 반대자였다. 그는 알렉산드로스가 그러한 "과도한 영광"을 받아들임으로써 "신들을 부당하게 격하시켰다"고 주장했다. 왜냐하면 그리스 문화에서는 오직 신에게만 엎드려 절했기 때문이다.[66]

알렉산드로스가 그렇게 일찍 죽지 않았다면 그리스와 페르시아 문명을 통합하려는 그의 노력은 결실을 맺었을 수도 있다. 그럼에도 그는 죽음

속에서도 신성 왕권 제도를 영속시키는 데 기여했다. 이 제도는 앞서 언급했듯이 BCE 3000년경 수메르인과 이집트인이 만들어낸 독특한 발명품이었다. 알렉산드로스 사후 그의 장군이던 프톨레마이오스에게서 시작된 프톨레마이오스 왕조는 이집트를 통치하면서, 알렉산드로스가 신성한 파라오 지위로 전환했던 것을 모방한다. 오늘날 이집트 룩소르 신전을 방문한 사람들은 알렉산드로스 사후 프톨레마이오스 왕조가 건설한 '알렉산드로스 성소'에서 알렉산드로스와 프톨레마이오스 통치자들이 암몬 신에게 제물을 바치는 모습을 새긴 부조를 볼 수 있다. 알렉산드로스는 수많은 동서양 통치자들의 롤 모델이 되었다. 로마 제국의 창시자 아우구스투스 또한 알렉산드로스를 숭배하고 그를 본받으려 했다. 아우구스투스는 알렉산드로스의 묘지를 방문하고 꽃과 금관을 올렸다. 프톨레마이오스 통치자들의 무덤도 보고 싶냐는 질문에 아우구스투스는 "나는 왕을 보고 싶었지, 시체를 보고 싶지는 않았다"고 답했다.[67] CE 15세기, 믈라카 술탄국의 창시자 파라메스와라는 자신이 이스칸다르(알렉산드로스의 말레이 이름)의 후손이라고 주장하기도 했다.

그리스인들은 과학, 철학, 의학, 정치, 예술 분야에서 서구 문명에 막대한 공헌을 했고, 이는 세계 문명의 발전에 필수적이었다. 그렇다고는 해도 서양 사상의 초석이 되어온 고대 그리스 문명을 낭만화하고 과장하는 것은 부당하다. 고대 인도에 대한 저명한 역사가 로밀라 타파르의 표현에 따르면, 이는 다른 문명들의 '열등감'을 조성했다.[68] 대조적으로, 그리스 문제의 관리라는 면에서 페르시아의 역할 및 세계질서에 대한 그들의 기여는 주로 편향된 그리스 역사가들의 기록에 의존하는 서구 서사에서 비난받고 무시당한다. 세계는 그리스 문명의 유산을 인정해야 한다. 그러나 서구와 전 세계는 또한 페르시아의 유산인 종교적·민족적 관용, 타 문화 수용 능력, 광대한 영토 관리 능력을 배울 수 있다.

알렉산드로스 대왕의 이야기는 동양 사상과 제도가 서양에 영향을 미치고, 문명들 간의 상호작용이 세계질서를 추진시킨 수많은 사례들 가운데 최초의 것이다. 중국, 인도, 이슬람이 그 뒤를 따른다. BCE 326년, 인도 정복을 추구하던 알렉산드로스는 히다스페스강에서 포루스 왕과 격렬한 전투를 벌였다. 알렉산드로스는 전투에서 가까스로 승리했지만 병사들은 너무 큰 충격을 받아 인도 본토 정복을 위한 동쪽으로의 진군을 거부했다. 이로 인해 히다스페스 전투는 알렉산드로스의 마지막 전투가 되었고, 그는 3년 후 바빌론에서 생을 마친다.

다시 말해 알렉산드로스는 패배한 것이 아니라 인도 국경에서 더 이상의 정복을 단념하게 되었다. 그는 전투에서 승리했지만 인도와의 전쟁에서는 패배한 셈이다. 이것은 인도를 잠재적인 마케도니아 식민지화로부터 구해 냈으며, 다른 인도 전사들이 자신들의 영토 확장을 추구하도록 허용했다. 젊은 찬드라굽타는 이들 중 하나로, 그리스 역사가 플루타르코스의 기록을 믿는다면 그는 "알렉산드로스를 직접 보았다". 그 후 얼마 지나지 않아 찬드라굽타는 인도 최초의 마우리아 제국의 창시자가 되었다. 플루타르코스는 찬드라굽타가 권력을 잡은 후 "알렉산드로스가 인도를 거의 정복할 뻔"했음을 "자주 언급했다"고 덧붙였다.[69] 마우리아 지도자는 이로써 알렉산드로스의 아시아 후계자인 셀레우코스 같은 외세 침략자들에 맞서 방어하려면 자신만의 강력한 제국을 건설해야 한다는 충동을 주입받았을 것이다. 그리고 그는 이를 성공적으로 수행했다. 다음 장에서는 인도 이야기에 초점을 맞추고자 한다.

제3장 정복과 연민

인도의 기원

최초로 알려진 인도 문명은 BCE 3000년경 인더스강 유역에서 번성했다. 주요 고고학 유적지 중 한 곳의 이름에서 따와 인더스 문명 또는 하라파 문명이라 칭하는 이 문명은 BCE 2000년경 초에 쇠퇴했다. 그런데 쇠퇴 과정에서 폰토스 스텝 지역을 기원으로 하며 북서부 경로로 이주해 온 인도-유럽어족 사람들이 이곳에 도착했다. 인도에서는 이 이주의 규모와 영향에 대한 열띤 정치적 논쟁이 있었고, 일부는 그것이 과연 실재했는지조차 의심해 왔다. 그러나 최근의 유전학 연구들은 북인도에 새로운 사람들이 도착했음을 확인해 주었다.[1] 이는 새로운 문화가 오래된 문화를 침략하거나 대체한 것이 아닌 양자 간의 융합이었을 가능성이 높다. 이때 인도 문명의 다음 단계가 형성되었고, 힌두교의 네 가지 주요 베다Vedas, 즉 신성한 경전에 강한 영향을 받았다.[2] 처음에는 갠지스강 평야에 집중되었던 힌두-베다 문화는 점차 남쪽으로 확산되어 기존 지역 문명들을 흡수하고 상호작용하면서 오늘날까지 존재하는 인도 종교, 문화, 철학, 생활 방식의 핵심적이면서도 다양한 요소들을 형성했다.

정치적으로는, 인도는 작은 정치체들로 분열되어 있었다. 인도의 첫 번째 통일 제국이 BCE 4세기 후반 마우리아 왕조 아래에서 출현하기까지는 1000년 이상이 걸렸다. 힌두-불교 제국과 왕국들은 CE 10세기경 이슬람이 도래할 때까지 인도 대륙에 번갈아 등장했다. 그 후 일련의 무슬림 왕조들이 북인도를 통치했으며, 일부는 남쪽으로 멀리까지 확장되었는데 그중 가장 주목할 만한 것은 델리 술탄국과 무굴 제국이다. 이들은 17세기에 도착한 영국이 서서히 점령하게 될 힌두 국가들과 경쟁하고 공존했다. 영국인들은 그곳을 자기네 제국의 '왕관의 보석'으로 여기며 통치하다가 1947년 인도가 독립하면서 물러갔다.

인도는 세계에서 가장 오래된 문명 중 하나다. 사실, 어떤 면에서는 가장 오랫동안 지속되고 있는 문명일 가능성이 매우 높다. 수메르, 이집트, 페루는 인도보다 더 오래된 문명이라고 할 수 있지만, 이들을 대체한 사회와 국가들은 초기 형태와의 연속성이 거의 남아 있지 않다. 수메르와 이집트는 CE 7세기 이후 이슬람에 의해 문화적으로 변형되었는데 이전에 그리스-로마 식민지화에 의해 변형되었던 이집트보다 강도가 훨씬 심했다. 페루 문명은 유럽 식민지화에 의해 소멸되었다. 이것이 원주민적 요소가 살아남지 못했다거나 오늘날 중요하지 않다는 의미는 아니다. 그러나 인도와 중국은 모두 외국의 침략과 지배를 받았음에도 다른 초기 문명들보다 본래의 문화를 아주 많이 유지했으며, 오늘날 그들의 사회질서에 대한 수많은 접근 방식은 아득한 과거를 떠올리게 한다.

이 둘 중 인도가 더 일찍 시작했다. 하라파 문명의 출현에 대한 가장 최근의 추정치는 BCE 2500년경이며, 중국 하나라는 BCE 2000년경에 출현했다. 이 이론을 확립하기 위해서는 인도와 중국 양측에서 민족주의로 편향되지 않은 연구가 필요하다. 여하간 인더스 계곡 사람들과 스텝 이주민들 간의 상호 문화 동화 가설이 사실이라면 두 그룹의 일부 핵심적인 사회적 특징과 신념을 보존하고 있는 인도가 세계에서 가장 오랫동안 지속되는 문명이라고 주장할 수 있을 것이다.

이 책의 목적 달성에 더 중요한 것은 정치, 지식 개발, 국가 간 관계에 관한 세계질서의 핵심 특징들을 발전시키는 데 있어서 인도가 한 역할이다. 여기에는 공화정 정부의 초기 형태, 우주의 기원에 대한 합리적이고 철학적인 탐구 그리고 제국을 조직하는 방법이 포함된다. 또한 인도에서는 세계질서를 조직하는 두 가지 대조적인 방식이 나왔는데, 하나는 무자비한 전쟁과 제국주의를 통한 것이었고, 다른 하나는 도덕성과 자비로운 통치 그리고 적대자들에 대한 평화로운 수용을 통한 것이었다. 인도는 문명이 정복이나 강압 없이도 어떻게 종교와 정치 사상을 외국으로 수출할 수 있는지 가장 놀라운 예시를 제공한다. 이러한 근본적인 기여의 대부분은 BCE 2000년 중반경에 시작된 인도 역사에서 이슬람 이전 시대부터 이미 나타났고, 이슬람과 영국 식민지 시대를 통해 계속 활력을 유지했다. 이제 그 근본적 요소들로 눈을 돌려보자.

하라파 사람들의 사회생활과 생활 조건은 계속 진행 중인 발굴을 통해 알려졌지만, 그들의 문자언어는 아직 해독되지 못했다. 그러나 균일한 크기의 구운 벽돌로 지은 건물, 공중목욕탕, 덮개가 있는 하수도 등을 포함해 활용 가능한 증거들은 하라파 문명이 당시 가장 고도로 도시화된 문명이었을 가능성이 높으며, 동시대 수메르와 이집트 문명보다 훨씬 더 그러했음을 시사한다. 하라파의 표준화된 도량형은 조직화된 상업 활동을 나타내며, 우르 같은 동시대 수메르 중심지들과의 활발한 무역 관계에 대한 증거도 존재한다. 그러나 하라파 사람들의 정치체제는 여전히 불분명하다. 지금까지 이루어진 고고학 발굴에서 거대한 사원, 궁전, 부유한 매장지 같은 기념비적인 건축물의 증거가 발견되지 않았기 때문에 일부 역사가들은 하라파 문명을 이집트와 수메르의 고도로 계층화된 사회와는 다른 '평등 사회'로 보기도 한다.[3]

우리는 BCE 2000년 이후 북인도의 정치체제에 대해 더 많은 것을 알고 있다. 이 시기에는 점차 더 크고 조직화된 정치체들이 부상한다. BCE 600년경 북쪽에는 '마하자나파다스Mahajanapadas'라고 하는 16개의 정치체가 있었다. 즉 카시, 코살라, 앙가, 마가다, 브리지, 말라, 체티, 바차, 쿠루, 판찰라, 밤사, 슈라세나, 아슈바카, 아반티, 간다라, 캄보자이다. 이 마하자나파다스 중 세습 귀족이 통치하는 다섯 곳을 '가나상가gana-sanghas'라고 불렀는데 말 그대로 '사람들의 모임'을 의미하는 공화정 체제였다.

이 고대 인도 국가체제는 무정부적이었다. 여기서 '무정부적anarchic'이라는 용어는 무질서를 의미하는 것이 아니라 황제나 교황 같은 더 높은 정치적 혹은 정신적 권위의 부재를 나타낸다. 가나상가는 다른 군주국이나 제국보다 더 많은 사람들의 참여를 허용했다. 통치자를 선택하는 방법은 주로 동료 귀족들이 행하는 선거였는데 고대 그리스 도시국가 및 가나상가와 거의 동시대였던 로마 공화정의 방식과 다소 유사하다.

고대 그리스의 정치체제는 일률적이지 않았으며 군주정, '민주정', '독재정'으로 구성되어 있었음을 잊어서는 안 된다. BCE 509년 로마 왕국의 전복 후 시작되어 미국의 모델로 여겨지는 로마 공화정은 민주정은 아니었지만, 그럼에도 공화정 국가였다. 마찬가지로, 고대 인도 공화정 공동체 중 일부에서도 많은 사람들이 정부에 어느 정도 발언권을 가졌다.[4] 그리스 도시국가들처럼 이 인도 공화국들도 소수가 지배하는 것이었는데, 이는 정치 참여와 투표권이 경제적 특권 계층에 한정되었음을 의미한다. 이렇게 볼 때 인도 또한 인류 역사상 공화정 제도의 가장 초기 사례를 제공한다고 할 수 있다.

BCE 4세기 후반에 마우리아 제국이 출현했음에도 불구하고, 공화정 국가들이 약 500년 후 굽타 제국 시대까지 계속 존재했다는 점은 주목할 만하다. 일부 역사가들은 이러한 체제가 인도 대부분의 지역에 존재했다고 주장한다.[5] 일부 군주정에도 존재했던 가나상가의 주요 정치 기관은 크게 사바sabha와 사미티samiti 두 가지였다. 사바는 저명한 인사들로 구성된 내각이었고, 사미티는 가문의 수장들을 모은 기관이었다.[6] 비록 사미티가 엘리트주의적이고 씨족 기반의 체제이기는 했어도 토론, 의견 불일치, 투표를 통한 결정을 허용했다. 역사가 로밀라 타파르가 설명하듯이 사미티에서는 "토론할 문제가 회의에 상정되어 논의되었고, 만장일치 결정에 도달할 수 없으면 투표에 부쳤다".[7]

따라서 가나상가가 "사회계약론에 근접하는 최초의 이론"을 세계에 제공했다는 것은 놀라운 일이 아니다. 이 이론은 소유권과 가족 개념에서 시작된 발전의 순서를 설명한다. 재산권이 확립되자 분쟁 해결을 위해 법과 규칙이 필요해졌고, 이는 통치를 통해 정의 유지를 책임질 단일 인물 마하삼마타Mahasammata(위대한 선출자)의 필요성으로 이어졌다.[8]

이러한 국가 이론은 불교와 연관되었는데, 불교 창시자 고타마(석가모니)는 샤카국의 가나상가의 왕자였으며, 불교는 당시까지 지배적이던 힌두 정치질서에 대한 반발로 시작되었다. 힌두 체제는 브라만(사제와 종교 지도자)을 최상위에, 이른바 불가촉천민을 최하위에 두는 카스트 제도에 의해 제도화된 엄격한 계층구조를 특징으로 했다.[9] 불교는 카스트 제도를 폐지했을 뿐만 아니라 권리, 정의, 질서 개념과 연결되는 정치적 권위의 필요성에 대한 합리적이고 실용적인 설명을 제공했다. 불교는 열반(세속적 삶의 초월)을 강조하면서도 질서에 대한 세속적이고 실용적인 견해를 제시하기도 했다. 이는 계몽주의 사상가 루소가 목가적인 자연 상태로부터 정치적 권위의 필요성을 설명하는 방식과 다소 유사하며, 질서가 선을 상징하는 신들이 혼돈을 상징하는 악마들에 승리함으로써 비롯되었다고 보는 정통 힌두교의 신학적 이해와 대조된다.

고대 인도 역사 전반에 걸쳐 크고 지배적인 제국보다는 경쟁하는 다양한 소규모 왕국과 공화국이 더 일반적이었다.[10] 국가들 간의 관계는 전쟁, 동맹 체결, 외교를 통해 규율되었다. 일부 기록들은 적대적 관계, 심지어 "영구적 전쟁 상태"를 시사한다.[11] 이들 국가들의 최종 통합은 "정복과 침범"을 통해 이루어졌다. BCE 5세기에는 가장 강력한 두 국가 마가다와 코살라가 작은 부족국가들을 합병하려 시도하면서 지배를 위한 양자 간 투쟁을 벌였다.[12]

세계질서에 대한 경쟁적인 견해

고대 인도 정치 사상은 세계질서를 구축하는 데 대조적인 접근 방식을 제공하는데 특히 두 가지 개념이 중요하다. 하나는 《아르타샤스트라 Arthashastra》라는 텍스트로 대표되며, 그 제목은 경제적·물질적 이득에 관한 지침서를 의미한다.[13] 저자*와 집필 시기는 논쟁의 여지가 있지만, 텍스트 자체의 진정성에는 이론이 없다.[14] 이것이 고대 인도에서 국가 통치, 외교, 전쟁 이론을 제시하는 가장 중요한 텍스트라는 점 또한 이론의 여지가 없다. 이 텍스트는 전쟁, 암살, 첩보 활동 같은 수단을 통해 이웃 국가들과 경쟁하고, 이웃 국가들을 정복하여 제국을 건설하는 방법을 설명하는 고도로 발달된 사고 체계를 담고 있다.

따라서 인간은 본래 이기적이고 경쟁적이라고 보는 《아르타샤스트라》의 주장은 현대 정치학자들이 정치의 현실주의 학파라고 칭하는 것에 속

---

* 가장 널리 알려진 저자는 철학자 카우틸야로 추정된다.

할 수 있다. 이러한 인간의 경향은 국가들 간의 관계에서 끊임없이 발생하는 권력과 지배를 위한 투쟁을 자연스럽고 불가피한 면으로 만든다. 따라서 국가의 외교 정책은 전쟁을 이익 증진을 위한 필수적 수단으로 삼아야 한다. 이러한 점에서 카우틸야는 르네상스 시대의 정치 사상가 니콜로 마키아벨리와 자주 비교되며, 그가 군주에게 조언한 권력의 획득 및 유지법과 유사한 면을 보인다. 그러나 여기서 고려할 점은 카우틸야의 저작이 역사적으로 마키아벨리보다 훨씬 앞선다는 것이다. 세계 최초의 체계적인 동맹 구축, 외교 실천, 첩보 활동, 외교 정책 및 국가 간 관계 수행의 틀을 바로《아르타샤스트라》에서 발견할 수 있다.

카우틸야의 정교한 체계는 '만다라mandala' 이론으로 구성된다. 여기서 '비지기슈'라고 하는 야심 찬 정복자는 친구, 적, 중간 왕국, 중립국이라는 네 가지 주요 유형의 국가들에 둘러싸여 있다. 비지기슈의 영토와 접하고 있는 국가들은 그의 적이며, 적의 영토를 둘러싼 국가들은 그의 친구가 될 가능성이 높다.[15] 따라서 카우틸야는 "나의 적의 적은 나의 친구다"라는 문구가 요약하는 원칙을 표현하고 있다. 중립국들은 갈등에 관여하지 않으리라 예상되며, 중간 왕국들은 비지기슈를 지지할 수도, 반대할 수도 있기에 그의 회유를 받거나 그에게 공격받을 가능성이 있다. 또한 그들은 갈등의 잠재적 중재자이기도 하다.

이것은 동적인 모델이다. 동맹과 경쟁의 실제 패턴은 미리 정해진 지리적 위치에 좌우되지 않는다. 오히려 보상, 회유, 분할 통치, 무력 등 잠재적 정복자가 추구하는 인센티브와 제재가 궁극적으로 이웃 국가 및 그 밖의 국가들이 충성하도록 만들거나 반대하도록 만든다. 이를 위해 카우틸야는 야심 찬 정복자에게 평화조약 체결, 소극적인 태도 유지, 적에 대한 선제공격, 한 통치자와 동맹을 맺고 다른 통치자와는 대립하는 이중 정책 추구 등 일련의 외교 정책 방안을 제시한다. 더욱이 카우틸야는 대중의 지지를 제국 건설의 성공에 핵심적인 것으로 보았다. 그는 약하지만 정의로운 통치자보다는 강하지만 부도덕한 왕을 공격하는 것을 옹호했다. 아마도 이런 원칙이 제시된 것은 전 세계 어디에서도 유일할 것이다. 그는 정의롭고 자비로운 왕들이 통치하는 국가를 공격하는 것은 현명하지 않다고 믿었다. 공격 대상이 된 국가의 백성들이 정복자에게 반란을 일으킬 수도 있기 때문이다. "어떤 적을 공격해야 하는가? 사악한 성격의 강력한 적인가, 의로운 성격의 무력한 적인가? 사악한 성격의 강력한 적을 공격해야 한다. 왜냐하면 그가 공격받을 때 그의 백성들은 돕기는커녕 오히려 그를 끌어내리거나 정복자 편에 서기 때문이다. 반대로 의로운 성품의 적을 공격할 때 그의 백성들은 그를 돕거나 그와 함께 죽으려 할 것이다."[16]

카우틸야의 현실주의 철학에서 지배적인 요소는 무력의 필요성이었다. 그러나 《아르타샤스트라》를 주의 깊게 읽어보면 그것이 단순히 원시적 힘에 대한 찬양이 아님을 알 수 있다. 그는 비록 정치적 이유이긴 했으나 덕성과 자제력을 어느 정도 허용하기도 했다.[17] 카우틸야는 "권력은 세 가지"라고 말한다. "지식의 권력은 조언의 권력이고, 재무와 군대의 권력은 힘의 권력이며, 용맹의 권력은 에너지의 권력이다."[18]

성공하기 위해서는 왕은 귀족 가문에서 태어나고 신체적 강인함과 용기, 에너지를 갖추어야 할 뿐 아니라 "경건하고, 말이 진실하고, 약속을 어기지 않고, 감사할 줄 알고, 관대해야 한다". 즉 본질적으로 백성 앞에서 그의 정당성을 강화할 도덕적 자질을 갖추어야 한다.[19] 그는 새로이 정복한 백성들을 인도적으로 대우해야 한다. 예를 들어 정복한 왕은 "모든 신과 수도처에 경의를 표하고, 학문과 언변이 출중한 사람들이나 경건한 사람들에게는 토지와 돈을 하사하고, 세금을 면제하며, 모든 죄수를 석방하고, 고통받는 자, 무력한 자, 병든 자를 돕도록 명해야 한다".[20] 이러한 행동은 불만을 줄이고 미래의 반란 가능성을 낮출 것이다. 그런 방식이 인간적 접근이라는 매우 실용적 이유에서 비롯되었을지라도 어찌 됐건 인간적 행위인 것은 분명했다.

고대 인도의 두 번째 주요 정치 전통은 BCE 269~BCE 232년 마우리아 제국을 통치한 세 번째 황제 아쇼카에게서 나왔다. 카우틸야와 대조적으로, 아쇼카의 국가 운영 개념은 평화롭고 도덕적인 통치에 기반을 두었다. 여러 불교 자료들은 젊은 아쇼카를 마가다의 왕위를 차지하기 위해 형제들을 살해한 잔인한 사람으로 묘사한다. 하지만 그는 BCE 261년경 독립적인 동부 해안국가 칼링가(지금의 오디샤주)와의 피비린내 나는 전쟁에서 승리한 후 독실한 불교도가 되어 스스로를 덕망 있는 통치자로 변화시켰다.[21] 개종의 영향을 강조하려는 불교 작가들이 아쇼카가 초기에 보인 잔혹함을 과장했을 수도 있지만 그의 석각 비문 중 하나에서 아쇼카는 칼링가 전쟁 중 10만 명이 죽고, 그 후로 아마도 부상, 기아, 질병으로 인해 더 많은 사람들이 죽었으며, 15만 명을 포로로 사로잡았다고 인정했다. 이는 시대를 막론하고 엄청나게 큰 숫자다.[22]

칼링가 전쟁 이후 아쇼카가 다시는 전쟁을 벌이지 않고, 후손들에게도 전쟁을 금했다는 사실에는 의심의 눈초리를 거둘 만하다. 물론 그는 제국을 포기하지 않았는데 그런 일은 비현실적이었기 때문이다. 그러나 그는 더 이상의 확장은 금지했다. "나의 어떤 아들이나 증손자도 새로운 정복을 꿈꾸어서는 안 되고, 어떤 승리에서도 인내와 가벼운 처벌로 만족해야 한다."[23] 대신 아쇼카는 다르마dharma 정책을 추구했다. 이는 모든 사람에 대한 보편적 애정을 기반으로 한 경건함 또는 의로움의 법을 뜻하는, 초기 인도주의 철학에서 나온 개념이다.[24] 모두가 의로운 관계의 네트워크에 소속되고 어느 누구도 경건함의 법을 어기지 못하도록 궁전에 감시자를 임명했으며, 여기에는 심지어 황제와 황후까지 포함되었다. 이는 국가 내부 사람들 간의 관계를 지배하는 도덕법이었을 뿐 아니라 외교 관계에

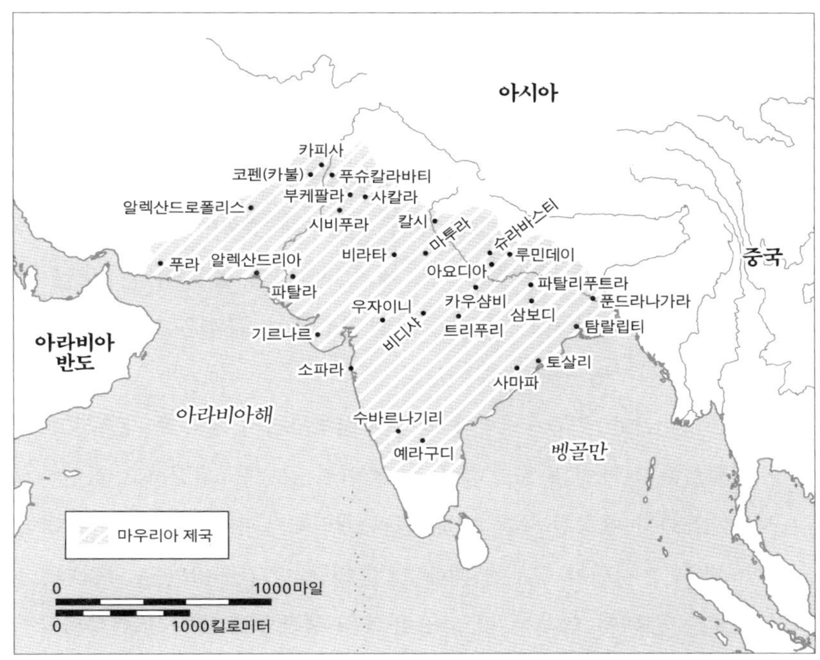

지도 3: 마우리아 제국의 최대 영역.

도 적용되었다.[25]

아쇼카의 다르마에는 세 가지 주요 요소가 있다. 첫째, 통치자와 백성의 관계에 관한 것인데 이는 칼링가의 피비린내 나는 승리 장소 근처의 바위에 새긴 아쇼카의 칙령에 잘 나타나 있다. "모든 사람은 나의 자녀이며, 나는 내 자녀들이 현세와 내세 모두에서 안녕과 행복을 누리기 바라는 것과 똑같이 모든 사람이 그러하기를 바란다."[26] 이어서 아쇼카는 고문과 국가에 의한 부당한 투옥을 포함해 불의한 행위를 금지한다. "완벽하게 법을 준수하는데도 어떤 이들은 이유 없이 투옥되고, 가혹한 대우를 받고, 심지어 살해까지 당하기에 많은 사람들이 고통받는다. (…) 도시의 사법관들은 의무를 다하고, 아랫사람들이 부당한 투옥이나 가혹한 대우를 받지 않도록 노력해야 한다."[27] 또한 이 칙령은 제시된 원칙들을 4개월마다 대중에게 "낭독해야 한다"(중요한 공공 모임에서도 자주 읽었다)고 명시한다. 더욱 놀라운 사실은 남녀 누구든 단 '한 사람'이라도 듣고 싶으면 언제든 큰 소리로 읽어달라고 요구할 수 있는 고대의 주문형 채널 역할을 했다는 것이다.[28] 이 모든 것은 황제의 보호를 크게 인식하게 했으며, 특히 문맹인 사람들 사이에서 그랬다. 낭독은 사람들에게 다르마의 법을 상기시킬 뿐 아니라 국가 관리를 견제하는 역할도 했다. 최소한 이 규정은 모든 일반인에게 법에 대해 묻고 알 권리를 부여했다.

이처럼 아쇼카는 국가권력의 한계를 설정하면서 국가의 가혹하고 잔인한 처벌로부터 개인을 보호하는 현대 인권 규범을 예견하고 있었다.[29] 그러나 아쇼카가 제공한 것은 근대 인권 개념에서 정부가 시민의 권리를 침해할 경우 그 시민이 정부에 대해 갖게 되는 법적 권리와는 달랐다. 그러한 보호는 근대에 와서야 비로소 유럽을 시작으로 점차 보편화되었지만, 심지어 민주주의 사회들에서도 그 적용 범위가 매우 다양하다. 아무튼 국가의 사법관들에게 "부당한 투옥과 가혹한 대우"를 금지시킨 아쇼카의 지시는 고대 인권 개념의 기원이 되었다.

다르마의 두 번째 요소는 이웃 국가들과의 관계에 관한 것으로, 또 다른 바위에 새긴 칙령에 명시되어 있다.

> 내 영토 밖 변경 사람들은 이렇게 생각할 수도 있다.
> "왕은 우리에게 무엇을 바랄까?"
> 내가 변경 사람들에게 바라는 것은 단 하나뿐이다.
> 그들이 깨닫기를 바라는 것은 다음과 같다.
> 그들이 나를 두려워하지 않고 신뢰하면
> 나로 인해 슬픔이 아니라 오직 행복만을 얻게 되리라는 것,

그림 4: 아마라바티 스투파에 새겨진 차크라바르틴(인도, CE 1세기).

왕은 용서받을 수 있는 것은 용서한다는 것,
그들이 나로 인해 다르마를 실천하리라는 것.
현세와 내세에서 복을 받으리라는 것이다.[30]

다르마의 세 번째 요소는 종교적 관용이었다. 아쇼카는 또 다른 바위에 새긴 칙령에서 그의 왕국에서는 금욕주의자든 일반인이든 모든 종교의 종파와 그 추종자들을 존중할 것이라고 전한다. 그는 자신의 신념은 과도하게 찬양하면서 타인의 신념을 비난하는 행위를 삼가라고 촉구했다. 칙령에 따르면 "자신의 종파를 공경하고 이에 전적으로 헌신하느라 타인의 종파를 비난하는 자는 (⋯) 오히려 자신의 종파에 심각한 해를 끼치는 것이다".[31] 그는 사람들에게 타인의 종교적 신념을 용인할 뿐만 아니라 존중해야 한다고 조언한다. 이러한 상호 존중을 통해 모든 종교의 발전을 촉진하고 사회의 협력을 증진할 수가 있다.

고대 페르시아와 로마 등 다른 문명에도 종교적 관용이 존재했지만, 아쇼카의 정책은 종교의 자유를 긍정하는 공식 정책으로는 가장 초기의 강력한 진술이었을 것이다. 또한 서양의 어떤 정책보다 훨씬 앞선 것이었음이 분명하다. 오늘날 인도를 포함한 현대 세계에서 종교적·정치적 조화의 증진을 꾀하는 아쇼카 사상의 중요성은 너무나 명백해서 더 이상의 설명이 필요 없을 정도다.

따라서 아쇼카는 제국의 포기는 아니지만 무력 포기, 자비로운 통치 그리고 독립적인 이웃 국가들을 안심시키는 정책을 중심으로 세계질서를 구축했다. 그는 인간뿐 아니라 동물을 보호하는 비폭력 정책을 시행해 고대 세계에 널리 퍼져 있던 동물을 제물로 바치는 의식을 재위 기간 동안 금지하기도 했다. 이처럼 도덕적인 국정 운영을 장려한 덕분에 아쇼카는 '차크라바르틴Chakravartin'으로 불리게 되었는데 이는 간단히 말해 '덕망 있는 보편 군주'라는 뜻이다. 이 단어의 앞부분 'chakra'는 바퀴, 'vartin'은 굴리는 자를 의미한다. 바퀴는 인도 문화의 주요 상징이다. 그것은 권력을 상징하는 전쟁용 전차를 움직이는 것이고, 우주질서를 유지하는 힌두의 신 비슈누의 원반이기도 하다. 세계질서 개념에 대한 인도의 주요한 기여 중 하나인 차크라바르틴이라는 용어는 평화롭고 의로운 통치자의 이미지에 비하면 모호한 면이 있다. 이것은 또한 보편적 권위의 확립을 위해 황제가 전쟁을 수행하는 역할을 하는 것을 의미한다. 고대 인도의 힌두 및 불교 통치자들이 세계 정복자와 보편 군주를 지칭할 때 사용한 이 단어는 두 신앙 간의 깊은 연관성을 증명하기도 한다. 여기서 아쇼카가 칼링가 점령 후 더 이상의 정복은 포기했지만 그곳 사람들 혹은 그 이전에 정복한 영토의 사람들에게 자유를 주지는 않았다는 점을 상기할 수 있다.

차크라바르틴 사상은 오늘날까지 인도 대중문화에 깊이 신화화되어 남아 있으며 2015~2016년 방영된 인도의 대규모 TV 드라마 〈차크라바르틴 아쇼카 삼랏〉(삼랏samrat은 힌디어로 '황제'를 의미한다)에서 잘 드러난다. 어느 학자의 말에 따르면 이 사상은 베라, 태국, 캄보디아, 인도네시아의 불교 통치자들에게 '패러다임' 또는 '모델'로 기능했다. 이들 국가의 통치자들은 전쟁과 약탈을 벌일 권리를 포기하지 않았음에도 신하와 이웃 나라들 앞에서 자신들의 정통성을 증명하기 위해 차크라바르틴 사상을 사용했다.[32] 다음 장에서 논의할 당나라에서는 중국의 유일한 여성 황제 측천무후가 왕위 경쟁자들을 물리치기 위해 자신을 차크라바르틴으로 공표할 목적에서 문헌을 편찬하고 인도 승려들을 불러왔다. 따라서 이는 아시아에 인도 문화가 미친 영향을 보여주는 대표적 사례라 할 수 있다.[33]

요약하면, 아쇼카와 카우틸야는 언뜻 보면 세계질서에 대한 급진적으로 다른 두 가지 접근 방식을 드러내지만 상호 배타적이지는 않았다. 카우틸야는 칼링가와의 전쟁 이후 아쇼카가 실천한 것 같은 순전히 도덕적인 정복을 옹호하지 않았다. 이 철학자의 의도는 첩보 활동, 암살, 동맹, 전면적 침략 등 동원할 수 있는 모든 수단을 통치자에게 제공하여 다른 국가를 정복하게끔 하는 것이었다. 아쇼카는 칼을 쟁기로 바꿀 것을 촉구했으나 카우틸야는 다음과 같이 정반대로 조언했다. "군대가 있으면 동맹국은 우호적 태도를 유지한다. (심지어) 적도 우호적으로 변한다."[34] 게다가 《아르타샤스트라》는 일반적 인식과는 달리 노골적으로 호전적 현실 정치론을 설파하는 저술이 아니었다. 아쇼카는 칼링가 이후 더 이상의 정복을 포기했지만, 칼링가 및 이미 무력으로 정복한 다른 영토들을 해방시키지 않았다. 그럼에도 전쟁을 포기한 아쇼카의 패러다임은 인도에서도 해외에서도 다시는 반복되지 않았다.

이는 더 중요한 지점으로 이어진다. 인도 역사는 폭력적인 전쟁으로 가득하며, 아쇼카라는 일부 예외를 제외하면 인도 통치자들은 정복과 제국적 통제를 결코 포기하지 않았다. 심지어 불교와 자이나교*를 표방하고 개인 생활에서 엄격한 비폭력을 강조한 통치자들도 능력과 기회가 주어지는 한 확장주의적이었다. 마우리아의 통치에서 벗어나 독립한 후 BCE 2세기와 BCE 1세기에 칼링가를 통치한 카라벨라 왕은 자이나교의 후원자였다. 훨씬 후대에 모한다스 간디에게 영향을 미치게 될 이 종교는 곤충에게 해를 가하는 것조차 금할 정도로 인도에서 혹은 세계에서 가장 비폭력적인 종교로 인식된다. 그럼에도 카라벨라는 끊임없는 군사 정복을 통해 마우리아 이후 인도에서 가장 큰 제국을 건설했다.

또한 인도는 세상에서 가장 오래되고 강력한 평화와 인도주의 사상 가운데 일부의 발상지이기도 하다. 이 원칙들 중에는 현대적인 '정당한 전쟁just war' 개념뿐 아니라 비전투원과 패배한 전사들을 대우하는 규칙들도 있다. 영국의 인도 역사가 A. L. 배샴에 따르면 "고대 세계의 어느 곳에서도 사람과 사람 그리고 사람과 국가의 관계가 그토록 공정하고 인간적인 적은 없었다. 힌두 인도의 전쟁 역사 전체를 통틀어 칼날로 도시를 파괴하거나 비전투원들을 학살한 이야기는 거의 없다".[35] 이 원칙들은 끊임없는 전쟁의 재앙에 대한 고대 인도 철학자들의 해결책이었을 수 있다. 그들이 전쟁이 일어나는 것을 막을 수는 없었다 해도 적어도 그 정당성을 축소하고 그로 인한 파괴를 줄일 수는 있었을 것이다.

따라서 고대 인도는 '다르마-유다dharma-yuddha', 즉 불의를 바로잡기 위해 수행하는 전쟁의 개념을 제공한다. 이는 민간인 보호와 부상당하거나 무장해제된 전투원에 대한 인도적 대우를 포함한 절제의 원칙에 따

102

라 싸우는 전쟁이다. 이 개념을 특히 인도의 두 주요 서사시《마하바라타Mahabharata》와《라마야나Ramayana》에서 찾아볼 수 있다. 둘 다 시대를 초월한 선과 악의 투쟁을 묘사하며, 그 결과는 선의 승리다. 이 중《라마야나》는 더 오래된 것으로, 북인도 코살라 왕국의 선량한 라마 왕자에 대한 이야기다. 계모가 꾸민 가족 내 음모로 왕위를 박탈당하고 추방당한 라마 왕자는 동생 락슈마나의 도움을 받아 유배 생활을 시작한다. 이때 아내 시타가 랑카(대략 현재의 스리랑카)의 악마 같은 왕 라바나에게 납치되자 라마는 하누만이 이끄는 원숭이 군대와 함께 아내를 성공적으로 구출한 후 의롭고 정의롭게 자신의 땅을 다스리며 번창시킨다.

《마하바라타》는 특히 고전적인 인도 정치와 통치자 및 국가 간의 관계에 대한 통찰력을 제공한다는 점에서 중요하다. 이 서사시는 정의롭고 덕망 있는 판다바 다섯 형제와 그들의 탐욕스럽고 부도덕한 사촌들인 카우라바 형제 100명 간의 경쟁을 이야기한다. 판다바 형제들은 하스티나푸라 왕국의 정당한 계승자지만, 사촌들이 조작한 주사위 게임에서 패배하고 카우라바에게 속아 망명을 떠난다. 망명 생활을 끝낸 판다바는 왕위를 요구하며 돌아오지만 거부당한다. 결국 전쟁이 발발하고, 카우라바의 완전한 패배로 끝이 난다.

《마하바라타》는 갈등을 서술하면서, 특히《바가바드 기타Bhagavad Gita》로 알려진 17개 장을 통해 오늘날 '정당한 전쟁'이라고 일컫는 전쟁 수행 규칙에 대해 가장 명확한 고대의 기록을 제공한다. 이 책의 이 부분은 힌두교에서 일종의 성경과도 같다고 할 수 있다. 판다바 형제 중 가장 뛰어난 전사인 아르주나는 전투를 앞두고 친척 카우라바를 죽이는 것이 두려워 망설인다. 그러나 그의 전차를 모는 크리슈나는 때로는 전쟁도 정당화될 수 있다며 아르주나를 독려한다. 특히 대의가 정당할 때, 명예가 걸려 있을 때, 적이 문 앞에 있을 때 그러하다. 아르주나의 대의는 정당했다. 그의 형제들이 카우라바에게 속아 왕국을 빼앗겼기 때문이다. 게다가 전쟁에서 싸우고 승리하면 그의 명예와 영토에 득이 되지만 전투에서 물러나면 약함과 비겁함이 드러나 적의 침략을 부추길 것이다.

우리는 이러한 동기들이 합리적이고 자신의 이익을 고려한 것으로 이해할 수 있으며, 이 모두를 전쟁과 평화에 대한 현대적 논의에서 발견할 수 있다. 신의 속성을 지닌 전차병 크리슈나는 아르주나가 죄책감과 회한에 사로잡히지 않고 싸워야 할 또 다른 강력한 이유를 덧붙인다. 크리슈나는 솔직히 말하면 영혼은 불멸이므로 친척을 죽인다고 걱정하는 것은 무의미하다고 주장한다. 이러한 추론은 형이상학적인 혹은 영적인 것으로 보일 수 있는데 고대 인도인들은 어느 정도는 영혼이 실재하며 그 존재를 증명할 수 있다고 믿었고, 그리스인들은 아마도 이러한 사상을 인도인들에게 배웠을 것이다.[36] 이렇게 《마하바라타》는 인도 문명이 영적·신비적·합리적 요소를 결합한 절충적 성격을 가졌음을 보여준다.

싸워야 하는 이유에 대한 이러한 사상들과 함께, 싸우는 방법에 대한 원칙들도 존재한다. 전쟁 시 인도주의적 행동에 대한 가장 명확한 설명은 BCE 1세기의 고전적이고 영향력 있는 법률 텍스트 〈마누스므리티 Manusmriti〉(《마누 법전》)에서 찾아볼 수 있다. 이 텍스트는 전쟁 시 인도주의적 대우에 관한 현대 〈제네바협약〉의 원칙과 밀접한 유사성이 있다. 두 텍스트의 관련 부분을 비교해 보자.

〈제네바협약〉

무기를 내려놓은 군대 구성원과 질병, 부상, 구금 및 기타 사유로 전투력을 잃은 사람들을 포함해 적대 행위에 적극 가담하지 않은 사람들은, 어떤 경우에도 인도적으로 대우받아야 한다.[37]

〈마누스므리티〉

[통치자]가 적들과 전투를 벌일 때, 다음을 공격해서는 안 된다.

(탄원하며) 손을 모으는 자, [도망치는] 자,

앉아 있는 자, "나는 당신의 것"이라고 말하는 자,

잠자는 자, 무장해제된 자, 싸움에 참여하지 않고 지켜보는 자,

무기가 부러진 자,

[슬픔에] 괴로워하는 자,

심각한 부상을 입은 자, 두려워하는 자, 도망친 자.[38]

이 시기의 또 다른 사상은 산스크리트어 문구 "바수데바 쿠툼바캄vasudhaiva kutumbakam"으로 요약되는 포용성을 강조하는데, 이는 온 세상이 한 가족이라는 의미다. 인도 고전 텍스트 《마하 우파니샤드Maha Upanishad》에서 유래한 이 용어는 인도 국회의사당 벽에 새겨져 있으며, 자와할랄 네루부터 나렌드라 모디에 이르기까지 인도 지도자들이 즐겨 쓰는 표현이다. 2010년 미국 대통령 버락 오바마는 인도 국회 연설에서 이 말을 언급한 바 있다.[39] 하늘 아래 모든 것을 지칭하는 중국의 '천하' 개념처럼, "바수데바 쿠툼바캄"은 인도 세계관의 기준점 역할을 한다.

철학의 출현

인도는 아마도 철학의 가장 초기 형태를 이루어낸 곳이며, 철학은 무엇보다도 우주의 기원에 대한 논쟁으로 이해된다. 이는 BCE 15세기에 출현한 베다 문헌으로 거슬러 올라가며, BCE 6세기 이오니아에서 기반을 다진 그리스 철학보다 훨씬 앞선다. 그리스 철학은 초기 인도 개념과 여러

유사점이 있었다. 《리그베다Rig Veda》의 '창조의 노래Song of Creation'로 알려진 구절은 다음과 같다.

> 누가 정말로 알고 있을까? (…)
> 이 창조가 어디에서 왔는지?
> 신들도 우주가 창조되고 나서야 왔으니
> 그렇다면 누가 그것이 어디에서 왔는지 알 수 있을까?[40]

신들이 창조 이전에 온 것이 아니라 이후에 왔다는 바로 그 제안은, 사람들로 하여금 신이 세상을 어떻게 창조했는지에 대한 기존의 지혜를 받아들이게 하기보다는 탐구와 논쟁의 여지를 남겼다. 고대 인도의 다른 텍스트들은, 비록 이들도 신으로 숭배되기는 하지만 사회와 생명의 창조가 불(아그니Agni), 공기(바유Vayu), 물(바루나Varuna) 같은 자연 요소에 기인한다고 설명한다. 예를 들어 밀레투스의 탈레스가 설파한 "물이 자연의 근원이 되는 단일한 물질적 원인"이라는 사상은 베다의 "태초의 물이 우주의 기원"이라는 개념과 놀랍도록 유사하다.[41]

우주의 신성한 기원 이론을 거부하는 것을 학자들은 세속적인 근대 세계질서의 특징으로 간주하지만 고대 인도 철학의 다른 흐름에서도 이 같은 특징을 발견할 수 있다. 이와 관련된 예시 중 하나는 상캬 학파로, 베다 시대에 시작되었지만 아마도 BCE 9~BCE 8세기경 독자적 철학이 되었을 것이다.[42] 상캬의 두 가지 핵심 개념은 의식으로 이해되는 산스크리트어 용어 '푸루샤purusha'와 문자 그대로는 '자연'을 뜻하지만 태초의 물질로 이해되는 산스크리트어 '프라크리티prakriti'인데 프라크리티는 무한한 형태를 취할 수 있다. 두 가지 모두를 신들의 창조물로 보는 초기 힌두 사상 학파와 달리 상캬 철학은 프라크리티, 즉 자연적이고 물질적인 것을 신이나 영혼으로부터 독립적인 것으로 본다. 인과와 진화의 원천은 푸루샤가 아니라 바로 프라크리티이다.[43] 샹카 체계는 신보다는 자연과 물질에서 우주의 인과관계를 강조함으로써 "본질적으로 합리적이고, 반신론적이며, 지성적이다". 샹카의 핵심 목표는 "지각적 지식을 통해 자연의 작동을 설명하는 것"이며, "창조를 진화로 대체함으로써 우주의 신성한 기원과 초자연적인 종교의 교리를 반박한다".[44] 대신 그것은 지구, 물, 불, 공기 같은 세계의 주요 구성 요소들이 "영원하며" "세계의 방향은 세계 자체에 의해 야기되었다"고 주장한다.[45]

이것은 아리스토텔레스의 업적으로 알려진 '세계의 영원성' 교리와 뚜렷한 유사점이 있다. 이 교리는 신성한 창조를 거부하고 우주가 영원하다고 주장한다. 이는 우주가 우주적이고 자연적인 힘에서 태어났으며, 따라서 신보다 선행했음을 의미한다. 그리스 문명보다 앞서는 베다 인도에서는 자연적 창조와 신성한 창조의 요소가 모두 발견되지만 인도 문명의 자연적이고 합리적인 요소는 서양에서 종종 무시당해 왔다. 그럼에도 "인류 정신의 완전한 독립과 자유가 역사상 처음으로 드러난 것은 샹카 교리였다".[46]

인도 철학은 신학적 설명을 완전히 초월하지 않았다. 오히려, 자연과 신성이 깊이 얽혀 있다는 점에서 인도는 그리스와 유사했지만 인도에서는 자연철학, 과학적 탐구, 종교가 더 밀접하게 통합되었다. 옥스퍼드대학교 교수이자 독립 인도의 두 번째 대통령이 된 S. 라다크리슈난은 다음과 같이 썼다. "종교, 과학, 인문주의는 고대 인도에서 자매처럼 친밀한 관계였고 그리스에서는 협력하는 동맹 관계였을 뿐이다."[47]

인도와 그리스 철학 사이에는 우연의 일치로 혹은 상호 접촉으로 인해 발생했을 가능성이 있는 또 다른 유사점들도 있다. 그 하나의 예는 이미 언급한 바 있는 영혼의 불멸성이다. 이는 플라톤을 비롯한 그리스인들이 광범위하게 사용하기 전 고대 인도와 바빌론에 위치한 칼데아에서 매우 영향력 있는 사상이었다.[48] 그리스 수학자 피타고라스와 그의 추종자들은 콩과 고기에는 사람의 영혼이 담겨 있으므로 먹어서는 안 된다고 믿었다. 피타고라스 자신은 그의 네 가지 전생을 기억한다고 주장했다. 더욱이, 그리스인들과 인도인들 모두 영혼의 환생을 받아들였는데 핵심적 차이점은 그리스 영혼은 레테강을 지난 후 수호신의 도움을 받아 다음 생을 선택할 수 있다는 것이다. 힌두교도의 경우, 카르마가 다음 생이 어떤 종류일지 결정한다.

또한 힌두교에는 선과 악, 질서와 혼돈의 반복되는 투쟁에 대한 개념이 존재한다. 《바가바드 기타》에 담긴 힌두교도의 가장 중요한 신념 중 하나는, 매 시대 다르마(의로움)에 대한 심각한 위협이 있으며 그에 상응해 불의가 증가할 때마다 비슈누 신이 아바타로 나타나 악의 세력을 물리치고 덕을 재확립한다는 것이다.[49] 이 아바타 이야기 가운데 인도 문명의 기원에 대한 단서를 제공하는 것이 있다. 바로 비슈누 푸라나와 마츠야 푸라나(purana는 '전설' 또는 '경전'을 의미한다)에 담긴 대홍수 이야기다. 타파르는 이 이야기를 '인도의 시작'에 대한 서사라고 칭하는데 이것은 또한 인도 정치 역사의 시작이기도 하다.

지구의 첫 번째 통치자들은 마누로 불렸으며, 그들 중 가장 첫 번째는 마누 스바얌부였다. 스바얌부는 '스스로 태어났음'을 뜻하지만 여기서는 그가 브라흐마로부터 직접 태어났음을 의미한다. 그의 일곱 번째 후손이 통치하던 시기에 대홍수가 발생했다. 비슈누 신은 홍수가 있을 것이라 경고하고 마누에게 배를 만들어 대비하라고 명령했다. 홍수가 닥치자 비슈누는 거대한 물고기의 모습으로 나타나 마누와 일곱 현자를 태운 배를 자신의 뿔에 묶고, 홍수가 잠잠해지기 전 그

들을 산봉우리로 데려갔다.[50]

이것은 인도의 기원에 대한 설명이지만 메소포타미아 신화의 대홍수 및 유대인의 노아의 방주 이야기와 놀라울 정도로 유사하며, 아마도 인더스 계곡 문명으로부터 전해졌을 가능성이 있다.[51] 이러한 신화들의 놀라운 유사성은 인더스 계곡 사람들과 메소포타미아 및 기타 문명들 사이에 일어난 문화 확산을 보여준다. 앞서 이집트와 수메르 시대까지 거슬러 올라가 살펴보았듯이 대부분의 경우 문명들은 결코 단절된 적이 없으며 문화, 기술, 물질의 교류뿐 아니라 전쟁이라는 폭력적 교류에 항상 영향을 받아왔다. 이러한 규칙은 세계질서의 개념만큼이나 기원 신화에도 적용된다.

인도의 코스모폴리스

인도의 무역 활동은 메소포타미아를 넘어 아프리카, 중앙아시아, 동남아시아, 동아시아까지 유라시아 및 해상 실크로드를 통해 확장되었다. 이때 해양적 측면이 중요했는데 그 이유는 동아프리카, 홍해, 아라비아반도, 페르시아를 동남아시아 및 중국 중심의 동아시아 지역과 연결하는 인도양 무역망의 북쪽 중간 지점에 인도가 위치했기 때문이었다.[52]

인도는 유라시아 중심부와 인도양을 통해 장거리 무역에서 계속 중요한 역할을 해왔다. 서한 시대에 경쟁자이던 흉노에 의해 중국 서부 변경 지역에서 쫓겨난 후 중국 서쪽 땅에서 이주하여 인도 북서부를 통치했던 월지족이 CE 1~3세기 건설한 쿠샨 제국은 유라시아 무역 발전에 중요한 역할을 했다. 이 제국은 인도 아대륙, 아프가니스탄, 중앙아시아를 연결했

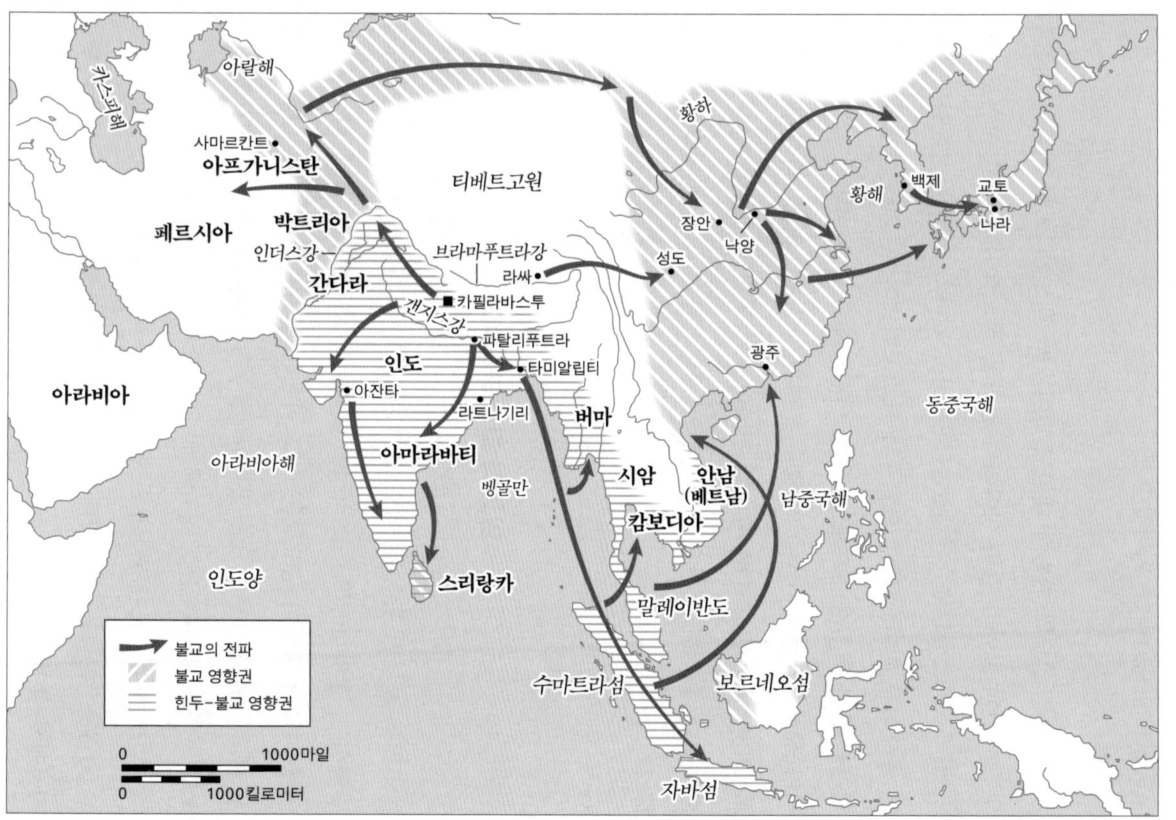

지도 4: 불교의 확산.

110

으며, 중국 서한 왕조 시대인 BCE 2세기에 건설되어 중국에서 지중해까지 이어지는 실크로드의 중요한 부분이 되었다. 쿠샨의 영토는 힌두, 페르시아, 중국, 유목, 지중해 사회 간의 문화 융합 및 전파의 중심지였다.

실크로드를 통해 불교를 중국으로 가져온 것은 쿠샨이었을 가능성이 가장 높다.[53] 중국의 잘 알려진 전설에 따르면 CE 65년, 후한의 명제는 궁전 위에 떠 있는 빛나는 이미지에 대한 꿈을 꾸었다. 꿈의 의미를 찾고 싶었던 그는 당시 중국 서쪽 땅에서 숭배하던 신비의 인물에 대한 정보를 얻기 위해 관리들을 파견했다. 이 관리들은 인도 승려 두 명과 불상 몇 점을 흰 말에 싣고 돌아왔으며 불상은 새로 건설한 뤄양의 백마사, 즉 중국 최초의 불교 사원에 안치되었다.[54]

그 뒤 인도와 중국 간의 문화 교류의 흐름이 이어졌다. 중국 승려 법현은 사막을 가로질러 중국에서 인도까지 왔고, 바다를 통해 돌아갔다. 유명한 승려 현장은 629년 인도에 도착하여 16년 동안 불교를 연구하고 번역할 불교 경전을 수집했다. 인도 승려들도 설교, 가르침, 번역, 자문을 위해 중국을 여행했다. 5~6세기, 그들은 줄지어 중국으로 퍼져나가 수도원과 사원을 세우고 불교 경전을 번역했다. 심지어 인도 승려들 중 일부는 중국어로 책을 쓸 만큼 중국어에 유창했다. 저명한 승려 중 하나인 파라마르타는 CE 546년 중국에 도착해 그곳에 불교를 도입하는 데 핵심 역할을 했다.

불교는 CE 4세기에 중국에서 한반도로 전파된 후 6세기에 한반도에서 일본으로 전파되었다. 일본의 첫 번째 수도인 나라와 두 번째 수도인 교토는 불교 사원을 중심으로 건설되었다. 일본의 불교는 토착 종교를 대체하지 않고 일본의 전통적인 애니미즘 신앙인 신토神道와 융합되었다. 일본 사회는 보살菩薩(완전한 불성을 향한 길에 있는 영적 존재)을 포함한 불교의 신들을 신토의 신神, 즉 카미로 보게 되었다. 불교 열반과 신토의 주술적 힘의 이러한 결합은 일본 천황들에게 상당한 정통성을 부여했다. 또한 일본 불교는 브라흐마와 사라스와티를 포함한 엄청난 수의 힌두 신들을 흡수했는데, 이는 인도 밖에서 두 종교가 융합된 가장 흥미로운 사례다.

인도 사상의 북아시아와 동남아시아 확산에서 놀라운 측면은 강압이나 정복 없이 이루어졌다는 점이다. 일부 역사가들은 이 현상을 '인도화Indianization'라 지칭하는데 이를 헬레니즘화, 즉 그리스 사상과 제도들이 서부 지중해와 서아시아로 확산된 현상과 비교할 수 있다.[55]

군사 정복(알렉산드로스 대왕의 경우)이나 원주민 대체(시칠리아의 그리스 도시국가들의 경우)는 헬레니즘화를 뒷받침했다. 인도화는 정복이나 대체 없이 평화롭게 이루어졌다. 헬레니즘화는 그리스인이 수행했고 그리스 정착민들에게 득이 되었다. 그것은 그리스인의, 그리스인에 의한, 그리스인들을 위한 것이었다. 인도화는 현지 사회의, 현지 사회에 의한, 현지 사회를 위한 것이었다. 헬레니즘화가 종종 그리스 문화와 사상 및 제도의 강요를 의미했던 반면, 인도화는 종종 현지 사회가 자신들의 예전의 신념과 관습, 필요에 따라 인도의 문화와 사상, 제도를 선택적으로 채택하는 것을 의미했다.

더욱이, 인도화는 이를 받아들인 사회에 헬레니즘화보다 더 지속적으로 영향을 미쳤다. 지중해의 그리스 사원과 정치체제는 그리스인들을 위해 건설한 것이다. 동남아시아의 인도 사원과 정치체제는 그렇지 않았다. 그들의 통치자들처럼 이 기관들도 인도화되었지만 인도적이지는 않았다. 인도 사상이 아시아의 다른 지역으로 퍼져나간 것은 자발적이었으며, 대부분은 수용자의 주도하에 이루어졌다. 예를 들어 인도네시아의 경우, 인도네시아 지배층의 요청에 따라 인도 문명이 들어왔다는 것이 역사가들의 주장이다. 이들은 힌두 정치조직과 정통성 개념을 배우기 위해 브라만 사제들을 초청했으며, 이를 통해 자신들의 권위를 강화하고자 했다. 힌두교와 불교가 도착하기 전에는 동남아시아 국가들이 일반적으로 작고, 약하고, 분열되어 있었다는 점을 고려할 필요가 있다. 새로 도착한 인도 사상들, 즉 "왕조적 이해관계에 대한 마법적이고 신성한 정당화와 백성들을 순치시키는 과정"은 현지 통치자들이 정치적 권위를 확장하도록 힘을 실어 주었다.[56] 그들은 더 큰 국가와 심지어 제국을 건설했을 뿐 아니라, 캄보디아의 앙코르와 자바의 마자파힛 같은 제국을 세웠고, 캄보디아의 세계 최대 힌두 사원 단지인 앙코르 와트와 자바의 세계 최대 불교 기념물인 보로부두르 같은 기념비적 건축물을 건설하기도 했다.

고대 인도의 종말

CE 4세기 초 마우리아 제국이 막을 내린 후 분열기를 거쳐 굽타 제국이 그 뒤를 이었다. 이 제국은 CE 4세기 초부터 6세기 후반까지 지속되었다. 굽타 왕조는 마우리아인처럼 패배한 통치자들의 영토를 빼앗기보다 유지하는 원칙을 준수했다. 그런데 중앙집권적이던 마우리아 제국과 대조적으로, 굽타 왕조는 오히려 더 느슨한 행정 구조를 발전시켰고, 굽타 제국에서는 부락들도 상당한 자치권을 가졌다.[57] 제국의 광대함과 굽타 정복이 형성되는 속도를 고려한 현실적 필요성 때문이었다. 굽타 왕조는 제국을 관리하기 위해 중국과 다소 유사한 조공 체계를 만들었다. 중국은 종주국을 중심으로 하는 세계질서를 발명했다고 자주 오해받지만 실제로는 그렇지 않았다. 이 체제에서 종속국들은 완전한 식민지화를 피하고자 주권은 포기하지 않되 일종의 헌납이나 조공을 통해 주도국의 우위를 인정했다. 이러한 방법으로 굽타 통치는 인도를 안정시켰을 뿐 아니라 '인도의 황금시대'로 알려진 이 시기의 뛰어난 예술적·문학적 성과를 촉진했다.

굽타 왕조는 인도 최후의 주요 보편 힌두 제국이었다. 이를 계승한 7세기 하르샤 제국은 강력하고 문화적으로도 매우 뛰어났지만 인도 전역의 주권을 두고 북인도 샤샹카 왕 및 풀라케신 왕, 동인도 팔라 제국, 남인도 찰루키아 왕조 및 팔라바 왕조와의 정치적 경쟁에 직면했다. 이렇게 해서 인도는 경쟁적 국가체제로 되돌아갔고, CE 7세기 이후 아랍이 북서인도를 침략하면서 고전적 인도 세계는 종말을 고했다.

이슬람이 인도를 통치한 범위와 기간에 관해서는 논쟁의 여지가 있다. 대부분의 역사에서 이슬람 국가와 무굴 제국은 인도의 일부, 주로 북부와 중앙 지역만을 차지했고 비자야나가르, 마라타, 시크 제국같이 비무슬림 지역의 강력한 일부 국가들과 공존하거나 경쟁해야 했다. 320년 동안(CE 1206~1526년) 지속된 델리 술탄국은 이름과는 달리 단일 개체가 아니라 혈연관계가 없는 서로 다른 다섯 무슬림 왕조의 연속이었으며, 그 중 일부는 북인도 영토만을 통제했다. 마찬가지로 그 후계자 무굴 제국(CE 1526~1857년)은 아우랑제브 통치의 마지막 단계(CE 1658년~1707년)까지 남인도를 통제하지 못했다. 아우랑제브 이후 무굴 제국은 힌두 마라타 제국 및 시크 제국과의 심각한 경쟁에 직면했고, 1858년 영국령 인도 제국이 형성될 때까지 점차 그들의 꼭두각시로 전락했다. 이러한 지역 중심지들은 힌두 철학과 국가 통치 원칙에 기반한 고전적인 인도 세계질서의 요소들이 지속되도록 해주었다. 또한 인도의 다원적 구조를 입증하고 보존하며, 외국(무슬림과 영국) 정복 이후에도 힌두 정치질서의 연속성을 보장했다.

베다 시대, 16개의 마하자나파다스, 마우리아 제국을 거치며 고전적 인도 세계질서가 진화하는 동안, 이웃 문명은 놀라운 유사점과 차이점을 모두 가진 자신만의 세계질서를 발전시키고 있었다. 중국 또한 경쟁국 체제로 시작했으며, 마우리아가 인도의 첫 제국을 건설한 지 100년 후 그들 중 가장 강한 국가에 정복당한다. 인도처럼 중국도 끊임없는 외세의 침략 위협에 직면했으나 문화 동화를 통해 외세의 영향을 수용할 수 있었다. 또한 인도처럼 중국 문명도 오늘날까지 연속성을 유지해 왔다. 그러나 중국 이야기는 여러 가지 다른 면이 있으며, 인도인들이 결코 발전시키지 못했던 수준 높은 관료제와 정치의 중앙집권화를 이루었다.

제4장 천하의 도

중국은 서구에서 한때 유행했던 "정체되어 외부의 진보적 영향에 둔감한 나라"라는 관점과는 달리, 변화하고 적응하는 문명이었다. 그렇지만 현 지도자 시진핑이 한때 말했듯이 자신들의 나라가 "침략적이거나 패권적인 특성을 가지지 않은" "평화 유전자"를 가진 국가라는 중국 현대 지도자들의 주장은 다소 허황되다. 그러나 그러한 주장이 중국에만 국한된 것은 아니다.[1] 중국이 무력보다 문화적·상업적 매력을 통해 확장되고 강해졌다는 주장도 마찬가지다.

현실은, 중국이 다른 국가들을 정복하기도 했고 다른 국가들에게 정복당하기도 했다. 한족 주류 인구는 외국 문화에 영향을 미쳤을 뿐 아니라 그들에게서 많은 영향을 받았다. BCE 3세기 진나라가 최초의 통일 제국을 수립한 후, 중국은 남쪽 양쯔강을 가로지르는 한족의 이주와 군사 정복을 통해 이웃 나라들을 통합하며 확장했다.[2] 그러나 이후 몇 세기 동안 중국은 인도와 마찬가지로 오랜 분열과 외세의 지배를 겪었다. 몽골족이 세운 원나라와 만주족이 북동쪽에서 중국을 침략하여 세운 청나라 시대도 마찬가지였다. 정복당한 '오랑캐' 다수는 한족과 함께 살면서 한족의

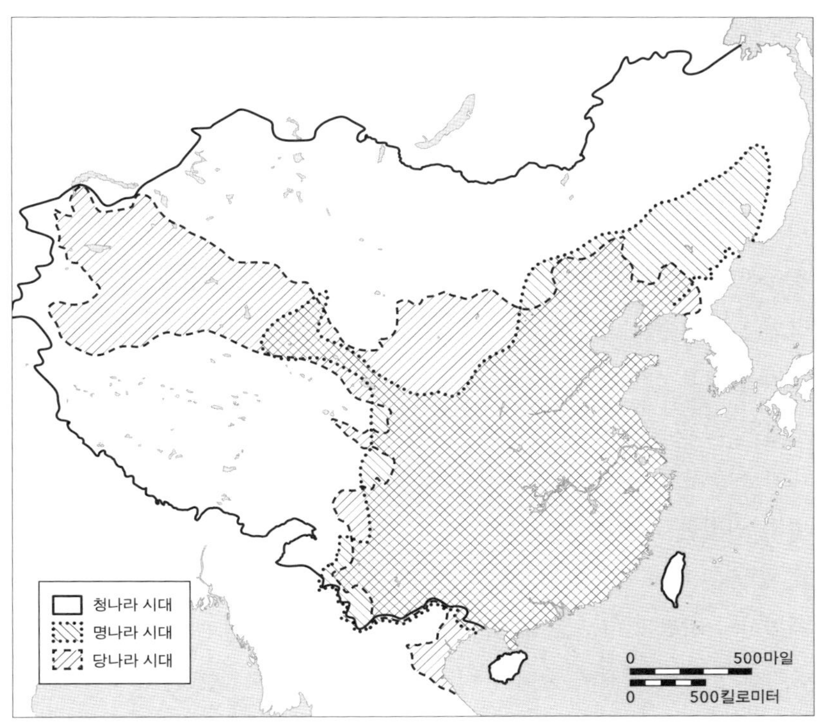

지도 5: 중국 제국들의 팽창.

언어와 제국주의적·관료주의적 통치 형태를 받아들여 '한화漢化, Sinicized' 되었지만 중국 자체는 서쪽의 '오랑캐'들로부터 일부 신념을 빌려왔을 수 도 있다. 여기에는 '하늘天' 숭배 같은 사상이 포함되는데 이는 몽골족을 포함한 중앙아시아 유목 문화권의 공통된 특징이다. 어쨌든 한족의 반복 적인 확장과 수축은 중국 문명과 국가에 상당한 다양성을 가져왔는데 이 는 근대에 중국 정부가 강조하는 연속성과 동질성의 이미지와는 대조적이 며, 중국의 세계질서 역사를 고려할 때 염두에 두어야 할 점이다.

그렇다고는 해도 중국은 세계에 지속적으로 세계질서 모델 중 하나를 제공해 왔다. 고대 이집트와 다소 비슷하게도 그 질서의 핵심 기반은 중국이 세계의 중심이라는 전형적 자화상이었다. 이를 통해 중국은 국경 안팎의 국가들로부터 명목상의 존경을 요구하고 종종 받아내기도 했다. 중국의 왕조 기록이 국가의 통일성, 연속성, 힘, 통합성 그리고 외국인의 복종 및 동화 정도를 과장하는 경향이 있기는 하지만 몇 세기 동안 중국과 나머지 세계의 실제적 관계는 간헐적으로 이런 움직임을 보였다.

이러한 중국의 세계질서 모델이 같은 시기 로마나 몇 세기 후 영국 제국의 모델과는 다르다는 데는 이론의 여지가 없다. 중국의 세계질서는 문화적·상업적 상호주의에 기반을 두었는데 다른 많은 나라들은 주권을 포기하지 않고 중국의 우월성을 인정했으며, 일반적으로 무역 특권을 얻는 대가로 정교한 의례 절차를 통해 조공을 바쳤다. 조공 체계가 중국이 특별히 인접한 지역을 식민지화하는 것을 배제하지는 않았지만 일반적으로 중국은 대부분의 역사 동안 동아시아와 동남아시아에서 국가들 간 위계질서의 정점에 머무를 수 있었으며, 더 먼 지역의 영토를 점령하고 직접 통치하기 위해 실제로 군대나 식민지 관료를 파견하지는 않았다. 이는 유럽과 서구가 세계 대부분에 걸쳐 구축한 세계질서와는 거리가 멀다.

하늘에서 땅으로

최초로 확실히 입증된 중국 왕조는 BCE 1600년경 허난성 황허 계곡에 세워진 상나라로, 정저우와 안양에 중심지가 있었고 인접 지역을 포함했다. 그보다 약 4세기 이전에 뤄양과 정저우 사이에서 출현한 하나라가 먼저였을 수도 있으나 더 이른 '왕조'로서의 하나라의 지위가 의심의 여지 없이 입증되지는 않은 상태이다.[3] 하나라에 대한 문헌적 언급은 BCE 11세기에 권력을 잡은 주나라에서 한참 후에야 나왔다. 사람들은 하나라의 시조 우왕이 중국의 강, 특히 황허로 물을 흘려보냄으로써 '대홍수'에서 사람들을 보호했다고 믿었다.

상나라 시대에 중국은 이미 문화적 정교함을 드러냈고, 표의문자 몇천 개로 구성된 문자 체계를 갑골문에 새겨 발전시켰다. 그 후의 왕조들은 중국 문화에서 가장 특징적인 요소들, 예를 들어 표의문자 체계를 개발했다. 하나라와 상나라에 대한 기록과 고고학적 발견은 무엇보다도 중앙 집중식 권위의 등장과 의례의 중요성 그리고 통치자의 개인적 덕목 개념이 중국 정치질서에서 나타났음을 보여준다. 이는 후기 중국 전통, 특히 유교를 통해 발전되고 정교해졌다.[4]

문명은 자신이 아는 범위에서 '세계'를 조직한다고 해서 자동으로 세계질서를 생성시키는 것이 아니다. 인도의 첫 번째 세계관은 BCE 15세기경의 가장 오래된 기록을 가진 《리그베다》와 함께 등장했으며, 이 시기는 최초의 인도 문명이 인더스 계곡에 형성되고 천 년 이상 후였다. 이와 비슷하게, 중국 문명에서 '세계'를 조직하는 것은 하나라 이후 약 천 년이 지나서야 이루어졌다. 상나라를 정복한 주나라는 정치적 권위에 대한 가장 오래 지속되어 온 두 가지 중국 사상을 발전시켰다. 바로 천명과 천하다.[5] 그리하여 중국은 하늘의 도道가 땅을 다스리는 전형적인 천상 왕국이 되었다.

그 주된 사상은 통치자가 하늘天로부터 통치할 권리를 받는다는 것이다. 《시경詩經》의 한 구절에 따르면

하늘이 주나라의 집을 내려다보니
그 빛이 아래 백성들에게 미치고
천자天子를 보호한다.[6]

다음은 또 다른 구절이다.

천명은
어찌 그리 아름답고 끊이지 않는가!
아, 문왕의 덕은
어찌 그리 영광스러웠는가.[7]

만약 통치자가 현명하지 못하고 백성의 안녕을 등한시하면 하늘은 자연재해, 일식 또는 농민반란의 형태로 경고를 보낸다. 그런데도 통치자가 자신의 방식을 바꾸지 않으면, 하늘은 천명을 철회하는 동시에 통치자의 통치권을 박탈한다. 천명은 주나라 시조 무왕이 이전의 상나라를 전복시킨 사실을 정당화하는 데 사용되었다. 그러나 천명은 양날의 칼이었다. 통치자는 하늘의 뜻에 반하는 행위인 반란을 진압하는 데 이를 사용할 수 있었다. 그러나 이는 잔인하고 불의한 통치자에 대한 반란을 정당화하는 데도 사용될 수 있었다. 만약 반란이 성공하면 통치자가 천명을 잃었다는 증거로 이를 제시할 수 있었던 것이다.

주나라의 또 다른 개념인 천하는 본디 주나라가 약해지고 다른 국가들이 헤게모니를 추구하면서, 경쟁하게 된 중국 국가들의 충성을 확보하기 위해 고안된 포괄적 개념이었다. 이 개념은 중국 학자들이 현대 세계질서에 적용하면서 부활한다. 그들은 천하가 1648년 베스트팔렌 조약을 통해 만들어진 유럽 모델을 거부한다고 주장한다. 이 조약은 "각 국가는 주권적이며, 다른 세력의 간섭 없이 자신의 생활 방식을 결정할 권한을 가진다"는 원칙을 채택하게 했다. 중국적 관점에서 개별 국가의 우위를 강조하는 체계는 경쟁과 전쟁을 초래한다. 대신 천하의 이상은 최고 단위가 국가가 아니라 세계여야 한다.[8] 천하는 가족으로서의 세계의 정치체제를 구상

하는데, 이는 조화롭고 협력적이지만 어떤 단일 세력도 헤게모니를 행사하지 않는 가족이다.[9]

물론 이것이 현재 중국의 세계질서에 대한 접근 방식을 설명하는 것은 아니다. 중국은, 특히 불간섭 원칙 같은 베스트팔렌 체제를 계속해서 추구하고 지지한다. 여기서 우리가 이야기하는 것은 주나라 시대의 천하라는 고전적 개념을 중국 학자들이 어떻게 해석했는가 하는 점이다. 오늘날 천하는 대체로 이론적이고 수사적인 개념으로, 고대 철학에서 유래한 이상적인 세계질서의 유형이지만 중국의 문화적·정치적 헤게모니를 구상하고 중국의 '평화로운 부상'에 대한 공식 담론을 정당화한다는 비판을 받기도 한다.[10]

그 장점이 무엇이건 간에 주나라의 통치 문제에 대한 해결책은 효과적이지도 오래가지도 못했다. 왕조는 경쟁하는 국가들로 인해 퇴보했으며, 주나라 왕은 명목상의 지도자에 불과했고, 일부 다른 지방 통치자들은 그보다 더 강력했다. 천하 체계가 지향했던 조화와 포괄성은 완전히 다른 세계관과 철학인 법가法家, legalism에 자리를 내주었다. 주나라가 약해지면서 중국은 춘추전국 시대의 혼란기에 빠진다. 이때 진, 초, 조, 위, 한, 연, 제라는 일곱 국가들이 주나라의 상징적 우월성에 도전하며 서로 경쟁했고, BCE 221년 진나라가 승리하여 시황제, 즉 첫 번째 황제가 중국 최초의 진정한 통일 제국을 수립했다.[11]

진나라('Chin'에서 'China'가 유래했을 가능성이 있다)는 표준화된 도량형과 심지어 모든 수레가 모든 도로를 다닐 수 있도록 한 차축 길이의 통일 같은 국가 통일 조치로 최근에 중국 지도자들에게 찬사를 받았다. 그러나 진나라의 부상은 주나라의 포괄적 철학뿐 아니라 중국 철학의 더욱 평화주의적인 정치 사상에 대한 억압, 특히 유교에 대한 억압을 수반했다. 유교는 인간 본성의 본질적 선함과 전통의 중요성을 강조하는 철학적·정치적 교리다. 또한 통치자와 백성 간의 상호 존중과 의무를 부모와 자식, 스승과 제자, 장인과 도제, 친구와 친구 사이의 의리와 유사할 정도로 강조하는데 이는 천명사상에 기반하고 있다. 통치자는 백성의 안녕 및 평화와 질서 유지를 책임지며, 이에 대한 대가로 백성은 충성하고 복종한다. 자신들의 고유한 법가 철학을 따르면서 피지배자에 대한 절대적이고 가혹한 정치적 통제를 요구하는 진나라 통치자들에게 이 사상은 직접적 위협이 되었다.

자세히 설명하면, 유교는 천명과 마찬가지로 정당성을 부여하는 동시에 박탈하는 성격이 있었다. 통치자의 정당성은 백성의 안녕과 행복을 위한 정당하고 현명한 권력 행사에 달려 있었다. 유교는 엘리트주의적이었고, 민주적이지는 않았지만 가혹한 권위주의적 통치를 절대적으로 정당화하지도 않았다. 오히려 억압적이거나 불의한 통치자에 대한 반란을 승인했다. BCE 3세기, 순자를 포함한 유교 사상가들은 '왕도王道'와 '인정仁政'의 이상을 장려했다. 이는 국가를 위한 일종의 공식적 도덕규범으로 자제, 정의, 자비, 처벌 완화, 세금 인하 정책을 요구했다.[12] 동시에 유교 전통은 정의로운 전쟁 윤리의 요소들을 제공했다. 전쟁이 정의로운지 불의한지 여부를 판단하는 한 가지 기준은 정복군이 해방된 백성들에게 환영받는지 여부에 달려 있었다. 폭군을 물리치고 억압받던 백성을 해방시켜 환영받는 정의로운 통치자는 범죄를 저질러 그 환영을 남용해서는 안 된다. 이 점에서 인도의 카우틸야와 일부 유사점이 있는데 그도 불의한 통치자를 가진 국가를 공격하면 어떤 이점이 있는지 정복자에게 조언하고, 새로운 백성들을 인도적으로 대할 것을 권장했다. 맹자의 말을 인용하면 다음과 같다. "만약 당신이 노인들을 죽이고, 젊은이들을 포박하고, 조상의 사당을 파괴하고, 제기를 빼앗는다면 어떻게 백성의 지지를 기대하겠습니까?"[13]

유교의 일부 측면은 BCE 6세기 철학자 노자가 발전시킨 또 다른 주요 중국 철학인 도교와 융합되었다. 두 철학 모두 "조화를 이루는 방법으로 단순성과 균형, 절제"를 강조했지만 유교는 형이상학적 세계보다는 현재의 사회적·정치적 삶에 집중했다.[14] 그러나 유교는 진나라의 철학인 법가와는 정반대였다. BCE 4세기 철학자이자 정치가인 상앙이 처음으로 공식화하고, 한 세기 후에 역시 철학자이자 정치가인 한비자가 확장시킨 법가는 힘과 질서의 필요성을 강조했다. 또한 유교가 중시하는 전통과 인류애, 덕치, 통치자의 백성에 대한 의무라는 사상을 거부했다. 유교가 인간 본성을 본질적으로 선하다고 본 반면 법가는 당시의 끊임없는 전쟁과 불안정에 반응해 인간 본성을 본질적으로 악하다고 보았다. 따라서 가혹한 처벌을 엄격히 집행하는 법률로 이를 통제해야 한다고 주장했다.

법가는 국내 통치에 중점을 두었지만 국가 간 관계와 세계질서에 분명한 함의를 지니고 있었으며, 적을 정복하고 영토를 통치하기 위해서는 통치자가 먼저 자신의 백성을 통제해야 한다고 주장했다. 《상군서商君書》는 "옛날에 천하를 다스릴 수 있었던 자들은 먼저 자신의 백성을 다스려야 했다"고 말한다.[15] 이는 "백성이 약하면 국가가 강하다. 따라서 도를 가진 국가는 백성을 약화시키는 데 전념한다"는 주장이다.[16] "백성을 약화시키기" 위해서는 강력한 통치자가 필요했다. 한비자의 말을 인용하면 "영구적으로 강한 나라도 없고, 영구적으로 약한 나라도 없다. 법을 집행하는 자들이 강하면 나라가 강해지고, 약하면 나라가 약해진다".[17]

법가는 유학자를 처형하고, 책을 금지하고 불태운 시황제의 이념이었다. 그러나 진나라는 단명했고, 유교와 도교 사상은 그다음의 주요 중국 왕조 한나라에서 부활했다. 하지만 중앙집권적 관료제와 법치(개인을 국가 권력으로부터 보호하는 규칙이 아닌, 개인에 대한 국가의 권력을 강화하는 규칙으로서의 법률을 의미한다)를 포함해 진나라가 착수했던 법가적 주도와 개

혁은 중국에 장기적 유산을 남겼다.[18]

다음으로 넘어가기 전에, 고대 인도에서 카우틸야와 아쇼카가 상반된 견해를 옹호했듯이 중국의 세계질서에 대한 사상이 획일적이지 않았다는 점을 염두에 두는 것이 중요하다. 특히 무력 사용의 자제라는 의미에서의 도덕성에 관해서는 더욱 그러했다. 중국 학자 옌쉐퉁이 말했듯이, 공자와 그 추종자들인 순자와 맹자 등은 정당한 경우를 제외하고는 안정과 국가 간 질서를 유지하기 위한 '필수 조건'으로 도덕성을 강조한 반면 한비자는 "일반적으로 폭력적인 힘만이 유일한 작동 요소"라고 믿었다. 평화주의 스펙트럼의 끝에는 또 다른 고대 중국의 주요 철학자인 묵자가 있었는데, 그는 "도덕성만으로도 국가 간 질서를 유지하기에 충분하다"고 주장했다.[19]

고대 중국 정치 사상의 이러한 모자이크에 새로운 조각이 추가되었는데 그것은 인도에서 전파된 불교의 확산이었다. 새로운 종교는 유교와 도교를 대체하지 않았고, 주기적으로 종교적 갈등이 불거져 나왔음에도 그들과 융합되었다. 불교의 등장은 중국의 세계관에 영향을 미쳤다. 고대 중국인들은 자신들의 황제를 '세계의 통치자'로 생각했지만 현대적 의미에서의 지리에 대한 이해가 없었고, 특히 세계 다른 지역에 진보된 문명이 존재한다는 것에 대해서는 거의 또는 전혀 알지 못했다.[20] 인도와 중국 사이를 오가며 불교 승려들이 여행했던 실크로드는 하나의 중심만이 아닌 여러 중심을 가진 세계라는 개념을 중국에 도입했다. 중국을 중심으로 하는 단일한 천하 이미지와 대조적으로 불교 우주론은 세계가 '천자' 한 사람이 아니라 자신들만의 통치자를 가진 네 대륙으로 구성되어 있다고 주장한다.[21]

중국인들은 내세의 행복을 추구하는 영적 수단으로서뿐만 아니라 중국의 정치 사상과 관행에 영향을 주었기에, 예를 들어 통치자의 정당성을 확립하는 요소가 되었기에 불교를 수용했다. 가장 중요한 예는 당 태종의 후궁에서 시작해 중국의 유일한 여성 황제가 된 측천무후다. CE 690년, 출생 신분이 낮은 여성이 정치권력을 장악하는 것에 반대하는 유교 관료들의 강력한 저항을 물리치고 측천무후는 당나라의 왕위를 찬탈했다. 그녀의 노력에 결정적인 도움이 된 것은 불교 승려들로, 그들은 그녀를 하늘에서 수도 뤄양에 내려온 여성 미륵불로 칭했다. 이것이 너무 비현실적으로 보이자, 측천무후는 자신이 이전에 중국에 초대한 인도 승려 보리유지에게 완전히 새로운 불교 경전인 《대운경大雲經》을 쓰게 했다. 보리유지는 당나라 시대에 인기 있던 브라만 연금술사 및 점성술사를 포함해 수많은 인도인들과 함께 중국에 온 인물이다. 그가 쓴《대운경》은 그녀를 깨달음을 목전에 둔 반신반인의 자비로운 존재인 여성 보살 비말라프라바로 명명했다.[22]

요컨대, 중국의 다양한 정치철학 전통은 유교, 법가, 도교, 불교 또는 그 어떤 변종이나 분파로도 축소하지 못할 정도로 너무 복잡했다. 그러나 중국 역사의 긴 세월 동안 거의 변함없이 지속된 것은 강력하고 거의 신과 같은 통치자가 중심에 있다는 개념이었다. 이 통치자는 국가의 광대한 영토를 통제하고, 질서 유지를 위해 국가의 경쟁적 철학들을 조합해 자신의 권력을 정당화했다. 중국은 스스로를 최고 문명으로 여겼으나 인도에서 불교가 유입되고 중앙 및 동북아시아 정복군에게 패배하는 등의 주요 사건들로 인해 그 개념은 수정되었다. 그럼에도 황제가 '천자'로서 위계질서의 정점에 서서 자신의 지혜, 모범, 영향력을 사용하여 국내뿐 아니라 나머지 세계에서도 질서를 보장해야 한다는 이상은 변치 않았다.

이익을 위한 명성의 거래

중국 세계질서의 핵심 요소는 위계적 정치 관계 개념이었는데, 이는 조공朝貢, tributary system으로 알려진다. 중국의 문화적·정치적 우위를 인정하는 국가들에 무역 특권과 외교적 승인을 제공하는 것이 체계의 본질이었다. 그러나 그 지리적 범위와 혜택은 중국과 인접 국가들의 권력자에 따라 때때로 상당히 달라졌다.

이 체계의 기원은 한漢나라로 거슬러 올라가며, 마지막 왕조인 청나라가 1911년 전복될 때까지 2천 년 이상 지속되었다. 조공 체계는 문명 역사에서 드물지 않으며, 주로 강력한 국가가 약한 국가들을 직접 식민지화하거나 통치하지 않고도 통제하고, 세수를 거두고, 군사적 지원을 얻는 방법이었다. 중국의 조공 체계 또한 경제적 및 정치-군사적 목적이 있었지만 군사력보다는 문화적 위신을 더 크게 중시했다는 점에서 독특했다. 중국인들은 자신들 문명의 본질적 우월성을 믿었으며, 그 우월성을 이용해 다른 국가들, 특히 중국에 가장 직접적으로 군사 위협을 가한 폭력적인 아시아 부족들과의 관계를 관리하려고 했다. 하버드대학교의 중국 학자였던 고故 존 페어뱅크가 설명했듯이 머리를 땅에 조아리는 고두叩頭 같은 의식을 통해 외국인들은 중국 황제의 우월성을 인정하고, 적어도 암묵적으로는 "문명에 의해 변화되는 것"의 이점을 받아들였다.[23] 이렇게 외국인들에게 통치자로서 황제의 우월성을 인정받음으로써 백성들 앞에서 자신의 정당성을 강화한다는 추가적 이점도 있었다.[24]

여기에는 중요한 경제적 측면도 있었다. 선물 교환은 황제가 조공국에 부여한 중국과의 무역 허가를 의미했다. 실제로 무역은 중국의 이웃 국가들이 이 체계에 참여한 가장 중요한 이유이자, 이 체계가 그렇게 오랫동안 지속된 이유였을 수도 있다. 오랜 기간 중국은 세계의 선도적 경제국이었고, 오늘날과 마찬가지로 외국인들에게 큰 시장을 제공했다. 조공국들은 주기적으로 중국에 사절단을 보냈고, 그곳의 정교하게 짜인 의식 속에서 무역을 할 권리를 부여받았다. 중국의 이웃 국가들로서는 조공 체계를 통해 중국 시장에 접근하는 것이 가혹한 처벌이나 죽음을 초래할 수도 있는 불법 무역보다 훨씬 바람직했다. 하지만 그러한 비공식 무역 또한 조공 무역과 함께 계속되었다.[25]

　조공 체계는 동아시아에서 외교 관계를 수행하는 방법으로 운영되기도 했는데, 특히 일부 조공국들이 적대국으로부터 중국의 보호를 모색했기 때문이다.[26] 이 중 한 가지 요소는, 국내 왕위 계승 분쟁에서 인정받고자 하는 통치자 또는 예비 통치자들에게 정당성을 부여하는 것이었다. 왕조 계승 분쟁의 당사자들은 사절단을 보내 중국 황제에게 승인받았는데, 이는 황제의 인장이 찍힌 공식 서신으로 주어졌다. 일반적으로, 동남아시아 통치자들은 합법적 승계를 통해 권력을 잡은 경우에도 자신의 위신을

그림 5: 청나라 황제에게 조공을 바치는 외국 사신들(18세기 그림의 일부).

높이기 위해 이를 이용했다. 예를 들어 15세기에는 조공국 믈라카의 통치자들이 또 다른 조공국이자 경쟁국인 시암(현대의 태국)의 위협을 저지하기 위해 이 방법을 활용했다.[27] 명나라 영락제는 시암의 왕 보롬마라차티랏에게 믈라카에 대한 위협을 삼가라고 촉구하면서 다음과 같이 썼다. "군대를 동원하기 좋아하는 자들은 마음에 덕이 없습니다. 이웃 국가들과 좋은 관계를 맺고 서로 침략하지 않는다면 그로 인한 번영은 무한할 것입니다. 왕이시여, 이를 명심해야 합니다."[28] 이것은 조공 체계가, 자제력을 요구함으로써 이웃 국가들 간의 분쟁을 중재할 영향력을 중국에 주었음을 보여준다.

동시에, 조공 체계는 공식적인 제국을 구성하지는 않았지만 국가 간의 불평등을 고착시켰다. 중국은 각 조공국들을 동등하게 여겼을지 몰라도 그들이 중국과 동등하지는 않았다. 중국 궁정 관리들과 왕조의 역사는 외국인들이 특히 조공을 바치며 황제를 만났을 때 보여주는 존경심을 과장하는 경우가 많았다. 중국 왕조 자료에서 '전율하는'이라는 단어는 중국의 화려함에 매혹당하고 위축된 외국 사절단이 보여주는 두려움과 경의를 암시하는 데 자주 사용되었다. 그러나 이 체계가 항상 자발적 참여에 기반한 것은 아니었다. 황제의 정당성과 중국의 위상 강화를 위해 중국은 흔히 일방적으로 조공국 지위를 강요했다. 이는 때때로 거부당하기도 했는데, 특히 일본의 쇼군 아시카가 요시미츠가 명나라를 창시한 홍무제의 조공 요구에 다음과 같이 답한 것이 대표적 사례다. "천지는 광대하니 한 사람의 통치자가 독점할 수 없습니다. 세상은 세상의 것일 뿐 한 사람에게 속한 것이 아닙니다."[29]

중국인들은 이러한 권력 현실을 인식하고 그에 따라 행동을 조정할 만큼 실용적이었다. 예를 들어 15세기 영락제 통치 기간에 중국은 지금의 튀르키예에서 아프가니스탄까지 뻗어 있던 티무르 제국의 통치자를 동등하게 대우했다.[30] 중국에 조공 사절단이나 대사를 보내는 것이 반드시 중국에 복종하거나 열등한 지위를 수락한다는 의미는 아니었다. 조공 체계가 상대적으로 온건하고 강압적이지 않은 국제질서였다는 주장은 논쟁의 대상이 되어왔다. 한쪽 극단에서는 장기적 안정과 경제적 이익을 제공했다며 이를 칭송한다. 혹은 한 중국 학자는, 미국 주도 세계질서를 옹호하며 자주 제기되는 주장을 반영하듯이 "중국은 이 지역에서 가장 강력한 국가이자 가장 진보된 문명으로서 평화와 무역을 유지하고, 공공재를 제공하며, 체제를 통치하는 데 압도적 역할을 했다"고 말한다.[31] 또 다른 학자는 이 체제의 이상적인 형태는 "경쟁국들이 먼저 정복당하지 않고도 복종하는" "완벽한 평화" 개념에 부합한다고 주장했다.[32]

그러나 이에 대한 엄청나게 많은 예외들이 있다. 1~10세기 베트남의 오랜 식민지화, 조공 관계임에도 윈난의 남조 및 다리국을 정복하고 흡수한 사실 그리고 청나라 시대 신장의 식민지화가 그것이다. 조공 체계는 또한 공산 중국의 티베트 합병을 위한 전주곡이기도 했다. 중국은 CE 15세기 이후 유럽인들이 한 것처럼 광범위한 원거리 식민지화를 감행하지는 않았지만 정복을 선택했을 경우 잔인한 전쟁을 벌였고, 심지어 대량 학살을 자행하기도 했다. 18세기 청나라의 신장 정벌에서는 몽골 부족인 준가르족 40만 명 이상을 살해했는데, 이는 전체 인구의 절반 이상이었다. 나머지 사람들은 도망치거나 노예로 전락했다.[33]

조공 관계가 문화적·경제적 교류를 통해 유지되기는 했어도 무력이나 무력 위협으로 이를 뒷받침해야만 했다. CE 1381~1382년 명나라 장군 란위와 푸유더는 윈난을 침략하면서 몽골과 무슬림 포로 300명 이상을 거세해 명나라 황실의 환관으로 삼았다. 그중에는 조상이 몽골 궁정에서 봉직했던 마삼보라는 무슬림 소년도 있었다. 마삼보는 황실에서 마화라는 이름을 얻었고, 훗날 아시아에서 가장 유명한 해군 사령관으로 알려진 정화 제독이 되었다. 정화는 영락제의 명령에 따라 1405~1433년 인도양을 향해 일곱 차례 해군 원정을 떠났다.[34]

이러한 원정에는 정치적·전략적·경제적 이유가 있었다. 역사가 워렌 코헨은 정화의 항해는 명나라의 힘과 위신을 과시하고 조공 사절을 중국으로 데려오려는 의도였으며, 중국 제국의 거대한 전략적 목표를 반영한다고 주장한다.[35] 또한 호주 역사가 지오프 웨이드는 이들이 "찬탈 황제였던 영락제의 정당성을 확립하고, 명의 위세를 과시하며, 알려진 모든 정치체제를 명에 대한 복종으로 이끌어 천하에 명나라 평화pax Ming를 달성하고, 황실의 보물을 수집하려는 의도"였다고 주장한다.[36] 따라서 이 원정들은 가장 야심 찬 외교 또는 경제적 임무에 필요한 것보다 훨씬 거대한 규모였다. 웨이드의 추산에 따르면 정화의 항해는 일종의 "포함砲艦 외교"였는데, 그의 "선박은 실제로 포함이었고", 그들 2만 8000명 중 약 2만 6000명이 군인이었다. 이 사절단들은 "명나라가 항구와 항로 (…) 주요 거점과 네트워크를 장악하게" 하기 위해 강제력을 사용했다. 중국은 해안에서 폭력을 행사하기도 했는데, 예를 들어 중국 함대를 공격했다는 이유로 실론의 왕을 생포하고, 왕위를 찬탈한 수마트라 왕자를 난징 황실에 데려와 처형하기도 했다. 정화의 임무는 웨이드가 기록했듯이 "지배적인 해상 강국이, 중요한 동서 해상 무역 네트워크를 따라 주요 항구국가들과 그 사이의 바다를 강압이나 위협을 통해 장악함으로써 경제적·정치적 이익을 얻는 초기 형태의 해양 식민주의"였다.[37] 영락제가 정화를 "천하의 모든 알려진 세계"로 파견했을 때 그의 목적은 아시아에서 중국의 헤게모니를 선언하는 것이었다.[38]

위 견해는 논쟁의 여지가 있지만 정화의 항해 그리고 윈난과 베트남에 대한 중국의 정복 및 식민지화는 비제국적·비강압적 중국 세계질서라는 개념에 도전한다. 그러나 중국 제국이 항상 이웃 국가들을 정복하고 동화시킬 만큼 강력했던 것은 아니다. 베트남은 중국의 침략에 격렬히 저항함으로써 10세기에 중국의 통치에서 벗어났고 더 이상의 침략 시도를 단념시켰다. 자바와 버마에 대한 침략 시도는 실패로 끝났다. 13세기 후반, 쿠빌라이 칸 휘하의 원나라는 자바의 힌두 왕국 싱가사리를 침략했는데 중국에 조공을 바치라는 요구를 거부당하자 응징하기 위해서였다. 그러나 그 침략은 정치적 음모(침략자에게 항복하고 조공을 바치는 데 동의했던 현지 왕자가 그들을 배신한다), 몬순 그리고 자바 저항군의 끈질긴 괴롭힘이 결합되어 실패로 끝났다. 이는 결국 최종 반격으로 이어졌고 아마도 침공 함대의 상당 부분이 파괴되었을 것이다.[39] 버마는 13세기부터 18세기까지 연속적으로 중국 제국의 침략을 받았지만 마지막 공격은 중국의 처참한 패배로 끝이 났고, 이는 영국 제국주의가 도래하기 전까지 버마의 독립을 보장했다.[40]

전반적으로 문화적·상징적 요인이 중요하긴 했으나 중국은 무력 사용 여부를 결정할 때 예상되는 저항의 성격을 평가했다. 약소국이라고 생각하는 국가에는 무자비하게 공격적이었고, 강대국에는 신중하고 자기방어적이었다.[41] 따라서 조공 체계의 성격과 도구는 중국의 상대적 국력, 직면한 안보 위협 그리고 국내 상황에 따라 왕조마다 달라졌다.[42] 그것은 흔히 가정하듯이 통일되고 일관된 체계가 결코 아니었다. 한나라, 수나라, 당나라는 북쪽과 서쪽의 유목민 이웃 국가들과 '형제적'이거나 '동등한 관계'를 유지했다. 한나라는 흉노, 수나라는 투르크, 위구르, 티베트 국가들과 관계를 맺었지만 결국 이 국가들은 패배하고 말았다.[43] 조공 관계의 유화적인 성격은 이웃 국가들의 힘이 커지면서 경쟁적이고 적대적인 관계로 바뀌었다. 예를 들어 당나라는 당시 일본이 중국의 정치 및 행정 모델을 광범위하게 차용하여 자체 정치체제를 구축하고 있었지만 일본이 스스로를 조공국으로 선언할 것을 강요하지 않았다.[44] 그리고 중국이 약해지면서 조공 체계는 실제보다 이론에 가까워졌다. 약해진 중국 왕조들은 자신들을 정복한 외세 통치자들에게 조공을 바치기도 했다. 예를 들어 1127년, 만주족 부족이 건국한 금나라는 송나라의 수도 카이펑을 점령하고 그 통치자들을 남쪽으로 밀어냈으며, 송의 잔여 세력인 남송은 정복자들에게 조공을 바쳤다.[45] 이런 경우 중국의 세계질서는 더 이상 존재하지 않게 되었다.[46]

1279년 몽골 원나라는 송나라를 완전히 멸망시키면서 중국의 제국 국경과 조공 체계를 확장했다. 1368년 원나라를 축출한 명나라는 동아시아와 동남아시아 국가들에게 조공국 지위를 요구했고, 앞에서 보았듯이 그 요구의 관철을 위해 강력한 함대를 파견하는 등 더욱 군사적이고 제국주의적인 정책을 추진했다. 전통적인 조공 체계의 핵심 동인은 설득과 중국 문화의 매력이었으나 명나라는 이를 넘어 '협박'과 전쟁에 의존했다.[47] 명나라의 계승자인 청나라는 특히 유럽인들이 도착한 후기 단계에는 더욱 고립주의적이고 내향적인 성향을 비쳤다. 그러나 그들은, 약소한 유럽 세력 같은 다른 외세에 비하면 영국에는 관대한 태도를 보였다.[48]

중국과 한반도 왕조들과의 조공 관계에는 경제적 요인보다는 정치적·전략적 요인이 더 많이 작용했으며, 군사적 강압도 포함되었다. 고구려, 백제, 신라는 중국의 문화, 관습, 예술, 문자 체계, 주화, 도자기 생산뿐 아니라 정치 사상과 제도까지 광범위하게 받아들였다. 이들 국가들 또한 조공 체계에 참여했는데, 세 왕국 중 가장 큰 고구려는 이미 CE 32년 한나라 조정에 조공 사절을 보냈고 중국의 왕王에서 유래한 '왕'이라는 칭호를 채택했다. 그러나 세 왕국 모두 중국의 직접적 식민지 지배는 거부했으며, 조공국으로서의 중국에 대한 정치적 복종에는 한계를 두었다.[49] 한반도의 왕국들은 중국이 스스로를 세계의 중심이자 최고 문명으로 보는 견해를 받아들이면서도 조공국으로서의 복종은 "보통 의례적이었고 (…) 자율성의 상실을 의미하지는 않았다".[50] 이러한 자율성은 CE 598년 고구려가 수나라 시대에 중국을 공격한 것에서 분명히 드러나며,* 이로써 중국은 왕국에 부여했던 황실 칭호를 취소하기까지 한다. 훗날 신라는 당나라와의 동맹을 활용해 CE 660년 백제를, 668년 고구려를 물리치고 최초로 통일 국가를 달성하지만 이내 당에 등을 돌린다.[51] 일반적으로, 중국은 몇 세기 동안 독립적인 한반도 왕조들을 일본에 대한 견제로 여겼다. 한반도 왕조들의 중국에 대한 복종은 중국이 요구하는 문화적 위신을 충족시키면서 정복을 피하는 방법이었다.

국제 상업의 주요 허브이자 문화적·정치 사상의 교차로로서의 중국의 역할은 경제와 지정학을 중심으로 구축된 중국의 세계질서를 좌우했다. 이 분야에서 가장 유명한 중국의 기여는 한나라 시대에 등장한 실크로드였다. 이 실크로드라는 용어 자체는 19세기 후반 독일 지리학자 카를 리터와 페르디난트 폰 리히트호펜이 만든 것으로 그들은 "자이덴슈트라세Seidenstraße"(실크로드) 또는 "자이덴슈트라센Seidenstraßen"(실크루트)이라고 불렀다. 실크로드는 고대 및 중세 시대의 가장 유명한 육상 무역로였으며, 유라시아의 동쪽과 서쪽 끝을 연결했다. 이는 중국을 인도, 페르시아, 로마, 콘스탄티노플, 중동의 이슬람 중심지 등 다른 주요 문명과 연결하여 중국의 상대적 고립을 끝내고 그들의 폐쇄적 세계관에 도전하는 데 도움이 되었다. 중국이 선도적 혁신가이자 경제 강국이 되면서 실크로드는 중국 상품과 사상 및 발명품의 확산을 촉진했는데, 이는 무역뿐 아니라 안보, 전쟁, 지식 전파에도 중요했다. 단순한 종이의 발명을 넘어서는 인쇄술, 전쟁을 혁신한 화약, 항해를 혁신한 나침반이 여기에 포함된다.

---

* 고구려 영양왕이 수나라의 확장을 견제하고 고구려의 군사력을 보여주기 위해 수나라 요서 지역을 선제공격한 것을 말한다.

중국의 문화적 영향

고대 그리스와 인도처럼 중국도 종종 자국의 문화, 정치 사상, 제도를 다른 지역으로 전파했다. 한국, 일본, 베트남은 그 영향을 가장 강하게 느낀 곳이다. 이런 의미에서 중국은 동북아시아에서 인도 같은 역할을 했다고 볼 수 있다. 주요 차용물은 유교, 당나라의 과거제도 그리고 인도와 동북아시아 사이의 중개자 역할을 했던 불교였다. 그러나 일본인도 한국인도 중국 문화를 통째로 받아들이지는 않았다. 오히려 그들은 한국의 무속 신앙과 일본의 신도神道 같은 기존 신념을 보존하면서 자신들의 필요에 맞게 조정했다. 동시에 한국과 일본은 자발적으로 한자를 자국 문자 체계의 필수 부분으로 채택했다. 이들 국가들뿐 아니라 베트남도 중국 문화를 세련되고 우아한 것으로 여겼다.

한국은 불교 전파에 특히 중요한 역할을 했다. CE 372년 중국 승려 순도가 고구려에 불교를 전파했다. 곧이어 인도 승려 마라난타가 백제에도 불교를 전파한다.[52] 한국 통치자들로서는 불교의 수용이 중국과 우호 관계를 유지하는 하나의 방법이었다. 또한 불교는 승려들이 주로 속해 있는 한국 귀족의 지위 향상에도 도움이 되었다. 이 승려들 다수는 종교적 의무 외에도 왕실의 고문직을 수행했다. 이처럼 불교는 사회적 특권의 원천으로서의 역할을 했는데 이는 인도의 상황과는 정반대였다. 인도에서 불교는 사회적 특권층인 브라만 계급에 대한 반발로 처음 등장했기 때문이다. 또한 불교는 한국의 가장 위대한 혁신 중 하나인 활자 인쇄술에 영감을 주기도 했다. 1011년 고려는, 갈수록 위협적으로 변해 가는 거란족의 침략에서 왕국을 보호해 주리라는 믿음에서 불교의 가장 신성한 경전인 《대장경大藏經》 판각을 시작했다. 이 경전은 고려에서 발명된 활자 인쇄술로 1234년* 고려의 활자술로 재조판되었다.

일본의 첫 불교 불상은 중국이나 인도가 아닌 한국에서 건너왔다. 이 일은 CE 552년 백제 왕이 일본 통치자 긴메이 천황에게 불상을 선물하면서 이루어졌다. 처음에는 일본의 일부 봉건 엘리트들이 전통적인 신도 신앙을 약화시킬 것을 우려해 불교에 반대했다. 이로 인해 일본의 가장 강력한 두 가문, 즉 친불교적인 소가 가문과 신도의 신성한 힘 카미를 노하게 할까 봐 두려워한 모노노베 가문이 투쟁하게 되었다. 이러한 갈등은 새로운 불교 신앙과 오랜 신도 관습을 결합함으로써 해결되었다. 예를 들어 일본에서는 신도 전통에서 신의 영이 깃들어 있다고 여기는 녹나무 통나무로 최초의 불교 불상을 만들기도 했다. 일본에서 처음으로 출가한 불교도는 11세 소녀 시마였는데, 이는 귀족 가문의 딸들이 카미를 섬기는 신도 관습과 부합한다. 불교 유물을 의미하는 일본어 '샤리舍利'는 일본의 중요한 주식이자 문화 상징인 '쌀'을 의미하게 되었다.

불교는 유교와 함께 일본의 정치체제도 형성했다. CE 604년, 모노노베 가문과의 경쟁에서 승리한 소가 가문 스이코 여성 천황의 섭정이던 쇼토쿠 태자는 이후 몇 세기 동안의 통치 관행을 확립했다.[53] 그는 부처에 대한 헌신, 승려 공동체 승가僧伽, 불교 법 같은 불교 이상을 황제에 대한 복종과 '하늘'에 대한 공경을 포함하는 유교 정치 이상과 융합했다.[54]

곧이어 중국으로부터 더 많은 것의 차용이 이루어졌다. CE 645년, 나중에 덴지 천황이 되는 나카노 오에 황자 주도하에, 일본은 수당 시대 중국의 사상과 제도를 채택하여 율령체제를 발전시켰다. 이 체제의 주요 특징으로는 덴노天皇 휘하의 중앙 집중식 행정국가와 중국 모델에 기반한 관

---

* 지은이의 오류로, 1011년 《초조대장경初雕大藏經》을 만든 후 1236년부터 15년에 걸쳐 다시 만든 것이 《팔만대장경》(《재조대장경再雕大藏經》)이다.

료제를 들 수 있다.[55] 그러나 일본에서 황제의 지위는 봉건제도로 인해 상당한 제약을 받았다. 봉건영주들은 토지 소유와 관료제를 통제했고 이로써 대부분의 일본 역사에서 실질적 권력을 행사한다. 더욱이 중국의 과거 제도를 채택하려는 시도는 아주 잠깐에 그쳤으며, 귀족 자제들에게는 예외를 허용했다.[56]

중국이 일본 문화 및 정치 생활에 미친 영향은 CE 8세기 무렵 절정에 달했다. 이때 일본은 중국의 문자 체계, 사찰의 곡선 지붕 등 건축양식, 회화, 조각 그리고 도시계획 원리를 채택했다. 일본의 첫 두 수도인 나라와 교토의 배치는 당나라 수도 장안의 구조를 모방하기도 했다. 중국은 불교 사상을 일본에 전파하는 데 중요한 중개자 역할을 계속했다. 인도에서 중국으로 전해진 '디야나dhyana'(산스크리트어로 '명상'을 뜻한다)에 기반한 중국 불교는 일본으로 전해져 선禪으로 발전했다.[57]

동남아시아에 대한 중국의 문화적 영향력 또한 광범위하고 오래 지속되었지만 CE 1000년 내내 대부분 중국이 식민지화한 북베트남을 제외하고는 인도의 영향력에 비할 바 아니다. 중국은 조공 체계하에 동남아시아에서 더욱 엄격히 지정학적 역할을 수행했고, 베트남의 식민지화에 더해 자바와 버마 등에 대한 침략을 감행했다. 인도는 주로 문화적·종교적 역할을 했으므로 동남아인들로서는 덜 위협적이었고 수용이 용이했다. 중국의 군사 정복 및 점령과 비교할 때 인도의 문화적 침투는 비교적 평화롭고 온건해 보였다. 동남아시아 국가들은 이식된 인도식 틀 안에서 자신들만의 사회를 발전시킬 수 있었다.[58]

물론 인도가 동남아시아에 더 큰 문화적 영향을 미친 데는 다른 이유들도 있었다. 무엇보다도 동남아시아에서 가장 중요한 두 가지 고전 종교인 힌두교와 불교를 전파한 것은 중국이 아닌 인도였다. 또한 인도는 동남아시아의 주요 해상 무역 중심지에 더 가까웠고, 이는 항상 사상을 전파하는 주된 통로 역할을 했다. 그렇기는 해도 동남아시아 역시 중국 남부 부족들이 이주하면서 이 지역에 유입한 중국 미술, 요리, 건축에서 많은 영향을 받았다. 중국 남부의 한족이 아닌 부족들이 여기에 포함되는데 이들은 특히 태국, 라오스 등 동남아시아 본토에 정착했으며, 그중 일부는 원나라가 13세기에 윈난성 다리국을 정복할 당시 도망친 사람들이었다. 송나라 때부터는 한족 상인과 노동자들도 동남아시아 해양 지역에 정착했다. 일부 중국 학자와 관료들은 몽골의 송나라 침공을 피해 베트남으로 갔다. 그리고 명나라가 들어선 후 중국 무슬림들은 자바로 도망쳤다. 정화의 해상 원정은 중국으로부터의 많은 이민을 촉진했고 16~18세기 중국 상인들은 필리핀, 자바 같은 유럽 식민지에서 상당한 존재감을 확보했다.[59]

이러한 이주들은 시간이 지남에 따라 때로는 폭력적이 되면서 폭발할 듯한 민족적 긴장을 가져왔고 최근에는 말레이시아와 인도네시아 같은 곳에서도 이러한 긴장이 발생한다. 그러나 중국인들은 노동력을 제공하고 성공적인 상인이 됨으로써 그들이 동남아시아라고 지칭하는 '난양南洋'에 대체로 정착했으며 심지어 번성할 수 있었다. 이러한 이주와 교류는 중국 음식, 교육, 언어 그리고 유교 정치철학이 중국 국경 너머로 널리 확산되는 데 기여했으며, 오늘날 대부분의 동남아시아 국가들은 몇 세기 동안 중국과 인도 양쪽에서 유입된 강력한 영향력과 토착 문화가 뒤섞인 혼합물로 남게 되었다.

서양이 중국으로부터 배우다

16세기 영국의 철학자이자 정치가 프랜시스 베이컨은 인쇄술, 나침반, 화약이 유럽이 부상하던 특히 초기 단계에 결정적인 세 가지 발명품이었다는 유명한 말을 남긴다. 이 세 가지는 모두 중국에서 왔는데 이것이 전부는 아니었다. 영국은 특히 산업혁명을 일으키면서 몰드보드 쟁기moldboard plow, 회전식 탈곡기, 씨앗 파종기, 용광로, 면직물 제조(면직물 기술 가운데 일부는 인도에서도 유래했다) 등 많은 중국 기술을 사용했다. 영국과 서구 산업화의 핵심인 증기 기관의 개념은 본질적으로 송나라 시대 중국에서 처음 구상한 것이었다. 유럽인들이 차와 도자기부터 조경 원예에 이르기까지 중국의 풍습과 생산품을 채택했다는 사실은 잘 알려져 있다. 하지만 중국의 영향이 경제, 정치, 철학에 대한 사상의 형태로도 유럽에 왔다는 사실은 잘 알려지지 않았다.

이는 특히 17세기 초부터 18세기 중반까지, 우리가 지금 유럽 계몽주의라고 칭하는 때에 해당한다. 이 시기, 공자의 저작을 포함한 많은 중국 서적들이 유럽 언어로 번역되었는데, 특히 기독교 선교 활동을 통해 중국에서 받아들여지는 데 성공한 예수회 선교사들이 이런 활동에 핵심 역할을 했다. 마찬가지로 고트프리트 빌헬름 라이프니츠, 볼테르, 프랑수아 케네, 크리스티안 볼프, 데이비드 흄, 애덤 스미스 등의 계몽주의 사상가들도 중국 그리고 그들의 철학과 경제에 대한 사상에 존경을 보냈다. 유럽의 진보적 사상가들이 봉건 귀족 제도, 교회의 교조주의, 왕권신수설의 교리로부터 사회를 해방시킬 사상을 찾고 있을 때 중국은 진보적 본보기를 제공했다. 중국은 세습 봉건 귀족에 의존하던 유럽과는 달리 공개적 경쟁인 과거 시험으로 선발하는 관료제를 통해 황제가 통치하는 정치체제였다. 일찍이 유럽의 정치질서보다 독립적으로 출현한 중국의 정치질서는, 강력하고 정치적 조작에 능한 사제 계급 없이도 자체적으로 잘 발달된 도덕 체계를 갖추고 있었다. 중국 정치질서의 이러한 요소들은 유럽의 정치질서보다 인간 이성에 더 많이 지배된다고 여겨졌다.

　중국의 사상과 제도는 유럽의 구체제에 대항하는 혁명적 열정을 부추겼다. 윌리엄 맥닐은 걸작《서구의 부상The Rise of the West》에 다음과 같이 썼다. "도덕이 계시 종교에 의존하지 않는 중국 현자들의 모습 (…) 그리고 중국 사회의 시민 의식 (…) 세습 귀족의 부재와 공개 시험을 통한 정부 관직 임용 원칙은 모두 18세기, 특히 프랑스에서 점차 확산된 급진적인 사상 운동에 잘 부합했다. 볼테르와 일부 철학자들에게 중국은 유럽에 제시할 모델이 되었다."[60]

　중국과 인간 이성의 연관성은 1687년에 출판된 공자 저작의 번역본《중국 철학자 공자Confucius Sinarum Philosophus》에 잘 나타나 있으며, 이 책은 "신의 계시에서 벗어난 이성이 중국만큼 잘 발달하고 강력하게 나타난 적은 없다"고 언급한다.[61] 독일 철학자 고트프리트 빌헬름 라이프니츠는 중국에서 유럽인들이 배울 수 있는 합리적인 문명을 발견했다. 1697년에 출판된 그의 책《노비시마 시니카Novissima Sinica》, 즉 '최신 중국 소식'이라는 제목의 책에서 그는 "우리가 그들에게 계시 종교를 가르치기 위해 선교사를 보내듯이 중국 선교사들을 데려와 우리에게 자연신학의 목적과 실천을 가르칠 필요가 있다고 생각한다"고 썼다.[62] 또 다른 독일 계몽주의 사상가로서 무신론자라는 이유로 교회에서 박해받았던 크리스티안 볼프는 개인의 행복과 국가의 복지를 조화시킬 방법을 중국 시스템에서 찾아냈다.

　중국 사상에서 영감을 받은 가장 영향력 있는 유럽 사상가는 프랑스혁명에 영감을 준 프랑스 계몽주의 철학자 볼테르였다. 그는 중국의 제국 정치체제가 "세계가 지금까지 본 것 중 최고"라고 썼으며, 1755년 〈중국 고아The Chinese Orphan〉라는 연극을 상연하여 중국 시스템이 유럽보다 더 현실적이고 실용적이며 실현 가능하다는 사실을 보여주고자 했다.

　영향력 있는 프랑스 중농주의자 프랑수아 케네는 중국 농업이 유럽 경제 번영의 열쇠를 제공한다면서 이를 동경했다. 그의 영향으로 1768년 프랑스 궁정에서는 루이 15세의 아들이 중국 쟁기 모델을 사용해 중국 농업 의식을 거행하기도 했다. 오스트리아 황제 요제프 2세도 다음 해 같은 의식을 거행할 예정이었다. 유럽은 경제적 성공을 위해 농업 중심의 경로를 따르지는 않았지만 케네의 중국 학습은 유산을 남겼다. 그는 경제적 자립의 달성을 위해 정부 규제를 강조하는 당시 지배적이던 중상주의적 접근 방식에 도전하기 위해 "모든 것은 자연스럽게 해야 할 일을 하도록 허용되어야 한다"는 의미인 중국의 '무위無爲' 개념을 차용했다. 케네는 프랑스어 '레세페르laissez-faire'(자유방임주의)라는 용어로 우리에게 알려진 대안적 접근 방식을 주장했으며, 여기서 자유시장이라는 개념이 파생되었다. 또한 이것은 그보다 더 영향력 있는 동시대 인물인 스코틀랜드 경제학자 애덤 스미스의 철학이기도 했다. 유럽 자본주의의 출현을 오직 무위만으로 설명할 수는 없지만 그것이 유럽에서 자본주의가 부상하던 시기에 일부 핵심 유럽 사상가들에게 영향을 미쳤다는 것은 분명하다. 또한 이는 서로 다른 문명들이 진보에 대한 유사한 사상들을 어떻게 발전시키고 이를 통해 어떻게 세계질서 구축을 공동의 사업으로 삼았는지 보여준다.

능력주의와 경쟁 시험에 기반을 둔 중국의 공무원 제도는 선교사들이 다른 중국 사상과 함께 유럽으로 전파했는데, 이는 서구에서 새로운 공무원 채용 방식에 영감을 주었다. 중국 제도는 더욱 민주적이었고, 귀족 출신 관리들이 지배하던 유럽의 구 정치질서를 개혁하려는 개혁가들을 고무시켰다. 볼테르, 몽테스키외, 루소 같은 지식인들이 중국 제도의 가치를 인정한 프랑스에서는 혁명으로 혼란스러운 1791년에 공무원 시험이 시작되었다. 비록 부패 의혹으로 중단되었지만 1875년에 완전히 재확립되었는데, 이 같은 방식이 더욱 개방적이고 민주적인 정부 관리 선발 방식의 개발에 필수라고 여겼다. 중국의 과거 시험 제도는 영국에도 영향을 미쳤으며, 처음에는 동인도 회사를 통해 시행되었다. 동인도 회사는 1801년 설립된 콜카타의 포트 윌리엄대학교에서 식민지 행정관을 훈련하기 위해 처음으로 시험을 실시했고, 그 후 영국 헤일리베리에 있는 훈련 시설에서도 시행했다. 영국 정부는 1854년 두 고위 관리가 작성한 보고서 〈노스코트와 트레벨리언 보고서〉를 따랐다. 두 사람 중 하나인 찰스 트레벨리언 재무부 상임 비서는 기존의 영국 공무원 채용 시스템이 "실제로 읽고 쓸 줄도 모르는 (…) 거의 바보 같은" 유형의 인물들을 배출했다고 한탄했다.[63] 이 보고서는 1855년 영국 최초의 공무원위원회가 창설되고 영국에 통일된 공무원 시스템이 출현하는 것으로 이어졌다.[64]

중국의 과거 시험 제도는 미국에도 모델이 되었으며 랠프 월도 에머슨은 이를 지지했다. 1874년 미국공무원위원회US Civil Service Commission 보고서는 "미국 공무원 개혁"의 일환으로 중국 모델을 제시했다. 중국은 "동양 세계에서 가장 계몽적이고 오래 지속되는 정부"로서 "관직 후보자의 자격에 대한 시험 제도를 요구했다"는 설명이었다. 이 보고서는 영국이 "그러한 방법을 통해 혜택을 받았다"고 덧붙였으며, 미국 국민이 "그 이점을 박탈당할" 이유가 없다고도 했다. 또한 보고서는 위원회가 "중국의 종교나 제국주의를 칭찬하려는 의도는 없지만" 중국은 "공자가 정치적 도덕을 가르치고, 중국인들이 이 대륙이 황무지이던 몇 세기 동안 책을 읽고 나침반, 화약, 곱셈표를 사용한" 나라라고 언급했다.[65]

중국에 대한 유럽의 일부 견해는 너무 장밋빛이었음이 드러났고, 18세기 후반 중국이 불안정과 쇠퇴를 겪으면서 이 나라에 대한 인식은 더욱 부정적으로 변했다. 그런데 공산주의 통치하의 현대 중국을 서구의 역할 모델로 여기기 힘들 수도 있지만 기후변화 및 기술 혁신에 대한 일부 접근 방식은 전 세계에서 채택 중이다. 더욱이, 일본으로부터 차용한 중국의 국가 주도 경제 발전 모델은 이제 개발도상국의 공감을 얻고 있다. 중국이 세계의 정치적 모델은 아닐 수도 있지만 현대 세계질서의 형성이나 새로운 탈서구 세계질서의 가능성과 관련해 과거의 기여를 폄하해서는 안 된다. 근대화로의 전환이라는 중요한 시기에 유럽이 자신들보다 더 '진보적인' 정치 사상과 제도를 중국에서 발견했다는 데는 의문의 여지가 거의 없다.

중국은 역사 내내 평화로운 국가가 아니었다. 오늘날 중국 지도자들이 확언한 제국이나 왕조의 평화로운 부상에 대한 증거는 거의 발견되지 않는다. 또한 중국 역사에는 제국을 확장하지 않겠다고 약속하는 아쇼카 같은 인물도 존재하지 않았다. 하지만 중국인들은 실용적이었기에 다른 문명들의 힘과 문화를 적절히 인정했다. 스스로를 알려진 세계의 중심으로 여기면서도 안정 유지와 통치자들의 정당성 강화에 도움이 된다면 인도에서 온 불교 같은 사상들을 차용하기도 했다.

떠오르는 서구가 중국의 기술뿐 아니라, 관료제 개혁을 위해 중국의 과거 시험 제도를 차용했다는 것은 분명한 사실이다. 관료제는 어떤 문명에서든 통치와 안정을 위한 가장 중요한 도구 중 하나이기 때문이다. 실용주의와 도덕적 국가 통치를 결합한 중국은 독립국가 체계와 완전한 제국을 아우르는 세계질서의 가장 발전된 예를 제공한다. 강압보다 의례에 더 많이 의존했던 중국의 조공 체계는 식민지화 없이도 다른 국가들에게 상당한 경제적·외교적 혜택을 부여했다. 이 체계가 거의 2천 년 동안 지속되고 중국의 이웃 국가들에게 지지받았다는 사실은 그 효과와 정당성을 증명한다.

제5장 로마의 분노

BCE 8세기 중반에 건국된 로마는 페르시아, 인도, 중국 제국에 이어 고대의 제국적 세계질서에 비교적 늦게 합류했다. 로마는 군주정에서 시작해 BCE 509년부터 공화정으로 바뀌었고, 마침내 BCE 27년 아우구스투스 치세에 제국으로 발전했다. 본래의 로마 제국은 CE 476년까지 지속되었지만, 콘스탄티누스 대제는 북방 야만족의 공격에 압박을 받아 CE 330년 수도를 동쪽 비잔티움으로 옮기고 콘스탄티노플로 개명했다. 이 도시는 1453년 오스만 제국에 최종적으로 정복당할 때까지 비잔틴 제국으로 널리 알려진 동로마 제국의 중심지가 되었다. 서로마 제국과 동로마 제국 사이에 어느 정도 개념적 연속성이 있어서 로마 문명과 세계질서의 지속성을 과장되게 만드는 면이 있지만 사실상 이 둘은 규모, 힘, 종교적 지향성이 놀랍도록 달랐다. 고대 로마의 이교도 신앙과는 대조적으로 동로마 제국은 처음부터 기독교 제국이었으며, 창건자인 콘스탄티누스 대제는 콘스탄티노플로 이전하기 전 CE 312년에 기독교로 개종했다. 비잔틴 황제 유스티니아누스는 CE 6세기에 북아프리카, 이탈리아, 서부 지중해에서 잃어버린 로마 영토 일부를 되찾는 데 성공했지만 비잔틴 제국은 분열되지

지도 6: BCE 44년에서 CE 117년의 로마 제국.

다키아
트라키아
마케도니아
비잔티움
페르가몬
아테네
밀레투스
아카이아
갈라티아
흑해
카스피해
아르메니아
파르티아
메소포타미아
안티오크
시리아
다마스쿠스
지중해
유다이아
키레네
알렉산드리아
예루살렘
바빌론
키레나이카
팔레스티나
아라비아
홍해
베레니카
페르시아만

않은 로마 제국보다는 훨씬 약한 실체로 남았다. 따라서 현대 미국의 세계질서와 유사한 로마 세계질서라는 개념은 서로마 제국의 세계관과 제도에만 적용된다.

로마의 기원에서 종말까지 로마의 세계관과 정치질서는 다수의 불멸의 신들과 여신들 그리고 그들과 필멸의 인간 남녀들 사이의 상호작용을 특징으로 하는 로마 판테온에 깊이 뿌리박고 있었다. 이 사실을 주목할 필요성이 있는데 이는 서구에서 흔히 나타나는 편견, 즉 동양의 세계질서는 종교적 또는 신학적 개념으로 시작되는 반면 서양 세계질서의 출발점은 세속적이고, 합리적 철학이나 물질적 힘에 기반을 두었다는 편견과 모순되기 때문이다. 서구에서 동양을 묘사할 때는 '영혼'이 '물질'보다 우선시된다. 반면 동일한 서구적 상상 속 그리스와 로마에서는 예를 들어 '이성'과 '물질'이 신비주의를 능가했다.

그러나 사실 로마는 고대 이집트나 페르시아의 통치자들이 그랬던 것과 거의 같은 방식으로 혼돈 위에 질서를 제공하는 존재로 자신을 바라보았으며, 이러한 자화상은 이집트와 페르시아에서 그랬듯이 깊은 신학적 뿌리를 가지고 있었다. 로마의 건국자 로물루스는 주요 로마 신 퀴리누스와 동일시되었는데 초기 로마 예술은 퀴리누스를 종교적 복장과 군사적 복장을 모두 갖춘 것으로 묘사한다.[1] 군주정이 공화정으로 바뀌었음에도 신들은 로마 국가와 그 통치자들에게 여전히 중심적 존재로 남아 있었다. 그러나 이 신들은 매우 인간적 특성이 있었고, 미덕과 악덕을 모두 지녔으며, 자연의 힘을 상징했는데 이는 베다 문명의 신들과 유사한 면을 보여준다. 아우구스투스로서는 제국을 세우면서 공화정을 대체하는 것을 정당화하기 위해 통치자를 신과 동일시할 필요성이 더욱 커졌다. 아우구스투스가 도로, 다리, 수로 건설 등 막대한 비용이 드는 대규모 공공사업 프로젝트를 대대적으로 추진할 때 이를 수행할 수 있는 궁극적 권한은 그를 신적 인물과 동일시하는 대중의 인식에 달려 있었다. 그는 로마의 내전을 끝내고 국경을 확장하며 팍스 로마나, 즉 로마의 세계질서를 확립했다. 그의 견해로는 신만이 그렇게 많은 것을 이룰 수 있었다.

율리우스 카이사르가 불만을 품은 원로원 의원들에게 암살당한 다음 날 원로원은 "그가 권력을 잡고 있는 동안 통과된 조치는 아무리 사소한 것이라도 변경해서는 안 된다"는 규정과 함께 그를 신으로 선포했다.[2] 이같이 암살된 지도자를 신격화하는 것은 반대 파벌과 화해하고 내전을 막는 방법이었다. 카이사르와 그의 양자이자 후계자 아우구스투스는 죽은 뒤 신격화되었지만 일부 후계자들은 생전에 신의 지위를 주장하기도 했다. 칼리굴라나 네로처럼 타락한 황제들도 여기 포함되는데 이들 모두는 너무나 인기가 없어서 원로원은 이들을 신격화하기를 거부했다.[3] 그럼에도 신격화는 곧 원로원에서 승인받는 표준 관행이 되었고, 황제와 그 가족을 신성시하는 제국 숭배를 낳았으며, 사람들은 황제를 숭배하는 신전을 헌정하게 되었다.[4] 이 모든 것은 2장에서 보았듯이 자신을 신으로 여기며 이집트에서는 파라오, 페르시아에서는 위대한 왕으로 스스로 즉위했던 알렉산드로스 대왕의 선례를 떠올리게 한다. 로마 황제들이 알렉산드로스를 모방했음을 의식했든 그렇지 않든 로마 사회는 예술과 문화에서 사상에 이르기까지 모든 그리스적인 것을 모방했다. 알렉산드로스에게 깊이 매료된 로마 엘리트들이 알렉산드로스라는 모델을 모방한다고 해서 전혀 놀랄 일이 아니었을 것이다. 신격화된 로마 황제들은 사망 후 적어도 한 세대 동안 숭배를 받았다.[5]

로마 공화정은 BCE 509년에 군주정을 대체했으며, BCE 27년까지 지속되었다. 로마가 채택한 주요 공화정 원칙은 군주정에 흔히 나타나는 것처럼 세습에만 의존해 통치자를 선택하지 않는 것이었다. 그러나 옛 부족 및 가족 관계는 정치적 성공에 여전히 중요했다. 고대 인도에는 '가나상가'

라고 불리는 공화정 체제가 있었는데 그곳에서도 부족 및 가족 관계는 매우 중요했다. 그럼에도 로마 공화정에는 비교적 독특한 특징이 많이 있었다. 그중에는 1년 임기로 동등한 집정관 두 명을 최고 관직자로 선출하는 것 그리고 큰 위기가 닥쳤을 때 6개월 임기의 독재관을 임명하는 것이 있었다. 또한 공화정에는 두 개의 의회가 있었다. 켄투리아centuriate는 전쟁과 평화를 투표로 결정하고, 군사 문제 관할권을 가진 행정관을 선출할 권한을 가진 군사 집단이었다. 다른 하나인 트리부스회tribal assembly는 일반적인 입법과 공공 범죄 심리를 담당했다.[6] 아우구스투스가 로마 제국을 세운 후 두 의회는 폐지되었고 그들의 역할은 원로원으로 이전되었다.

고대 로마의 많은 제도들이 현재 민주주의와 연관되어 있지만 실제로는 봉건적인 씨족 기반의 과두정이었음을 명심할 필요가 있다. 로마 공화정은 고대 인도 공화정처럼 과두정이었기에 부유한 남성 시민만이 투표를 할 수 있고 원로원 구성원이 될 수 있었으며, 원로원은 다시 집정관을 선출했다. 또한 로마 사회의 두 주요 계급, 즉 부유한 정치적 특권층인 귀족patrician과 일반 시민의 결혼은 BCE 445년 이 제도가 폐지되기 전까지는 금지되었다.[7] 원로원은 군주정 시대에 강력한 가문들을 대표하는 부족 의회로 처음 등장했으며, 그 후손들은 로마의 지배 계급이나 귀족이 되었다.

지중해 패권국으로 부상하는 과정에서 공화정 로마는 문화적·경제적으로 자신들보다 더 발전했던 수많은 다른 국가들, 특히 에트루리아인들과 카르타고인들을 점진적이되 꾸준히 압도해 나갔다. 로마 북부에 근접해 있던 이웃은 에트루리아인들로 그 기원이 불확실하다. 역사가들은 그들을 소아시아 리디아 또는 에게해에서 온 이주민 혹은 그 지역 토착민으로 보고 있다. 에트루리아 문명은 BCE 9세기경에 등장해 그리스인들 및 페니키아인들과 무역을 비롯한 여러 관계를 유지했다. 처음에는 도시국가 체제로 조직되었던 에트루리아인들은 7세기에 느슨한 연맹을 형성했고,

BCE 509년 군주정이 전복될 때까지 로마는 1세기 이상 에트루리아 왕의 지배를 받았다. 에트루리아인들과 부상하는 로마 공화정의 갈등은 BCE 396년 에트루리아의 주요 도시 베이가 패배하고, BCE 264년 로마에 저항하는 에트루리아의 마지막 거점이던 볼시니를 진압할 때까지 계속되었다. 그 후 에트루리아인들은 라틴어와 문화를 채택했다.[8] 에트루리아인들이 로마에 흡수되는 동안 로마인들은 공학, 건축, 종교 의식, 의복(유명한 토가도 포함된다), 도시계획 등 에트루리아인들에게서 많은 것을 차용했다. 또한 에트루리아인들이 로마 주변의 습지를 배수한 덕분에 혜택을 받기도 했다. 이와 동시에 로마인들은 그리스 문학과 철학을 처음 접하게 되었다.

하지만 로마의 주요 전략적 경쟁자는 카르타고였다. 현現 레바논의 티레에서 온 페니키아인들은 이미 몇 세기 전 오늘날 튀니지에 해당하는 지역에 카르타고를 세운 바 있었다. 이 페니키아인들은 시칠리아 서부를 포함한 서부 지중해 전역에 정착하고 몇 세기 동안 지중해 무역을 지배했다.

로마와 카르타고는 세 가지 면에서 현저히 다른 사회였다. 첫째, 로마 체제는 군부가 지배했으며, 로마인들은 군대와 장군들을 숭배했다. 앞에서 언급한 로마 집정관들은 군대와 민정 행정 모두의 지도자였다. 이와 대조적으로 카르타고에서는 원로원과 대부분 용병으로 구성된 군대가 엄격하게 분리되었다. 둘째, 로마 사회는 귀족과 평민의 차이에 기반한 극도로 경직된 위계질서를 가지고 있었고, 새로이 부자가 된 사람조차 귀족이 될 수 없었다. 카르타고 사회는 훨씬 높은 사회 이동성을 허용했다. 무역이나 여러 활동을 통해 부를 얻은 사람은 강력한 원로원의 구성원이 될 수 있었다. 어떤 체제가 우월했는지는 논쟁의 여지가 있지만 아리스토텔레스가 카르타고를 '민주주의'로 인정했다는 점은 주목할 만하다. 카르타고의 평민들이 폭군의 지배를 받은 적이 없고, 언급할 만한 반란을 일으킨 적도 없다는 사실은 이 판단을 입증하는 것으로 보인다.[9]

이러한 두 가지 차이점은 세 번째 차이점으로 이어졌다. 전반적으로 카르타고인들은 페니키아인들의 해양 지향성을 계승하여 무역에 더 몰두한 반면에 로마인들은 북부 이웃 국가들과 더 많이 교류하며 안보에 중점을 두었다. 이렇게 카르타고는 상업으로, 로마는 군사 조직과 힘으로 명성을 얻었다. 지중해 두 강대국의 대조적인 세계관은 제3차 포에니 전쟁(BCE 146년)으로 끝난 그들의 전략적 경쟁을 야기했다. 두 번의 전쟁(BCE 264~BCE 241년 그리고 BCE 218~BCE 201년)으로 카르타고는 정치적 힘을 박탈당했으나 여전히 활기찬 경제주체로 남아 있었다. 그러나 세 번째 전쟁에서 카르타고는 완전히 파괴되고, 그 주민들은 살해당하거나 노예가 되었다. 카르타고의 결정적 패배를 통해 로마로서는 주요 전략적 경쟁자를 제거한 것이다. 같은 해 자행한 카르타고 약탈과 더불어 코린토스 정복과 파괴로 로마의 그리스 정복은 정점에 달했으며, 이후 로마가 그리스 문화와 특히 예술을 많이 차용했음에도 라틴 문화가 지중해를 장악하는 결과를 낳았다.

로마 공화정은 그 제도와 관행 덕분에 서구 지식인들과 미국 건국의 아버지들을 포함한 지도자들로부터 많은 찬사를 받았다. 그들에게 로마 공화정의 성공 비결은 집정관, 원로원 그리고 대중이 서로를 견제하여 독재의 출현을 막는 시스템에 있었다. 그러나 이 모범적 사회는 끝없는 권력과 부의 경쟁으로 인해 많은 내전과 끊임없는 외부 확장주의를 낳았다. 멸망하기 전의 로마 공화정은 아마도 로마 제국보다 더 잔인하고 폭력적이었을 것이다.

카르타고에 대한 공화정의 승리는 이를 극명하게 보여준다. 로마 군단은 가옥마다 이동하며 카르타고 주민들을 살해했는데, 그 수는 10만 명에서 20만 명으로 추정된다.[10] 학살에서 살아남은 사람들은 노예로 끌려갔다. 도시는 며칠간 불에 탄 후 체계적으로 파괴되었고, 로마 역사가 폴리비우스가 말했듯이 그 파괴는 "즉각적이고 완전했다".[11] 대량 학살을 연구하는 역사가 윌리엄 D. 루빈슈타인은 카르타고 인구를 20만 명으로 추산하고 이 가운데 15만 명이 학살당하고 나머지 5만 명은 노예로 끌려갔다고 결론 내렸다.[12] 이와 비슷하게 율리우스 카이사르의 갈리아 침략은 100만 명의 목숨을 앗아갔고, 100만 명을 노예로 만들었다.[13]

로마 공화정이 붕괴되고 로마 제국으로 대체되면서, 모든 민주주의적 통치의 외관은 사라졌다. 이것은 '임페리움imperium'이라는 단어의 의미 변화에 반영되었다. 공화정 시대에 임페리움은 특정한 공식 기능을 수행하기 위해 제한된 지휘권이나 권위를 부여하는 것을 의미했다. 군사적·사법적 권한을 결합한 이 용어를 행정관, 집정관, 총독, 독재관, 법무관, 집정관 권한을 가진 군사 호민관, 기병대장뿐 아니라 특별 지휘권을 위임받은 일반 시민과 특정 위원회 구성원에 이르기까지 광범위한 관리들이 부여받았다. 물론 임페리움의 특권에는 몇 가지 제한이 있었고 행정관에게는 견제와 균형을 부과했다. 그러한 견제 중 하나가 '동료성 원칙collegiality'이었다. 이는 "동일한 수준의 각 행정관(예: 두 명의 집정관)은 그것[임페리움]을 동일한 수준으로 보유해야 하며" 일정 기간 동안, 종종 1년 동안만 보유해야 함을 규정했다.[14] 정부 권력에 대한 또 다른 견제는 사형을 선고받은 로마 시민은 재판과 항소권을 가져야 한다는 법이었다.

그러나 아우구스투스 시대에는 임페리움 개념이 더욱 강력하고 절대적이며 세습적이 되었는데, 황제들이 자신이 선택한 후계자에게 이를 물려줄 수 있다는 의미에서 그러했다. 로마 공화정에서는 '임페라토르imperator', 즉 사령관이라는 칭호는 승리한 장군들이 누릴 수 있었지만 이제는 황제만이 독점적으로 부여받았다. 임페리움은 제국의 동의어가 되었다.[15]

팍스 로마나

로마 공화정의 몰락과 BCE 27년 로마 제국의 도래는 로마 세계질서의 주요 기준점인 팍스 로마나, 즉 로마에 의한 평화의 시작을 알린다. 이 용어는 이상적인 헤게모니 체제로 서구인의 마음에 깊이 각인되어 있다. 팍스 로마나는 해적 행위 억제와 무역 및 통신 확장을 통해 지중해 전역에 평화와 번영을 가져다주었다고 평가받는다. 이는 세계질서에 대한 두 가지 주요 기여, 즉 공공선 또는 공동선의 제공 및 간접 통치체제와 연관되어 왔다.

이러한 긍정적 이미지와는 너무나 달리 공화정 붕괴 후의 로마는 매우 약탈적이고 억압적인 제국이자 세계질서임이 드러났다. 아우구스투스는 율리우스 카이사르가 너무 많은 권력을 얻으려다 겪은 운명을 염두에 두고, 원로원이라는 제도를 유지하며 권력을 공유하는 척했다.[16] 현실에서의 그는 절대주의적이고 확장주의적인 황제였다. 이로써 제국에 안정을 가져오고 무역을 촉진했지만 팍스 로마나는 지중해 연안 전역과 그 너머에 대한 로마의 매우 직접적이고 강압적인 통치에 기반을 두고 있었다. 팍스 로마나는 BCE 27년 아우구스투스의 통치 시작부터 CE 180년 마르쿠스 아우렐리우스의 통치 종식까지 약 2세기 동안 지속된 평화 상태를 가리킨다.[17] 그동안 지중해는 로마의 호수와도 같았고, 로마인들이 부르듯이 '마레 노스트룸Mare Nostrum', 즉 '우리의 바다'였다. 지중해 연안의 어떤 부분도 로마의 직접적 통치를 받지 않는 곳이 없었는데 이는 매우 중요했다. 해상 평화 유지, 즉 해적 행위를 근절하고 운송 및 무역의 안전을 보장하는 것이 제국의 효율성과 정당성 유지에 결정적이었기 때문이다. 한 역사가가 썼듯이 "팍스 로마나는 마레 노스트룸과 함께했다".[18]

여기서 강조해야 할 점은 로마의 통치하에 고대 지중해에 찾아든 안보와 무역의 이점이 로마의 군사적 헤게모니와 직접적으로 관련되어 있었다는 것이다. 정복과 식민지화, 억압이 평화를 뒷받침했다. 7장에서 논의하겠지만 유럽 식민주의자들이 오기 전 인도양에서는 이와는 놀랍도록 다른 상황이 펼쳐졌다. 그곳에서는 어떤 제국의 감시 없이도 무역이 번성했다.

지중해는 상업의 주요 경로가 되었다. 로마의 생존에 필요한 많은 자원과 상품이 아프리카와 아시아의 바다 건너편에 있었고, 또한 보행자나 말의 발굽에 맞춰 설계한 로마의 도로들은 장거리 상품 운송에 최적화되어 있지 않았기 때문이다. 로마의 해적 소탕으로 소규모 정착지들은 방해 없이 경제적으로 유리한 위치에 머무를 수 있었다. 역사가 수에토니우스에 따르면 캄파니아 근처에서 죽어가는 아우구스투스를 만난 배의 승객과 선원들은 "그의 행운을 기원하고 최고의 찬사를 아낌없이 바치면서 그 덕택에 자신들이 살아남고, 바다를 항해할 수 있었으며, 그 덕택에 자유와 재산을 누릴 수 있었다"고 치하했다.[19]

그런데 팍스 로마나 아래에서 무역이 번성하기는 했으나 그것이 오늘날 우리가 아는 자유 무역 체제는 아니었다. 지중해는 로마의 호수로 남아 있었고, 해역에서 자유롭게 상업에 종사할 권리를 모든 사람이 동등하게 누리지는 못했다. 대부분의 경우, 자유 무역의 핵심 원칙인 해양자유는 로마 선박 또는 로마가 공식 승인한 선박에 제한되었다.

팍스 로마나는 또한 속주provinces와 조공국에 상당한 자율성을 허용하고 다양한 문화권의 피지배 민족에 관대했다는 점에서 찬사받기도 했다. 이러한 관점에서 보면 로마의 통치는 이전에 페르시아인들이 사용했던 통치체제와 유사했다.

로마의 느슨한 제국체제는 무역 증가라는 이점 덕분에 전반적으로 서구 역사가들과 정치학자들에게 고평가를 받아왔으며, 그들 중 일부는 팍스 로마나를 19세기 영국 제국이나 2차 세계대전 이후 미국 주도하의 국제질서와 비교하기도 했다. 두 나라 모두 평화, 안정, 번영의 제공자로 자처했으며, 이는 잘 기능하는 세계질서의 핵심 요소인 세계의 안정과 번영을 위해서는 공동선을 보장할 지배적 세력이 필요하다는 견해로 이어졌다.[20]

중국, 인도, 이슬람 제국을 포함한 여러 고대 제국들도 광범위한 공동선을 장려하고 광대한 영역을 간접 통치했지만 로마 제국, 영국 제국, 미국 세계질서만이 서구인의 마음속에서 '팍스pax'라는 개념과 밀접하게 연관되어 있다는 점은 주목할 만하다.

팍스 로마나의 개념은 어느 정도는 로마인들의 자화자찬적 서사의 산물이었다. 이는 빅토리아 시대의 영국 제국이나 2차 세계대전 이후의 미국 세계질서가 스스로를 찬양한 것과 매우 유사했으며, 로마 제국은 팍스를 공식 이념의 중심에 두었다. 예를 들어 'pax'라는 단어를 새긴 동전을 발행하거나, 이를 찬미하는 대중문학 작품의 출판을 장려하고, 평화 시기를 기념하기 위해 로마 포룸에 있는 야누스 신전 문을 닫는 의식 등을 통해 이 사상을 유지했다.[21]

그러나 이는 다음 질문으로 이어진다. 팍스 로마나가 과연 팍스였을까? 누구를 위한 팍스였을까? 이것은 영국 제국과 미국 세계질서에도 해당되는 질문이다. 영국 세계질서도, 미국 세계질서도 대부분의 비서구 세계에 평화롭지 않았고, 안정적이거나 매우 질서정연하지도 않았다. 이런 면에서 그들은 로마의 전례를 따랐다. 세 경우 모두 역사적 현실은 팍스라는 개념이 시사하는 것보다 훨씬 더 가혹했다.

로마의 경우, 느슨한 제국을 로마 중심부가 엄격하게 통제하기 위해 행한 가혹한 조치들부터 살펴보자. 로마 총독들은 반체제 인사들과 반란군을 강압하고 살해할 의향이 있는 로마 병사들의 지원을 받아 로마 시민이 아닌 사람들에게 전권을 행사했다.

로마는 일부 이웃 국가들이 적어도 한동안 명목상 독립을 유지하거나 가혹한 복종을 면할 수 있도록 봉신이나 속국으로 남는 것을 허용하기도 했다. 그러한 속국에는 콤마게네, 에메사, 아르메니아 그리고 악명 높은 헤롯 왕의 유대 등이 있었다.[22] 이 같은 속국 또는 조공 관계는 역사에서 드문 일이 아니다. 그러나 가장 잘 알려진 체제를 가진 중국과 비교할 때 로마의 속국 집단은 훨씬 규모가 작았다. 로마는 간접 통치보다 직접적 복종을 선호했다. 로마는 지중해 연안의 모든 국가를 통치했기에 이웃 국가들에 더욱 직접적 통제력이 있었다.

로마 세계질서에서 속국의 지위는 때때로 완전한 합병과 완전한 착취가 시작되기 이전의 일시적 단계에 불과했다. 예를 들어 이집트는 속주가 아닌 속국으로 남을 수도 있었지만 로마 곡물의 주요 공급원이라는 경제적 중요성 때문에 그렇게 되지 못했다. 로마 문화가 식민지 주민들에게 매력적이었던 것은 사실이지만 속주와 제국 행정부 간의 협력은 주로 현지 엘리트들이 부와 지위를 얻을 수 있는 기회 때문이거나, 로마의 폭력적인 보복에 대한 두려움에서 비롯되었다.[23]

또한 팍스 로마나가 로마 공화정을 괴롭히고 몰락시켰던 내전의 종식을 나타내는 것이긴 하지만 전쟁의 부재를 의미하지는 않았다. 팍스는 적들의 완전한 복속과 로마 헤게모니에 대한 내부 저항의 억압을 의미할 뿐이었다. 이는 상당한 폭력을 수반했으며 특히 유대인과는 세 차례 잔혹한 전쟁을 벌인다. 1차 유대-로마 전쟁(CE 66~70년), 키토스 전쟁(CE 115~117년), 시몬 바르 코크바 반란 진압(CE 132~135년 또는 136년)이 그것이다. 또한 CE 약 60년에는 브리튼의 부디카 여왕이 주도한 반란을 진압하기도 했다. 로마인들은 카르타고의 한니발 장군 이후 가장 강력한 적수인 파르티아와도 여러 차례 전쟁을 벌였다. 로마는 CE 58~63년 파르티아 제국(오늘날의 이란)과 처음으로 싸웠고, CE 113년 트라야누스 치하에서 그리고 CE 198년 셉티미우스 세베루스 치하에서 다시 싸웠다. 이러한 갈등에다 트라야누스의 다키아 정복과 CE 9년 테우토부르크에서 있었던 게르만족과의 끊임없는 전투도 추가된다.

로마 정복의 잔혹성은 타키투스의 《아그리콜라Agricola》에 생생하게 담겨 있다. 여기서 칼가쿠스라는 이름의 칼레도니아 사령관은 그나이우스 율리우스 아그리콜라 장군이 이끄는 로마군에 맞서 부하들을 독려하면서 로마인들을 비난한다.

그들은 세상의 약탈자이며, 더 이상 남을 것이 없을 때까지 땅을 황폐하게 만들고, 이제는 바다를 샅샅이 뒤지고 있다. 백성이 부유하면 약탈할 가치가 있고, 가난하면 노예로 삼을 가치가 있다. 그리고 동쪽도 서쪽도 그들의 탐욕스러운 아가리를 만족시킬 수 없다. 그들은 정복욕 때문에 부와 빈곤 모두에서 유혹적 미끼를 찾는 세계에서 유일한 인간들이다. 그들은 약탈, 살인, 폭력에 '통치'라는 거짓 이름을 붙이고, 황폐하게 만든 곳을 평화라고 부른다.[24]

팍스 로마나 시대에도 전쟁이 끊이지 않았던 것은 제국이 너무 광대해서 피지배 민족들이 종종 불안하고 반항적이었던 점 그리고 로마 사회의 군사주의적 문화 때문이었다. 로마는 자신들의 명령에 대한 절대적 복종을 강요했다. 전임 황제 트라야누스가 정복한 메소포타미아, 아시리아, 아르메니아의 영토를 포기하기로 한 결정 덕분에 때때로 '평화로운' 황제로 불리기도 하는 하드리아누스 황제조차 팍스를 유지하기 위해 군사적 수단을 사용했는데 그 수단은 어떤 기준에서 보더라도 매우 잔혹했다. 시몬 바르 코크바가 이끈 유대인 반란을 진압하기 위한 하드리아누스의 '유대 원정expeditio Judaica'(CE 132~CE 136년)은 반란군 주둔지 50군데 및 거의 1000개나 되는 마을을 파괴하고, 사상자 총 58만 5000명을 낳는 끔찍한 학살로 이어졌다.[25] 하드리아누스가 동방 영토를 포기하고 브리튼섬에 저 유명한 하드리아누스 장벽을 건설하여 야만족을 막으려 한 결정은 실용적이고 방어적으로 보였을지 모른다. 이는 로마 제국이 지나치게 확장되었다는 그의 인식을 반영했을 수도 있다. 그러나 다른 속주에서의 그의 접근 방식은 강경하고 공격적이었다.

로마 역사가 아에리우스 스파르티아누스는 "트라야누스에게 정복당한 민족들이 반란을 일으키고 있었다"고 썼다. "무어인들은 날뛰었고, 브리튼인들은 로마의 주권 아래 머물 수 없었으며, 이집트는 봉기로 황폐해졌고, 마침내 리비아와 팔레스타인들은 반란의 정신을 드러냈다."[26] 심지어 하드리아누스의 방어적 제스처, 특히 동방 영토 포기는 트라야누스의 유산을 훼손한다는 이유로 로마 엘리트들에게 비판받았다. 일부는 이것이 바로 하드리아누스의 의도라고 느끼기도 했다. 이러한 조치들은 로마 전략 문화의 어떤 변화도 의미하지 않았으며, 로마는 여전히 군사적 성공을 찬양했다.

로마의 평화 시기 동안에도 전쟁과 학살이 발생했을 뿐 아니라 황제 측에서는 죽음과 파괴에 대한 뉘우침이 전혀 없었던 것으로 보인다. 이는 예를 들어 칼링가와의 전쟁 후 인도의 아쇼카 왕이 표명했던 후회의 표현과는 극명한 대조를 이룬다.[27] 역사가 네빌 몰리는 "로마의 평화는 대다수 인구에게 (…) 길들여진 동물이 누리는 평화였다"고 썼다.[28] 5000~6000만 명에 달하는 로마 백성들을 한 명의 황제 아래 통치하게 한 것은 군사력과 그것을 기꺼이 사용하려고 준비 중인 잔혹함이었다.[29]

거의 끊이지 않는 암살은 로마 제국의 체제가 갖는 특징이었다. 로마 황제 살해율에 대한 전체적인 추정치는 다양하다. 한 연구에 따르면 BCE

27~CE 476년의 총 503년 동안 로마를 통치한 황제 77명 중 33명이 살해되었다. 그중 30명은 칼이나 단검으로, 나머지는 교살, 교수형, 돌팔매질로 사망했다. 초기, 즉 팍스 로마나 시대에는 황제 중 56퍼센트만이 자연사했고, 44퍼센트는 암살당했다.[30] 이러한 황실 암살은 다양한 방식으로 자행되었다. 주요 권력 결정자가 된 근위대Praetorian Guard 혹은 정규군에 의해, 때로는 다른 왕위 계승자들의 명령에 의해, 때로는 원로원의 명령에 의해, 또는 이들의 결합에 의해 암살이 이루어졌다. 그리고 암살은 칼리굴라처럼 잔인하고 광적인 황제부터 단순히 무능하고 비효율적이라고 평가받는 황제에 이르기까지 모든 유형의 황제의 목숨을 앗아갔다. 친척, 찬탈자, 군인에 의한 황실 암살은 중국, 인도, 이슬람을 포함한 모든 문명과 제국에서 일어났지만 로마만이 유일하게 팍스라는 망토를 완전하게 두르고 있었다.

노예제도는 팍스 로마나 시대 및 그 이후에도 특히 만연했다. 로마 제국 인구의 5분의 1에 해당하는 약 1000만 명이 아마도 노예였을 것이다.[31] 발터 샤이델은 로마 수도에 24만~44만 명가량의 노예가 있었으며, 이는 거주민 3명당 1명이 노예였다는 의미라고 추정했다.[32] 전쟁은 종종 노예의 주요 공급원이 되었다. 트라야누스의 고문 크리토는 황제의 다키아 원정으로 노예 50만 명을 얻었다고 보고했다.[33] 그런데 주목할 점은 로마인들은 모든 인종의 사람들을 노예로 삼았다는 것이다. 근대 초기 유럽에서처럼 노예제도가 인종적 편견을 반영하거나 만들어냈다는 증거는 거의 없다.[34] 노예제도와 피부색의 연관성은 훨씬 후대에, 서구가 부상하던 시기에 나타났으며 미국은 이 연관성을 보여주는 주요 무대였다. 이 점은 나중에 논의할 것이다. 또한 로마는 BCE 7세기경부터 때때로 노예들에게 로마 시민권을 부여했지만 미국은 노예제도가 시작된 지 250년이 지난 1886년에야 그렇게 했다.

그러나 이 점을 너무 강조해서는 안 된다. 노예든 아니든, 로마 시민권은 신참자들에게 제한된 특권만을 부여했다. 로마는 '보편적 시민권'이라는 개념을 도입한 것으로 서구에서 기억되고 칭송받는다. 그러나 이것은 제국 역사상 비교적 늦게, CE 212년 카라칼라의 칙령을 통해 비로소 이루어졌다. 로마 제국의 모든 자유인에게 완전한 시민권을 로마인이 아닌 자유인 여성에게 로마 여성과 동일한 지위를 부여한 것이다. 칙령 이전에는 시민권과 관련된 권리는 군 복무, 황제로부터의 하사 또는 로마 대외 정책의 협상 도구 등 몇 가지 경로를 통해서만 얻을 수 있었다. 정치적 압력 또한 중요한 요인이었다. 이탈리아반도에 사는 사람들 대다수는 동맹시 전쟁Social War(BCE 91~BCE 88년 또는 BCE 90~BCE 89년)으로 알려진 반란 이후에야 로마 시민이 되었다. 비록 카라칼라 칙령 이전까지 로마인이 아닌 사람들도 꾸준히, 더 쉽게 시민권을 얻고 있었지만 칙령 당시 제국 내의 로마인이 아닌 사람들 중 60~80퍼센트가 시민이 아니었을 것으로 추정된다.[35]

로마 시민권은 세금 납부의 대가로 처벌에 대해 로마 사법제도에 항소할 권리나 결혼 및 계약의 인정 등 특정한 권리를 부여했다.[36] 사실, 세수는 카라칼라가 시민권 확대를 결정한 주된 동기였을 수도 있다. 그러나 이것이 진정한 로마 정체성이나 로마라는 개념에 대한 진심 어린 충성심을 만들어내지는 못했다. 그 충성심은 페르시아 전쟁 이후 고대 그리스에서 등장한 범헬레니즘 정체성만큼도, 페리클레스가 저 유명한 장례식 연설에서 요구했던 제한적인 아테네 정체성만큼도 안 되는 것이었다. 로마는 공유된 정체성이 아니라 주로 무력을 통해 스스로를 유지했다. 내부 반란을 예방하고 관리하기 위한 전략이었을 수도 있는 시민권의 확대에는 국가의 통제가 따랐다. "유기적 의지라기보다는 국가에 의해 강요된" 것을 제외하고는 자발적 동화 또는 로마화Romanization는 없었다.[37] 로마법은 또 다른 널리 칭송받는 유산으로, 시민들에게 자의적 권한 행사에 맞서 항소할 수 있는 권리를 부여했다. 오늘날 로마법은 적어도 이론적으로는 개인과 정부의 행동을 규율하고 제한했던 명확하고 확립된 성문법과 불문법 체계로 여겨진다. 이는 정당한 주장이며, 로마법은 현대 법치주의의 선구자이기도 하다. 그러나 이것만이 유일한 선구자는 아니었다. 지배자의 정책을 규율하고 제한하는 공식적·비공식적 원칙과 규칙은 수메르, 인도, 아프리카, 이슬람에도 존재했다. 이들 지역에서도 로마와 마찬가지로 그러한 법률에는 한계가 있었다. 궁극적으로 로마는 어떤 반대나 반란, 분리 시도도 용납하지 않는 제국이었다.

로마 제국주의 없이는 로마법도 없었을 것이라는 사실을 잊어서는 안 된다. 로마 제국 이전 로마는, 로마에서의 민주주의와 정복지에서의 독재라는 두 가지 정책을 추구했다. 아시아, 아프리카, 아메리카 등 훗날의 유럽 식민지와 마찬가지로 로마 식민지에는 정의라는 것이 거의 없었다. 일부 로마 황제들은 정복 민족의 '아버지'로 여겨졌지만 식민지 백성들이 제국 총독이나 지역 관리들의 불의와 폭정, 폭력에 시달려도 구제책이 없었다. 피지배 민족의 청원은 로마에 거의 도달하지 못했으며, 설령 응답받는다 해도 현지 관리들은 대부분 로마의 판결을 무시했다.

고대 로마의 사회생활 또한 폭력과 잔인함을 아무 죄책감 없이 용납했다. 로마의 검투 경기를 고대 인도와 비교한 인도 역사가 D. P. 싱갈은 다음과 같이 지적한다. "BCE 3세기 마우리아 왕 아쇼카가 전쟁을 포기하고 동물을 포함한 모든 존재에 대한 비폭력과 자비를 설교하는 동안, 로마인들은 인신 공양에 탐닉하고 있었다."[38] 아즈텍인은 신을 기쁘게 하기 위해 인신 공양을 행했지만 로마의 관행은 사람들을 기쁘게 하기 위해서였다. 검투 경기에는 청중의 즐거움을 위해 싸우고 죽도록 강요당한 노예와 죄수들이 등장했다. 특히 로마에서 충격적이었던 것은 '담나티오 아드 베스티아스damnatio ad bestias'('야수에게 던져지는 저주'라는 뜻의 라틴어)였다. "한 인간이 으르렁거리는 굶주린 짐승 무리와 맞서고, 군중 속에서 웃고 있는 모든 구경꾼은 커다란 고양잇과 동물의 승리를 외쳤다. 이때 공화정의 의무인 사람의 죽음을 공정하거나 명예롭게 만드는 것보다 사람이 죽는 것을 지켜보는 오락의 가치가 더 중요해지기 시작했다."[39] 로마의 범죄 처벌은 고대의 기준으로 보아도 극단적이라고 할 만하다. 예를 들어 데키마티오decimation(병사 열 명이 제비뽑기를 한 후 가장 짧은 막대기를 뽑은 사람이 나머지 아홉 명에게 맞아 죽는 것), 생매장(순결 서약을 한 베스타 여사제들에게 적용했다), '포에나 쿨레이poena cullei'('자루 형벌'로 살아 있는 개, 뱀, 원숭이, 닭 또는 수탉과 함께 가죽 자루에 꿰매어 물에 던지는 형벌) 등이 있었다.[40]

로마가 왜 그토록 끊임없이 확장하고 거대한 제국을 유지했는가 하는 것은 오늘날 세계질서를 연구하는 모든 연구자들에게 흥미로운 질문이다. 결국, 그리스 역사가 폴리비우스가 2천 년도 더 전에 제기했듯이 "어떤 수단과 어떤 정치체제하에서 거의 전 세계가 로마라는 단일 도시에 정복당하고 지배받게 되었는지, 그것도 채 53년이 되지 않는 기간에 그렇게 되었는지 알고 싶어 하지 않는 무관심하고 게으른 사람도 있을까?"[41] 이 질문에 대한 답은 중요하고 익숙한 동기, 즉 개인의 권력과 부에 대한 욕망에서 시작된다. 이를 위한 로마의 빈번하고 피비린내 나는 투쟁을 타키투스는 잘 포착했고, "인간에게 늘 내재되어 있던 오랜 권력에 대한 열정은 제국이 위대해짐에 따라 증가하고 분출했다"고 언급했다. "세계가 정복당하고, 모든 경쟁 왕국과 도시가 파괴되고, 사람들이 안전하게 누릴 수 있는 부를 탐할 여유가 생기자, 초기에는 귀족과 평민 사이의 갈등이 불꽃처럼 타올랐다. (…) 이로부터 사람들의 유일한 목표는 절대 권력이 되었다."[42]

그러나 이익과 약탈 또한 중요한 요인이었다. 여기에는 정복한 영토에서 금과 예술품을 약탈하고 무거운 세금을 징수하는 것이 포함된다. 한 역사가는 "로마의 보호 아래 수많은 고리대금업자들이 굶주린 거머리처럼 속주 전역에 퍼져 무고한 이들의 피를 빨아먹었다"고 쓰기도 했다.[43] 또한 집정관을 겸임하기도 했던 로마 장군들의 부와 권력을 위한 치열한 내부 경쟁도 중요했다.[44] 해외 원정은 그들이 개인적 부를 확보하여 권력을 유지하고 증진할 유일하고 실질적인 기회가 되었다. 또 다른 동기는 빚을 갚는 것이었는데 장군들의 사적 빚은 물론 군대와 원정을 위해 지불한 국가의 빚 모두 여기에 해당된다. 빚과 군사작전은 악순환을 형성했다. 이집트에서 얻은 부는 "옥타비아누스(아우구스투스)의 모든 빚을 단번에 갚아주었다".[45]

외국과의 전쟁은 국내의 정치적 목적을 위해서도 필요했으며 이는 미국 세계질서를 비롯해 여러 문명에서 볼 수 있는 현상이다. 로마에서는 해외 원정이 대중의 지지를 얻고, 권력의 당위성을 주장하거나 공고히 하는 데 유용했다. 예를 들어 네로는 CE 66년 신생 유대국가를 파괴하기 위해 베스파시아누스를 파견했다. 처음에는 예루살렘에 대한 최종 공격을 망설였던 베스파시아누스는 네로의 자살이 치열한 권력 투쟁을 촉발하자 신속하게 임무를 완수했다. 황제 자리에 대한 자신의 정당성을 주장하려면 해외 정복이라는 명성이 필요했기 때문이다.[46]

로마가 식량을 포함한 외국 자원에 전적으로 의존한 것 또한 확장주의적 충동에 기여했다. 이집트를 정복하고 그 막대한 부를 사용함으로써 장기간의 내전으로 인한 로마의 파산 위기를 막은 후, 제국은 이집트 자원에 크게 의존하게 되었다. 로마 제국에게 이집트는 영국에게 인도가 그랬듯이 '왕관의 보석' 같은 존재였다. 이집트는 또한 소련에게 우크라이나가 그랬듯이 로마의 곡창 지대였다. 이집트는 로마 제국의 생존에 너무나 중요해서, 원로원 속주가 아닌 황제의 개인 속주로 분류되었다. 따라서 로마 원로원 의원조차 황제의 개인적 허가 없이는 이집트에 들어갈 수 없

었다.[47]

이 지점에서 중국과의 비교가 유익할 것이다. 왜 로마가 패배시킨 국가들을 흡수한 데 비해 중국은 무역 중심 조공 체계를 유지했는지에 대한 단서를 발견할 수 있기 때문이다. 앞서 언급했듯이 로마에도 중국처럼 현지 지배자들이 한동안 통치하도록 허용하는 일부 조공국이 있었지만 그 지위는 오래가지 못했으며, 곧 제국에 속주로 합병되고 흡수되었다. 왜 그랬을까? 로마는 생존을 위해 수입에 의존했던 반면 주요 생산자이자 시장이던 중국은 그렇지 않았기 때문이다. 중국은 조공국들이 무역에서 더 많은 이윤을 얻도록 할 여유가 있었다. 특히 말을 제외하면 중국이 주로 수입해야 했던 것이 사치품, 종교 용품, 향신료였음을 감안하면 더욱 그러했다. 중국의 번영이 해외 제국에 의존하지 않았던 반면 로마는 정치적·경제적 안정을 위해 제국이 필요했다. 로마의 생존과 관련된 무역은 인근 이집트와 카르타고에서 오는 곡물과 기름 같은 필수품이었다. 이 무역은 필수적인 데다 평등한 조건으로 이루어질 수 없었기에 로마로 하여금 무역 파트너들을 합병하도록 만들었다.

이 모든 것이 중국의 세계질서 개념과 로마의 세계질서 개념 간의 차이점을 설명한다. 무역 보호를 위해 직접적 군사력을 사용한 로마와는 대조적으로 중국은 여전히 조공 체계에 주로 의존했다. 따라서 이웃 국가들에게 안보를 제공하면서도 그들을 제국에 직접 흡수할 필요가 없었다. 로마 통치하의 지중해보다 훨씬 광범위한 영역인 동아시아, 동남아시아, 인도양의 해상 공간은 중국의 정치적·전략적 영향력에도 불구하고 개방적이고 강압적이지 않은 상태로 유지되었다.

로마의 또 다른 주요 유산은 문화와 정체성의 확산이다. 콘크리트, 수로, 율리우스력, 법률, 문학, 철학, 건축 같은 로마의 혁신은 오늘날까지 전 세계적으로 영향을 미친다. 그러나 이는 로마화, 즉 로마의 문화와 가치를 채택함으로써 '로마인이 되는 것'과는 다르다. 이를 인도 사상이나 그리스 사상의 확산과 비교할 수 있다. 앞서 논의했듯이 인도 사상의 확산은 수용하는 사회 측에서 대체로 평화롭고 자발적으로 진행되었으므로 폭력과 강압이 없지 않았던 헬레니즘화와는 대조적이었다. 헬레니즘은 서부 지중해에서 원주민의 인구 이동을 수반했으며 아나톨리아, 페르시아, 메소포타미아, 아프가니스탄, 이집트 등 동부 지중해에서는 정복과 제국주의의 뒷받침을 받았다. 그럼에도 헬레니즘 사상과 문화 및 제도의 명성과 탁월함 덕분에 현지 사회들이 상당 부분 자발적으로 채택할 여지를 남겼다.

물론 로마화는 음식과 복장을 비롯해 로마 문화와 로마 시민권의 혜택에 매료된 식민지 엘리트들에게도 매력적이었다. 로마화는 로마인이 아닌 사람들이 로마 사회에서 지위와 인정을 습득하고자 했기에 확산되었다. 근대에 식민지 출신 사람들이 유럽의 풍습과 관습을 받아들인 것과 같은 이유였다. 그러나 로마화는 궁극적으로, 유럽 제국주의와 마찬가지로 노골적인 제국주의의 산물이었으며, 대부분 강압과 정복에 선행하기보다는 그 뒤를 따랐다. 이는 인도, 중국 그리고 알렉산드로스의 정복 이후 헬레니즘 문명이 확산된 방식과는 거리가 멀었다. 로마화는 서로마 제국이 멸망한 후에야 주로 유럽과 서구에서 자발적인 과정이 되었다. 다음 장에서 논의하겠지만 로마의 기억은 로마의 후계자를 자처하며 정당성을 모색하는 유럽 통치자들에게 강력한 상징으로 작용했다.

로마의 영원한 유산

아마도 로마의 가장 강력한 유산은 오늘날 미국과 서유럽이 주도하는 '서구'라는 개념에 기여했다는 점일 것이다. 물론 그것이 서구가 근대적 개

넘으로 등장한 유일하거나 가장 결정적인 이유는 아니었지만 로마가 한몫했음은 분명하다. 그 공로는 18세기 이후 유럽 문명 우월주의에 돌아가야 한다. 고대 그리스 역시 서구의 기초라는 면에서 비슷한 위치를 차지하지만 이는 주로 예술, 민주주의, 과학, 철학에서의 창의성 덕분이었다. 반면 로마 제국은 권력과 지배를 연상시킬 뿐 아니라 서구의 창조와 더욱 직접적·물리적으로 연관되어 있다.

제국의 정치적 중심지가 동쪽 콘스탄티노플로 옮겨진 후, 정교회와 로마 가톨릭교회의 분열은 서구 사상과 현대 유럽 정체성 모두의 기초가 되었다. 로마와 서구의 정치적 연관성은 교황이 비잔틴 황제 대신 프랑크 왕 샤를마뉴를 지지하고 CE 800년 그를 신성 로마 제국의 황제로 즉위시키면서 확고해졌다. 샤를마뉴 이후 신성 로마 제국이라는 개념은 나폴레옹 전쟁까지 이어져, 다양한 유럽 통치자들이 때로는 실제적인 권력이 없는데도 고전 로마의 상상 속 후계자로서의 정당성을 주장하게 했다. 신성 로마 제국은 때때로 성스럽지도 로마적이지도 않으며, 제국도 아니라는 비난을 받기도 했다.

게다가 다른 유럽 통치자들도 로마의 유산을 주장했다. 오스만 제국이 콘스탄티노플을 함락시킨 후, 정교회 성직자들이 러시아가 '제3의 로마'라는 사상을 장려하자 러시아의 이반 3세는 차르czar(카이사르)라는 칭호를 채택했다. 오스만 제국에 앞선 셀주크 투르크인들은 아나톨리아에 새로 설립한 국가를 '룸 술탄국Sultanate of Rum'이라고 불렀는데 이는 로마 문명을 모방하려는 열망 때문이 아니라 동로마 제국에서 빼앗은 영토에 위치했기 때문이었다. 대신 룸 술탄국은 페르시아화된 국가로 페르시아의 행정 구조와 예술, 건축을 채택하고 이를 튀르키예어 및 아랍어 요소와 결합했다.

그러나 로마 제국의 영향은 이보다 훨씬 광범위했으며, 어떤 의미에서는 멸망 후 그 영향력이 생존 기간보다 더 광범위하고 오래 지속되었다. 역사가 발터 샤이델이 주장하듯이 로마의 멸망은 유럽의 정치적 분열과 경쟁적인 정치 문화 탄생의 근원이 되었다. 이는 왕, 봉신, 봉건 귀족과 영주, 성직자, 상인들 간에 정치적·경제적 권력을 둘러싼 오랜 투쟁을 촉발했으며, 로마와 비견될 만한 권력과 규모를 가진 또 다른 유럽 제국의 부상을 막았다. 오랜 전쟁 후 이처럼 치열하게 경쟁하는 정치적 분위기는 베스트팔렌 조약과 유럽협조체제 같은 관리체제를 탄생시켰다. 이와 동시에 유럽 국가들 간의 격렬한 경쟁은 그들이 아메리카, 아시아, 아프리카에서 토지를 획득하고 교역소를 설립하게 만들었는데 이는 종종 경쟁자들이 먼저 차지하지 못하도록 하기 위해서였다. 다른 대륙에 전초기지를 세우고 정부를 부유하게 만든 것은 상인들이었다. 따라서 각국은 현지 지도자와 외국 경쟁자 모두에게서 상인들을 보호하기 위해 병사와 관료들을 파견하게 되었다. 로마의 붕괴는 이러한 방식으로 장기적으로 유럽의 전 세계적 확장과 식민지화 충동에 기여했는지도 모른다.[48]

로마는 서구에 강력하고 지속적인 영향을 미쳤다. 2차 세계대전 이전 베니토 무솔리니가 이탈리아에 파시스트 국가를 세운 것은 로마의 가장 어두운 흔적 중 하나다. 1922년 4월 21일, 로마 건국 기념일에 행한 연설에서 무솔리니는 '로마니타Romanità' 또는 '로마적 특성Roman-ness'이라는 개념을 소환하며 이를 파시즘과 명시적으로 연결했다. "로마는 우리의 출발점이자 기준점입니다. 그것은 우리의 상징이며, 원하신다면 우리의 신화입니다. 우리는 로마적 이탈리아, 즉 현명하고 강하며 규율이 있고 제국적인 이탈리아를 꿈꿉니다. 로마의 불멸의 정신 중 많은 부분이 파시즘에서 되살아나고 있습니다."[49]

로마를 소환하려는 무솔리니의 노력은 이탈리아 국내 정치뿐 아니라 외교 관계에도 큰 영향을 미쳤다. 그는 곧 아돌프 히틀러와 합세하여 유럽과 세계를 위한 대안질서를 구축할 작정이었다. 이러한 시도가 인류에게 막대한 대가를 치르게 하며 실패로 끝이 났는데도 고대 로마는 유럽과 미국 모두에서 현대 극우 운동에 영감을 주고 있다.[50]

또한 로마는 근대 서구 지도자들의 상상력을 자극했다. 이는 로마 모델을 따르고 제국을 추구하도록 유도하는 등 다양한 방식으로 나타났다. 19세기와 20세기 초 영국 교사들이 쓴 소설에서 그러한 예를 찾아볼 수 있다. 이 소설들은 제국의 영광에 영감받은 젊은 영국인들이 해외로 나가 '제2의 로마'로 불리는 곳의 통치를 돕도록 격려하는 것을 목표로 삼았다. 예를 들어 러디어드 키플링은 영국 제국과 로마 제국을 동일시하는 경우가 자주 있었다.[51]

미국은 영국에 필적할 만한 세계 제국을 건설하지는 않았지만 로마의 지속적인 유산은 미국 역사, 정치제도, 심지어 건축에서도 다방면으로 두드러졌고, 워싱턴 DC의 건물들은 로마와 고대 그리스 양식 모두를 재현해 놓기도 했다. 로마 공화정의 정치제도, 특히 원로원은 미국의 헌법 작성에 큰 영향을 미쳤다. 제국의 팍스 로마나 개념은 미국 세계질서의 기본구조, 즉 국내 민주주의 및 해외 확장과 개입의 모델이 되었다. 팍스 아메리카나라는 용어 자체도 2천 년 전 팍스 로마나를 명확히 반향하는 메아리이다. 미국 또한 자신들의 우월한 군사적·경제적 힘을 바탕으로 세계에 무역과 안정을 통한 혜택을 제공함으로써 세계질서를 구축했다고 주장하기 때문이다.[52] 또한 로마는 미국 사회의 폭력과 남성성을 미화한다. 틱톡 트렌드에 따르면 "남성들은 항상 로마 제국에 대해 생각한다".[53]

로마가 세계질서에 크게 기여한 부분은 두 가지 경쟁적 사상, 즉 공화정과 제국을 제시한 것이다. 공화정은 민주주의가 아니라 과두정이었고, 평범한 사람들의 목소리는 거의 중요하지 않았다. 미국 건국자들은 자신들의 국내 정치에서 공화정을 모방하려 하면서도 로마가 공격적 확장주의 국가였다는 사실은 무시하려고 했다. 그리고 제국 통치하에서 로마는 안정적 평화를 위해서는 지배적 세력의 존재가 필요하다는 근대적 사상을 낳았다. 오늘날 '헤게모니 안정 이론hegemonic stability'이라는 정치학 용어로 알려져 있는 이 사상은 로마에서 19세기 후반 영국으로 그리고 2차 세계대전 이후 미국으로 거슬러 올라갈 수 있다. 그러나 팍스 로마나의 '팍스'는 기껏해야 제한된 것일 뿐이었고, 적들을 무자비하게 학살할 태세를 갖춘 로마의 군사력 사용 의지에 좌우되었다. 로마 제국은 또한 노예제도를 통해 번성했으며, 그토록 자랑하던 로마법도 정치적 절대주의나 제국주의를 제약하지 못했다. 그럼에도 공화정이든 제국이든 고대 로마는 서구의 역할 모델로 남아 있으며, 고대 그리스와 함께 서구 문명의 핵심으로 여겨진다. 이는 로마를 낭만적으로 이상화하는 동시에 페르시아, 인도, 중국 등 덜 지배적인 세계질서 시스템이 제시하는 로마식 통치 방식에 대한 대안들을 무시하는 결과를 낳았다.

서구의 상상 속에서, 5세기 서방 로마 제국의 종말은 유럽의 암흑시대Dark Ages를 열었다. 이러한 견해의 진실성에 대해서는 논란의 여지가 있지만 같은 시기 동양의 문명과 제국들이 서양의 어떤 문명보다 더 활기찼고 번영했고 혁신적이었고 강력해졌다는 데는 모두 동의할 것이다. 여기에는 굽타 시대의 인도, 중국 당나라와 송나라의 고전 문명뿐 아니라 새로운 문명인 이슬람 세계질서도 포함된다.

제6장 세계를 재활성화하다

7세기 초 예언자 무함마드가 아라비아에서 창시한 이슬람은 주요 세계 종교 중 가장 역사가 짧지만 가장 빠르게 세계적인 신앙 체계로 발전했다. 무함마드 사망 후 한 세기도 채 지나지 않아 이슬람은 서아시아, 북아프리카, 스페인까지 퍼져나갔다. 이러한 확장은 무력(말하자면 칼)과 매력을 통해 이루어졌으며, 이 둘의 조합은 시대와 제국, 통치자에 따라 변화했다. 세계질서라는 측면에서 주목할 만한 발전은 CE 711년부터 시작된 아랍의 스페인 정복이었으며, 스페인의 일부 지역은 1492년까지 그들의 지배하에 남아 있었다. 또한 이슬람은 동쪽으로 이동하여 8세기 신드(오늘날의 파키스탄)에 발판을 마련했고, 11세기 북인도에서 훨씬 강력한 정치 세력이 되었다. 이후 얼마 지나지 않아 동남아시아로도 전파된다.

이 시기 동안 이슬람은 영토뿐 아니라 정신도 정복했다. 진부한 표현으로 말해 유럽의 암흑시대가 이슬람의 황금시대였다. 이 점에서 이슬람은 주로 페르시아, 그리스, 인도, 중국 등 다른 문명들의 사상을 흡수하면서 자신만의 상당한 혁신을 더했다. 결국 유럽과 서구의 부상에 필수적 역할을 한 것은 바로 이 지식의 집단적 보고寶庫였다.

이슬람은 확장을 통해 세계질서에 대한 근본적으로 다른 개념을 발전시켰다. 이집트, 인도, 중국, 유럽 등 모든 세계질서가 종교적 신념에 기반을 두고 있지만 이슬람에서는 종교적 신념과 정치질서의 간극이 가장 불분명하며, 신자와 불신자의 구별은 가장 뚜렷하다. 이슬람에서 세상은 두 영역, 즉 '다르 알-하르브'(전쟁의 영토)와 '다르 알-이슬람'(이슬람의 영토)으로 나뉜다. 이러한 구분은 중세 및 그 이후 세계질서에 지대한 영향을 미쳤다. 다르 알-하르브는 "무슬림과 불가침조약이나 평화조약이 체결되지 않은 영토"를 의미하는 반면, 다르 알-이슬람은 "이슬람 법이 지배하는 무슬림 주권 지역"을 나타낸다.[1] 이는 신자와 불신자 간의 갈등이나 전쟁에 취약한 적대적인 세계질서를 전제로 한다. 다르 알-하르브를 평화로운 공존보다는 무슬림이 정복하고 흡수할 대상으로 여겼기 때문이다.

많은 사람들이 두 영역의 구분을 이슬람의 기원과 연관시키지만 사실 〈쿠란〉이나 예언자의 언행을 담은 〈하디스〉는 이를 명시적으로 언급하지 않았다. 오히려 후대의 신학자들이 새롭게 부상하는 이슬람 세력이 제국을 확장하는 것을 정당화하기 위해 이를 고안했다. 이러한 구분을 이슬람의 공격성을 증명하는 것으로 해석하는 경우가 자주 있는데, 종교적 개념을 이용한 전쟁의 시작이나 제국의 건설은 새로운 것도, 이슬람에만 독특한 것도 아니었다. 모든 종교에서 정복을 꿈꾸는 이들은 거의 같은 일을 해왔다. 유럽 열강은 기독교를 이용해 아메리카, 아프리카, 아시아 전역의 식민지 전쟁을 정당화했다. 앞서 논의한 힌두교-불교의 '차크라바르틴' 개념 역시 잘 알려진 다른 사례다.

더 중요한 점은 다르 알-하르브와 다르 알-이슬람은 종종 이슬람 통치자들의 실제 통치 영역을 단순화하기 위한 편의상의 용어로 사용될 때가 많았다는 것이다. 이 용어들이 제로섬 관계를 의미하지는 않았다. 이슬람 통치자들은 무슬림과 비무슬림 간의 화합과 공존 정책을 추구하는 것이 더 실용적이라고 여겼다. 그런데 이런 개념들은 항상 엄격하고 동일하게 적용되지는 않았다 해도 이슬람 세계질서 개념을 규정하는 중요한 특징으로 남아 있었다. 근대 초기 유럽에서 교회와 국가의 분리를 포함하는 베스트팔렌 체제가 부상하면서 기독교의 정치적 중요성은 희석되었다. 반면 이슬람은 종교와 국가의 융합을 계속 이어갔다.

이슬람은 신학과 정치에서는 세계를 분열시켰지만 철학, 과학, 기술에서는 세계를 통합했다. 초기 이슬람 제국들은 동양과 서양, 고대 세계와 근대를 잇는 상업적·지적 교량 역할을 했다. 근동, 그리스, 인도, 중국의 고전 문명에서 과학, 철학, 기술의 발전을 통합하고 자체적으로 상당한 혁신을 더하면서, 이슬람은 부상하는 유럽이 결국 열심히 빌려 쓰게 될 광대한 지식의 보고를 제공했다. 따라서 이슬람은 세계화라고 알려지게 된 현상의 가장 중요한 촉매제가 되었다. 로마 제국이 서아시아와 북아프리카를 아울렀다면 이슬람 세계질서는 훨씬 더 광범위하게 퍼져 세 개의 각기 다른 문화와 대륙(아시아, 유럽, 아프리카)의 큰 부분을 차지했다.

이슬람의 부상은 세계질서 개념에 또 다른 새로운 개념을 가져왔다. 인도, 중국, 로마와 달리 이슬람 세계질서는 그 정치적 중심이 본래의 장소나 근처에 국한되지 않고 여러 나라의 다양한 정치적 중심지에 분포되어 있었다. 그리하여 바그다드, 카이로, 코르도바, 오스만 제국의 콘스탄티노플 등 다양한 이슬람 수도의 통치자들은 자신들이 예언자 무함마드의 후계자이자 전체 이슬람 세계의 지도자인 칼리프caliph라고 주장했다.[2] 이처럼 다수의 종교적 권위와 세속적 권력의 중심이 등장함에 따라 이들 중 어느 하나가 이슬람의 광범위한 영역을 정치적·행정적으로 통제하는 것은 불가능했을 것이다.

그럼에도 이슬람 세계는 일반적으로 이슬람 세계질서를 뒷받침하는 일련의 공유된 개념을 바탕으로 기능했다. 이 개념들은 아사비야asabiyyah

와 움마ummah에 기초한 사회적·정치적 질서에 대한 이슬람 신학의 사상에 중심을 두고 있다. 아사비야는 공동체의 자연적 연대에서 비롯되는 사람들 사이의 유대로 정의할 수 있으며 이슬람 이전 사회들에서 발견된다. 움마는 이슬람 사회에서 연대의 기반이 되며 "도덕적 연대, 율법에 대한 공통된 복종 그리고 그 안에 명시된 상호 권리와 의무의 수용"으로 정의할 수 있다.[3] 사회가 이슬람 이전에서 이슬람으로 전환되어도 아사비야가 사라지지는 않지만 이슬람 정치신학에서는 움마가 우위에 있으며, 정치권력은 "신의 위임(윌라야wilaya)으로 간주되고 그의 뜻에 따라 통제된다".[4] 움마는 "다양한 문화적·지리적 배경을 가진 무슬림의 본질적 통일성과 이론적 평등"을 표현하는 용어다.[5]

오늘날 세계에서 벌어지는 격렬하고 잔혹한 분쟁들을 볼 때 이슬람 자체가 폭력적 성향이 있다고 생각하기 쉽다. 예를 들어 1980년대 이란-이라크 전쟁같이 일부는 무슬림 국가들 간의 갈등이고, 그 밖의 상당수는 무슬림 국가들 및 비국가 행위자들과 비무슬림 국가들 간에 발생한다. 특히 이 글을 쓰는 시점에는 이스라엘, 가자, 레바논, 시리아, 예멘에서 이란의 지원을 받는 대리 세력 간의 갈등이 두드러지는 중이다. 물론 여기에 더해 2001년 알카에다의 미국 공격 같은 국제 테러리즘과 이슬람 극단주의자들과의 연관성도 이러한 인식을 강화시켰다.

그러나 오랜 역사 속에서 이슬람과 폭력을 연관 짓는 것을 정당화할 만한 사실은 거의 없다. 오늘날의 미얀마에서 일어난 불교도들의 로힝야족 박해나 중세 시대의 기독교 십자군과 종교재판에서 그랬던 것처럼, 이슬람에서 일어난 일 가운데 다른 종교에서 일어나지 않았던 일이나 지금도 일어나고 있지 않은 일은 없다. 또한 이슬람은 어떤 의미에서도 단일한 신앙이 아니다. 다른 신념 체계와 마찬가지로 이슬람도 많은 변종을 낳았다. 몇 세기 동안 세계에서 가장 진보적인 과학, 예술, 문학 문화는 이슬람 세계를 중심으로 발전했으며, 이슬람 세계는 전반적으로 기독교 세계보다 훨씬 더 관용적이고 다양한 외부 영향에 개방적이었다.

과거와 현재의 모든 세계질서는 어떤 형태로든 종교적 신념과 연관되어 왔다. 차이점이 있다면 오늘날 이슬람 세계는 경쟁하는 다른 세계질서보다 종교에 더 강하게 뿌리내리고 있으며, 이러한 종교적 유대감은 미래의 세계질서에서 중요한 요소로 작용할 수밖에 없다는 점이다.

확장하는 국경, 그 정치와 문화

이슬람은 632년 예언자 무함마드의 사망 이후 급속히 확장되었다. 먼저 그의 동반자이자 장인 아부 바크르가 칼리프가 되어 CE 634년 사망할 때까지 2년간 통치했다. 그 짧은 기간 동안 아부 바크르는 아라비아반도를 통일했다. 이슬람의 주요 초기 확장은 634~644년 통치한 제2대 칼리프 우마르 이븐 알-하타브 시대에 일어났으며 그는 페르시아, 이라크, 시리아, 팔레스타인, 이집트를 포함한 인근 국가들을 정복했다. 군사 정복이 주된 확장 방식이었지만 이슬람 확산의 동기는 종교적 신념, 즉 예언자의 말씀을 전파하려는 메시아적 충동이었다는 것이 일반적 견해였다. 사실, 이슬람 세력의 급속한 확장에는 자원을 확보하고 공동체(움마)의 단결을 구축할 필요성 등 또 다른 요인들도 존재했다. 이슬람의 부상은 당파 싸움으로 분열된 페르시아 제국이 취약해진 덕분에 더욱 쉬워졌다. 또한 사산조 페르시아와 비잔틴, 즉 동로마 제국 사이에 끊임없이 발생하는 군사적 대립 역시 두 정권을 약화시켰고, 고통받는 백성들은 새로운 질서를 받아들일 준비가 되어 있었다. 일부 로마 기독교인들은 동로마 제국의 그리스 정교회 통치자들보다 이슬람 통치가 더 견딜 만하다고 느꼈다. 정복한 민족들을 이슬람으로 강제 개종시키려는 시도는 전혀 없었으며, 아랍인들은 그들이 자기네 신앙을 지키도록 내버려두었다. 실제로 CE 8세기 중반까지는 이슬람으로의 개종을 장려하지 않았다. 재정적 고려도 여기에 한몫했다. 아랍 정복자들로서는 새로운 피지배 민족을 개종시키는 것이 비무슬림이 이슬람 통치자들에게 내는 인두세(지즈야jizya) 수입의 손실을 의미했다. 반면 정복당한 민족들로서는 이슬람으로의 개종이 세금 면제를 포함한 특권을 제공받는 일이었다.

그러나 7세기 말 아랍 군대는 병력이 분산되면서 약화되었고, 정복 속도도 둔화되었다. 이 시점이 되자 그들은 이슬람 신자들로 구성된 지배층과 비이슬람 신자들의 관계를 관리하는 동시에 공통된 정치적 정체성을 형성할 방법을 모색해야 했다. 이 단계에서 다르 알-하르브와 다르 알-이슬람 개념이 개발되었다. 처음에 이것은 주로 종교적 개념으로서 세계를 무슬림 신자와 비신자로 나누는 것이었다. 실제로, 두 세계 간의 관계는 대체로 평화로웠다.[6]

이 점을 염두에 두면, 이슬람 학자들이 세계질서에 대한 새로운 사상을 추가하면서도 이 두 가지 근본 개념의 법적·정치적 함의에 대해서는 격렬히 논쟁해 온 것도 당연한 일이다. 이 학자들은 부정적이든 긍정적이든 특정 원칙이나 조건이 지배하는 다양한 장소, 즉 '영역abode'을 구상했다. 부정적 범주에는 다르 알-마슬루바Dar al-Maslubah(약탈당한 땅의 영역), 다르 알-비드아Dar al-Bid'ah(이단의 영역), 다르 알-바기Dar al-Baghy(반역의 영역)가 있었다. 긍정적 범주에는 다르 알-아들Dar al-'adl(정의의 영역), 다르 알-아흐드Dar al-'Ahd(조약의 영역)가 있었다. 이러한 개념들 중 어느 것도 이슬람 신앙의 근본 교리가 되지는 못했다. 이 개념들의 이해와 사용은 결코 명확하지 않았으며, 시대와 이슬람 권력 중심지마다 다르게 나타났다.

창시자의 신념에 대한 이러한 확장과 재해석은 힌두교, 불교, 기독교를 포함한 다른 종교에서도 흔히 찾아볼 수 있다. 그러나 영역들은 이슬람을 이해하는 데 있어 특히 중요하다. 이슬람을 지나치게 동질적이거나 단일한 종교로 보는 흔한 오해에 도전하기 때문이다. 이러한 오해는 이슬람이 서구가 주도하는 다원적이고 포괄적인 세계질서에 위협이 된다는 인식으로 이어졌다. 적어도 이 같은 이슬람 개념들 가운데 일부, 특히 다르 알-아흐드는 비무슬림 세계와의 평화와 공존의 가능성을 분명히 드러낸다.

전반적으로 이슬람은 보편적 세계관을 유지해 왔다. 즉 그 믿음과 실천이 전 세계 모든 사람에게 적용될 수 있고 적용할 수 있으며 또 그래야 한다는 생각이었다. 그러나 광범위한 확산으로 인해 지역별 특성이 발달하게 되었으며, 이는 정치적 교리의 해석과 적용에 다양한 차이가 생겨나게 했다. 압바스 칼리프, 파티마 왕조, 이집트 맘루크, 코르도바 칼리프, 인도 무굴 제국, 오스만 제국 같은 주요 이슬람 세력은 독특한 문화적·행정적 접근 방식을 발전시켰다. 그리하여 이슬람 스페인, 즉 알안달루스는 스페인적 특징을 발전시켰다. 압바스 칼리프는 매우 페르시아화되었고 그들의 언어는 아랍 문자로 씌어진 페르시아어였다. 무굴 제국은 상당한 인도적 특징을 흡수했고 그들의 인도-이슬람 예술은 알렉산드로스 대왕의 원정 이후 인도-그리스 예술의 발전을 반영한다.

더욱이 서로 다른 이슬람 중심지들은 경쟁했고 서로에게 관용적이지 않았다. CE 1501~1736년 이란 북부를 통치한 정통 시아파 제국인 사파비 왕조는 수니파를 박해했다. 카이로에 본거지를 둔 북아프리카의 파티마 왕조는 바그다드 수니파 칼리프의 위협적인 적이었다. 종교 내 경쟁이 이슬람에만 국한된 것은 아니지만 이슬람 세계질서는 그 세계적인 규모 때문에 몇 세기 동안 다른 어떤 주요 문명보다 내부적으로 더 다양하게 분화되었다. 하지만 나중에는 기독교 유럽이 훨씬 더 세계적으로 확산되고 다양해지는 양상을 보이기도 했다.

14세기부터 20세기까지 지속된 오스만 제국은 주요 이슬람 중심지 대부분을 포함했으며 이슬람 세계관과 그 실제 적용을 구현했다. 13세기 말 오스만 1세가 아나톨리아 북동부에 건국한 오스만 제국은 결국 발칸 반도에서 카스피해에 이르는 광대한 지역까지 확장되었으며 유럽, 아시아, 아프리카를 아우르는 다문화적이며 다종교적인 실체로 600년 동안 지속되었다. 오스만 제국은 이슬람으로 개종하지 않은 비투르크인과 기독교인 상당수를 포함하는 통치 관료제와 군대를 발전시켰다. 또한 오스만 제국은 유럽과도 상당히 많은 교류를 했으며, 일부 통치자들은 이슬람으로 개종한다는 조건을 받아들인 동유럽 가문과 결혼하기도 했다. 이러한 관행은 아마도 동유럽인들의 경우 아랍 가문과 달리 왕위에 대한 위협이 덜하고 중요한 직책을 되찾기 쉽지 않다는 사실에서 비롯되었을 것이다.

오스만 제국은 현대 중동의 국경을 형성하는 데 핵심 역할을 했다. 제국은 이론적으로는 다르 알-이슬람이었지만 이집트, 예멘, 하베샤(현재 에티오피아의 아비시니아), 바스라(이라크 남부), 바그다드(이라크 북부), 라흐사(알하사, 현재의 사우디아라비아) 등은 각각 자체적인 정치적·행정적 필요를 가지고 있었다. 서구 역사가들은 일반적으로 중동에 근대국가가 등장한 것을 서구 강대국이 협상한 합의, 예를 들어 1916년 영국-프랑스가 합의한 사이크스-피코 협정Sykes-Picot Agreement[*]과 1차 세계대전 연합국(영국, 프랑스, 러시아, 이탈리아, 일본, 미국)의 1920년 산레모회의[**] 덕분이라고 여

---

[*]   1차 세계대전 중 러시아 제국의 동의하에 영국, 프랑스 간에 맺은 비밀 협정. 소아시아 협정 Asia Minor Agreement으로도 알려져 있다. 승전 후 협상국이 오스만 제국 서아시아에 대한 영토 분할을 비밀리에 합의했으며, 프랑스가 시리아 및 레바논, 영국이 이라크 및 페르시아만을 차지하고 성지 팔레스타인은 국제연맹 관할에 두기로 했다.

[**]   영국, 프랑스, 러시아, 이탈리아, 일본, 미국 등 1차 세계대전 승전국들이 오스만 제국의 영

긴다.[7] 그러나 이러한 관점은 오스만 제국이 1839년부터 시작한 탄지마트 Tanzimat 개혁 기간 동안 중앙 집중식 관료 구조, 법률 체계, 시민권을 만드는 데 중요한 역할을 했다는 사실을 간과한다. 이 개혁들은 세속적인 교육 체계를 확립하고, 무슬림과 비무슬림의 생명과 재산을 보호했으며, 이라크와 시리아 같은 속주들에게 더 많은 자율성을 부여했다. 칼리프국이라는 이슬람 개념을 대체하는 민족국가nation-states는 유럽의 영향력과 탈식민주의의 유산으로 간주되지만 오스만 제국은 이처럼 그 길을 이미 보여주었으며, 이는 제국의 무슬림 속주들이 더 세속적인 주권 관점을 받아들이도록 이끌었다.[8]

더욱이 이슬람 통치자들은 자국 내 비무슬림들에게 공간을 제공하기도 했다. "종교에는 강요가 없다"는 〈쿠란〉 구절(2:256)은 이를 증명한다.[9] 이 말들은 "관용을 장려하고, 특별하게 정의하는 상황 외에는 폭력의 사용을 금지하는 것"으로 해석되어 왔다.[10] 이슬람 통치자들은 무슬림 통치하에 사는 비무슬림을 특정하기 위한 '딤미dhimmi' 체제를 고안했다. 딤미 지위는 "무슬림 국가와 비무슬림 공동체 간의 협정"으로, 이를 통해 국가는 특정 특권을 부여하고 [비무슬림] 공동체는 특정 의무와 제약을 수용했는데 여기에는 입을 수 있는 옷, 사용할 수 있는 무기, 탈 수 있는 동물 등이 포함되었다.[11] 또한 그들은 지즈야를 납부해야 했다. 아라비아를 제외하고 무슬림들은 "비무슬림들이 자신들의 통치하에 살고, 자신들의 국가를 공유하도록 허용했지만, 자신들의 정체성을 공유하지는 않았다".[12] 무슬림 스페인에서는 유대인과 기독교인이 대부분 평화롭게 함께 살았지만 1492년 기독교 정복 이후 유대인과 무슬림들은 추방당한다.[13]

이러한 조약 체결 및 관용의 전통을 고려할 때 서구에서 호전적이고

토 분할을 논의하기 위해 이탈리아 산레모에서 개최한 회의.

불관용적인 성격의 대명사로 많은 주목을 받아온 이슬람의 '지하드jihad' 개념은 어떻게 해석해야 할까? 서구에서 종종 '성전holy war'과 연관시키는 지하드는 사실 '투쟁'을 의미한다. 즉 "주로 옳은 것을 증진하고 잘못된 것을 막으려는 인간의 투쟁"을 말한다.[14] 이는 "마음, 혀, 손(무력 충돌 직전 단계의 물리적 행동) 그리고 칼"을 통해 다양한 방식으로 수행될 수 있다. 이븐 루슈드 같은 아랍 학자들은 성전으로서의 지하드 개념이 이슬람 신학에 대한 오해라고 인식했으며, 현재 이 개념은 비전통주의 이슬람 지식인들에게 도전받고 있다. 지하드에 대한 근대적 해석은 "군사 활동을 외부 침략에 대한 자기방어로 제한하는 〈쿠란〉의 규정"을 강조한다.[15] 따라서 지하드가 다르 알-이슬람과 함께 서구 식민 세력에 맞서는 중동과 아시아의 반식민 투쟁에서 자주 인용되었다는 점은 주목할 만하다.[16]

　이러한 맥락에서 이슬람은 인도와 중국처럼 '정의로운 전쟁' 개념을 제시한다. 초대 칼리프 아부 바크르는 시리아 지배권을 놓고 비잔틴 제국과의 전투에 나서는 병사들에게 전장에서 어떻게 행동해야 하는지에 대한 열 가지 규칙을 제시했는데 이는 〈마누 법전〉의 인도 사상과 놀라울 정도로 유사하다.

> 백성들이여, 멈추어라. 전장에서 그대들이 지켜야 할 열 가지 규칙을 주겠노라. 배신하거나 바른길에서 벗어나서는 안 된다. 시체를 훼손해서는 안 된다. 아이도, 여자도, 늙은이도 죽여서는 안 된다. 나무에 해를 끼쳐서는 안 되며 불태워서도 안 된다. 특히 열매 맺는 나무는 더욱 그러하다. 식량으로 삼기 위해 적군의 가축을 죽이는 것 말고는 그 무엇도 죽여서는 안 된다. 그리고 만약 수도 생활에 헌신한 사람들을 지나가게 되면 그대로 내버려두어라.[17]

　　수피즘Sufism은 이슬람의 또 다른 관용적 흐름으로 등장했으며, 인도 등 이슬람 동부 변방에 지속적으로 영향을 미쳤다. 수피즘은 때때로 이슬람의 독특한 분파로 간주되지만 그 지지자들은 수니파와 시아파 사이의 종파적 분열을 가로지르거나 '초월'하는 것이라고 주장한다.[18] 수피즘이 기존 현지 문화의 신념과 관행에 적응함으로써 이슬람의 온건하고 포용적인 흐름으로 나타났다는 사실은 명백하다. 13세기 델리 술탄국 알라웃딘 할지가 통치하던 시절에 설립한 델리의 니자무딘 다르가 수피 성지가 좋은 예다. 이 성지는 힌두교, 시크교, 기독교 등 어떤 신앙을 가진 사람에게도 방문과 기도를 허용하며, 알라웃딘과 동시대인이던 수피 성자 니자무딘 아울리야의 무덤을 만져보도록 허용한다. 따라서 정통 무슬림과 극단주의 단체들로서는 수피들을 신비주의자, 이단자, 배교자라고 비난할 법도 하다.

　　다른 시대, 세계의 다른 지역에서 이슬람 정복자들은 비무슬림과 무슬림 모두에게 엄청나게 잔인하고 불관용적이었다. 칭기즈 칸의 후예를 자처한 티무르의 정복은 특히 잔혹했다. 티무르는 비무슬림과 무슬림을 가리지 않았고, 특히 화려함과 사치를 타락하고 부패한 것으로 여겨 무슬림 통치자들을 표적으로 삼았다. 티무르는 아나톨리아, 차가타이의 몽골 칸국, 킵차크 칸국 그리고 페르시아를 정복했다. 이슬람 지배하에 있던 델리를 약탈하면서 포로 약 10만 명을 학살한 것은 "그들을 감시하는 군대의 수고를 덜기 위한 것"이었다.[19] 티무르는 점령한 도시에서 죽은 사람들의 잘린 머리로 탑이나 '피라미드' 세우기를 즐겼다. 어느 기록에 따르면 이스파한에서는 CE 1387년 7만 명의 머리로, 바그다드에서는 CE 1401년 9만 명의 머리로 탑을 세웠다고 추정된다.[20] 일부 동시대 자료 및 후대의 자료들은 다소 과장되었을 수 있지만 티무르의 정복으로 1700만 명, 즉 당시 세계 인구 5퍼센트가 사망한 것으로 추정된다.[21]

대규모 잔학 행위를 저지른 또 다른 무슬림 정복자들도 있다. 1739년 3월, 페르시아 침략자 나디르 샤는 무굴이 통치하던 델리를 약탈하면서 2만~3만 명가량을 학살했다.[22] 또한 현재 영국 왕실 보석의 일부인 코이누르 다이아몬드를 강탈하기도 했다. 인도에 대한 이슬람의 정복은 1206년 델리 술탄국 수립으로 이어졌는데, 이 과정에서 지속적이고 끔찍한 잔혹성을 드러냈으며 극도의 불관용을 보여주었다. 프랑스 역사가 페르낭 브로델은 "소수에 불과한 데다 대도시에만 기반을 두고 있던 무슬림들은 체계적인 공포 통치 없이는 나라를 다스릴 수 없었다"고 썼다. 그 잔혹성은 세계 역사의 잔인한 기준으로 보아도 놀라운 수준이었으며 고문, 처형, 십자가형을 포함했다. 힌두 사원의 폐허 위에 모스크를 건설하고, 때때로 비무슬림들을 강제 개종시켰다. 봉기가 일어난 곳에는 가옥 불태우기, 남자 학살, 여자 노예화로 응수했다.[23]

무굴 황제 악바르는 힌두교도들에게 관용을 베푼 것으로 유명했으며 힌두교, 이슬람, 기독교를 결합한 '딘-이 일라히Din-i Ilahi'('신성주의Godism')라는 혼합 종교를 고안했다. 그럼에도 그는 1567~1568년 메와르의 라지푸트 왕국을 진압할 때 몇만 명을 학살하도록 명령했다. 그의 증손자 아우랑제브 역시 지나치게 불관용적이었다. 비무슬림을 심하게 차별했을 뿐 아니라 자신의 형 다라 시코의 처형을 주도하기도 했다. 그것은 왕위를 확보하려는 목적뿐 아니라 다라가 힌두교와 이슬람 간의 상호 학습을 장려한 데 대한 처벌이었다. 다라의 구체적 죄목은 힌두교 경전을 공식 무굴 언어인 페르시아어로 번역하고, 이슬람 철학과 힌두 철학의 공통점을 찾는 《마즈마 울-바흐라인Majma 'Ul-Bahrain》('두 바다의 합류')을 썼다는 사실이었다.[24]

로마인들에서 나치에 이르기까지 다른 종교를 가진 사람들도 비슷한, 아니 어쩌면 더욱 무시무시한 잔학 행위를 저질렀다 해도 이슬람 정복에서 있었던 끔찍한 사실들을 외면할 수는 없다. 그러나 이슬람 세계에는 또 다른 측면이 존재했다. 몇 세기 동안 이슬람 세계는 문명과 학문의 주요 보고였으며, 이슬람 없이는 르네상스와 유럽 문명의 번성이라는 후대의 발전을 상상하기 어렵다.

사상의 시장

자신들이 도달하고 통치했던 광대한 지역에서 아랍인들과 다양한 무슬림들은 곧 사상과 혁신의 탁월한 전파자이자 창조자로 부상했다. 브로델은 이슬람을 가리켜 '후계 문명successor civilization'이라고 불렀는데, 이는 다소 모순적이지만 부당한 평가만은 아니다.[25] 이슬람은 그리스, 로마, 페르시아, 인도의 고전 문명이 쇠퇴하는 데 일조했지만 동시에 그 문명들의 지혜를 현대에 전달하는 데도 많은 기여를 했다.

아랍인들은 8세기경 중국에서 제지 기술을 들여왔고, 이슬람 세계는 그다음 몇 세기 동안 이를 유럽에 전파하는 데 중요한 역할을 했다. 이것은 동양에서 유럽으로뿐 아니라 유럽 내부에서도 지식의 확산을 촉진했다. 아랍인들은 매우 중요한 '0'을 포함해 인도 숫자 체계를 획득하여 유럽에 전파했으며, 이렇게 유럽에 전파된 숫자 체계는 비효율적인 로마 숫자 체계를 대체하고 서구 과학 발전에 절대적 기여를 했다. 압바스 칼리프 시대에는 그리스 텍스트 및 여러 텍스트들이 아랍어로 번역된 반면, 이슬람 스페인은 아랍어 텍스트들이 라틴어와 프랑스어로 번역되는 중심지였으며, 이는 다시 유럽의 르네상스에 직접적 영향을 미쳤다.

유럽의 지적 침체 또는 심지어 쇠퇴기 동안 이슬람 세계는 중국, 인도와 함께 세계의 주요 학문 중심지였다. 어떤 의미에서는 그리스와 로마의 바통을 이어받아 몇 세기 후 유럽에 넘겨줌으로써 서구가 세계의 헤게모니를 서서히 장악하도록 해주었다.

인도, 중국, 그리스 문명과 마찬가지로 이슬람 문명도 신학과 합리적 철학을 융합했다. 이븐 시나와 이븐 루슈드 같은 이슬람 철학자들은 종교와 철학 사이에 어떤 모순도 없다고 보았으며 이 둘을 조화시키려고 노력했다. 이러한 합리주의적 신학의 한 측면은 이슬람 법에 등장하는 '이쥬티하드ijtihād'('노력'을 의미한다) 개념으로, '모방'과 대조되는 '독립적 추론'을 의미한다.[26] 이 지식 습득 방법은 〈쿠란〉, 〈하디스〉, 이즈마ijmā'(학술적 합의)에서 직접 배우는 방식과는 다르다. 이는 "도움 없는 개인주의적 인간 이성"을 강조하는 또 다른 학습 방식을 나타낸다. 일부 이슬람 철학자들의 작업은 "개인의 중심성"을 강조하고 "신적 권위"라는 서구에 널리 퍼진 믿음에 반박했다.[27] 브로델은 중세 시대의 이슬람 문학 또한 민족주의, 자본주의, 혁명, 세속주의에 대한 사상들을 예고했다고 주장한다. 이러한 사상들은 유럽과 세계 정치 사상 및 정치 행위의 중요한 부분이 되었고, 근대성의 핵심 요소가 되었다.[28]

중세 시대 이슬람 영토의 문자 해독률은 유럽보다 훨씬 높았으며, 이로써 인류 발전에 결정적인 지식과 기술의 창조자이자 전파자가 될 수 있었다. 이 중 일부는 그리스, 힌두, 중국 같은 다른 문명의 초기 발전에서 차용하고 개선한 것이었다. 대수학에서부터 풍차와 광학에 이르기까지 이슬람 고유의 독특한 창조물인 것들도 있었다. 동시에 이슬람은 삼각법, 역학, 화학, 야금학뿐 아니라 농업과 관개 같은 분야에서 기존 지식의 발전에 기여했다.

알렉산드리아의 도서관과 그 밖의 고전 지식 중심지들이 파괴된 후 압바스 칼리프 시대인 8세기에 설립된 '지혜의 집'(바이트 알-히크마Bayt al-Hikmah)은 철학, 수학, 천문학, 의학, 화학, 동물학, 지리학에 대한 풍부한 텍스트를 수집했다.[29] 당시에는 지혜의 집을 "세계에서 가장 위대한 지식 컬렉션"이라고 보았다.[30] 이곳에서는 아리스토텔레스, 플라톤, 히포크라테스, 유클리드, 피타고라스 등 페르시아, 인도, 그리스 텍스트를 대대적으로 번역했다. 이들을 비롯한 여러 저자의 수많은 고전 서적들은 아랍어 번역이 없었다면 소실되고 말았을 것이다.[31](표 1 참조)

아랍인들이 왜 그렇게 많은 그리스어 텍스트를 번역했을까? 부분적으로는 실용적이고 과학적인 이유 때문이었다. 그리스인들의 의학 지식과

표 1 이슬람이 고전 지식을 유통한 방법: 아랍어에서 라틴어 및 프랑스어로 번역

지혜의 집은 8세기 압바스 칼리프 시대에 설립되었으며 페르시아, 인도, 그리스 텍스트에서 지식을 수집했다. 이곳은 그리스 지식을 보존하고 나아가 발전시킴으로써 유럽 르네상스에 기여했다. 훗날 이 아랍어 텍스트들은 코르도바 및 이슬람 스페인의 여러 지역에서 라틴어로 번역되었다. 몇 가지 예는 다음과 같다.

· 유클리드의 《원론Elements》은 CE 1126년경 바스의 아델라르가 번역했다.

· 무슬림 학자들의 기여는 서구 천문학의 탄생과 발전에 필수적이었다(별들 가운데 3분의 2가 아랍어 이름이다).

· 프톨레마이오스의 《광학Optics》은 CE 1154년 팔레르모의 에우게니우스가 번역했다.

· 이븐 알-하이탐의 《광학의 책Book of Optics》은 12세기 크레모나의 제라가 라틴어로 번역했다. 이 책은 르네상스 예술에서 원근법 사용의 기초가 되었다. 피렌체 세례당의 유명한 청동 문을 만든 로렌초 기베르티가 주석을 단 사본이 바티칸 도서관에서 발견되기도 했다.

· 힌두-아랍 숫자 체계는 CE 1202년 피사의 레오나르도(훗날 피보나치로 알려짐)가 《계산서Liber Abaci; Book of Calculation》에서 설명했다.

- 알-콰리즈미의 《대수학Algebra》과 천문표(삼각함수표도 포함)는 CE 1145년 체스터의 로버트가 라틴어로 번역했다.
- 알-콰리즈미의 《지즈 알-신드힌드Zij al-Sindhind》는 12세기에 바스의 아델라르와 페트루스 알폰시가 번역했다. 이는 바그다드에서 씌어진 무함마드 알-파자리의 《신드힌드Sindhind》에 기반했으며, 그리스의 영향을 받은 인도 천문학 및 삼각법인 《수리야 싯단타Surya Siddhanta》와 《브라마 스푸타 싯단타Brahma-sphuta-siddhanta》(0을 포함한 수학) 같은 산스크리트어 작품에서 영감을 받았다.
- 이븐 루슈드의 아리스토텔레스 《물리학Physics》 및 《형이상학Metaphysics》 주석은 CE 1220~1235년경 마이클 스콧이 번역했다. 13세기까지 《형이상학》에 대한 세계의 지식은 이븐 루슈드의 주석에 기반했다.
- 아리스토텔레스의 《기상학Meteorologica》(1~3권), 《물리학》, 《하늘과 땅에 대하여De Cælo et Mundo》, 《발생과 소멸에 대하여De Generatione et Corruptione》는 12세기 톨레도에서 크레모나의 제라르가 번역했다. 이븐 시나의 《의학 정전Qānun dar Teb; Canon of Medicine》은 12세기에 크레모나의 제라르가 라틴어로 번역했다. 《정전》은 18세기까지 유럽 대학교에서 표준 의학 교과서로 남아 있었다.

자연력에 대한 이해 그리고 그것들을 통제하는 기술은 새로운 제국을 건설하는 데 도움이 되었다. 게다가 지적 호기심도 중요한 역할을 했다. 9세기 아랍 학자이자 이슬람 철학의 창시자 알-킨디는 "우리는 진리가 어떤 출처에서 오든, 심지어 전前 세대의 외국인들이 가져다준 것이라 해도, 진리를 인정하는 것을 부끄러워해서는 안 된다. 진리를 추구하는 자에게 진리 자체보다 더 높은 가치는 없다"[32]고 주장했다.

　이 과정에서 이븐 시나(아비센나) 같은 이슬람 사상가들은 독립적인 이성 또는 현상의 원인에 대한 탐구를 결합하여 신성한 원인보다는 자연적인 원인을 강조했다.[33] 아랍인들은 그리스 철학에 깊이 몰입하는 것에 더해 페르시아와 인도 텍스트를 번역하고 통합했다. 페르시아는 아랍인들에게 함락당하고, 그 지배적 종교였던 조로아스터교는 이슬람으로 대체되었다. 산스크리트어 텍스트도 번역했는데 그 사상들은 먼저 이슬람 세계로 전해진 후 기독교 유럽에서 차용되고 전파되었다. 이를 최초의 과학의 진정한 국제화로 간주할 수 있다.

원본 그리스어 텍스트 중 일부는 훗날 비잔틴 제국에서 발견되었다. 이 텍스트들은 라틴어로 직접 번역되었고, 아리스토텔레스의 《정치학》처럼 아랍인들이 번역하지 않았을 가능성이 높은 일부 텍스트도 포함하고 있다. 그러나 아랍어 번역이 유럽으로 하여금 과학과 철학의 핵심인 그리스 사상을 처음으로 대대적으로 맛보게 했다는 사실은 변함이 없다. 아랍어를 거치지 않고 그리스어에서 직접 번역한 책이 나온 후에도 아랍어 번역과 해석 그리고 추가된 내용은 유럽 정신을 발전시키는 데 계속 영향을 미쳤다. 특히 이븐 루슈드가 아리스토텔레스의 '세계의 영원성'과 관련해서 쓴 주석이 그러했다. 이와 동시에 우리가 잊어서는 안 될 사실은 유럽인들이 이슬람에서 얻은 지식 중 상당수는 그리스와 아무 관련이 없었으며, 원래 이슬람 지식인들이 개발한 사상들로 구성되어 있다는 점이다.

이슬람 과학자와 철학자들은 고전 지식을 단순히 보존하는 데서 나아가 해석과 반박, 재구성을 통해 발전시켰다. 또한 새로운 발명과 발견을 하기도 했다.[34] 예를 들어 이슬람 과학자들은 그리스 과학이 결코 하지 못했던 수준으로 도구, 방법, 실험을 적극 수용했다. 이븐 시나의 《의학 정전》은 "유럽 의학 학교의 기본 텍스트"가 되었다. 임상 약리학의 창시자 알-라지는 검역을 도입했다. 마라가 학파의 이븐 알-샤티르는 150년 후 니콜라우스 코페르니쿠스의 지동설에 영향을 미칠 수학적 모델을 개발했다. 알-콰리즈미는 프톨레마이오스의 《지리학Geography》을 개선하고 별의 위치를 보여주는 새로운 지도를 제작했다. 또한 그는 오차 범위 0.04퍼센트 미만으로 지구 둘레를 처음으로 계산하기도 했다.[35] 그리고 바스라에

서 태어나 바그다드에서 교육받은 11세기 아랍인 이븐 알-하이탐에게서
예술에서의 원근법 배후에 존재하는 과학을 찾을 수 있다. 필리포 브루넬
레스키, 미켈란젤로, 라파엘, 산드로 보티첼리 등 르네상스의 예술과 건축
은 이로부터 영감을 받았다.[36]

특히 코르도바에 중심을 둔 '서부 칼리프국Western Caliphate'(CE
929~1031년) 통치하에서 무슬림 스페인은 지식 교류의 번성하는 중심지
가 되었고, 장서 40만 권을 소장한 도서관은 "유럽의 나머지 모든 도서관
을 합친 것보다 더 많은 책"을 가지고 있었다.[37] 오늘날 서구 정치 지도자
들은 이슬람 문명에 자신들이 어떤 빚을 졌는지 언급하지 않는다. 드문 예
외로 영국 찰스 3세의 다음 발언이 있다. "현대 유럽이 자랑스러워하는 많
은 특성들은 무슬림 스페인에서 비롯되었다. 외교, 자유 무역, 개방된 국
경, 학술 연구 기술, 인류학, 에티켓, 패션, 다양한 종류의 의학, 병원…, 이
모든 것이 이 위대한 도시들 중의 도시에서 왔다."[38]

본명이 아불 알-왈리드 무함마드 이븐 아흐마드 이븐 루슈드인 이븐
루슈드는 중세 코르도바에서 그리고 세계의 역사에서 가장 뛰어난 사상
가 중 하나다. 도시에서 태어나고 자란 카디qadi(재판관)였던 이븐 루슈드
는 '세계의 영원성 교리'를 크게 발전시켰다. 아리스토텔레스를 필두로 한
그리스 철학자들이 처음 제안한 이 개념은 이슬람교와 가톨릭 기독교 창
조론의 정통성 모두에 도전했다. 〈창세기〉의 첫 구절("태초에 하나님이 천지
를 창조하시니라")에서 유래했으며, 21세기 복음주의자들이 여전히 고수하
는 창조론은 "우주는 뚜렷한 시작점을 가지며" 하나님이 단 한 번의 행동
으로 무無에서 창조하셨다고 주장한다.[39] 반면 '세계의 영원성'은 시간과
물질은 신의 창조물이 아니며, 영원하다고 주장한다. 우주의 기원은 이전
부터 계속되는 자연력에 기인한다는 것이다.

이 이론은 중세 시대 기독교, 이슬람, 유대 철학자들 사이에서 치열한

논쟁을 불러일으켰다. 그런데 로마 멸망 후 아리스토텔레스의 작품은 아랍어 번역이 없었다면 세상에 알려지지 못한 채 외면받았을 것이다. 그 번역은 로마 가톨릭교회와 콘스탄티노플의 비잔틴 정교회 통치자들이 그리스 철학과 과학을 억압하던 시기에 이루어졌다. 서구에서는 아베로에스주의Averroism로 총칭되는 이븐 루슈드의 아리스토텔레스 주석은 라틴어와 프랑스어로 번역되어 진보적 유럽 철학자와 신학자들, 특히 토머스 아퀴나스에게 영감을 줌으로써 유럽의 합리주의적 세계관을 발전시켰다. 이븐 루슈드의 창조론에 대한 비판은 아리스토텔레스의 것보다 더 강력했을 뿐 아니라 창조 사상이 이전의 사건과 과정을 배제하지 않는다고 주장함으로써 창조론적(이교도, 기독교, 유대교, 이슬람) 신념과 합리주의적 신념을 조화시키는 논리를 펼쳤다. 라파엘의 유명한 16세기 바티칸 프레스코화 〈아테네 학당〉에는 소크라테스, 플라톤, 아리스토텔레스가 단상 중앙에 서 있고 이븐 루슈드가 계단에 앉아 있는 모습이 나온다. 오늘날 서구는 이 무슬림 철학자를 대체로 잊고 있지만 이 그림을 통해 소극적으로 그를 인정하고 있음을 엿볼 수 있다.

영국 작가 니콜라스 펠햄은 이븐 루슈드의 철학이 없었다면 "계몽주의는 결코 일어나지 않았을 것"[40]이라고 주장한다. 이슬람으로부터 광범위한 사상과 기술을 빌리지 않았다면 르네상스 또한 발생하지 않았을 것이라고 말하면 타당할 것이다.

또한 코르도바는 중세 세계질서에서 다양한 종교 공동체와 그들만의 철학적 전통 간의 조화를 보여주는 가장 인상적인 사례 가운데 하나다. 400년 동안 이 도시의 통치 원리는 안달루시아식 '공생convivencia'이었다. 바로 코르도바의 무슬림, 기독교인, 유대인 사이의 공존을 의미하는 단어다. 여기서 인정할 가치가 있는 코르도바 출신 인물은 유대인 철학자이자 의사 모세 벤 마이몬, 즉 마이모니데스다. 이븐 루슈드와 동시대 인물이었던 마이모니데스는 아랍어로 글을 썼고, 한동안 술탄의 개인 의사로 일하기 위해 카이로에 살았다. 그의 주요 저서 중 하나인《방황하는 자를 위한 안내The Guide for the Perplexed》에서 그는 우주의 기원에 대해 상세히 설명한다. 이븐 루슈드와 달리 마이모니데스는 세계가 영원하다는 아리스토텔레스의 견해를 거부했다. 또한 그는 하나님이 단 한 시점에 무無에서 우주를 창조했다는 전통적인 유대교와 기독교 신앙을 받아들이지 않았다. 마이모니데스는 사회적 조화를 유지하는 데 있어 하나님의 중요성을 인정하면서도, 우주가 어떤 기존 물질 또는 원시 물질에서 출현했을 수 있다고 보는 많은 동시대 아랍 학자들의 신플라톤주의적 입장을 공유하는 것으로 보였다.[41]

절충주의, 즉 그리스, 이슬람, 유대 사상의 융합은 그 시기에 드문 일이 아니었다. 이는 알-가잘리, 이븐 루슈드, 이븐 아라비, 토머스 아퀴나스 같은 철학자들의 작업에 영향을 주었다.[42] 그러나 이것이 이들 신앙의 정통 학자들과 관리들을 분노케 했다는 것 또한 당연하다. 이븐 루슈드의 비정통적 이슬람 신념은 1195년 초 보수적인 알모하드 술탄에 의해 책들이 불태워지고 (1년 후 돌아오는 것을 허락받긴 했으나) 코르도바에서 추방당하는 결과를 낳았다. 마이모니데스 또한 전통주의 유대교 및 기독교 권위자들에게 비판받았고, 몽펠리에의 도미니크회는 1232년 그의 책들을 불태웠다. 그럼에도 마이모니데스는 후대의 기독교 합리주의에 영향을 미쳤고, 오늘날 중세 시대의 가장 저명한 유대 사상가로 기억된다.

1236년 코르도바는 기독교 연합군 지배하에 들어갔으며, 연합군은 점차 알안달루스를 장악하면서 유대인과 무슬림 모두를 추방하는, 종교와 사상 모두에서 훨씬 더 불관용적인 정권을 수립했다. 무슬림의 지적 창의력은 코르도바가 함락된 후에도 살아남았지만 이전 같은 활력은 잃고 만다.

후대의 아랍 지식인들 중 이븐 할둔은 특히 주목할 가치가 있다. 그의 저작이 문명의 흥망성쇠와 직접 관련되기 때문이다. 이븐 할둔은 알안달루스에서 도피한 가족이 정착한 튀니지에서 태어났다. 1377년에 출판된 그의 고전적 저작 《무깟디마Muqaddimah》는 그가 '새로운 과학'이라고 부른 것을 사용하여 인류 역사 전체의 진화를 추적하려는 엄청나게 야심 찬 노력이었으며, 현대 사회학의 선구로 여겨지는 경험적 연구이기도 하다. 영국 역사가 아널드 토인비는 이 책을 "어떤 시대나 장소에서든, 어떤 정신에 의해서든 창조된 같은 종류의 책 가운데 가장 위대한 역사철학"[43]이라고 칭송했다.

이븐 할둔은 특히 유목 부족의 역사에 관심을 가졌는데, 그들 중 일부는 북아프리카에서 이슬람 왕조의 몰락을 이끈 바 있다. 정착한 민족을 정복했던 유목 민족인 타타르족과 몽골족의 역사를 연구하기 위해 그는 1400년 1월 다마스쿠스에서 티무르를 만났고, 이슬람 문명의 가장 위대한 중심지 중 하나를 포위 공격하고 파괴하는 모습을 직접 목격했다. 이븐 할둔은 정치 왕조의 흥망성쇠에 대한 광범위한 이론을 상세히 설명하면서 그러한 지각 변동을 일으키는 역사적 변화의 원인을 이해하려고 노력했다. 그는 이것을 정착 민족과 유목 민족 간의 끊임없는 순환적인 갈등의 결과로 보았다. 유목 야만족들은 정착 사회의 부와 문화에 매료되어 정복에 착수한다. 승리 후 그들은 안락하고 비교적 번영하는 삶에 정착하며, 그 과정에서 경쟁 우위를 잃는다. 이것은 그들을 안일하고 퇴폐적으로 변하도록 함으로써 새로운 야만족 집단에 정복당하기 쉬운 상태로 만든다. 이븐 할둔은 "왕권의 자연적 경향이 모든 영광을 자신에게 돌리고 사치와 안락을 추구하는 쪽으로 확고히 고착되면 왕조는 쇠퇴기에 가까워진다"고 썼다.[44] 이것은 또 다른 야만족 침입의 물결을 초래하고, 이 순환은 계속된다.

이븐 할둔의 연구가 중국, 인도, 중앙아시아, 북아프리카에서의 많은 세계질서의 흥망성쇠에 대해 적어도 부분적으로 설명한다는 것은 분명한 사실이다. 맥락이 다를 수 있고 원인은 더 다양할 수 있지만 그의 연구는 쿠샨족과 훈족이 고전 힌두 제국을 정복한 사례나 북위, 거란족, 여진족, 몽골족 그리고 훗날 만주족이 중국 한족 제국을 반복적으로 패배시킨 사례 등 많은 역사적 사례를 통해 확인할 수 있다. 이보다는 덜 중요한 사례지만 델리 술탄국을 건국한 투르크족의 인도 침략이나 무굴 제국을 건국한 정복자 바부르의 인도 침략도 이로써 설명할 수 있을 것이다. 이 두 사건 모두 정착 사회를 대상으로 한 유목 전사들의 침공이었다.

이븐 할둔의 역사 이론은 서구의 부상이나 유럽의 나머지 세계에 대한 식민지화에는 적용되지 않는 듯하다. 비록 유럽인들이 무지와 인종차별주의의 결합 덕분에 자신들의 정복을 야만성에 대한 문명의 승리로 생각했을지라도 이러한 사건들은 많은 경우 이미 문명화된 두 사회 집단 간의 충돌이었다. 그러나 이븐 할둔의 논리를 적용하면 유럽이 약탈적인 '발견 항해'와 세계 식민지화에 착수했을 때 상대적으로 비문명적이고 경제적으로 더 궁핍했다는 주장은 가능하다. 유럽이 여전히 저개발되고 정체되어 있을 때 힌두, 중국, 무슬림 문명은 번성하는 중이었으며, 이 동양 문명들의 부와 자원은 유럽의 세계적 확장에 주요 동기가 되었다고 할 수 있다.

이븐 할둔, 이븐 루슈드 그리고 바그다드에서 코르도바에 이르는 광대한 영토에 살았던 과학자, 수학자, 철학자, 번역가 등 이슬람 세계의 거장들이 유럽이 더디게 움직이던 오랜 세기 동안 문명의 불씨를 지켜왔다고 해도 과언이 아니다. 이 결정적 단계에서 이슬람 세계는 과학적·철학적 사상의 발전을 선도했을 뿐 아니라 기술, 상품, 화폐의 유통을 통해 유럽과 세계의 경제 발전을 자극했다.

세계화와 근대성

새로운 종교의 추종자들은 처음부터 합리적인 경제 활동과 무역에 대한 예리한 감각을 가지고 있었다. 예언자 자신도 상인이었다. 무슬림 상인들은 유럽과 북아프리카에서 아시아까지 문명들을 연결하는 상업 네트워크를 만들었다. 이슬람 사회는 장거리 항해를 위한 삼각돛, 항해를 위한 천구의 및 동업제도, 계약법, 은행업, 신용 같은 초기 자본주의적 제도들을 포함해 수많은 필수적 혁신과 발명품들을 내놓았으며, 이 모든 것은 경제 세계화의 중요한 토대가 되었다. 이러한 방식으로 이슬람 세계는 중국, 인도, 아프리카 등의 문명과 손을 잡고 오늘날 우리가 세계화라고 부르는 것의 기초를 확립했다.

처음에는 아랍인들이, 나중에는 이집트와 오스만인들이 이슬람의 장거리 무역을 통제했는데 이를 통해 결국 베네치아와 제노바 같은 이탈리아 도시국가들이 이득을 보았다.[45] 재레드 다이아몬드는 "중세 시대에는 기술의 흐름이 유럽에서 이슬람으로 흐르기보다 압도적으로 이슬람에서 유럽으로 흘렀다. 그러다 1500년대 이후에야 흐름의 방향이 역전되기 시작했다"[46]고 썼다. 그러나 세계화 자체는 이러한 역전, 즉 서구의 부상이 시작되는 것보다 훨씬 앞서 일어났다. 세계화는 약 1000년 전인 CE 500년 경까지 거슬러 올라가는데 당시 페르시아인, 아랍인, 아프리카인, 중국인, 인도인 등 많은 민족들 간의 경제 관계를 통해 대륙 간 경제가 형성되었다.[47] 비록 진정한 세계 경제는 대서양과 태평양을 가로지르는 유럽 제국주의의 확장을 기다려야 했을지라도 이슬람 세계는 특히 인도양을 중심무대로 아시아, 아프리카, 서유럽을 연결하는 광대한 문명, 제국, 경제 네트워크를 구축했다. 이슬람 상업은 적어도 중국과 서방 국가들을 연결하는 실크로드가 처음 형성되었던 BCE 200년경부터 존재했던 유라시아-아프리카 무역 경제를 강화하고 확장했다.

이슬람 세계는 인도양을 통해 동남아시아까지 확장되었다. 무슬림 상인들은 힌두교도 상인을 포함한 다른 공동체와 협력하여 인도양 서부와 동부의 활기찬 상업적·문화적 관계를 유지하고 발전시켰으며, 이는 중국과 일본까지 이어졌다. 믈라카의 힌두교도 통치자가 인도양의 무슬림 무역 네트워크와 더 잘 연결되기 위해 부분적으로 이슬람을 받아들인 것은 그 대표적 사례다.

최근에는 '전통적인' 이슬람의 부활과 그것이 서구 중심 세계질서에 제기하는 도전에 대해 활발한 논의가 진행 중이다. 그러나 전통적인 이슬람이 무엇을 의미하는지에 대해서는 무슬림들 사이에서도 의견이 분분하다. 이는 놀라운 일이 아닌데 이슬람은 결코 단일하거나 내부적으로 동질적인 문화가 아니었기 때문이다. 역사 전반에 걸쳐 이슬람은 상업, 문화, 지식 전파의 세계적 중심축 역할을 하면서 지구상에서 가장 역동적인 문명 중 하나를 대표해 왔다. 앞서 살펴보았듯이 이슬람은 인도, 중국, 서구 문명과 마찬가지로 다른 문명으로부터 사상을 통합하고 자신의 사상을 다른 문명에 전파했다.

그럼에도 움마와 아사비야 같은 이슬람 개념은 민족국가와 베스트팔렌 주권 사상과는 다르다. 2차 세계대전 이전 범이슬람주의의 전성기 그리고 오늘날에도 중동과 아시아 일부 지역에서는 일부 이슬람 권위자들이 이슬람 세계가 개별 민족국가로 분할된 것을 일시적 현상이자 서구 식민주의의 불필요한 유산으로 간주해 왔다. 이 지도자들은 내부 경계가 없는 칼리프국 혹은 또 다른 형태의 초국가적 이슬람 국가로의 회귀를 요구한다. 그러나 다른 이슬람 학자들과 지도자들은 근대국가의 원칙과 제도에 적응해 왔다.[48] 오늘날 국가 주권을 초월하는 이슬람 칼리프국이라는 꿈은 현대 국제법 및 외교적 관행에서 정당성을 인정받지 못하는 알카에

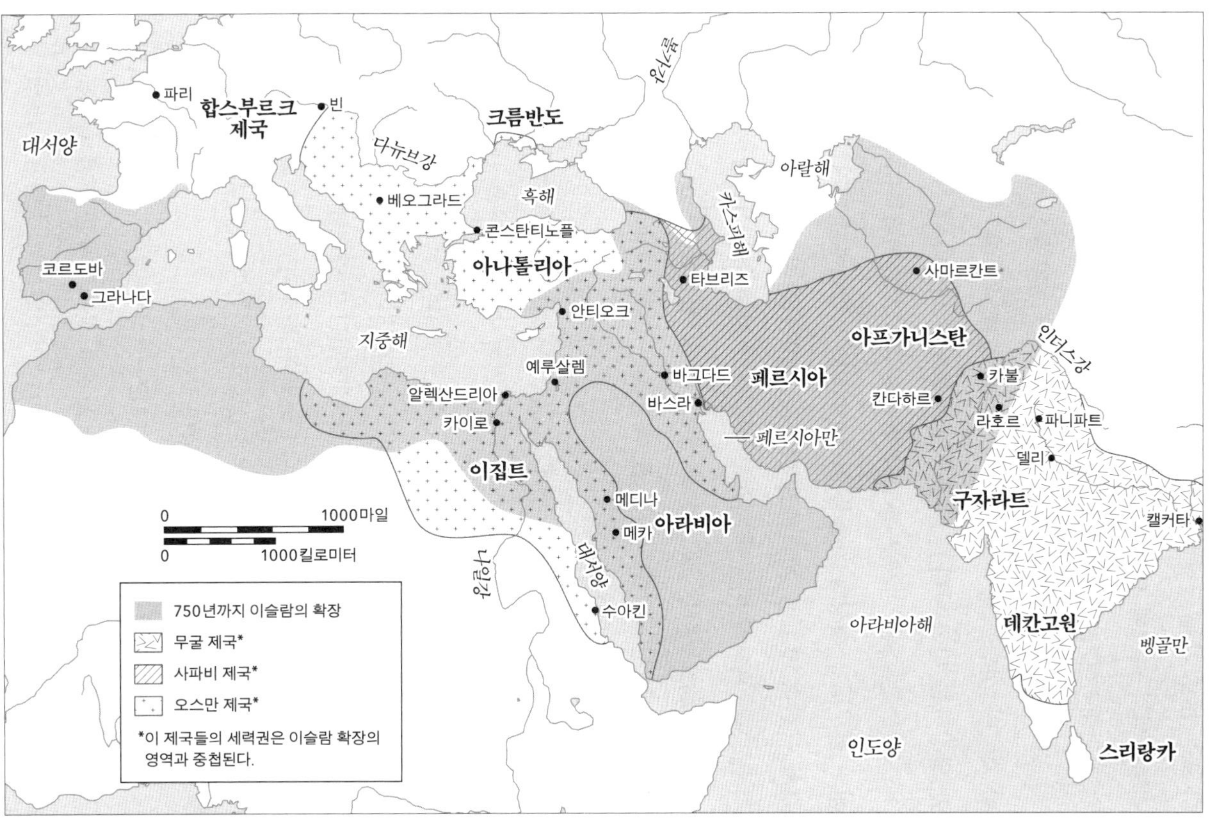

지도 7: 오스만 사파비 왕조와 무굴 제국.

다 또는 ISIS 같은 극단주의 단체들만이 추구하고 있다. 이슬람에 대한 비전통주의적 해석에 따르면, 다르 알-하르브와 다르 알-이슬람의 구분은 결코 절대적이거나 명확하지 않았으며, 현대에는 확실히 적용되지 않는다.

20세기 후반 대부분의 무슬림들과 그 통치자들은 민족국가가 지속될 것이며, 성전을 통해 파괴하기보다 그 체제 내에서 정치적·경제적 목표를 달성하는 편이 낫다는 사실을 받아들이게 되었다. 동시에 이슬람 국가의 시민들은 다른 비서구 문명의 민족과 지도자들처럼 서구 문명의 우월성과 서구적 근대성의 기준을 거부한다. 모든 종교에서 발견할 수 있는 소수의 극단적 부류를 제외하면 이슬람 세계는 칼리프국을 재창조하려 하지 않는다. 오히려 이슬람 사회는 서구를 모방하거나 이슬람 정체성을 약화시키지 않으면서도 그 사상을 받아들이고 적용할 수 있다고 믿는다. 이러한 융합은 서구 주도의 질서를 계승하는 더욱 다양하고 포괄적인 세계를 만드는 길을 제시한다.

결론적으로, 이슬람의 세계질서는 정치적으로는 분열되어 있었지만 경제적으로는 연결되어 있었으며, 신학적인 세계질서이긴 했어도 이슬람은 중세 및 근대 초기 기독교보다 종교적·문화적 다양성에 훨씬 더 관용적이었다. 유럽이 부상하기 전까지는 다른 어떤 문명도 유럽, 아프리카, 아시아에 걸쳐 상업, 사상, 심지어 전쟁 네트워크로 알려진 세계를 연결하는 데 이슬람보다 더 많이 기여한 적이 없었다. 확실히, 그리스와 페르시아 문명을 포함한 다른 문명들의 지식을 보존하고 전파하는 데 이슬람보다 더 큰 역할을 한 문명은 존재하지 않았다.

이슬람은 이미 쇠퇴하고 있던 그리스-로마 문명의 몰락을 가속화했지만 유럽을 포함한 중세 세계에 다시 활기를 불어넣게끔 도전 과제를 제시하기도 했다. 서구의 부상을 이끈 과학, 기술, 연결성 측면에서 유럽이 가장 중요한 영향을 받은 것은 바로 이 이슬람의 세계질서였으며, 이는 중국에서 받은 영향보다도 더 컸다.

그 밖에도 두 가지 요소가 더 있었다. 바로 몽골 제국과 인도양 무역 네트워크로, 이 둘은 세계를 연결하는 데 중요한 역할을 했다. 13세기 초 칭기즈 칸 휘하의 몽골 기병대가 세계 역사상 가장 큰 육상 제국을 건설했을 때, 그들은 세계 무대 위 자신들의 상대적으로 짧은 활약에 비하면 오래 지속될 무역 네트워크를 구축했다. 마찬가지로 아프리카, 아라비아, 인도, 동남아시아, 중국을 단일국가가 통치하지 않는 광대한 항구 네트워크로 통합한 인도양 무역은, 몽골인들이 유라시아 내륙 지역에서 했던 역할을 해양 세계에서 했다. 이 둘 모두는 곧 살펴볼 근대 세계질서의 출현에 지대한 영향을 미쳤다.

제7장 세계를 연결하는 자들

    13세기부터 14세기 전반의 몽골 제국과 유럽 열강이 밀려오기 이전인 15세기 인도양 지역은 세계질서 구축에 있어 대조적인 무대였다. 몽골인들은 역사상 가장 넓은 육상 제국을 건설했을 뿐 아니라 19세기부터 실크로드라고 알려진 무역로에 가장 안정적인 시기를 가져다주었다. 몽골의 세계질서는 종교적 또는 문화적 교리를 강요하지 않았지만 그 영향력 아래 있는 지역에서 광범위한 무역과 사상 교류를 촉진했다.

    인도양도 같은 역할을 했지만 매우 다른 방식이었다. 어떤 단일 제국이나 중앙 집중식 권위도 이를 통제하지 않았다. 물론 11세기 남인도 출라 왕국이 동남아시아 항구도시를 공격하거나 15세기 중국의 정화 제독이 원정을 떠난 데서 볼 수 있듯이 때때로 인도양에서 제국들의 군국주의가 발현되기도 했다. 그러나 인도양은 대체로 말린디, 몸바사, 모가디슈, 잔지바르, 아덴, 호르무즈, 캘리컷, 믈라카, 스리위자야 제국 내에 위치한 팔렘방 같은 작은 항구도시들이 개발한 규칙과 방법에 따라 운영되었다. 인도양 네트워크는, 세계질서를 만들고 관리하며 자유 무역을 육성하기 위해서는 영국이나 미국 같은 강대국이 필요하다는 현대 서구 신화에 강력한 도전장을 던진다.

이러한 차이점이 있긴 하지만 두 네트워크는 공통된 목적을 수행했다. 그들은 인류의 광대한 지역을 이전에 없던 방식으로 연결했으며 상품, 아이디어, 문화의 흐름을 전달하는 통로 역할을 했다. 또한 두 네트워크는 서구의 부상과 발전에 결정적 역할을 했다.

팍스 몽골리카

몽골인들은 특히 잔혹한 정복자로 역사에 기록되었다. 이는 완전히 부당한 평가는 아니지만 자료의 희소성과 신뢰성 부족으로 인해 전투에서 몽골군이 어느 정도 대규모 살상을 했는지 추정하기는 어렵다. 한 추정치에 따르면 몽골의 중앙아시아 침략으로 5년 동안 총 1500만 명이 살해당했다고 한다. 그러나 이는 몽골 병사 한 명이 5년 동안 하루 100명을 살해해야 한다는 의미이므로 분명 과장된 것이다.[1] 몽골인들은 공격 전에 경고를 보내고, 항복한 자들은 대체로 살려주었다. 전투 중에는 고문이나 신체 훼손도 없었다. 하지만 몽골인들이 잔혹하다는 소문을 확대할 필요가 있었을 것이다. 고대 아시리아인들과 마찬가지로, 무시무시하다는 평판은 적들에게 두려움을 일으켜 싸우기도 전에 항복을 받아내는 데 유리했다. 이는 결국 미래의 적이 줄어들게 하고 장거리 원정으로 인한 물류 부담을 덜어주었을 것이다. 특히 몽골인들의 경우 이것이 중요했던 이유는, 정복한 사람들에게 협력을 이끌어내는 것이 포로로 잡아두는 것보다 부담이 덜했기 때문이다.

평판이 어떠했든 몽골인들은 세계질서의 역사에서 중요한 위치를 차지했다. 몽골 세계관의 기원은 기후 및 자연의 힘과 밀접한 관련이 있었다.

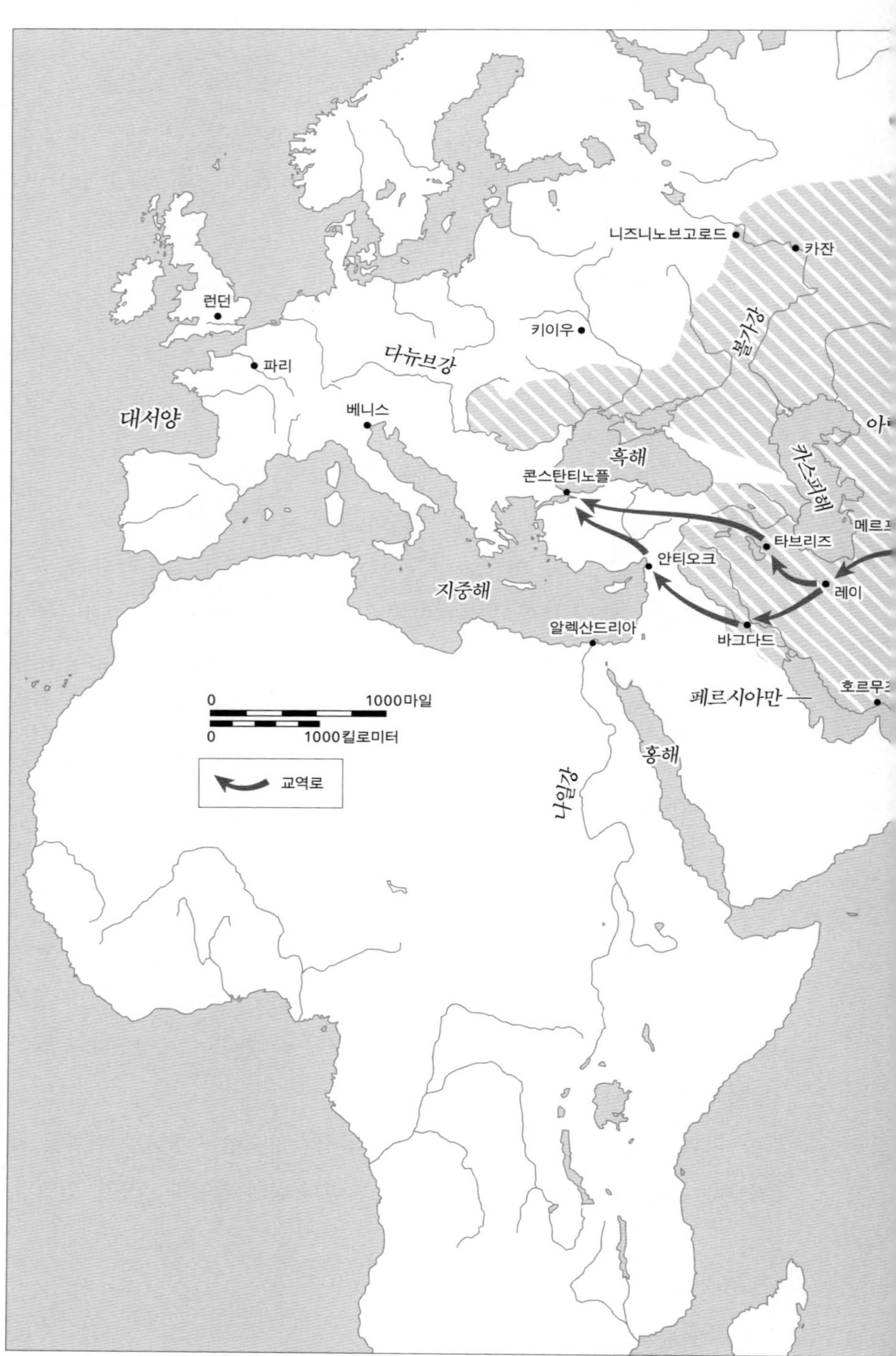

지도 8: 13세기 후반의 몽골 제국.

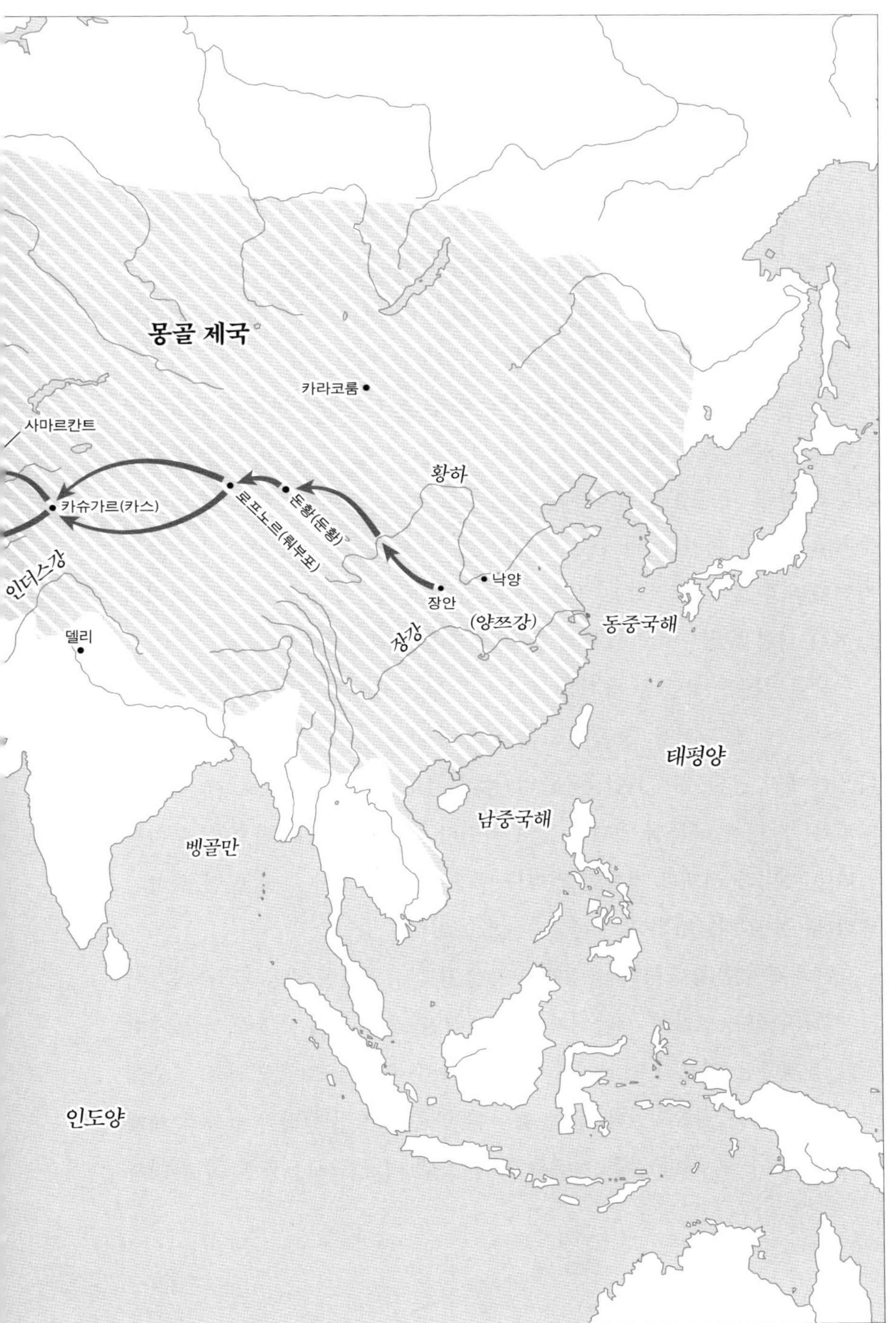

몽골 제국
카라코룸
사마르칸트
카슈가르(카스)
둔황(둔황)
로프노르(뤄부포)
황하
인더스강
낙양
장안
장강
(양쯔강)
동중국해
델리
태평양
남중국해
벵골만
인도양

다른 많은 통치자들과 달리 몽골 카간khagan, 즉 대칸great khan은 자신을 신이나 신의 후예로 내세우지 않았다. 대신 정치적 정당성은 '텡게리'(몽골어 '텡게르tenger'에서 유래했으며 '하늘'을 의미하지만 '영원한 푸른 하늘' 또는 '영원한 천국'으로도 번역할 수 있다)에서 비롯되었다. 하늘 또는 하늘 숭배는 극심한 추위, 가뭄, 폭풍 같은 가혹한 기후 조건으로 인해 인간과 귀중한 가축 떼의 생존이 극도로 어려워질 수도 있는 스텝 및 중앙아시아 유목 사회에서 공통적으로 나타나는 특징이다. 따라서 하늘 숭배는 자연력과의 상호 의존성과 그러한 것들에 대한 두려움을 반영했다.

하늘에 대한 유목 민족의 신념과 중국 주나라에서 시작된 천명사상 사이에는 일부 유사점이 있어서 중국이 청동 주조, 전차, 철 야금술 같은 기술과 함께 이 중요한 정치 사상을 초원 문화에서 차용했을 수도 있다는 추측을 불러일으킨다. 적어도 두 개념 모두 하늘을 홍수, 가뭄, 지진 같은 자연재해의 배후 세력으로 보았으며, 이는 통치자들에게 정치적 권위에 도사린 위험을 경고하고 그들의 궁극적 생존을 결정했다.

몽골인들은 하늘을 자신들 통치자의 보호자이자 조력자로 보았으며, 하늘이 그에게 질서를 창출하고 혼돈을 몰아낼 능력을 부여했다고 믿었다.[2] 13세기 몽골 연대기인 《몽골비사Secret History of the Mongols》에 따르면 대칸은 "강력한 하늘의 임명을 받고 어머니 대지의 호위를 받으며" 통치할 권리뿐 아니라 세계를 정복할 권리도 주장했다.[3] 여기서 다시 한번 중국의 천하 및 천명 개념과의 유사점을 찾을 수 있다.

세계질서를 창출하는 과정에서 몽골인들은 열렬한 중앙집권주의자이자 연결자였다. 그들의 제국체제는 전통적인 스텝 유목 전통에서 발전했지만 통제하는 영토가 확장됨에 따라 하나의 중앙 장소에 권위를 집중해야 할 필요성과 결합되었다. 몽골 제국이 만든 정치적·행정적·군사적 체제는 흉노, 위구르, 거란 같은 이전의 유목 스텝 국가들보다 훨씬 더 광대하고 중앙집권화되었다. 이러한 중앙집권화의 강력한 도구 중 하나는 칭기즈 칸 통치 기간 동안 유지한 약 만 명에 달하는 황실 경비대였다. 이들은 그를 보호하는 동시에 제국을 운영할 관료를 제공하는 역할을 했다.

동시에 몽골인들은 유목 민족 전통의 유연성을 유지하여 대칸의 권위를 위협하지 않는 한 지방 통치자들이 상당한 자율성을 가지게 해주었다. 몽골 제국은 자신의 세력권을 소유한 각각의 귀족 네트워크에 의존했다. 그들은 규모와 자율성의 정도가 다양했지만 모두 카간의 최고 권위 아래에 확고히 위치했다. 이는 중세 유럽 통치자들이 하위 귀족과 봉신들의 지지에 의존했던 것과 유사하다.[4]

몽골 제국은 1206년부터 중국 원나라가 멸망한 1368년까지 단지 1세기 반 동안 지속되었을 뿐이다. 그러나 그 전성기에는 이전에 독립적이고 이질적이던 많은 영역을 단일한 권위 아래 평정했다. 이는 일종의 팍스 몽골리카Pax Mongolica, 즉 안전한 도로와 무장봉기의 진압으로 번영이 확산되는 광대한 영토를 만들어냈다. 13세기 페르시아 역사가 아타-말릭 주바이니는 칭기즈 칸이 "완전한 평화와 고요, 안보와 조용함을 가져왔고, 극도의 번영과 안녕을 이루었으니, 도로는 안전하고 소요도 진정되었다"고 썼다.[5]

몽골 제국 이념의 중요한 특징은 문화적 차이에 대한 존중이었고, 이는 공존에 기반한 안정적 세계질서를 유지하게 했다.[6] 그들은 일단 통제권을 잡은 후에는 종교적 관용을 실천했다. 한 역사가가 말했듯이 "몽골인들은 가능한 한 많은 하늘의 가호를 받으려 했다".[7] 이는 타민족의 종교가 몽골 통치를 정당화하는 데 도움이 된다면 그 신념을 기꺼이 받아들였음을 의미할 수도 있다.

몽골인들이 잔혹한 정복자였다는 통념은 그들의 제국 또한 무역과 외교로 건설되고 유지되었다는 사실을 가리고 있다. 몽골인들은 세계질서의 역사상 가장 큰 육상 제국을 건설한 후 동아시아, 중동, 유럽을 거대한 경제 네트워크로 연결하는 광범위한 무역을 발전시켰다. 비록 중국인들이 실크로드를 창시한 공을 인정받는다 해도 그들은 제국 국경 너머까지 질서를 유지할 수는 없었다. 실크로드는 승려, 상인, 기타 여행자들을 도적과 부족 간의 분쟁, 자연재해로부터 거의 보호하지 못하는 위험한 길로 남아 있었다. 역사상 처음으로 실크로드 전체를 통제하고 평정했던 것은 몽골인들이었다. 그들은 농민을 상인보다 더 중시하는 유교 원칙을 뒤집고 국제 무역을 중요시했으며, 점령한 영토를 굳이 통제하지 않고도 무역량을 증가시켰다. 그들은 화폐와 무게를 표준화하고, 도로와 다리를 건설했으며, 약 30킬로미터 간격으로 대상大商의 숙소를 배치해 여행자들이 안전한 환경에서 먹고 쉬면서 상품과 정보를 교환하도록 역참체제를 구축했다. 관리와 군 지휘관들은 이러한 역참을 보안 및 행정 목적으로 사용하기도 했다.

체제의 한쪽 끝에는 몽골의 제조 및 기타 경제 활동의 중심지이자 세계 최대 경제 대국인 중국이 있었다. 다른 쪽 끝에는 근대 자본주의 경제 발전의 초기 단계에 접어든 서유럽이 있었다. 광대한 제국의 관리를 용이하게 하기 위해 몽골인들은 나눔 또는 공유를 의미하는 '쿠비khubi' 체제로 알려진 네 개의 상호 연결된 부분으로 제국을 나누고, 이를 통해 전쟁 전리품과 제국의 부를 지배 가문의 구성원들 사이에 분배했다. 이 체제는 네 부문으로 구성되었다. 동쪽의 수도 베이징을 가진 중국 원 왕조, 중앙의 차가타이 칸국, 중앙아시아와 이란의 일 칸국, 북서쪽 러시아 국경의 킵차크 칸국이 그것이다.[8] 이상적으로는 각 부문이 관할권 내의 자원과 부를 통제하는 동시에 자신의 영토를 통해 다른 지역과의 무역 및 외교 교류를 촉진하기도 했다. 중국, 중앙아시아, 이란, 이라크를 아우르는 몽골 통신 네트워크 덕분에 사신이 하루에 160킬로미터가량 이동하는 것도 가

능해졌다.[9]

　이러한 네트워크를 유지함으로써 몽골인들은 지식과 기술 확산이라는 면에서 동서양 모두의 통로 역할을 했다. 몽골인들은 병원과 훈련 기관을 설립했는데 장거리 임무에서 군대의 건강 유지가 설립 목적 가운데 하나였다. 예를 들어 현재 이란 타브리즈 근처에 있는 '치유의 집'은 특히 이슬람 세계에서 개발한 의학 지식과 관행의 교류를 촉진했다. 덕분에 중국이 혜택을 본 분야가 수술이다. 중국에서는 인간 신체 훼손을 금기시하는 유교 문화 때문에 이 분야가 발전하지 못한 상태였다. 몽골 제국의 확장은 유럽의 의학 교육 시작에 기여하기도 했다.[10]

　이 모든 것이 세계 권력관계에 미치는 함의는 과소평가할 수가 없다. 실제로 유라시아를 가로지르는 무역과 여행은 중국 서한 시대까지 거슬러 올라가지만 역사상 처음으로 유라시아 전역에 완전히 발달된 평화로운 연결을 만든 것은 몽골인들이었으며, 티무르조차 다시는 동일한 수준으로 이를 달성하지 못했다. 이러한 연결은 유럽의 부상에도 중요한 역할을 했다. 무엇보다도 몽골인에 의한 유라시아 통일은, 상인들로부터 선물과 조공을 받기 위해 경쟁하는 지역 통치자들이 줄어들었음을 의미했다. 이는 결국 무슬림과 유대인 상인뿐 아니라 몽골인들과의 무역으로 득을 보려는 유럽인들에게도 이로운 일이었다.[11] 또한 몽골인들은 초기 형태의 화폐 환전을 허용했다. 베이징과 이탈리아 사이의 노선에서는 은화나 금화를 비단이나 지폐로 교환할 수 있었고 그 반대도 가능했다. 본질적으로 몽골인들은 실크로드를 부활시켜 천 년간의 공백 끝에 유럽과 중국의 연결을 재확립했다. 로마 제국과 다소 유사하지만 훨씬 더 넓은 영토를 아우르는 팍스 몽골리카는 무역상뿐 아니라 여행자, 선교사, 외교관, 과학자 들이 다양한 사회에 사상과 혁신을 전파하도록 안전을 보장했다. 나아가 몽골인들은 광대한 지역에 걸쳐 안정과 교류의 조건을 조성했는데, 이는 이후 유럽 확장이 이루어지기 위한 필수 요소였다. 또한 몽골의 통신체제는 중국의 발명품이 유럽으로 확산되는 것을 크게 촉진하기도 했다. 역사가 피터 프랑코판은 "유럽 확장의 기반은 몽골인들이 아시아 전역에 제공한 안정성이었다"고 주장했다.[12]

모두의 바다

인도양은 육상에서 몽골인들이 했던 역할을 해상에서 수행하여 아시아, 중동, 유럽을 연결함으로써 유럽의 궁극적 부상을 촉진했다. 게다가 인도양 무역 및 문화 네트워크는 유럽의 우위를 뒷받침하는 데 훨씬 더 큰 역할을 했다. 유럽 신참자들에게 아시아 지배와 제국 건설을 위한 완성된 로드맵을 제공했기 때문이다. 포르투갈인들을 필두로 초기 유럽 식민주의자들은 기존의 잘 발달된 인도양 항구도시들을 통해 무역을 수행했다. 그러나 그 과정에서 유럽인들은 아이러니하게도 문명들 사이의 가장 소중한 만남의 규칙 중 하나를 파괴해 버렸다. 그것은 바다를 인류의 공동 유산으로 여기는 사상이다. 유럽이 아메리카를 '발견'하고 그에 따라 태평양 전역을 가로지르는 상업적 경로를 개척하기 훨씬 이전부터, 인도와 동남아시아를 통해 중동과 아프리카를 중국 및 일본과 연결하는 인도양 무역 네트워크는 세계에서 가장 크고 분주한 해상 무역로였다. 따라서 유럽인들이 도착하자 이는 유럽이 아시아를 지배하기 위한 주요 동맥으로 빠르게 자리 잡았다.

오늘날 인도양으로 알려진 수역의 개념은 근대에 만들어졌으며, 역사적으로는 다른 이름이었다.[13] 고대 그리스인들은 홍해에서 인도까지의 수역을 에리트라이해라고 불렀다. 아랍인들은 바흐르 알-힌드Bahr al-Hind 또

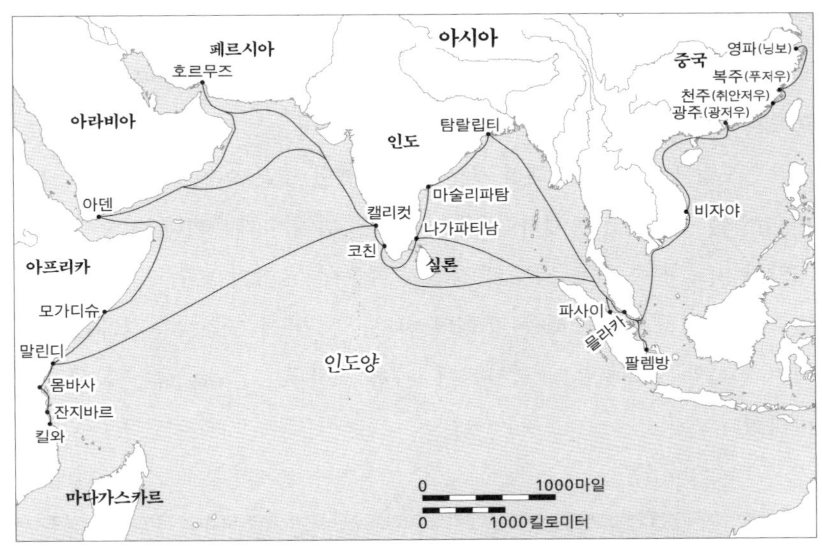

지도 9: 인도양 무역 네트워크의 주요 항구.

는 바흐르 알-잔드지Baḥr al-Zandj라고 불렀다.[14] 근세 유럽 지도에서는 대서양을 가리키는 서대양Western Ocean과 대조되는 동대양Eastern Ocean이라는 용어를 사용했다. 인도와 특별히 연관시키는 용어는 16세기 초에 유행한 근대 라틴어 표현인 오세아누스 오리엔탈리스 인디쿠스Oceanus Orientalis Indicus였다.[15]

유럽인들이 도착하기 전의 인도양 무역은 일부 유럽 중심적 설명들과는 달리 단순한 소매 무역만이 아니었다. 사치품 외에도 아덴, 호르무즈, 믈라카 등 인도양 항구도시 국가들을 유지하는 데 필수적인 상품들이 거래되었다. 동아프리카 해안에서 아덴과 호르무즈로 그리고 인도의 말라바르 해안으로 이동하는 식량도 여기에 포함되었다.[16]

인도양 무역은 해상 주권 개념의 규제를 받지 않았다는 점에서 개방적이었다. 이는 해상 영토를 독점적으로 통제하고자 나라별로 치열한 경쟁을 벌인 서구 모델과는 대조적이다. 대신 동아프리카에서 아라비아반도와 인도를 거쳐 동남아시아에 이르기까지 여러 항구도시들이 무역을 공동으로 관리했다.

인도양에서 독점적 해상 주권이 부재했던 것은 어떤 제국도 그 광대한 범위를 정복하고 통제하는 데 어려움을 겪었기 때문이다. 지중해는 인도양과 비교할 수 없을 정도로 작았기 때문에 '로마의 호수'로 만들 수 있었다. 로마인들은 지중해를 '우리의 바다', 즉 '마레 노스트룸'이라고 불렀지만 인도양은 대부분의 역사에서 '마레 코뮤네mare commune', 즉 공동의 바다였다.

그림 6: 인도네시아 보로부두르의 불교 유적지에 있는 자바식 아웃리거 선박의 부조. 연안 선박들은 항구도시들이 관리하던 인도양 무역 네트워크에서 중요한 역할을 했다.

그러나 더 중요한 또 다른 이유는 바다를 어느 한 나라의 영토 일부로 간주하지 않고 그대로 두는 오랜 지역적 전통이었을 것이다. 물론 인도양에도 갈등이 존재했고, 해적과 관세가 있었으며, 현지 술탄에게 공물도 바쳐야 했다. 이처럼 인도양은 평화로운 협력의 낙원은 아니었지만 상인이나 현지 통치자 누구도 특정 측면에 대한 무역 독점의 확립이나 해상 상업의 전면적 통제를 꾀하지는 않았다.[17]

이러한 전통의 생생한 예는 현재 인도네시아 남술라웨시주에 위치한 고와 왕국의 술탄 알라웃딘이 17세기 초에 제기한 논쟁에서 찾아볼 수 있다. 네덜란드인들은 향신료 무역의 독점을 강요하기 위해 술탄의 수도 마카사르 상인들이 정향, 육두구, 메이스를 생산하는 말루쿠제도와 거래하는 것을 막고 있었다. 술탄 알라웃딘은 네덜란드인들에게 "하느님은 땅과 바다를 만드셨다"고 말했다. "땅은 사람들에게 나누어 주셨지만 바다는 공유하게 하셨다. 어느 누구도 바다를 항해하는 것을 금지당했다고는 들은 적이 없다"는 것이 그의 주장이었다.[18] 네덜란드는 마카사르의 방어 시설을 파괴하고 이름을 포트 로테르담으로 바꾸는 것으로 이에 응수했다.

1622년 벵골만의 주요 인도 항구인 발라소르의 파우즈다르faujdar(군사 지휘관)에게 몰디브 왕이 접근해 무굴 황제에게 청원해 달라고 요청했다. 네덜란드와 영국 선박의 몰디브 항해를 금지해 달라는 것이었다. 파우즈다르는, 황제는 "땅의 주인일 뿐 바다의 주인은 아니다"라는 이유로 거부했다.[19]

전반적인 원칙은 역사가 K. N. 차우두리가 인도양의 "고대의 명예로운 호혜의 법칙"이라고 칭하는 것이었다. 이는 해외 상인들의 "선한 행동"을 전제로 "그들의 상업 활동에 간섭하지 않는" 것을 의미했다.[20] 말레이반도 서쪽에 위치한 위대한 항구도시 믈라카는 인도양 무역의 핵심 거점이었으며, 모든 국적의 상인들에게 개방하면서 그들에게 표준화된 낮은 관세만을 부과했다. 플라카 인구는 약 10만 명이었는데 대부분 외국 상인이었으며, 84개 언어를 사용했다. 플라카를 방문한 포르투갈인 토메 피레스는 "플라카가 너무나 중요하고 유익한 도시라는 점은 누구도 부정할 수 없으니 내 눈에는 세상에 비견할 곳이 없다"고 썼다. 플라카는 "세상 어느 곳보다 상품에 적합하게 만든 도시"였을 뿐 아니라, 유럽과의 무역을 통제하는 데 핵심 역할을 했으며, "누구든 플라카를 지배하는 자는 베네치아의 목줄을 쥐고 있다"고 할 정도였다.[21]

플라카의 무역은 개방적이었지만 "잘 규제된" 규칙에 기반한 것이었다.[22] 이 도시는 외국 무역 사절단이 샤반다르shabunders로 알려진 자체 관리를 임명해 상인들의 이익을 규제하고 돌보도록 허용했다. 관세로 부과할 금액을 결정하기 위해 플라카의 통치자는 10명의 상인으로 구성된 위원회를 임명했다. 칼링가(현재 인도 동부 오디샤와 안드라프라데시에 걸친 지역) 출신 5명과 다른 무역 공동체 출신 5명으로 구성된 위원회는 화물의 가치를 공동 평가하고 분배를 결정하는 역할을 수행했다. 이 체제는 부패를 방지하고, 방문하는 무역선의 화물을 빠르고 효율적으로 처리하여 선박들이 몬순 바람에 맞춰 정확한 항해 일정을 지키도록 도왔다. 이러한 체제가 갖춰지면서 외국 상품이 플라카에서 받을 수 있는 가격 범위를 예측하는 것이 가능했다. 플라카의 전체 무역체제는 현지 통치자의 간섭을 피하도록 상인들에게 자율성을 부여했을 뿐 아니라 모든 당사자에게 공정하다고 평가받았다.

전통과 성문법 모두 인도양 무역체제를 뒷받침했는데 이는 15세기 플라카 술탄국에서 제정한 〈플라카 해양법〉에 잘 나타난다. 이 법전은 해상 선장단이 오랜 기간 확립된 지역의 원칙과 관습을 바탕으로 작성한 것이다. 법전은 무역선 선장의 권한과 선원들의 책임, 이윤 분배 규칙, 충돌 손상에 대한 보상, 항만 관세 사기에 대한 벌칙, 계약상 의무 및 채무 해결을 위한 지침을 명시했다. 이러한 공정하고 투명한 원칙들은 해상 선박의 이동을 규율했다. 예를 들어 선장은 무역 목적으로 항구에 기항할지 결정하기 전에 모든 선원과 논의했다. 선박을 안정시키기 위해 화물을 바다에 던져야 한다면 화물에 대한 지분을 가진 모든 사람과 상의했다. 혹시 남은 화물이 있으면 선박의 전체 화물에 대한 각자의 지분 비율에 따라 선상 상인들에게 할당했다. 두 선박이 충돌할 경우, 손상된 선박의 소유주는 현지 재판관에게 청구를 제기하여 손실액의 3분의 2까지 보상받을 수 있었다.

놀라운 점은 인도양의 개방적이고 규칙에 기반한 무역체제가 자율적으로 작동했다는 것이다. 현지 통치자들의 지원을 받기는 했으나 인도나 중국 같은 주요 강대국의 권위는 필요치 않았다. 이는 자유 무역에는 고대의 로마 혹은 근대의 영국과 미국 같은 강대국의 헤게모니가 필요하다는 서구의 생각과는 극명히 대조된다.[23] 인도는 동남아시아에서 강력한 문화적·경제적 역할을 수행했다. 하지만 11세기 남인도 촐라 왕조가 일부 공격적 침략 행위를 감행했음에도 인도양에서 지배적 세력으로 부상하지는 못했다. 인도양 역시 중국의 영향권에 들어가지 못했다. 스리위자야, 믈라카, 시암을 포함한 많은 동남아시아 국가들이 중국과 조공 관계를 맺었지만 이 체계는 앞서 논의한 바와 같이 주로 상징적으로 느슨하게 유지되었다. 15세기 초 정화의 항해는 훗날 유럽 식민 열강들이 모방할 법한 방식으로 상업적·전략적 영향력을 확립하려 했지만 그 결과는 오래가지 못했다.[24] 인도양은 중국의 호수가 되지 않았으며, 중국이 인도양 무역의 중심이었던 것도 아니다. 인도양의 주요 무역 품목 중 하나는 면화였고, 인도는 세계 최고의 면직물 및 의류 공급처였다. 또한 향, 상아, 백단향, 스투파, 조각상, 사찰 의식에 사용하는 유리 용기 등 불교 종교 제품도 두드러졌다. 그 밖에도 향신료, 염료, 약재 등을 자주 거래했다.[25] 나는 동인도양을 현대 중국 당국이 주장하는 '해상 실크로드'라기보다는 '향신료 길Spice Road'이나 '열반의 길Nirvana Route'로 부르고 싶다. 대체로 이 지역은 공해로 남아 있었다. 인도와 중국 그리고 그들의 제품이 인도양 무역의 주요 부분을 차지했지만 어떤 문명도 그것을 통제하지 않았다. 그들은 오히려 인도양이 세계적 중요성을 가진 개방적이고 다문화적인 장소로 부상하는 데 동참하거나 이를 지원했다.

포르투갈인을 시작으로 네덜란드인, 영국인, 프랑스인이 그 뒤를 이으며 유럽 식민 열강들은 바로 이 활기차고 개방적이고 다양한 인도양 세계에 발을 들여놓았다. 1498년 5월 20일 바스코 다 가마가 인도의 캘리컷에 도착했다. 이어서 1510년 포르투갈의 고아 점령, 그 1년 후 믈라카 점령은 아시아에서 유럽 제국주의 시대의 서막을 열었다.

유럽의 침략은 그 배후에 종교적 동기와 상업적 동기가 모두 존재했다. 이는 1511년 믈라카 최종 공격을 앞둔 포르투갈 고아의 알폰소 데 알부케르케 총독이 지휘관들에게 강조한 연설에서 명확히 드러난다.

이 도시는 전 세계에서 가장 큰 향신료, 의약품, 부의 공급지다. 부유한 상인들이 살고 있으며, 무역의 혜택을 받아 번영 중이다. 주민들은 대부분 무슬림이다[이 시점에 믈라카 통치자가 힌두교에서 이슬람으로 개종했다]. 이들은 인도의 모든 알려진 지역과 그 밖의 여러 지역에 살고 있다. 믈라카를 통해 그들은 수많은 곳에서 무역을 할 수 있으며 믈라카 없이는 카이로, 알렉산드리아, 베네치아에 이토록 많은 향신료와 의약품 그리고 이 덕분에 얻은 부를 공급할 수가 없다. (…) 믈라카에서 무슬림들을 쫓아냄으로써 무함마드 종파의 불길은 꺼지고 그 신앙은 더 이상 확산되지 못할 것이다. 이로써 무슬림들이 인도를 떠나게 할 수도 있다. (…) 우리가 나포한 무슬림 선박 여덟 척이 우리의 갤리온 선박 스무 척보다 더 많은 화물을 실을 수 있음을 깨닫게 될 것이다. 타국 선박들 외에도 매일 믈라카에서 출항하는 모든 믈라카 선박에 얼마나 많은 화물을 실을 수 있을 것인가! (…) 열쇠를 반 바퀴만 돌려도 이 항로는 닫힐 것이고, [포르투갈] 왕, 우리의 군주는 이 모든 무역의 주인이 될 것이다.”[26]

알부케르케의 연설은 믈라카 정복의 주된 동기가 이윤과 기독교 신앙이라는 것을 설파하면서도, 인도양 무역의 전통적으로 자유로운 패턴을 교란하고 이를 독점과 무력을 바탕으로 한 다른 형태, 특히 노골적 해적 행위로 대체하려는 유럽의 의중을 드러내기도 했다. 포르투갈은 자신들이 이미 통제하고 있던 마다가스카르섬을 해적 행위의 주요 중심지로 전환함으로써 그 서막을 열었다. 영국인 모험가들이 지휘하는 프랑스인, 네덜란드인, 덴마크인 해적들이 여기에 가담했다.[27] 이 같은 방식으로 유럽인들은 이전의 전통적 인도양 무역에는 존재하지 않던 폭력의 양상을 대규모로 체계적으로 도입했다. 해적 행위의 역사는 이 사실을 부정하지 않는다. 서쪽의 아덴과 호르무즈부터 인도의 캘리컷과 마술리파탐, 동쪽의 믈라카와 팔렘방에 이르는 항구도시들을 연결하는 무역 네트워크는 그때까지는 군사력이 아니라 ‘무역 제도의 힘’에 기반하여 기능했다.[28] 이와 대조적으로 포르투갈인들은 “해상 무역에 새로운 형태의 국가 폭력을 도입”했고, 네덜란드인들은 “향신료 무역을 독점하기 위해 오늘날 인도네시아에 속한 반다제도 원주민들을 대량 학살했다”.[29]

유럽인들 역시 노예제도를 시행했으며, 이는 이전보다 훨씬 가혹한 제도가 되었다. 물론 인도양에도 노예 무역의 역사는 있었지만 훗날 등장할 대서양 노예 무역과는 상당히 달랐다. 유럽의 침략 이전에는 인도양의 노예들이 아프리카뿐 아니라 이 지역의 여러 곳에서 왔으며, 그들이 수행하는 노동의 종류도 군 복무, 농업, 가사 노동 등으로 매우 다양했다. 또한 인도양 노예 무역은 이슬람 규범의 적용을 받았는데, 이는 훗날 대서양 노예 무역에 비하면 대체로 학대를 막고 자유와 현지 사회에 통합될 기회를 제공했다. 그러나 네덜란드인들은 자신들의 식민지에 노예제도를 다시 도입했고, 1688년 인구조사에 따르면 케이프타운, 실론, 인도네시아에는 7만 명의 노예가 있었다.[30]

유럽의 행위는 인도양 무역에 막대한 영향을 미쳤다. 포르투갈인들은 개방된 무역을 '카르타스Cartaz' 체제로 바꾸었는데, 이는 '종이' 또는 '문서'를 의미하는 아랍어 '키르타스qirtas'에서 유래한 단어다.[31] 이 새로운 체제는 일종의 보호금 갈취와 유사했으며 타국 선박들은 무역 허가를 받기 위해 통행증을 구매해야 했다. 통행증이 없는 선박은 압류되거나 심지어 파괴될 위험에 처했다.[32] 이 체제가 항상 효과적이지는 않았다. 인도 말라바르 해안과 인근 지역을 피해 아덴과 아체 등 포르투갈 영향권 밖에 있는 항구로 직접 항해하는 선박들은 이를 피해 갈 수 있었다. 포르투갈인들이 채택한 이 같은 잔인한 방법은 결국 지역 무슬림 통치자들로 하여금 그들에 대항해서 단결하게 했다. 네덜란드인들이 이 지역에 도착했을 때 통치자들은 네덜란드인들을 환영했다. 그들이 포르투갈인들보다 나을 거라는 기대 때문이었다. 하지만 네덜란드인들이 "훨씬 더 잔혹하다"는 것이 곧 입증되고 말았다.[33]

유럽 열강의 출현과 그들 사이의 경쟁은 인도양 무역의 분열로 이어졌다. 단일 회사가 특정 지역에 대한 독점적 접근 권한을 국가에서 부여받는 유럽의 무역 독점체제는 갈등을 증폭시키는 동시에 다른 국가들의 무역 독점을 차단했다. 포르투갈, 네덜란드, 영국 같은 국가들이 이 지역으로 상업적·정치적 영향력을 확장하고 교역소를 점령하면서, 무역의 축은 이전처럼 아시아 국가들 사이보다는 유럽과 아시아 사이로 점점 더 많이 이동했다.[34] 네덜란드인들은 바타비아, 콜롬보, 케이프타운 사이에 연결 망을 구축해 인도네시아의 정향, 육두구, 메이스 같은 향신료 무역을 통제 하려 했다. 영국인들은 인도 해안 지역인 마드라스, 봄베이, 캘커타, 수라 트에 최초로 주요 발판을 마련했다. 포르투갈인들은 전략적 요충지를 점 령한 반면 네덜란드인들은 노골적이고 광범위한 식민지화를 도입했다. 영 국의 접근 방식도 네덜란드와 유사했다. 그들은 무역 및 세금에 관한 독점 권을 개발했고, 이는 식민지화로 이어졌다. 이 모든 것은 유럽 제국주의가 끝난 후에도 아시아와 인도양 지역에 지속적 영향을 미쳐 탈식민지화 이 후 지역 경제 통합의 발전을 저해했다.

유럽이 인도양 무역의 개방성을 훼손하고 광대한 해양 지역을 여러 영향권으로 나눈 사실은 고통스러울 정도로 아이러니하다. 이는 유럽의 아시아 확장과 세계화의 핵심 기반이 되었던 '해양자유' 개념과 관련이 있 다. 그럼에도 정작 유럽은 경쟁국들에게 해상 무역에 대한 자유로운 접근 을 거부하는 관행을 이어갔다.[35]

서구 학자들은 '마레 리베룸mare liberum', 즉 해양자유 개념을 6세기 비잔틴 황제 유스티니아누스와 네덜란드 법학자 휴고 그로티우스의 저작 에서 찾는다.[36] 그로티우스는 현대적 개념으로서의 해양자유 원칙의 창 시자로 널리 인정받지만 이는 인도양에서 공유하던 해상 관습이었다. 사 실, 그로티우스가 이 개념의 발전에 대한 공로를 받는 데는 어두운 이면 이 존재한다. 그는 1604년, 설립 2년 된 네덜란드 동인도 회사Vereenigde Oostindische Compagnie, VOC에 고용되어 한 사건의 변론서를 작성했다. 싱가 포르 근처에서 네덜란드 선박이 포르투갈 상선 산타 카타리나를 나포한 사건이었다. 네덜란드 선박의 선장은 공교롭게도 그로티우스의 사촌이었 다. 믈라카 정복 이후 포르투갈인들은 동인도양의 지배적 세력이었고, 네 덜란드 동인도 회사를 포함한 여러 유럽 회사들의 이 지역 무역을 막거나 방해하는 등 독점권을 행사했다. 그로티우스는 네덜란드 동인도 회사를 변호하는 과정에서 바다는 모두에게 개방되어 있으며, 따라서 포르투갈 인들이 인도양 무역을 독점해서는 안 된다는 논지를 펼쳤다. 변론서를 준비하던 그로티우스는 네덜란드 동인도 회사에서 인도양 해사 문제에 대한 역사적 문서를 입수했는데, 이 문서들은 무역 독점이 존재하지 않았다는 선례를 제공했다. 그가 산타 카타리나 나포를 변호하기 위해 작성한 변론서는 1608~1609년 출판된《마레 리베룸Mare Liberum》이라는 책으로 발전했고, 이로 인해 그로티우스는 현대 해양자유 원칙의 창시자로 과대평가 되었다.[37]

휴고 그로티우스는 오늘날 근대 국제법과 서구 자유주의 철학의 창시자로 칭송받는다. 그러나 그가 네덜란드 동인도 회사를 변호한 것, 이후 그 회사가 빠르게 또 다른 유럽 독점기업으로 성장한 점 그리고 독립적인 아시아 국가들과의 불평등조약 체결에 협력하는 역할을 했다는 점은 그를 "네덜란드[와 유럽]의 아시아 식민 지배를 위한 사상적 기틀을 다진 인물" 중 하나로 만들었다.[38]

아메리카와 아시아에 대한 유럽의 식민지화는 세계화의 새로운 단계였으며, 기존의 유라시아 및 이슬람의 기반 위에 건설되었다. 유럽은 제국주의적 발전에 힘입어 기존의 연결을 더욱 확장하고 새로운 연결을 만들었다. 결정적으로, 유럽은 아프리카 자원과 노예의 도움으로 유럽과 아메리카 사이만이 아니라 태평양을 통해 라틴아메리카와 동아시아 사이에도 무역 네트워크를 구축했다. 이는 당시 세계 최대 경제 대국이던 중국으로 잉카 제국의 은을 수출하기 위한 것이었다. 은의 과잉 공급은 결국 가치하락으로 이어져 막대한 인플레이션을 야기했고, 중국 경제뿐 아니라 신세계의 은을 장악함으로써 강대국 지위에 올랐던 스페인 경제도 파탄시켰다. 덕분에 아프리카에서 번성하는 노예 무역 그리고 태평양, 카리브해 등지의 계약 노동 플랜테이션의 도움을 받아 설탕, 금, 담배를 거래하던 다른 대서양 강국들은 세계화를 주도하고 세계 권력균형에서 우위를 차지할 수 있었다.

제8장 서구의 부상

　세계질서 구축에서 인도, 중국, 이슬람의 두드러진 역할 이후 서유럽을 중심으로 한 유럽의 차례가 왔다. 17세기 유럽 계몽주의 이래로 세계질서라는 개념 자체를 서구의 전 세계적 지배라는 사실과 구별할 수 없게 되었다. 서구 주도 세계질서의 본질을 다루기 전에 우리는 기본적인 질문에 답해야 한다. 과연 유럽은 어떻게 그리고 왜 처음부터 전 세계적 우위를 차지하게 되었을까? 이 질문을 둘러싼 끝없는 논쟁과 불일치가 존재하며, 누구도 이를 해결했다고 주장할 수 없다. 그러나 이 논쟁은 현대 세계질서가 어떻게 생겨났는지 이해하는 데 핵심적이다. 특히 중요한 질문은 서유럽의 부상이 전적으로 그들의 과학적·경제적·정치적 독창성 때문이었는지 여부다. 아니면 이는 제국주의와 식민지화를 통해 획득한 세계 다른 지역의 영향과 자원 덕분이었을까?

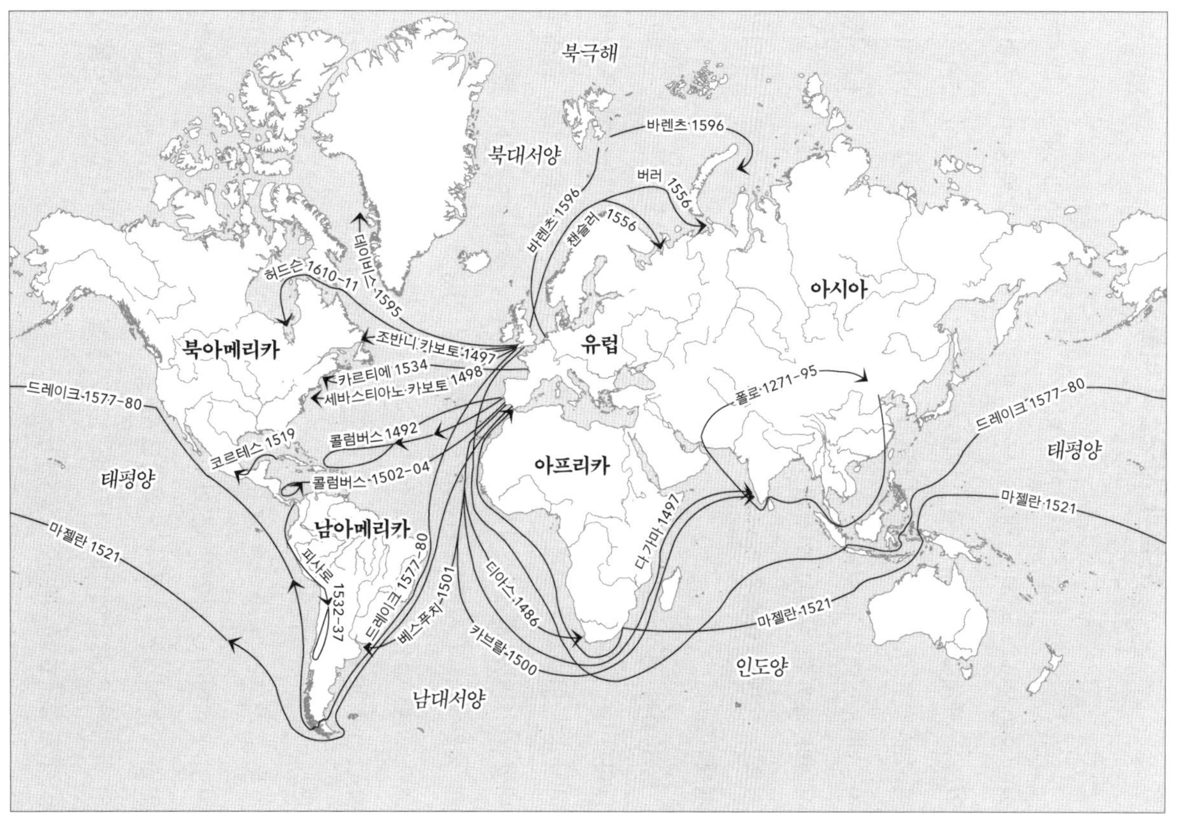

지도 10: CE 13~16세기 유럽의 발견 항해.

유럽과 '서구', 그 이름의 의미

하지만 먼저 유럽은 무엇이며 어디에 있는가? 사실 아시아나 아프리카처럼 유럽이라는 용어는 변화하는, 논쟁의 여지가 있는 개념이다. 그리스인들은 세계를 아시아, 유럽, 리비아(아프리카)로 나누었고, 앞서 논의했듯이 스스로를 유럽인으로 보지 않았다. 그리스와 로마는 유럽 문명이 아닌 지중해 문명이었다. 실제로 유럽이 국제 관계에서 떠오르는 행위자로서뿐 아니라 독특한 실체로 인식된 것은 훨씬 후인 르네상스와 계몽주의 시대였으며, 이때 그리스와 로마는 유럽 및 서구 문명의 기초로 소급 적용되어 채택되었다.

유럽의 파생물인 '서구West'의 기원에 관해서는 더욱 논쟁의 여지가 많다. 이는 인위적이고 발명된 근대적 개념이다. 중국의 서구 개념은 중앙아시아와 인도를 포함했다. 따라서 7세기 불교 승려 현장의 인도 순례에 대한 인기 있는 중국 소설을 《서유기西遊記; Journey to the West》라고 했다. 오랜 세월에 걸쳐 서구는 기독교적 개념, 백인 인종적 개념, 제국적 개념이었다. 또한 냉전 시대에는 소련이 이끄는 바르샤바 조약 국가들에 맞서는 NATO 동맹국들, 즉 미국과 그 유럽 동맹국들 그리고 일본과 호주, 뉴질랜드, 캐나다 같은 몇몇 구 유럽 식민지들을 지칭하는 약어 역할을 했다. 오늘날 서구라는 용어는 중국, 러시아, 이란 같은 잠재적 적대국에 대한 차이와 적대감을 강조할 뿐 아니라 글로벌 사우스 국가들에 대한 문화적·인종적 우월감을 부각하는 역할도 한다. 서구는 계속해서 전 세계 대부분의 국가와 사람들에 대항하는 소수 국가들로 구성된 배타적인 정치적·인종적 클럽처럼 조직되고 행동한다.

서구라는 개념은 로마 제국이 서부와 동부로 분할되면서 시작되었을 가능성이 있으며, 기독교가 가톨릭과 정교회 신앙 체계로 분할되면서 더욱 확고해졌다. 러시아와 그리스를 포함한 유럽의 동부는 따라서 서구가 아닌 동양의 일부인 셈이다. 더 중요한 것은, 이러한 정교회 세계의 동부는 경시되었고, 서방 이웃 국가들은 이를 열등하다고 보았다는 점이다. 이는 서구가 고대 그리스에 부여하는 중요성을 고려할 때 아이러니한 반전이라 할 수 있다. 로마 가톨릭교회의 수장인 라틴 교황은 비잔틴 황제를 신성 로마 황제로 임명하기를 거부하고 대신 샤를마뉴에게 그 영예를 주었다. 그 후에도 동양과 서양 사이의 상당한 상호 적대감은 종교적 교리를 넘어 확산되었다. 훗날 서구는 르네상스와 계몽주의가 고대 그리스의 지혜를 되살렸다고 보면서도 그들의 동부, 즉 정교회 영역은 르네상스와 계몽주의의 영향을 받지 못했다고 여겼다.

이는 서구가 자신과 동양을 바라보는 시각에서 매우 중요한 개념이다. 르네상스 이후 유럽 제국주의가 부상했으며 이는 인도, 중국, 이슬람 문명뿐 아니라 러시아를 포함한 유럽 정교회 기독교 국가들까지도 어느 정도 격하하고 타자화하는 과정과 함께 진행되었다. 이러한 과정은 '문명 표준standard of civilization'이라는 정치적·법적 원칙에 의해 전 세계적으로 더욱 심화되었다. 이 개념은 서구인의 집단의식 속에서 유럽이 나머지 세계와는 다른, 독특하고 지배적이며 이론적으로 우월한 문화적 실체로 변모하는 것을 정당화했다. 또한 유럽이 다른 문명을 '비문명'으로, 그 주민들을 일반적 용어로 '야만인' '오랑캐' 또는 '이교도'로 규정함으로써 자신들의 지배를 정당화하는 척도이기도 했다.

르네상스 몇 세기 후, 서구라는 개념은 냉전 시대의 지정학, 즉 동서 갈등이라고 알려진 것으로부터 강력한 활력을 얻었다. 이때 서구는 미국과 그 유럽 NATO 동맹국들과 일본 그리고 호주, 뉴질랜드, 캐나다 같은 몇몇 구 유럽 식민국가들과 동일시되었다. 이 서구 국가들은, 소련과 바르샤바 조약으로 결속한 사회주의 동맹국들의 세계 장악에 공동으로 대응하고자 했다. 탈식민지화는 서구라는 개념에 또 다른 기반을 추가했는데, 이번에는 새롭게 독립한 국가들을 집단적으로 동서양 어디에도 속하지 않는 '제3세계'로 간주함으로써 타자화했다.[1]

이름의 기원이 무엇이든 유럽, 특히 서유럽이 문명 이야기에서 늦게 등장했다는 것은 분명하다. 그렇다면 다음 질문이 제기된다. 중국, 인도, 이슬람 세계의 위대한 동방 제국들보다 뒤처져 있던 유럽은 어떻게 그리고 왜 앞서 나가게 되었을까?

유럽의 마법 물약

서유럽이 역사적으로 전례 없는 속도로 성장하여 아시아와 동유럽을 부의 측면에서 능가하기 시작한 시점, 즉 '대분기Great Divergence'라고 하는 현상에 대해 몇 가지 주요 설명이 존재한다.[2] 이 질문을 다루면서 일부 학자들은 과학적 탐구, 정치적·경제적 경쟁, 자유주의 정부 같은 유럽 '고유의' 요인들을 강조해 왔다.[3] 역사가 필립 T. 호프만은 1300~1500년 그가 '토너먼트'라고 칭하는 유럽 국가들 또는 정치적 실체들 간의 치열한 경쟁이 유럽의 부상에 핵심이 되는 군사 기술을 향상시켰다고 주장한다.[4] 이안 모리스는 유럽 그리고 더 넓게는 서구가 우월한 도시화, 에너지 확보 능력, 전쟁 수행 능력, 정보 기술 덕분에 부상했다고 본다.[5] 역사가 마크 엘빈은 중국의 침체에 초점을 맞춰, 중국은 산업화 이전 시대의 효율성이 '고수준 균형 함정high-level equilibrium trap'을 초래하여 경제 및 기술 발전에 대한 필요성을 거의 인식하지 못한 반면 고도로 경쟁적이었던 산업화 이전 유럽의 조건은 혁신을 장려했다고 이론화한다.[6]

재레드 다이아몬드의 답변은 지리와 환경, 특히 유라시아 대륙의 동서 방향 확장과 아메리카 대륙 및 아프리카 대륙의 남북 방향 확장이 핵심 역할을 했다는 주장으로 귀결된다.[7] 그는 동서 방향이라는 위치가 동식물, 농업 기술, 기술 혁신 그리고 발전을 위한 핵심 사상들의 확산에 훨씬 유리하다고 주장한다. 다이아몬드의 설명에 따르면 동서 축은 유사한 기후에 놓여 있는 반면 남북 방향은 그렇지 않다. 유라시아의 일부였던 서유럽은 메소포타미아, 중국, 인도 같은 동양 문명의 사상과 혁신으로부터 혜택을 받을 수 있었다. 반면 북미 동부 해안의 도시 중심지, 메소아메리카, 안데스, 아마존 지역 등 남북 방향의 대륙에서는 그러한 확산이 차단되었다. 더욱이 몇 세기 동안 유라시아인들은 천연두, 홍역, 인플루엔자 같은 질병에 대한 강력한 면역력을 키워왔는데, 이는 부분적으로는 풍부한 가축, 많은 지역에서의 상대적으로 높은 인구밀도 덕분이었다. 이것으로 신세계 사람들이 서유럽인들에게 그렇게 쉽게 정복당한 이유를 설명할 수 있다.

만약 지리 및 환경 요인으로 유럽의 부상을 설명한다면 유라시아 대륙의 일부였거나 대륙과 연결되어 있던, 대부분의 역사 동안 부, 문화, 기술 측면에서 유럽을 훨씬 능가했던 다른 위대한 아시아 문명들은 왜 뒤처지게 되었을까?

다이아몬드의 대답은 다시 한번 지리에 초점을 맞춘다. 특히 중국의 경우 범인은 강과 관련한 지리의 차이다. 역사적으로 중국은 양쯔강과 황허를 중심으로 하는 핵심 지역 두 곳을 발전시켰는데, 이들은 시간이 지남에 따라 운하를 통해 서로 잘 연결되었다. 이와는 대조적으로 서유럽의 두 주요 강인 다뉴브강과 라인강은 작고 연결성이 떨어져 핵심 지역이 여러 군데 출현하게 되었는데 "어느 하나도 다른 것을 오랫동안 지배할 만큼 크지 않았고, 각 지역은 만성적으로 독립적 국가들의 중심이었다".[8] 그 결과 중국의 지리는 쉽게 통일을 허용했지만 서유럽의 지리는 끊임없는 분열과 경쟁을 만들어냈다. 이러한 경쟁은 더 많은 혁신을 낳고 유럽 경제와 국가들을 강화했지만, 중국의 지리는 혁신을 억압하고 궁극적으로 유럽에 뒤처지게 한 거대한 제국들을 낳았다.[9]

다이아몬드의 이론은 특히 지식과 문화 확산의 핵심 역할을 지적하는 데 유용하다. 유라시아의 일부였던 서유럽은 지배적 세력이 되기 전에 동양의 자원과 사상, 기술에 쉽게 접근할 수 있었기 때문이다. 비록 처음 있었던 주장은 아니지만 이러한 이론은 신세계 사람들이 서유럽인들에게 왜 그렇게 쉽게 정복당했는지 설명하는 데도 도움이 된다. 그러나 다이아몬드의 광범위한 설명은 불완전하고 지나치게 단순하다. 만약 국가의 크기와 강들의 특성 등 지리가 그렇게 중요했다면 왜 중국은 강을 중심으로 통합된 제국 통치체제를 가졌는데도 그렇게 오랫동안 서유럽보다 훨씬 더 혁신적이고 발전된 상태를 유지했을까? 다이아몬드는 이에 대한 설명을 내놓지 않는다. 그의 이론은 지리·환경 결정론이라는 결함이 있을 뿐 아니라 불완전한 논리에 의존한다. 더 심각한 것은, 그의 이론이 유럽 제국주의와 식민주의가 서구를 나머지 세계보다 앞서게 하는 데 기여한 역할을 회피하고 심지어 변명한다는 점이다.

제국주의와 식민주의의 역할은 대분기에 대한 일부 서구 학자들의 설명에 나타나긴 해도 결코 합당한 수준이 아니다. 한 가지 유명한 이론은 유럽이 아시아에 비해 도약한 것은 1800년 이후의 일이며, 이때 유럽 국가들이 식민지의 해외 자원에 접근하면서 산업화를 촉진했다는 주장이다.[10] 유럽의 기적이 식민주의를 통해 가능해졌다고 인정하는 학자들도 있다.[11] 이처럼 대분기를 설명하는 서구 학자들 사이에 반제국주의적 목소리가 존재한다 해도 매우 드물게 접할 수 있을 뿐이다.

반면 제국주의를 가장 강력하게 부인하며 서구 독자들에게 훨씬 더 큰 영향력을 행사하는 인물은 역사가 니얼 퍼거슨이다.[12] 그는 아시아, 특히 중국은 1750년까지도 유럽, 특히 영국보다 전반적으로 경제적 우위에 있었다고 주장한다. 그는 영국이 1인당 소득 면에서는 중국보다 앞섰다는 사실을 인정하지만 사망률은 여전히 더 높았다고 말한다. 퍼거슨은 유럽이 뒤처져 있었음에도 거의 모든 경제적·기술적 범주에서 중국이나 다른 동양 문명을 추월한 것은 문화, 지리, 행운 또는 날씨와 아무런 관련이 없다고 주장한다. 또한 퍼거슨은 제국주의는 서구가 나머지 세계를 지배하게 된 이유가 아니라고 강조한다.[13] 그는 "제국은 서구가 1500년 이후 한 일 가운데 가장 독창적이지 않았다.[14] 모두가 제국을 만들었다"고 지적한다. 제국은 서구와 동양 모두에 존재했지만 서구는 근대화와 권력으로 나아가는 길에서 동양을 훨씬 앞지를 수 있었다. 왜일까? 퍼거슨은 유럽의 부상이 그가 '킬러 앱killer apps'*이라고 칭하는 여섯 가지 요인 덕분이라고 본다. 즉 경쟁, 과학, 재산권, 의학, 소비 사회, 직업 윤리다.

퍼거슨의 킬러 앱 이론은 면밀히 검토할 필요가 있다. 그가 오늘날 공론의 장에서 영향력 있는 지식인으로 활동하고 있고, 서구의 부상에 대한 유럽 중심적 주류 관점을 대표하기 때문이다. 퍼거슨에 대한 나의 논점은 두 가지 핵심 질문에 집중한다. 첫째, 누가 이러한 킬러 앱들을 가능하게 했는가? 달리 말해 중국, 무슬림, 인도 문명 같은 다른 문명의 지식과 독창성이 이러한 킬러 앱들을 만드는 데 어떤 역할을 했는가? 둘째, 제국주의는 어떤 역할을 했는가? 요컨대, 아시아의 지식 풀을 활용하지 않았다면 그리고 나머지 세계에 대한 식민지화가 없었다면 퍼거슨이 대분기를 이끌었다고 주장하는 킬러 앱들이 나타났을까?

이 질문들에 대한 나의 답변은 2017년 3월 17일 저녁으로 거슬러 올

---

* 본래 시장에 등장하는 즉시 경쟁자를 압도하고 막대한 수익을 올리는 상품이나 서비스를 뜻하는 말로, 여기서는 시대와 문명 발전을 이끈 응용 분야나 기술을 비유적으로 의미한다.

라간다. 그날 나는 베이징 칭화대학교에서 퍼거슨과 그의 킬러 앱 논문에 대한 토론을 벌였다. 당시 우리 둘은 우연히 칭화대학교 초빙교수로 재직 중이었다. 우리는 같은 학생들을 가르쳤지만 서구의 부상에 대해 극적으로 다르게 설명했다. 학생들은 우리 견해의 차이점을 토론에 부쳐 공개적으로 드러내기로 결정했다. 나와 논쟁하면서도 퍼거슨은 매우 우호적이었으나 나의 논지는 직설적이었다. 그의 킬러 앱은 유럽이 동양의 사상을 차용하고 제국주의를 실행하지 않았다면 "점수를 얻는 데 실패했을" 것이다. 즉 유럽은 그토록 강력하거나 효과적이지 못했다는 주장이었다. 퍼거슨의 논문은 이전에도 비판을 받아왔지만 내가 그의 저서 《문명Civilization》에 담긴 정보를 활용해 반박한 것에 사람들은 다소 놀랐을 것이다.[15]

과학과 의학은 유럽에서 발전할 수 있었던 두 가지 킬러 앱으로, 그 발전은 아시아가 구축한 기초에 결정적으로 의존했다. 퍼거슨은 '과학혁명scientific revolution'이라는 용어를 18세기 이후 유럽의 발전을 지칭하는 좁은 의미로 사용하는데 뉴턴 물리학부터 대량생산 기계에 이르기까지 다양한 발명품이 여기에 포함된다. 그런데 유럽뿐 아니라 세계를 근대성의 문턱으로 이끈 동양 문명은 더 넓은 과학 발전도 달성한 바 있다. 여기에는 아랍인이 전파한 인도 숫자, 나침반, 화약, 인쇄기, 종이, 지폐 등 중국의 발명품 그리고 이슬람 세계의 의학 지식, 장거리 항해 기구와 기술, 철강 생산, 풍차와 수차 및 동업 제도, 계약법, 은행업, 신용 등의 상업 혁신이 포함된다. 이들 중 다수는 르네상스 전후 유럽에 전파되었으며, 아랍인과 몽골인들이 중요한 중개자 역할을 했다. 유럽은 뉴턴 물리학, 코페르니쿠스 천문학 개념 그리고 화학, 생물학, 식물학에서의 일련의 발전을 포함해 더욱 극적인 과학적 발전을 시작할 때조차 아시아와 이슬람 세계에서 아이디어를 빌려왔다.[16]

'직업 윤리'라는 개념에 관해서는 유럽이 아시아에서 아무것도 배우지 못했을지 모르지만 이 개념이 서구에 국한된 것이 아님은 분명하다. 아시아에는 나름대로 직업 윤리라는 형태가 있었다. 예를 들어 중국의 유교적 직업 윤리는 자기 절제나 돈을 절약하는 습관 등에서 개신교적 직업윤리와 놀라운 유사점을 보였다. 그런데 이것이 킬러 앱이라면 왜 중국은 유럽보다 앞서 나가지 못했을까?

이제 두 번째 질문으로 넘어가 보자. 제국주의는 유럽의 킬러 앱을 강화하는 데 어떤 역할을 했는가? 다음 표 2가 요약하듯이 특히 경쟁, 재산,

---

표 2 제국주의와 네 가지 킬러 앱

- 경쟁: 경제적·정치적 경쟁은 몇 세기 동안 유럽 및 그 밖의 지역들에서 발생했지만 15세기 이후 유럽 내부 경쟁은 해외 식민지 탐색을 통해 더욱 심화되었다. 아시아에 대한 '향신료 경쟁'과 '아프리카 분할'은 제국주의가 유럽의 킬러 앱 경쟁을 어떻게 강화하고 지속시켰는지 보여주기에 좋은 사례다.

- 재산: 식민지화는 본질적으로 토지와 재산에 관한 것이다. 식민지, 특히 북아메리카 식민지 설립과 함께 재산권이 상당히 강화되었다. 이곳에서 유럽 정착민들은 '토지는 하느님이 주신 자연 공유지의 일부'라는 개념을 새롭고 이기적인 원칙으로 대체함으로써 재산권을 발전시켰다. 식민지 행정관이자 아프리카 노예 무역에 동참한 존 로크 같은 유럽 철학자들의 저술을 바탕으로 한 이러한 사상은 누군가 자신의 노동력으로 토지를 점유한 후에는 그 토지를 공유지에서 분리해 사유재산으로 삼는다는 것을 뜻했다. 유럽 정착민들은 이 같은 방식으로, 재산을 항상 공유물로 여기던 아메리카 원주민에게서 토지를 강탈한 사실을 정당화했다.

- 의학: 식민지는 키니네 같은 약용 자원을 발견할 수 있는 중요한 원천이었고, 새로운 약품을 시험하는 시험장이었으며, 이로써 유럽 제국주의 발전에 기여했다.

- 소비 사회: 인도 면화는 영국 소비자 사회 형성에 기여했다. 인도 면직물 수입 제한은 영국의 '경제 기적' 창조에 기여했다.

의학, 소비 사회라는 네 가지 측면에서 기여했다.

이 네 가지 중 의학과 소비 사회라는 두 가지 항목은 유럽의 부상이 제국주의에 어떻게 편승했는지 가장 명확하게 보여주는 예이다. 퍼거슨 자신의 말에 따르면 의학은 "서구의 가장 놀라운 킬러 앱"이었다.[17] 그 이유는 사망률 감소, 수명 연장, 사회의 활력 증진으로 유럽인들이 나머지 세계를 지배하고 경쟁하게 해주었기 때문이다. 그렇다면 의학 분야에서 가장 중요한 몇몇 발전이 가능했던 이유는 무엇일까? 제국주의가 서구의 부상에 미친 영향을 완강히 부인하는 사람으로서는 아이러니하게도 퍼거슨은 의학 분야에서의 일부 결정적 발전은 유럽의 아시아와 아프리카 진출 없이는 불가능했을 것임을 시사한다. 퍼거슨 스스로가 말했듯이 "아프리카와 아시아는 서양의학의 거대한 실험실이 되었다. 페루에서 발견한 말라리아 예방 효능이 있는 키니네에 대한 연구가 성공을 거두고 더 많은 치료법을 발견함에 따라 서구 제국은 더 멀리 퍼져나갈 수 있었다. 동시에 인간 수명의 연장이라는 최고의 혜택도 퍼져나갔다".[18] 이러한 의학 발전은 어떤 목적과 이익을 위한 것이었을까? 그것은 유럽 정착민들의 생명 보존과 유럽 식민주의의 유지와 발전을 위한 것이었을 뿐 아프리카인들에게 혜택을 주려는 의도가 아니었다. '사회다윈주의social Darwinism'라는 렌즈를 통해 아프리카인들을 "생물학적으로 열등한 데다, 더 발전된 백인 '아리아인'이 수행하는 아프리카 개발에 불편한 장애물"로 여겼기 때문이다.[19]

서구의 부상을 논하며 퍼거슨은 질병에 대해서도 말한다. 하지만 스페인 정복자들이 1518년 카리브해에 위치한 히스파니올라에 도착한 후 아즈텍과 잉카 제국을 포함한 원주민 몇백 만 명이 유럽인들이 가져온 질병으로 인해 죽음에 이르렀음에도 단순히 스쳐 지나가듯 언급할 뿐이다. 유럽 식민지화 이후 몇 년 동안 약 2000만 명 또는 아메리카 대륙 인구의 최대 95퍼센트가 사망했을 것으로 추정된다.[20] 유럽인들이 가져온 일종의 일곱 번째 킬러 앱은 실제로 몇백만 명을 죽이고 생존자들을 정복하도록 도와주었다. 유럽이 앞서 나간 이유에 대한 퍼거슨의 거창한 설명에서 이 부분을 훨씬 강조해야 마땅하다.

소비의 사례는 제국주의가 킬러 앱을 어떻게 만들어냈는지 더욱 놀라운 예시를 제공한다. 대량생산한 비교적 저렴한 소비재를 중심으로 사람들의 삶이 돌아가는 물질주의 사회를 소비 사회라고 정의할 수 있으며, 이는 자본주의 경제의 근간이 된다. 그리고 영국 소비 사회와 영국 산업혁명 출현에 인도산 면직물보다 더 중심적인 역할을 한 품목은 없었다. 영국의 식민지화는 이 과정에서 결정적 역할을 했다.

퍼거슨의 말을 인용하면 "값싼 옷에 대한 거의 무한할 정도로 탄력적인 수요를 특징으로 하는 역동적 소비 사회가 발전하지 않았다면 산업혁명은 영국에서 시작되어 서구 전역으로 확산되지 못했을 것이다".[21] 하지만 이 값싼 옷은 어디서 왔을까? 그 답은 인도다. 퍼거슨은 동인도 회사의 '대규모 인도 직물 수입'이 영국 산업혁명을 촉진했다는 사실을 인정한다.[22]

그러나 영국 식민지 관행은 그 '수입'에 강력한 제약을 두었다. 그리고 이 거래와 관련한 이야기는 결코 아름답지 않다. 17세기, 인도에서 영국으로 면직물 수출이 시작되었을 때 인도 면직물은 영국, 프랑스, 네덜란드 및 기타 유럽 생산자들의 것보다 "품질이 우수하고 더 저렴했다".[23] 다른 직물도 있었으나 면화의 실용성과 다용도성을 능가할 만한 것은 없었다. 양모도 인기가 많았지만 추운 날씨에 더 유용했고, 피부에 직접 닿는 용도보다는 겉옷에 더 적합했다. 게다가 양모는 세탁하거나 햇볕에 말리는 것이 까다로웠다. 유럽인들은 헤로도토스 시대부터 면화가 "양털보다 아름다움과 품질이 뛰어난 털"이라고 생각했다.[24] 실크는 중세나 근대 초기 유럽에서 그만큼 저렴하거나 쉽게 구할 수 없었기 때문에 가난한 사람들은 아마포로 만든 옷에 만족해야 했다. 그러나 아마 줄기는 씨앗이 익기 전에 수확해야 했고, 많은 양의 물에 담가 줄기를 불려야 했기에 시간과 노력이 많이 들었다. 또한 이 과정은 물을 오염시켜 마실 수 없게 만들기도 했다.[25]

영국 시장이 인도 면화를 도입하자 가난한 사람뿐 아니라 상류 사회에도 축복이 되었다. 소설 《로빈슨 크루소Robinson Crusoe》의 작가 대니얼 디포가 불평했듯이 목판 날염 면직물인 인도산 친츠는 "커튼, 쿠션, 의자 그리고 드디어 침대를 비롯한 우리 집, 옷장, 침실로 기어들어 갔다. 한때 양모나 비단으로 만들던 여자들 옷이든 집 안 가구든, 거의 모든 것을 인도와의 무역에서 공급받았다".[26]

초기에는 인도 식민 통치의 선봉에 섰던 영국 동인도 회사가 인도에서 영국으로 면 의류를 수출했다. 그러다 이 인도 상품을 조달하기 위해 영국인들은 동인도 회사나 그 현지 대리인의 통제를 받지 않는 독립적인 인도 상인들에게 폭력을 행사했다. 영국인들은 이 상인들을 채찍질하고, 얼굴에 검은 페인트를 칠하고, 등 뒤에 손을 묶은 채 거리를 행진시켰다.[27] 더욱이 본국에서는 인도 직물을 수입하는 것보다 영국 국내 제조업자들이 제조하면 더 많은 돈을 벌 수 있다고 생각하게 되었다.[28] 이는 역사적 변화로 이어졌다. 면직물 제조업자들을 경쟁에서 보호하고자 영국 정부는 먼저 높은 관세를 부과한 다음 인도 면직물 수입을 대부분 금지했다. 프랑스, 프로이센, 스페인, 플랑드르, 베네치아, 심지어 오스만 제국을 포함한 여타 유럽 국가들도 이러한 제한에 동참했다. 프로이센에서는 인도산 의류의 착용을 금지할 정도로 제한을 확대하기도 했다.[29] 그러나 인도산 면직물과 의류의 교환을 통해서만 아프리카 노예를 조달할 수 있었기 때문에 소위 기니 직물Guinea textiles*에 대해서는 금지 조치의 예외를 인정했다.[30] 인도에서 생산한 이 인디고 염색 면직물은 유럽 노예 상인들이 구매한 후 서아프리카와 카리브해로 재수출하면서 엄청난 인기를 끌었다.

그림 7: 인도 모치 공동체Mochi community**에서 제작한 옷으로, 17세기 후반 영국에서 판매했다.

이러한 보호주의 정책은 영국 경제를 강화했다. 퍼거슨은 면화는 "영국 경제 기적의 왕"이 되었으며, 면직물 수출이 1780년대 중반 영국 총 수

---

* 　주로 인도에서 생산한 후 유럽 상인들이 서아프리카에 가져가서 노예와 교환하는 데 사용한 면직물들로, 아프리카인의 기호에 맞게 디자인하고 염색했다.

** 　가죽 세공과 신발 제작에 종사해 온 인도의 카스트 집단.

출의 6퍼센트에서 1830년대 중반에는 48퍼센트로 증가했다고 썼다.[31] 이와 동시에 완제품 면화 제품의 수출에 의존하던 인도 경제는 큰 타격을 입었고, 직물 산업은 파괴되었다. 스벤 베커트의 《면화 제국Empire of Cotton》에 따르면 벵골에서 영국으로의 면직물 수출액은 1800~1801년 140만 파운드에서 1809~1810년 33만 파운드로 감소했으며, "몇 세기 동안 세계 면직물 시장을 지배했던 인도 직조공들은 급격한 몰락을 겪었다".[32]

요약하면 (영국 동인도 회사와 영국 정부의 활동을 포함한) 식민주의와 영국 산업혁명 그리고 퍼거슨의 킬러 앱 중 하나인 소비 사회의 창조 사이에는 직접적 인과관계가 존재한다.

인도의 맥락에서 보면 영국 제국의 부상과 식민지화 사이에는 또 다른 직접적 연관성이 존재한다. 인도 경제학자 다다바이 나오로지에 따르면 영국은 인도에서 매년 약 2000~3000만 파운드에 상당하는 가치를 빼돌렸다.[33] 어떻게? 영국이 행정부나 점령군 공무원을 고용할 때 그 급여는 영국이나 다른 영국 식민지가 아닌 인도 자체에서 나왔다. 따라서 영국인들이 무역으로 얻은 돈과 더불어 (명목상으로만 독립적이었던 '번왕국'을 통한) 직간접적 세금 징수로 인도에서 얻은 돈을 영국 공무원과 병사들의 급여로 사용했다. 또한 인도 군대는 아프리카에서 중동, 아시아에 이르는 모든 종류의 영국 제국주의 전쟁과 점령을 지원했다. 영국이 세계대전을 두 차례 치르는 동안 인도 병사들은 전투에서 핵심 역할을 했으며, 이 병사들이 없었다면 영국 제국주의를 유지하지 못했을 것이다. 영국은 인도뿐 아니라 전 세계에 인도 군대를 배치하여 제국주의를 방어하고 발전시킬 수 있었다. 프린스턴대학교의 학자 아툴 콜리가 말했듯이 영국은 "한 푼도 내지 않았다".[34] 이는 식민지화가 서구의 부상에 직접적으로 기여한 또 다른 방식이며, 영국이 세계에서 가장 중요한 군사 강국이 되는 데 인도가 어떤 역할을 했는지 보여준다.

인도 경제학자 우차 파트나익의 최근 연구는 식민지 시대 인도에서 영국으로 간 부의 이전 규모를 보여준다. 그녀는 영국 식민주의가 인도에서 가져간 금액, 즉 '유출drain'을 1765~1938년 173년 동안 9조 2000억 파운드로 추정한다. 이러한 유출은 부분적으로는 영국이 인도 피지배자들에게 높은 세금을 부과하고 그 세수로 인도 제품을 수출용으로 구매하는 정책 때문이었다. 이는 영국이 인도 제품을 '공짜'로 얻었음을 의미한다. 이후 영국은 수출로 벌어들인 이익을 금과 은으로 축적하여 영국에 보관한 반면 인도 생산자들에게는 대금을 루피로 지불했다. 인도에서 자행한 착취는 영국 경제에 큰 활력을 주었다. 1780~1820년, 즉 영국 산업화의 주요 기간에 영국이 아시아와 서인도제도를 통틀어 가져간 금액은 영국 GDP의 약 6퍼센트에 달했다. 이는 영국 자체 저축률과 거의 맞먹는 수준이었다.[35]

이 수치들 중 일부는 논쟁의 여지가 있지만 인도 식민지화가 영국이 세계 제국을 유지할 능력을 확보하는 데 결정적이었다는 데는 의문을 가질 수 없다. 1899~1905년 당시 인도 총독이던 커즌 경은 이를 명확하게 밝히며 강조했다. "인도는 제국의 중추다. 영국 본토 바깥에서는 여왕 폐하의 영토 중 어느 한 부분을 잃더라도 제국으로 살아남을 수 있지만 만약 인도를 잃는다면 우리의 태양은 지고 말 것이라고 확신한다."[36] 동시에 영국의 통치는 인도를 정체시키고 가난하게 만들었다. 콜리가 지적하듯이 1947년 인도가 독립한 후 1인당 소득의 연간 성장률은, 1870~1916년 0.2퍼센트에서 1950~2016년 3퍼센트로 급증한 사실은 놀랍지 않다. 영국이 인도의 저축액 중 약 10~20퍼센트를 자국 수요를 충당하기 위해 해외로 유출한 바 있기 때문이다.[37]

이는 유럽의 부상에 대한 퍼거슨의 논문과는 매우 다른 설명이다. 퍼거슨은 유럽 제국주의의 영향력을 명백하게 일축한다. 물론, 퍼거슨이 올바르게 지적하듯이 제국주의는 결코 유럽만의 독창적 관행이 아니다. 그러나 CE 15세기 이후 전 세계적으로 확산된 유럽 제국주의는 노예제도와 함께 진행되었으며, 이는 다시 이전에는 세계가 본 적이 없는 맹렬한 형태로 인종 편견을 부추겼다. 다시 말해 유럽 제국주의는 노예제도 및 인종 차별주의와 결합해 새롭게 부상하는 자본주의적 세계 경제에서 작동했으며, 이는 이전의 어떤 제국의 형태와도 달랐다. 나는 이러한 융합을 퍼거슨의 킬러 앱과 대조되는 서구의 '마법 물약magic potion'이라고 부른다. 킬러 앱은 바로 이 마법 물약 속에서 발효되었다. 마법 물약의 다른 재료들에 대해서는 다음 장들에서 논의하기로 하자. 지금은 이 혼합물의 주요 재료인 제국주의에 초점을 맞출 것이다.

2024년 노벨 경제학상을 공동 수상한 MIT의 대런 애쓰모글루와 사이먼 존슨 그리고 하버드대학교 제임스 로빈슨의 연구는 제국주의가 서구의 부상과 아무런 관련이 없었다는 주장에 직접 도전한다.[38] 그들의 연구는 '대서양 무역상Atlantic Traders'이라고 칭하는 그룹에 초점을 맞추는데 이는 영국, 프랑스, 네덜란드, 스페인, 포르투갈 등 대서양을 통해 신세계, 아프리카, 아시아와 무역했던 주요 제국주의 국가들을 의미한다. 노예무역을 포함한 이러한 경제 활동 덕분에 대서양 무역상들은 유럽의 나머지 지역에 비해 상당한 경제성장을 경험했다. 대서양 무역상들의 GDP는 1500~1820년 두 배로 증가한 반면 서유럽의 나머지 지역은 30퍼센트 미만 증가에 그치는데, 이는 동유럽과 동일한 비율이었다.[39] 이 연구는 또한 대서양 무역국과 내륙 또는 유럽 지중해 연안 국가들 간의 성장률 차이를 보여준다. 연구자들은 "1500~1850년 유럽의 부상은 주로 대서양 연안 유럽과 대서양 항구도시들의 부상이었다"고 결론 내린다.[40]

나아가 이 연구자들은, 이러한 사실들이 "유럽 발전의 기원을 설명하는 이론들, 특히 유럽의 독특한 특성이나 **순수한 내부 동력**에 초점을 맞춘 이론들"에 심각한 의문을 제기한다고 주장한다(강조는 지은이).[41] 퍼거슨의 주장, 즉 유럽의 부상은 제국주의와 아무 관련이 없으며 경쟁, 직업 윤리, 소비 사회 같은 내부 역학에 기반한 유럽 내부의 문제였다는 주장을 떠올려보자.[42] 애쓰모글루, 존슨, 로빈슨의 연구는 제국주의 그리고 무역과 노예제도에서 발생한 이익이 유럽 부상의 핵심이었음을 시사한다.[43]

더욱이 대서양 무역상들이 얻은 이익은 제도상의 차이를 만들어냈고, 이는 남아메리카에 비해 북아메리카가 부상하도록 도왔다. 이것은 퍼거슨의 또 다른 킬러 앱인 재산권의 발전과 관련이 있다. 그의 견해에 따르면 풍부한 자원과 착취 경제를 발전시킬 대규모 원주민 인구를 가진 남아메리카에서의 식민주의는 왕권의 역할을 제한하기 위한 재산권을 필요로 하지 않았다. 그러나 자원과 인구가 부족한 북아메리카에서는 식민주의자들이 왕권을 제한하기 위해 재산권에 의존했고, 결국 이것이 그들을 경제적으로 더 부유하게 만들었다. 재산권은 미국이 대서양 노예 무역과 아메리카 원주민의 토지를 강탈함으로써 얻은 이익을 극대화했다.

식민주의의 역할 또한 서구의 부상이 "칼보다는 말로 더 많이" 이루어졌다는 퍼거슨의 주장에 수긍하기 어렵게 한다.[44] 이 주장은 세계에서 서구의 위치를 발전시키고 유지하는 데 기여한 서구의 군사적 역할을 경시하는 것이다. 실상인즉 식민주의를 서구의 지배와 분리해서 생각할 수는 없으며, 대규모 폭력 없이는 식민주의 자체도 불가능했을 것이다.

이와 관련해 서구의 부상이 식민주의에 앞섰는지, 식민주의를 뒤따랐는지가 쟁점이 된다. 퍼거슨은 서구의 부상을 1500년대로 본다. 그러나 영국 경제학자 앵거스 매디슨은 1820년까지는 중국 GDP가 세계 GDP의 29퍼센트를 차지했으며, 이는 유럽 전체와 맞먹는 수치였다고 추정한다.[45] 아편 전쟁(1839~1842년 및 1856~1860년) 이전에도 중국은 여전히 세계 최고의 경제 대국이었다. 또한 매디슨은 인도와 중국을 합하면 세계 GDP의 45퍼센트를 차지했을 수도 있다고 추정하지만 중국과 인도 어느 쪽도 유럽 열강의 1인당 소득에는 미치지 못했다. 그러나 이것은 유럽이 퍼거슨이 제시하는 기준점인 1500년보다 훨씬 늦은 19세기까지는 지배적이지 않았음을 의미한다.

1800년대의 세상은 무엇이 달라졌을까? 3세기 동안의 유럽 식민주의가 그 결실을 맺었다. 유럽이 진정으로 도약한 기점은 남아메리카에서의 대규모 자원 약탈로 시작된 유럽의 발견 항해와 식민주의가 행해지고 거의 300년 후였다. 아메리카 대륙 발견으로 스페인 사람들은 엄청난 양의 금과 은을 채굴할 수 있었다. 또한 아메리카의 과일과 채소는 유럽 대륙의 굶주림을 해소하는 데 도움이 되었다.

물론 식민주의가 단순히 경제적 힘은 아니었다. 그것은 주로 정치적 힘이었다. 유럽인들이 16세기에 눈에 띄는 규모로 아시아에 처음 도착했을 때 그들은 현지 통치자들과 조약을 맺었다. 처음에 이 조약들은 아편전쟁 이후 영국과 그 밖의 유럽인들이 중국에 강요했던 조약과는 달리 평등조약이었다. 이 초기 조약들은 관세나 세금 등에 대한 대가로 상호 의무와 양보를 수반했다. 그러나 19세기에는 그러한 조약들이 사라졌고, 설령 존재한다고 해도 일방적이거나 불평등한 합의가 되었다. 이를 감안할 때 착취적 식민주의가 19세기 유럽의 부상과 아무 관련이 없다는 주장을 받아들이기는 어렵다.

그렇다면 애초에 유럽의 식민지화에 동기를 부여한 것은 무엇일까? 그리고 무엇이 그것을 지속시켰을까? 흔히 유럽의 기술 발전이 식민지화를 가능하게 했다고 주장한다. 다시 말해 세계를 식민지화한 것은 기술적으로 가능해진 덕분이었다는 뜻이다. 그러나 퍼거슨의 주장과는 달리 이 킬러 앱은 초기 단계에서는 그다지 중요한 역할을 하지 않았다. 예외가 있다면 베스트팔렌 평화조약으로 더욱 치열해진 유럽의 국가 간 경쟁체제일 것이다. 증기선 개발, 자동화된 보병총, 철도, 전신 등 식민지화와 관련된 많은 혁신은 식민지화 과정이 시작된 후인 19세기에 나타났다. 비록 이러한 기술들이 제국주의의 확장과 유지에 중요한 역할을 함으로써 그것을 '쉬운' 일로 만들기는 했어도, 제국주의의 시작이 그러한 것들 때문은 아니었다.[46]

경제적 동기, 특히 인구과잉과 영양부족에 시달리던 유럽이 자원을 찾아 나서야 했던 것은 식민지 탐색 초기의 중요한 이유였음이 틀림없다. 이는 2천 년도 더 전에 그리스인들이 지중해를 식민지화했던 것과 다를 바 없다. 흔히 인용하는 또 다른 동기는 종교로, 기독교를 전파하고 이슬람과 싸우려는 열망이었다. 크리스토퍼 콜럼버스는 스페인 군주에게 자신의 발견 항해를 지원해 달라고 설득하면서, 그가 가져올 금이 무슬림으로부터 성지를 탈환하는 데 결정적일 것이라고 주장했다. 1452년 교황 니콜라오 5세는, 무슬림을 정복하고 노예로 삼으며 그들의 땅과 재산을 몰수할 권한을 포르투갈 국왕에게 부여하는 첫 번째 교황 칙서를 발표했다. 1455년 니콜라오 5세는 포르투갈 발견 항해의 주요 후원자인 항해왕 엔히크 왕자를 그리스도의 병사라고 칭하며, 이교도들을 가톨릭 신앙으로 개종시키려는 그의 열망을 칭찬하는 두 번째 교황 칙서를 발표했다.[47] 그리고 1493년, 교황 알렉산데르 6세의 칙서는 아메리카 대륙은 스페인에게, 아시아를 포함한 동양은 포르투갈에게로 세계를 식민지화할 권리를 분할했다. 이는 1494년 스페인과 포르투갈 간의 토르데시야스 조약으로 공식화되었다.[48] '이교도' 세계로 가서 영혼을 구원하려 했던 수많은 선교사들이 수행한 기독교 전파는 문명화라는 개념 자체와 구별할 수 없었다. 요컨대, "제국 건설 과정에서 선교사들은 상인과 군인만큼이나 중요했다".[49]

　　그런데 종교 개종, 상업적 이익, 금 탐색이 식민주의의 중요한 동기였다고는 해도 제국주의적 확장의 필수 요소인 영토 점령과 통제를 수행한 것은 대부분 상인이나 선교사가 아니었다.

　　유럽 열강들이 평화적 교환을 통해 영토를 획득한 사례도 존재한다. 아마도 가장 유명한 사례는 네덜란드가 영국에 맨해튼을 팔고 현재 인도네시아에 있는 말루쿠, 즉 향신료제도Spice Islands를 받은 것이었는데 당시에는 맨해튼에 말루쿠에 필적할 만한 자원이 없었기에 매우 현명한 거래로 보였다. 1803년의 루이지애나 매입은 미국이 미시시피강 서쪽 82만 8000제곱마일에 달하는 영토를 프랑스로부터 1500만 달러에 인수한 거대한 식민지 강탈 행위였다. 그러한 사례들은 원주민들을 희생시키면서 서구 강대국들에 이익을 안겨주었다. 유럽인들은 자신들이 진출한 세계 대부분의 지역에서 무력으로 영토를 획득했다. 식민지 회사들은 처음에는 협정이나 조약을 체결했을 수도 있지만 그 회사들을 지원했던 그들의 정부는 군사 원정을 감행했다. 그리하여 중국의 경우처럼 치외법권을 확립하거나, 1857년 세포이 반란 이후 인도의 경우처럼 회사들에게 권한을 넘겨받아 직접적 식민 통치를 확립했다.

　　유럽과 서구의 부상에는 많은 요인들이 작용했지만 그 무엇도 제국주의, 특히 아메리카 대륙의 식민지화와 착취보다 중요한 역할을 하지는 못했을 것이다. 유럽은 아메리카 대륙에서 추출한 자원을 대가로 제조품을 공급함으로써 유럽의 산업화를 촉진했다. 이 중 핵심 요소는 남아메리카에서 채굴한 엄청난 양의 은이 태평양을 건너 중국으로 흘러들어 갔다는 점이다. 당시 중국은 은을 화폐로 사용했으며, 다른 지역보다 은의 가치가 훨씬 높아 이윤 창출 기회를 얻었다. 필리핀을 경유하는 중국과의 은괴 무역은 아시아에서 식민지를 만들고 확장할 기회를 가져왔다. 따라서 유럽의 식민지화는 "은괴, 무역, 기회가 자극한 효과"가 이끌어낸 결과였다.[50]

그러나 다음 두 장에서 보듯이 그것은 우월한 군사 기술, 종교적 열정, 질병, 잔혹함의 결과이기도 했다.

제9장 사라진 세계

유럽의 아메리카 대륙 발견과 정복의 역사는 잘 알려져 있으며, 유럽 그리고 콜럼버스의 날Columbus Day을 여전히 기념하는 미국에서 계속 찬양받고 있다. 15세기 이후 아메리카 대륙에 도착한 유럽인들과 중남미 문명 간의 만남은 전 세계적으로 변혁적 사건이었다. 원주민 문명의 관점에서 볼 때 유럽인들은 그 이전 문명 간의 만남과는 비교할 수 없는, 거의 상상도 못 할 정도로 거대한 죽음과 파괴를 가져왔다. 유럽인들의 원주민 사회 정복과 자원 추출은 아시아 및 이슬람의 더 발전한 다른 문명들보다 유럽이 앞서 나가게 한 가장 강력한 힘이었다. 따라서 유럽 제국주의는 전 세계적 범위의 세계질서 구축에 있어 근간이 되었다.

그러나 정복자들을 옹호하는 사람들이나 비판하는 사람들이 쓰는 이 이야기는 종종 핵심 요소를 놓친다. 바로 원주민 사회의 정치 사상 및 통치 방식과 근대 세계질서 출현의 관련성이다. 서구인들은 문화적으로 너무 다르고 지리적으로도 너무 고립되어 있던 콜럼버스 이전 아메리카 대륙의 사람들은 세계질서가 어떻게 만들어지는지에 대한 이해와는 아무 관련성이 없다고 보는 경향이 있다. 그리고 당연하게도 유럽의 전 세계적 확장과 함께 출현할 세계질서에 이들이 어떤 중요한 영향도 미칠 수 없었을 것이라고 생각한다. 하지만 실제로는 콜럼버스 도착 이전의 중남미 문명들은 국가와 제국 그리고 이러한 것들을 정당화하고 통치하는 방식을 발전시켰다. 이는 인간이 지리적으로 멀리 떨어져 있을지라도 정치와 세계질서를 조직하기 위해 동일하지는 않지만 유사한 사상과 제도를 발전시킬 수 있음을 보여준다. 예를 들어 마야는 독립적 도시국가 체제를 조직했고, 아즈텍은 작지만 강력한 조공 제국을, 잉카는 크지만 분권화된 제국을 만들었다. 이들은 세계 다른 지역에서 등장한 질서와 일부 유사한 점이 있었으며, 현대 세계질서가 어떻게 생겨났는지에 대한 우리의 이해를 넓혀준다.

마야

스페인 정복자 에르난 코르테스가 1519년 2월 유카탄반도에 상륙했을 때 마야 문명은 이미 전성기를 지난 후였다. 콜럼버스 도착 이전까지 지속된 아메리카 문명 중에서도 3천 년이 넘는 기간 동안 가장 오래 지속된 마야는 메소아메리카Mesoamerica('메소meso'는 '중간'을 의미하는 그리스어)의 넓은 지역을 다양한 단계에서 아울렀다. 여기에는 현대 멕시코 일부와 과테말라에서 니카라과에 이르는 현대 중앙아메리카 국가들이 포함된다.[1] 마야는 대규모 제국으로 발전하지는 않았지만 대략 CE 3세기 중반부터 10세기 초까지의 '고전' 시대에 정치조직의 발전된 단계에 도달했다. 이 시기 마야는 BCE 1200년으로 거슬러 올라가는 메소아메리카의 가장 오래된 문명인 올메카의 영향을 받았을 가능성이 높다. 올메카는 달력, 구기경기, 상형문자 등 메소아메리카의 주요 혁신을 담당했을 뿐 아니라 외교,

지도 11: 마야의 정치적 중심지들.

동맹, 장거리 무역에 관여하는 이 지역 최초의 정치체제를 만들었다.

고전 시대는 CE 10세기경에 끝났지만 500년 후 스페인인들이 도착했을 때에도 치첸이트사 같은 활기찬 마야 중심지들이 여전히 존재했다. 고대 마야의 《포폴 부Popol Vuh》(공동체 기록)는 과테말라 고원 지대 키체족이 남긴 것으로, 기독교 성직자들이 행한 파괴에서 살아남은 몇 안 되는 문헌 중 하나다. 이 책은 마야의 창조 신화를 담고 있는데 이 신화는 마야의 각기 다른 시대에 다양한 형태의 인간이 살았으며 바람, 물, 불 등 원소의 신의 지배를 받고, 반대되는 원소에 의해 파괴되었음을 시사한다. 《포폴 부》의 세계에 사는 사람들은 옥수수로 만들어졌으며, 신에게 제물을 바칠 수 있는 능력 덕분에 역사상 가장 진보한 민족으로 여겨졌다.[2]

마야의 정치조직과 세계질서의 기본 단위는 넓은 농촌 배후지를 가진 도시 중심지로 구성된 도시국가였다. 이것은 평범한 사람들이 사는 근대적 의미의 도시는 아니었으며, 대부분의 경우 사원, 공공건물, 사제와 관리들의 거주지가 있는 중심지였다. 인근에 사는 평범한 사람들은 장날 도시에 모여 장사를 했다.[3] 고전 시대에는 인구 5000명에서 5만 명 사이인 독립적 도시국가가 40~50개 존재했을 것이다. 이러한 도시국가의 예로는 티칼, 칼라크물, 팔렝케, 와샥툰, 코판, 보남팍, 도스 필라스, 리오 벡이 있다.[4] 민족학자들과 고고학자들은 마야 총인구를 125만에서 1300만 명까지로 다양하게 추정해 왔다. 인류학자들은 9세기 초 메소아메리카의 마야는 세계 역사상 가장 인구밀도가 높았으며, 오늘날의 과테말라 북부 도시 지역인 곳에서는 제곱마일당 1800~2600명, 농촌 지역인 곳에서는 제곱마일당 500~700명에 달했던 것으로 추정한다. 참고로 2000년 로스앤젤레스 카운티의 평균 인구밀도는 제곱 마일당 2345명이었다.[5]

10세기 무렵 남부 저지대의 마야 문명은 붕괴했다. 그 부분적 이유는 전반적인 도시 생활 방식에 더해 대규모 기념물 건설 사업이 생계를

그림 8: 마야 도시 팔렝케의 왕궁.

유지하게 해주던 환경 자원을 꾸준히 고갈시켰기 때문이다. 자원 고갈은 장기간의 가뭄으로 악화되었을 수 있으며, 농업과 식수를 빗물에 의존했던 티칼 같은 일부 마야 국가들에는 특히 치명적이었을 것이다.[6] 마야 국가들 간의 빈번한 전쟁, 약화된 왕조, 불안정해진 경제적·군사적 동맹과 결혼 동맹을 포함한 여러 요인들도 영향을 미쳤다. 이러한 요인들로 인해 안정과 지속성을 보장했을지도 모를 대규모 제국의 건설은 불가능해졌다.[7] 16세기 스페인인들이 도착했을 때쯤에는 마야 도시들은 이미 고도로 도시화된 형태에서 농업 마을로 쇠퇴했고, 한때 존재했던 많은 부분은 열대우림으로 되돌아갔다.[8] 1524년 우타틀란 전투에서 스페인인들에게 키체 마야가 패배한 것이 마야 문명의 종말로 여겨진다.[9]

전반적으로 마야 문명은 유럽에서 베스트팔렌 체제가 등장하기 이전 세계 다른 지역들의 독립 도시국가 체제와 대체로 유사한 특징을 발전시켰다. 마야 국가들은 상비군을 유지하지 않았지만 일부 초기 기록이 제시하듯이 평화를 사랑하는 문화권에 속하지는 않았다. 종교, 권력, 명성을 동기 삼아 비교적 빈번하게 전쟁이 발생했다.[10] 마야 정치체제를 고전 그리스의 도시국가나 르네상스 이탈리아의 도시국가와 비교하는 것은 무리일 수 있지만 이들은 강력한 문화적 정체성을 지녔고, 끊임없이 갈등을 겪었다.[11] 모든 독립국가 체제와 마찬가지로 마야 국가들도 더 강력한 통치자, 즉 '최고 왕over kings'이 약한 국가들로부터 충성과 조공을 받는 위계질서를 발전시켰다.[12]

아즈텍

신세계에서 유럽인들이 제일 먼저 함락시킨 제국인 아즈텍 문명에 대한 가장 통찰력 있는 평가는 그 파괴에 가장 큰 책임이 있는 인물에게서 나왔다. 정복자 에르난 코르테스는 1520년 아즈텍의 수도 테노치티틀란을 점령한 후 스페인 국왕 카를 5세에게 보낸 편지에서 "그들의 생활 방식은 스페인과 거의 같았으며, 조화와 질서도 마찬가지입니다. 그들이 야만인이고, 신과 다른 문명인들에 대한 지식에서 너무나 단절되어 있음을 고려한다면 그들이 모든 면에서 이룬 성취는 감탄할 만합니다"라고 썼다.[13] 코르테스가 부나 영토가 아닌 문명에 대해 이야기하고 있었다는 점을 강조할 필요가 있다. 역사가들은 그가 하층 계급 스페인인이라는 이유로 그의 기록을 일축하지만 이는 오히려 그의 글을 더 신뢰할 만한 좋은 이유가 된다. 그는 멕시코의 관습, 종교, 정부에 대해 자신이 본 것을 해석하기보다는 기록한 것이다. 크리스토퍼 콜럼버스를 비롯한 정복자들은 종종 스페인 왕실을 감동시켜 지원을 얻어내거나 정치적 영향력을 획득하고자 자신들이 발견한 땅의 풍요로움을 과장하기도 했기 때문이다.

코르테스는 아즈텍 문명에 대해 "지성과 이해심이 가득하기에 질서 있고 예의 바르다"라고 칭찬함으로써 레콩키스타Reconquista(스페인이 스페인의 무슬림 통치자들을 물리친 승리)로 이미 문화적 우월감이 굳건해진 스페인 귀족들을 노하게 할 위험을 감수했다.[14] 그의 묘사는 아즈텍인들을 기독교가 구원해야 할 피에 굶주린 원시인 정도로 보는 스페인 사제들의 견해와는 분명히 상반된다. 그런데 사실 아즈텍인들은 거의 보편적인 문해율을 누렸으며, 아마도 그럴 수 있었던 최초의 문명이었고, "[삼국] 동맹의 언어인 고전 나우아틀어classical Nahuatl로 된 그들의 저작물은 고전 그리스어 텍스트로 된 저작물보다 훨씬 더 많다".[15]

아즈텍 제국은 강력하고 문화적으로 뛰어난 문명, 특히 테오티우아칸과 톨텍의 문명을 유산으로 물려받았다. 현재의 멕시코 계곡에 위치했던 테오티우아칸은 당시 세계에서 가장 큰 문명이었을 것이라 추정되지만 어떻게 시작되었는지, 누가 건설했는지 그리고 아마도 BCE 8세기 중반으로 추정되는 시기에 어떻게 끝났는지 확실한 역사는 기록되지 않았다. 마야 문명과 마찬가지로 환경 파괴가 쇠퇴의 핵심 요인으로 의심되지만 건물들에 남은 무분별한 파괴 흔적은 공격이나 반란이 최종 타격이었을 가능성도 시사한다.[16]

톨텍은 테오티우아칸과 유카탄의 마야 도시들이 이전에 존재하던 공간을 차지했다. 톨텍인들은 오늘날의 미국 남부 지역과도 무역을 했을 것으로 보인다. 그러나 그들의 통치는 CE 12세기 중반경에 끝이 났고, 그때 메소아메리카의 마지막 원주민 문명이 등장했다. 이들은 북부에서 온 알려지지 않은 부족인 아즈텍인들이었는데, 톨텍인들은 아즈텍인들의 '원시적' 문화를 조롱하면서도 멕시코 계곡으로 이주하는 것을 용인했다. 전설에 따르면 아즈텍인들은 결국 선인장에 앉은 독수리(신성한 의미를 드러내는 징후)를 본 후 오늘날의 멕시코시티인 습지의 섬에 자신들의 수도를 세웠고, 이곳이 세계의 중심이라고 믿었다. 아즈텍 왕들은 정당성을 얻기 위해 이전 메소아메리카 제국의 직계 후손으로 자처했으며, 톨텍의 예술 스타일을 채택하고 톨텍 혈통이라고 주장함으로써 톨텍의 명성을 활용했다.[17]

아즈텍 제국은 중앙 멕시코의 핵심 지역에서 확장되어 CE 15세기와 16세기 초에 전성기를 맞았다. 전성기에는 멕시코만 연안에서 태평양 그리고 남쪽으로는 오늘날의 과테말라까지 8만 제곱마일 이상을 아울렀다.[18] 이 제국은 작은 도시국가들 몇백 개에 나누어진 50만 명의 사람들로 구성되었다. 이는 '연맹'으로 묘사되는데, 도시국가들은 제국 통치하에서도 정치적 중요성과 상당한 자율성을 유지했으며, 주변 농촌 지역을 통제하고 인근 도시들과의 무역에 참여했다.[19] 아즈텍의 정치 구조에서는 여러 씨족의 원로들로 구성된 회의에서 통치자를 선출했다. 가장 위에는 최고의 군사 및 외교 권한을 행사하는 의장에 해당하는 틀라토아니tlatoani(연설자)가 있었다. 그다음으로 내정을 담당하는 시우아코아틀cihuacoatl(뱀 여인, 아즈텍 신화에서 모성 및 풍요의 상징)이 있었다. 제국은 조공 체계를 통해 기능했으며, 속주에 대한 느슨한 통제를 유지했다. 속주들은 조공 의무를 완전히 이행하는 한 자체적으로 일처리를 할 수 있었다. 속주들은 서로 관련된 가문들의 길드로 구성된 '칼풀리calpulli'를 중심으로 조직되었는데 각 칼풀리에는 족장이 있었고, 이들은 도시국가를 운영하는 시의회 구성원이 되었다. 이 의회들은 귀족이나 군인 중에서 지도자와 일종의 집행위원인 구성원 네 명을 선출했다. 또한 도시들은 자신들만의 사법 기관을 가지고 있었다. 그러면서 시의회들과 그 지도자들은 차례로 제국의 지배

를 받게 되었다.[20]

아즈텍인들은 권력을 확장하면서 1428년 이웃 도시국가 틀라코판 및 텍스코코와 동맹을 맺는다. 삼국 동맹Triple Alliance으로 알려진 이 동맹에 따라 이들은 전쟁을 수행하고 조공을 징수했다.[21] 특히 중요한 것은 아즈텍의 정복을 정당화하는 이념이었다.[22] 이는 우주적 힘들의 지배와 균형에 대한 우주론적 유희에 기반을 두었는데, 모든 지구상의 생명은 우주를 지탱하는 신 오메테오틀Ometeotl의 네 자녀가 표상하는 끊임없이 투쟁하는 우주적 힘들 사이의 균형에 달려 있었다. 이 투쟁은 때때로 불안정한 균형으로 이어졌다. 어느 학자는 이 네 자녀를 "경기장에서 서로를 향해 움직이지 않고 앉아 있는 스모 선수"에 비유하기도 했다.[23] 네 자녀 중 승천한 자는 태양신 위칠로포치틀리Huitzilopochtli 자신이 되거나, 단순히 태양의 움직임을 인도했다고 전해지기도 한다. 어느 경우든 네 자녀 간의 안정은 태양이 빛나고 생명이 유지되도록 했지만 그것이 영구적이지는 않았다. 형제들 사이의 경쟁이 다시 시작될 터이므로 새로운 균형을 찾아야 했다. 형제 간 투쟁에 더해 태양은 달과 별 등 다른 우주적 힘들과도 싸워야 했다. 다시 말해 "어둠에 맞서는 빛"의 끊임없는 경쟁이었으며, "매일의 햇빛은 다음 날 다시 싸워 쟁취해야 하는 승리"였다.[24] 태양이 언젠가 이 싸움에서 질 수도 있다는 끊임없는 두려움이 존재했고, 이는 지구상의 생명을 끝낼 기근과 또 다른 재앙으로 이어질 것이다. 이를 막기 위해서는 태양에 지속적으로 에너지를 공급해야 했다. 그리고 그 에너지는 인간을 희생시킨 피에서 나왔다.[25]

아즈텍의 인신 공양 관행은 유럽인들에게 주목받는, 논란이 매우 많고 뜨겁게 논의되는 주제였다. 이런 관행이 존재했다는 것은 부정할 수 없는 사실이지만 그 규모와 목적은 확실하지 않다. 대중적인 역사가들은 이것이 흔한 일이었고 수많은 희생자를 만들었다고 묘사하면서 그 수치를 아즈텍의 야만성을 부각시키는 데 활용하기도 했다. 예를 들어 역사가 존 M. 로버츠는 이를 '홀로코스트'에 비유했다.[26] BBC가 발표한 어느 추정치에 따르면 아즈텍 제국에서 매년 2만 명이 희생되었고, 특별한 경우에는 그 숫자가 증가했다. 오늘날의 멕시코시티 템플로 마요르에 있던 아즈텍 수도 테노치티틀란에서 1487년에 행한 위칠로포치틀리 신전 봉헌식에서는 약 8만 400명을 인신 공양했다는 추측도 있다.[27]

그런데 아즈텍 인신 공양 수치는 스페인 사제들이 자신들의 종교 개종 계획을 정당화하고 스페인 정복을 지원하기 위해 과장한 것이다. 코르테스는 연간 3000~4000명의 희생자를 추정했는데, 많은 숫자이기는 해도 사제들이 주장한 것보다는 훨씬 적은 수치다.[28] 서구 역사가들은 전형적 이중 잣대를 통해 아즈텍 인신 공양의 야만성을 비난하면서도 다른 문명에서 널리 행해진 잔혹한 관행과 대규모 공개 처형에 대한 언급은 자주 누락한다. 한 예는 로마 콜로세움에서 대중오락용으로 자행한 살해인데, 이를 일종의 인신 공양으로 보는 사람들도 있을 수 있다.[29] 역사가들은 CE 1530~1630년 영국에서 7만 5000명이 처형당했다고 추정하는데, 이는 코르테스가 아즈텍 제국의 희생자로 추정한 사람의 수와 비슷하다.[30] 아즈텍 인신 공양을 그토록 야만적으로 여겼던 스페인 가톨릭 사제들이 가톨릭 신성 로마 제국에서 널리 행한 고문과 말뚝형*으로 인한 죽음은 아무 문제도 없다고 생각했을지 의문이다.

신에게 바칠 포로를 얻는 것은 삼국 동맹이 빈번하게 전쟁을 벌인 주요 이유 중 하나였다. 전쟁은 우주의 균형과 질서 유지에 필요한 악과의 싸움으로 그려졌다. 여기에는 경제적·정치적 이유도 있었다. 예를 들어 아

---

*   뾰족한 말뚝에 사람을 앉히고 오랜 시간 말뚝이 서서히 몸을 관통하여 죽게 만드는 잔혹한 형벌.

즈텍인들은 상인이나 대사가 살해당했을 때, 이웃 도시국가가 아즈텍 상인들의 통행을 거부했을 때, 패배시킨 도시국가가 조공을 거부했을 때도 전쟁을 벌였다. 아즈텍인들은 공격 전 적들에게 경고했는데 그 횟수는 20일 동안 세 번이었으며, 경고를 보낼 때는 무기를 동봉했다.

이 같은 충돌이 발생하는 와중에도 아즈텍인들이 전 지역을 완전히 지배할 수는 없었다. 일부 역사가들은 아즈텍의 조공 징수와 잔혹한 행적 때문에 이웃 국가들이 스페인 침략자들과 손을 잡았다고 주장한다. 일부 이웃 국가들이 조공 체계에 지친 상태이긴 했으나 이 견해는 적어도 과장된 것이다. 아즈텍의 주요 적수인 틀락스칼란족들은 처음에는 스페인인들과 싸웠고, 침략하는 유럽 군대가 우위에 있음을 알아차린 후에야 협력했다.[31]

태양의 움직임에 기반을 둔 아즈텍의 정치적 우주론은 이집트를 비롯한 다른 문명들의 혼돈 대 질서의 이원론과 유사하다. 아즈텍인들은 복종하지 않는 통치자들을 폭력적으로 처벌했지만 그들의 제국주의는 간접 통치에 기반을 두었다. 대부분의 경우 그들은 조공을 바치는 이웃 국가들은 식민지화하지 않았고, 패배한 통치자들이 자신들의 땅을 계속 통치하도록 허용했다.

잉카

잉카인들은 이 장에서 논의된 세 문명 중 가장 마지막으로 함락당했다. 자신들이 안데스에 문명을 가져왔다고 주장하기도 했으나 잉카는 뒤늦게 등장한 문명이었다. 그들 이전에는 티와나쿠 및 와리(스페인어로는 우아리) 문화가 있었는데 후자는 안데스의 가장 초기 제국을 발전시켰으며,

잉카 제국
현대의 국경
0
500마일
0
500킬로미터
남아메리카
키토
아툰 카냐르
토메밤바
툼베스
치키토이 비에호
카하마르카
와누코 팜파
하우하
파차카막
마추픽추
푸카 탐푸
쿠스코
나스카
빌카스 와만
추키토
초케야푸(라파스)
파리아
태평양
피카
투피사
카타르페
틸카라
라파야
푸카라데안다갈라
칠레시토
본 지도의 영역
란치요스
산티아고

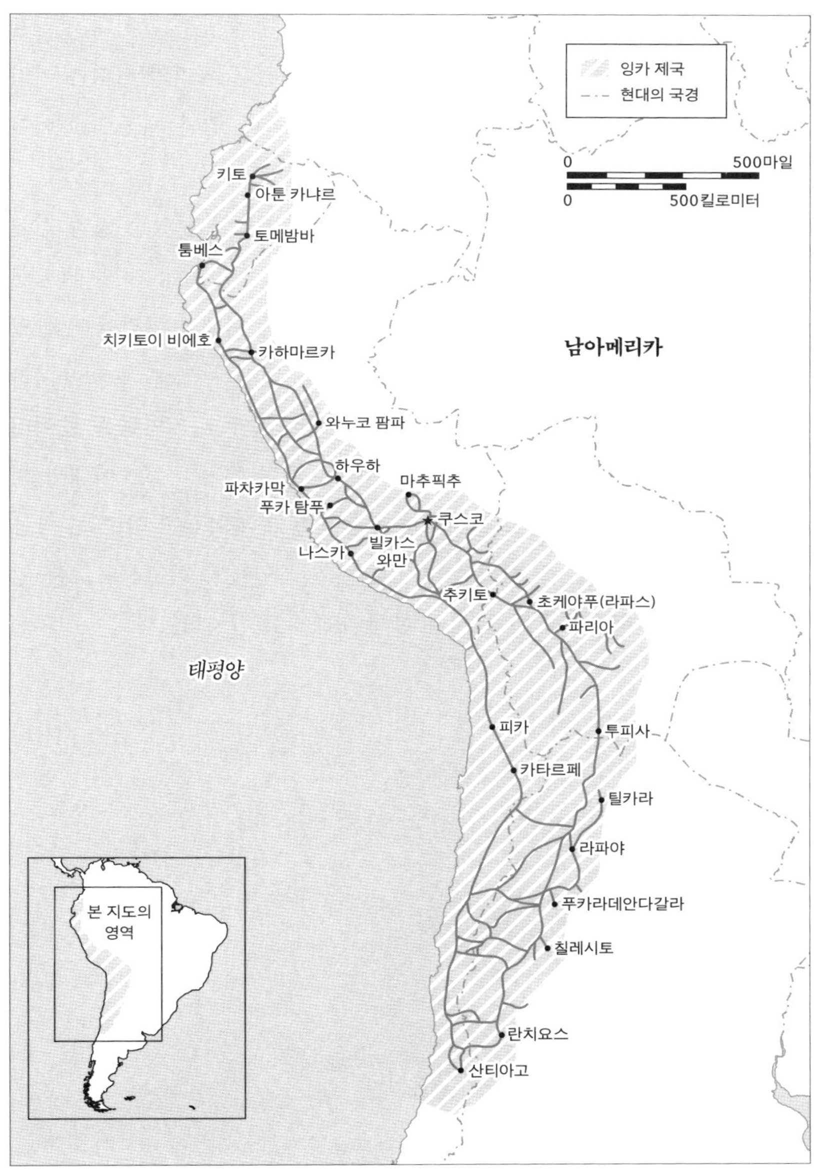

지도 12: 잉카 제국.

쿠스코 그리고 근대 페루의 중남부 해안을 비롯한 중남부 고지대 지역을 정복했다. 그 유명한 잉카 도로 체계의 토대가 되었던 와리의 쇠퇴는 여러 국가 간의 경쟁을 촉발했고, 길고 복잡한 투쟁 끝에 잉카 제국으로 이어졌다.[32]

잉카인들의 기원과 세계관에 대한 단서는 가장 인기 있는 잉카 전설 중 하나에서 찾아볼 수 있다. 비라코차Viracocha('모든 것을 창조하는 자') 신은 빛이 없는 우주를 창조했고, 그곳에는 거인들과 미개한 인간들이 살았다. 비라코차는 갈등을 막기 위한 행동 규칙을 정했다. '교만과 탐욕이라는 악덕'이 혼돈을 일으키자 분노한 신은 거대한 홍수로 거인들을 쓸어버리고 우주에 빛을 주기 위해 달, 태양, 별들을 창조했다.[33] 그는 아내와 형제들, 아들들을 보내 인간을 문명화하여 조화롭고 평화롭게 살고, 수확을 하며, 제국을 건설하도록 했다. 비라코차는 잉카인들의 최고신으로서 잉카 궁정 의식과 축제에서 다음 시와 함께 노래되고 찬양되었다.

비라코차, 우주의 주여,
(…) 따뜻함과 탄생을 주재하는 분,
침 한 방울로도 마법을 행하실 수 있는 분이시여,
어디 계시나이까?
이 아들로부터 숨지 마시옵소서,
그는 위에 있을 수도 있고,
아래에 있을 수도 있고,
하늘에서 빛나고 있을 수도 있습니다,
그의 권좌는 어디에 있나이까,
제 말을 들으소서![34]

잉카 사회와 정치조직의 초보적 모습은 CE 12세기에 나타났지만, 극적 확장은 15세기 초에야 시작되었다. 1526년 스페인 정복자 프란시스코 피사로가 도착하기 전의 100년 동안, 잉카 제국은 아메리카 대륙뿐 아니라 세계에서 가장 큰 제국이 되었다.[35] 1491년에 이 제국의 영토 범위는 명나라, 표트르 대제 치하의 러시아, 오스만 제국, 서아프리카 송가이 제국, 아즈텍이 이끄는 삼국 동맹의 영토를 능가했다.[36] 잉카 제국에 대한 인구 추정치는 다양한데 전성기에는 1300만 명에 달했을 수도 있다.[37] 이 제국은 현재의 콜롬비아에서 칠레까지 남아메리카 서부 해안을 따라 4100킬로미터 넘게 뻗어 있었다.[38] 제국의 정교하고 번화한 도로 체계의 주요 특징은 고지대와 해안에 평행하게 놓인 도로가 두 개씩 있었다는 점이다. 암반 터널 및 덩굴로 지탱하는 현수교를 완비한 도로들이었다. 일부 추정치에 따르면 잉카 도로 체계는 모든 노선과 지선을 포함하여 총 4만 킬로미터에 달했을 수도 있다.[39] 릴레이 메신저 체계는 주요 도로 체계를 따라 하루에 240킬로미터 속도로 메시지를 전달했다. 아이러니하게도 잉카 도로 체계가 너무 잘 발달했다는 사실은 스페인 정복자들에게 유리하게 작용했다.[40]

잉카의 역사는 수많은 논쟁의 대상이 되어왔다. 한편으로는 잉카인들이 문자를 갖고 있지 않았기 때문이고, 또 한편으로는 잉카 제국 정복 후 스페인 역사가들이 자신들의 종교적·정치적 목적을 위해 잉카인들을 편향된 시각으로 묘사했기 때문이다. 이와는 대조적으로 일부 서술은 잉카 문명을 지나치게 찬양한다. 스페인 정복자 아버지와 잉카 공주 사이에서 태어난 역사가 가르실라소 데 라 베가는 잉카인들은 덕 있는 민족이고, 그들의 종교는 정교하며, 정치체제는 고도로 중앙집권적이고 질서 정연했다고 묘사했다. 그는 심지어 잉카 국가를 고대 로마에 비유하기도 했다. 스페인 총독 돈 프란시스코 데 톨레도의 요청으로 씌어진 페드로 사르미엔토 데 감보아의 기록은 매우 다른 견해를 제시한다. 사르미엔토가 16세기 후반에 등장했을 때는 잉카 왕족이 잉카 왕위에 있기는 했으나 스페인의 지배를 받았다. 톨레도는 자신의 권위를 위협한다고 여겨 이른바 신-잉카neo-Incas 정권을 파괴하고자 했기에 그들을 안정적 정부 형태를 발전시키지 못한 불법적 폭군으로 묘사했다.

두 견해 모두 극단적이다. 가르실라소 데 라 베가의 우호적 설명은 너무나 유토피아적으로 보일 수 있다. 톨레도는 잉카 원주민의 권위에 대한 적개심에서 사르미엔토를 직접 선동했으며, 이로 인한 부정적 묘사는 심하게 그리고 명백하게 정치화된 것이었다. 다행히도 마지막 잉카 통치자들을 섬긴 사람들이 쓴 잉카에 대한 또 다른 기록들이 있었고, 이들은 우리에게 중립적이고 객관적인 설명을 제공했다.

19세기 미국의 저명한 역사가이자 1847년 처음 출판된 《페루 정복사 History of the Conquest of Peru》의 저자 윌리엄 히클링 프레스콧은 잉카 정부가 "철저한 전제 정치"였으며, 동시대의 "[자신을 국가로 본] 유럽 전제군주"와 비견할 만하다고 언급했다. 또한 프레스콧은 잉카인들이 평화로운 민족이라는 환상을 품지 않았는데 "그들의 보잘것없는 영토가 강력한 제국으로 점진적으로 확장된 것은 전쟁을 통해"서였기 때문이었다. 그럼에도 잉카인들은 "현명하고 온건한 정책"으로 명성을 얻었고, 덕분에 "인근 부족들을 자신들 지배하에 점차 끌어들였다. 그 부족들이 정의롭고 질서정연한 정부의 이점을 점점 더 확신하게 되었기 때문이다". 그는 또한 잉카인들이 "적대감을 유발하기는커녕" "자신들의 제도가 유익한 본보기로서 효과를 발휘할 때까지 기다릴 줄 알았으며, 덜 문명화된 이웃들이 자신들의 제도가 가져다줄 축복을 확신하고 복종하리라 믿었다"고 주장했다.[41]

프레스콧이 묘사한 바에 따르면 공정한 통치로 명성이 높았던 잉카인들은 독특한 종교적 관용체제에 따라 정복한 사회를 다루었다. 세계 다른 지역의 일부 정복자들, 예를 들어 페르시아인들은 새로운 피지배자들이 자신들의 본래 종교를 따르도록 허용했다. 반면, 몇몇 이슬람 정복자들을 비롯한 일부 정복자들은 그들을 개종시키려 했다. 잉카인들은 중간노선을 택했다. 합병된 땅의 사람들은 잉카 신들을 받아들이고 숭배하면서 잉카 신전과 지배자에게 식량과 땅, 노동력을 제공하는 한 자신들의 종교적 신념을 유지할 수 있었다.[42] 잉카 통치에는 놀랍도록 온화한 몇몇 특징이 있었다. 잉카 왕실의 먼 친척이자 스페인 식민지의 관리였던 펠리페 과만 포마 데 아얄라는 "잉카[통치자], 그의 코야coya[왕비] 또는 주요 영주들에게는 어떤 조공도 바치지 않았다. 이 왕국에서 원주민 남녀는 장군이나 어떤 사람에게도 복종하지 않았다"고 주장했다.[43] 일반인들이 국가나 사원에 공물 또는 세금을 바치는 주된 방법은 자신의 노동력을 제공하는 것이었다. 잉카인들에게는 사람을 법적 재산으로 간주해 소유, 구매, 판매가 가능한 동산 재산으로 취급하는 노예제도가 존재하지 않았다. 잉카 노동자들은 자유인이었으며, 잉카인들은 '아이니ayni'(되돌려주는 행위)와 '미타mit'a'에 기반한 호혜체제를 따랐다. 미타는 잉카 백성들이 현지 족장, 사원 그리고 쿠스코의 제국 지배자들에게 노동력을 제공하고 그 대가로 물품과 행정 서비스를 지원받는 일종의 과세 제도였다.[44]

스페인 정복 당시 잉카 제국의 수장이던 사파 잉카의 권력은 절대적인 것으로 보였지만 항상 그렇지는 않았으며, 그의 권한에는 한계가 있었다. 잉카 제국은 자신들만의 족장, 즉 '위대한 영주들'을 가지고 있는 수많은 민족 집단으로부터 성장했기 때문에 이들을 쉽게 복종시킬 수 없었다. 제국의 창시자 파차쿠티는 다른 족장들을 자신의 통치에 복종시키거나, 더 중요하게는 인프라 건설을 위한 노동력을 제공하도록 만들 권한이 없었으며, 선물과 특혜를 부여할 때만 그렇게 할 수 있었다.

분열 및 잠재적 분열 경향에 대처하고자 잉카인들은 영토 통제와 권위의 정당화를 위한 여러 가지 정치적 혁신을 이루었다. 특히 제국은 분권화된 구조를 발전시켰다. 제국은 북동부(안티), 북서부(친차이), 남동부(콜라), 남서부(콘티)의 네 부분(수유suyu)으로 나뉘어 '사방의 땅'으로 알려졌다. 이는 어느 정도의 지역 자치권을 허용함으로써 억압 없이도 정복한 민족들의 충성심을 확보하는 데 도움이 되었다. 하지만 이를 연방제라고 부르면 과장된 말이다. 제국은 복종하지 않는 현지 족장들을 위협하거나, 자리에서 끌어내리거나, 살해한 후 순종적 족장으로 대체하는 등 다양한 방식으로 '부분'의 자율성에 제한을 가했다. 또한 잉카인들은 정복한 사회를 통제하기 위해 심리적 수단을 사용했다. 예를 들어 잉카인들은 정복한 민족의 주요 우상들을 수도 쿠스코에 가져와 담보로 삼았다. 본국에서 반란이 일어나면 파괴하려는 것이었다.

제국 관리의 또 다른 기법은 정복당한 민족을 이미 잉카 통치하에 있는 영토로 이주시키는 것이었다. 잉카의 문화적·정치적 규범에 익숙한 '오래된' 백성들이 '새로운' 백성들을 사회화시켜 잉카의 권위를 받아들이도록 한다는 가정하에 실시한 정책이다. 이로써 새로이 정복한 지역의 인구가 줄어들어 반란 가능성이 약화되었다. 실제로 이러한 강제이주 체제는 잉카 제국 내 어떤 민족 집단도 경제적 자급자족을 달성하기 어렵게 만들었다.

잉카인들은 전쟁으로 제국을 건설했지만 정복당한 민족의 고통을 덜어주는 특정한 방식으로 공격을 수행했다. 프레스콧은 "거친 주변 부족들의 마음을 누그러뜨리고, 겸손과 친절한 행위로 그들을 감동시키려는 노력"이 실패한 후에야 잉카인들은 "여전히 평화적 성격이 있는 또 다른 수단을 사용했으며, 협상과 회유적 대우 그리고 지도자들에게 건네는 선물을 통해 그들을 자신들의 지배하에 두고자 노력했다. 한마디로, 그들은 제국을 획득하기 위해 가장 문명국의 가장 교활한 정치인이 구사하는 모든 수법을 사용했다. 이러한 모든 수단이 실패했을 때 그들은 전쟁을 준비했다"고 주장한다.[45] 몽골인들도 공격 전 미리 경고했으나 그들의 목적은 공격 대상인 통치자와 사람들의 "마음을 부드럽게 하는" 것이 아니라 항복하면 끔찍한 결과를 피할 수 있음을 상기시키는 것이었다.

이러한 설명은 다소 과장일 수 있지만 가르실라소 데 라 베가의《잉카 왕실 비사 및 페루 일반사Royal Commentaries of the Incas and General History of Peru》에 묘사된 잉카 정복의 포용적 성격과 전반적으로 일치한다. 가르실라소는 일단 공격을 결정하면 공격 대상들에게 미리 경고하고 "한 번, 두 번 또는 세 번"만에 즉시 항복할 것을 요구했다고 주장한다. 전쟁이 발발하고 잉카인들의 승리로 끝나면 상대 족장을 죽이지 않고 그와 자녀들을 잉카 수도로 데려갔으며, 그곳에서 "친절하게 대우하고" 잉카의 "법, 관습, 올바른 언어뿐 아니라 잉카의 의례, 의식, 미신"을 가르쳤다. 더욱이 잉카인들은 패배한 쪽의 "이전의 법률, 자유, 법령"을 복구하고 "잉카 왕들의 온화한 통치"를 확립했다.[46]

내부적으로 잉카 사회는 공동체적이었는데 이 사실은 농업체제에서 가장 잘 드러난다. 경작자들은 먼저 태양의 신전이 소유한 땅을 경작했다. 그다음에는 노화나 질병 때문에 혹은 과부, 고아, 복무 중인 군인이어서 직접 경작할 수 없는 사람들의 땅을 경작했다. 그러고 나서야 경작자들은 자신들의 땅을 경작했다. 심지어 그럴 때조차 "예를 들어 어린 자녀와 가족이 많아 생계에 부담이 큰 경우처럼 상황의 요구에 따라 언제든 이웃을 도와야 할 일반적 의무"가 존재했다. 잉카 통치자의 땅은 맨 마지막에 경작했다.[47]

잉카 제국의 체제는 독특한 측면이 있긴 했으나 세계의 다른 제국들과 유사했으며, 세계질서를 구축하는 몇 가지 유서 깊은 방식들을 포함했다. 이와 관련된 초기의 주요 사례는 정복한 영토 내 모든 종교와 문화에 관용을 보인 아케메네스 페르시아 제국이다. 패배한 통치자들이 권력을 유지하도록 허용하고, 정복한 땅의 사람들을 친절하게 대하는 정책은 카우틸야의 《아르타샤스트라》에 나오는 조언과 유사하다.[48] 피지배 민족에게 지역 자치권을 부여하는 것은 고대 페르시아와 인도, 중세 몽골 또는 근대 영국까지 새로 정복된 땅을 평정하고 거대한 제국을 관리할 때의 흔한 관행이었다. 잉카의 창조 신화는 혼돈과 질서, 어둠과 빛, 공격적 거인과 평화로운 인간을 대조시키는데 이는 이집트, 수메르, 중국, 페르시아, 인도를 포함한 전 세계 통치자 및 제국 건설자들의 정당화 이념과도 유사하다.

도둑질에 의한 세계화

대서양 노예 무역은 일반적으로 1620년대에 포르투갈인들이 첫 번째 노예선을 브라질로 보낸 때부터 시작된 아프리카 노예의 포획 및 아메리카 대륙에서의 노예 수입과 연관된다. 그러나 그것은 적어도 그보다 몇십 년 전 그 반대 방향으로 시작되었다. 신세계의 일부 원주민들이 유럽으로 보내졌는데 이는 구세계와 신세계 간의 만남이 극도로 일방적이었음을 보여주는 한 가지 예에 불과하다. 사실, 전체 역사를 통틀어 한쪽은 죽음, 노예화, 착취 같은 비참한 결과를 겪은 반면에 다른 한쪽은 부의 증가부터 안전하고 건강하고 다양한 식단에 이르기까지 모든 면에서 그토록 압도적 이점을 누린 사례를 찾기는 어려울 것이다.

스페인인들이 아메리카 대륙에서 발견한 것은 종종 그들에게 기쁨에 찬 경탄을 자아내게 하는, 문화와 본성 자체가 노예제도를 비롯한 약탈의 표적이 되기 쉬운 사람들이었다. 크리스토퍼 콜럼버스 스스로도 이를 언급했다. 1493년 2월 신세계로의 첫 항해 후 스페인에 돌아오던 그는 배에서 후원자인 스페인 국왕 부부 페르디난드와 이사벨라에게 편지를 보내어 산살바도르섬 원주민 타이노족에 대한 인상을 전했다.

그는 "그들에게는 철이나 강철, 무기가 없으며 그것을 다룰 줄도 모릅니다. 그들의 몸이 탄탄하지 않거나 체격이 약해서가 아니라 놀라울 정도로 겁이 많아서입니다"라고 했으며, 또한 "소유물을 소박하고 너그럽게 나누어 주며" "마치 마음을 주듯이 많은 사랑을 드러내는 경향이 있습니다"라고 썼다. 이 감동적인 묘사는 스페인 군주들에게 타이노족의 존엄성과 인간성에 대해 설명하기 위해서가 아니라 "명령대로 많은 노예를 실어 나르는 것이 얼마나 쉬울지" 설득하기 위한 것이었다.[49]

또한 정복자들은 성폭행범이었다. 크리스토퍼 콜럼버스는 신세계로의 두 번째 항해 중에 쓴 편지에서 땅을 주는 것뿐 아니라 원주민 여성들을 주는 것으로도 스페인 병사들을 쉽게 모집할 수 있다고 자랑했다. "여자 한 명 몸값이면 농지 한 구획과 마찬가지로 카스테야노castellano[스페인 카스티야 지역 언어를 구사하는 사람] 100명을 쉽게 얻을 수 있는데 이는 매우 일반적이며, 소녀들을 구하러 다니는 상인들도 많습니다. 현재 9~10세 소녀들의 수요가 많고, 모든 연령대에 좋은 가격을 지불해야 합니다."[50] 물론 스페인 식민지 주민들은 현지 여성들과 결혼을 하기도 했는데 프란시스코 피사로가 사망한 잉카 황제 우아이나 카팍의 딸을 취한 것이 대표적인 사례다. 이러한 인종 간 결혼은 현지인들과의 동화를 위한 '자유주의적' 스페인 정책의 예로 간주되었다. 그러나 공정을 기하려면 이른바 그 '동화'라는 것이 얼마나 자발적이었는지 의심해 보아야 한다. 이 같은 결혼은 압도적으로, 남성인 초기 유럽 식민주의자들의 납치와 위협을 통한 강제적 결합이었을 가능성이 크다.

콜럼버스는 병사들에게 여성과 땅을 약속했을 뿐 아니라 스페인 통치자들에게는 "전하들께서 저에게 아주 적은 도움만 주신다면 원하시는 만큼 금을 드리겠습니다"라고 맹세했다. 그는 동양의 엄청난 부를 확보하려는 자신에 대한 그들의 신뢰가 완전히 정당했음을 각인시키고 싶었을 것이다. 콜럼버스는 자신이 발견한 곳이 인도가 아니라는 사실을 아직 완전히 깨닫지 못한 상태였다. 그러나 그는 그 땅이 부유하며, 원주민들은 순수하고 관대하고 속이기 쉽다는 것을 확실히 보여주고 싶었다. 또한 콜럼버스는 아마도 루카얀족이었을 원주민 25명을 노예로 팔기 위해 스페인에 데려갔지만 단 일곱 명만이 항해에서 살아남았다.[51]

스페인의 아메리카 대륙 침략에 관한 이 모든 요소는 유럽의 신대륙 진출이라는 제국주의적 야욕 그리고 당연하게도 그러한 진출이 원주민들에게 미친 파괴적 영향을 보여준다. 유럽인들은 원주민 제국과 민족을 정복하는 데 중요한 세 가지 이점을 갖고 있었다. 첫째, 이미 언급했듯이 유럽인들이 가져온 말라리아, 천연두, 홍역 등 원주민이 방어할 수 없는 전염병은 지도자와 통치자를 포함한 아메리카 문명들의 패배와 몰락에 결정적 역할을 했다. 유럽에서 유래한 질병으로 인한 가장 주목할 만한 희생자로는 스페인에 함락당한 최초의 주요 아메리카 원주민 제국 아즈텍을 들 수 있다. 아즈텍 지도자 몬테수마 2세를 대신하던 귀족은 천연두로 사망했고, 이 질병은 지역 전체에 파괴적 결과를 가져오며 급속히 확산되었다.[52] 잉카 제국의 강력한 통치자 우아이나 카팍은 1525년경 천연두로 사망했으며, 그 후 정복자 피사로는 1533년 11월 기만적 방법으로 제국을 최종 점령했다.

둘째, 우월한 기술, 특히 총은 수적으로 우세한 원주민들에게서 유럽이 승리를 확보하는 데 중요했다. 셋째, 원주민 통치 가문들 사이의 내부 갈등이다. 코르테스와 피사로 등 스페인 정복자들은 이를 최대한 활용했다. 예를 들어 아즈텍에 대항하여 코르테스를 지원한 것은 토토낙족과 틀락스칼란족을 포함한 현지 동맹들이었다. 이들은 공물과 인신 공양에 바칠 사람들을 요구하는 아즈텍인들에게 반감을 품고 있었다. 하지만 코르테스의 승리에 결정적 역할을 한 틀락스칼란족은 일반적으로 알려진 것처럼 그와 기꺼이 한편이 된 것은 아니었다. 몬테수마 2세 황제의 고문들은 스페인인들이 신인지 약탈자인지를 두고 내부적으로 의견이 갈리었다. 스페인인들은 황제의 명령에 따라 도시에 들어선 후 도시에서 축제를 벌이던 아즈텍의 비무장 귀족 몇백 명을 학살했고, 그런 다음 몬테수마 2세를 인질로 잡아 리더십의 공백을 초래했다.

일단 스페인인들이 이러한 이점들을 활용해 원주민들을 정복하자, 그들의 새로운 제국 영토는 유럽으로 막대한 부를 쏟아냈다. 1503~1660년 스페인은 산루카르 데 바라메다 항구의 수입량을 기준으로 남아메리카 식민지에서 금 18만 5000킬로그램, 은 1600만 킬로그램을 가져갔다. 은의 총량은 유럽 기존 비축량의 세 배가 넘었다.[53] 현재의 볼리비아에 위치한 포토시 광산에서는 식민지 기간 동안 은을 약 4만 톤 산출한 것으로 추정된다.[54] 남아메리카에서 얻은 금과 은은 스페인의 유럽 내 전쟁들 및 제국 전쟁들의 자금을 조달하는 데 유용했다. 감자 같은 남아메리카 식물은 유럽의 영양실조를 극복하는 데 쓸모가 있었고, 키니네 같은 약용식물은 말라리아 극복에 도움이 되어 유럽의 식민지 진출을 더욱 촉진했다. 광물, 특히 노예 노동을 통해 획득한 은은 유럽의 파산 방지와 확장 자금에 필요한 부를 제공했다. 이는 이전 시대에 옥타비아누스의 이집트 정복이 로마 제국의 파산을 막고 로마 시민들을 위한 식량 공급에 도움이 되었던 것과 마찬가지다. 우루과이 작가 에두아르도 갈레아노가 "스페인인들이 젖소를 소유했지만 다른 사람들이 우유를 마셨다"고 설명했듯이 서유럽 전체가 약탈의 혜택을 받았다. 은과 금은 독일, 제노바, 플랑드르 및 스페인 은행가 등 스페인 채권자들에게 직접 흘러들어 가 자본 축적이 가능하

게 함으로써 유럽 자본주의를 촉발했다.[55]

이러한 대규모 채굴 과정에서 원주민 노동자 몇십 만 명과 수입한 아프리카 노예들의 생명이 희생되었고, 셀 수 없는 사람들이 불구의 몸이 되었다. 17세기 초, 당시 생산량이 최고조에 달한 포토시 광산에는 강제 노동에 시달리는 원주민 페루인, 아프리카 노예 그리고 그들의 스페인 주인을 포함하여 약 16만 명이 필요했다. 당시 런던, 밀라노, 세비야 인구를 초과하는 규모였다. 포토시의 문장紋章에는 "나는 부유한 포토시, 세계의 보물, 모든 산의 왕이자 왕들에게 시기를 받는 대상이니라"라고 씌어 있었다. 그러나 광부들의 환경은 극도로 열악했다. 광산 내부와 외부의 온도 차이, 채굴에 사용한 수은으로 인한 중독 그리고 유럽 주인들의 잔혹한 대우로 인해 광산은 노동자들에게 죽음의 장소가 되었다. 스페인 기록에 따르면 "월요일에 건강한 인디오 스무 명이 들어가면 토요일에는 절반이 불구가 되어 나올 수 있다". 또 다른 기록에는 포토시로 간 7000명의 그룹 중 "단 2000명 정도만이 돌아오고, 나머지 5000명은 죽거나 포토시 또는 인근 계곡에 머문다. 타고 돌아갈 가축이 없기 때문이다"라고 되어 있다.[56] 원주민들은 동물처럼 사냥당하고 광산에서 강제 노동에 시달려야 했다. 16세기 사제 프라이 로드리고 데 로아이사의 관찰에 따르면 "이 가련한 인디오들은 바다의 정어리 같다. 다른 물고기들이 정어리를 집어삼키기 위해 쫓아다니듯이 이 땅의 모든 사람이 불쌍한 인디오들을 쫓아다닌다".[57]

금과 은이 유럽으로 유입되자 신화가 생겨났고, 제국주의 모험가들의 추가 유입을 촉발했다. 잉카 통치자 아타우알파의 몸값을 방 하나 가득 채운 금과 은(금은 방의 절반을 채우는 양이었다)으로 받아낸 후에도, 프란시스코 피사로와 동료 정복자들은 결국 잉카를 살해했다. 그들은 몸값으로 받은 것을 녹여 22캐럿 금 1만 3000파운드와 그 두 배에 달하는 은으로 만들었다. 약탈한 부에 관한 이 이야기는 통치자들이 금으로 자신을 치장한다는 땅인 엘도라도의 전설을 부채질했고, 유럽 전역의 모험가들을 부추겨 대서양 건너 스스로를 위한 약탈에 나서라고 부추겼다.[58]

유럽 제국주의가 아시아에서 제국들을 쇠퇴시켰다면, 아메리카 대륙에서는 문명 전체를 파괴했다. 유럽의 신세계 정복이 사라진 세계를 탄생시킨 것이다. 하지만 원주민들에게 가한 전면적 파괴는 메소아메리카 역사의 절반에 불과하다. 나머지 절반은 비록 강제적이고 비자발적이긴 해도 새롭게 부상하는 세계질서에 대한 아메리카 대륙의 기여와 관련이 있다. 신세계의 발견은 상업과 세계화 시대를 열었는데, 악명 높은 이탈리아 탐험가의 이름을 따서 이를 '콜럼버스 교환Columbian exchange'이라고 칭하는 사람들도 있다. 그러나 교환exchange은 자발적 쌍방향 거래를 의미하므로, 도둑질theft 또는 약탈loot이라는 용어가 가장 적절한 묘사라 할 수 있을 것이다.

신세계 원주민들이 콜럼버스 교환을 통해 얻은 것은 질병, 죽음 그리고 착취 외에는 거의 없었다. 반면 유럽이 얻은 것은 광대한 경작지, 엄청난 양의 귀금속과 금속을 비롯해 옥수수, 감자, 고구마, 카사바 같은 주식부터 식생활을 풍요롭게 해줄 토마토, 고추, 코코아, 땅콩, 파인애플에 이르기까지 다양한 식량 작물들이다. 이러한 것들은 전 세계 요리와 미각을 변화시켰다. 세계 일부 지역에서는 심지어 신세계 작물인 담배를 화폐로 받아들이기도 했다. 더욱이 아메리카와 카리브해의 비옥한 토지는 유럽 정착민들이 독점적으로 소유한 농장에서 설탕과 커피 생산을 극적으로 증가시켰다. 아프리카에서 수입한 노예와 인도, 인도네시아 등지에서 온 계약 노동자(계약 기간 동안 일한 후에는 자유를 얻는다)들이 이 농장을 경작했다.[59]

감자는 유럽인들이 신세계 발견으로 얻은 엄청난 이득을 보여준다.

프랑스에서 '땅의 사과pomme de terre'라고 칭하는 감자는 유럽에 농업혁명을 일으켰다. 감자는 유럽의 식량 생산성을 높이고, 영양 결핍을 획기적으로 줄였으며, 잦은 흉작과 기근으로부터 사람들을 구했다. 감자 덕분에 유럽은 높은 출생률과 낮은 사망률을 누렸다. 새로운 영양 공급원은 괴혈병, 홍역, 결핵 등의 질병이 끼치는 영향도 완화했기 때문이다. 프로이센 통치자 프리드리히 대왕은 감자를 너무나 소중히 여겼기에 "전장과 감자밭 양쪽 모두에서 기지를 발휘한 업적들로 기억된다"고 한다.[60] 1774년, 백성들이 '맛없는' 덩이줄기라고 생각해 감자 재배를 꺼리자 좌절한 프리드리히는 왕실 감자밭을 만들라고 명령했고, 사람들이 그곳에서 진정 가치 있는 것을 재배한다고 생각할 만큼 엄중히 경비하게 했다. 그러면서 경비병들에게는 사람들이 뇌물을 주고 식물을 훔쳐 자신들의 땅에 심는 것을 눈감아주라고 지시했다.

감자는 유럽인들을 굶주림에서 구했고, 남아메리카에서 온 고추, 토마토, 코코아 같은 여러 농산물들은 유럽과 세계의 미각을 향상시켰다. 그러나 은 추출부터 담배와 설탕 등 수익성 있는 환금작물의 재배를 위한 원주민 토지의 강탈에 이르기까지 다른 대부분의 측면에서 유럽이 아메리카 대륙에 미친 영향은 무역의 세계화라기보다는 도둑질의 세계화에 가까웠다.

두 대양 연결하기

유럽의 아메리카 식민지화의 영향은 대서양 지역에만 국한되지 않았다. 마닐라 갈레온선의 예시는 태평양 또한 유럽이 주도하는 전 세계적 제국질서에 편입되었음을 보여준다. 마닐라 갈레온선은 1565년부터 1815년까지 250년 동안 멕시코 아카풀코와 스페인의 식민지였던 필리핀제도의 주요 항구인 마닐라 사이의 태평양 항해에 이용한 약 2000톤 규모의 스페인 범선이었다. 남아메리카 스페인 영토에서 채굴한 모든 은과 금의 3분의 1을 갈레온선에 실어 마닐라로 운반했는데, 구 잉카 제국에서 주로 추출한 금속을 멕시코에서 주조한 페소 은화도 여기에 포함되었다.[61] 선박은 은 총 75톤을 매년 마닐라로 운반했고 중국 비단과 화약, 인도 면화, 동남아시아 향신료, 일본 병풍과 도자기 등 다양한 아시아 상품을 싣고 멕시코로 돌아왔다.[62]

4층 갑판으로 이루어진 갈레온선들은 매우 거대한 규모였으나 항해는 불안정할 때가 많았다. 해적과 자연재해, 험난한 경로로 인해 이러한 무역이 이루어진 기간 동안 약 100척가량 되는 배가 침몰했다. 그러나 일부 추정치에 따르면 이윤 마진이 100퍼센트에서 300퍼센트에 달할 정도로 워낙 높았기 때문에 손실을 무릅쓰고 항해는 끊임없이 계속되었다.

이 거대한 무역은 인도양, 실크로드, 이슬람 세계에 뿌려진 세계화의 씨앗을 바탕으로 그 범위를 확장했다. 그리고 그것은 승자와 패자를 만들어냈다. 태평양을 가로지르는 양방향 무역은 스페인 식민지였던 필리핀과 전체 스페인 제국의 경제적 생존력에 핵심 역할을 했다. 아카풀코에서 하역한 아시아 상품 중 '왕의 5분의 1'로 알려진 20퍼센트는 멕시코 육로를 거친 후 대서양을 횡단해 스페인으로 운송되었다. 이런 의미에서 마닐라 갈레온선은 진정한 글로벌 무역 네트워크의 일부였다. 이전에는 상품을 주로 실크로드를 통해 중국과 유럽 사이에서 운송했다. 이제 무역은 여전히 세계 경제 대국인 중국과 떠오르는 무역 강국인 유럽을 연결했지만 이전에는 글로벌 네트워크의 일부가 아니던 새로이 발견한 아메리카 대륙을 포함하게 되었다.

이러한 상업 활동의 중심은 스페인이었지만 결국 중국 경제 위기의

한 요인이 되었고, 이로 인해 유럽에 비해 중국이 상대적으로 쇠퇴하는 데 작용했다. 명나라 시대(1368~1644년)에 중국은 지폐 사용을 은본위제로 전환했고 세계 인구 4분의 1을 차지하는 중국에서는 국내 은 수요가 엄청나게 증가했다. 그러나 남아메리카에서 막대한 은이 생산되고 마닐라 갈레온선 무역을 통해 중국으로 은이 유입되면서 은의 가치가 하락했다. 그 결과 인플레이션이 발생해 17세기 중반 중국 경제에 큰 혼란을 야기했다. 은의 전 세계적 가치 하락은 또한 신세계의 은 통제에 힘입어 강대국으로 부상할 수 있었던 스페인에도 강력한 타격을 주었다.

마닐라 갈레온선은 19세기 초에 중단되었지만 이들 선단들은 이미 쇠퇴하던 중이었다. 스페인의 부르봉 통치자들이 18세기 중반 경쟁하는 형태의 태평양 횡단 운송을 허용했기 때문이다. 마닐라 갈레온선의 종말은 더 이상 은과 스페인이 아닌 유럽, 아메리카, 아프리카 간의 삼각경제 체제를 기반으로 한 유럽 부상의 새로운 단계를 알렸다. 이 삼각경제 체제에서는 아메리카에서 온 원자재와 환금작물을 유럽으로 보내어 소비와 산업 생산에 이용했다. 이 무역은 아프리카 엘리트들에게 판매하는 제품을 위한 자본과 제조 활동을 창출했다. 이후 아프리카는 신세계의 성장하는 플랜테이션 경제에 필요한 노예의 주요 공급원이 되었다. 기독교 유럽인들을 노예로 삼는 것은 금지되었고, 아메리카 원주민들은 수요를 충족시키기에는 너무 적거나 반항적이었기 때문이다. 이 새롭고 지배적인 삼각경제 체제의 주요 희생자는 아프리카였다.

제10장 아프리카, 중단되다

CE 1324년, 말리의 만사mansa(통치자)였던 무사는 메카로 성지순례를 떠나면서 너무 많은 금을 사용해 중동 전역의 금값을 폭락시킴으로써 전 세계적으로 유명해졌다. 아마도 사하라 이남 아프리카인 중 최초의 유명인이었을 것이다.[1] 이로 인해 무사는 1375년의 〈카탈루냐 아틀라스〉에 커다란 금덩이를 든 모습으로 기록되었다. 이것은 중세 시대의 가장 유명한 지도 중 하나다. 역사가들은 무사의 순례를 식민지 이전 아프리카의 영광과 풍요를 보여주는 예시로 자주 언급해 왔다.

설령 카이로에 금을 뿌리는 것보다 더 중요하고 인상적인 일을 한 아프리카 통치자가 있다 해도 만사 무사만큼 명성을 누리지는 못했을 것이다. 그 시대의 다른 통치자로는 만사 무사의 증조부 또는 종조부로서 말리 제국을 건국한 순디아타 케이타가 있다. 1235년 사자 왕자로 알려진 젊은 순디아타는 말링케 전사들을 이끌고 그때까지 말리를 통치하던 가나의 수만구루 왕을 물리쳤다. 순디아타가 처음으로 한 일은 귀족회의에서 〈쿠루칸 푸가Kouroukan Fouga〉(문자 그대로 '화강암 바위 위의 개간지'라는 뜻이며, 선포한 장소의 이름을 따서 명명했다) 또는 〈만뎅헌장〉으로 알려진 일련의 규칙을 선포한 것이다. 이 원칙들은 구두로 전해졌지만 제국 내 사회, 경제, 정치 생활 및 통치를 위한 규칙을 명시한 국가 헌장의 특징을 가지고 있었다. 이는 그 당시 혹은 어느 시대와 비교해도 놀라울 만큼 진보적 문서였다. 유네스코가 요약한 내용에 따르면 그 조항들 중에는 "다양성 속의 사회 평화, 인간의 불가침성, 교육, 조국의 통합, 식량 안보, 약탈(또는 습격)을 통한 노예제도 폐지, 표현 및 무역의 자유"가 있다.[2] 다음은 〈만뎅헌장〉에서 발췌한 내용이다.

- 모든 사람은 생명과 신체를 온존히 보존할 권리가 있다. 따라서 타인의 생명을 빼앗으려 어떤 시도를 하더라도 사형에 처한다.
- 여성은 일상적 활동 외에도 우리의 모든 통치에 참여해야 한다.
- 노예를 학대해서는 안 된다. 일주일에 하루는 쉬게 하고, 합당한 시간에 일을 마치는 것을 허용해야 한다.
- 외국인에게는 결코 잘못을 저질러서는 안 된다.
- 재산을 취득하는 다섯 가지 방법은 구매, 증여, 교환, 노동, 상속이다. 납득할 만한 증거가 없는 다른 형태의 취득은 의심스러운 것으로 보아야 한다.
- 덤불에 불을 지르기 전에는 땅을 보지 말고 나무 꼭대기 방향으로 고개를 들어 열매나 꽃이 달려 있지는 않은지 확인해야 한다.[3]

〈만뎅헌장〉은 13세기 초에 선포되었는데, 이는 훨씬 더 유명한 영국의 〈마그나 카르타〉와 거의 같은 시기였다. 주목할 점은 〈마그나 카르타〉는 생명과 재산의 신성함을 인정하면서도 그 바탕에는 통치자에 대한 특권 귀족들의 폭력적 위협이 깔려 있었다는 점이다. 이와 대조적으로 〈만뎅헌장〉은 통치자가 지지하는 원칙들이 사회적 결속을 강화하고, 도덕적

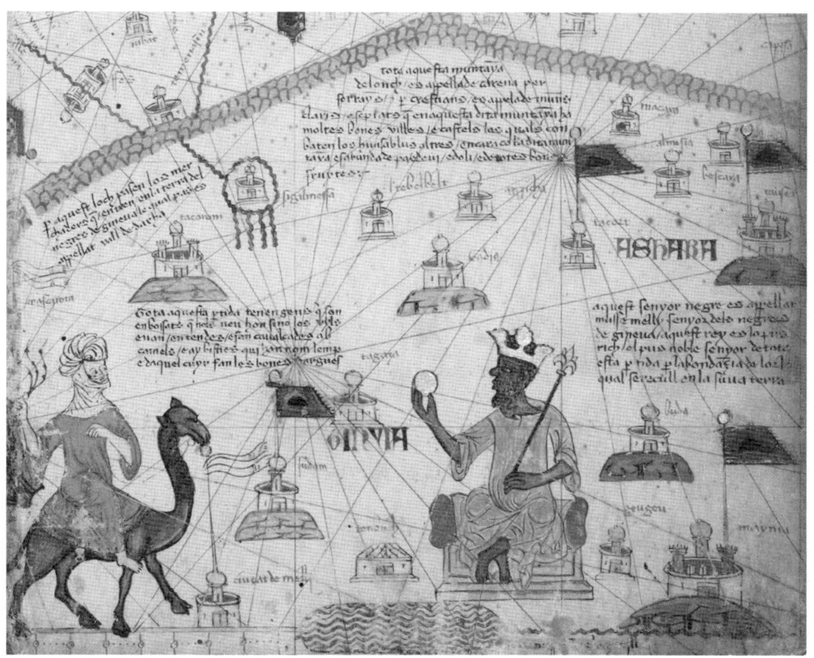

그림 9: 〈카탈루냐 아틀라스〉(1375년)가 묘사하는 말리 제국의 황제 만사 무사.

이고 효과적인 통치의 틀을 확립한다는 깨달음에 기반을 두었다. 그리고 〈마그나 카르타〉와는 달리 〈만뎅헌장〉은 교황이라는 상위 권위가 신속하게 무효화할 수 없었다.

생명과 재산에 대한 존중 같은 아프리카의 이상은 오늘날의 기준으로 보아도 진보적일 수 있지만 서구의 주요 지식인들에게는 깊은 인상을 주지 못했다. 아프리카 문명에 대한 가장 광범위한 폄하는 게오르크 빌헬름 프리드리히 헤겔에게서 나왔다. 그는 1837년, 아프리카는 "세계의 역사적 일부가 아니며, 보여줄 만한 어떤 운동이나 발전도 존재하지 않는다. 아프리카 북부 지역 내부의 역사적 움직임은 아시아 또는 유럽 세계에 속한다. 이집트는 아프리카 정신에 속하지 않는 곳이다. 우리가 아프리카라고

제대로 이해하는 것은 비역사적이고 미발달한 정신으로, 아직 세계사의 문턱에 머물러 있다"고 썼다.[4]

영향력 있는 현대 작가들도 헤겔의 견해를 지지해 왔다. 새뮤얼 헌팅턴은 냉전 종식 후 전 세계적 반향을 일으킨 '문명 충돌'에 관한 이론에서 아프리카를 단지 "가능성 있는" 문명으로만 보았는데, "대부분의 주요 문명 학자들은 (…) 뚜렷하게 아프리카 문명을 인정하지 않기" 때문이라고 했다. 물론 이들 "주요 문명 학자들"은 대부분 서구의 백인 학자들이다.[5] 키신저는 2014년에 집필한 세계질서의 역사에서 단순하게 아프리카를 누락시켰다. 니얼 퍼거슨도 아프리카가 문명에 기여한 바를 거의 언급하지 않는다. 그의 서술은 아프리카를 주로 "서양의학의 거대한 실험실"로만 여기며, 유럽 식민주의자들이 말라리아 및 여타 질병 치료법을 실험하고 식민지화를 더욱 진전시키는 역할을 한 장소로 보았다.[6] 이들 학자 중 누구도 아프리카가 이 지구상에서 인류의 기원과 확산에 기여한 역할이나 '인류의 개척자'로서 했던 역할을 위대한 문명의 성취로 인정하지 않는다.[7] 그리고 세계질서에 대한 글을 써온 서구 작가들은 아프리카 통치자나 사회가 자신들의 정치체제와 제국을 어떻게 관리했으며, 근대 세계질서가 그들에게 어떤 빚을 지고 있는지 상대적으로 거의 언급하지 않았다.

아프리카 제국의 규모나 웅장함이 인정받는 경우에도 외국의 영향 덕분이라는 평가를 받을 때가 많다. 프랑스 역사가 페르낭 브로델은 아프리카 제국들이 사하라 국경이나 동아프리카 인도양 연안에 위치했다는 점을 지적하며, 이 제국들은 "규칙이라기보다는 예외"였으며, "외부 세계와의 접촉", 특히 이슬람교뿐 아니라 기독교 덕분에 가능했다고 주장한다.[8] 이 같은 브로델의 주장은 과장된 것이다. 가나와 말리는 이슬람 이전 단계에도 이미 제국주의 국가의 원형이었다. 이슬람교는 중요하긴 했어도 처음에는 도구적 수단이었다. 이 제국들은 자신들의 토착 종교 및 문화적 신념보다 우월해서가 아니라 15세기 동남아시아의 믈라카가 그랬듯이 아랍인들과 여러 이슬람 상인들이 보여주는 경제적 기회 때문에 이슬람교를 받아들였다. 아프리카에서 이슬람교는 아프리카의 기존 신념이나 정치체제를 소멸시키기보다는 토착 전통과 함께 살고 이를 수용했다.[9] 아프리카 사회는 대부분 이슬람화되기보다는 아프리카적 성격을 유지했으며 문화, 정치, 통치 방식에서 아랍 문화권과는 뚜렷이 구별되었다. 순디아타 케이타는 이슬람교로 개종했을 수도, 아닐 수도 있지만 전통적 신념과 숭배를 유지하면서도 이슬람교에 관용적 태도를 보였고 이는 그의 제국을 안정시키는 데 유용했다.

페르시아 현자 마니는 오늘날의 에리트레아와 에티오피아 북부에 있던 부유하고 고도로 발달한 악숨 왕국을 중국, 로마, 페르시아와 더불어 CE 3세기의 4대 강대국 가운데 하나로 인정한 바 있다. 이 악숨의 부상 역시 사하라 이남 아프리카에 기독교가 전래된 덕분이라고 간주될 때가 많다. 그러나 악숨은 그 이전에 이미 이집트와 서인도양 사이의 무역 거점이었고, 상인들이 전파한 기독교의 도래는 아마도 악숨의 추가적 부상을 촉진했을 것이다. 이러한 패턴은 전혀 독특한 것이 아니다. 동인도양에서는 정복자나 사제가 아닌 상인들이 인도에서 동남아시아로 힌두교와 불교를 전파했으며, 그보다 뒤늦게 전파된 이슬람교를 포함해 이 과정에서 수입된 종교들은 토착 전통과 관행에 접목되었다.

요컨대, 아프리카 제국의 본질과 발전은 외국 종교나 정치적 영향보다는 현지 자원 및 지도력과 더 관련이 있었다. 아프리카에서는, 전 세계 다른 많은 사회에서와 마찬가지로, 유입된 외국의 세계관과 종교는 기존 문화와 융합되었다. 실제로 많은 아프리카 정치체제와 제국은 토착 사상의 산물이었다. 아프리카 통치자들은 군사 정복뿐 아니라 왕이 죽은 통치자들의 영혼과 연결되어 있다는 토착 종교적 신념을 통해 넓은 영토를 통제했다.

아프리카의 업적을 외국의 영향으로 돌리는 사고방식은 다른 분야로도 확장된다. 예를 들어 포르투갈인들이 아프리카에 철을 전했다는 유럽인들의 생각은 오해다. 사실 아프리카 역시 BCE 3000년경 철 야금술이 등장한 곳이며, 대장장이들은 별도의 높은 사회 계층으로 대우받았다. 사하라 이남 아프리카는 철기 시대라는 이름으로 칭하는 그 시대에 핵심적이던 철기 제작 기술의 주요 수출국이었다.[10]

억만장자 사업가 일론 머스크는 2020년, 이집트 피라미드를 외계인이 건설했다는 트윗을 올렸다.[11] 한 세기 반 전, 유럽 방문객들은 아프리카의 또 다른 기념물, 즉 11세기부터 16세기까지 존속한 무역도시 그레이트 짐바브웨의 석조 건축물들을 다른 누군가가 만들었다고 생각했다. 1871년 이 지역을 방문한 독일 탐험가 카를 마우흐는 "문명화된 민족이 한때 그곳에 살았을 것"이라고 썼다. 그로부터 10년도 지나지 않아 제국주의 사업가 세실 로즈(로즈 장학금*이라는 이름이 여기서 유래했다)는 주변 지역 광물의 통제권을 얻고자 그레이트 짐바브웨를 방문했고, 부하들을 통해 현지 족장들에게 자신의 여행 목적이 "한때 백인들에게 속했던 고대 사원을 보러 온 것"이라고 전했다.[12] 영국 언론인 리처드 니클린 홀은 1902년 로즈 회사**에서 이 지역을 보존하는 일을 맡게 되었다. 그는 "카피르 Kaffir[아프리카 무슬림] 점령으로 인한 오물과 폐허" 아래에서 백인 건축자들의 흔적을 찾기 위해 이 장소를 광범위하게 파헤쳐 심각한 피해를 입혔다.[13]

---

*   영국인 세실 로즈의 유언에 따라 각국 인재들의 옥스퍼드대학교 유학을 지원하는 장학금.

**   남아프리카와 중부 아프리카 식민지 개발, 다이아몬드 채굴 사업 등 세실 로즈가 설립하고 이끌었던 주요 기업을 가리킨다.

다시 말해 초기 유럽 탐험가들에게나 후기 문명사 연대기 작성자들에게나 아프리카는 여전히 암흑대륙으로 남아 있으며, 문명과 세계질서의 진화에서 보이지 않는 존재다. 아프리카 관련 서구 작가들은 코넬대학교 아프리카 학자 올루페미 타이워가 말하는 "아프리카의 거의 완전한 소거, 그 사회적·정치적·문화적 삶 그리고 그 지적 기여의 삭제"를 확실하게 해 왔다. 유럽 제국주의 이전의 아프리카 역사는 무시하거나 일축한 반면 그 현대사는 "유럽 지배의 장 또는 해상 제국과 글로벌 네트워크의 출현이라는 드라마의 부차적 사건"으로 간주해 왔다.[14]

많은 작가들이 아프리카가 왜 서구 또는 유라시아 전체에 '뒤처졌는지'에 대한 설명을 제시해 왔다. 그중 하나는 8장에서 논의한 재레드 다이아몬드의 지리 결정론으로, 남북 방향으로 뻗은 아프리카의 위치가 농업 혁신과 길들인 동식물의 확산을 막았고, 이는 다시 아프리카에서 대규모 제국을 유지하는 데 필요한 농업 잉여의 생산을 방해했다는 것이다. 도자기에서 인쇄술에 이르기까지 외국의 기술도 같은 이유로 아프리카에 늦게 도달했다는 주장이다.

그러나 지리라는 요소가 아프리카에 대한 유럽 지배의 유일한 또는 심지어 주된 설명이 될 수는 없다. 중앙아메리카와 남아메리카의 남북 축은, 비록 이들이 아프리카보다 유라시아 및 나머지 세계로부터 훨씬 더 고립되어 있었음에도 잉카와 아즈텍 같은 대규모 제국의 발전을 막지 못했다. 제국은 문명 일반과 마찬가지로 서로 독립적으로 성장할 수 있으며, 상호작용과 연결을 통해서도 성장이 가능했다.

또 다른 작가들은 아프리카가 너무나 작은 문화적 영역으로 나뉘어 있어서 공통의 세계관을 발전시키지 못했으며, 유럽의 베스트팔렌 모델에 근접하는 '강력한' 국가를 발전시키지 못했음을 강조한다.[15] 이러한 견해에 따르면 아프리카에서는 사람들이 어떤 중앙 집중식 정치 실체보다는 가족과 씨족에게 주된 충성심을 바친다고 주장한다.[16] 이 같은 관점에서 아프리카는 국제법상 국가로 인정받기는 해도 국경을 통제하고 주권을 행사하는 것이 거의 불가능한 '유사국가quasi-states'라는 개념으로 발전되었다.[17]

그러나 역사적 진실은, 헤겔에서 헌팅턴에 이르는 사상가들이 믿어왔던 것과는 달리 문명은 아시아에 이어 세계에서 두 번째로 큰 대륙이자 유럽보다 세 배나 큰 아프리카를 비켜가지 않았다는 것이다. 사실, 아프리카가 문명의 역사에서 자리를 빼앗긴 주요 이유 중 하나는 서구의 편견과 인종차별주의에 있다. 재레드 다이아몬드식으로 지리와 환경 문제에 초점을 맞추다 보면 유럽의 약탈적 착취, 영토 분할 그리고 아프리카의 문화와 기여를 경시하는 것에 따른 영향과 후유증을 간과하게 만든다.

아이러니하게도 아프리카와 관련해 동정적이고 인종차별을 반대하는 글들이 세계질서에서 아프리카가 해온 역할을 과소평가하는 데 기여했다. 이러한 글들은 아프리카의 역사적 위치를 주로 희생자로 기록했으며, 개척자이자 창조자로는 거의 기술하지 않았다. 아프리카는 분명 대서양 노예 무역과 유럽 열강 제국주의의 희생자였다. 그러나 아프리카의 희생자 역할에 대한 집착은 유럽 식민주의자들이 도착하기 전 아프리카가 정치, 통치, 국가 간 관계 관리, 세계질서 구축에서 이룬 업적을 가려왔다. 게다가 아프리카는 심지어 희생자로서도 근대성과 세계질서에 강력하게 기여했다.

이러한 견해에 반하여, 나는 아프리카의 세계질서와 세계 문명에 대한 기여를 세 가지 영역에서 논의하고자 한다. 첫째는 국가체제와 관련이 있다. 나는 아프리카 역사에서 제국적 전통이 부족하다는 주장이 과장되었으며, 규모는 문명과 세계질서 구축에 있어 실제로 결정적이지 않다는 사실을 보여주고자 한다. 아프리카의 두 번째 기여는 그들의 세계관이다.

이는 자연과 사람 사이의 관계를 포함해 사회가 어떻게 조직되고 관리되어야 하는지에 관한 집단적 신념이다. 세 번째 기여는 아프리카 내부의 상호작용, 특히 무역이다. 이는 작은 제국과 느슨한 정치체제가 가졌던 영향을 상쇄하는 데 중요했을 뿐 아니라 현대 세계질서 구축에 있어 대륙을 넘어선 아프리카의 역할 형성에도 중요한 것이었다.

규모가 중요한가?

제국은 문명을 창조하거나 세계질서를 구축하는 데 필수적이거나 충분한 조건이 아니다. 수메르와 그리스 도시국가의 사례가 보여주듯이 작은 규모는 문명을 약화시키는 것이 아니라 오히려 독특한 정치적·경제적 혁신을 촉진할 수 있으며, 이는 세계질서의 진화 과정에서 필수 요소로 작용해 왔다. 영국 제국도 처음에는 작고 약한 국가였다.

아프리카는 역사적으로 규모와 구조 면에서 다양한 정치체제를 가졌으며, 그들 모두가 작았던 것은 아니다.[18] 규모는 지역마다 달랐다. 말리 제국과 송가이 제국이 위치했던 사헬 지역이나 에티오피아 주변보다는 대서양 연안 지역에 작은 규모의 체제가 더 흔했다. 어느 추정에 따르면 대서양 연안에 있는 아프리카의 평균적 국가는 600제곱마일 미만의 영토를 통제했으며, 인구는 2만~3만 명이었다.[19] 그러나 순디아타가 세우고 만사 무사 통치하(CE 1312~1337년)에 전성기를 맞았던 제국은 서유럽보다 넓은 지역을 아울렀다. 또한 서아프리카 제국들은 학자를 초대하고 교육 기관을 설립하는 등 문화 및 교육의 주요 중심지였다. 15세기 팀북투에는 주요 이슬람 대학교가 있었다. 그리고 그들은 완벽하게 제국다운 방식으로 행동했다. 아랍 역사가 이븐 할둔이 썼듯이 "말리의 힘은 강력해졌다. 수단의 모든 민족이 말리를 두려워했다".[20] 그러나 말리 제국은 서아프리카의 첫 번째 또는 마지막 제국이 아니었다. 그 이전에 가나(CE 약 700~1100년)가, 그 뒤를 이어 말리의 크기를 능가하는 송가이(CE 약 1300~1600년)가 존재했다. 전성기 송가이 제국의 영토는 100만 제곱마일이 넘기에 오늘날의 인도 크기와 거의 맞먹는다.

아프리카인들은 거대한 정치체제를 건설했을 뿐 아니라 야심이 커지고 상황이 허락할 때에는 다른 아프리카인들을 식민지화하기도 했다. 쿠시 제국(오늘날의 수단)은 고대 이집트에 통치자의 개인적 신성神聖을 포함한 초기의 정치 사상과 제도를 제공한 누비아인의 후예로, BCE 8세기 상이집트를 정복하고 약 100년 동안 통치했다. 그 후 서아프리카에서는 가나 제국, 말리 제국, 송가이 제국이 차례로 부상했다. 오요(오늘날의 나이지리아)는 16세기와 17세기의 전성기에 그러한 주요 식민지 세력 중 하나였다. 또한 오늘날 나이지리아 북부 사람들은 자신들을 여전히 18세기 풀라니 제국이 행한 식민지화의 '희생자'로 여긴다. 또 다른 좋은 예는 현재 남중부 가나의 작은 지역에서 등장한 아산테 제국으로 현재의 가나, 코트디부아르, 토고에 이르는 넓은 지역을 지배했다.

에티오피아 제국 자체가 소말리아와 에리트레아를 식민지화한 것은 또 다른 대표적 사례로, 이탈리아가 5년 동안 에티오피아를 식민지화한 것에 비하면 훨씬 오래 지속되었다. 아프리카는 세계 다른 지역과 마찬가지로 유럽인들이 도착하기 전에 번성하는 내부 식민지화와 제국주의를 다양하게 경험했다.[21]

아프리카의 제국 관리 관행 역시 세계 다른 지역과 크게 다르지 않았다. 예를 들어 아프리카 제국들도 잉카 제국처럼 도덕적 이유가 아니어도 전략적 이유로 패배한 통치자들에게 대체로 관용을 베풀었다. 반란 가능성을 약화시키기 위해서였다. 새로 점령한 영토에서 그곳의 정치적 권

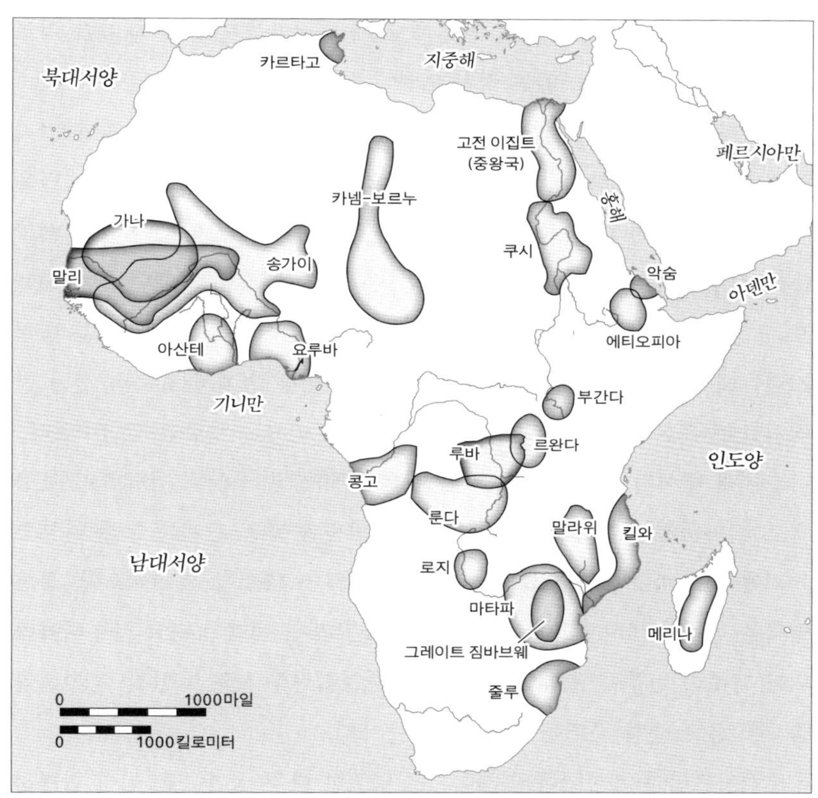

지도 13: 본문에 제시된 유럽 식민주의 이전의 아프리카 제국과 국가들.

위, 지배 엘리트, 관료제, 법률체제를 그대로 유지하기도 했다. 지도자, 족장, 심지어 왕들도 자신들의 공식 칭호와 특권을 그대로 이용하고, 자신들의 행정체제와 제도를 유지할 수 있었다. 정복당한 사람들은 먼저 황제의 권위를 인정하고, 군사 징집에 응하며, 조공을 바치고 때로 세금을 납부해야 했지만 그 외에는 높은 수준의 지역 통제권을 유지할 수 있었다.[22] 예를 들어 말리 제국은 비교적 자율적인 속주들로 구성된 느슨하게 관리되는 시스템을 운영했다.[23] 이러한 접근 방식은 제국 유지 비용을 줄이는 동시에 아프리카의 다양한 정치 문화에도 매우 적합했으며, 큰 대가를 치르지 않고서는 깨뜨릴 수 없는 정치 모델이 되었다.

역사 전반에 걸쳐 전 세계 제국들은 정복 가능한 이웃 국가들을 엄격하게 통제하기보다는 영토 건설과 관리에 효율적이고 수익성 있는 방법을 찾아냈다. 그러한 대안 중 하나는 중국, 고대 페르시아, 인도의 굽타 제국 등이 시행한 조공 체계이다. 심지어 영토에 대한 탐욕이 강했던 로마 제국도 조공국을 유지했다. 마찬가지로 아프리카 제국들도 조공 관계를 발전시켰는데, 이는 경제적·정치적 통제를 할 때 비용 면에서 효율적 접근 방식이었고, 작은 국가들을 완전히 흡수하는 데 따르는 부담을 덜어주었다.

원래 쿠시의 조공국이던 악숨은 CE 350년경 쿠시를 침략하여 조공국으로 만들었다.[24] 악숨 제국은 직접적 합병과 조공 관계를 통해 다양한 시기에 상누비아부터 오늘날의 수단에 이르는 영토를 다스렸으며, 통치 영역은 현재의 에티오피아, 에리트레아, 소말리아, 예멘 그리고 사우디아라비아 남부의 일부를 포함했다. 여러 번 중앙집권화 시도가 있긴 했으나 악숨 제국은 느슨한 구조를 유지했다.

서아프리카 제국들은 경제적으로 중요한 다른 국가들을 전면 합병하기보다 조공 관계를 선호했다. 이것이 자신들의 우위를 주장하는 더욱 실용적이고 수익성 있는 방법이었다. 예를 들어 말리는 금이 풍부한 아산테에서 조공을 받았다. 조공 관계는 시간이 지남에 따라 방향이 바뀌기도 했다. 말리는 한때 가나의 조공국이었지만 제국 지위를 얻은 후에는 가나를 종속국으로 만들고 조공을 징수했다.[25] 마찬가지로 송가이 왕국도 1464년 말리가 약해지고 우위를 잃으면서 말리에서 분리되었다.[26] 그 후 송가이 제국은 권력을 잡으면서 말리를 조공국으로 만들었다.

때로 아프리카 통치자들은 비교적 느슨한 정치질서를 변화시키려는 시도를 하기도 했다. 서아프리카 송가이의 통치자 아스키아 무함마드 1세는 강력한 중앙 집중식 정부를 만들었다.[27] 현재의 가나, 토고, 코트디부아르의 많은 부분을 차지했던 아칸 국가들도 마찬가지였다. 지금의 짐바브웨에 해당하는 잠베지강과 림포포강 사이에서 대략 15세기에서 19세기 초까지 지속된 중앙아프리카의 창가미레 왕조도 상당히 중앙 집중적이었다.[28] 이처럼 아프리카 정치사 역시 세계 다른 지역의 역사가 그렇듯 국가나 제국을 건설하는 단일 패턴만을 보여주지는 않는다. 아프리카에는 작은 국가들과 조공 정치체제들이 존재했지만 민족적·언어적·문화적으로 다양한 지역에 걸쳐 제국들도 등장하고 번성했다. 이 사실은 유럽 민족국가 모델을 따른 식민 세력만이 아프리카 민족들을 하나로 모을 수 있었다는 유럽 중심적 견해에 도전한다.

아프리카의 세계질서

세계질서는 한 문명이 '창조'와 안정을 달성하는 방식에 대해 공유하는 신념과 밀접하게 연결되어 있다. 대부분의 사회에서 이러한 신념은 종교에 뿌리를 두고 있다. 아프리카 토착 종교들은 매우 다양해 보일 수도 있지만 수많은 공통된 특징을 갖는다. 이를테면 조상과 영혼을 비롯해 여러 전령을 가진 단일 신의 존재에 대한 믿음 등이다. 더욱이 아프리카, 특히 서아프리카 사회에서는 땅 숭배가 매우 널리 퍼져 있다. 기독교와 이슬람은 범아프리카적 지위를 얻지는 못했지만 아프리카 여러 지역 간의 영적 관점을 통합하는 데 중요한 역할을 해왔다.

아프리카 사회들 간의 문화적·정치적 차이를 최소화해서는 안 되지만 공유된 세계관과 사회를 조직하는 '아프리카 방식'은 엄연히 존재한다.[29] 이 중 한 가지 요소는 신성 왕권 제도로, 왕들은 신적 또는 초자연적 속성을 주장하고 백성들은 이를 인정해 왕을 신처럼 숭배했다. 서쪽 세네갈 강에서 동쪽 홍해까지, 북쪽 나일강 수원지에서 현재의 짐바브웨 남부까지 뻗어 있는 '수단 문명'으로 칭하는 지역 전역에서 그러한 통치자들을 찾아볼 수 있었다. 동아프리카 스와힐리(아랍어로 '해안 사람들'을 의미한다) 지역에서도 비슷한 체제가 발견된다. 신성 왕권은 대륙의 서부 지역에서도 시행되었다. 9세기 아랍 여행가 알-야쿠비는 현재 남부 리비아에서 동부 나이지리아까지 초승달 모양 영토를 차지했던 카넴-보르누 왕국 사람들에 대해 언급했다. "그들의 종교는 왕을 숭배하는 것이다. 왕이 생명과 죽음, 질병과 건강을 가져온다고 믿기 때문이다."[30] 우리가 보아온 많은 다른 문명들처럼 아프리카 전역에서 신성 왕권과 친족 기반 통치는 일반적인 것이었다.

또 다른 공통된 속성은 자연환경의 중요성과 인류의 관계에 대한 것이다. 아프리카의 세계관은 아메리카 원주민의 세계관과 대체로 유사하게 전체론적이었다. 사하라 이남 아프리카 전역에서 우주는 '지상적' 요소와 '천상적' 요소로 구성된 것이며 사람과 창조주 모두의 집이라는 믿음을 찾아볼 수 있었다.[31] 더욱이 전통 아프리카 사회는 개인주의가 아닌 공동체를 중시했으며, 그 유산은 오늘날까지 지속되고 있다. 이러한 가치들은 미래의 상호 지원에 대한 기대를 기반으로 하는 상호 부조의 형태로 표현되었다. 그 한 가지 예로는 시에라리온, 베냉, 나이지리아의 오수수osusu 체제를 들 수 있다. 이는 신뢰와 비공식적 합의를 기반으로 하는 소액 금융의 형태로 기능했다.[32]

아프리카의 공통 정체성에 대한 일부 주장은 반식민 투쟁 기간과 독립 직후에 형성되었다. 물론 여기에는 정치적이고 도구적인 목적이 있었다. 첫째는 반식민 연대를 발전시키고, 둘째는 민주적이든 그렇지 않든 통치 정권의 정당성을 확보하는 것이었다. 그렇다고 이것이 이러한 사상들과 아프리카 전통적 문화 요소의 무관함을 의미하지는 않는다. 토착 사상을 범아프리카적 세계질서의 틀로 발전시키려는 노력이 있어왔는데 이는 최근 중국이 '천하'라는 개념을 통해 시도하는 노력과 다르지 않다. 한 가지 예로 아파르트헤이트 반대 운동 지도자 데스몬드 투투 등이 남아프리카에서 대중화한 집단주의 사상 '우분투ubuntu'가 있다. 이를 이해하는 대중적 방식은 "사람은 다른 사람들을 통해 사람이 된다"라는 표현이다. 이와 유사한 사상의 변형을 우간다, 탄자니아, 짐바브웨를 비롯해 남부 아프리카의 여러 나라에서 찾아볼 수 있다.[33]

이 지점에서 해결해야 할 한 가지 질문은 이러한 자연과의 조화, 신성 왕권, 공동체주의의 조합이 아프리카 문명에 전체주의적 충동을 가져왔는지 여부다. 이는 중요한 질문이다. 서구 사상가들이 아프리카인의 종교적 신념뿐 아니라 아프리카 전체의 사회적 규범과 관행에 대해서도 이러한 주장을 해왔기 때문이다. 그러나 증거에 따르면 이러한 사회들은 본질적으로 독재적이지 않았다. 그들은 통치자의 권력을 제한하고 불의한 통치자를 타도하는 방법을 찾아냈다.[34] 예를 들어 아랍인들은 스와힐리 해안을 '잔지'로 지칭했는데 이곳 잔지의 정치체제를 살펴보자. 10세기 아랍 역사가 알-마수디가 언급했듯이 "왕이 폭군이 되어 공정한 통치를 멈추면 그들은 왕을 죽이고, 그 후손들의 왕위 계승을 거부했다. (…) 왜냐하면 왕이 공정한 통치를 멈추면 그는 최고신, 즉 '천지 신God of Heaven and Earth' 의 아들이기를 멈추었기 때문이다".[35]

이러한 원칙은 국가나 제국이 약하다는 의미라기보다 피지배 민족들의 정의와 공정함을 지향했음을 뜻했다. 영국의 아프리카 역사가 베이질 데이비드슨은 잔지 체제를 〈마그나 카르타〉에 비유한다. 1215년에 공포된 이 일련의 규칙은, 권력을 심각하게 남용할 경우 전복당하거나 살해될 수 있다고 영국 존 왕을 위협하는 내용이다.[36] 비록 상황은 달랐지만 둘 다

불의한 왕에게 피해를 입은 백성들이 반란을 일으키고 심지어 타도할 권리를 암시하기까지 했다. 이는 또한 중국의 천명사상과 놀랍도록 유사하다. 즉 통치자의 지속적 권위와 정당성은 공정하고 자비로운 통치에 달려 있으며, 그렇지 못할 경우 그에 대한 반란을 정당화할 수 있었다. 그런데 아프리카인들은 그러한 사상을 독자적으로 발전시켰으며, 중국의 영향을 받았다는 증거는 없다. 요점은, 대부분의 서구적 견해와 달리 아프리카는 독특하고 복잡한 문명을 이루는 특유의 문화적 신념과 규범을 발전시켰다는 것이다. 그러나 문화는 아프리카 세계관과 아프리카 세계질서의 진화에 영향을 준 유일한 요소가 아니었다. 유럽과 아시아에서와 마찬가지로 장거리 무역 또한 아프리카 세계질서 구축의 핵심 요소였다. 이처럼 광대하고 다양성을 가진 대륙에서 무역은 어느 정도 연결성을 창출하는 데 도움을 주었고, 통일 제국이나 대규모 제국주의의 부재를 보완했다.

예를 들어 서아프리카의 세 주요 제국은 가나, 말리, 송가이다. 첫 번째 제국은 8세기까지 거슬러 올라가고, 사하라사막과 접한 내륙 영토에서 다음 제국들이 그 뒤를 이었다. 이 모든 제국은 막대한 부로 유명했으며, 사하라 횡단 무역을 장악하여 번영을 이루었다. 이 무역의 핵심은 남부, 즉 아산테 제국과 세네갈 상류에서 온 금이었다. 이는 가나와 말리를 거쳐 사하라사막을 가로지른 후 북아프리카로 운송되어 사막의 암염과 교환되었다. 이것은 그 지역 전체 정치조직의 생명줄이었다. 가나는 아랍인들에게 '금의 땅'으로 알려졌으며, 가나의 소닝케족은 이 상업의 중개인 역할을 했다.

포르투갈인들이 희망봉에 도달하기 전까지는 서아프리카로 제품을 수출하는 것은 사하라 사막을 통한 대상隊商들의 여행을 통해서만 가능했다. 중국 도자기, 인도 직물, 동남아시아 향신료가 이집트에서 서아프리카로 수출되었다. 대상들은 상아, 콜라넛,* 노예 그리고 가장 중요한 금을 싣고 돌아왔다. 서아프리카는 금이 매우 풍부했으며, 말리와 가나 제국은 금과 은을 실은 대상을 튀니지, 아라비아반도, 중앙아시아 사마르칸트 그리고 중국으로 보냈다.[37] 짐바브웨 왕국은 짐바브웨 고원의 금 생산을 통제했으며, 내륙과 소팔라 같은 동부 해안 스와힐리 항구들 사이의 금 무역에 영향력을 발휘했다.[38] 그레이트 짐바브웨 또한 홍해, 지중해, 인도양으로부터 스와힐리 수입품을 들여오는 관문이었다.[39]

아프리카의 무역 네트워크는 진정 대륙 횡단 및 대륙 간 규모였으며, 다양한 품목을 포함했다. 사하라 횡단 무역은 CE 4세기 낙타가 도입되고 그 이후 7세기 이슬람이 이 지역에 유입되면서 크게 확장되었는데 둘 모두 아프리카 내륙과 지중해 세계를 연결했다. 무역품을 운반하는 낙타 대상은 소규모가 아니었다. 이븐 할둔은 대상들은 낙타를 평균 1000마리 이상 가지고 있었고, 최대 1만 2000마리에 달하는 낙타를 갖추기도 했다고 보고했다.[40] 무역 네트워크는 남북 방향과 동서 방향 모두로 이어졌으며, 1500년경 유럽인과의 해안 무역이 증가하면서 쇠퇴하기 전까지 정점에 달했다.[41] 이는 지중해와 인도양 무역 모두에 영향을 미쳤다.[42]

사하라 횡단 무역은 금, 상아, 소금, 노예에 관한 것만은 아니었다. 북쪽으로 이동한 남부의 품목에는 잉크, 직물, 의약품 제조에 사용하는 타조 깃털, 동물 가죽, 아라비아고무로 알려진 아카시아나무 수지 등이 포함되었다. 훗날 아프리카는 유럽인들을 위한 주요 의약품 공급원이 되었다. 남부로 수입한 품목에는 사하라 암염뿐 아니라 무기, 비단 의류, 양단, 유

---

* 콜라나무의 열매로 서아프리카 열대 지역이 원산지이며, 밤 정도 되는 크기에 쓴맛이 강하다. 서아프리카 문화권에서 사회적 결속과 환대를 상징하는 의례용 음식으로 사용했으며, 손님 접대나 종교 의식에 필수적이었다.

리와 도자기, 황동과 구리, 보석, 양탄자, 커피, 차와 설탕, 향수, 종이, 말 등 북아프리카, 지중해 세계, 유럽의 제조품과 사치품도 포함되었다.[43]

더욱이 무역은 아프리카 내륙과 다른 해안들을 연결했으며, 중요한 인도양 연안도 여기에 포함되었다. 예를 들어 그레이트 짐바브웨를 통과하는 무역로는 아프리카 내륙에서 남동부 해안으로 상아와 금을 가져왔는데, 이곳에서 이 품목들은 당시 세계에서 가장 큰 해양 동맥이던 인도양 무역 네트워크의 일부가 되었다. 이 무역 네트워크는 탄자니아 남부 해안에 위치한 킬와 술탄국에 도달했는데, 이 술탄국은 그 자체로 인도양 무역의 거점이었다. 킬와 술탄국을 통해 상품들은 아라비아반도, 인도, 동남아시아 그리고 중국으로 운송되었다. 이슬람 및 중국의 도자기와 유리구슬을 그레이트 짐바브웨 고고학 유적지에서 발견하기도 했는데 이러한 이국적 품목들은 아마도 패션 아이템으로 사용하거나, 영혼 치료사들이 결혼식에서 교환하거나, 또 다른 무역 거래를 촉진하는 데 이용했을 것이다. 16세기부터 포르투갈인들은 모잠비크에 있는 자신들의 식민지에서 금 무역을 통제하려 했다. 그들은 휴경기에 금을 채굴하던 현지 농부들에게 전업으로 금 채굴을 하도록 강요하려 했지만 성공하지 못했다.[44]

무역 외에도 문화 교류는 세계질서 구축에 중요하다. 여기서 이슬람 팀북투가 문화 및 지식의 중심지로서 수행한 중요한 역할을 언급할 수 있다. 14세기와 15세기에 말리와 아랍 세계 간의 관계는 심화되고 공고화되었다. 또한 이때 말리는 세계에서 가장 오래된 대학교 중 하나인 팀북투대학교를 설립했다. 인구 10만 명인 이 도시에 아프리카와 중동의 여러 지역에서 2만 5000명의 학생이 모여들었다.[45] 이 도시의 중심 도서관은 이슬람 신학, 철학, 전기, 법률, 문법, 자연과학, 의학, 역사, 정치 등 다양한 주제를 다루는 필사본 몇십만 권과 두루마리를 소장하고 있었다.[46] 학생들 몇천 명이 이슬람 신학, 아랍어, 아프리카어, 수피즘, 논리학, 법률을 공부했다.[47]

학자들은 팀북투에서 공부하고 가르치러 왔으며, 아흐마드 바바 알-팀북투 같은 이 도시의 유명 학자들은 이슬람 신학에 지속적인 기여를 했다.[48]

대서양 노예 무역

아프리카의 운명은 유럽 제국주의의 부상으로 결정되었고, 범아프리카 경제는 그로 인해 중단되었다. 유럽 제국주의는 아프리카의 토착 경제와 세계질서를 심각하게 교란한 두 가지 중요한 발전을 가져왔다. 하나는 대서양 노예 무역이고, 다른 하나는 대륙 전체의 식민지 분할이었다.

첫째, 노예 무역에 대해 살펴보자. 많은 작가들은 노예를 포획하거나 구매하고 인간 시장에서 판매하는 것이 이집트, 아시리아, 아테네, 로마, 중국, 이슬람 세계를 포함한 여러 문명의 특징이었다고 주장해 왔다. 아프리카에서의 노예 수입은 유럽인들이 도착하기 훨씬 전인 중세 시대에 무슬림 세계에서 널리 퍼져 있었다.[49] 더욱이 아프리카인들이 대서양 노예 무역의 침묵하는 희생자만은 아니었다. 많은 이들이 적극적으로 노예 무역에 참여했으며, 심지어 그 상당 부분을 통제하기도 했다. 아프리카인들은 다른 아프리카인들을 습격해 포획하고 그들을 감금, 운송하여 유럽인들에게 판매하는 일을 조직화했다. 대부분 그 사업을 주도한 유럽 노예 상인들에게서 오는 경제적 인센티브와 위협의 결합이 그 일을 하도록 만드는 동기가 되었다. 다시 말해 유럽 식민주의 이전에도 노예제도는 존재했다. 어떤 면에서 이것은 전통적 아프리카 관행의 연장이었는데 다만 이제 고객 대부분이 유럽인이라는 점만 달랐다.

대서양 노예 무역의 독특한 특징은 특히나 잔혹하고 비인간적인 형태였다. 아프리카 노예 무역 과정에서 1000만~1200만 명에 달하는 아프리카인들이 신세계로 실려갔다. 대서양 노예 무역 및 미주 내 노예 무역에 대한 여러 미국 대학교의 공동 연구 프로젝트 〈노예 항해〉는 1500~1840년 아메리카 대륙으로 보내어진 아프리카 포로의 수를 약 1250만 명으로 추정한다.[50]

아프리카 포로 약 200만 명이 노예선의 극도로 잔혹한 운송 조건 때문에 사망한 것으로 보인다. 아프리카 노예 대다수가 카리브해의 쿠바, 자메이카, 바베이도스 그리고 생도맹그(현재의 아이티와 도미니카 공화국)와 브라질의 주요 항구(살바도르, 리우데자네이루, 헤시피)로 보내졌다. 그곳에서는 그들을 사고팔아 아메리카 대륙 전역에 실어 보냈다. 노예선 소유주들은 포르투갈과 포르투갈령 브라질, 영국, 프랑스, 스페인과 스페인령 아메리카 그리고 네덜란드 출신이었다.[51]

대서양 노예 무역과 다른 형태의 노예제도가 보이는 두 번째 차이점은 아메리카 대륙에서 아프리카 노동력의 목적이었다. 아프리카에서 이루어진 이슬람 노예 무역은 노동자로 사용되거나 심지어 재산으로 여겨지지 않는 여성들을 포함했는데 이들은 가정 내에서 시녀로 일하거나 때로는 부유하고 권세 있는 사람들의 하렘에서 일했다. 또한 이슬람 노예 무역은 때때로 술탄들을 위한 전사를 모집하는 데 사용되었으며, 노예들은 궁정에서 높은 직위를 차지할 수도 있었다. 여기에는 경제적 동기가 가장 중요했으며, 노예들이 철저히 비인간화되고 상품화된 대서양 노예 무역과는 거리가 멀었다.

아프리카의 전통적 노예제도는 노예 소유주와 노예 사이에 사회적 유대를 유지했다. 이전의 노예들은 전쟁에서 포로로 잡힌 사람들, 범죄 행위를 저지르거나 빚을 갚지 못해 판결로 노예가 된 사람들이었다. 보통 노예 소유주는 그들이 어디서 왔는지, 배경은 어땠는지, 왜 노예가 되었는지 등 노예에 대해 어느 정도 알고 있었다. 대서양 노예 무역으로 이런 양상은 바뀌었고, 식민지 경제는 "노예들을 익명으로 만들었다. 그들은 말하자면 가게에서 산 물건과 같았으며, 마치 수프 캔처럼 순전히 신체적 특성에 따라 선택당했다".[52] 대서양 건너편에 위치한 유럽 노예 상인들은 자신들이 사고파는 노예들을 결코 만나지 않았다. 그들은 "익명의 노동 단위였고, 재무제표상의 생산 투입물이었으며, 순전히 미래 경제적 가치에 따른 추정치로 처분되었다".[53] 한 미국 작가에 따르면 대서양 노예 밀매 체계는 "바다 건너편으로부터 와서 인간을 사냥하는 낯설고 무자비한 사냥꾼"이 주도했다. 그 결과, "공동체 전체의 삶이 화산 폭발처럼 파괴당했다".[54]

노예 무역의 주된 경제적 성격에는 아메리카 원주민 인구가 사실상 전멸한 것이 크게 작용했다. 이는 유럽인들이 가져온 질병과 식민지 정복으로 인한 황폐화의 결과였다. 식민지 개척자들은 수입 노동력이 필요했고, 유럽의 초기 계약 노동력 공급이 고갈되면서 이러한 필요는 더욱 절실해졌다. 유럽인들이 설탕과 커피같이 노동집약적이고 수익성이 높은 환금 작물 재배를 발전시킴에 따라 노예 수요도 증가했다.

이러한 필요로 인해 서구 제국주의 세력과 영리주의자들은 노동력을 찾아 아프리카에 눈을 돌렸다. 아프리카인들은 해안 지역에 대규모로 존재했으며, 그들을 포획하여 바다 건너로 운송하는 것이 비교적 쉬웠다. 노예 노동의 다른 잠재적 공급원인 중동이나 동아시아는 이런 면에서 어려움이 있었고, 매년 노예 몇만 명을 공급할 수 있는 곳은 아프리카뿐이었다.[55] 아프리카 엘리트들도 노예 무역으로 이득을 보았으며, 그들은 유럽 상인들에게 인간을 제공하는 대가로 총기, 식료품, 면직물을 받았다.

그런데 경제적 요인이 지배적이긴 했으나 노예의 인종 또한 대서양 노예 무역을 다른 것과 구별하는 중요한 요소였다. 흑인 피부색과 노예제도의 연관성을 가져온 것이 바로 대서양 노예 무역이었다. 이전에는 어떤 문명에서도 노예제도가 피부색과 연관되지 않았다. 그러나 아프리카인들이 신세계, 특히 미국을 형성한 영국 북미 식민지에 대규모로 수입되면서 상황이 바뀌었다. 이곳에서 아메리카 원주민들은 포획과 노예화를 피해 쉽게 도망쳤다. 따라서 노예는 압도적인 수가 흑인 아프리카인이었다. 노예라는 것은 곧 흑인이라는 것을 의미했고, 흑인이라는 것은 노예이거나 노예 혈통을 가졌다는 것을 뜻했다. 그 결과 발생한 광범위한 인종차별주의의 어두운 유산은 오늘날까지 미국 사회와 정치의 결정적 특징으로 남아 있다. 기독교는 동료 기독교인들을 노예로 삼는 것을 금지했지만, 기독교로의 개종이 흑인들이 노예가 되는 것을 막아주지는 못했다.

대서양 노예 무역은 서구 제국주의의 지정학적 논리에도 필수적이었다. 유럽 열강 간의 경쟁은 궁극적으로 경제적 이점이 결정하는 정치적 우위와 관련되었으며, 이는 다시 노예 무역에 달려 있었다. 노예제도의 종식조차 정치적 동기를 지니고 있었다. 1807년 영국의 노예 무역 금지(식민지의 기존 노예제도는 제외)는 인도주의적 동기가 아예 없지는 않았지만 서아프리카, 카리브해, 미국 남부의 식민지와 플랜테이션에서 아프리카 노예에 크게 의존하던 프랑스와 미국을 견제하는 것이 목표였다.[56] 또한 영국은 오스트리아, 프로이센, 러시아의 국내 농노제도를 노예제도의 한 형태로 보고 이들 국가들보다 정치적 우위를 점하고자 했다. 이같이 겉으로는 고상한 동기였으나 영국인들은 1833년 노예제도를 폐지할 때 노예에게 보상금을 지급하지 않고 노예 소유주에게 지급했다. 몬세라트와 세인트 키츠의 그린 킹 플랜테이션Greene King Plantation*에 (현재 환율로) 50만 파운드를 지급한 것도 그런 사례다.[57]

더욱이 노예제도 폐지는 유럽 식민 열강들의 계약 노동에 대한 의존

---

* 　실제 지명은 아니며, 영국 양조 회사 그린 킹 창립자 자민 그린이 소유했던 카리브해의 플랜테이션을 지칭하는 표현이다.

도를 손쉽게 증가시켰다. 영국 전함들은 아프리카에서 수송되던 노예들을 '구출'하여 대서양 노예 무역 금지령을 시행하면서 그들을 아프리카 본국에 돌려보내지 않고 아메리카 대륙의 계약 노동자로 만들었다. 식민지 노예제도를 금지한 〈노예제도 폐지법〉이 통과된 다음 해인 1834~1920년 영국은 계약 노동자 약 150만 명(이 중 85퍼센트는 인도 출신)을 인도양, 서인도제도, 남아프리카 식민지에 보냈다. 따라서 계약 노동은 노예제도를 "이어받았다".[58] 네덜란드인들의 계약 노동 또는 강제 노동 이용 규모는 적긴 했지만 그들의 주요 식민지 인도네시아에 미치는 영향은 여전히 엄청났다. 19세기 중반에는 인도네시아에서 가장 인구가 많은 섬인 자바섬 농민 가구 중 절반에서 4분의 3 정도가 농업 분야에서 강제 노동을 해야 했다. 1863~1932년에는 중국인 계약 노동자 30만 명가량(훨씬 더 많을 수도 있다)이 오늘날의 인도네시아인 네덜란드 식민지에 왔다. 그리고 19세기 후반과 20세기 초반에는 주로 자바인 계약 노동자들 10만 명 이상이 말레이시아, 뉴칼레도니아, 영국령 북보르네오 그리고 카리브해의 수리남에 갔을 수도 있다.[59]

아프리카에서 노예제도의 결과는 폭력과 국가 간 전쟁을 비롯해 경제적·정치적 영향을 미쳤으며, 이는 대륙에 지속적으로 작용했다. 대서양 노예 무역은 습격자들과 납치범들에게 폭력을 수익성 있는 것으로 만들어주었다. 그리고 이는 아프리카 공동체에 깊고 지속적인 균열을 야기했다. 이 무역은 서아프리카의 오요 제국과 요루바(오늘날의 나이지리아 서부) 국가들 간의 전쟁처럼 노예 경제 지배권을 둘러싼 전쟁을 불러왔다.[60] 노예 수출량이 많았던 지역들은 노예 무역이 끝난 후 정치적 갈등과 폭력을 더 많이 겪었고, 이후 부패와 뇌물 수수 발생률도 더 높았다.[61]

대서양 노예 무역의 규모와 잔혹성은 이제 거의 보편적으로 인정되고 있다. 그러나 이 무역과 식민주의가 아프리카에 미친 파괴적 영향에 대한 인식은 미미하다. 이는 생명을 앗아가고, 문화를 파괴하며, 후속 전쟁을 초래했고, 아프리카 문명을 인종차별적으로 폄하함으로써 모든 것을 정당화했다. 노예 무역은 19세기에 끝났지만 유럽인들은 곧 아프리카에서 다른 자원을 추출할 방법을 찾았다. 19세기 후반 이후의 아프리카 식민지 착취는 오히려 그 이전보다 생명과 문화에 더욱 파괴적이었다.

아프리카 쟁탈전

1876년 9월, 벨기에의 레오폴드 2세는 브뤼셀의 왕궁에서 탐험가, 지리학자, 자선가 등 유럽인 40명을 초청해 회의를 주최했다. 2년 전에 시작된 헨리 모턴 스탠리의 콩고강 탐험은 이 지역에 대한 관심을 불러일으켰다. 브뤼셀지리학회의로 알려진 그의 모임은 겉으로는 흥미롭거나 심지어 숭고한 목적을 가지고 있었다. 즉 콩고강 지역 탐험을 진전시키고 그 주민들을 인도주의적으로 고양하는 것이었다. 이 두 가지 목표 모두 레오폴드의 요청에 따라 설립한 '중앙아프리카 탐험 및 문명화 국제협회'라는 조직의 이름이 요약하는 바였으며, 이는 '국제아프리카협회'로 약칭되었다. 콩고를 배경으로 하는 소설 《어둠의 심장Heart of Darkness》에서 조셉 콘래드는 이 단체를 '야만적 관습 억제를 위한 국제협회'라고 칭했다.[62]

겉보기에 고상한 공식 명칭과는 관계없이 이 조직의 진짜 목적은 곧 '아프리카 쟁탈전'이라고 불릴 다른 식민 세력들과의 경쟁에서 레오폴드의 목표를 진전시키는 데 있었다. 즉각적인 경제적 목표는 천연고무, 상아, 팜유 위주로 아프리카 자원을 획득하는 것이었다. 그러나 이는 이전 시대의 금이나 암염 무역과는 달랐다. 이 무역은 강제 현지 노동에 기반한 대규모 수탈이었다. 아프리카 남성과 여성은 더 이상 아메리카와 카리브해 농장으로 수출되지 않았다. 하지만 아즈텍인들이 중앙아메리카 금광에서 강제 노동을 해야 했던 것과 유사하게 아프리카 농장에서 유럽 식민주의자들을 위해 일하도록 본국에 남겨졌다.

레오폴드는 유럽인 지휘관 아래 아프리카 군인들을 두는 형태로 구성된 '포르스 퓌블리크Force Publique'*라는 사설 민병대를 조직했다. 창설 직후부터 1890년대 초까지 이 민병대는 아프리카 내륙의 광대한 지역을 약탈하고, 고문하고, 불태우고, 납치하고, 살해하며 나아갔다. 병사들은 남자들이 레오폴드의 영지에서 일하도록 강요하기 위해 가족들을 인질로 잡았다. 저항하는 콩고 사람들은 손을 잘랐다. 포르스 퓌블리크가 활동하던 지역의 인구는 벨기에의 살인적인 약탈이 진행되는 기간 동안 약 2000만 명에서 800만 명으로 줄어들었다.[63] 물론 유럽 국가가 멀리 떨어진 땅을 통제하고 새로운 정치적 실체나 식민국가를 만드는 것이 새로운 일은 아니었지만 이 경우 차이점이 있었다. 1885년 콩고자유국으로 통합된 국제콩고협회가 소유한 모든 것은 레오폴드의 개인 재산이었다. 벨기에의 약 90배에 달하는 광대하고 자원이 풍부한 국가 전체가 기술적으로 한 개인에게 속했다.

그러는 동안 유럽의 다양한 국가 위원회들은 협력적 국제 사업이라는 사실을 무시한 채 각기 다른 탐험대를 조직해 국제아프리카협회의 임무를 수행했다. 1884년에 만들어진 '아프리카 쟁탈전'이라는 용어는 그보다 20여 년 전 시작된 경쟁을 반영하는 것으로 1884년 11월 15일~1885년 2월 26일 베를린에서 열린 유럽 열강들의 국제회의에서 공식화되고 법적 정당성을 부여받았다.[64] 이 회의를 '베를린서아프리카회의' 또는 단순히 '베를린회의'라고 한다. 영국, 프랑스, 벨기에 간의 치열한 경쟁을 주시하던 회

---

*   공공군, 공권력을 뜻하는 프랑스어.

의 주최국 독일의 총리 오토 폰 비스마르크는 독일이 뒤처지는 것을 막고 싶었다. 13개국이 회의에 참석했는데 독일, 오스트리아-헝가리, 덴마크, 스페인, 벨기에, 프랑스, 영국, 이탈리아, 네덜란드, 포르투갈, 러시아, 스웨덴-노르웨이(둘은 당시 연합의 일부였다) 그리고 오스만 제국이다. 미국도 참석하여, 아프리카에 식민지를 세우지는 않았지만 아프리카의 최종적이고 완전한 식민지화에 연루되었다.

이 회의는 자유주의적 양심을 거창하게 과시하며 아프리카와 이슬람 국가들에서 노예제도를 금지했다. 그러나 유럽에서의 합법적 노예 무역은 이미 몇십 년 전에 폐지되었으므로 이는 여러 면에서 공허한 제스처였다. 동시에 회의는 레오폴드 2세 소유 영토를 그의 개인 재산으로 공식 인정했다. 이는 '실효적 점유effective occupation' 원칙을 공식화한 것이다. 즉 이미 유럽 열강이 점유하거나 통제하는 토지에 대한 권리를 인정한 것이다. 이 원칙에 따라 유럽 열강들은 아프리카 땅을 자신들끼리 나누고 수많은 인위적 경계를 그렸는데, 몇천 년 동안 그곳에 살던 사람들의 전통적 생활 공간과 문화적 연결을 고려하지 않고 직선으로 긋는 경우가 자주 있었다. 회의 시작 전 단 한 명의 아프리카인도 자문을 요청받지 못했고, 어느 누구도 회의에 초대받지 못했다.[65] 유럽 세계질서가 비서구 문명의 운명을 결정한 장소가 아프리카만은 아니지만 이는 유럽이 문명 표준을 전 세계적으로 강요하는 과정을 보여준 상징적 사례였다. 그리고 이는 제국주의와 동의어가 되었다.

아프리카는 서구 우위가 생명력을 얻은 중심 무대였음이 명백하다. 또한 서구가 부와 권력에서 전 세계적 지배력을 달성하는 데도 결정적인 곳이었다. 그러나 서구 학자들은 아프리카인들이 자신들의 정치체제와 제국을 어떻게 관리했는지, 이로써 근대성과 세계질서의 진화에 어떻게 기여했는지를 비롯해 아프리카 통치자나 사회에 관심을 거의 기울이지 않았다. 미국 작가 하워드 프렌치의 "대항해 시대의 첫 번째 동기는 우리 중 많은 사람이 초등학교에서 배웠듯이 유럽의 아시아와의 교류에 대한 갈망이 아니라, '암흑의' 서아프리카 심장부 어딘가에 숨어 있는 전설적인 부유한 흑인 사회와 무역 관계를 맺고자 하는 몇백 년간의 욕망이었다"는 말은 틀리지 않았다.[66]

　　세계질서의 역사에서 아프리카의 역할은 희생자이자 기여자 모두였다. 유럽 지배의 절정기에도 아프리카 노예 노동은 세계 경제 출현에 필수 요소가 되었다. 대서양 노예제도는 아프리카인들의 열등성을 '과학적' 근거로 삼는 새롭고 더욱 악랄한 형태의 인종차별주의를 야기했으며, 오늘날까지도 그 영향을 느낄 수 있다. 자메이카 시인 무타바루카가 썼듯이 "노예제도는 아프리카 역사가 아니다. 노예제도가 아프리카 역사를 중단시켰다".[67]

　　그러나 이러한 비극적 전환이, 대부분의 역사 동안 아프리카가 광대한 영토와 민족을 통치했던 국가이며 조공 체계, 제국 등 다양한 정치체제의 발상지였다는 사실을 보지 못하도록 우리를 눈멀게 해서는 안 된다. 아프리카 문명은 〈쿠루칸 푸가〉에 명시되었듯이 공동체주의적이고 인본주의적인 원칙을 발전시켰는데 이는 근동, 인도, 유럽의 동시대 원칙들과 강한 공명을 이룬다. 아프리카는 제국 건설과 장거리 무역이라는 세계사적 과정에 적극 참여했으며, 이 모든 것은 현대 세계질서의 출현에 필수적이었다. 아프리카는 유럽 식민지화로 인한 충격에서 벗어나기 위해 고군분투하고 있다. 하지만 이는 더 긴 역사의 흐름 속에서 보면 아프리카의 세계질서에 대한 기여의 종말이라기보다는 일시적 중단일 뿐이다.

제11장 유럽의 이중 잣대

1640년대는 세계질서의 역사에 있어서 운명적 10년이었다. 이 시기는 1641년 네덜란드가 믈라카를 점령하면서 시작되었는데 이곳은 포르투갈이 1511년 식민지화한 후에도 계속해서 인도양 및 국제 무역의 주요 거점 역할을 해왔다. 이 사건으로 아시아와 세계를 지배하고자 하는 유럽의 투쟁은 새로운 국면에 접어들었다. 이후 유럽의 확장은 이베리아반도 국가들이 행한 초기의 즉흥적 탐험에서 벗어나 유럽 북부 국가들이 주도하는 더욱 체계적이고 조직화된 작전으로 전환되었다.

알렉산드로스 대왕이 반란을 일으킨 부하들 때문에 인더스강 너머로의 진군을 포기하고 인도에서 철수한 후 유럽에서 아시아를 방문하는 일은 대부분 전사들이 아닌 선교사, 상인, 모험가 들이 주도했다. 그러나 1600년과 1602년 영국 동인도 회사와 네덜란드 동인도 회사가 설립되면서 정부가 승인하는 무역 독점권이 형성되었다. 이로써 유럽이 남아시아, 동남아시아, 태국, 중국, 일본을 제외한 동아시아 거의 전체를 직접적 식민지로 지배하는 과정이 시작되었다.

1640년대에 동아시아의 가장 크고 부유한 나라인 중국에서 중대한 권력 이동이 일어난 것은 우연일 수도 있고 아닐 수도 있다. 명나라는 약 300년 동안 중국을 통치하고 아시아 나머지 지역을 지배했다. 그 명나라의 황제가 1644년 베이징 자금성 뒤뜰의 나무에 목을 매 자살했다. 이 극적 패배 행위를 시작으로 중국은 만주족 통제하에 놓였다. 이들은 아시아 북동부 만리장성 너머에서 온 외래인이지만 한족에 동화된 전사 집단이었고, 다음 약 300년 동안 중국을 통치할 청나라를 세웠다. 이 왕조는 처음에는 강력하고 확장적이었지만 19세기 심각하고 치명적인 쇠퇴를 겪었고, 1911년에는 이후 단명할 공화국으로 대체되면서 중국의 마지막 제국으로 역사에 기록되었다.

그러나 이는 한참 뒤 일이었다. 청나라가 중국을 장악한 지 불과 4년 후, 유럽은 마침내 30년 전쟁을 종결시켰다. 30년 전쟁은 17세기 전반 대부분 동안 유럽을 황폐하게 만든 종교적·정치적 투쟁이다. 당시 독일의 다양한 개신교 및 가톨릭 제후국들이 서로 싸우고 프랑스, 스페인, 네덜란드, 스웨덴이 저마다 편을 들면서 일부 지역에서는 인구 절반에 가까운 사람들이 사망했다. 이는 단순한 종교 전쟁이 아니라 근본적 정치 재편을 위한 투쟁이었다. 전쟁을 종결시킨 두 가지 합의인 뮌스터 조약과 오스나브뤼크 조약은 모두 1648년에 체결되었으며, 이 둘을 합쳐 베스트팔렌 평화조약이라고 부른다. 역사는 이 합의를 유럽 주권국가 체제의 공식 시작이자 현 시대까지 세계질서를 뒷받침하는 외교 관계의 기초로 기록한다, 조약에서 합의한 기본 원칙은 각 국가의 통치자는 다른 국가의 간섭 없이 자신의 종교를 결정한다는 것이었고, 각 통치자가 다른 종교를 용인한다는 데도 동의했다. 16세기 초 이래로 유럽을 괴롭힌 끊임없는 종교 전쟁을 생각해 보면 이는 유럽 평화를 향한 큰 진전이었다. 이 조약은 각 국가에 자국 문제에 대한 통제권을 부여함으로써 국가의 주권을 침해할 수 없는 원칙으로 확립했으며, 이 원칙은 이후에도 지속되었다.

그러나 이 시대의 더 깊은 의미는 세계질서 구축에 대한 유럽식 이중 잣대, 즉 두 가지 형태의 접근 방식이 탄생했다는 점에 있다. 그중 하나는 표면적으로는 주권국가들의 베스트팔렌 모델에 기반한 반反패권적 질서로, 적어도 이론상으로는 약한 이웃 국가들을 정복하는 것을 금지했다. 이는 유럽에 안정을 가져왔으며, 키신저를 비롯한 서구 지식인들이 매우 찬양하는 사실이다. 그러나 유럽의 평화는 원주민에 대한 식민지화, 착취, 지배의 강화를 비롯해 더 넓은 세계에 재앙을 가져왔다. 이는 나머지 세계에 대한 유럽의 관계와 관련된 두 번째 방식의 결과였다. 불간섭과 국가 평등같이 유럽 내 국가에 적용된 법적·정치적 원칙은 아시아, 아프리카, 아메리카 대륙의 국가에는 적용되지 않았다. 30년 전쟁의 종식은 오히려 유럽의 경쟁 에너지를 해외로 분출해, 식민지와 그 자원의 통제권을 둘러싼 제국주의적 경쟁을 심화했다. 다시 말해 유럽 내 평화는 비유럽 국가들을 정복하는 것을 장려하고 가능하게 했다. 이러한 방식으로 유럽의 확장과 그것이 비유럽 문명에 미친 광범위한 영향은 유럽 주도 세계질서 또는 단순히 유럽 세계질서라고 하는 것이 형성되기 위한 길을 열었다.

유럽 질서, 세계 무질서

근대 초기 서유럽이 세계질서 구축에 기여한 바는 주로 국가 위에 어떠한 더 높은 권위(신성하든 세속적이든)도 존재하지 않는다는 베스트팔렌 사상을 중심으로 이루어졌다. 베스트팔렌 평화조약 이전에는 유럽 통치자들과 대다수가 가톨릭교인 국가의 신민들은 이론적으로 교황과 신성 로마 황제에게 충성을 바쳤다. 신성 로마 황제는 오늘날 독일, 프랑스, 스페인, 이탈리아, 오스트리아 지역에서 여러 통치자들이 본래 로마 제국의 명목상 후계자를 자처하며 다양한 시기에 계승한 칭호였다. 개신교 통치자들과 그들의 신민들은 교황을 인정하지 않았으며, 개신교의 성장과 확장은 30년 전쟁을 촉발한 요인 중 하나였다.

베스트팔렌 체제는 유럽 질서에 네 가지 핵심 요소를 도입했다. 첫째, 앞서 언급했듯이 국가의 절대적 주권이다. 이로써 교황이나 신성 로마 황제 같은 어떤 권위도 통치자보다 더 높은 권위를 갖지 않게 되었다. 둘째, 각 국가들이 스스로 가톨릭이 될지 개신교가 될지 결정할 수 있게 됨에 따라 가톨릭 국가들을 포함하는 국가들이 교회와 분리되었다. 셋째는 불간섭 원칙이었다. 한 국가는 더 이상 다른 국가의 내정에 간섭할 수 없었다. 넷째 원칙은 권력, 부, 규모, 영토의 차이와 상관없는 모든 국가의 법적 평등과 관련이 있다.

베스트팔렌 평화조약은 오늘날 세계질서를 만드는 데 결정적 순간으로 간주되었다. 어떤 작가는 이를 "근대국가 체제의 공식 탄생일"이라고 표현했다.[1] 이를 "분기점"이라고 묘사한 작가도 있다. 종교와 기독교 세계에서 종교의 역할은 더는 각 국가의 본질적 관심사가 아니었다. 이제 국가들은 국익과 더 큰 권력균형에 관심을 가지게 되었다.[2] 헨리 키신저에게 이것은 주권적이고 평등하며 세속적인 국가체제라는 사상을 확고히 확립한, 세계 정치에서 위대한 질서가 탄생한 순간 중 하나였다. 키신저는 베스트팔렌 덕분에 "권력이나 국내의 체제에 관계없이 주권국가들의 본질적인 평등이 확립되었다"고 극찬했다. 또한 주권에 관해서는 각 국가가 동일한 권리와 원칙, 특히 다른 국가에 의해 지배받지 않을 권리를 가졌다.[3] 키신저는 "'국제 관계'의 원칙들이 당면한 요구를 넘어 대륙에서의 전면전 재발을 피하려는 공통된 열망으로 형성되고 있었다"고 계속해서 말한다. 그 주요 결과 중 하나는 국제법의 발전이었다. 국제법은 "화합의 조성을 목표로 삼는 합의된 원칙들의 확장 가능한 체계로 간주되었으며 베스트

팔렌 조약 자체가 그 핵심에 있었다".[4]

그러나 더 면밀히 분석해 보면 베스트팔렌 평화조약의 영향은 혁명적이기보다는 진화적이었다. 이 조약이 때때로 제시되는 방식과는 달리 이는 신학의 종식을 가져오지 않았다.[5] 또한 세속적 주권의 시작도 아니었다. 키신저는 "주권 평등의 원칙이 지배했다"고 주장하지만 실제로는 국가들은 불평등했다.[6] 베스트팔렌은 평화를 강제하기 위해 타 국가의 내정에 간섭할 수 있는 권리를 당시 주요 유럽 열강으로 간주되던 프랑스와 스웨덴에게 부여했다. 따라서 이는 '조건부 주권' 합의였다.[7] 이 평화는 또한 신성 로마 제국의 권위를 제한했지만 제거하지는 않았다. 이것은 제국의 독일 제후들에게 더 많은 자율성을 부여했는데, 그들은 이제 조약 체결을 포함해 자신들만의 외교 업무를 수행할 권한을 가졌지만 그들의 행동이 제국과 황제의 이익을 해치지 않는 한에서만 그러했다.

베스트팔렌의 진화적 성격은 1648년 이후 등장한 세계질서, 특히 비유럽 세계에 대한 유럽의 지배와 관련된 여러 가지 이유에서 중요하다. 우선, 베스트팔렌 이후의 세계는 기독교에 대한 깊은 애착과 비기독교 세계에 대한 유럽의 정신적 우위 개념을 유지했다.[8] 통일되거나 복원 가능한 기독교 세계, 즉 '크리스티아니타스christianitas' 또는 '레스 푸블리카 크리스티아나res publica Christiana'라는 사상은 유럽 기독교 정체성의 근본 기반으로 살아남았다. 새롭고, 겉으로는 세속적인 유럽의 국제질서 개념은 인간의 주체성에 더 많은 우선권을 부여했지만 이것이 중세 시대의 신적 주체성 개념을 대체하지는 않았다. 즉 궁극적으로 세계와 그 안의 모든 것은 신이 하시는 일이라는 것이다.[9] 많은 근대 유럽 사상가들은 세속적 합리주의와 과학적 탐구를 표방했으나 법과 정부에 있어서 인간 주체성의 가능성을 정교하게 설명하면서도 신적 창조에 대한 믿음을 유지했다. 어느 학자가 말했듯이 "현대 국가 이론의 모든 중요한 개념은 세속화된 신학적

개념이다. (⋯) 예를 들어 전능하신 신이 전능하신 입법자가 된 것과도 같다".[10]

다시 말해 완전히 새롭고 평등한 주권국가 체제를 창조했다는 베스트팔렌의 혁명적 이미지는 어느 정도는 신화에 불과하다.[11] 그것은 많은 사람들의 주장처럼 단일하고 결정적인 전환점이 아니었으며, 과거로부터의 근본적 단절도 아니었다. 유럽은 대체로 제국 제도를 비롯해 베스트팔렌 이전의 위계적 통치 원칙을 계속 유지했다.

베스트팔렌의 가장 강력한 유산 중 하나는 유럽이 아닌 그 너머의 세계에 있었다. 이 평화는 유럽 내 전쟁의 주요 원인을 다루었다. 그렇게 함으로써 외부 확장에 더 많은 관심과 자원을 할애할 수 있게 했다. 다시 말해 앞서 언급했듯이 유럽 내 평화는 직접적으로 유럽 외부의 제국주의를 장려했다. 이제 이웃 국가들과 전쟁을 벌일 가능성이 줄어들었으므로, 유럽 열강들은 제국을 확장하고 새로운 식민지를 개척할 수 있었다.[12] 더욱이 베스트팔렌 조약은 항해, 공학, 의학, 지도 제작 분야에서 유럽 국가들 간의 과학 기술 협력을 장려했는데 이는 유럽의 식민지화를 더욱 효율적일 수 있게 했고, 콩고처럼 더욱 먼 곳으로의 진출을 용이하게 했으며, 식민주의자들을 질병에서 보호하는 데도 도움이 되었다.[13]

또한 베스트팔렌 평화조약은 유럽 내부와 외부 모두에서 새로운 권력 위계질서를 만들었다. 이 위계질서는 다음 세기에 걸쳐 더욱 발전하여 유럽협조체제에서 더욱 완결된 형태를 갖추게 되었다. 이 체제 아래에서, 유럽 문제들을 관리하고, 지위가 낮은 유럽 국가들을 지배하며, 더 높은 지위와 권위를 누리는 강대국 계층이 나타났다. 이 강대국들은 그들 사이에 균형을 유지하여, 어떤 단일국가도 그에 맞서는 타 국가들의 연합보다 강력해질 수 없도록 했다. 이러한 유럽의 질서는 점차 '비유럽 세계에 강력하게 투영'되어, 유럽 열강들이 지배하는 국제적 틀을 만들었다. 이로 인해 나머지 세계 대부분이 열등한 지위로 전락했지만 어떤 유럽 열강도 지배권을 장악할 수는 없었다.[14] 이 체제는 역사상 훨씬 후대에 나타났고, 덜 비공식적이며 더 다자적이었지만 고대 근동의 아마르나 강대국 집단과도 어느 정도 유사했다.

강대국 클럽

이러한 권력균형 관리체제는 떠오르는 세계질서에 기여한 유럽의 대표적 성과가 되었다. 근대 유럽이 권력균형 체제를 발명한 것은 아니었다. 그러한 체제는 인도, 중국, 그리스, 로마처럼 역사적 시대 초기에도 존재했다.[15] 그러나 이 원칙이 가장 완전하고 지속적으로 작동한 곳은 근대 유럽이었다. 권력균형은 특정한 단일국가가 지배적 지위를 차지하는 것을 허용하지 않는다는 것을 의미한다. 만약 어떤 국가가 헤게모니를 얻으려 한다면 다른 국가들은 자원을 결집하고 동맹을 형성해서 그 야심 찬 국가를 자신들 수준으로 끌어내릴 것이다. 이것이 영국이 나폴레옹에 대항해서 한 일이며, 그 후에는 오토 폰 비스마르크에, 그리고 더 이후에는 아돌프 히틀러에 대항하여 한 일이다.

그러나 역사적으로 권력균형 체제의 출현은 자동적이거나 필연적이지 않았다. 연합과 동맹을 통해 이를 만들고 관리해야 했다. 이는 특히 다수의 경쟁하는 강대국이 관련되어 있다면 더욱 어려운 일이다. 이 경우, 모든 강대국이 질서 관리에 대한 공통된 이해관계를 공유한다면 협조체제가 나타날 수 있다. 이를 위해 그들은 자신들 간의 갈등을 줄여야 할 뿐 아니라 국제체제 전체에 영향을 미치는 분쟁을 관리하기 위한 규칙과 제도를 개발해야 한다. 이것이 나폴레옹의 패배 이후 개최된 1815년 빈회의에서 영국, 오스트리아, 프로이센, 프랑스, 러시아가 창설한 유럽협조체제가 이전의 강대국 협력 형태와 차별화되는 지점이다.

유럽협조체제는 강대국들이 국제 문제를 규제하는 데 있어 "특별한 지위와 '책임'도 포함되는 특권"을 누려야 한다는 원칙을 확립했다.[16] 이는 네 가지 원칙에 따라 운영되었다.

1. 위기 상황을 관리하기 위해 강대국 간의 다자 협의(회의 외교)에 의존.
2. 강대국의 승인 없이는 영토를 변경할 수 없다는 합의.
3. 국가체제 내의 모든 '중요' 국가들을 보호하겠다는 약속.
4. 모든 강대국은 동등한 지위를 가져야 하며, 어떤 국가도 굴욕을 당해서는 안 된다는 인식.[17]

이러한 규칙들 중 마지막은 나폴레옹의 패배 이후 프랑스가 승전국들에게 일부 영토를 양보해야 했음에도 유럽 강대국 클럽의 일원이라는 지위를 신속하게 회복했다는 것을 의미했다. 유럽협조체제의 회원국들, 특히 러시아와 오스트리아가 국내 혁명이나 또 다른 나폴레옹 같은 지역 헤게모니 장악 시도를 두려워하는 보수 세력이었다는 사실은 그들 사이에 공통된 이해관계를 만들었다. 위 규칙을 적용한 유럽협조체제는 1815~1823년 유럽의 평화를 유지하는 데 잘 작동했지만 그 후로는 쇠퇴했고, 결국 크림 전쟁(1853~1856)으로 붕괴했다. 이는 러시아에 영국, 프랑스, 오스만 제국으로 구성된 연합군이 대항한 전쟁으로, 사르데냐-피에몬테 왕국이 연합군의 하위 파트너로 참여했다.

전쟁 이후의 기나긴 여파 속에서 유럽의 강대국 경쟁은 심화되었고, 1차 세계대전 발발로 이어졌다. 유럽협조체제는 아마르나 체제보다 덜 성공적이었다. 아마르나 체제는 비록 가장 활발했던 기간이 약 30년(BCE 1352~BCE 1322년)에 그쳤지만 근동에서 2세기 동안의 장기적 안정에 기여했다.[18]

유럽협조체제는 유럽 세계질서의 이정표와도 같았지만 그 어두운 면을 잊어서는 안 된다. 이 체제는 강력한 유럽 열강의 의지를 약한 국가들에게 강요했다. 또한 앞서 보았듯이 유럽 국가들에게 비유럽적 이해관계를 추구하는 데 필요한 내부 평화와 협력을 제공했으며, 특히 나폴레옹 전쟁에서 패배한 프랑스의 '두 번째 확장'을 가능하게 했다. 프랑스는 유럽에서 제국을 잃었지만 카리브해, 인도양, 서아프리카 및 인도 여러 지역에서 식민지 영토를 유지하는 것을 허용받았다. 게다가 영국 제국주의의 상당한 확장에 기여하기도 했다. 영국은 대부분의 식민지 영토를 유지했으며 몰타, 모리셔스, 세인트루시아, 토바고, 이오니아제도를 프랑스로부터, 트리니다드를 스페인으로부터, 실론과 케이프 식민지를 네덜란드로부터 획득했다.[19] 이러한 방식으로 식민지 영토를 분할함으로써 빈회의는, 그로부터 70년 후 개최되어 유럽 강대국들 사이에 아프리카를 분할한 베를린회의의 선구자가 되었다. 유럽협조체제는 노예 무역 종식에 기여했다는 사실로도 칭송받았는데, 이것은 영국이 요구한 조건이었지만 앞서 논의했듯이 계약 노동자의 흐름을 증가시켰다.

베스트팔렌 평화조약과 유럽협조체제는 세계질서에 기여한 유럽의 두 가지 주요 공헌이다. 베스트팔렌은 독립국가 체제의 첫 번째 모델은 아니었지만 결국에는 아시아 및 나머지 세계로 확장되어 전 세계에 영향을 미쳤다는 점에서 가장 영향력 있는 모델이었다. 유럽협조체제는 오늘날까지 강대국 협력의 모델로 인정받고 있지만 베스트팔렌 평화조약과 마찬가지로 어두운 면도 있었다. 유럽협조체제는 국내적으로 과거로 회귀하려는 반동적 성격을 띠었고, 베스트팔렌 평화조약처럼 유럽 외부의 제국주의를 장려했다. 이 점에서 둘 다, 유럽에서 등장했지만 유럽 세계질서를 형성하는 데 전 세계적 영향력을 발휘한 강력한 사상인 '문명 표준'을 증폭시켰다.

문명 표준의 어두운 면

문명 표준은 근대 서구 개념과 서구 대 나머지라는 개념의 출현을 뒷받침하는 주요 사상 중 하나다. 그 의미는 혼란스러울 수 있는데 전통적 의미의 문명, 즉 사회의 문자, 농업, 기념비적 건축물, 사회 분업, 도시화 등의 발전과 거의 관련이 없었기 때문이다. 오히려 문명 표준은 유럽인들이 정치적·행정적·군사적·법적 역량에 대한 일련의 기대치를 바탕으로 개발한 틀이었다. 그 근본 사상은 국가가 스스로를 통치하기 위해서는 특정 기준, 즉 유럽 국가들의 법률, 종교적 관행, 재산권, 통치 방식에서 파생된 표준을 충족해야 한다는 것이었다. 그들은 이러한 것들을 너무나 우월하다고 여기며 문명화된 정치 생활의 기준으로 삼았다.

국내 질서를 유지하는 능력 또한 중요했다. 이는 본질적으로 비서구 국가의 영토에 거주하는 유럽인들의 생명과 재산을 보호하는 것을 의미했다. 여기에는 외교 관계를 수행하는 능력, 유럽인들에게 필수적인 계약상 의무를 이행하는 능력, 방어 역량을 개발하는 능력도 포함되었다. 유럽 외 국가들은 대체로 유럽인들이 만족할 만큼 이러한 요구 사항을 충족시키지 못했고, 따라서 이들 국가들을 후진적이거나 야만적인 것으로 간주해 정복과 식민지화의 대상으로 삼았다. 혹은 비정상적 무역 및 영토와 관련한 특권을 유럽인들에게 허용하는 불평등조약을 강요하기도 했다. 그 시민들은 전 세계적으로 유럽인들이 누리는 특권을 가질 자격이 없다고 보았다. 따라서 유럽의 식민지든 중국이나 태국처럼 공식적으로 식민지화되지 않은 국가든, 비유럽 세계에는 문명화된 지위를 적용하지 않았다. 극단적으로는, 특히 일본 같은 야심 있는 강대국이 문명 표준을 충족한다는 것은 권력 정치power politics 게임을 할 수 있는 능력을 갖추는 것을 의미했다.

그림 10: 문명 대 야만: 조셉 우도 케플러, 〈케이프에서 카이로까지From the Cape to Cairo〉(1898년), 《퍽 매거진Puck Magazine》(1898년).

여기서 한 가지 아이러니는 유럽의 문명 표준 정의를 고려할 때 중국과 그 밖의 많은 국가들이 충분히 자격이 있었다는 점이다. 중국은 세계 최초의 중앙 집중식 관료제를 만들었고, 유럽이 차용하고 채택한 능력 기반 시험체제를 통해 운영해 나갔다. 문명 역사 전반에 걸쳐 전 세계 비서구 제국들은 유럽 국가들이 해낸 것보다 더 성공적이지는 않더라도 그것과 동등한 정도까지는 영토를 관리하고 이익을 보호했다. 19세기에는 약화되었지만 인도 무굴 제국과 중국 청 제국은 그때까지도 외교 관계를 충분히 수행할 수 있었다. 그러나 강대국 클럽의 구성원 자격은 순수한 힘을 기반으로 했기에 문명화된 국가 클럽에서는 그 국가들을 배제했다. 이는 사상, 규범, 도덕 원칙과는 거의 관련이 없었다. 그보다는 주로 유럽의 지배에 저항할 힘이 부족하다는 이유만으로 비유럽 국가들을 비문명화된 것으로 간주할 수 있는 인종차별적인 법적 허구였다.

법적 원칙으로서의 문명 표준은 현대 국제법의 기초 중 일부를 형성했다. 유럽인들이 치외법권, 경제 제재, 심지어 무장 개입과 전쟁을 허용하는 불평등조약을 정당화하는 데 인용했기 때문이다. 이는 세계를 국가 자격을 가질 권리가 있는 자와 그렇지 않은 자로 나누기 위해 고안된 개념이었지만 후자의 범주는 다양한 형태로 나타났다. 대부분의 식민지에서는 정부의 기본 업무를 식민지화 세력이 장악했다. 인도에서는 영국군 장교와 공무원들이 통치 관료제의 모든 직책을 차지했다. 강력한 '인도 식민지 공무원 조직Indian Civil Service'은 1차 세계대전 이후에야 인도인들에게 개방했다. 그때까지는 영국이 채용을 담당했고, 소수의 인도인만이 그 과정에 참여할 수 있었다. 한편 '원주민'들은 서기, 병사, 경찰 같은 하위 직책을 맡도록 훈련받았다. 아편 전쟁에서 중국이 패배하면서 외국인 거주지가 개방된 후, 유럽인들은 상하이의 유명한 프랑스 조계지 등의 특별 외국인 거주지에서 자신들의 일을 처리하는 데 치외법권 개념을 이용했다. 이러한 유럽인 거주지는 중국의 관할권에서 벗어나거나 심지어 중국인들과 너무 밀접하게 접촉하지 않도록 자체 경찰과 법원, 클럽, 경마장, 병원 등을 갖추었다. 상대적으로 약한 위치에 있던 비유럽 국가들 대부분은 이러한 체제에 순종했다. 그러나 한 가지 주요 예외가 있었다. 바로 일본이었다.

일본, 서구로 향하다

19세기 후반, 일본은 유럽 문명 표준을 충족시키려는 목적에서 성공적으로 근대화에 성공한 최초의 아시아 국가가 되었다. 일본은 일본 군주제 권력의 부활이라는 더 큰 목표의 일환으로 일련의 개혁을 단행했다. 그리하여 메이지 천황(1867~1912년 통치) 아래에서 일본은 사무라이 제도를 폐지하고, 근대 산업을 구축하며, 전문 군대를 창설했다. 이렇게 경제적·문화적·군사적으로 유럽을 모방하기 위해 일본은 총체적 노력을 기울였다.

일본 개혁의 성공은 다른 나라들에 영감을 주었다. 헤겔 같은 유럽 사상가들은 비서구 국가들의 경우 스스로 문명을 이룰 수 없으며, 서구의 도움으로만, 즉 서구 식민지 지배하에서만 문명화될 수 있다고 주장했다. 메이지 개혁은 그러한 믿음을 무너뜨렸다. 이 개혁들은 아시아 국가가 식민지화되지 않고도 문명을 이룰 수 있음을 증명했다. 이는 특히 아시아의 식민지 국민들에게 적지 않은 중요성을 가지는 일이었다.

그러나 곧 일본의 자기 문명화 임무 노력 뒤의 어두운 이면이 드러났다. 첫째, 메이지 개혁은 일본 엘리트들 사이에, 유럽화하려면 일본이 덜 아시아적이어야 한다는 믿음을 심어주었다. 이는 중국의 영향을 받은 문화적 과거와 아시아적 연계 및 유산을 포기하는 것을 의미했다. 일본 엘리트층의 영향력 있는 일부는 자신들의 나라가 "아시아를 떠나야 한다"는 바람을 가졌으며, 이는 1885년 《지지신보時事新報》 사설에 생생하게 나타나 있다. 익명으로 쓴 이 사설은 신문의 창립자이자 일본의 서구화를 초기에 열정적으로 옹호한 후쿠자와 유키치의 작품으로 널리 알려져 있다.

후쿠자와는 도쿄의 명문 게이오대학교와 전염병연구소 설립자였다. 아마도 후쿠자와의 전염병에 대한 관심을 반영했을 이 사설은 문명의 움직임을 일본에 퍼진 홍역에 비유했다. 홍역이 보통 서쪽 나가사키에서 시작해 동쪽으로 퍼지는 것과 마찬가지로 서구 문명은 멈출 수 없는 기세로 동쪽으로 움직이고 있었다. 하지만 홍역과는 달리 서구 문명의 이점은 그 부정적 영향을 훨씬 능가할 것이다. 그는 조선과 중국 같은 인근 아시아 국가들은 "서구 문명이 동방을 침략하는 가운데 독립국가로 살아남을 수 없다"고 썼다. 이런 이유로 그는 다음과 같이 결론 내린다. "우리는 아시아 국가들의 대열을 떠나 서구의 문명국가들과 운명을 함께하는 편이 낫다."[20]

둘째, 유럽을 경제적으로 모방하는 것만으로는 충분하지 않았다. 유럽이 조직한 문명국가 클럽의 정식 회원으로 인정받으려면 일본은 유럽의 전략적 방향과 역량을 채택해야 했다. 따라서 일본의 산업화는 대규모 군비 증강과 함께 이루어졌다. 이는 국내 안정 유지를 훨씬 뛰어넘어 국제질서 유지에 기여하는 것을 목표로 했다. 적어도 메이지 시대 엘리트와 그 직계 후계자인 히로히토 천황 치하의 쇼와 시대에는 그렇게 느꼈고, 서구 강대국은 그러한 목표를 장려하고 받아들였다. 문명국가 클럽에 가입했다는 상징으로, 일본은 중국 내 외세에 대한 반란인 의화단 운동(1899~1901년) 진압에 파견된 유럽 및 미국 병사들과 함께 행군하도록 병력을 보낼 수 있었다.

또한 일본은 독자적으로 전쟁에서 싸워 이길 수 있는 군사 강국 수립이라는 영감을 받았다. 일본은 러일 전쟁(1904~1905년)에서 러시아를 압도적으로 격파함으로써 이 능력을 입증했다. 이는 전환점이 되었다. 아시아 국가가 유럽 국가를 물리친 최초의 사례였으며, 많은 사람들이 보았듯이 '황인종'이 '주요 백인이자 기독교 서구 제국'을 상대로 승리한 최초의 사례였다.[21] 중화민국의 쑨원부터 독립 인도의 초대 총리가 될 자와할랄 네루에 이르기까지 아시아 민족주의 지도자들도 이에 주목했다. 유명한 흑인 지식인이자 활동가 W. E. B. 뒤 보이스는 더욱 극적으로 "일본의 승리는 '백인'이라는 단어의 어리석은 근대적 마법을 깨뜨렸다"고 말했다.[22]

실제로는, 러일 전쟁은 동양의 서구에 대한 첫 승리가 아니었다. 17세기에 청나라는 네덜란드를 타이완에서 축출했다. 또한 1690년 '차일드 전쟁Child's War'에서 무굴 제국이 영국을 상대로 승리하기도 했다. 1739년에는 무굴의 경쟁자 마라타 제국이 오늘날의 뭄바이 근처에 있던 포르투갈 기지에서 포르투갈군을 몰아냈다. 그러나 동양의 서구 세력에 대한 이러한 승리는 대부분 비교적 중요하지 않거나 단명했다. 이들은 아시아에서 유럽 열강과 식민주의를 변화시키지 못했다. 물론 유럽 제국주의 열강들은 종종 현지 통치자들 및 병사들과 동맹을 맺어야 했다. 예를 들어 포르투갈인들은 인도 말라바르 해안에 처음 도착했을 때 캘리컷의 통치자를 물리치기 위해 코치의 왕과 협력했다. 영국은 인도에서 식민 통치를 확립하고 방어하기 위해 세포이sepoy로 알려진 현지 군대를 광범위하게 사용했다. 그럼에도 이 모든 것이 유럽이 약하다는 인상을 주지는 못했다.

그런데 유럽 열강과의 전쟁에서 승리하는 것만으로는 아시아를 떠나 서구에 합류하려는 일본의 목표를 충족시키기에 충분하지 않았다. 고대 아마르나 강대국 클럽의 회원이 되는 조건이 봉신과 피지배 민족을 갖는 것이었듯이 유럽 문명 클럽에 가입하는 것은 제국주의 없이는 완전할 수 없었다. 그리하여 일본은 식민주의로 눈을 돌려 타이완, 조선, 만주를 점령하고, 이후에는 동남아시아 대부분과 중화민국 절반을 점령했다. 강대국 클럽에 가입하려는 열망은 일본 제국주의의 근본 원인 중 하나였으며, 이는 2차 세계대전으로 이어지는 몇십 년 동안 정점에 달했다. 아마도 일본의 제국주의적 확장은 서구를 모방하여 지위를 높이겠다는 바람 이상의 것이었다. 일부 방어적 동기도 있었다. 백인 제국주의 세력이 제기하는 위협에 대처하고, 메이지 천황의 독일 군사고문 야코프 메켈이 "일본의 심장을 겨눈 단도"라는 유명한 말로 묘사한 조선으로부터의 잠재적 위협을 무력화하려는 열망이 존재했다.[23] 이와 관련해 이전에 일본이 약체이던 시기 서구 강대국에 치외법권을 부여하는 내용으로 체결했던 조약들의 재협상 과정에서 협상력을 높이는 것 또한 목표였다.

그러나 일본은 방어적 목적으로만 제국주의 정책을 추구한 것이 아니다. 일본은 7세기와 8세기에는 광범위하게 중국의 제도를 채용했지만 중국에 대한 문화적 또는 정치적 열등감을 오래전부터 거부해 온 상태였다. 영국과 다른 식민 세력들이 그러하듯 일본은 국내 시장을 보호하고 확장되는 경제에 필요한 원자재를 확보하기 위해 해외로 영향력을 투사하고 싶었다. 이러한 의미에서 일본의 제국주의적 범위가 영국의 것보다 더 방어적이었다는 증거는 없다. 확실히 일본 식민 통치가 채택한 가혹한 조치들 그리고 그들이 저지른 피비린내 나는 학살이 보여준 식민주의의 잔혹성은 공격적 성격을 강력하게 증거한다. 이 점에서 일본이 유럽 열강들을 모방하고 자신만의 식민주의적 야망을 채택한 것은 놀라운 성공이었지만 그 대가는 다른 아시아 민족들에게 돌아갔고, 2차 세계대전의 패배로 결국에는 일본인 자신들도 혹독한 대가를 치르게 되었다.

인종의 발명

유럽 세계질서의 또 다른 핵심 특징은 식민주의가 발전하면서 서구의 나머지 세계에 대한 시각과 구별할 수 없게 된 인종차별주의에서 비롯되었으며, 이는 '서구'라는 근대 사상의 중심이 되었다. 경제적 이득을 위한 식민지 개척과는 별개로, 인종적 우월감이라는 신념은 식민 세력들에게 단순한 이윤 추구를 넘어 세계를 지배할 기반을 구축하도록 더 근본적인 무언가를 제공했다. 백인과 다른 인종 간의 본질적인 차이를 믿는 것은 백인 우월주의를 정당화했을 뿐 아니라 이를 필수적인 것이 되게 했다.

인종차별주의가 근대의 현상인지에 대해서는 논란이 많다. 일종의 원시적 인종차별주의는 고대 그리스와 로마를 포함한 고대 세계에도 존재했을 수 있다. 예를 들어 그리스인들은 '야만barbarian'(그리스어 'barbaroi' 또는 'barbarophonos', 즉 '이해할 수 없는 말을 하는'에서 유래했다)이라는 용어를 단순히 그리스어를 사용하지 않는 사람들을 지칭하는 데 사용했다. 로마어 'barbarus'는 그리스-로마 문명 출신이 아닌 모든 사람에게 적용한 용어였다. 그리스인과 로마인들이 외국인을 열등하다고 여기기는 했으나 '야만인'은 인종적 개념, 특히 피부색에 기반을 둔 개념은 아니었다. 고트족 같은 백인 게르만인들도 페르시아인이나 수단인만큼 쉽게 야만인이라고 칭할 수 있었다. 그러나 완전히 발전된, 표면상으로는 과학적인, 심지어 사회적인 개념으로서의 인종은 근대적 개념이다. 수메르, 인도, 그리스를 포함한 근대 이전 시대의 인종 개념이 생물학적으로 결정되거나 피부색에 기반을 두었는지는 매우 불확실하다.

이슬람 사회는 피부색에 따른 차별을 하지 않았지만 일부는 환경 요인을 고려했다. 9세기 바스라에서 태어난 아랍 작가 알-자히즈는 "아랍인 중에는 흑인 부족도 있다. 백인과 흑인은 환경, 물과 흙의 자연적 속성, 태양과의 거리, 열의 강도에 따른 결과다"라고 썼다.[24] 지리와 환경 조건은 훗날 유럽과 서구에서 나타날 과학적 인종차별주의에도 영향을 미치지만 여기에는 큰 차이가 있다. 과학적 인종차별자들에게 유럽인이라는 것은 오직 백인이고 피부가 밝은 것을 의미했다. 반면 알-자히즈는 아랍인들이 흑인이면서 백인일 수도 있음을 분명히 한다. 특정 형태의 인종차별적 신

넘은 이전에도 존재했지만 근대적 인종차별주의 개념이 발명된 것은 유럽 사상가들이 노예 무역과 식민주의를 정당화하는 데 인종을 이용하면서부터다. 학자이자 트리니다드토바고의 첫 총리였던 에릭 윌리엄스가 썼듯이 "노예제도는 인종차별주의에서 태어난 것이 아니다. 오히려 인종차별주의는 노예제도의 결과였다".[25]

물론 노예제도 자체는 새로운 것이 아니었다. 하지만 앞서 언급했듯이 대서양 노예 무역은 그 규모와 노예를 대우하는 방식에서 과거의 노예제도와는 달랐다. 아마도 더 결정적이고 지속적인 변화는 노예제도의 인종화였을 것이다.

역사적으로 노예제도는 피부색과 분리되어 있었다. 예를 들어 로마 사회의 노예제도는 백인 노예와 피부색이 어두운 노예를 모두 포함했는데, 아마도 전자가 더 많았을 것이다. 이슬람 사회에도 노예제도가 여전히 유행했지만 아랍인들이 많은 백인 노예를 데려왔기 때문에 피부색과는 아무 관련이 없었다. 이집트, 페르시아, 인도, 중국, 유럽을 포함한 대부분의 고대 또는 중세 사회에서는 노예제도를 일종의 전쟁 전리품으로서 정당화했다. 기독교 전통에서는 의로운 또는 정당한 전쟁에서 포로로 잡은 사람들을 노예로 삼는 것이 당연히 수용 가능한 일반적인 일이었다. 아브라함의 노예에 대한 성경적 믿음, 즉 그와 다른 족장들이 하나님의 분노를 초래하지 않고 노예를 소유했던 것도 피부색과 아무런 관련이 없었다.[26]

요컨대, 이전 역사에 원시적 인종차별주의가 존재했을 수도 있지만 15세기 이후에는 '인종'이 유럽 지배하의 세계질서를 조직하는 주요 틀로 빠르게 자리 잡았다. 유럽 정착민들이 아프리카 노예들을 북미와 남미뿐 아니라 카리브해로 수입하면서 피부색에 기반한 인종차별주의는 노예제도로부터 강력한 추진력을 얻었다. 초기에는 경제적 동기가 인종적 동기보다 중요했다. 식민지 개척자들은 자신들의 농장에서 일할 아메리카 원주민이나 유럽인을 구하는 데 어려움을 겪었다. 아메리카 원주민의 경우, 일부를 노예로 붙잡긴 했으나 그들을 노예 상태로 유지하는 것은 극도로 힘들다는 사실이 입증되었다. 자신들의 땅과 환경에 익숙한 그들은 쉽게 탈출하거나 정착민들에게 대항해 무장 저항을 조직할 수도 있었다. 농장에서 일할 유럽인 노동자들을 대규모로 수입하는 것은 해결책이 아니었다. 말하자면 그들은 "그 일을 원하지 않았다". 반면 아프리카 노예들은 일단 그들의 포획과 신세계로의 수출이 상업화되면서 풍부하고 저렴해졌다. 그들은 도망갈 곳이 없었고, 도망쳤다 해도 쉽게 다시 붙잡을 수 있었다. 이렇게 대서양 횡단 노예제도가 성장하고 제도화되면서, 경제적·실용적 이유로 시작된 관행을 정당화하기 위해 인종적 정당화가 도입되었다. 유럽 정착민들은 노예제도를 흑인과 연관시키게 되었다.

　이러한 조건들이 아메리카 대륙 전체에 적용되었지만 차이점도 있었다. 남아메리카에서는 스페인 정착민들이 원주민 여성들과 빠르게 결혼을 했지만 9장에서 언급했듯이 이때 여성들이 항상 자발적 의지대로 한 것은 아니었다. 북아메리카에 비해 여성 노예의 비율과 출생률이 낮았기에 훗날 식민 통치자들은 원주민, 수입한 아프리카 노예, 유럽인들 사이의 더 광범위한 결혼과 사회적 혼합을 허용하게 되었다. 이로 인해 메스티소mestizo(원주민과 유럽계 사람들), 물라토mulatto(유럽인과 아프리카인), 잠보zambo(아프리카인과 원주민) 같은 새로운 인종 범주가 생겨났다. 스페인령 아메리카의 노예들은 노예제도에 반대하기 시작한 가톨릭교회에서도 어느 정도 보호를 받았다. 스페인령 남아메리카에서의 노예제도는 쿠바를 제외한 나머지 지역에서 1850년까지 완전히 폐지되면서 미국보다 일찍 막을 내렸다.

그림 11: 케이프타운에서의 노예 경매 공고(스텔렌보스 마을 박물관, 남아프리카 공화국 스텔렌보스).

반면 영국이 지배하던 북아메리카 지역에서는 인종 혼합이 공공하게 존재하는데도 공식적으로는 이를 금지했다. 토머스 제퍼슨이 자신의 흑인 노예 샐리 헤밍스와의 사이에서 여러 자녀를 둔 것은 대표적 사례다. 그러나 그 결과는 20세기 후반까지 대규모로 지속된 제도화된 인종 분리와 공식적 인종차별주의로 이어졌다.

이와 함께 남부 주들에서 면화와 담배 경제를 위해 노예제도를 유지해야 할 경제적 필요성이 더해지면서 인종과 인종차별주의 개념은 미국에서 훨씬 더 강력하고 지속적인 현상이 되었다. 카리브해 지역 전문가 힐러리 베클스는 노예제도가 인종차별적 형태로 전환된 곳으로 바베이도스 섬을 지목한다. 이는 백인의 계약 노동이 동산 노예제도로 대체되면서 일어났다. 자유를 의미하는 백인white이라는 단어는 기독교인Christian, 영국인English, 아일랜드인Irish 등을 대신하며 대중화되었다. 이에 상응하여 백인과 대조적으로 자유롭지 않음을 의미하는 흑인Black이라는 용어가 더 대중화되면서 기니guinea나 니그로negroe를 대체했지만 미국에서는 니그로라는 단어도 여전히 널리 사용했다. 바베이도스에서는 백인 여성이 노예 아이를 낳으면 안 되기 때문에 물라토 아이들, 즉 백인 여성과 흑인 남성 사이의 자녀는 자유인으로 태어났다. 노예 신분은 흑인 여성을 통해 대대로 이어졌다. 1660년대에 찰스 2세가 유럽 정착민들에게 캐롤라이나를 식민지로 '하사'한 후 바베이도스 설탕 귀족*들이 캐롤라이나로 이 모델을 전파했다.[27] 여기서 이 체제는 미국 다른 지역으로 퍼졌다. 이것이 토머스 제퍼슨과 그의 노예 샐리 헤밍스와의 사이에서 태어난 자녀들이 노예였던 이유를 설명한다. 헤밍스 자신도 백인 아버지 존 웨일즈와 그의 물라토 노예 엘리자베스 헤밍스 사이에서 태어났으므로 흑인으로 정의되었다.

유럽인들이 노예 무역에 종사하는 동안, 유럽 철학자들은 노예제도를 위한 지적 정당화를 마련해 주었다. 따라서 적어도 간접적으로는 인종차별주의를 정당화하는 것을 도왔다. 그들 중에는 자유주의를 창시한 철학자 중 하나인 존 로크가 있다. 런던에 본거지를 둔 로크는 캐롤라이나(캐롤라이나는 1712년까지 분할되지 않고 캐롤라이나 속주로 알려졌으며, 버지니아와 플로리다 사이의 많은 땅을 포함했다)의 식민주의자들 중 핵심 인물이던 섀프츠베리 경의 비서였다. 로크는 '캐롤라이나 소유주위원회Lords

---

* 17~19세기 바베이도스에서 설탕 산업을 통해 막대한 부를 축적한 영국계 식민지 귀족을 말한다.

Proprietors of Carolina'(1668~1671)와 '무역 및 식민지위원회Council of Trade and Plantations'(1673~1674) 비서, 무역이사회Board of Trade 위원(1696~1700)으로 재직했다. 또한 그는 노예 무역에 종사한 왕립아프리카회사Royal African Company(1671)의 투자자이기도 했다. 그는 〈캐롤라이나 기본 헌법〉 초안자였는데 1669년 그의 고용주 섀프츠베리 경을 포함한 캐롤라이나 귀족 여덟 명이 이를 채택한다. 그 헌법의 110조는 다음과 같이 명시했다. "캐롤라이나의 모든 자유인은 어떤 의견이나 종교를 가졌든지 간에 자신의 흑인 노예에 대한 절대적인 권력과 권한을 가진다."[28]

이러한 말들이 중요했던 이유는, 처음으로 노예제도를 특정 인종과 명시적·헌법적으로 동일시했기 때문이다. 그리고 기독교인이 동료 기독교인을 노예로 삼는 것을 금지한 과거의 일부 명령과는 상반되게도 기독교인이 된다고 해서 흑인이 노예제도에서 면제받지 못함을 분명히 했기 때문이다.

로크의 유산은 특히 중요하다. 그는 자유주의 전통의 위대한 사상가로 인식될 뿐 아니라 대서양 양쪽에 엄청난 영향을 미친 인물이기 때문이다. 토머스 제퍼슨이 "생명, 자유, 행복 추구"라는 말을 〈미국독립선언〉에 넣었을 때 그는 로크의 《인간 이해에 관한 에세이An Essay Concerning Human Understanding》에서 영감을 받았지만 로크의 원문은 "생명, 건강, 자유 (…) [그리고] 소유물"이었다.[29]

로크의 옹호자들은 그가 왕립아프리카회사 지분을 소유하게 된 것은 그에게 지불할 현금이 부족했던 영국 왕의 보상이었으며, 로크는 3년 후 그 지분을 팔았다고 주장한다. 1689년에 출판된 그의 《정부에 관한 두 번째 논고Second Treatise of Government》(초기 저작에 기반했을 수 있다)에서 로크는 노예제도를 "매우 비열하고 비참한 제도"라고 비난했다. 캐롤라이나와 관련된 작업이 끝난 후 '버지니아 무역이사회Virginia's Board of TrCEe' 의장이 된 그는 노예나 하인을 데려온 정착민에게 토지를 보상으로 주는 버지니아의 노예제 지지 법률에 반대했다.

로크가 노예제도를 '비열하다'고 생각하면서도 〈캐롤라이나 기본 헌법〉에서 노예제도의 제도화를 도왔다는 사실 자체는 도덕적 용기가 부족했음을 극명하게 보여준다. 그런데 계몽주의 사상의 다른 주요 인물들은 분명 인종차별자였다. 독일 철학자 임마누엘 칸트는 "인류는 백인종에게서 가장 위대한 완전성을 지닌다"고 믿었던 반면 "황색 인디언들은 재능이 적고" "흑인들은 열등하다"고 했다.[30] 그는 또 다른 유명한 계몽주의 합리론 철학자 데이비드 흄을 인용하여, "아프리카 흑인들은 본성적으로 하찮은 수준을 넘어서는 감정을 갖지 못한다. (…) 예술이나 과학 또는 기타 가치 있는 분야에서 위대한 성취를 보여준 사람을 단 한 명도 찾을 수 없었다"고 주장했고, 백인종과 흑인 아프리카인의 차이는 "정신적 능력에 관해서는 피부색만큼이나 크다"고 했다.[31] 칸트가 흄을 인용한 것은 계몽주의 합리론 사상가들이 서로의 인종차별주의를 부추기는 경향을 보여준다는 면에서 흥미롭다.

칸트의 인종차별주의는 그가 로크와 달리 반제국주의자였다는 이유로 옹호받을 때가 많았다. 그러나 칸트는 비非백인 인종이 주권을 가질 자격이 있으려면 먼저 유럽 수준으로 문명화되어야 한다고 믿었다. 칸트 옹호자들은 그의 지리학 및 인류학 저작만이 노골적으로 인종차별적이었고, 정치나 윤리에 대한 저작에는 인종차별적 발언이 없었다고 주장한다.

그럼에도 칸트와 로크의 노예제도에 대한 관용은 당시 기준으로 판단해도 여전히 문제가 된다. 동시대인들 중 일부가 그들과 심히 의견을 달리했다는 단순한 이유 때문이다. 예를 들어 요한 고트프리트 폰 헤르더는 칸트의 과학적 인종차별주의를 명시적으로 거부하며, "인간 형태에는 다양성이 있다 해도 지구 전체에 걸쳐 동일한 한 종의 인간이 존재한다"고 주장했다.[32] 영국 철학자이자 로크와 개인적 친분이 있는 제임스 티렐은 그의 《군주제가 아닌 가부장제Patriarcha non monarcha》에서 노예들, 심지어 정의로운 전쟁에서 붙잡힌 노예들도 "자유와 일반적인 삶의 안락함"을 거부당하면 정당하게 주인을 죽일 수 있다고 주장했다. 그리고 그러한 안락함이 주어지지 않는다면 (티렐이 언급한 바베이도스에서처럼) 그들은 "가능하다면 합법적으로 도망칠 수 있다"고 했다.[33]

이러한 예외가 있음에도 로크와 칸트는 서구 전역의 많은 사상가들이, 심지어 정치적 반대자들끼리도 공유한 인종차별적이고 제국주의적 견해를 가진 집단에 속했다. 이들 중 일부는 어떤 면에서는 식민주의를 반대하면서도 다양한 구실과 조건하에 비백인 민족의 정복을 지지했다.[34] 예를 들어 존 스튜어트 밀은 '관용적 제국주의tolerant imperialism'라는 생각을 발전시켰는데, 이는 식민지 주민들 삶을 개선한다면 식민지화를 허용할 수 있다는 주장이다.[35] 그는 인도 국민은 유럽 문명의 방식을 채택할 경우에만 독립할 자격이 있다고 믿었다.

저명한 영국 경제학자 J. A. 홉슨은 제국주의를 너무 민족주의적이고 수익성이 없다고 비판했지만 "문명화된 백인 국가들의 '하위 인종'에 대한 모든 간섭이 일단 보기에는 불법적인 것이 아니다"라고 주장했다. 그의 제국주의에 대한 반대는 오직 백인 국가들의 **사기업**이 비백인 국가들의 자원을 통제하는 문제에만 해당된다. 오히려 그는 "문명화된 [백인 국가들의] 정부는 세계의 이익을 위해 그러한 자원이 필요하다는 이유로 하위 인종에 대한 정치적·경제적 통제를 맡을 수 있다"고 보았다.[36]

영국 자유주의 사상가 노먼 에인절은 인도와 이집트에 대한 영국 제국주의가 정당하다고 주장했다. 이 국가들이 다른 나라들과의 사회적·경제적 협력을 발전시킬 수 없었기 때문이다.[37] 이 두 나라가 타국들과의 튼튼하고 오랜 무역 및 정치적 교류로 유명했음에도 에인절은 그 경우 영국의 군사 정복이 유익하게 작용했다고 주장했다. 영국 제국주의 덕분에 "열등한 [인도] 인종이 살아남았을 뿐 아니라 정복 덕분에 추가적인 삶의 기회를 얻었다".[38]

독일 관념론 철학자 헤겔은 세계사의 세 단계를 통해 이성과 의식에 대한 인종화된 범주를 구성했다. 그는 첫 번째 단계를 동양의 전제주의와 폭정에, 두 번째 단계를 그리스-로마 문명(초기의 서구)의 불완전한 자유에, 세 번째 단계인 지식과 자유의 가장 높은 단계를 게르만족/유럽 문명에 동일시했다.[39]

미국식 민주주의에 크게 매료된 프랑스 사상가 알렉시스 드 토크빌은 알제리에 극도로 폭력적이던 유럽의 식민지화를 옹호했다. 그는 다음과 같이 썼다. "알제리에 유럽인들이 자리 잡기 전까지는 우리는 그곳 [아프리카]에 결코 정착하지 못하고 아프리카 해안에 임시로 머물 것이다. 따라서 식민지화와 전쟁은 함께 진행되어야 한다." "무역을 봉쇄한 다음에 그 지역을 초토화하는 것"이 행동 방침이었다. 그는 이것을 어떻게 달성해야 하는지 구체적으로 언급했다. "수확기에 수확물을 망치거나 사람이나 가축 떼를 빼앗을 목적으로 일 년 내내 라지아razzias라고 하는 급습을 자행하는 방식이다." 그는 유럽인들에게 이것이 실패하면 "영구적 인구 집합체와 유사한 모든 것, 즉 도시를 파괴하라"고 촉구했다.[40]

또 다른 프랑스 철학자 장 자크 루소는 최초로 북미를 탐험한 유럽 탐험가들의 기록에 기반해 '고귀한 야만인'이라는 사상을 만들어냈다. 고귀한 야만인은 "문명화 과정"의 "초기 단계"에 있는 사람으로, 그의 마음은 "문명이 기록될 백지상태였다. '야만인' 또는 미개인은 아직 문명화되지 않았지만 유럽에서 봉건 귀족의 특징이라고 할 온유함과 관대함이라는 '자연적' 인간 감정을 지녔기에 고귀했다".[41] 초기의 고귀한 야만인에 대한 고정관념은 그들을 "유럽 문명이라는 더 높은 단계로 이어지는 진화적 발전의 초기 단계"에 위치시켰다. 나중에는 그러한 인식이 바뀌어 야만인들을 더 이상 고귀한 것으로 여기지 않았다. 그저 "인간 이하임을 연상시키는 생물학적 한계"에 고착된 단순한 야만인으로 간주함으로써 이들은 정신적으로나 문화적으로 백인보다 영원히 열등한 상태로 머물도록 운명 지어진 존재가 되었다.[42]

인종차별주의는 서구의 고정관념에서도 나타났는데 그중 일부는 유럽 중심적 글들과 문화적 영향력 때문에 오늘날까지도 지속된다. 중국, 인도, 아프리카, 콜럼버스 이전 아메리카, 이슬람 사회를 포함한 비서구 사회들은 비합리적이고, 게으르고, 비생산적이고, 이국적이고, 부패하고, 전제적이고, 미성숙하고, 야만적이고, 고립되어 있고, 수동적이고, 여성적인 것으로 인식된다. 반면 서구 사회는 합리적이고, 문명화되고, 근면하고, 생산적이고, 성숙하고, 발전적이고, 진보적이고, 민주적이고, 역동적이고, 남성적인 것으로 그려졌다.[43] 이러한 인종적 고정관념화 경향은 언론, 사회과학, 예술 전반에 만연했다. 서구 예술은 진보적이고 개인주의적인 것으로, 반대로 비서구 예술은 변화가 없고, 지속적이거나 반복적이며 집단적인 것으로 보았다. 이러한 믿음 중 일부는 에드워드 사이드의 고전 저서《오리엔탈리즘Orientalism》이 훌륭하게 포착했듯이 동양에 대한 유럽의 상상 속에서 지속되었다.[44] 사이드가 서구적 관점을 묘사한 바에 따르면 동양 전체는 "활동적이고 우월한 서구 문명에 지배당해야 할 수동적 상징"이었다.[45] 국제 문제에서 이것은 노예제도와 식민지화를 정당화하는 근거가 되었고, 유럽 문명 표준 원칙의 기초를 형성했다.

식민주의가 진행됨에 따라 인종차별주의는 과학적 근거로 널리 받아들여지며 정당화되었다. 초기 인종차별주의는 피부색이나 문화의 차이에 기반을 두었지만 이제 과학적 인종차별주의는 사람들이 생물학 또는 환경 요인으로 인해 신체적 또는 정신적으로 우월하거나 열등하다는 믿음을 추가했다. 과학적 인종차별주의는 유전학 및 생물학(또는 우생학) 분야의 개념과 기후 및 물리적 환경 분류를 사용하여 인종을 정의하고 분류했다.

인종차별주의와 그 지적 정당화는 세계질서에 대한 서구의 시각을 형성하는 데도 강력한 영향을 미쳤다. 19세기 후반에서 20세기 초에 등장한 영향력 있는 지정학 사상 학파도 이에 기여했다. 이 관점의 주요 옹호자로는 영국 지리학자 해퍼드 매킨더와 미국 해군 장교이자 작가 앨프리드 세이어 머핸을 들 수 있다. 이들은 모두 동아시아 '황색 위협yellow peril'이 서구를 장악하거나 적어도 잠식할 가능성으로부터 백인종을 보호하는 데 관심을 가졌다.

맥킨더는 육지로부터의 위협을, 머핸은 해군력의 중요성을 강조했다. 맥킨더는 "매우 실제적 의미에서 유럽 문명은 아시아의 침략에 대한 세속적 투쟁의 결과"라고 믿었다.[46] 머핸은 "우리가 정당하게 자랑할 수 있는 유럽과 미국 문명"인 서구를 "야만의 사막 한가운데에 놓인 오아시스"에 비유했다.[47]

맥킨더의 '심장부 이론heartland theory'은 세계를 일련의 동심원으로 구상했으며, 동유럽과 러시아가 그 '심장부'였다. 이 지리적 지역의 통제권을 확립할 수 있는 어떤 국가도 이를 '중심' 삼아 전 세계를 통제할 수 있다고 보았다. 머핸은 강력한 해군 건설과 전략적 방어 역량 구축을 통한 '해군 강국'을 주장했다. 그는 동양이 어떤 형태의 거점도 확보하지 못하도록 세계 곳곳의 '요충지'를 장악할 것을 촉구했다. 머핸은 특히 중국이 제기하는 위협을 두려워했다. "동양의 상황과 민족성을 잘 아는 해외 주재 군인들은 현재 침체 상태에 있는 중국이라는 거대한 집합체가 과거처럼 야만적 침략의 물결로 문명을 파괴하려는 충동에 휩쓸릴 날이 올까 봐 우려한다."[48]

맥킨더와 머핸이 동방으로부터의 위협에 초점을 맞춘 반면 카를 하우스호퍼, 프리드리히 라첼, 루돌프 셸렌을 비롯한 또 다른 작가 그룹은 국가의 생존에 필요한 공간을 강조함으로써 민족주의 지도자들을 지지하는 '유기체 국가론organic-state theory'을 제안했다.[49] 나치 외교 정책에 영향을 미친 하우스호퍼는 독일이 더 많은 레벤스라움Lebensraum, 즉 '생활 공간'을 확보하기 위해 확장해야 하며, 그 과정에서 인접 국가들의 영토와 민족을 '게르만화'해야 한다고 주장했다.

유럽의 확장주의와 인종차별주의가 결합된 곳은 태평양의 섬들이었다. 광대한 해상 공간에 퍼져 있는 이 섬들은 잉카나 서아프리카에 필적할 만한 주요 제국으로 발전하지는 못했다. 그러나 아프리카나 아메리카 원주민 사회처럼 공동체주의적 세계관과 자연환경과의 강한 친화력을 공유하는 전통적 추장국이 그들을 통치했다. 동시에 태평양의 섬들은 유럽인들에게 발견되기를 기다리는 고립된 실체가 아니었다. 그들은 서로 간에 그리고 동남아시아와도 광범위한 이주, 문화, 상업적 유대를 발전시켰다.

이 지역에 진입한 유럽인들은 그 주민들을 원시적이라고 생각했으며, 피부색에 따라 어느 정도 차등을 두었다. 서태평양의 '멜라네시아Melanesia'라는 이름은 심지어 주민들의 피부색에서 따온 것으로 멜라네시아는 그리스어로 '검은 섬들'을 의미한다. 이와 달리 '많은 섬들'을 의미하는 '폴리네시아Polynesia'는 어느 학자가 말했듯이 "풍요와 (…) 이국적인 것들로 특징지어졌고, 매력적으로 야만적이고, (반나체의) 수동적 여성미를 지닌 폴리네시아 공주로 의인화되었다".[50] 멜라네시아 노동자들을 피지와 퀸즐랜드의 설탕 농장에서 일하도록 데려오는 사업은 '블랙버딩blackbirding'이라고 칭했다.

1697년 영국 해적 탐험가 윌리엄 댐피어는 베스트셀러 《세계를 일주하는 새로운 항해A New Voyage Round the World》에서 서호주 "원주민"을 "세상에서 가장 비참한 사람들"이라고 묘사하며, "그들은 짐승과 거의 다르지 않다. (…) 그들은 검고 (…) 큰 머리, 둥근 이마, 큰 눈썹을 가졌다. 그들의 눈꺼풀은 항상 반쯤 감겨 있어 파리를 막는다"고 덧붙였다.[51] 호주 원주민의 운명은 제임스 쿡 선장이 1770년 호주 남동부 보터니만에 도착하여 그 땅을 '테라 눌리우스terra nullius'(무주지無主地)라고 선포하면서 결정되었다. 유럽의 기준(재산 소유 및 농업 포함)에 따라 문명을 소유한 주민이 없다고 보았고, 따라서 식민지화할 가치가 있다고 여겼기 때문이다.[52]

그러나 폴리네시아의 타히티인에 대한 유럽인들의 견해는 달랐다. 이들은 군주제와 사제 계급 등 유럽인들이 인식 가능한 제도를 갖추었을 뿐 아니라 "신체적 외모가 유럽인의 취향과 일치"했다.[53] 또한 타히티인들은 자연 그대로의 평화로운 환경에서 행복, 자급자족, 자유를 누리며 사는 사람들로, 유럽인들의 '고귀한 야만인' 개념에도 잘 부합했다. 태평양의 다른 곳에서 발견하곤 하는 '식인종' 마오리족이나 '머리 사냥꾼' 멜라네시아인 같은 야만적이고 폭력적인 '잔혹한 야만인'과는 그들이 다르다고 보았지만 이러한 구분이 타히티인들을 프랑스 식민 통치에서 구해 주지는 못했다.

남태평양 지역에도 역시 아메리카 대륙의 정해진 패턴, 즉 유럽 식민지화와 함께 등장하는 원주민 인구 감소와 문화 파괴가 뒤따랐다. 일부 작가들은 태평양에서는 덜 심각했다고 주장하지만 유럽인들이 가져온 질병이 막대한 피해를 입혔음은 분명하다.[54] 1788년 이전 호주 원주민 및 토레스 해협 섬에 거주하던 인구의 추정치는 31만 5000명에서 100만 명 이상에 이르며, 최근의 연구에서는 75만 명으로 추정한다. 이 인구는 "새로운 질병, 억압적으로 자주 자행되는 잔혹한 대우, 강탈, 사회적·문화적 혼란 및 해체의 영향으로 극적으로 감소했다".[55] 뉴질랜드에서는 토착 마오리족 인구가 1769년 약 10만 명에서 1896년 4만 2000명으로 줄었다. 1797년 타히티 인구는 유럽인들이 발견할 당시보다 4분의 3이 줄어들었다. 1860년 이전의 자료는 타히티, 모레아, 마르키즈제도 등 태평양 섬 지역에서 유럽 식민지화로 인한 인구 감소가 20~70퍼센트에 달했음을 보여준다.[56] 세상을 인종적 렌즈를 통해 보는 경향을 고려하면, 유럽인들이 원주민들이 질병의 영향을 견디지 못한 것을 문명의 부족 때문이었다는 시각으로 바라본 것도 당연하다. 따라서 아크달 레이드 박사는 1912년 맨체스터 병리학회 토론에서 "전염병에 대항하도록 진화를 겪은 인종만이 문명화될 수 있다"고 발언하기도 했다.[57]

인구 감소와 함께 문화적 활력도 상실되어갔다. 물론, 유럽인 유입이 많지 않고 영구적이지 않은 곳에서는 공동체적 가치와 사회적 관계를 중시하는 태평양 원주민 문명의 측면들이 살아남았다. 그러나 기독교 전파와 함께 유럽의 법률과 총기가 도입되면서 전체 지역에 중대한 변화를 일으켰다. 주민들이 먹는 음식, 옷차림, 믿는 것, 생활 방식에 이르기까지 모든 것이 변했다. 쿡 선장 자신도 "우리는 이미 악덕에 빠지기 쉬운 상태인 그들의 도덕을 타락시키고, 그들이 이전에 알지 못했던 결핍과 아마도 질병이 그들 사이에 끼어들게 함으로써, 그들과 그 선조들이 누려온 행복한 평화를 방해하는 것일 뿐이다"라고 조롱 투로 기록했다.[58]

호주 원주민의 육체적·문화적 파괴는 훨씬 더 심했다. 멜버른의《아르구스The Argus》편집자 에드워드 윌슨은 1856년 3월 16일 칼럼에 이렇게 썼다.

20년도 채 되지 않아 우리는 그들을 지구상에서 거의 쓸어버렸다. 우리는 그들을 개처럼 쏘아 죽였다. 우정이라는 가면 아래에서 우리는 그들의 음식에 부식성 물질을 넣어 부족 전체를 끔찍한 죽음의 고통으로 몰아넣었다. 우리는 그들을 주정뱅이로 만들고, 성인의 뼈를 썩게 하고, 태어난 몇 안 되는 아이들을 출생 순간부터 슬픔과 고통을 안겨주는 질병에 감염시켰다. 우리는 그들을 자신들의 땅에서 추방하고, 완전한 절멸로 빠르게 몰아넣고 있다.[59]

요컨대, 제국도 노예제도도 유럽이나 서구의 새롭거나 독특한 창조물은 아니었다. 새로웠던 것은 이 두 제도와 인종차별주의 사이의 상생하고 상호 강화하는 연결이었다. 제국, 노예제도, 인종차별주의의 교차점에서 태어난 문명 표준이라는 원칙은 유럽 세계질서를 조직하는 주요 틀로 자리 잡았고, 본질적으로 오늘날까지 지속되는 서구 사상의 핵심이 되었다.

그러나 서구 세계질서가 순전히 유럽적 사상으로만 남은 것은 아니다. 미국이 세계 강대국으로 부상하면서 서구라는 개념은 오히려 강화되었다. 또한 서구는 전통적 식민 제국의 존속을 필요로 하지도 않았다. 사실, 2차 세계대전 이후의 탈식민지화 과정은 서구에 새로운 동력과 결속을 부여했다. 이는 유럽과 미국이 소련의 도전뿐 아니라, 더 중요하게는 이전 식민 통치자들에게 대항해 자신들을 주장하는 신생 독립국들의 도전에 직면했기 때문이다.

유럽 식민주의의 붕괴

미국이 어떻게 부상했는지 그리고 탈식민지 국가들이 어떻게 세계질서를 재편했는지 논하기 전에, 탈식민지화가 어떤 방식으로 이루어졌는지 주목할 필요가 있다. 유럽 제국주의의 붕괴는 신속하지도, 널리 예측되지도 않았다. 19세기 후반, 가장 큰 제국이던 영국은 여전히 활기차게 살아있었고, 영국 제국 연방에 대한 논의로 이어졌다. 이 놀라운 현상에 대해 설명하는 많은 말들이 있다.

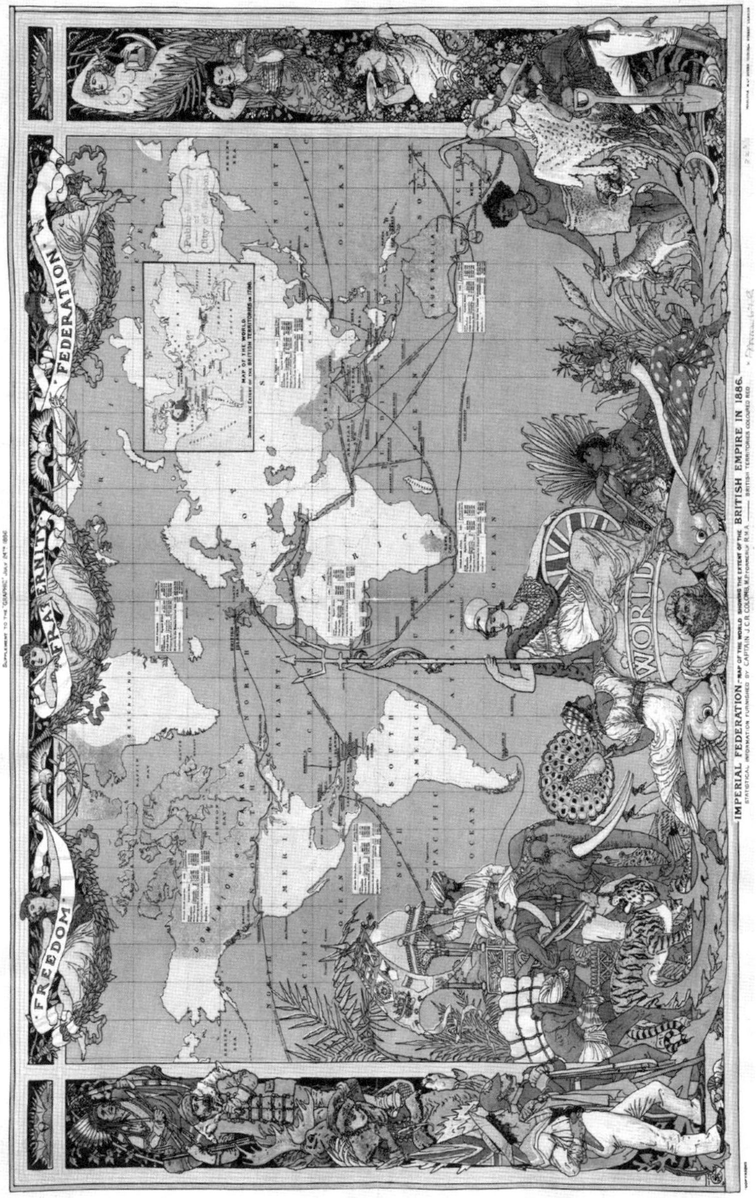

그림 12: 1886년 '영국 제국 연방'의 시각화.

가장 일반적인 설명은 두 차례의 세계대전으로 인한 유럽 식민 열강들의 피로도에 초점을 맞춘다. 이로 인해 해외 제국 유지 비용을 감당하기 어려웠다는 것이다.[60] 그러나 영국을 포함한 유럽 열강들은 제국을 포기하지 않고 식민지를 이용해 전후 복구를 가속화할 계획이었다.[61] 이는 영국과 프랑스의 지정학적 논리를 통해 강화되었다. 그들은 미국과 소련이 지배하는 새로운 양극 세계에서 식민지 영토를 유지하거나 회복하지 못하면 강대국 지위를 잃고 소련과 중국이 지원하는 공산주의 정권 장악에 길을 열어줄까 봐 두려워했다.[62]

이와 관련된 두 번째 설명은 제국의 수익성 감소와 연관이 있다. 18세기 스코틀랜드 경제학자 애덤 스미스는 제국은 수익성이 없다고 주장했다. 스미스로부터 약 1세기 후, 제국의 열렬한 옹호자이던 영국 보수당 지도자 벤저민 디즈레일리는 사람들이 "잉글랜드 왕관의 보석 중 인도 소유만큼 값비싼 비용이 드는 것은 결코 없었다"고 말하는 것에 불만을 토로했다.[63] 그 견해에 동의하지 않는다 해도 디즈레일리의 불만은, 제국의 경제적·정치적 가치가 영국 내 제국 논쟁의 핵심 쟁점이었음을 보여주었다. 영국 정치인 데니스 힐리(1980~1983년 노동당 대표 역임)는 이러한 견해를 다음과 같이 요약했다. "일찍이 1880년에 영국 제국은 영국 본토에 투자하는 것보다 낮은 경제적 수익을 내고 있었고, 이를 유지하기 위해 영국 납세자들은 다른 선진국 시민들보다 2.5배 더 많은 돈을 국방비로 지불하고 있었다."[64]

그러나 두 차례 세계대전 전후에도 유럽 엘리트와 지도부 내에는 식민주의를 확고히 옹호하는 사람들이 남아 있었다. 그들 중 가장 저명한 인물은 윈스턴 처칠이다. 그는 영국 제국주의가 무정부 상태와 세계 무질서에 대한 방벽이라고 주장했으며, 1942년 "나는 영국 제국의 청산을 주재하기 위해 영국 국왕의 총리가 된 것이 아니다"라고 말하기도 했다.[65] 영국이 '보석' 인도를 포기하기 불과 5년 전의 발언이었다. 그러나 영국은 2차 세계대전 이후에도 전 세계 식민지 몇십 개를 유지하다 마지못해 포기했을 뿐이다. 영국은 자금 세탁의 천국으로 악명 높은 케이맨제도를 비롯해 카리브해 영토 다섯 군데와 인도양의 디에고 가르시아를 계속 점령했다. 영국은 미국에 디에고 가르시아를 임대해 중동과 아프리카에 대한 서구의 군사 개입을 위한 중요 거점으로 활용하도록 했다. 서구 지도자들은 피로도를 호소하면서도 대체로 자신들의 식민 제국을 유지하거나 전쟁 전후 일본이 점령한 영토를 회복하기를 원했다. 처칠은 인도를 굳게 붙잡고 싶어 했다. 프랑스인들이 인도차이나에서 그랬듯이 네덜란드인들은 인도네시아에서 통치권을 회복하기 위해 최선을 다했다. 영국은 한때 세계 최대의 주석과 천연고무 공급원이던 말라야(오늘날 말레이시아와 싱가포르를 포함)를 1957년까지 독립시키지 않았으며, 석유 부국이자 영국 보호국이던 브루나이는 1984년에야 독립할 수 있었다.

식민주의 종식에 대한 세 번째 설명은 제국에 대한 서구의 도덕적 혐오와 관련이 있다. 서구에도 분명 그러한 감정이 일부 존재했지만 이때 탈식민지화를 유럽의 위대한 자선 행위처럼 묘사한다. 현실적으로 유럽에서는 식민주의에 대한 반감을 보편적으로 공유하지 않았으며, 식민지화에 대한 대부분의 반대 의견은 식민지화가 주는 물질적 이점의 감소와 동시에 발생했다.[66]

국민이 자신들의 국가와 정부를 선택할 권리인 민족자결 사상을 고찰해 보자. 이 원칙은 구 식민지들의 독립을 수용하도록 이끌었다는 공로를 인정받는다. 그러나 이는 원래 유럽 사회와 세계질서를 위한 것이었다. 프랑스혁명에서 비롯된 민족자결 사상은 각기 다른 영토를 통일하거나 민족적·인종적 경계에 따라 분할함으로써 유럽을 안정시키는 데 도움이 되었고, 캐나다와 호주처럼 주로 백인들이 정착한 유럽 식민지에도 이를 적용했다. 따라서 이것은 그 자체로 깊이 인종차별적 원칙이었으며, 비백인들에게 자치권을 부여하기 위한 것이 아니었다.

또한 1919년에 설립되고 주로 오스만 제국의 옛 영토에 적용된 국제연맹의 위임통치체제mandate system는 대부분 독립으로 이어지기 위한 것이 아니라 승전한 서구 국가들에게 패전국에 대한 통제권을 넘기기 위함이었다. 명분은 이들 영토에 "근대 세계의 험난한 조건 속에서 아직 자립할 능력이 없는 민족들이 거주하고 있으며" 따라서 "문명의 신성한 신sacred trust of civilization" 아래 두어야 한다는 것이었다. 이는 문명 표준 원칙을 거의 직접적으로 인용한 말이다.[67]

요컨대, 탈식민지화에 대한 유럽의 지지는 기껏해야 미온적이었다. 어떤 경우, 유럽 열강들은 영국이 인도에서 그랬듯이 식민지 독립을 허용할 수밖에 없다고 보았다. 그러나 반식민 투쟁을 진압하기 위해 기꺼이 무력을 사용할 의지가 있었던 몇몇 주요 사례도 있다. 케냐의 영국, 알제리와 베트남의 프랑스, 인도네시아의 네덜란드가 그랬다. 통념과는 달리 미국은 식민주의의 확고한 반대자가 아니었다. 프랭클린 D. 루스벨트는 탈식민지화를 공개 지지하기는 했으나 자신의 가장 위대한 전쟁 동맹이자 영국 제국의 확고한 옹호자인 처칠을 적대시할 의사가 없었다. 사실, 미국과 서구 주도로 샌프란시스코에서 초안한 〈유엔헌장〉에는 식민주의와 인종차별주의에 대한 언급이 거의 나오지 않는다. 그 주된 관심사는 집단 안보와 분쟁의 평화적 관리를 통해 또 다른 세계대전을 막는 것이었다. 미국의 유럽 식민주의 반대 의지는 냉전 발발과 함께 심화되었다. 미국으로서는 공산주의자들이나 소련이 탈식민지화한 국가들을 장악하는 것이 우려되었기 때문이다. 요컨대, 탈식민지화는 "2차 세계대전 이전이나 도중에 미국 외교 정책에서 최우선 원칙이 아니었다".[68]

대부분의 일반적 주장들은 식민지 주민이 느꼈던 도덕적 혐오감을 간과하고 그들의 적극적 저항을 정당하게 평가하지 않는다. 식민지 내 민족주의적 시위와 저항의 발흥 그리고 '제3세계'로 알려진 반식민 국제연합이 없었다면 유럽의 도덕적 혐오감과 경제적 피로만으로 식민지화를 종식시켰을지는 의문이다. 역사가 존 다윈이 주장했듯이 "제국과 식민 통치의 언어가 국제 문제에서 거의 모든 정당성을 잃었다면" 그 이유는 뉴델리, 반둥, 아크라, 카이로, 베오그라드 등지에서 찾을 수 있을 것이다. 이 도시들은 런던, 파리, 워싱턴 DC, 샌프란시스코보다 중요한 의미가 있었다.[69] 1945년 전후의 질서를 결정하기 위해 유엔 국제기구 회의가 열린 곳은 이들 중 마지막 장소(샌프란시스코)였지만 승전한 서구 강대국들은 사실상 식민주의와 인종차별주의를 외면했다. 유럽 세계질서의 핵심 규범과 제도들, 특히 베스트팔렌 주권은 2차 세계대전의 폐허에서 등장한 세계질서에서도 지속되었지만 그 밖의 것들은 도전을 받았다. 제국주의, 인종차별주의, 노예제도에 기반을 둔 유럽 세계질서는 주로 외부가 아닌 식민지 내부로부터 발생한 이러한 세력에 대한 저항 때문에 종식되었다. 이 같은 투쟁은 민족주의, 민족국가, 세계질서라는 사상에 새로운 의미를 부여했으며, 이는 다음 장에서 다룰 것이다.

제12장 언덕 위의 도시

오늘날 정책 논쟁에서 **미국 세계질서** 또는 **자유주의적 국제질서** 또는 **자유주의적 세계질서**liberal world order라는 용어는 통상 2차 세계대전 이후 미국이 세계의 탁월한 경제 및 군사 강국으로 부상한 시기를 묘사한다. 그러나 이것이 무엇을 의미하고 어떻게 작동했는지 이해하려면 유럽 식민지화, 미합중국 창설 그리고 그 이후의 진화에 이르기까지 훨씬 더 이전의 역사 시기부터 시작해야 한다.

세계질서는 다양한 단계를 거치며, 미국 세계질서도 마찬가지다. 1차 세계대전 이전의 미국은 다소 내향적이었다. 주로 북미 지역의 영토를 식민지화하고 정복했으며, 먼로 독트린Monroe Doctrine에 따라 중앙아메리카와 카리브해 지역에 영향력을 행사했다. 두 차례 세계대전 이후, 특히 2차 세계대전 이후 미국은 상대적으로 많은 권력과 명성을 누렸고, 그에 상응해 세계 문제에서 훨씬 더 적극적 역할을 맡았다. 이것이 '자유주의적 질서liberal order'의 단계다. 여기서 **자유주의적**liberal이라는 단어는 민주주의나 인권 같은 가치를 의미하지는 않지만 이러한 가치들도 나름대로 일정한 역할을 하기는 했다. 이 용어는 그보다는 전 세계 모든 국가가 동등하게 참여하도록 개방된 국제 협력 메커니즘의 뒷받침을 받는 비非제국주의적 체제를 의미한다. 이러한 국제 포럼을 통해 미국은 자신들의 이익과 리더십이 전 세계에 이롭다는 사실을 드러내고자 했으며, 이로써 세계적 지배력을 더욱 매력적이고 수용 가능한 것으로 만들려 했다. 지지자들에 따르면 자유주의적 질서는 분명 미국적이다. 유럽을 포함한 다른 어떤 강대국도 그렇게 만들 수 없었을 것이다. 키신저의 표현대로 미국은 "전 인류를 위해 행동하고 있다".[1]

실제로 미국이 세계 최강국으로 부상한 과정에 대한 전형적 스토리는 미국이 문화적 선조인 서유럽뿐 아니라 그 전후에 존재한 다른 강대국들과도 다르다는 점을 강조한다. 유럽이 제국주의를 실천하던 시절, 미국은 이를 거부하고 탈식민지화를 지지했다고 전한다. 유럽에서는 봉건 통치와 소국에 대한 강대국의 지배를 몇 세기 동안 거친 후에야 비로소 민주주의, 자유, 평등이 나타났지만 미국은 이러한 가치들을 건국 원칙으로 포용하고 실천해 왔다. 이야기는 계속 이어진다. 유럽과 달리 미국은 동맹이나 권력 정치가 아닌 다자간의 포괄적 협력을 통해 세계질서를 관리해 왔으며, 단명한 국제연맹과 더 오래 지속 중인 국제연합(유엔) 설립 시 미국이 수행한 핵심 역할을 통해 이 사실을 확인할 수 있다. 미국의 세계질서 구축은 전 세계 민주주의 촉진, 인권 옹호, 지속적 반독재 및 반권위주의 전통을 통해 표현되었다. 이는 국무부의 연간 인권 보고서 같은 실천 사례에서 명확히 드러난다. 자유는 미국의 세속 종교이며, 미국은 2차 세계대전 이후 인류가 누려온 자유롭고 개방적이며 포괄적인 세계질서의 대제사장이다.

그러나 미국은 매사추세츠만 식민지를 설립한 존 윈스럽부터 존 F. 케네디에 이르는 지도자들과 여러 지식인들이 주장해 온 것처럼 그렇게 예외적이지 않으며, '언덕 위 도시city upon a hill'*가 아니다. 미국과 구 유럽 사이에는 깊은 연속성이 존재한다. 유럽처럼 미국도 '문명화 임무civilizing mission'를 가지고 있었는데 이는 아메리카 원주민을 대상으로 했으며, 유럽의 식민지 주민들이 겪었던 것보다 더 잔혹하지는 않더라도 유사하게 잔혹한 결과를 초래했다. 미국의 개입은 초기 스페인 정복자들이 아즈텍인과 잉카인에게 그랬던 것처럼 아메리카 원주민 문명을 파괴했다. 식민주의와 노예제도는 미국의 부상에 큰 역할을 했으며, 노예제도는 유럽보다 훨씬 더 오랫동안 지속되었다.

20세기 동안 미국이 적어도 이론적으로는 전 세계 모든 국가가 참여할 수 있는 새롭고 포괄적인 형태의 국제 협력을 추진했다는 것은 사실이지만 이러한 다자주의에는 한계가 있었으며, 이는 유엔 회원국들 간의 실제 권력 및 영향력 차이에서 드러났다. 미국의 요청에 따라 유엔이 창설된 후에도 미국을 비롯한 강대국들은 그 국제기구에 자신들의 실질적 권한을 양보할 의지가 없었다. 냉전 시작 후 유럽 및 세계 여러 지역과 미국이 맺은 군사 동맹은 미국 세계질서 구축의 근본 부분이 되었고, 미국이 추진한 다자 기관 네트워크는 미국 권력을 정당화하고 국익을 증진하는 도구가 되었다. 더욱이 미국은 일방적으로 또는 소수의 동맹국과 함께 행동하는 것이 필수라고 판단할 때마다, 베트남 전쟁과 2003년 이라크 침공을 포함한 다양한 분쟁에서 그랬듯이 자국 이익을 위해 다자주의를 언제든 포기할 준비가 되어 있었다. 경쟁국을 '악의 제국'이나 '악의 축'으로 묘사하는 데서 알 수 있듯이 미국인들은 분명 감정적으로 민주주의를 선호하며 때로는 세상을 자유와 폭정의 갈등으로 보곤 한다. 그러나 미국은 아시

330

아, 남아메리카, 아프리카 등지에서 독재자들과 긴밀하게 결속하는 경우가 많았다. 프랭클린 D. 루스벨트 대통령이 도미니카 공화국 독재자 라파엘 트루히요에 대해 "그는 개자식일지 모르지만 우리의 개자식이다"라고 말한 것이 대표적이다.[2]

이로써 미국이 키신저의 말처럼 "전 인류를 위해" 행동한 적이 없다고 주장하려는 것이 아니라 다른 나라들이 그러하듯 항상 자신의 이익을 최우선에 두었으며, 그런 의미에서 그렇게 '예외적'이지 않았다는 뜻이다. 미국이 대표하는 자유주의적 세계질서는 많은 사람들이 믿고 싶어 하는 것보다 그 이전의 질서와 훨씬 더 깊은 연속성이 있다. 유럽인들이 도착하여 이미 북아메리카에 살고 있던 사람들을 대우한 방식도 그 사실을 보여주는데 그것도 아마 가장 두드러진 사례일 것이다.

문명화 임무

미국 세계질서의 씨앗을 뿌린 사람들은 17세기 유럽인 정착민들이다. 이 세계질서는 유럽 질서의 특징인 노골적 확장과 식민지화의 뒤를 이었다. 하지만 직접적 식민지화가 아프리카와 아시아의 먼 땅이 아니라 후에 미국 영토가 될 곳 내부에서 일어났다는 차이점이 있다. 17세기와 18세기 동부 해안의 초기 식민지화는 19세기 들어 서쪽으로 점진적이고 불가피하게 확장되었으며, 이는 아무리 상상력을 동원해도 국내 문제로는 볼 수 없는 과정이었다.

미국이 독립국가로 그리고 이후에 세계 강대국으로 부상하는 과정은 영국의 식민지 관행과 유럽 일부의 국제질서 접근 방식을 반대하며 이루어졌지만 그 단절은 흔히 가정하듯 급진적이지 않았다. 유럽과 미국 모두 식민주의를 정당화하기 위해 문명 표준이라는 원칙을 채택했다. 유럽은 나머지 세계에 자신들의 문명 표준을 강요했고, 미국의 문명화 임무 대상은 주로 아메리카 원주민들이었다.

유럽인들이 처음 도착했을 때의 북아메리카 원주민 인구에 대해서는 다양한 추정치가 존재한다. 그러나 일부 연구에서 인용하는 100만 명이라는 수치는 지나치게 낮으며, 이 낮은 숫자는 식민지화를 정당화하는 데 사용되었다. 그렇게 인구가 희박한 영토는 테라 눌리우스(아무에게도 속하지 않는 땅)로 간주해 점령할 수 있다고 보았기 때문이다. 380만~2000만 명으로 훨씬 더 높은 숫자를 제시하는 추정치도 있다. 정확한 숫자가 무엇이든, 상당한 원주민 인구가 그 땅 전체에 퍼져 있었고, 테라 눌리우스[3]라는 개념이 암시하는 것처럼 비어 있는 지역은 없었다.

이 인구는 미국 공화국 초기부터 다른 누구보다도 조지 워싱턴 대통령이 '문명화' 정책의 대상으로 삼았다. 아메리카 원주민들은 워싱턴을 코노토카리우스Conotocarious(알곤킨어로 '마을 정복자' 또는 '마을을 삼키는 자'라는 뜻)라고 불렀다. 워싱턴의 증조부가 참여했던 추장 학살 사건에 대한 기억 때문이다. 워싱턴은 3차 연례 국정 연설에서 "[아메리카 원주민]에게 문명의 축복을 주기 위해 때때로 그들의 상황에 따라 합리적 실험을 실시하도록" 요청했다.[4]

거의 100년 후인 1871년 12월 4일 국정 연설에서 율리시스 S. 그랜트 대통령은 "인디언들에게 행한 정책이 긍정적 결과를 낳았습니다. 많은 인디언 부족들이 보호구역에 정착하고, 토지를 경작하며, 다양한 종류의 생산적 노동을 수행하고, 부분적으로는 문명을 받아들이도록 유도되었습니다"라고 만족스럽게 언급했다. 그러나 이러한 재배치와 그로 인해 아메리카 원주민의 생활 방식에 발생한 변화는 평화적으로 유도한 것이 아니라 강요한 것이었다. 이는 문화적·물리적 대량 학살을 의미했다.[5]

이 문명화 임무에서 필수 부분은 아메리카 원주민의 전통 생활 방식을 규제하거나 심지어 금지하는 법률을 공포하는 것이었다. 1882년 헨리 M. 텔러 내무장관은 "인디언들의 문명화에 큰 장애물"로 여겨지는 문화적 관행에 주목했다.[6] 그 결과 1883년 작성되어 1933년까지 유효했던 〈인디언 범죄 법전〉은 춤과 선물 교환을 비롯해 많은 전통 관습을 불법화했고, 위반 시 투옥이나 정부 제공 식량 배급을 중단함으로써 처벌했다. 이 법을 당시 '문명화되었다'고 여긴 부족들, 즉 기독교를 받아들였기에 면제받은 체로키, 치카소, 촉토, 크리크(무스코기), 세미놀을 제외한 모든 부족에 적용했다. 한 역사가가 말했듯이 이 법은 "인디언 문화를 불법화하는 것을 직접적 목표로 삼았다".

아메리카 원주민들은 실제로는 '초기 구금수용소 또는 강제수용소'였던 보호구역에 강압적으로 수용당했다. 전통 사냥터에서 쫓겨난 그들은 연방 식량 배급에 의존해야 했는데, 정부는 규정 위반을 이유로 때로 배급을 보류했다. 따라서 19세기 후반 연방 정부가 부족 인디언들에게 보낸 메시지는 명확했다. "전통 문화를 포기하고 〈인디언 범죄 법전〉을 준수할 것. 아니면 **굶을 것**."[7]

'명백한 운명manifest destiny'과 '미국 예외주의American exceptionalism'라는 사상은 미국이 적용한 문명 표준의 또 다른 측면이다. 국가로서의 짧은 역사에 개의치 않고 또는 아마도 바로 그 때문에, 미국은 자기네 문화와 제도의 독특성과 우월성을 주장하는 데 주저한 적이 없다. 처음에 미국의 건국자들은 국가의 문화적 정체성을 유럽의 기원, 특히 그리스-로마 문명과 연관시켰다. 이후 미국의 독특한 특성은 초기 역사에서 형성된 관행과 제도들에 따라 규정되었다. 특별한 미국적 성격을 가장 영향력 있게 정의한 역사가 중 하나인 프레더릭 잭슨 터너는 미국에서는 19세기에 명백한 운명이라는 개념을 옹호했으며, 이는 미국 예외주의의 결과였다고 설명했다. 미국은 미국적 경험에 있어 개척지로서의 독특한 역할 때문에 유럽과는 달랐다. '실용적이고 발명적인 사고방식' '물질에 대한 능숙한 이해' '끊임없이 움직이는 힘찬 에너지' '지배적인 개인주의' '자유에서 오는 활기와 생동감' 등은 미국 서부 확장을 이끈 정착민들에게서 생겨났으며, 유럽 문명의 지배적 특성이 아니었다.[8]

문명화 임무의 일환으로 이러한 특성들, 특히 개인주의를 아메리카 원주민에게 전수해야 했다. 인디언 업무 담당관 존 오벌리는 1888년 연례 보고서에서 "[아메리카 원주민]은 '우리' 대신 '나'라고 말하고, '이것은 우리 것'이라고 말하는 대신 '이것은 내 것'이라고 말할 수 있도록 미국 문명의 숭고한 이기주의를 주입받아야 한다"고 언급했다.[9] 아메리카 원주민이 자신들의 재산을 친족에 분배하는 것을 금지한 것은 이러한 전략의 일부였다. 헨리 M. 텔러 내무장관은 "가족 구성원 사망 시 재산을 파괴하거나 분배하는, [즉 공동 소유로 전환하는] 원주민의 관습"을 비난했다. 개인 재산 소유는 백인 관습에서 필수였으며, 문명화된 것으로 받아들여지려면 이를 채택할 필요가 있다고 보았다. 아메리카 원주민이 재산권을 받아들인다면 "문명으로 가는 길에서의 한 단계 진전"일 것이다.[10] 이런 말들이 오가는 동안 대륙 전역의 유럽 정착민들은 아메리카 원주민의 재산을 강탈해 자기 것으로 만들었다.

더욱이 유럽 정착민들의 법률은, 전체론적 접근 방식으로 삶을 대하고, 이동의 자유를 소중히 여기는 아메리카 원주민 사회의 신념 및 관행과 심각하게 상충했다. 북아메리카 원주민 사회들은 저마다 다양한 신념을 지니면서도 서로가 공유하는 요소들이 있었다. 우주의 최고 힘 '위대한 영Great Spirit'이 지켜보는 가운데 동식물과 바위, 사람들을 비롯해 모든 요소가 깊이 상호 연결되어 있었다. 라코타족 주술사 레임 디어(영어로는 John Fire)의 말을 인용하면 "우리는 지구의 살아 있는 일부로서, 자신을 해치지 않고서는 지구의 어떤 부분도 해칠 수 없다".[11] 이러한 생태학적 세계관이 환경을 보호하는, 적어도 환경 피해를 줄이는 효과적 방법으로 이어졌다는 증거가 있다. 아메리카 원주민들은 불 피우기 단속(제어하기 힘든 산불의 발생 가능성을 줄인다), 식재, 사냥, 농업용 수로 건설, 종의 이동 조절, 사람과 동물을 위한 새로운 서식지 조성 등을 통해 적극적으로 환경을 관리했다. 물론 이러한 노력들이 항상 성공적이지는 않았다. 예를 들어 세인트루이스 인근 미시시피 유역 카호키아*는 리오그란데 북쪽에서 가장 큰 아메리카 원주민 정착지였는데 인구 증가와 농업 관행이 현지 수자원 공급을 초과하는 바람에 일부 야생동물 수의 심각한 감소와 홍수로 인한 토지 침식을 초래했다. 그러나 일반적으로 아메리카 원주민들은 '안정적이고 유연하며 회복력 있는' 지속 가능한 생태계를 유지했다. 그것은 황야가 아니라 정원이었다. 유럽이 옮긴 질병으로 심각한 인구 감소를 겪은 후에는 그러한 세심한 관리가 더 이상 불가능해졌다.

이처럼 유럽 식민지화는 원주민 인구의 급격한 감소뿐 아니라 대규모 생태 재앙을 촉발하여 숲과 동물의 폭발적 성장을 불러왔다. "우렁찬 버팔로로 가득한 광대한 빈 공간"이라는 북아메리카의 이미지는 유럽인들이 도착한 후 발생한 비극적 환경 붕괴의 산물이었다.[12]

전통적 환경 관리 방식을 따랐던 아메리카 원주민들은 여러 이유에서 백인의 도시 생활 방식을 경멸했다. 원주민들은 그것이 자연에 해로울 뿐 아니라 인간 자유를 부정한다고 여겼다. 라코타족의 추장 타탕카 이요탕카(영어로는 Sitting Bull, '앉은 황소'라는 뜻이다)는 "백인들의 삶은 노예의 삶이다"라고 말했다. "그들은 도시나 농장에 갇혀 있다. 우리 부족이 원하

는 삶은 자유의 삶이다." 식량과 의료 서비스를 대가로 아메리카 원주민들을 보호구역에 가두자 그는 말했다. "그들은 우리에게 고기를 주면서 우리의 자유를 빼앗았다. 백인들은 우리가 원하는 많은 것을 가졌지만 우리가 가장 좋아하는 한 가지, 바로 자유를 갖지 못했음을 나는 안다. 자유로운 인디언으로서의 특권을 포기하느니 나는 차라리 원뿔 천막에 살면서 사냥감이 모자라면 고기 없이 지내는 삶을 택할 것이다."[13]

아메리카 원주민 문명을 경멸하면서도 많은 유럽 정착민들, 특히 정치 지도자들은 원주민 사회의 자유를 사랑하고 협력하는 능력에 감탄했다. 일부 유럽 식민주의자들은 아메리카 원주민 마을의 상대적으로 자유로운 삶에 너무 매료되어 그들의 공동체에 합류하기도 했다.[14] 정치 영역에서 가장 두드러진 협력과 자유의 예시는 이로쿼이연맹(하우데노사우니)이었다. 그 기원은 유럽 정착민들이 아메리카 대륙에 도착하기 전으로 거슬러 올라간다. 처음에는 모호크, 오논다가, 오나이더, 카유가, 세네카라는 다섯 부족으로 구성되었던 이 연맹은 1722년경 여섯 번째 구성원으로 투스카로라족을 받아들였다. 1760년대와 1770년대 뉴욕 주지사로 봉직한 캐드웰라더 콜덴은 그 구성원들이 "자유에 대해 너무나 절대적 개념을 지녔기에 어느 누구도 남보다 우월해지는 것을 허용하지 않았으며, 모든 노예제도를 그들의 영토에서 추방했다"고 언급했다.[15]

이로쿼이연맹의 중요성은 〈대평화 법률〉로 알려진 그들의 구두 헌법이 평등을 기반으로 구성원 내부 및 구성원 간의 관계를 규율했다는 사실에 있다. 연맹 창설 당시 참석한 다섯 부족의 전사들은 '무기를 묻고', 평화와 무장해제의 상징으로 그 매장지 위에 나무를 심었다고 전해진다.[16] 또한 이로쿼이연맹은 유럽 식민지 개척자들에게 단결과 집단 안보, 즉 "모두를 위한 하나, 하나를 위한 모두"라는 개념의 모델이 되었는데 이는 〈유엔 헌장〉의 핵심 원칙이기도 하다. 1754년 뉴욕 올버니에서 열린 일곱 개 영

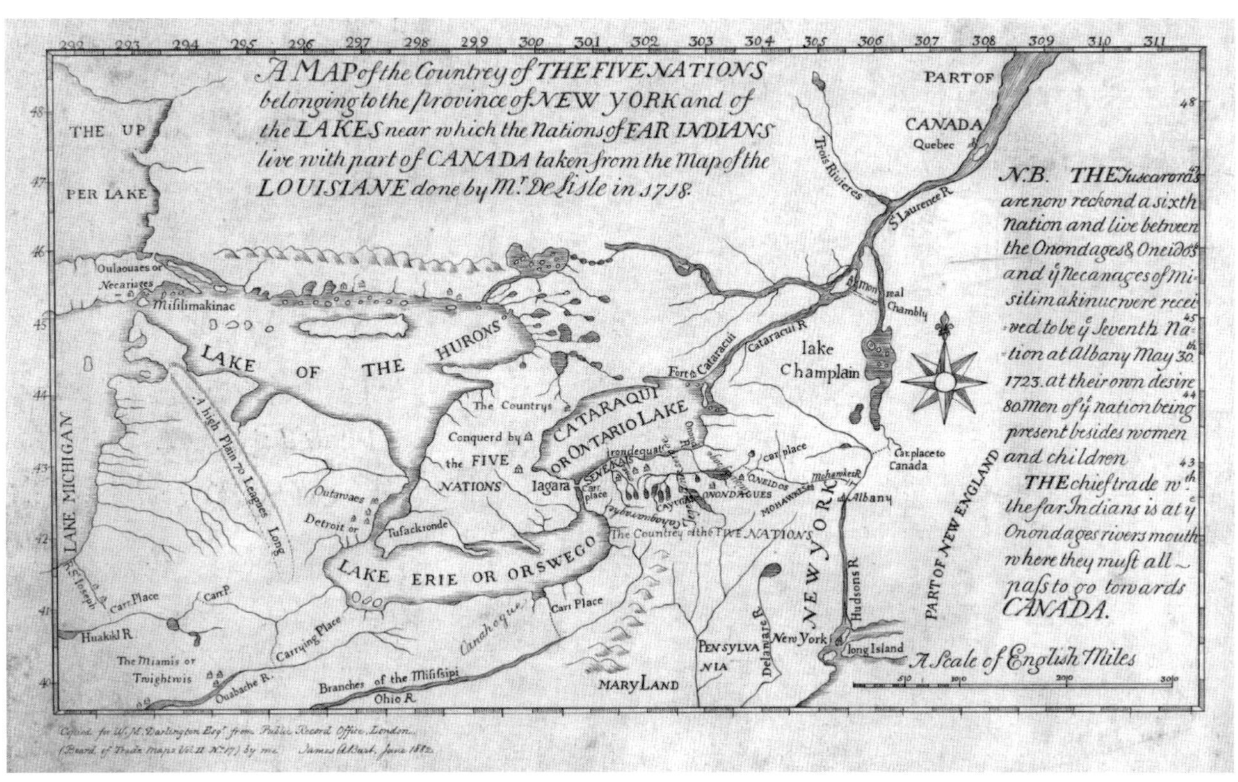

그림 13: 18세기 이로쿼이연맹의 범위.

국 식민지 회의에서는 프랑스의 위협과 아메리카 원주민과의 관계에 대해 논의했다. 올버니회의로 알려진 이 회의에서 미국 건국의 아버지 중 한 사람인 벤저민 프랭클린은 미국 식민지들이 프랑스에 대항해 힘을 합치는 연합 계획을 제안하면서 이로쿼이연맹을 모델로 삼았다. 그는 의회에서 "무지한 야만인 여섯 부족이 연합을 형성할 수 있었으며, 그것이 몇 세기 동안 지속되고 해체 불가능해 보입니다. 그럼에도 열 개 또는 열두 개 영국 식민지에서 그러한 연합이 실현 불가능하다면 이상한 일일 것입니다"라고 말했다.[17]

프랭클린의 계획은 영국 식민 정부에서 거부당했다. 그러나 1987년 〈미국 헌법〉 제정 200주년을 맞아 의회는 조지 워싱턴과 벤저민 프랭클린이 "이로쿼이연맹 여섯 부족의 개념, 원칙, 통치 관행을 크게 존경했던 것으로 알려져" 있고, "본래의 13개 식민지를 하나의 공화국으로 연합한 것은 헌법 자체에 포함된 많은 민주적 원칙들과 마찬가지로 이로쿼이연맹을 명시적으로 본뜬 것"이라고 확인하는 결의안을 통과시켰다.[18] 일부 미국 역사가들은 이로쿼이연맹이 〈미국 헌법〉 제정에 미친 영향에 대해 회의적이다. 하지만 이들도 유럽인들이 도착하기 전 북아메리카에 공통 원칙에 따라 통치하고 평화롭게 사는 평등한 주들이 이뤘던 놀라운 토착 모델이 존재했으며, 헌법 제정자들이 이를 인식했다는 사실을 부정하지 않는다.[19]

한편 이로쿼이연맹이 미국에 미친 영향은 더욱 컸다. 그것은 미국 독립 전쟁에서 중요한 역할을 했다. 만약 연맹이 영국 편에 가담해 영국이 동쪽에서, 아메리카 원주민들이 서쪽에서 공격했다면 미국 혁명은 성공하지 못했을 수도 있다.[20] 그러나 이로쿼이연맹은 이처럼 미국 건국에 기여한 바를 거의 인정받지 못한다.

미국이 대부분의 역사에서 먼 나라들을 직접 식민지화하는 것을 피했다는 사실은 미국 예외주의의 한 측면이자 유럽과의 중요한 차이점으로 간주되어 왔다. 그러나 이 또한 오해의 소지가 있다. 유럽인들이 아프리카와 아시아 및 세계 여러 곳을 식민지화하는 동안, 미국은 아메리카 원주민 식민지화에 몰두하여 그들의 영토를 점령하고 조약의 유무와 상관없이, 혹시 조약이 있으면 신속하게 위반해 가며 그들을 보호구역으로 추방했다. 미국은 자신들의 이웃 지역을 지배하는 데 훨씬 더 능숙했는데, 이는 어떤 유럽 국가도 유럽의 권력균형 체제 때문에 할 수 없는 일이었다. 미국은 결국 쿠바나 필리핀 같은 몇몇 해외 식민지를 획득하기도 했다. 그러나 그 이전에도 미국은 19세기 초 제임스 먼로 대통령 시대에 시작된 장기 정책을 추구해 왔는데, 이는 중앙아메리카와 카리브해에서 헤게모니를 확립하고, 이 지역에 어떤 경쟁 세력도 접근하지 못하게 하는 것이었다.

로마의 부활?

미국 식민지화 프로젝트는 자체적 세계질서를 조직하는 데 있어 고대 로마에서 많은 영감을 받았다. 식민지 주민들에게 이는 어느 정도 자연스러운 충동이었다. 그들의 교육은 깊이가 얕긴 했으나 그리스-로마 고전을 강조했기 때문이다. 18세기 미국인들은 '고대 작가들과 고대 세계의 영웅적 인물 및 사건들'에 익숙했다.[21] 1776년에 출판된 에드워드 기번의《로마 제국 쇠망사The Decline and Fall of the Roman Empire》는 당시 가장 인기 있는 책들 중 하나였다. 기번을 읽었다고 주장하는 〈미국 헌법〉 제정자들은 자신들의 정치적 관점을 뒷받침하고자 그리스와 로마의 고전 작가들을 자주 인용했다.

존 애덤스와 토머스 제퍼슨 같은 건국의 아버지들은 로마 제국보다는 로마 공화국의 숭배자들이었다.[22] 조지 워싱턴 자신도 전설적인 로마 장군

킨키나투스를 모방했다. 킨키나투스는 아이퀴족의 위협으로부터 공화국을 방어하기 위해 잠시 로마의 독재관(황제와 혼동하지 말 것)으로 봉직한 바 있다. 킨키나투스가 임무 완수 후 시골(농장으로 보는 사람들도 있다)로 은퇴한 것은 워싱턴 자신과 매우 유사했다. 건국의 아버지들은 신생 미국 공화국이 로마의 운명처럼 독재에 굴복하지 않도록 로마 공화국에서 교훈을 얻으려 했다. 그들은 폭정에 반대하고 제국으로 타락한 후에도 로마 공화국을 복원하고자 시도했던 카토, 세네카, 키케로를 숭배했으며 로마의 종신 독재자 율리우스 카이사르를 숭배하지 않았다.

그러나 미국인들의 로마에 대한 애정은 공화국과 제국을 아우르는 로마 문명과 권력, 영광, 문화적 상징에 대한 더욱 보편적인 숭배이기도 했다. 그리고 이것은 로마를 미국 세계질서에 대한 모호한 상징으로 만들었다. 로마 공화국 시대는 평화와 공존의 시기가 아니었다는 점을 상기할 필요가 있다. 카르타고의 완전한 파괴나 브리튼 정복같이 강대국으로 부상하기 위한 로마의 전쟁 가운데 매우 치열했던 일부 전쟁은 공화국 시대에 발생했다. 마찬가지로 미국이 세계 강대국으로 부상하는 동안 건국의 아버지들과 지도자들은 아메리카 원주민 부족이나 적국, 특히 이웃 국가들과의 관계에서 군국주의와 확장주의를 거부하지 않았다.

건국의 아버지들은 제국 로마의 건축물을 사랑했다. 워싱턴 DC의 건물들은 그리스와 로마의 영향을 신고전주의적 양식으로 융합한 것이다(로마인들 자신도 그리스 디자인을 채택했다). 그런데 워싱턴에 영향을 준 로마 건축의 경이로운 작품들은 대부분 황제들이 건설한 것이다. 의사당 캐피톨 힐Capitol Hill은 공화국 시대에 중요하게 부상한 고대 로마의 카피톨리노 언덕Capitoline Hill에서 이름을 따왔지만 제퍼슨은 의사당 중앙 돔이 르네상스 건축에 기반한 대안적 디자인을 따르기보다는 하드리아누스 황제가 건설한 판테온의 모습과 비슷한 중앙 돔 형태로 보이기를 원했다.[23] 훗날 판테온은 제퍼슨 기념관 디자인에 영감을 주기도 했다. 또 다른 주목할 만한 예를 들면 콘스탄티누스 황제가 건설한 개선문은 워싱턴 유니언역의 모델이 되었다.

도끼와 함께 묶은 막대기 묶음을 뜻하는 파스케스fasces도 그 예로 들 수 있다. 이는 고대 로마에서 행정 당국과 행정관의 권력을 상징했다. 오늘날 미국 하원 의장석 뒤쪽 벽에는 미국 국기 양쪽으로 여전히 파스케스 두 개를 장식해 놓는다. 이곳은 대통령이 연례 국정 연설을 하는 곳이기도 하다. 한편 파스케스는 "미국 민주주의의 이상을 나타낸다. 마치 얇은 막대들이 함께 묶여 있듯이 작은 개별 주들이 연방 정부 아래 통합되어 힘과 안정을 얻는다".[24] 그러나 파스케스는 무솔리니 파시즘fascism(fasces에서 유래한 용어)과 현대 미국 극우의 상징이 되기도 했다.

미국 정치 중심지의 제국 건축물에 담긴 상징적 모호성은 미국인들로 하여금 그리스-로마 역사의 불쾌하고 추악한 측면들을 무시하게 했다. 내전과 이웃 국가들에 대한 침략을 비롯한 끊임없는 전쟁, 피지배 민족에 대한 억압, 노예제도, 잔혹함 등이다. 이러한 요소들은 (팍스 로마나로 추정되는 시기를 포함해) 공화국과 제국 모두를 특징지었다. 평범한 미국인들이 로마 문명에 매혹됨으로써 로마 공화국의 기본적 사실, 특히 로마 공화국이 민주주의가 아니라 공격적이고 확장주의적인 금권 정치체제였다는 사실을 제대로 보지 못하게 된 것이 아닌지 의심해 보는 것은 타당하다.

비록 그러할지라도 미국인들은 로마 공화국의 이상을 내세우는 것이 자신들의 나라를 더 민주적으로 만든다고 느꼈다. 특히 대통령, 의회, 사법부 간 견제와 균형의 체제를 확립하는 데 그랬다. 로마 제국의 이미지가 미국인의 마음속에 여전히 두드러지는 또 다른 이유가 있다. 미국의 상대적인 또는 예측되는 쇠퇴는 로마 제국의 몰락에 비유되어 왔다. 두 경우 모두 쇠퇴는 과도한 군사력 확장, 국내 분열 그리고 로마의 경우 게르만

부족, 미국의 경우 중국이라는 경쟁자들의 부상에 기인한다. 그러나 미국
의 쇠퇴에 대한 논쟁을 논의하기 전에, 미국이 세계 강대국으로 부상한 이
면에 있는 요인들을 살펴볼 필요가 있다.

세계 강대국으로의 부상

아메리카 원주민을 정복하고 그들의 영토를 강탈한 것은 미국 건국에
핵심 역할을 했는데 인종차별주의와 노예제도 또한 건국 당시부터 존재했
으며 이 두 가지 역시 미국이 세계 강대국으로 부상하는 데 중요한 역할을
했다. 〈미국 헌법〉은 흑인의 백인에 대한 열등성을 '5분의 3 타협안'으로 명
시했다. 이는 주의회 의석 할당 및 세금 분담 시 주의 흑인 인구 중 5분의
3만을 주 전체 인구의 일원으로 계산할 수 있도록 하는 것이었다.

국가 건국에 내재한 인종차별주의의 또 다른 놀라운 예는 "생명, 자
유, 행복 추구"라는 문구로 유명한 〈미국독립선언〉을 작성한 토머스 제퍼
슨의 사상에서 찾아볼 수 있다. 이러한 인본주의적 표현이 무색하게도 제
퍼슨은 비록 "단지 의심에 불과하다"고 했지만 "흑인들이 원래 별개의 인
종이든, 아니면 시간과 환경에 의해 별개의 인종이 되었든지 간에 **신체적으
로나 정신적으로 백인보다 열등하다**"고 믿었다(강조는 지은이).[25] 앞서 논의했
듯이 미국에 매우 큰 영향을 미친 존 로크와 임마누엘 칸트 같은 유럽의
주요 철학자들도 비슷한 인종차별적 신념을 가졌다. 그러나 노예제도는 미
국에서 유럽보다 훨씬 더 오랫동안 지속되었고, 미국의 경제적 부상에 중
요한 역할을 했다. 1807년 의회가 노예 수입을 금지한 후에도 미국 경제는
국내에서 태어나고 거래된 풍부한 노예에 크게 의존했다. 워싱턴 DC에 있
는 '국립 아프리카계 미국인 역사 및 문화 박물관National Museum of African

American History and Culture'이 전시하는 포스터에는 "아프리카계 미국인 노예들의 삶과 노동이 미국을 세계 강대국으로 변모시켰다"고 씌어 있다. 1860년까지 설탕, 면화, 담배, 쌀 재배에 주로 종사했던 미국의 노예 400만 명은 국가 GDP의 "60퍼센트를 훨씬 넘게" 생산하고 있었다. 미국 의회가 1807년 노예 수입을 금지한 후 국내에서 거래된 노예들도 여기에 포함된다.[26] 면화 산업은 미국 경제에 결정적 공헌을 했으며, 19세기 전반기 전체 미국 수출의 절반 이상을 차지했다. 그리고 그 산업은 노예에 크게 의존했다. "1850년까지 미국 농업에 고용된 아프리카 노예 250만 명 중 180만 명이 면화 농장에서 일하고 있었다."[27] 물론 노예 무역은 은행들이 투자한 금융 부문을 비롯해 해운 부문과 미국 경제의 여러 부문에 매우 유익했다. 면화 산업에서 창출한 부 덕분에 1860년 미국 백만장자들 대부분은 미시시피 하류 지역에 거주하게 되었다. 또한 노예 노동은 미국 경제에서 가장 가치 있는 자산이 되었는데 그 가치가 35억 달러로 추정되어 모든 제조 및 철도 산업의 총 가치를 초과했다.[28]

이 모든 경제 활동이 노예제도에 기반했으며, 이는 미국이 19세기 내내 힘과 힘의 위협 그리고 돈을 사용해 영토를 꾸준히 확장할 수 있었음을 의미했다. 미국은 1803년 프랑스에서 루이지애나를, 1867년 러시아에서 알래스카를 구매라는 방법으로 획득했는데 그 판매자들 역시 식민지화를 통해 획득한 땅들이었다. 또 다른 예로 1846년의 '오리건 조약'을 들 수 있는데 영국과 미국은 이 조약에 따라 식민지화한 아메리카 원주민들의 땅에 대한 국경 분쟁을 해결했다.

또 다른 중요한 확장은 전쟁을 수반했는데, 바로 1845년의 텍사스 합병이었다. 멕시코로부터 독립을 선언한 텍사스 주민들이 텍사스 공화국을 수립한 후 미국은 공화국 인수를 위해 협상에 나섰다. 이는 멕시코와의 전쟁으로 이어졌고 1848년 미국이 승리를 거둔다. 이로써 미국은 '과달루페 이달고 조약'에 따라 1500만 달러를 지불하고 멕시코 정부 부채 325만 달러를 떠안는 대가로 약 52만 5000제곱마일(전쟁 전 멕시코 영토의 55퍼센트)의 영토를 확보했다.[29] 유럽 열강들이 아프리카, 아시아 및 세계 여러 지역을 식민지화하기 위해 서로 싸우고 타협했던 것처럼, 미국도 북미에서 경쟁국들과 그렇게 했다.

미국 확장 정책의 또 다른 병행 요소는 서반구 전체로의 확장이었다. 1823년 12월 제임스 먼로 대통령이 처음으로 천명한 '먼로 독트린'은 유럽 열강이 미국의 뒷마당, 즉 라틴아메리카와 카리브해 지역 국가들을 식민지화하거나 그들의 내정에 간섭하는 것을 금지함으로써 미국의 지역 헤게모니를 확립했다. 먼로 독트린은 배타적 세력권을 만들어냈으며, 그렇게 함으로써 유럽의 유서 깊은 지정학 원칙과 접근 방식을 아메리카 대륙에서 재현했다.

먼로 독트린은 당시의 국제 정세 덕분에 가능했다. 19세기 초 서반구에서 미국 권력에 대한 심각한 도전은 없었다. 스페인은 세계 강국으로서의 위상이 쇠퇴했고, 영국과 프랑스는 유럽뿐 아니라 식민지를 놓고 겨루던 세계 다른 지역 모두에서 지속적으로 경쟁 중이었기에 미국은 서반구에서 유럽 열강의 반대에 거의 직면하지 않았다.

또한 먼로 독트린은 미국이 국제 고립주의로 전환하는 역사적 시기에 등장했다. 1807년 12월부터 1809년 3월까지 의회는 국제 상업에 대한 거의 전면적인 금수 조치를 취했는데, 1812년 미국-영국 전쟁과 이 정책은 모두 미국의 국내 산업 발전에 기여하고 전반적인 미국 경제의 상호 의존도를 줄이는 데 도움이 되었다.[30] 외국 무역에 대한 필요성이 줄어들면서, 미국은 유럽 열강이 먼로 독트린에 대한 보복으로 무역로를 차단할 가능성에 덜 취약해졌다. 먼로 독트린은 일정 부분 유럽 열강이 자신들의 군주제 정치체제를 아메리카 대륙으로 수출하는 것을 막으려는 이념적 노력이기도 했다.

먼로 독트린이 영향권을 천명하며 간접적인 형태의 식민주의를 드러낸 반면, 미국은 직접적인 식민 세력이 되기도 했다. 이 과정은 미국인들이 아메리카 원주민의 마지막 저항을 진압한 직후에 시작되었는데, 특히 1890년 사우스다코타의 운디드 니에서 수우족을 패배시킨 후 미군이 수우족 남성, 여성, 어린이 몇백 명을 살해한 사건이 대표적이다.[31] 이제 북아메리카가 완전히 식민지화되고 살아남은 아메리카 원주민들이 보호구역에 갇히면서, 미국은 첫 번째 해외 식민지를 획득하기 시작했다. 1898년 스페인-미국 전쟁의 승리는 필리핀, 괌, 푸에르토리코를 획득하는 결과를 낳았으며, 1899년 2월 의회의 법률 제정으로 이들 영토는 공식 합병된다. 또한 미국은 쿠바에 보호국을 수립하고, 하와이와 미국령 사모아를 합병했다. 이들 식민지 중 쿠바와 필리핀만이 독립을 얻는다. 그럼에도 미국 관리들은 '식민지'라는 용어보다 '영토'라는 용어를 선호했다. 한 관료는 1914년 "식민지라는 단어를 우리 정부와 그 종속된 민족들 사이에 존재하는 관계를 표현하는 데 사용해서는 안 된다"고 제안하기도 했다.[32]

1901~1909년 대통령을 역임한 시어도어 루스벨트는 이러한 놀라운 제국주의적 확장의 시기에 국가를 통치했다. 그는 먼로 독트린의 범위를 크게 확장했으며, 이는 국무부가 표현했듯이 "아메리카 대륙에서의 미국의 확장 정책에 선례와 근거를 제공했고" 서반구에 대한 미국의 지배를 정당화했다.[33] 1904년 발표된 '루스벨트 부칙'*은 라틴아메리카에 대한 미국의 일방적 개입을 정당화했는데, 여기에는 유럽 채권국이 해당 지역 국가

---

* 베네수엘라 채무 위기가 직접적 계기가 되어 1904년 시어도어 루스벨트 대통령이 발표했으며 먼로 독트린에 대한 확장적 해석이다. 미국은 서반구의 '국제 경찰력' 역할을 하겠다고 밝히면서 자국이 유럽의 개입을 막기 위한 선제적 개입권을 가진다고 주장했다.

의 채무를 강제 징수하는 것을 막는 일도 포함되었다. 예를 들어 베네수엘라와 도미니카 공화국(당시에는 산토도밍고라고 칭했다)은 유럽 은행에 빚을 지고 있었는데 이 은행들은 자국 정부에 채권 회수를 지원해 달라고 요청했다. 영국과 독일은 베네수엘라 해안에 군함을 파견했다. 그러한 상황이 유럽의 군사 개입을 재점화해서 먼로 독트린을 무력화할 것을 우려한 루스벨트는 심각한 경제적 어려움으로 인해 외채를 갚을 수 없는 해당 지역 모든 국가에 미국이 개입할 것이라고 선언했다. 이로써 미국은 아메리카 대륙에서 자신들의 영향권을 확고히 했다.

루스벨트 부칙과 먼로 독트린은 본디 서반구에서 경제적·전략적 영향력을 모색하는 유럽 열강들을 저지하기 위한 것이었지만 이후 몇십 년 동안 미국이 이 지역에 개입하는 것을 전반적으로 정당화하는 근거가 된다.[34] 존 F. 케네디 대통령은 쿠바 미사일 위기 당시 쿠바에 있는 소련 미사일을 철거시키기 위해 쿠바에 대한 해상 봉쇄를 발표하면서 이 원칙을 인용하기도 했다.

시어도어 루스벨트는 러일 전쟁을 중재한 공로로 1906년 노벨 평화상을 수상했다. 그러나 그는 미국 역사상 가장 공격적인 미국의 전략적 영향권 및 군사력 확장을 총괄했다. 실제로 아메리카 원주민과 비백인 세계 전반에 대한 루스벨트의 견해를 '평화로운' 것으로 정의한다면 용어의 왜곡일 것이다. 조지 워싱턴은 아메리카 원주민에게 '문명'을 확대하기를 원했지만 루스벨트는 그들이 그러한 임무를 맡을 자격이 없다고 생각했다. 그에게 중요했던 것은 아메리카 원주민의 땅이었는데, 그는 이를 "문명의 이익 그리고 인류의 이익을 위해 쟁취해야 한다"고 했다. 루스벨트는 아메리카 원주민에게 "국제도덕의 규칙"을 적용하는 것은 "가짜 감상주의"라고 거부하면서 "비록 가장 끔찍하고 비인간적일 수도 있지만 모든 전쟁 가운데 궁극적으로 정의로운 전쟁은 야만인과의 전쟁이며, 야만인들을 땅에

서 몰아내는 거칠고 사나운 정착민은 모든 문명화된 인류에게 큰 공을 세우는 셈이다"라고 말했다.[35]

이런 의미에서 시어도어 루스벨트는 노벨 문학상 수상자이자 제국주의 통치의 주요 옹호자인 러디어드 키플링이 주창한 문명화 임무 개념에 영향을 받았다. 루스벨트가 대통령이 되기 전 키플링과 루스벨트는 여러 차례 만난 적이 있다. 예를 들어 1895년 봄 워싱턴 동물원에서 만나기도 했고, 서로 편지도 주고받았다.[36] 1898년 9월 루스벨트가 해군 차관보였을 때 키플링은 그에게 필리핀에 대한 완전한 식민지 소유권을 스페인에서 가져올 것을 촉구했다. "이제 들어가서 필리핀 전체를 영구적으로 붙잡는 데 모든 영향력을 행사하십시오. 미국은 썩은 집의 기초에 곡괭이를 박아 넣었으며, 그 집을 기초부터 다시 지을 도덕적 의무가 있습니다."[37]

얼마 후 키플링은 《매클루어스 매거진McClure's Magazine》 1899년 2월호에 그의 유명한 시 〈백인의 짐: 미국과 필리핀제도〉를 발표했다. 키플링은 루스벨트에게 시의 초고를 보냈고, 루스벨트는 이를 친구인 매사추세츠주 상원 의원 헨리 캐벗 로지에게 "다소 서툰 시지만 확장주의적 관점에서 보면 좋은 내용"이라는 주석과 함께 전달했다.[38]

루스벨트는 미국이 필리핀을 소유하는 것이 세계 문제에서 미국의 힘을 과시하는 데 결정적이라고 주장하면서도, 필리핀인들 자체에 대해서는 적대적이고 인종차별적 태도로 일관했다. 1904년 11월 1일 키플링에게 보낸 편지에서 그는 미국인들이 "필리핀 해적과 머리 사냥꾼 집단이 독립만 하면 곧바로 피부색이 어두운 뉴잉글랜드 타운 미팅*으로 변할 것이라고 진지하게 생각하는 바보들"이라고 불평했다.[39] 그는 1901년 "필리핀 반군

---

* 미국의 전통적 회의. 민주적이고 직접적인 방식으로 의견을 개진하고 의사 결정을 하는 장소나 형식을 뜻한다.

을 격려하는 것은 우리가 아직 인디언 전쟁을 치르던 시절에 적대적 인디언들을 격려하는 것과 동일한 입장"이라고 의회에 경고했다.[40]

그리고 파나마 운하가 건설되었다. 비록 운하가 세계적 공공재 역할을 한다 해도 그것이 외교가 아닌 강압과 무력 위협을 통해 건설되었다는 사실을 잊어서는 안 된다. 이는 시어도어 루스벨트의 또 다른 강경 조치였다. 당시 파나마는 콜롬비아의 일부였는데 콜롬비아는 태평양과 대서양을 연결하는 운하 계획을 받아들이기를 거부했다. 이에 루스벨트는 콜롬비아 정부를 전복시키기 위한 정치 혁명을 도모하고, 콜롬비아 군대의 파나마 상륙을 막기 위해 해상 봉쇄를 단행했다. 1903년, 1000만 달러와 연간 25만 달러의 비용 지불로 미국은 운하의 영구 통제권을 획득했다.[41] 1906년 루스벨트는 파나마 운하 건설 현장을 방문하기 위해 미국을 떠난 최초의 현직 미국 대통령이 되었다. 1914년에 완공된 이 운하는 1999년 12월 31일까지 파나마 주권으로 돌아오지 못했다.

미국 세계질서 2.0

아메리카 원주민 식민지화, 노예제도 의존, 스스로를 새로운 로마와 동일시하는 인식 등 미국이 경험한 각각의 요소들은 미국 세계질서의 형성에 중요한 역할을 했다. 그럼에도 그 세계질서의 국제적 측면은 주로 주변 지역에서의 영향권 확장에 국한되었으며 하와이, 푸에르토리코, 쿠바, 필리핀에 대한 직접 통치 확립은 부분적 예외였다. 미국이 본격적으로 세계질서 구축에 나선 것은 1차 세계대전 이후였다. 전쟁 후 우드로 윌슨 대통령은 고립주의와 제한된 영향권이라는 이전의 원칙에서 벗어나 다국적 기관과 자유주의적 국제주의를 포용하도록 미국을 이끌었다.

윌슨은 전쟁이 한창이던 1918년 1월 연설에서 발표한 유명한 〈14개조〉를 배경으로 1차 세계대전 이후 국제연맹 창설에 주도적 역할을 했다.[42] 이 〈14개조〉에는 세계질서 재편을 위한 여러 원칙 또는 열망이 포함되었다. 국가 간의 공개 외교와 비밀조약 거부, 항해의 자유, 자유 무역, 군비 축소, 식민 지배를 받는 민족의 민족자결권 그리고 "크고 작은 국가 모두에 정치적 독립과 영토 보전을 상호 보장하기 위한" 보편적 연합의 설립이 그것이다. 〈14개조〉는 다음 같은 말로 탈식민지화를 지지했다. "모든 식민지 문제는 자유롭고 공정하게 편견 없이 해결되어야 한다. 주권 문제를 결정할 때는 해당 지역 주민들의 이익이 영토 소유권을 주장하는 정부의 정당한 요구와 동등하게 고려되어야 한다는 원칙을 반드시 지킬 필요가 있다."[43]

〈14개조〉에는 포함되지 않았지만 윌슨 연설문의 끝에서 두 번째 단락에 언급된 것은 "제국주의자들에 대항해 함께 연합한 모든 정부와 민족의 친밀한 파트너가 되겠다"는 맹세였다.[44] 길이 면에서는 훨씬 짧다고 해도 윌슨의 〈14개조〉 연설이 자유주의적 국제주의에 미친 영향은 카를 마르크스와 프리드리히 엥겔스의 《공산당선언Communist Manifesto》이 사회주의적 국제주의에 미친 영향과도 유사했다.

그러나 윌슨의 국제주의에는 자유에 대한 이 같은 고상한 약속과는 배치되는 어두운 면이 있었다. 그의 민족자결 지지는 인종차별주의 거부나 인종 평등 수용으로 이어지지 않고 오히려 그 반대로 향했다. 전쟁 후 베르사유강화회의*에서 윌슨은 일본이 요구하는 국제연맹 원칙 선언문에 인종 평등 조항을 포함시키는 것을 막기 위해 국제연맹위원회 의장으로서 자신의 권한을 발휘했다.[45] 일본이 이 조항을 강력히 주장했던 주된 동기

는 비백인 인종 전체의 권한을 강화하려는 것이 아니라 특히 미국 내에서 일본인들이 동등한 대우를 확보하려는 것이었다는 점에 주목해야 한다. 또 다른 동기는 일본을 서구 강대국들과 동등한 위치에 놓으려는 것이었으며, 이는 메이지 개혁의 원래 논거였다. 일각에서는 윌슨의 입장이 영국과 호주가 인종 평등 조항에 반대함으로써 회담이 와해되는 것을 막기 위한 실용적 조치였다고 주장했다. 또 다른 이유가 특히 미국 서부 해안 지역에서의 일본인 이민에 대한 국내 정서를 달래기 위해서였다는 주장도 있었다.[46] 그러나 윌슨과 미국 대표단의 인종차별적 태도 또한 중요한 요인이었다.

영국 외무장관 아서 밸푸어의 수석 고문으로 베르사유강화회의에 참여한 영국인 윌리엄 와이즈먼은 전쟁 중 미국에 주재할 때 윌슨의 고문 에드워드 하우스 대령과 긴밀한 유대 관계를 맺었으며, 윌슨 대통령과도 직접 만난 것으로 추정된다. 와이즈먼은 "모든 황인종에 대해 미국인들이 품는 증오심은 거의 또는 전혀 감춰져 있지 않다"고 썼다. "백인종의 균형을 바로잡기 위해 황인종을 동원한다는 생각은 그들에게 혐오감을 일으킨다."[47]

인종 평등 조항에 대한 윌슨의 동기를 명확하게 규명하지는 못한다 해도, 그의 행동이 그의 국내 정치에 대한 입장과 일치했다는 것은 부정할 수 없다. 윌슨은 본국에서 인종 정치와 백인 우월주의를 지지했으며, 흑인에게 폭력을 행사하는 쿠 클럭스 클랜Ku Klux Klan*에도 공감을 표했다. 윌슨에게 이는 "흑인들의 갑작스럽고 완전한 해방"에 대한 이해할 만한 반응이었다.[48] 이것은 그의 국내 인종차별주의와 국제 문제에 있어 인

종차별적 태도가 밀접하게 얽혀 있었음을 강력하게 시사한다. 키신저가, 미국을 "세계의 양심"[49]으로 만들었다고 평가한 윌슨이지만 그는 필리핀에 대한 미국의 지속적 식민지화를 정당화하는 데 인종차별적인 '백인의 짐White Man's Burden' 논리를 사용하는 것을 주저하지 않았다. 그는 필리핀인들은 독립할 자격을 갖추려면 먼저 통치하는 방법을 배워야 한다고 주장했다.

흔히 자유주의적 국제질서라고 불리는 미국 세계질서의 다음 단계는 2차 세계대전과 함께 찾아왔으며, 이 시기 미국은 소련을 포함한 어떤 경쟁 세력보다 물질적으로 강력한 세계 패권국으로 부상했다. 비록 전략적 구조 측면에서 세계는 양극체제였지만 경제, 군사, 외교 등 모든 실질적 권력 척도에서 미국은 최고였다. 미국 세계질서는 유럽 세계질서를 결정적으로 대체했다.

자유주의적 국제질서의 핵심 축은 자유 무역 지지, 민주주의 증진, 인권 같은 자유주의적 가치 그리고 다자간 기구를 포함한다. 물론 이러한 것들이 미국의 전유물은 아니다. 미국은 인권, 참여적 정치체제, 종교적 관용과 관련된 가치를 유럽으로부터 물려받았는데 이러한 가치들 또한 세계 여러 문명에 기반을 두고 있었다. 예를 들어 영국은 공해와 자유 무역 관행이 유럽 식민 열강이 도래하기 전 인도양에 널리 퍼져 있었음에도 자신들이 자유무역을 창안하고 시행했다고 주장했다. 물론 유럽은 광대한 세계에서 무분별한 제국주의와 인종차별주의를 실행하는 중에도 이러한 가치들을 정립했다. 그러나 미국 세계질서는 유럽에서 완전히 발전하지 못했던 일부 원칙들을 더 강조했다. 여기에는 해외에서의 민족자결과 민주주의 증진이 포함되었는데, 이는 유럽 세계질서의 진정한 일부가 된 적이 없었다. 그리고 미국은 이제 이러한 원칙들을 옹호할 수 있는 그 어느 때보다 강력한 위치에 있었다.

미국 세계질서가 유럽 세계질서와 가장 뚜렷하게 구별되는 지점은 권력균형 체제를 폐기했다는 데 있다. 권력균형 체제는 어떤 단일국가도 헤게모니를 차지하지 못하도록 국가들이 연합을 형성하는 방식이었다. 그러나 실제로는 미국은 오늘날까지도 이 메커니즘에 의존하고 있으며, 진정한 다자 협력보다 훨씬 더 여기에 의존한다. 미국인들은 자신들이 유럽인들보다 더 이상주의적이라고 주장하며, 미국의 요청에 따라 형성된 다자간 기구에 기반한 집단 안보 체제에 믿음을 둔다고 주장했다. 유럽이 식민주의, 점령, 제국을 통해 세계를 더 직접적으로 지배한 반면 미국은 적어도 원칙적으로는 다자간 기구를 통해 세계 문제를 간접적으로 관리했다. 미국은 자신들의 목적을 달성하기 위해 이러한 기구들을 만들고 유지했지만 자유주의 강대국으로서 자신들의 이익이 세계의 이익과도 일치한다고 주장했다. 이는 서구 자유주의 교리인 '이해의 조화harmony of interest'에 담겨 있는 견해이다. 현실적으로 이것은, 다른 국가들보다 자신들에게 더 많은 이익이 되도록 설계된 세계질서를 지배하는 것을 정당화하기 위해 미국과 서구 동맹국들이 사용했던 그리고 여전히 사용하는 이기적 개념이다.

미국 세계질서는 세계에 몇 가지 중요한 이점을 제공했다. 이 세계질서의 주요 지지자 중 한 명인 미국 학자 존 이컨베리는 이러한 이점에 "안보 제공, 경제 개방 및 안정 유지 그리고 질서를 형성하는 규칙과 제도에 대한 지지"가 포함된다고 주장한다.[50] 2010년 9월, 당시 힐러리 클린턴 미 국무장관은 미국 세계질서의 성과를 강력하고 설득력 있게 설명했다. "2차 세계대전 후 대륙 횡단 철도, 조립 라인, 마천루를 건설했던 국가는 세계 협력의 기둥을 건설하는 데 온 힘을 기울였습니다. 많은 사람들이 두려워한 세 번째 세계대전은 결코 일어나지 않았습니다. 그리고 몇백만 명이 빈곤에서 벗어나 처음으로 인권을 행사했습니다. 이는 양당 출신 미국 지도자들이 오랜 세월 만들어낸 '글로벌 아키텍처global architecture'가 가져온 혜택이었습니다."[51]

힐러리 클린턴의 발언은 미국 세계질서 옹호자들이 자신들의 주장을 제시하는 전형적 방식이다. 그들은 미국이 지배하는 세계질서 아래 달성한 경제성장, 빈곤 감소, 글로벌 협력의 기록을 내세운다. 일부 경제 데이터는 그녀의 주장을 뒷받침한다. 세계은행WB의 대략적 추정치에 따르면 1950~1990년 전 세계의 극심한 빈곤이 20퍼센트 감소했다.[52] 그 이유의 상당 부분은 세계 무역의 성장을 통해 측정되는 경제적 개방의 증가다. 1950~1990년 세계 무역은 45배 성장했다.[53] 이는 주로 '관세 및 무역에 관한 일반 협정'(이하 GATT로 표기)의 지원 아래 이루어진 조치들 덕분이었다. 비서구 국가들도 다자간 기구를 가지고 있었으나 GATT는 미국의 주도로 만들어졌다. 1947년 설립된 이 기구는 1995년에 세계무역기구로 변모한다.

그러나 자유주의적 국제질서에는 클린턴과 키신저 같은 가장 저명한 옹호자들이 거의 인정하지 않는 한계와 어두운 면이 있었다. 그들을 비롯한 여러 사람들은 자유주의적 국제질서가 인종차별주의, 노예제도, 아메리카 원주민 토지의 식민지화에 기반을 두었다는 점을 언급하지 않는다. 그리고 그들은 주요 수혜자에 관해서는 사실을 왜곡한다. 그것은 과거에는 서구였고 지금도 여전히 그러하다.

미국 세계질서의 옹호자들은 이 질서가 미국의 이익에 부합하는 동시에 나머지 세계의 이익에도 부합했다고 주장한다.[54] 그들의 견해로는 탈식민지 국가들이 주요 수혜자 중 하나였다. 중국, 인도, 브라질, 남아프리카공화국 같은 비서구 세계의 더 큰 경제와 강대국들은 미국 주도 질서에서 너무 많은 이득을 보았기에 이를 계속 유지하기를 원할 것이라고 한다.

여기에는 많은 진실이 있지만 과장된 측면도 있다. 이 서사는 다른 국가들, 특히 신생 독립국들이 전 세계적으로 안정 유지, 경제 발전 촉진 그리고 자유와 정의를 위한 메커니즘을 제공하는 데 기여한 정책들을 제대로 인정하지 않는다. 그러나 미국 세계질서의 기여를 평가할 때는 주요 수혜자가 누구였는지를 고려할 필요가 있다. 1차 세계대전에서 미국의 참여는 독일 제국의 패배에 결정적이었고, 미국은 유럽의 구세주가 되었다. 이는 전 세계에 대체로 긍정적 영향을 미쳤다. 전쟁 종식으로 비서구 제국에서 가장 큰 강대국이던 오스만 제국이 해체되었기 때문이다. 그러나 이것이 적어도 즉각적으로는 비서구 사회에 대한 유럽 제국주의의 종식을 가져오지 못했다. 미국의 2차 세계대전 참전은 나치 독일, 파시스트 이탈리아, 제국주의 일본의 패배로 이어짐으로써 유럽 식민주의의 최종 퇴각을 촉진했기에 비서구 사회에 훨씬 더 큰 이득을 주었다. 그리고 글로벌 사우스 국가들을 포함해 전 세계적으로, 미국이 추진한 다자간 기구 체제는 분명 유럽의 제국주의 기반 세계질서에 대한 온건한 대안이었다.

그러나 이 세계질서는 여전히 미국과 서구의 지배를 위한 충분한 여지를 남겼다. 2차 세계대전 이후 미국 세계질서의 가장 중요한 요소는 유엔의 설립이었다. 어떤 면에서 유엔은 전쟁 기간 동안 진행된 국제기구 창설의 정점이라 할 수 있다. 당시 만들어진 기구들로는 GATT 외에도 국제통화기금(이하 IMF로 표기)과 세계은행이 있으며, 둘 다 워싱턴 DC에 본부가 있었다. 미국은 세계무역기구도 발전시켰다. 그러나 이들 기구들은 미국과 그 서구 동맹국들이 지배했으며, 지금도 어느 정도는 그러하다. 또한 미국은 보편적 집단 안보에 대한 열망과는 다소 다르게, 이념적으로 유사한 국가들과의 동맹으로 제한되는 지역적 집단 방어 체제를 개발했다. NATO와 그만큼 강력하지는 않았던 중동의 중앙조약기구CENTO 및 아시아의 동남아시아조약기구SEATO가 여기에 포함된다. 이들은 미국이 발전시킨 양자 동맹과는 별개이다. 이들 중 가장 중요한 것은 중앙조약기구와 동남아시아조약기구의 종말을 이겨내고 살아남은 NATO로, 1949년 설립된 후 빠르게 미국 글로벌 안보 정책의 주요 도구가 되었다. NATO는 목적 면에서 과거 유럽의 신성 동맹Holy Alliance이나 삼국 동맹과 거의 다르지 않다. 러시아 그리고 점점 더 중국 같은 미국의 적대국을 목표로 삼는 NATO는 유엔처럼 '모든 인류'를 위한 협력을 발전시키기 위한 다자 조직과는 거리가 멀다. 심지어 친구든 적이든 모든 강대국이 만나서 차이점을 해결했던 유럽협조체제와도 다르다.

진실은 키신저의 주장처럼 자유주의적 국제질서가 '전 인류에' 진정으로 보편적이거나 온화했던 적이 없다는 것이다. 이미 언급했듯이 미국 세계질서는 포괄적인 글로벌 질서라기보다는 매우 선택적인 서구 국가들과 그들의 가장 열렬한 추종자들로 이뤄진 특권적 집단으로 기능했다. 소련과 바르샤바 조약의 붕괴 그리고 중국과 인도의 개혁이 자유주의적 국제질서의 범위를 확장했을 수도 있지만 이 새로운 참여자들은 역사적 기반이 좁았기에 주인의식이 결여되어 있었다.

대부분의 서구 지도자들과 분석가들에게 미국 세계질서가 여전히 건재해 보이던 시기에 출판된 필자의 2014년 저서 《미국 세계질서의 종말》에서 나는 처음으로 이 점을 지적하기도 했다. 이 책에서 나는 미국 세계질서에 대한 '신화', 즉 그것이 얼마나 넓게 확장되었고 주요 수혜자가 누구였는지 지적했다. 나는 이렇게 썼다. "답은 명백하다. 세계의 작은 부분만이 이 개념의 영향을 받았다. 소련권, 중국, 인도, 인도네시아 그리고 '제3세계'의 상당 부분은 그 바깥에 있었다. 권력, 정당성, 공공재 기능에 대해 거창하게 주장한다 해도 사실상 그 질서는 미-영-서유럽-오스트랄라시아의 연합에 불과했다."[55]

미국 세계질서 구축에서 미국 리더십의 핵심 옹호자인 조지프 S. 나이조차 2014년 나의 책에 대한 서평에서 내 주장을 인정하며 다음과 같이 썼다. "미국 세계질서는 세계의 일부를 위한 안보와 번영 같은 공유된 재화를 제공했지만 이것들은 글로벌 공공재라기보다는 클럽 재화였다. 인도, 중국, 인도네시아, 콩고, 이란, 과테말라 칠레 등 이 클럽에 속하지 않는 많은 국가들에 [미국이] 클럽 회원들의 안보와 번영을 제공하기 위해 취한 조치들은 그렇게 온화해 보이지는 않았다."[56]

미국 세계질서 옹호자들은 또한 2차 세계대전 이후의 경제성장과 협력 발전에 대해 미국에 너무 많은 공로를 돌려왔다. 미국 지배기 동안 세계 무역 증가와 연관되는 상당한 경제성장이 있었던 것은 사실이지만 이를 미국의 리더십과 관대함 덕분으로 돌릴 수는 없으며, 탈식민지 국가들을 비롯해 여러 국가의 역할 또한 간과해서는 안 된다. '제3세계'라는 이름으로 총칭하는 이러한 탈식민지 국가들은 당연하게도 매우 다양한 집단이다. 그중 많은 국가들이 엄청난 역경 속에서도 자신들을 발전시키고 글로벌 협력에 상당한 기여를 했다. 성공한 국가들은 자국 스스로의 리더십에 의존했다. 작은 나라 싱가포르는 주로 리콴유 총리의 리더십 덕분에 꾸준히 선진국으로 발전했지만 미국의 또 다른 핵심 동맹국 필리핀은 페르디난드 마르코스 대통령 치하에서 그렇게 하지 못했다.

그보다 훨씬 큰 국가들, 특히 중국과 인도에서도 이러한 사례를 찾을 수 있다. 미국 주도 자유주의적 국제질서가 수립된 후, 중국과 인도는 미국의 우방과 동맹체제 바깥에 머물렀을 뿐 아니라 미국의 노골적 적대감에 직면하기도 했다. 중국과 인도는 처음에 싱가포르나 일본만큼 빠르게 성장하지 못했고 국내 위기와 전쟁을 겪었지만 냉전이 끝나기 훨씬 전에 교육 및 산업체제의 토대를 마련할 수 있었다. 전후 경제 발전을 미국의 리더십 덕분으로 돌리는 것은 국가들이 제한된 기회를 최대한 활용해 경제적으로 발전할 수 있었던 방식을 부정하는 것이다.

세계적 협력도 마찬가지다. 1942~1945년 시대의 유엔은 미국 중심적 서사가 암시하는 것보다 훨씬 더 큰 지지 기반을 갖추고 있었다. 라틴아메리카, 아시아, 아프리카, 중동 출신 수많은 외교관들과 군인들은 유엔과 각각의 지역 모두에서 글로벌 협력 구축에 이미 적극적 역할을 해왔고 앞으로도 그럴 것이다. 유엔 창설 구조에 아시아와 비서구 국가들이 기여해 온 것들이나 전범 정책부터 여성의 지위까지 다양한 문제에서 이들이 수행해 온 작업이 여기에 포함된다.

더욱이 미국은 국제 협력, 즉 미국 세계질서의 가장 뚜렷한 특징으로 여겨지는 다자주의에 대해 일관되지 않은 선택적 지지를 해왔다. 2차 세계대전 이후의 기간 내내 그 지지는 확장과 축소를 반복했으며 존 F. 케네디, 빌 클린턴, 버락 오바마 행정부 시기에는 새로운 정점에 도달했지만 로널드 레이건과 조지 W. 부시 시대에는 역전되었다. 미국이 〈해양법〉 조약과 국제형사재판소 비준을 거부하고 유엔 안보리 개혁에 미온적 지지만 보낸 것은 미국의 다자주의 지지에 한계가 있음을 보여주는 주목할 만한 사례다. 2016년 대선 캠페인 동안 도널드 트럼프의 다자간 기구에 대한 공격은 그의 대중적 지지를 높이는 데 일조했다. 그는 이들 기구들이 미국에 '나쁜 거래'를 안겨주었다고 비난했다. 그는 미국이 더 큰 영향력을 가질 수 있는 양자 관계를 선호했다.

요컨대, 미국이 초기 리더십을 제공하긴 했어도 국가 간 협력이 전적으로 미국을 통해서만 이루어지지는 않았다. 미국의 지배에 본질적 반감을 갖는 인도와 중국, 라틴아메리카 국가들처럼 미국 동맹국이 아닌 국가들도 전 세계 평화와 발전을 위한 여건을 조성한 세계적·지역적 협력 발전에 깊이 관여했다. 미국의 다자주의 리더십이 더욱 선택적으로 변하면서 이들 국가들이 그 역할을 대신했다.

워싱턴으로 돌아가 살펴보면 미국의 세계 지배는 종종 오만함과 일방주의를 낳았다. 이는 명시적으로는 자유주의적 국제주의에 헌신했던 행정

부도 마찬가지였다. 클린턴 행정부의 국무장관이던 매들린 올브라이트는 1998년 2월 다음과 같이 미국의 이라크 정책에 대해 언급했다. "만약 우리가 무력을 사용해야 한다면 그것은 우리가 미국이기 때문입니다. 우리는 없어서는 안 될 국가입니다. 우리는 당당하게 서서 다른 나라들보다 더 멀리 미래를 내다보고, 우리 모두에게 닥칠 위험을 주시합니다."[57]

더욱이 자유주의적 국제질서는 비회원국이나 이차적 지위를 누리는 국가들에게 항상 평화롭거나 관대한 것은 아니었다. '강대국 클럽'은 자본주의, 인권, 민주주의 등의 이념과 가치를 홍보했지만 특히 다른 이념적 길을 택한 국가들에게는 폭력, 제재, 강압, 무력을 사용했다. 이는 미국 세계질서가, 특히 미국이 비서구 국가들을 자신들의 영향력 아래 두려 할 때 "다른 국가들에게 [자발적인] 묵인과 지지"를 받아왔다는 주장을 약화시킨다.[58] 그러한 미국의 노력은 종종 정치적·군사적 개입의 형태를 띠었고, 많은 폭력을 초래했다. 1953년 이란과 1973년 칠레에서의 민주 정부 전복, 1961년 쿠바와 1955~1975년 북베트남 혁명 정부에 대한 군사 개입 그리고 1983년 그레나다, 1981~1990년 니카라과, 1989년 파나마, 1954년 과테말라, 1965년 도미니카 공화국, 1981~1992년 엘살바도르, 2004년 아이티를 포함한 라틴아메리카와 카리브해 지역에 대한 반복적 개입 등이 그 예시이다.

이는 미국 세계질서가 전반적으로 안정적이고 평화롭다는 주장으로 이어진다. 팍스 로마나나 팍스 브리타니카처럼 팍스 아메리카나도 환상에 불과한 팍스였으며, 타키투스의 표현을 빌리면 "전쟁에서는 끔찍했으며, 평화 시에도 공포로 가득차 있었다." 확실히 3차 세계대전은 일어나지 않았다. 그러나 이는 주로 미국과 미국의 주요 적수로서 핵심 역할을 한 소련 간의 핵 억제력 때문이었다. 더욱이 미국 세계질서의 '평화'는 주로 유럽에만 해당되었다. 탈식민지 국가들에서는 상황이 극명하게 반대였다. 그곳은 전쟁과 폭력으로 가득했다. 영국 정치인이자 국제 관계 전문가인 에반 루어드는 1945~1986년 세계에서 발생한 127건의 '중요한 전쟁' 중 유럽에서 발생한 것은 단 두 건뿐이었다고 추정했다. 다시 말해 제3세계는 모든 국제 분쟁의 98퍼센트 이상을 차지했다.[59] 더욱이 이러한 갈등은 종종 외부 세력의 개입으로 인해 촉발되었다. 미국과 소련은 핵전쟁에 대한 두려움 때문에 유럽에서 서로 교전하는 것을 두려워했으며, 유럽 밖에서 대리전쟁을 벌이는 것은 허용 가능하다고 보았다. 인도 출신 학자 모하메드 아유브가 말했듯이 두 냉전 세력은 이념적·전략적 경쟁의 긴장을 해소하기 위한 '안전 밸브'로 제3세계의 갈등을 이용했다.[60]

마지막으로, 미국 세계질서는 겉으로는 자유주의적 가치를 표방했음에도 탈식민지화에 무관심하거나 심지어 반대하기도 했다. 따라서 민주주의를 옹호하면서도 파키스탄, 한국, 태국, 타이완, 인도네시아, 튀르키예, 필리핀 및 세계 여러 지역의 권위주의 정권을 지지했다. 제3세계 전역, 특히 중동의 석유와 관련해 자원과 값싼 노동력 착취를 조장했다. 아시아에서의 지역 협력을 반대하고 양자 협정을 선호했다. 제3세계 국가들의 비동맹 운동에 노골적으로 적대적이기도 했다. 또한 미국은 냉전 기간 동안 제3세계에서의 폭력을 예방하고 관리하는 데 별다른 역할을 하지 못했다.

미국 세계질서의 종말

미국 세계질서는 냉전 종식과 소련권 붕괴로 인해 절정에 달했다. 이러한 중대한 사건들은 서구의 환희를 불러일으켰고, 미국 주도 질서가 무한히 지속되리라는 기대를 높였다. 일부 낙관적 지지자들은 이 질서가 너무나 뿌리 깊고 정당하고 온건해서 가장 큰 잠재적 도전자인 중국까지도 흡수할 수 있다고 주장했다. 프랜시스 후쿠야마는 이를 '역사의 종말'이라고 했다. 자유주의적 국제질서는 너무나 완벽하게 승리하여 더 이상 어떤 대안도 실현 가능해 보이지 않았다.

그러나 불과 20여 년 만에 거의 정반대의 확신이 그러한 우주적 낙관주의를 대체했다. 즉 미국 주도 세계질서가 쇠퇴하고 있으며 필연적으로 다른 어떤 것으로 대체되리라는 확신이다. 후쿠야마의 에세이《역사의 종말The End of History》이 1989년 출판되었을 때에도 이미 미국의 헤게모니에 대한 강력한 도전이 존재했다.

1979년 친미 성향인 이란의 샤 체제는 대중 봉기로 전복되었고, 자유주의적 질서에 합류할 의향이 거의 없는 신정체제로 대체되었다. 냉전 종식 이후 몇 년 동안 러시아와 중국은 서구 방식을 채택하는 듯 보였다. 러시아는 적어도 이론적으로는 선거와 언론 자유를 가진 민주주의로 공산주의를 대체했다. 중국도 국가 계획을 포기하고 자유시장 경제체제를 확립하는 방향으로 나아갔다. 그러나 당시의 많은 예측과 달리 두 나라는 자유주의 모델에서 벗어나 미국과의 경쟁을 명시적으로 선언했다. 그리고 2001년 9월 11일 테러 공격이 발생했으며, 이는 미국이 이라크와 아프가니스탄에서 두 차례의 실패한 선택적 전쟁을 치르게 했다. 동시에 중국은 세계 2위 경제 대국이 되었고, 미국의 서태평양 지배에 도전하기 위해 야심 찬 군 현대화 계획에 착수했다. 중국의 일당 통치와 그 자체의 세계질서 비전은 자유주의적 국제질서의 경쟁자가 되었으며, 이는 중국과 서구 분석가들 모두가 인정하고 주지하는 사실이다.

이 모든 것이 의미하는 바는 무엇일까? 최근 몇 년 동안, 냉전 직후의 환희와 낙관주의가 시들해지면서 미국의 쇠퇴에 대한 이야기가 많이 나왔다. 이것은 여전히 치열하지만 결론 없는 논쟁거리이며, 많은 전문가들과 정책 입안자들은 쇠퇴론에 강력하게 반대하고 있다.

이 논쟁은 주로 세 가지 형태로 요약될 수 있는데, '늑대 소년' 증후군, '바이오닉 맨' 논리 그리고 '로마 제국' 유추이다. 늑대 소년 논리는 이전에 다 들어본 이야기라며 쇠퇴론을 일축하는 자들과 이번에는 정말로 늑대가 나타났다고 생각하는 자들 사이의 대립이다. 바이오닉 맨 논리는 미국 경제와 그로 인한 국가의 영향력이 곧 회복될 것이라고 말하는 자들과, 쇠퇴는 상대적이며 미국 경쟁자들이 더 잘하고 더 빠르게 따라잡을 것이므로 경제 회복은 중요하지 않다고 말하는 자들 사이의 대립이다.

로마 제국 유추는 반反쇠퇴주의자 진영의 주요 인물인 조지프 S. 나이가 제시했다. 그는 미국의 쇠퇴가 로마 제국의 쇠퇴와 비슷해서 오랜 시간이 걸릴 것이며, 아마도 2세기 이상 소요되리라 주장한다.[61] 이에 대한 반박은 다음과 같다. 부분적으로 파르티아를 예외로 한다면 로마 제국은 진정한 국가 경쟁자가 없었다. 나이가 정확히 지적했듯이 제국은 강력한 경쟁국의 부상 때문이 아니라 천 개의 작은 상처로 인해 무너졌다. 적어도 콘스탄티노플의 동로마 제국이 오스만 투르크라는 경쟁자를 만나 패배하기 전까지는 그랬다. 오늘날의 지배적이지만 약해지고 있는 패권국은 로마 제국과 달리 중국을 비롯한 심각한 도전자들에 직면해 있다. 그 몰락은 로마의 오랜 전례를 따르지 않고 훨씬 더 빠르게 일어날 수 있으며, 아마도 20세기 영국 제국의 쇠퇴와 더 유사할 것이다.

쇠퇴론에 반대하는 다른 주장들도 있다. 새로 부상하는 국가들의 증가하는 부가 반드시 권력이나 영향력으로 이어지지는 않으며, 이들 강대국들은 저마다 경제적·군사적·정치적 약점이 있다. 그리고 미국은 여전히 대학교, 과학 및 혁신에서의 선두, 이민에 대한 개방성, 전 세계 동맹 등 수많은 근본적인 국내외적 강점을 누리고 있다는 주장이다. 이 모든 주장이 유효하지만 각각의 주장에 반박이 가능하다. 종합해 볼 때 이들은 2012년 국정 연설에서 오바마 대통령이 말한 다음과 같은 확신을 정당화해 주지는 못하는 듯하다. "미국이 쇠퇴하고 있거나 우리의 영향력이 약해졌다고 말하는 사람은 그들이 무슨 말을 하는지 모른다."[62]

사실 미국의 경제적 지배력은 2차 세계대전 이후로 쇠퇴하고 있다. 1944~1945년 미국은 세계 최대 경제 대국이었다. 세계 GDP에서 차지한 비중은 35~50퍼센트로 추정된다.[63] 그 후 미국이 세계 GDP에서 차지하는 비중은 2001년 32.1퍼센트에서 2014년 22.3퍼센트로 감소했다. 중국의 비중은 2001년 4퍼센트에서 2014년 13.4퍼센트로 증가했다. 2001년 미국의 GDP는 중국의 8배였지만 2015년에는 1.6배에 불과했다.[64] 중국이 미국의 경제적 지배력에 대한 주요 도전자라고는 하지만 인도와 인도네시아 같은 다른 국가들도 부상하고 있으며, 이는 경제력의 세계적 변화에 기여하고 있다.

나의 주장은 미국이 로마 제국처럼 붕괴하고 몰락한다는 것이 아니다. 경제, 군사, 기술을 비롯해 영화나 패스트푸드 같은 모든 것의 영향을 포함하는 문화적 요소까지, 다양한 권력과 영향력 요소를 종합한 현재의 예측에 따르면 미국은 한동안 세계 초강대국, 아마도 유일한 초강대국으로 남을 가능성이 높다. 그러나 이는 2차 세계대전 이후 한동안 미국이 누렸던 세계적 헤게모니와는 비교할 수 없는 규모다. 여기서 중요한 점은 미국이 전반적인 세계 최고 강대국으로 남아 있더라도, 미국이 자신들의 비전과 가치 그리고 무엇보다도 글로벌 협력 기구의 리더십을 중심으로 구축한 세계질서는 21세기 후반까지 지속되지 못하리라는 점이다. 자유주의적 국제질서나 미국 세계질서 등 무엇으로 부르건 간에 그 질서는 빠르게 사라지고 있으며, 미국 경제가 강세를 유지하고 신흥 강대국들의 경제성장 속도가 최근 몇십 년보다 둔화되더라도 다시 나타나지 않을 것이다. 미국 세계질서는 서구 세계질서의 마지막이다.

그렇다면 세계에 관한 핵심 질문은 무엇이 그 자리를 대체할 것인가이다. 그러나 이 질문에 대한 답을 논의하기 전에, 새로운 세계질서의 주요 동인 중 하나인 나머지 세계의 귀환과 부상을 살펴보아야 한다.

제13장 나머지의 귀환

1955년 4월 18일, 인도네시아 대통령 수카르노는 그가 "인류 역사상 최초의 유색인종 간 대륙회의!"라고 묘사한 회의를 개최했다.[1] 서자바 반둥시에서 열린 이 회의에는 아시아와 아프리카 29개국 대표들이 참석했다. 주최국 인도네시아를 비롯해 인도, 파키스탄, 실론(현재 스리랑카), 버마(현재 미얀마), 필리핀 등 많은 참가국이 최근 식민지 지배에서 해방되었다. 또한 사우디아라비아, 이라크처럼 조금 일찍 1930년대에 독립한 국가들과 에티오피아 제국, 이란 제국, 태국 왕국처럼 공식적 식민지 지배를 면한 국가들도 있었다. 중동의 큰 나라들인 이집트와 튀르키예도 중국과 함께 대표단을 보냈다. 이는 공산주의 통치하에서 중국으로서는 처음 있는 국제회의 참여였다. 하지만 당시 중국의 긴밀한 동맹국이던 소련은 참석하지 않았다. 일본으로서는 1945년 제국이 멸망한 후 아시아 국가들과 함께하는 첫 번째 회의였다.

물론 그 이전에도 제국주의와 인종차별주의에 반대하는 모임들이 존재했다. 대표적으로는 1927년 브뤼셀에서 열린 '제국주의 및 식민지 억압에 반대하는 연맹League Against Imperialism and Colonial Oppression' 그리고

그림 14: 1955년 반둥회의에서의 비공식 대화. 사진에서는 인도네시아 총리 알리 사스트로아미조조, 이집트 대통령 가말 압델 나세르, 인도 총리 자와할랄 네루, 버마 총리 우 누, 예루살렘의 전前 대★무프티(이슬람 법학자) 아민 알-후세이니(옵저버로 참석) 그리고 네루의 딸이자 미래의 인도 총리인 인디라 간디가 보인다.

1947년과 1949년 뉴델리에서 열린 두 차례의 아시아관계회의가 있는데, 후자는 특히 네덜란드로부터의 인도네시아 독립에 초점을 맞췄다. 또한 대부분 흑인이던 미국, 카리브해, 아프리카, 유럽의 대표들과 아시아의 몇몇 대표들이 참석한 범아프리카회의PAC도 있었다. 그러나 반둥은 비서구 국가들이 그들 중 한 국가의 영토에서 개최한 최초의 대륙 간 모임이었다. 수카르노는 반둥회의에 참석한 참가자들은 "더 이상 식민지가 아닙니다"라고 말했다. 그는 "이제 우리는 자유롭고 주권적이며 독립적입니다. 우리는 회의를 위해 다른 대륙으로 갈 필요가 없습니다"라고 덧붙였다.[2]

영국 및 미국이 주도하는 서구 강대국은 이러한 정치적 목적의 과시에 직면하여 회의 개최 자체를 막기 위해 최선을 다했고, 실패하자 그 정치적 목표를 좌절시키려 했다. 5일간의 회의 기간에 합법적 공식 대표단보다 더 많은 서구 또는 서구에서 고용한 관찰자와 스파이들이 몰려들었다는 말이 있다. 나는 영국, 미국, 호주, 캐나다의 방대한 정보 보고서들을 수집했는데 지금은 기밀 해제된 이 보고서들은 이러한 관찰 내용을 뒷받침한다. 그리고 이 보고서들은 많은 것을 드러낸다. 영국은 반둥을 "국가주권, 인종차별, 식민주의에 영향을 미치는 모든 문제"를 선동하려는 "해로운" 노력으로 묘사했으며, "이 모든 문제에 대해 도출된 결론은 우리에게 당혹스러울 가능성이 있다"고 했다.[3] 가나의 외교 관계를 여전히 통제하던 영국은 가나 지도자 콰메 은크루마의 참석을 막았다. 아파르트헤이트 정권에 입막음을 당한 남아프리카 공화국의 아프리카민족회의ANC는 참관인 두 명만 보냈다. 미국은 이 회의가 중국 같은 공산주의 국가들이 세계 평화에 가하는 위협으로부터 주의를 돌리고, "현재의 세계 긴장에 대해 미국 정책을 탓하며 비난할 수 있다"고 우려했다.[4] 미국-영국은 탈식민지화의 중요성을 축소하고, 공산 중국에 대한 어떤 지지도 거부하게끔 하는 서방의 목표를 지지하도록 공동 압박 캠페인을 벌였다. 반둥회의에 참석한 국가들이 이에 직면했다는 사실은 새삼스러울 것도 없다.

당시 영국과 미국의 메모는 영국이 미국의 승인하에 실론, 필리핀, 튀르키예 같은 '우호적' 국가의 지도자들에게 '공산주의 식민주의'와 공산 세계의 종교의 자유 부재에 대해 문제 제기를 하고, 인도와 중국이 추진한 '평화 공존 5원칙'을 거부하도록 조언했음을 보여준다. 영국 외무부가 반둥에 참석하는 우호적 국가의 정부에 보낸 비밀 전문에는 "주권 확장에 대한 제안 (…) [즉] 정치적 독립과 천연자원에 대한 통제권을 요구하는 것에 저항하라"는 지시가 있었다.[5] 또 다른 메모는 미국-영국 동맹국들에게 회의에서 중국에 "최대한의 당혹감을 안겨주라"고 촉구했다.[6]

그러나 영국과 미국 정부의 공식 보고서가 보여주듯이 이러한 노력들은 대부분 실패했다. 당시 확고한 반反반둥 입장이던 존 포스터 덜레스가 이끄는 미국 국무부는 회의 결과에 대한 정보 평가 보고서에 다음과 같이 썼다. "반둥에 모인 국가들은 대규모 국제회의 운영 경험이 거의 없고 세계 정치에 독립적으로 참여한 지 몇십 년이 채 되지 않았는데도 다섯 개 회의 주최국 중 어느 곳의 통제도 거부하는 회의를 조직했으며, 효율적으로 신속하게 공통 기반을 찾아냈다. 이 회의는 아시아-아프리카 간 합의가 존재한다는 것을 보여주는 데 성공했다."7

한 영국 외교관은 교만한 어조로 다음과 같이 썼다. "동양은 더 이상 오래된, 신비로운, 변하지 않는 곳이 아니다. 동양은 젊고, 열정적이며, 새로운 민족주의와 자유에 취해 있다. 하지만 동시에 연장자들, 아니 어쩌면 더 나은 사람들 앞에서 성숙하게 행동하고 좋은 모습을 보이고 싶어서 어쩔 줄 모른다."8

영국 측은 회의가 참가국들의 "자신감을 강화시켰다"고 인정하며, "세계 문제에서 자신의 중요성을 더 크게 느끼게 했다"고 언급했다. 또한 참가국들이 "자신의 정책을 수립하도록 장려했다"고 덧붙였다. 아프리카-아시아의 "공통된 목적"이 "강화되었다"고 지적하며, 이는 "서구 지도력의 약화"로 이어졌다고 설명하기도 했다.9

식민주의와 인종차별주의를 종식시키고, 비서구 국가들이 세계 문제에서 목소리를 내는 것만이 반둥회의의 목표는 아니었다. 그것은 또한 서구 또는 소련 같은 초강대국의 지배를 거부하고 보편적 인권과 집단 안보를 강조하는, 서구 중심 세계질서에 대한 새로운 대안이라고 할 강력한 첫 번째 신호를 제공했다. 무엇보다도 반둥은 언론인 파리드 자카리아가 훗날 '나머지의 부상the rise of the Rest'이라고 부르게 될, 2차 세계대전 이후 가장 중요하지만 잘 알려지지 않은 현상 중 하나였다.10

반식민주의와 수많은 구 식민지들의 독립 획득은 전후 세계의 주요 발전 중 하나이자 새로운 세계질서로 향하는 주된 동력이었다. 특히 중국이 조약으로 개장해 100년간 외국 통치하에 있던 항구들에 대한 완전한 주권을 주장한 것이 그러하다. 몇억 명의 사람들에게 영향을 미친 이러한 역사적 발전은 종종 서구의 일종의 관대함 덕분으로 여겨진다. 서구에서는 신생 독립국들의 등장을 식민 세력들이 자기네 식민지들에서 자치 정부를 꾸릴 준비가 되었다고 판단하여 보호주의 과정을 종결한 것으로 묘사해 왔기 때문이다. 이러한 그림에 빠져 있는 부분이자 이 장에서 다룰 내용은 나머지의 부상에 대한 다른 측면이다. 이는 반둥회의와 마찬가지로 서구의 자비심 때문에 발생한 것이 아니라 오히려 그에 맞서 식민지 주민들 스스로가 주도하고 실행한 전 세계적 혁명을 통해 이루어졌다.

이는 평화적 수단과 무장투쟁 모두를 통해 달성되었다. 예를 들어 인도의 반식민 투쟁은 한편으로는 모한다스 간디가, 또 한편으로는 펀자브의 바가트 싱, 벵골의 스리 아우로빈도, 오디샤 및 벵골 출신 수바스 찬드라 보스가 대표하는 평화적인 면과 폭력적인 면이라는 양면성을 가지고 있었다. 찬드라 보스는 인도 독립을 위해 2차 세계대전에서 독일 및 일본과의 협력을 옹호하기도 했다.[11] 그러나 1857년 인도에서는 영국인들이 '세포이 항쟁'(세포이는 영국군에서 복무하는 인도 군대)이라고 부르는 무장 저항이 처참하게 실패했다. 그럼에도 인도인들은 이를 독립 전쟁으로 인식하고 있으며, 목표는 무굴 통치자의 권위를 회복하는 것이었다.

아프리카에서의 반식민 운동은 식민지 상품 불매 운동에서 무장 혁명에 이르기까지 다양했다. 한편으로 식민 통치에 대한 무장투쟁은 가나, 나이지리아, 세네갈, 코트디부아르, 베냉, 기니비사우, 앙골라, 리비아, 알제리, 튀니지, 모로코, 케냐, 탄자니아, 이집트, 수단, 소말릴란드 등 대륙 곳곳에서 나타났다. 심지어 프랑스어권 아프리카에서는 식민지 주민들을 명목상 프랑스 문명의 일부로 받아들이고, 프랑스 국민으로 인정하는 공식 동화 정책을 추진했음에도 사람들은 식민 통치를 폭력적으로 거부했다. 알제리는 가장 대표적 사례다. 동남아시아에서는 인도네시아, 베트남, 버마가 식민 통치자들에 대항해 무장투쟁을 벌인 반면 싱가포르를 포함한 말라야 연방은 영국으로부터의 독립을 협상했다.

무장투쟁이 탈식민지화에 항상 결정적이었던 것은 아니다. 에티오피아는 1896년 이탈리아라는 식민 세력을 물리친 드문 사례를 제공했지만 베니토 무솔리니 치하에서 다시 식민지화되었다. 무솔리니는 1935~1936년 앙심을 품고 그 나라를 점령했다. 훗날 베트남 혁명 조직 베트민Viet Minh은 주로 군사적 성공을 통해 프랑스의 통치에서 베트남을 해방시켰다. 그러나 대부분의 경우 유럽 식민주의의 후퇴는 수카르노, 간디, 은크루마뿐 아니라 케냐의 조모 케냐타, 미얀마의 아웅 산, 탄자니아의 줄리어스 니에레레, 남아프리카 공화국의 넬슨 만델라 등 주요 역사적 인물들이 촉발한 전 세계적 저항 운동의 산물인 정치적 수단을 통해 달성되었다. 이 지도자들은 사용할 방법이나 구 식민지에 등장할 정부 형태에 대해서는 의견을 달리했을 수도 있지만 결정적인 점에는 동의했다. 즉 서구 세계 지배의 단일한 동력인 식민주의는 종식되어야 한다는 것이었다.

베스트팔렌의 세계화

근대 세계질서는 유럽의 힘과 사상을 통해 형성되었다. 이는 근대화의 동력이었지만 인종차별주의 같은 어두운 특징이 있었고, 미국은 이를 계승하고 확장했다. 그러나 이러한 일이 일어나는 동안 식민지 세계에서는 저항의 초보적 모습이 나타나고 있었다. 전통적인 관점은 탈식민지 국가들이 민족주의, 민족국가 그리고 베스트팔렌 주권의 몇몇 요소들 같은 서구의 이상과 제도를 단순히 계승했다고 주장한다. 사실은, 탈식민지화 과정에서 탄생한 국가들은 서구 지배적인 세계질서에 도전하고 포괄적 질서를 구축하기 위한 사상과 접근 방식을 개발하는 역동적 행위자들이었다. 서구로부터 베스트팔렌 주권 같은 제도를 받아들여 채택했을 때조차 그들은 자국의 토착 사상, 이익, 의제와 함께 그것들을 수정했다. 실제로 서구 식민주의에 대한 저항은 더욱 포괄적인 세계질서를 낳는 사상들을 만들어냈고, 지배권을 확보하려는 서구의 노력을 좌절시켰다.

민족국가는 명확히 정의된 영토에 대한 주권을 가지는 실체로, 그 국민들은 역사, 문화, 언어 등 다양한 요인에 기반한 공유된 정체성을 가질 것으로 기대된다. 국가가 주권을 갖는 이유는 국민들이 그 국가보다 더 높은 권위에 충성을 바치지 않기 때문이다. 민족국가에서는 영토 경계, 정치 조직, 문화적 정체성이 일치해야 한다고 인식되지만 실제로는 이런 경우가 매우 드물다. 유럽인들 사이에서는 자신들의 민족국가가 민족 정체성의 진정한 표현이라는 흔한 믿음이 있다. 하지만 진실은 유럽 안팎의 모든 민족국가는 제국들이 강요한 영토 조정의 인위적 창조물이라는 것이다. 유럽 국가만이 진정한 것이고, 나머지 세계는 인위적으로 만들어지고 강요되었다는 주장은 거짓이다.

이러한 오해는 라틴어 natio(탄생), nasci(태어나다), nationem(기원)에 뿌리를 둔 nation(민족)이라는 단어 자체에 있다. 고대 그리스나 로마에서 유래한 많은 단어들과 마찬가지로 이는 중세 유럽 언어로 채택되어 고대 프랑스어에서는 nacion으로, 중세 영어에서는 nacioun으로 변형되었다.[12] 현대 학문에서 '민족'이라는 개념을 프랑스 또는 유럽의 발명으로 간주한다는 사실은 새삼스러울 것도 없다. 유럽인들은 전 세계 식민지들에 이렇게 가르쳤으며, 식민지 주민들은 유럽인들이 도착하기 전까지는 통일성이나 정체성 없이 단절된 무리라고 보았다. 이러한 개념에 따르면 식민지 주민들은 "국가, 민족자결, 인권 그리고 발전에 대한 개념을 식민 통치자들에게 배웠으며, 이러한 사상들을 자신들의 상황에 적용하여 통치자들에게 대항했다". 이 이론은 식민 통치 자체가 "민족 문화의 **유일한 기초**"였다고 주장한다(강조는 지은이). 새로운 국가들은 식민 세력들이 설정한 국경 때문에 생겨났으며, 어떤 본질적인 민족 정체성을 반영하지 않았다.[13] 더욱이 유럽 식민지 시대 이후 등장한 민족국가들은 "각기 다른 문화, 언어, 역사 그리고 다른 종교적 신념을 가진 여러 민족 집단"으로 구성되었다.[14]

그러나 이 설명은 유럽 식민주의 이전부터 존재했던 문화적 연결과 정체성을 간과하는 등 여러 가지 측면을 놓치고 있다. 이는 현재의 민족국가의 영토적·정치적 공간을 뒷받침하는 공유된 문화적 정체성이 주로 이전의 역사적 상호작용에서 비롯되었다는 사실을 고려하지 못한다. 또한 식민지 지배를 면했으면서도 민족국가라는 명칭을 얻는 데 성공한 일본, 태국, 튀르키예 같은 국가들을 무시한다. 직접적으로 식민지화되지 않은 중국은 어떠한가? 이들 국가들이 단순히 주변을 둘러보고 놀라운 유럽인들을 모방했다고 말하는 사람들도 있을 수 있다. 그렇다면 지나치게 단순한 견해다. 세계 어느 곳에서도 국가 형성 과정은 이전의 상호작용 및 정체성과 무관하지 않았다. 중국, 인도, 일본은 모두 몇천 년간의 문화적 상호작용 후에 형성되었다. 한국의 문화적 통일감 그리고 그로 인한 민족적 감정도 이와 비슷하게 중국과 일본이라는 비서구 이웃 국가들과의 평화와 강압, 저항과 적응을 모두 포함하는 상호작용뿐 아니라 자체적인 문화적·정치적 규범을 통해 형성되었다.[15]

마찬가지로 영국 식민 통치 이전에 인도(인도 헌법에서는 산스크리트어로 바라트Bharat라고도 칭한다)라는 것이 존재하지 않았다는 견해는 몇천 년 동안 존재했던 정치적·문화적·경제적 상호작용을 무시하는 터무니없는 견해다. 이러한 상호작용은 인도 아대륙 내 이주, 힌두교, 불교, 자이나교 같은 종교의 확산, 마우리아, 굽타, 무굴 등의 제국들이 달성한 정치적·행정적 중앙 집중화를 통해 형성되었다. 《마하바라타》와 《라마야나》 서사시를 비롯해 많은 고대 문헌들은 인도라는 개념을 증명한다. BCE 3세기 마우리아 제국은 동서남북으로 영국 식민 통치가 '통일'했다고 주장하는 것과 거의 같은 지역을 포괄하고 있었는데, 심지어 식민 통치가 끝나갈 무렵 영국 식민 당국이 인도에 서둘러 무자비한 분할을 감행한 덕분에 오늘날의 인도 공화국보다 더 넓은 지역을 포함했다.

12장에서 언급했듯이 식민주의 종식에 대해 매우 유행하는 서구의 설명은 '민족자결'이라는 '사상의 힘'을 강조하는데, 이는 '민족주의'라는 또 다른 강력한 사상에 힘입어 확산되었다.[16] 그러나 비서구 세계에서 민족주의나 반식민 저항이 왜 그리고 어떻게 등장했는지는 뜨거운 논쟁거리다. 이 질문에 대한 서구의 흔한 답변은 식민지 또는 적어도 그들의 엘리트들이 유럽 통치자들에게서 민족주의를 배웠다는 것이다. 이들 식민지 출신 미래 지도자들 중 다수는 유럽으로 유학을 갔고 그곳에서 떠오르는 민족주의 흐름에 노출되었다. 이러한 관점에서 보면 민족자결은 반反노예제도와 반反인종차별주의처럼 서구 문명이 모범적으로 기여한 바였다. 어느 학자가 말했듯이 "시위하는 식민지 주민들에게 있어 그 사상은 민족주의와 평등이었고, 그들은 이를 자신들의 식민지를 위한 정치적 독립과 베스트팔렌 체제의 국가 지위를 요구하는 것으로 전환했다". 서구에서 습득한 이념을 흡수함으로써 "교육받은 소수의 아프리카, 아시아, 라틴아메리카 엘리트들이 이러한 국가 지위를 열망하게 되었다".[17]

하지만 이는 상당히 편협한 유럽 중심적 관점이며, 엄청난 단순화이기도 하다. 특히 민족주의는 서구에서 교육받은 현지 엘리트들이 단순히 모방한 현상이 아니었다. 근대 민족주의는 베스트팔렌 원칙이 부과하는 주권적 경계라는 개념을 통해 유럽에서 탄생했다. 이 중 한 가지 측면은 명확히 정의된 경계 내의 사람들이 정치적으로 더 잘 조직되고 공동의 정체성을 발전시킬 수 있다는 아이디어였다. 베스트팔렌 체제 내 국가들에서 인쇄 매체가 등장한 것도 문화와 경험의 공유를 촉진했다. 정치학자 베네딕트 앤더슨은 이를 "상상된 공동체"의 형성이라고 했다.[18] 그러나 유럽 밖에서는 베스트팔렌 국가가 존재하지 않았다. 대신 유럽 열강은 정복한 영토를 통치하기 위해 중앙집권적 관료제를 수립했다. 그중 일부, 예를 들어 인도네시아의 네덜란드인은 공용어를 창설했다. 이러한 언어와 식민지의 인쇄 매체 도입은 여러 민족과 다양한 지역 출신 사람들이 서로를 더 잘 이해하고 공동의 정체성을 발전시키는 데 중요한 역할을 했다.

그러나 이것은 일방적 관점이며 식민지에서의 민족주의의 진정한 기원이 흐려지게 한다. 식민지에서의 민족주의는 식민지인들에게 '가르쳐야' 하는 유럽 사상이 아니었다. 오히려 그것은 혁명 운동에서 비롯되었으며, 운동을 이끈 다수는 현지 지도자들이었고 평범한 사람들이 여기에 참여했다. 식민주의자들은 피지배 민족을 더욱 효과적으로 통제하고, 자원을 더욱 변덕스럽게 착취하며, 반란을 더욱 잔혹하게 진압하려 함으로써 오히려 식민지 피지배 민족들 사이에서 민족 정체성의 성장을 촉진했다. 옥스퍼드, 케임브리지, 소르본에서 학교를 다닌 식민지 엘리트 한 명당 그렇게 할 수 없었거나 그렇게 하기를 원하지 않았던 사람들 몇천 명이 있었다. 그들은 집에 머물며 식민 통치의 비인간성을 가장 직접적으로 겪었다. 많은 이들은 식민 세력들이 세운 현지 학교에 다니지 않았고 식민지 관료 체제에 합류하지도 않았다.

그러한 사람 중 하나가 소설 속 냐이Nyai(노인 여성이나 할머니에 대한 존칭) 온토소로다. 그녀는 인도네시아 작가 프라무댜 아난타 투르의 고전 소설 《인간의 대지This Earth of Mankind》에 나오는 인물로, 네덜란드 식민 통치하의 자바 및 오늘날 인도네시아 몇몇 지역의 상황을 예리하게 반영하고 있다. 이야기 속에서 네덜란드 식민지 법원은 냐이 온토소로 딸의 결혼을 취소하는데, 그녀가 미혼모의 자녀이며 아버지는 실종된 네덜란드인이었기 때문이다. 결혼 무효 소식을 듣고 냐이 온토소로는 식민지 교육체제에서 교육받고 언론인으로 일하던 사위 밍케를 꾸짖는다. 그녀의 말은 유행하는 서구의 견해에 도전한다. 즉 식민지에서 국가와 민족주의가 등장한 것은 서구 교육을 받은 엘리트들이 유럽에서 그것들을 배웠기 때문이라는 주장이다. 냐이는 "나는 학교에 가본 적이 없어"라고 말한다. "유럽인들을 존경하라고 배운 적도 없어. 학교에 다녀본 사람들은 그래도 더 운이 좋은 거지. 적어도 다른 민족들의 재산을 훔치는 자기들만의 방식을 알게 되잖아."[19]

요컨대, 민족주의와 민족자결이라는 유럽 사상이 반식민 저항에 영감을 주었을 수도 있지만 식민지에서 민족주의는 근본적으로 외세의 통치와 지배에 대한 저항으로서 자체적으로 발생했다. 그리고 그 내용과 실체는 압도적으로 현지에 기반했다. 스페인에서 유학한 필리핀 민족주의자 호세 리잘, 케임브리지에서 교육받은 자와할랄 네루, 네덜란드가 설립한 공과대학교에서 교육받은 수카르노 등 해외 유학파 지도자들 뒤에는 문맹인 밍케의 장모 같은 수많은 대중이 있었다. 그들의 민족주의는 식민지 언어로 된 서적이나 신문을 읽으면서 '상상한' 것이 아니라 그들의 현실 세계 경험, 즉 비참하고 소외된 일상생활에서 비롯되었다. 외국에서 교육받은 지도자들은 이러한 민족주의를 활용하고 확장했지만 그것을 창조하지는 않았다. 인도주의 윤리부터 자유 무역에 이르기까지 세계질서를 구성하는 여러 요소들의 기원과 마찬가지로 유럽 중심주의는 우리 역사의 여러 측면을 가리고 비서구 민족들이 기여한 바를 보지 못하게 했다.

반식민 운동의 뿌리

반식민주의가 서구 자유주의에 내재되어 있었다는, 흔히 반복되는 주장은 일정 부분 진실을 담고 있다. 실제로 일부 중요한 서구 지식인과 정치인들은 열렬한 반식민주의자였고, 그들의 선조들 중 일부는 반노예주의자였다. 그러나 2차 세계대전 이후 전 세계에 확산된 민족주의와 자유 개념이 주로 서구 사상에서 비롯되었다고 말한다면 오류다. 사실, 반식민 지도자들이 상상한 새로운 세계질서의 씨앗은 그들 자신의 사회와 문명에서 자라났다. 민족주의와 자유는 비서구 사회의 문화와 정체성을 통해 매개되지 않았다면 전 세계에 확산되지 못했을 것이다. 나머지 문명들이 결정적 역할을 한 것이다.

아시아, 아프리카, 중동의 반식민 지도자들은 그들 문명의 과거를 소환했지만 이는 단순히 과거로 회귀하려는 반동적 방식이 아니었으며 서구 제국주의에 맞서고 이를 전복하기 위해 국민을 동원하려는 것이었다. 물론 이것만이 그들의 유일한 무기는 아니었다. 그들은 주권, 민족자결, 인권 등 근대적 사상에 의존하기도 했다. 그러나 그들이 인종차별적인 서구 문명 표준을 대체하기 위해 자신들의 과거를 탐구했다는 것은 틀림없는 사실이다. 국내 통치 및 외교 정책을 위한 새로운 제도를 구축할 때 그들은 근대적 원칙을 자기네 기존의 문화적 사상 및 관행과 융합했으며, 이는 상징적 측면과 실질적 측면 모두에서 나타났다. 이러한 사례를 인도, 중국, 튀르키예라는 세 주요 문명에서 찾아볼 수 있다.

영국으로부터의 독립을 위해 싸운 인도 민족주의 지도자들은 국가 해방의 정당성을 주장하기 위해 인도의 고대 문명을 활용했다. 예를 들어 1938년 독립 인도의 초대 총리가 되기 7년 전 자와할랄 네루는《포린 어페어스Foreign Affairs》에 독립 인도가 스스로 설 수 있을지 여부에 대한 영국과 미국의 의구심을 해소하기 위한 글을 썼다. "5천 년에서 6천 년 전, 인더스 계곡 문명은 인도 북부 전역에서 번성했으며 아마도 남부까지 확장되었을 것이다. (…) 그 초기 역사 이래로 수많은 민족들, 정복자들과 정착민들, 순례자들과 학자들이 아시아 고원으로부터 인도 평원으로 이동하여 인도의 삶과 문화, 예술에 영향을 미쳤지만 항상 흡수되고 동화되었다. 인도는 이러한 접촉을 통해 변화했지만 본질적으로 자신만의 옛 모습을 유지했다."[20]

영국 웨스트민스터식 의회체제를 채택한 독립 인도는 의회를 구성하는 양원을 라지야 사바Rajya Sabha(상원)와 로크 사바Lok Sabha(하원)라고 불렀으며, 단원제인 주의회는 비단 사바Vidhan Sabha라고 명명했다. 사바, 즉 의회는 고대 베다 인도의 중요한 정치제도였다. 당시 정부는 대중 민주주의는 아니었지만 사바에서 다양한 계층 사람들의 폭넓은 대표성을 허용했으며, 이 중 일부는 비세습적 방식으로 선출했다. 또 다른 베다 교육 기관인 사미티와 함께 사바는 때때로 왕을 선출했으며, 왕은 주요 국사에 대해 이들 기관들의 결정을 따라야 했다. 그렇지 않으면 고립되거나 축출될 위험이 있었기 때문이다.[21] 이는 인도의 근대 민주주의 제도가 서구의 영향을 받았지만 고대 인도에서도 영감을 받았음을 보여준다. 이러한 연결은 그 제도가 인도 국민들에게 더욱 매력적으로 다가가는 데 도움이 되었고, 그것이 다른 국가들보다 더 오래 지속된 이유를 설명하기도 한다.

제국체제의 전복을 주도한 쑨원이 이끌던 중국 민족주의자들은 중국 그리고 아시아 문명의 과거를 활용했다. 쑨원은 "물질적으로는 동양이 서양보다 훨씬 뒤떨어지지만 도덕적으로는 동양이 서양보다 우월하다"고 했다. 그는 중국 및 동양 문명을 서구 문명과 대조했다. "동양 문명은 도道의 통치이며, 서구 문명은 힘力의 통치다. 도의 통치는 인仁과 덕德을 존중하는 반면 힘의 통치는 오직 힘과 공리주의만을 존중한다. 도의 통치는 항상 정의와 이성으로 사람들에게 영향을 미치는 반면 힘의 통치는 항상 무력과 군사 수단으로 사람들을 억압한다."[22]

튀르키예는 이슬람 사회 중 가장 세속적 지향을 지닌 채 오스만 통치에서 벗어났다. 현대 튀르키예의 창시자이자 1923~1938년 권력을 잡았던 무스타파 케말 아타튀르크는 이슬람으로 돌아가는 대신 이슬람 도래 이전 튀르키예의 다문화 및 다문명적 과거를 새로운 튀르키예의 국내 및 외교 정책의 기반으로 삼았다. 히타이트, 프리지아, 리디아 등 다양한 문화들이 여기에 포함된다. 문명의 과거가 탈식민지 국가들의 세계질서에 대한 관점을 어떻게 형성했는지 보여주는 또 다른 예시는 범아시아주의, 범아메리카주의, 범아프리카주의, 범아랍주의 등의 지역 운동에서 찾아볼 수 있다. 이러한 운동들에는 한 가지 공통점이 있는데, 정치적 운동이었으되 모두가 공유하는 문명의 정체성에 기반을 두거나 적어도 그것을 구축하려 했다는 점이다. 그들은 서구 문명과 그 근대화 사상의 한계와 어두운 면을 인식했다.

라틴아메리카를 예로 들어보자. 라틴아메리카를 대체로 유럽 문명의 파생물로 간주하지만 그곳의 민족주의 지도자들은 아시아나 아프리카 지도자들 못지않게 유럽의 인종차별주의와 제국주의를 인식하고 거부했다. 범아메리카연합Pan-American Union의 전 사무총장 프란시스코 하비에르 야네스는 1914년 "라틴아메리카라고 하는 문명은 스페인의 최초 정착, 백인 정복자의 탐욕으로 인해 흘린 인디언 최초의 피 그리고 새로 발견한 땅의 주민들을 기독교화하려는 초기 시도와 함께 시작되었다"고 썼다.[23] 적어도, 유럽 정착민들과 콜럼버스 이전 민족들 간의 결혼으로 형성된 혼성문화의 영향을 부분적으로 받은 라틴아메리카 엘리트들은 스스로를 유럽의 자녀로 보는 이들과 유럽의 유산을 거부하거나 심지어 비난하는 이들로 나뉘었다. 그러나 전반적으로 라틴아메리카는 호주인들이나 캐나다인들처럼 유럽 문화를 모방하는 대신 자체적인 문명의 정체성을 발전시켰다. 이러한 정체성은 처음에는 주로 스페인이었던 유럽 통치로부터 이 지역을 해방시키려는 데서 시작되었고, 그다음에는 유럽 열강이 이 지역을 다시 점령하려는 모든 시도를 거부하기 위한 투쟁에서 비롯되었다.[24]

그 초기 주창자 중에는 라틴아메리카 국가들의 연합을 꿈꾼 시몬 볼리바르가 있었다. 이러한 야망은 비록 실현되지는 못했으나 라틴아메리카 문명을 연대하는 기초가 되었다.[25] 19세기에는 범아메리카 운동이 등장하여 유럽의 간섭이 아니라 먼로 독트린이 주창하는 미국의 지배와 개입주의에 맞서 싸웠다. 1890년 1차 미주국가회의First International Conference of American States는 범아메리카의 이상을 더욱 구체화했다.

게다가 이 지역의 몇몇 저명한 지도자들과 지식인들은 콜럼버스 이전 문명들과의 더욱 긴밀한 통합을 촉구했다. 페루 출신 빅토르 라울 아야 데 라 토레와 호세 카를로스 마리아테기가 그러한 사람들이다. 아야는 소외된 원주민들의 지위를 인정하는 '인도아메리카Indoamerican' 정체성과 지역주의를 추구했다. 그는 이 지역에서 유럽 사상과 제도에 대한 종속성으로 보이는 것들에 맞서 싸웠다. 그는 마르크스주의 신봉자였는데도 마르크스주의를 라틴아메리카에 깔끔하게 들어맞는 보편적 틀로 받아들이지 않았다. 대신, 상이한 조건들에 맞게 이념을 조정할 필요가 있었다. 아야는 "유럽의 원칙과 해석 규범을 우리 환경에 전 지구적으로 단순하게 적용하는 것은 근본적 수정의 대상이 되어야 한다"고 썼다.[26]

범아시아주의는 다소 늦게 20세기 초에 등장했다. 그 초기 흐름 중 하나는 일본의 제국주의적 야망을 뒷받침했다. 바로 서구 우월주의에 맞서 싸우기 위한 아시아의 단결을 강조하면서도 이것이 일본의 리더십과 지배하에 이루어져야 한다는 주장이었다. 다시 말해 일본은 서구의 지배를 반대하며 자신만의 공간을 만들기 위해 싸웠다. 그러나 일본 범아시아주의의 또 다른 흐름은 더욱 해방적이었고, 일본 미술 평론가 오카쿠라 카쿠조가 보여주듯이 아시아 내부 문명 간의 연결에 기반을 두었다. 20세기 초 "아시아는 하나다"라는 유명한 말을 만들어낸 오카쿠라는 열렬한 범아시아주의자였던 인도 시인 라빈드라나트 타고르와 강한 개인적 유대를 형성했다.

쑨원, 자와할랄 네루, 아웅 산을 비롯해 아시아의 첫 세대 민족주의 사상가 및 지도자들은 아시아를 역사의 연결을 기반으로 단결할 수 있는 독특한 문명으로 상상한 사람들의 일원이었다. 그들은 유럽 제국주의가 아시아 여러 지역을 자신들의 식민 제국 아래 분할하면서 이러한 역사적 연결을 파괴한 외부 세력이라고 보았다. 영국은 인도와 그 주변 지역, 프랑스는 인도차이나, 네덜란드는 인도네시아, 스페인은 필리핀을 지배했다. 이러한 단절을 완전히 회복할 수는 없더라도 이제 복구할 수 있다고 그들은 믿었다.

이에 대한 좋은 예는 1947년 네루가 2차 세계대전 후 아시아 국가들의 첫 국제회의를 뉴델리에서 소집했을 때 찾아볼 수 있다.[27] 아시아관계회의를 위해 그는 이란, 중앙아시아, 중국, 버마, 말라야, 시암, 캄보디아, 참파(베트남 남부), 자바, 발리, 수마트라(현대 인도네시아의 일부)와의 역사적 연결을 보여주는 '범아시아 미술 전시회'를 개최했다.[28]

중국에서는 민족주의 지도자 쑨원이 여전히 중국을 지배하는 유럽 열강에 대항하는 정치적 단결 전략으로서의 범아시아 연계를 지지했다. 활동가들과 지식인들도 범아시아 프로젝트를 수행했다. 예를 들어 1907년 도쿄에 아시아연대협회를 설립하여 범아시아의 단결과 협력을 옹호한 중국, 일본, 인도, 베트남, 필리핀 출신 활동가들이 그런 사람들이었다. 그들은 반식민 관점을 이유로 1896년 스페인이 처형한 호세 리잘을 "전형적인 아시아의 애국자이며, 중국과 여타 아시아인들이 배워야 할 인물"로 인정

했다.[29]

아랍 세계에서는 범아랍주의와 범이슬람주의가 정치적·문명적 개념으로 등장했다. 19세기에 등장한 범이슬람주의는 처음에는 오스만 통치와 유럽 제국주의 모두를 겨냥했다. 그 주요 인물은 페르시아 태생 언론인이자 정치 활동가 자말 알-딘 알-아프가니였다.[30] 그는 인도, 이집트, 튀르키예, 런던, 파리를 여행하며 서구 지배에 맞서 싸우기 위해 이슬람과 근대성을 화해시키는 정치 사상을 홍보했다. 그의 사상은 파키스탄 건국자 무함마드 알리 진나를 포함한 이 지역 이슬람 민족주의자들에게 영감을 주고 영향을 미쳤다.[31]

오늘날의 사람들은 놀랄지 모르지만 범아랍주의는 특히 시작 단계에서는 대부분 세속적 운동이었다. 그 초기 지지자 중 하나인 메카의 지도자 후세인 이븐 알리는 오스만 제국에 대항하여 영국의 지지를 확보하기 위해 반서구적 측면을 축소했다. 레바논과 시리아 지식인들은 아랍어를 세속적 기반으로 삼아 아랍 부흥을 선동하기 위해 범아랍주의를 주장했다. 그러나 범아랍주의와 범이슬람주의 모두 서구적 베스트팔렌 스타일의 민족국가를 이슬람 세계를 조직하는 지배적인 정치적 틀로 삼자는 제안을 거부했다. 범아랍주의는 이집트 2대 대통령을 지낸 가말 압델 나세르 지휘하에 국제 정치 세력이 되었다. 그는 이집트 지도자로서는 첫 국제회의였던 반둥회의에서 대담하고 역동적인 인물로 주목받았다. 한때 미국인들이 잠재적 동맹자로 여기던 나세르는 서구에 등을 돌리고 범아랍주의와 비동맹주의 모두를 추구했다.

카리브해와 아프리카도 공유된 정체성을 기반으로 서구 제국주의에 대항하는 자체적인 지역적·초국가적 운동을 발전시켰다. 1900년 런던에서 열린 1차 범아프리카회의는 미국, 카리브해 및 세계 여타 지역의 흑인 해방 운동을 통합했으며, 유럽과 아시아에서 온 비흑인 대표들도 포함했다.

아마도 이를 반영하듯이 1900~1945년 여섯 차례 개최된 범아프리카회의
는 단지 아프리카나 전 세계 흑인의 해방을 촉진하는 것만을 목표로 하지
는 않았다. 그들은 식민주의와 인종차별 종식을 비롯해 정의롭고 공평한
세계질서를 구축하려는 더욱 큰 목적 또한 추구했다. 1900년 런던 회의에
서 중요한 목소리를 낸 주요 인물 중 하나였던 미국 흑인 활동가 W. E. B.
뒤 보이스는 모든 인간은 "계급, 신분, 특권, 출생에 상관없이 삶과 자유,
행복을 추구할 권리를 갖는다는 느리지만 확실한 진보에서 세상은 한 발
짝도 물러서서는 안 됩니다. 능력이나 인품에 상관없이 백인과 흑인을 구
분하는 특징이 되는 어떤 피부색이나 인종도 존재해서는 안 됩니다"라고
강조했다.[32]

뒤 보이스의 "20세기의 문제는 피부색의 문제다"라는 유명한 언급은
식민지 세계 전역의 민족주의 지도자들의 태도를 요약하는 말이었다.[33] 영
국 때문에 반둥회의에 참석을 가로막힌 가나의 콰메 은크루마는 사하라
이남 아프리카 국가 중 최초로 독립을 얻은 나라의 초대 대통령이 되었다.
그는 반둥을 모델 삼아 아프리카의 세계질서에 대한 사상들을 주도적으
로 정립했다. 이러한 사상들은 서구 지배를 거부할 것을 요청하면서 아프
리카 문제에 대한 아프리카적 해결책을 모색했다. 1958년 4월, 은크루마는
1차 아프리카독립국회의를 주최했다. 이 협회의 목표는 반둥회의와 마찬
가지로 식민 통치로부터 독립을 확보할 방법을 논의할 뿐 아니라 "평화를
확보할 방법이라는 핵심 문제"를 다루기 위해 외교 정책 규범을 개발하는
것이었다. 은크루마가 보기에 이 회의는 "자유로운 아프리카인들이 실제
로 **아프리카**에서 만나 아프리카 문제를 검토하고 고려한" 최초의 회의였다
(강조는 지은이).[34]

요컨대, 식민지 세계에서 나타난 민족주의와 세계질서에 대한 비전은
그들이 식민 세력을 통해 배운 것이라기보다 그들이 식민주의에 저항한

결과였다. 따라서 그들은 서구의 이상을 복제하는 것이 아니라 서구 중심 세계질서에 대한 어두운 진실을 인식하는 데 기반을 두었다. 그들에게는 과거와 현재의 비서구적 문명의 기여를 고려하는 더욱 진보적이고 보편적인 비전이 있었다. 이것이 그들 자신만의 세계를 만드는 토대였다.

자신만의 세계를 만들다

탈식민지 국가들은 독립을 위해 투쟁하면서 제한된 대표권만을 허용받았고, 미국이 주도하는 2차 세계대전 이후의 질서에 기여하고자 했을 때 많은 어려움에 직면했다. 그럼에도 그들은 자신들의 목소리를 낼 수 있었고, 더 정의롭고 포괄적인 세계질서의 대안적 틀을 위한 기반을 마련했다.

1945년 샌프란시스코에서 열린 〈유엔헌장〉 초안 작성을 위한 회의에서 탈식민지 국가들의 주요 요구 사항은 식민주의와 인종차별주의의 종식이었다. 그러나 서구 강대국으로 인해 이러한 요구 사항들을 전면에 내세우지 못했다. 몇 달간 광범위한 숙고 과정을 거쳤음에도 1919년 베르사유에서 핵심 쟁점이었던 '인종 평등'은 언급되지 않았고, 인종적 불의와 식민주의의 연관성도 제시되지 않았다.[35] 아이티 대표단 단장이던 제라르 E. 레스코는 샌프란시스코회의에서 인종차별 금지가 '주권 평등'과 동일한 비중을 가져야 한다고 명시적으로 요구하며 드물게 목소리를 낸 인물이었다. 당시 세계적으로 인종차별과 식민 통치가 여전히 만연한 상태였는데도 식민주의에 대한 논의나 토론은 거의 없었다. 식민주의에 초점을 맞추지 않았던 주된 이유는 처칠이었으며, 그는 〈대서양헌장〉에서 식민주의에 대한 언급을 허용하지 않았다. 1941년 작성된 이 문서는 승전 연합국의

전후 목표를 명시했으며, 샌프란시스코회의로 이어진 논의의 주요 기반이 되었다.[36]

왜 그랬을까? 식민주의, 노예제도, 인종차별주의는 서구 세계질서에서 너무나 근본적인 요소였으므로 아무리 중요한 국제회의였다 해도 한번에 무너뜨리기가 힘들었기 때문이다. 그러한 세계질서 요소들과의 연결을 끊는다는 것은 부끄러운 과거를 상기시키는 일이었을 것이다. 아시아와 아프리카 국가들은 샌프란시스코회의에서 대표권을 거의 갖지 못했으며, 대부분 지도부 직위를 차지하지도 못했다.

대신 〈유엔헌장〉의 핵심 초안자들은 서구 출신이었고, 일부는 식민주의자이거나 인종차별자였다. 더욱이 유엔 창설은 2차 세계대전의 직접적 맥락, 특히 유럽에서 나치가 자행한 잔혹 행위에 초점을 맞추었으며 인권 논의의 맥락도 그러했다.[37] 물론 홀로코스트 자체는 극단적 형태의 인종차별주의였고, 주로 유대인들을 대상으로 했지만 유럽의 로마인(집시)도 표적으로 삼았으며, 반드시 주목해야 할 사건이었다. 그러나 서구 강대국의 식민지에서도 깊이 뿌리박힌 인종차별적 세계관으로 인해 수많은 잔혹 행위가 벌어지고 몇백만 명이 생명을 빼앗겼다. 인권 증진이야말로 샌프란시스코회의의 핵심 관심사였음에도 회의 기록에서는 식민주의를 인권 침해로 인정하지 않았다.

서구 국가들은 인종차별주의와 식민주의에 맞서는 것을 주저했지만 이전에 식민지였던 신생 독립국들은 그렇지 않았다. 그들은 1955년 최고의 기회를 얻는다. 10년 전 샌프란시스코회의에는 13개국이 참석했던 반면 그해 반둥회의에는 아시아와 아프리카 29개국이 대표로 참여했다. 반둥은 오로지 중동을 포함한 아시아-아프리카 문제에만 초점을 맞췄으며, 처음부터 끝까지 식민주의, 인권, 인종차별주의 간의 본질적 연관성을 강조했다. 회의의 최종 성명서는 "모든 형태의 식민주의는 조속히 종식해야 할 악이며”“민족들이 외국의 정복, 지배, 착취를 받는 것은 기본 인권을 부인하는 것이며 〈유엔헌장〉에 위배된다”고 명시했다(강조는 지은이). 또한 “모든 인종의 평등과 크고 작은 모든 국가의 평등을 인정해야 한다”고 촉구했다.[38] 1960년 유엔총회의 식민주의 선언은 이 정확한 표현을 차용한다.[39] 반둥회의는 이 같은 명확한 선언으로 샌프란시스코회의가 실패했던 지점에서 성공을 거두었다.

그러나 반둥회의는 부정적 에너지에만 몰두하지 않았다. 그것은 탈식민지 시대 세계질서의 비전, 즉 자신들만의 세계를 만드는 것에 대한 긍정적이고 미래 지향적인 창을 열었다. 그러한 비전은 탈식민지화와 인종 평등뿐 아니라 인권, 미국과 소련 등 강대국의 간섭으로부터의 자유, 배타적인 군사 동맹 가입이 아닌 유엔을 통한 집단 안보 그리고 세계 문명들 간의 우애를 강조했다. 사실 1955년 반둥회의에 참석한 국가들은 탈식민지화에 저항하던 미국과 영국보다 유엔 회원국 확장에 더 많은 지지를 보냈다.

이처럼 양국이 저항한 것은 영국의 경우 식민지 영토의 추가 손실을 꺼려 했기 때문이었고, 미국의 경우 소련이 신생 독립국들을 이용해 공산주의를 확장할까 봐 불안해했기 때문이다. 영국과 미국은 이미 1954년 9월 동남아시아조약기구를, 반둥회의 3개월 전인 1955년 2월 중앙조약기구를 설립했다. 이러한 동맹들은 NATO만큼 강력하지는 않았지만 탈식민지 세계에서는 새로운 형태의 서구 지배로 인식했다. 네루의 고문 V. K. 크리슈나 메논은 이들을 “조약 형태를 통한 식민 통치로의 회귀”라고 했는데, 미국 정치학자 루퍼트 에머슨은 이러한 언급이 서구 군사 동맹에 대한 탈식민지 세계의 일반적 정서를 반영한다고 생각했다.[40] 따라서 반둥회의가 탈식민지 국가들에 목소리를 부여한 가장 확실한 징후는 영국의 비밀 평가에서 언급했듯이 동남아시아조약기구 확장에 대한 모든 희망이 반둥으로 인해 "사라졌다"는 것이었다.[41] 대신 반둥회의는 초강대국이 주도하는 군사 동맹에 대한 대안으로서 비동맹 운동이 출현하기 위한 길을 열었다.

미국과 영국이 의도적으로 갈등을 조성하고, 특히 동맹국(튀르키예, 필리핀, 파키스탄)과 중립국(인도, 인도네시아, 버마) 사이에서 대립이 존재하기는 했으나 이 회의는 제3세계라는 개념에 구체적 의미를 부여했다. 이 용어는 1952년 프랑스 학자 알프레드 소비가 프랑스 혁명의 '제3신분Third Estate' 개념에서 파생시켜 만들어낸 것으로, 성직자와 귀족이라는 다른 두 신분과는 구분되는 열등한 평민 계급을 의미했다. 국제 문제에서 제3세계는 미국이 주도하는 자본주의 동맹(제1세계)이나 소련이 주도하는 공산주의 동맹(제2세계)에 속하지 않는 국가들을 의미했다. 소비가 이 용어를 만들 때만 해도 이러한 개념은 다소 이론적인 것으로 보였지만 반둥회의는 여기에 강력한 정치적 의미와 목소리를 부여했다. 이는 대부분 경제적으로 가난하고 정치적으로 소외된 신생 독립국 집단을 의미했을 뿐 아니라 반식민주의, 반인종차별주의, 경제 정의에 대한 요구와도 연관성이 있었다. 이 모든 것이 반둥 플랫폼의 핵심 요소였다.

실제로 제3세계 국가들은 최소한 세 가지 방식으로 글로벌 의사 결정 원칙에 상당한 기여를 했다. 인권, 국제개발international development, 인도주의적 개입 및 그 파생물인 보호책임(R2P)이다.

〈세계인권선언〉은 세계에서 가장 중요한 인권 기준에 대한 선언으로 평가받는다. 프랭클린 D. 루스벨트 미국 대통령의 아내 엘리노어 루스벨트가 의장을 맡은 위원회에서 초안한 이 선언을 1948년 12월 유엔이 채택한다. 그러나 라틴아메리카 국가들은 이미 앞서 나가고 있었다. 그들은 독립을 달성한 후 미국과 유럽 열강의 지속적 개입에 직면했다. 해당 지역에 거주하는 미국 및 유럽 국민의 '권리'를 보호한다는 명분으로 이루어지는 이러한 개입은 때때로 라틴아메리카 국민의 권리를 침해했다. 따라서 독립 라틴아메리카 국가들은 서구 국가의 해외 시민들만이 아닌 모든 국가 국민들의 개인적 권리를 보호하는 동시에 비개입 원칙을 강조하는 권리 체계를 수립할 필요성을 인식하게 되었다. 이미 1916년에 칠레 법학자 알레한드로 알바레스는 "국적, 성별, 인종, 언어, 종교에 따른 구별이 없는 생명, 자유, 재산의 권리"(강조는 지은이)를 명시한 〈국가권리 및 의무선언〉을 초안했다.[42] 이러한 원칙들은 이후 1945년 〈유엔헌장〉에 통합된 후 1948년 4월 보고타에서 채택한 〈아메리카 인권 및 의무선언〉의 기초가 되었고, 그 6개월 후에는 〈세계인권선언〉에 포함되었다. 후속 문서의 작성 과정에서 라틴아메리카 국가들은 충분히 대표성을 확보한다.

학자이면서 중국 본토가 공산화되기 이전에 외교관으로 활동했던 평춘 창과 후일 레바논 외무장관을 지낸 찰스 말리크는 각각 유엔인권위원회UNCHR 부의장과 보고관을 역임했으며, 〈세계인권선언〉 초안 작성에 핵심 역할을 했다. 루스벨트 여사는 훗날, 창이 동료 위원들에게 "유교의 기본을 몇 달 동안 공부하라"고 촉구했던 사실을 회고했다.[43] 그러나 〈세계인권선언〉의 진정한 숨은 영웅은 인도의 여성주의자이자 민족주의자, 작가 그리고 위원회 위원이었던 한사 메타였다.[44] 모두 백인 남성이 대표였던 영국, 프랑스, 호주가 제안한 〈세계인권선언〉 제1조의 원래 문구는 〈미국독립선언〉에서 직접 차용한 "모든 남성은 평등하게 창조되었다"였다. 위원회 의장 루스벨트 여사는 이를 받아들이는 것을 전혀 문제 삼지 않았다. 그러나 메타는 그녀에게 반대하며, 최종 〈세계인권선언〉 본문에 사용된 다음 문구로 변경해야 한다고 주장했다. "모든 인간은 존엄과 권리에 있어 자유롭고 평등하게 태어났다."[45]

메타의 동료이자 변호사 및 정치인이었던 미노처(미누) 마사니도 〈세계인권선언〉의 반인종차별주의 규범을 발전시키는 데 기여했다. 그는 초안

제2조가 인종에 기반한 차별 금지를 요구했지만 피부색에 대한 언급이 없는 것을 보고, "인종과 피부색은 반드시 서로를 포괄하는 것은 아닌 두 가지 개념"이라고 주장했다.[46] "〈유엔헌장〉도 피부색에 대해 언급하지 않았으며 인종에 대한 언급이 피부색을 포괄하는 것으로 이해할 수 있다"는 말에 대해 메타는 〈세계인권선언〉이 〈유엔헌장〉을 넘어서야 한다고 반박했다.[47] 그의 개입 덕분에 피부색을 인종에 추가할 수 있었다.[48]

오늘날 유엔의 〈세계인권선언〉 웹페이지는 "선언을 채택하는 데 있어서 원동력"이었다며 루스벨트 여사를 찬양한다. 유엔 사무국 인권 부문을 이끈 캐나다인 존 험프리는 "선언의 청사진을 준비한" 것으로, 프랑스인 르네 카상은 "선언의 첫 초안을 작성한" 것으로 인정받는다.[49] 메타와 마사니는 이곳에 이름을 올리지 못했다.

탈식민지 국가들은 〈세계인권선언〉 이후에 나온 다양한 인권 협정이나 규약의 범위를 제한하려는 영국과 미국의 노력을 저지하는 데도 결정적 역할을 했다. 반둥회의에서는 식민주의를 주요 인권 침해의 한 형태로 인식했는데, 〈유엔헌장〉이나 〈세계인권선언〉에서는 이를 명시적으로 언급하지 않았다. 따라서 1966년 〈국제인권규약〉과 〈경제적·사회적 및 문화적 권리에 관한 국제규약〉을 채택하는 데 핵심 역할을 한 것은 탈식민지 국가들이었다. 호주 학자 크리스천 로이스-스밋이 지적했듯이 "두 규약을 협상하는 동안 신생 독립국들은 시민적·정치적 권리의 우선성을 꾸준히 강조했으며, 확고한 집행 메커니즘을 가장 강력하게 옹호했다".[50]

1990년대까지 리콴유 치하의 싱가포르, 마하티르 모하마드가 이끄는 말레이시아 등 아시아의 권위주의 국가들은 개인의 자유보다 집단의 권리를 우선시하는 소위 아시아 인권관을 주장했다("개인보다 사회"라는 구호가 반복되었다). 이 관점은 이후 권위주의 통치 수단으로 활용된 속임수라는 이유로 매섭게 비판받는다.

국제개발은 비서구 국가들이 큰 역할을 한 또 다른 사상이다. 그러나 통상적으로는 미국 대통령 해리 트루먼 같은 서구 지도자들을 국제개발 원조의 설계자로 본다. 1949년 취임 연설에서 트루먼은 다음과 같이 말했다. "우리는 과학 발전과 산업 진보의 혜택을 저개발 지역의 개선과 성장에 활용하기 위한 대담하고 새로운 프로그램에 착수해야 합니다."[51] 독일 학자 볼프강 작스가 지적했듯이 트루먼의 연설은 "'저개발 지역'이라는 용어를 (…) 갑자기 풍경의 영구적인 특징으로, 핵심 개념으로 만들었다. (…) 국제개발을 '지구상 모든 민족'을 위한 공동 목표로 만든 새로운 세계관이 (…) 발표되었다".[52] 그러나 바로 그 연설에서 트루먼은 전쟁으로 황폐해진 유럽에 대한 경제 원조를 그의 최우선 과제로 삼으면서 이것이 "역사상 가장 위대한 협력 경제 프로그램"이라고 칭했다. 그 목적은 "유럽의 민주주의를 활성화하고 강화함으로써 그 대륙의 자유로운 국민들이 문명의 선두에 서서 세계의 안보와 복지에 다시 기여할 수 있도록 하는 것"이었다.[53] 특히 트루먼이 유럽 문명과 그것이 "세계의 안보와 복지"에서 행할 역할을 언급했다는 점에 주목할 필요가 있다. 이는 물론 식민주의와 인종차별주의에 따르는 약탈적 경제 정책으로 세계의 광대한 지역을 빈곤하게 만든 바로 그 문명이었다. 하지만 트루먼은 연설에서 이 같은 단어들은 전혀 언급하지 않았다.

그런데 국제개발의 원칙은 그보다 훨씬 먼저 아시아와 라틴아메리카에서 등장했다.[54] 1918년, 트루먼의 연설보다 30년 이상 앞서 중국 지도자 쑨원은 국제개발기구 창설을 제안하는 책을 출간했다. 그는 "이 기구에서 자본을 공급하는 여러 국가의 정부들이 공동 행동과 통일된 정책에 합의해야 한다"고 주장했다.[55] 쑨원의 주된 동기가 당시 저개발 국가이던 중국의 발전을 위해 국제 원조를 활용하는 것이기는 했지만 저개발 국가의 경제 발전에 다자적 국제 협력이 필요하다는 발상이 당시로서는 신선했다.

이는 대부분 양자적이던 식민지 시대 경제 관계의 패턴을 깨뜨렸다. 이러한 관계는 철도나 학교 등의 인프라 건설이 식민 행정을 강화할 수 있는 경우를 제외하고는 영국이 인도에서 그랬던 것처럼 가난한 국가들에 자원을 제공하기보다는 빼앗아가는 것이었다.

국제개발을 위한 대부 기관 설립에 대한 초기의 가장 영향력 있는 아이디어 일부는 미주은행IAB에 관한 논의에서 나왔으며 라틴아메리카 국가들이 여기에 주도적 역할을 했다. 1930년 유럽 5개국과 일본을 회원으로 하여 설립된 국제결제은행BIS 같은 이전의 제한적 대부 기관과는 대조적으로, 미주은행은 보편적인 회원 자격을 갖출 예정이었다. 즉 해당 지역 모든 국가가 자금을 대출받을 권한을 가지기로 되어 있었다. 그러나 여전히 글로벌 금융에서 상당한 권력을 휘두르던 영국은 그러한 기관에 반대했으며, 미국은 다소 긍정적이기는 했어도 가입을 약속하지 않았다. 미국의 반대는 라틴아메리카 국가들, 특히 이 은행을 자본 흐름의 통로로 사용해 자신들의 개발 수요를 충족시키려는 멕시코의 바람과 깊은 관련이 있었다. 이러한 역할을 독점하고 커다란 이익을 얻었던 대형 미국 은행들이 이를 위협으로 간주했기 때문이다. 그들은 이 제안을 무산시키도록 미국 의회에 로비를 했다. 비록 미주은행은 결실을 맺지 못했지만 미국 관리들은 훗날 세계은행의 전신인 국제부흥개발은행IBRD의 설립 조건을 마련할 때 그 아이디어들을 활용했다.

1960년대에 동아시아 국가들은 높고 지속 가능한 경제성장을 달성함으로써 국제개발에 가장 중요한 돌파구를 제공했다. 일본, 한국, 타이완, 홍콩, 싱가포르를 필두로 중국과 동남아시아국가연합ASEAN 회원국들이 그 뒤를 따랐으며, 이 현상은 동아시아의 기적으로 알려진다. 서구 국가들이나 여전히 서구가 통제하는 기구들인 IMF 또는 세계은행은 이에 대한 자신의 공로를 주장할 수 없었다. 실제로 동아시아의 기적은 자유시장을 통한 성장이라는 서구의 전형적 공식에 반해 일어났으며, 국가가 기업 부문과 긴밀히 협력해서 때때로 핵심 역할을 할 수 있도록 하는 대안적 경로를 제시했다.[56] 이는 과거에도 현재에도 경제개발에 대한 미국식 접근 방식이 아니었기에 일본에 대한 적대감을 불러왔으며, 그 적대감이 이제는 중국을 향하고 있다.

세계은행이나 IMF 같은 글로벌 기구들이 주로 경제 성장과 금융 안정에 관심을 가진 반면 비서구 세계에서 등장한 최근의 혁명적 경제 사상은 인간개발human development이다. 이는 GDP 규모와 성장률을 기반으로 하는 전통적 경제개발 측정 방식에 도전한다. 이 아이디어에 대한 공로를 파키스탄 경제학자 마흐부브 울 하크에게 상당 부분 돌릴 수 있는데 그는 인간개발 개념과 밀접하게 관련된 인간 안보human security 개념의 창시자이기도 하다.

인간개발은 GDP 성장 대신 인간의 역량 확장에 초점을 맞춘다. 하크는 진정한 발전은 경제성장률이 아니라 그 질과 분배에 달려 있다고 주장하며, 높은 경제성장이 항상 사람들에게까지 내려오는 것은 아니라고 주장했다. 따라서 "국가가 얼마나 생산하고 있는가?"라는 질문 대신 "국민들이 어떻게 지내고 있는가?"라는 질문을 던져야 한다. 하크의 말처럼 "개발의 진정한 목표는 사람들의 선택을 넓히는 것"이다.[57] 이 아이디어를 처음 개발할 때 그는 지적 측면에서 인도 경제학자 아마르티아 센의 지원을 받았다. 두 사람은 케임브리지대학교 동창이었으며 평생 동반자 관계를 형성해 왔다. 케임브리지에서 진행된 대화 중 하크는 센에게 개발을 GDP라는 하나의 지표로 측정하는 것이 "어리석은" 생각이라고 말했다.[58] 센과 달리 하크는 노벨 경제학상을 수상한 적이 없었다. 그는 이론가라기보다 실용적인 사람이었다. 이것은 마흐부브 울 하크 개인의 지적 역량보다는 노벨상의 한계를 더 드러내는 지점이다.

인간개발이라는 아이디어의 등장이 하크와 센이 받은 서구 교육 덕분이라고 볼 수 있을까? 어느 정도는 그렇겠지만 더 큰 영향을 미친 것은 그들이 출생지와 성장지에서 겪은 사건들이었다. 하크는 펀자브의 인도 지역에서 태어났고, 1947년 인도를 분할할 때 거의 100만 명의 목숨을 앗아간 공동체 폭력으로 죽음에 직면했다. 하크가 사람 중심 개발과 안보에 관심을 갖게 된 것은 그러한 경험에서 영감을 받은 덕분이었으며, 이는 센이 확인해 준 견해이기도 하다. 센에 따르면 하크의 "지역성[어린 시절 경험]도 한몫했을 것"이라고 했다.[59]

인간개발이라는 용어는 1990년에 출범한 국가들의 글로벌 순위인 인간개발지수HDI의 기초가 되었다. 유엔개발계획UNDP은 현재 전 세계 거의 모든 국가를 포괄하는 이 지수를 집계 중이며, 공여국 정부와 다자 은행들은 이를 가난한 국가들에 대한 개발 원조 프로그램을 설계하는 데 사용한다.

인간 안보 개념은 인간개발 개념에서 나왔다. 국가나 정부의 안보를 우선시하는 전통적 국가 안보 체제와 달리, 인간 안보는 사람들에 대한 안보를 강조한다. 일반적으로 시민의 보호자로 간주되는 국가나 정부는 인권 침해와 대량 학살을 저지름으로써 그들의 생명과 안녕에 위협이 될 수 있다. 캐나다, 일본, 노르웨이 등 많은 선진국들은 인간 안보 개념을 매력적으로 여기고 전후 외교 정책 접근 방식을 개발하는 데 차용했다. 1996~2000년 캐나다 외무장관을 지낸 로이드 액스워디 같은 일부 서구 지도자들은 이 개념을 "궁핍으로부터의 자유"를 증진하는 경제개발이라는 뿌리에서 벗어나게 하려고 노력했다.[60] 이 서구인들은 "두려움으로부터의 자유"라고 명명한 안보 측면에 초점을 맞추고 지뢰 금지, 국제형사재판소 창설, 인도주의적 개입 지지를 우선시했다. 비록 이 개념의 비서구 지지자들, 특히 센(하크는 인간 안보가 전 세계적으로 중요해지기 전인 1998년에 사망했다)은 두 가지 측면 모두 강조되기를 원했지만, 국제기구에서 자원과 리더십을 지휘하는 서구 정책 입안자들은 인간 안보와 인도주의적 개입이 어떻게든 서구적 접근 방식인 듯한 인상을 주게 함으로써 비서구적 사상이 기여한 바를 모호하게 만들었다.

이제 세 번째 아이디어가 등장한다. 바로 보호책임(이하 R2P로 표기)으로, 탈냉전 시대의 인도주의적 개입 원칙을 중요하고 새로운 방식으로 표현한 것이다. 이 개념의 기원은 전적으로 서구에 있는 것으로 생각되었다. R2P는 막대한 인명 피해를 입히는 분쟁에서 인도주의적 개입을 요구하는데 이는 베스트팔렌 주권 원칙에 도전하는 것이다. 그러한 개념이 탈식민지 세계에 뿌리를 두고 있다는 사실은 믿기 어려울 수도 있다. 주권과 비개입 원칙은 몇 세기 동안 식민 지배를 겪은 후 주권을 되찾기 위해 싸운 이들 국가에 필수적인 것으로 여겨졌기 때문이다.

그러나 자국민의 권리를 짓밟거나 심지어 대량 학살을 저지르면서도 비개입 원칙을 내세워 처벌받지 않고 통치하는 독재자들이 점차 이러한 원칙을 남용하게 되었다. 예를 들어 1975~1979년 캄보디아에서 크메르 루주가 통치하는 4년 동안 인구 4분의 1이 사망했을 때 국제 사회는 이를 방관했고, 공산 베트남이 이 정권을 축출한 후에도 서구는 동남아시아에서 공산주의와 맞서 싸우기 위해 대량 학살을 자행한 크메르 루주를 포함한 연합을 지지했다. 이처럼 냉전 종식 후 이라크, 보스니아, 르완다, 부룬디, 코소보에서 자행된 피비린내 나는 학살은 주권과 비개입에 대한 재고가 필요하다는 확신으로 이어졌다.

이는 쉽지 않은 일이었다. 인도 같은 민주주의 국가나 중국 같은 독재 국가를 포함하는 많은 비서구 국가들이 그 원칙들을 소중히 여겼기 때문이다. 그들의 주된 우려는 개입을 허용하면 강력한 서구 국가들이 이를 남용하는 결과를 낳고, 이것이 새로운 형태의 식민주의를 초래한다는 데 있었다. 이로써 국제 사회가 생명을 구하기 위해 개입할 수 있는 방법을 찾으면서도 서구 강대국에 백지 수표를 주거나 그 특권의 남용을 허용해서는 안 된다는 도전 과제가 주어졌다. 주권과 인권 사이의 균형을 맞추는 새로운 공식을 어떻게든 찾아야 했다.

아프리카의 주요 정치 협력 단체인 아프리카단결기구OAU는 1963년에 설립되었으며 비개입 원칙을 고수했다. 그러나 1980년대에 이르러 내부 갈등을 처리할 권한을 주지 않는 이 규범에 좌절하기 시작했다. 아프리카 내부에서 자행되는 학살을 유엔이 방관하자 분개를 불러일으키면서 비개입 원칙에 발목이 잡혀 있던 아프리카단결기구는 해체되고 1999년 아프리카연합AU으로 재탄생했다. 1994년 남아프리카 공화국 대통령으로 5년 임기를 시작한 넬슨 만델라 같은 아프리카 지도자들이 주도해서 만든 새로운 조직의 헌장에는 대량 학살이나 유혈 내전을 겪는 국가에 개입이 가능하다는 명시적 권한이 포함되었다. 이로써 아프리카연합은 〈유엔헌장〉조차 실패한 '인도주의적 개입'을 창립 헌장에 명시적으로 포함한 세계 최초의 다자 조직이 되었다.

그 밖에도 이 의제를 추진하는 데 많은 노력을 기울인 아프리카 지도자들과 외교관들이 있다. 그중 주목할 만한 인물은 수단 출신으로 훗날 남수단 외교관이 된 프랜시스 뎅이었다. 1992년, 유엔 사무총장이자 세계 기구를 이끈 최초의 아프리카인 부트로스 부트로스-갈리는 뎅을 유엔 최초의 국내 난민 특별 대표로 임명했다. 이후 뎅은 워싱턴 DC의 브루킹스 연구소 같은 싱크탱크에서 연구직을 맡으면서 유엔 고문 역할도 계속 수행했다.

그의 작업과 연구 결과는 1996년 브루킹스에서 출판한 획기적인 책 《책임으로서의 주권Sovereignty as Responsibility》으로 결실을 맺었다. 이 책은 주권이 절대적 권리가 아니라 인간의 생명을 충분히 존중하고 독재자들의 남용으로부터 보호받아야 할 책임이라는 사상을 발전시켰다. 이러한 사상의 배경에 있는 논리는 아프리카가 자신들의 안보를 지키기 위해 외부 세력에 의존할 수는 없다는 것이었다. 외부 세력은 어떤 개입에서건 자신들의 지정학적 이익을 핵심으로 삼을 것이기 때문이다. 뎅은 아프리카가 "국내적이든, 하위 지역 차원이든, 대륙적이든 내부적 해결책을 찾아야 한다"고 믿었다. 이 견해를 국제 관계의 새로운 규범으로 제시하면서 뎅은 다음과 같이 주장했다.[61] "국가는 시민들을 돌봐야 하는데 그렇지 못해서 국민들이 고통받으며 죽어간다면 세계는 방관하고 아무것도 하지 않아서는 안 된다. 개입해야 한다." 그는 말한다. "나는 주권을 (…) 외부 세계에 대한 장벽으로 보지 않는다. (…) [오히려] 국민에 대한 국가 책임이라는 매우 긍정적인 개념으로 본다. 만약 지원이 필요하다면 국제 사회에 요청하라."[62] 브루킹스의 동료 전문가들과 협력하기는 했어도 이 아이디어를 진정으로 대표하는 존재는 뎅이었다. 그의 가까운 동료 한 사람이 나에게 말했듯이 책임 있는 주권은 그의 '명함'과도 같은 것이었다. 그는 전 세계적으로 이 아이디어를 홍보하면서 개입 부분을 강조하기보다는, 국가가 외부 개입을 피하고 싶다면 먼저 자국민의 생명과 권리를 보호해야 한다고 주장했다.

책임 있는 주권 개념은 '국제개입 및 국가주권위원회ICISS' 보고서에 가장 잘 표현되었다. 캐나다가 자금을 지원하고 호주 전 외무장관 가레스 에반스가 공동 의장을 맡았지만 이는 결코 서구의 산물이 아니었다. 또 다른 공동 의장은 아프리카단결기구와 아랍연맹LAS, 유엔에서 근무한 알제리 외교관 모하메드 사흐눈이었다. 서구 언론은 예상대로 사흐눈의 공로를 크게 인정하지 않았지만 에반스는 개인적으로 그를 높이 평가했다. 내가 연구한 바로는 그는 동등한 영향력을 가지고 있었다. 위원회의 또 다른 핵심 구성원은 인도 태생 라메시 타쿠르 교수로, 보호책임을 전 세계에 널리 알리고 학계의 주목을 받게 하는 데 누구보다 많은 노력을 기울였다. 언론 보도에서 빠진 부분은 아프리카가 책임주권 개념에 기여한 바였다. 아프리카에서 일어난 사건들과 만델라 같은 지도자들의 지지는 보호책임의 근거를 마련하는 데 핵심 역할을 했다. 실제로, 사흐눈이 말했듯이 보호책임 규범의 등장은 "여러 면에서 글로벌 인권에 대한 아프리카의 기여"였다.[63]

비서구 국가들은 세계 안정 유지를 위한 주요 다자간 메커니즘인 평화 유지 활동에 병력을 제공하는 면에서도 세계를 선도한다. 2023년 유엔평화유지군에 많은 병력으로 기여한 상위 10개국은 방글라데시, 네팔, 인도, 르완다, 파키스탄, 인도네시아, 가나, 중국, 이집트, 모로코였다.[64] 나이지리아와 남아프리카 공화국은 아프리카연합과 서아프리카경제공동체 ECOWAS의 지역 평화 유지 임무에 주요하게 기여하는 국가들이다. 물론 이것도 비서구 국가들이 세계질서에 이바지한 사례 중 하나로서 서구가 그 혜택을 누리고 있지만 서구의 군사적 우위를 뒤바꿀 정도는 아니다.

이러한 몇 가지 사례들은 2차 세계대전 이후 세계질서를 지탱하는 핵심 사상들이 서구만의 것이 아니었음을 보여준다. 이 같은 사상들은 비서구 국가들의 기여 덕분에 스며들었다. 나머지 국가들로부터 나온 주권, 안보, 통치에 대한 새로운 사상들은 우리가 세계 문제에 대해 생각하고 해결책을 모색하는 방식에 영향을 미쳤다.

이전에 널리 사용되던 제3세계라는 용어를 거의 대체한 '나머지의 부상' 또는 '글로벌 사우스'는 국제 외교 무대에서도 볼 수 있다. 한 전문가는 다음과 같이 표현했다. "글로벌 사우스 국가들은 점점 더 조직화되어 무대에 나서며, '아시다시피 이제 충분하다. 우리는 서구가 주도하고, 규칙을 정하고, 모든 주요 기구의 의사 결정 과정에서 리더십을 가지는 국제체제에는 참여하지 않을 것이다. (…) 우리는 회의에 참여할 권리와 의사 결정

과정에서의 역할을 요구한다'라고 말하고 있다."[65] 신흥국들과 다자간 협력체들의 클럽 중에서 가장 잘 알려진 것은 원래는 브라질, 러시아, 인도, 중국으로 구성되었던 브릭스(이하 BRICS로 표기)다. 2010년 남아프리카 공화국이 이 그룹에 가입하기 전 10년 동안 BRICS는 세계 GDP 성장의 3분의 1 이상에 기여했으며, 구매력평가지수PPP 기준 세계 경제 6분의 1에서 거의 4분의 1로 성장했다.[66] 이어서 CIVETS(콜롬비아, 인도네시아, 베트남, 이집트, 튀르키예, 남아프리카 공화국), MIST(멕시코, 인도네시아, 한국, 튀르키예), IBSA(인도, 브라질, 남아프리카 공화국) 등 수많은 약어들이 등장했지만 BRICS만이 영향력을 유지하고 있다. 2023년 8월 현재 이 그룹은 이란, 아랍에미리트, 이집트, 인도네시아, 에티오피아를 새 회원으로 받아들이기로 결정했으며, 아르헨티나는 탈퇴했고, 사우디아라비아는 아직 결정하지 않은 상태다.[67] 그룹 내부의 다양성과 갈등(예: 인도와 중국, 사우디아라비아와 이란 간)에도 불구하고, 이러한 움직임은 상징적인 것 이상의 의미가 있다. 이러한 확장은 유엔 안전보장이사회가 러시아-우크라이나 전쟁으로 마비되고, 미국 주도로 대규모 러시아 제재가 가해지고, 다른 BRICS 회원국들이 러시아를 지원할 경우 2차 제재를 실행하겠다고 서구가 위협하는 시기에 이루어졌다. 이러한 상황은 그룹의 기존 개발 및 금융 협력 메커니즘인 신개발은행NDB과 비상대응기금CRA 확대로 이어질 수 있다.

G20은 신흥국들이 국제 무대에서 존재감을 드러내는 또 다른 기구다. 세계 인구의 80퍼센트 이상을, 세계 GDP의 90퍼센트, 세계 금융의 90퍼센트, 세계무역의 80퍼센트를 차지하는 G20은 1999년 설립되었지만 2008년 글로벌 금융 위기를 성공적으로 해결하면서 새로운 중요성을 획득했다. 이 그룹은 스스로를 세계의 "국제 경제 협력을 위한 최고의 포럼"이라고 묘사한다.[68] 전 유럽연합EU 외교 정책 수장인 하비에르 솔라나는 이를 "세계 강대국과 신흥국들이 동등하게 같은 테이블에 앉는 유일한 포

럼"이라고 불렀다.[69] 이에 대해서 "국제질서를 은밀하게 바꿀 수 있는 잠재력"을 가졌다고 말하는 사람들도 있다.[70] G20은 커져가는 미국-러시아 및 미국-중국 경쟁으로 인해 난항을 겪었지만, 2022년과 2023년 인도네시아와 인도의 리더십 아래 회원국이 아닌 개발도상국들의 우려를 다루기 위해 방향 전환을 하는 모습을 보여주었다. 아프리카연합은 2023년 회원국으로 가입하도록 초청받았다.

세계적 변화

세계 경제에서 서구의 우위가 쇠퇴하고 있는 반면 글로벌 사우스의 위상은 상승 중이다. 미국, 독일, 영국, 프랑스, 일본, 이탈리아, 캐나다로 구성된 G7은 1970년대에는 세계 GDP의 65퍼센트를 차지했는데 지금은 44퍼센트를 차지한다.[71] 역으로 세계 무역에서 글로벌 사우스 국가들의 비중은 2000년 35퍼센트에서 2012년 51퍼센트로 급증했다.[72]

중국은 최근의 경제 둔화를 겪으면서도 미국과 서구의 경제 헤게모니에 대한 도전자 명단의 선두에 서 있다. 세계은행 데이터에 따르면 중국 GDP는 2016년 구매력평가지수 기준으로 미국 GDP를 추월했다. 2023년 중국 GDP는 34조 6000억 달러였고, 미국 GDP는 27조 3000억 달러였다.[73] 경제 변화에 대한 추정치는 다양하며, 지속적이고 예상치 못한 글로벌 위기에 따라 달라질 수 있지만 코로나19 팬데믹 이전에도 주된 추세는 서구 국가들의 상대적 쇠퇴와 나머지 국가들, 특히 아시아 국가들의 부상이었다는 점이 분명했다. 이러한 추세는 역전될 가능성이 낮다.

2021년 미국 국가정보위원회 보고서에 따르면 2040년 명목 GDP 기준으로 미국의 GDP는 전 세계 총생산의 20.8퍼센트를 차지할 것이며, 중국은 22.8퍼센트를 차지할 것으로 전망된다.[74] 중국 경제가 둔화되는 가운데 더 큰 경제적 역동성을 보이는 인도가 이미 미국, 중국, 일본, 독일에 이어 세계 5위 경제 대국으로 영국을 추월했다는 점은 주목할 만하다. 유럽연합과 영국은 2020년 20.5퍼센트에서 2040년에는 세계 GDP의 16.4퍼센트를 차지할 것으로 예상된다. 전반적으로 미국, 영국, 유럽연합 등 서구의 전통적 핵심 국가들이 세계 GDP에서 차지하는 비중은 2020년 44.5퍼센트에서 2040년 37.2퍼센트로 감소할 것으로 전망된다. 같은 기간 중국과 인도를 포함한 아시아 경제권의 합산 비중은 25.2퍼센트에서 35.1퍼센트로 증가할 것으로 예상되며, 이는 아편 전쟁 이전 수준과 거의 비슷하다.

중국과 인도는 이 쇼의 주인공이었다. 그러나 나머지 경제의 부상은 더 광범위한 현상이며, 여러 비서구 국가들도 인상적인 성과를 내고 있다. 세계 최대 회계법인 중 하나인 프라이스워터하우스쿠퍼스(이하 PwC로 표기)는 2050년까지 중국과 인도 모두 미국을 추월하여 세계 1, 2위 경제 대국이 될 수 있으며 인도네시아, 브라질, 멕시코, 나이지리아도 순위가 상승할 것으로 전망한다. PwC는 2050년까지 구매력평가지수 기준 상위 32개 경제 대국 중 20개국이 비서구 세계에서 나올 것으로 추정한다.[75] 구매력평가지수 기준으로 개발도상국들은 2022년 세계 GDP의 58.2퍼센트를 차지했으며, 2025년까지 60퍼센트에 다다를 것으로 예상된다.[76] 세계은행은 1인당 소득이 1036달러 미만인 '저소득' 국가의 수가 1987년 전체의 30퍼센트에서 2022년 12퍼센트로 감소했다고 추정한다.[77]

세계 경제 변화에 대한 모든 예측은 갑작스럽고 예상치 못한 혼란에 영향을 받지만, 분명한 것은 글로벌 사우스의 선도 국가들이 유엔과 IMF, 세계은행, 세계무역기구 등 여러 다자 기구에서 더 큰 발언권을 요구하고 있다는 점이다.

글로벌 사우스 국가들 간의 경제 교류 밀도와 규모의 증가는 서구에서 나머지 세계로의 권력 이동을 더 명확히 증명한다. 개발도상국 간의 상품 무역은 현재 전 세계 상품 무역에서 차지하는 비중이 35퍼센트에 도달해 선진국 간의 무역 비율 25퍼센트를 넘어섰다.[78] 해외 직접투자 흐름도 비슷한 추세를 보인다. 2020년 개발도상국으로의 유입액은 전 세계 유입액의 66.9퍼센트를 차지했으며, 이는 현대 역사상 처음으로 선진국으로의 유입액을 초과한 것이다. 더욱이 아시아 국가들은 국제투자의 주요 원천이 되었다. 2015년까지 일본을 제외한 아시아 기업들은 처음으로 세계 최대 투자 그룹이 되어 전 세계 총액의 거의 3분의 1을 차지했다. 2017년에는 한 글로벌 사우스 국가에서 다른 글로벌 사우스 국가로의 해외 직접투자 흐름이 전 세계 총액의 약 절반을 차지했다.[79] 이러한 추세는 세계화와 더불어 궁극적으로는 글로벌 거버넌스를 재편할 것이다.

전 세계 군사균형도 변화하고 있지만 그 정도는 덜하고 방식도 다르다. 중국은 미국에 비해 군사력에서 인상적인 진전을 이루었다. 현재 중국은 연간 국방비 지출 면에서는 전 세계 모든 국가 중 미국에 이어 2위다. 미국은 2013~2022년 군사비 지출을 2.7퍼센트 늘린 반면 중국은 같은 기간 동안 국방 예산을 63퍼센트나 늘렸다.[80] 또한 중국 해군은 미국 해군을 추월하여 세계 최대 해군이 되었다. 2021년 7월 중국 공산당 창당 100주년 기념식에서 시진핑은 21세기 중반까지 "종합 국력과 국제적 영향력 면에서 세계적 선도 국가"가 되겠다고 천명했다.[81] 미국 국방부 보고서에 따르면 중국의 목표는 "강력한 적"에 맞서 "전쟁에서 싸워 이길" 수 있는 것이라고 했다. 여기서 "강력한 적"은 미국을 명확히 지칭한다.[82]

현실적으로 말하면 중국이 군사적으로 미국이나 서구를 따라잡으려면 아직 갈 길이 멀다. 위에서 언급한 미국 국방부 보고서는 중국군은 "세계에서 가장 유능한 군대보다 뒤처져 있으며, 아직 그 기준에 도달하지 못했다"고 평가한다. 어떤 면에서 중국은 미국과의 군사 대결에서 잃는 것이 더 많을 수도 있다. 중국이 국내 시장 개발을 위해 지속적으로 노력해 왔음에도 중국의 세계적 위상 상승에는 교역이 여전히 중요한 기반이 되고 있다. 따라서 중국의 경제 번영, 국내 사회질서, 정치적 안정, 정권 안보는 전쟁으로 인한 공급망 교란에 더 취약할 것이다. 그리고 지난 몇십 년간 엄청난 성장을 이루었다고는 하지만 중국군은 아직 실전 경험이 없다.

그러나 자국 주변 지역의 분쟁에 있어서는 중국에 몇 가지 중요한 이점이 있을 것이다. 랜드연구소가 지적했듯이 "미국은 중국에 대항하여 장기간의 공중전 및 해상전에서 싸워 이기는 능력을 유지하겠지만 (…) 양측은 일련의 전환점에 도달하고 있을 수도 있다. 이로써 인민해방군PLA 병력은 전쟁 초기 전투에서 미국을 심각하게 위협하고 미군에게 막대한 비용을 부과할 수 있는데, 처음에는 중국 해안 근처 시나리오에서, 나중에는 원거리 지역에서 그러할 것이다".[83] 중국은 이미 타이완 해협에서 미국의 공군력과 대등해졌고, 대함 미사일 능력에서는 우위를 점했다. 더 멀리 있는 남지나해에서는 미군이 여전히 우세하지만 중국은 군사적 격차를 좁히고 있다.[84]

더욱이 중국이 전 세계적으로 미국의 군사력에 필적할 수는 없다고 해도, 미국 동맹국들을 위협하고 동아시아와 더 넓은 인도-태평양 지역에서의 작전을 제한할 수 있다는 사실은 이미 2010년 미국 태평양 사령부(현재 인도-태평양 사령부) 사령관이 인정한 바이다. 그는 "이 지역 전체에 걸쳐 순찰을 늘리고 (…) 공해상 및 분쟁 중인 도서 지역에서 역내 국가들과 대립하려는 의지를 강화함으로써" 중국이 "이 지역에서 우리의 행동의 자유에 도전할 수 있다"고 말했다.[85] 그 이후 중국의 군사력은 더욱 강력해졌다.

나머지 세계는 어떠한가? 이 짧은 지면에서 전 세계 군사균형에 대한 자세한 그림을 제공하기는 어렵지만 몇 가지 발전은 주목할 만하다. 러시아-우크라이나 전쟁 이전, 아시아는 현대 역사상 처음으로 국방비 지출 면에서 유럽을 추월했다.[86] 분쟁 시작 이후 유럽 NATO 회원국들은 국방비 지출을 늘렸지만 이것이 지속될 수 있을지는 미지수다. 인도, 남아프리카 공화국, 파키스탄, 사우디아라비아, 브라질, 튀르키예, 이란, 이집트 같은 일부 비서구 국가들은 군사력에 상당한 투자를 해왔다. 인도와 사우디아라비아는 세계 최대의 국방비를 지출하는 국가이자 무기 수입국 중 하나다. 중국, 인도, 브라질, 한국은 다양한 첨단 미사일, 탱크, 항공기, 해군함을 제조한다. 드론의 등장은 이란 같은 비서구 국가들의 능력을 확장시켰고, 서구의 군사적 우위에 커다란 타격을 입혔다.

새로운 전장 기술의 등장은 전 세계 군사균형에 영향을 미친다. 이란과 튀르키예는 중요한 드론 생산국이자 공급국이 되었으며 최근의 분쟁, 특히 아르메니아-아제르바이잔 전쟁과 러시아-우크라이나 전쟁에서 그 중요성을 입증했다. AI는 미래 전쟁에 변화를 가져올 잠재력을 가지고 있음이 명확하며, 서구와 그 경쟁자들 모두의 정보 수집과 분석 능력 및 적군의 목표물에 대한 공격 능력을 향상시켜 줄 것이다. 현재 미국이 이 분야에서 선두를 달리지만 전 구글 CEO 겸 회장 에릭 슈미트가 경고했듯이 중국도 글로벌 AI 리더가 되기 위해 노력 중이므로 미국의 선두 자리를 당연시할 수는 없다.[87]

아마도 서구의 군사력이 갖는 주요 이점은 비서구 국가 군대들이 대부분 국내의 적과 국경을 넘나드는 반란군을 진압하기에 너무 바빠 해외에 병력을 투사하고 서구에 도전할 여력이 없다는 사실과 관련이 있을 것이다. 예를 들어 아프리카에서 가장 인구가 많은 나이지리아는 보코 하람 및 몇몇 반군들과 싸우고 있다. 에티오피아는 티그레이 지역의 내전에 발목이 잡혀 있다. 사우디아라비아는 이란이 지원하는 예멘의 후티 반군에 집중하고 있다. 파키스탄군의 주된 목표는 국내의 정치적 통제력 유지이며, 인도와의 경쟁은 이를 촉진하는 중요한 요인이다.

핵무기와 탄도미사일 덕분에 서구의 위협과 압력에 맞설 수 있는 각 국가들의 능력이 증대되었다. 핵 보유를 선언한 세계 8개국 중 3개국(인도, 파키스탄, 북한)은 비서구 국가이며, 이란도 그러한 능력을 개발할 가능성이 있다. 한편, 서구가 원거리 지역에 군사적으로 개입할 수 있는 능력은 과거와는 양상이 다르다. 베트남과 아프가니스탄 전쟁이 입증했듯이 미국은 이란과 같은 지역 적대국들이 지원하는 반란군 및 극단주의 단체들과의 전투에서 상당한 제약에 직면했다. 현재 동아시아에서 중국 세력이 확장되면서 이 지역의 분쟁을 억제하기 위한 미국의 군사력 투입도 제약을 받는다. 따라서 유럽의 NATO와 아시아-태평양의 일본, 한국, 호주, 인도 등 지역 강국들과의 동맹 관계는 서구의 군사 헤게모니를 유지하는 데 더욱 중요해지고 있다.

이러한 배경 속에서 먼 지역에 병력을 투사하는 데 핵심적인 해상 플랫폼과 전투기 생산 능력을 중심으로 하는 서구의 군사 기술 우위는 보기보다 덜 결정적일 수 있다. 서구는 사용 가능한 군사력에서 뒤처져 있다. 랜드연구소의 선임 정치학자 마이클 마자르가 내게 말했듯이 "미국은 단연코 세계 1위의 군사 강국으로 남아 있을 것이다. 하지만 타이완을 둘러싼 중국과의 갈등이나 대규모 반란의 진압 등 그 힘을 가장 적절하게 사용해야 할 지역에서는 미국 군사력의 우위가 결정적 요인이 아닐 수도 있다".[88] 반란 진압에 있어 미국의 역량은, 효과적이고 합법적인 통치를 제공할 수 있는 현지 파트너들의 능력을 기반으로 삼는 정치적 해결책에 의존한다. 베트남에서 아프가니스탄에 이르는 사례에서 보았듯이 워싱턴은 이에 대해 거의 통제력이 없다. 한편, 20세기 후반부터 많은 비서구 국가들은 미국의 군사 개입에 저항하거나 적어도 그 비용을 증가시킬 수 있는 능력을 증대하고 있다. 이로써 비서구 국가들의 경제적·외교적 역할이 확대되는 동시에 서구 주도 세계질서를 더욱 약화시킬 수 있다.

　요약하면 2차 세계대전 종전 이후 전 세계적으로 놀라운 변화가 있었다. 비서구 국가들은 식민지화에서 벗어났을 뿐 아니라 글로벌 경제 발전, 안보, 협력 증진에 상당한 기여를 했다. 그들은 서구의 무관심이나 심지어 적대감을 극복하고 그렇게 해왔으며 이는 온건하거나 포괄적인 미국 주도의 자유주의적 세계질서라는 개념이 포착하지 못하는 현실이다. 서구가 여전히 자신들의 사상과 리더십을 찬양하는 세계질서의 서사를 통제하고 있지만 나머지 세계는 경제적으로나 외교적으로 더욱 강력해졌다. 이에 따라 세계질서의 미래에 대한 의문이 제기되었는데 이는 최종 장에서 다룰 것이다.

제14장 세계질서의 과거와 미래

이 책에서 나는 세 가지 큰 주장을 펼쳤다.

가장 중요한 것은 세계질서, 즉 세계의 안정과 평화를 보장하기 위해 고안된 권력 구조, 경제적 연결, 정치 사상, 리더십을 구축하는 것이 단일국가나 문명의 독점물이 아니라는 점이다. 그것은 대부분 공동의 과업이다.

전통적 역사관에 따르면 약 3세기 동안 존재해 온 현재의 세계질서는 전적으로 서구의 창조물이며, 대체로 좋은 것이었고, 그 쇠퇴는 매우 우려스러운 일이다. 그러나 이 책은 역사 속 깊은 곳까지 파고들어 수메르, 이집트, 페르시아, 인도, 중국, 그리스, 로마, 이슬람, 아프리카, 아메리카 원주민 그리고 서구 등 많은 문명들이 현재의 세계질서에 기여했음을 보여주었다. 공화정 정부, 잔인하고 불의한 처벌로부터 사람들을 보호하는 것, 개인 및 집단의 재산권, 모든 국가가 공해에서 무역을 할 수 있는 자유, 인도주의적 전쟁 규칙, 합리적 탐구 방식 등의 사상들은 초보적 형태뿐 아니라 발전되고 중요한 형태로도 세계 여러 곳에서 유입되었다. 현지 조건의 영향으로 인해 이들이 개발되고 적용되는 방식에는 다양한 차이가 있었다. 그러나 전반적으로 우리 시대의 세계질서는 실로 오랜 기간에 걸쳐 많은 국가들과 문명들이 만들어낸 결과물이다.

인권, 민주주의, 평화로운 상업 증진, 국가 간 법률을 통한 분쟁 해결 등 세계질서 구축의 여러 측면에서 서구가 결정적 역할을 했다는 사실을 부정하려는 것이 아니다. 그러나 이 책이 보여주었듯이 서구의 부상이 전 세계의 많은 비유럽 사회에 이미 존재했던 인종 공존, 종교적 관용, 사회 통합, 평화적 분쟁 해결, 환경보호, 해양자유라는 오랜 전통을 파괴했다는 것을 잊어서는 안 된다. 서구는 종종 퇴보로 몰아가는 힘이었지만 세계질서에 대한 그들 자신의 서사는 주로 그들의 진보적 역할에 초점을 맞추어왔다.

동시에 서구는 세계질서에 대한 사상이나 메커니즘의 유일한 혹은 주요한 개발자가 결코 아니다. 예를 들어 2차 세계대전 이후의 세계질서 형성과 관련하여 그 질서는 거의 전적으로 서구, 특히 미국에 기인한다고 평가받는다. 하지만 탈식민지 국가들도 유엔 및 관련 기구 같은 다자간 기관, 민족자결과 지속 가능한 개발을 지지하고 세계 곳곳의 강대국 간 경쟁과 개입에 반대하는 규범을 비롯해 세계질서의 진보적 특징 중 일부를 개발하고 주도하는 데 중요한 역할을 했다. 그들은 또한 〈세계인권선언〉과 이후의 인권 규약들을 통해 반식민 및 반인종차별 규범을 포함하는 글로벌 인권 원칙 창설에 기여했다. 또한 1955년 반둥회의는 중요한 의미를 가지는데 이때 모든 탈식민지 국가 지도자들이 한자리에 모여 세계질서에 대한 자신들의 비전을 천명했다.

현대 세계질서의 공동 창조에 대한 이러한 이야기가 어느 정도는 낙관주의의 근거가 되어야 한다. 서구가 쇠퇴하더라도 인간적이고 안정적이며 기능적인 세계질서가 가능할 뿐 아니라 심지어 그 실현 가능성이 높다는 것을 보여주기 때문이다. 그런데도 서구와 나머지 국가들이 세계질서의 근본적 사상과 제도를 지지하지 않으리라 가정할 만한 타당한 이유는 없다. 그것이 몇천 년 동안 그들이 해온 일이기 때문이다.

이 책은 또한 비서구 세계가, 서구가 세계를 지배하는 몇 세기 동안 제공했던 것보다 세계질서를 조직하는 대안적 방법, 때로는 더 나은 방법을 제공했음을 보여준다. 사실, 앞서 언급했듯이 탈식민지 국가들과 그들의 지식인들은 서구 주도 세계질서의 특징인 식민주의와 인종차별을 종식시킬 방법을 제시하는 데 선구적 역할을 했으며, 국가 간 관계를 조직하는 더욱 인간적이고 평화적이고 협력적인 방법을 제안했고, 종교적·문화적 차이를 용인했다. 이러한 대안들은 서구의 쇠퇴에 따라 현대 세계질서를 재편하는 데 중요한 역할을 할 수 있다.

이것은 나의 두 번째 중요한 주장으로 이어진다. 다가오는 세계질서는 다문명적일 것이며 중국, 인도 또는 부활하는 미국 같은 어떤 단일국가나 서구, NATO, 유럽연합, BRICS 같은 어떤 국가 집단의 지배도 받지 않으리라는 점이다. 물론 세계질서의 미래에 대한 고려에는 어느 정도는 추측이 수반된다. 이 책은 역사의 순환을 지배하는 법칙이 있다고 주장하지 않으며, 과거로의 회귀를 염두에 두지도 않는다. 그러나 이 책에서 다룬 것과 같은 역사는 더 나은 세계질서를 구축하는 데 도움이 될 수 있다. 나는 아시아 역사가 왕궁우의 견해에 동의한다. 그는 "역사는 결코 반복되지 않지만" "현재 가능한 것과 미래에 일어날 수 있는 것에 대한 우리의 이해를 넓혀준다"고 말한다. 그는 이로 인해 "미래에 개인과 사회가 무엇을 할 수 있을지 우리 스스로를 준비시키는 데 도움을 받을 수 있다"고 덧붙였다.[1]

서구가 부상하기 이전 이슬람, 인도, 중국, 몽골, 서아프리카의 활기찬 문명들이 세계의 광대한 부분을 좌우했던 시기는 다문명적 세계질서를 보여주는 선례들이다. 물론 그러한 질서도 좋든 나쁘든 운송 및 통신

혁명, 전쟁의 파괴력 증가, 국제기구 및 비정부 네트워크의 존재 등 현대적 현실에 적응해야 할 것이다. 이것이 용이한 일은 아니다. 세계질서를 구축하는 것은 결코 쉽지 않지만 그렇다고 반드시 실패할 운명은 아니다.

미래의 세계질서가 과거로의 회귀를 의미하지는 않는다고 해도 지난 300년과는 매우 다를 것이다. 지배적 글로벌 강대국은 존재하지 않을 것이다. 소수의 경쟁하는 강대국들이 전 세계적 규모로 안보와 질서를 형성하는 다극화된 세계도 아닐 것이다. 오히려 내가 서론에서 언급했듯이 이를 큰 국가, 중소 국가 그리고 일부 혁신적인 작은 국가뿐 아니라 정부, 기업, 시민 단체를 통해 행동하는 사람들이 소셜 미디어를 통해 힘을 얻고 새로운 형태의 상호 의존성과 상호작용을 활용하여 세계질서를 형성하는 '글로벌 멀티플렉스global multiplex'로 가장 잘 묘사할 수 있다.

이는 나의 세 번째 주장으로 이어진다. 즉 이 탈서구적 질서가 서구의 많은 사람들이 주장하는 것처럼 두려워해야 할 재앙이 되지는 않으리라는 점이다. 서구 주도 질서를 비롯해 어떤 세계질서도 혼돈에서 자유롭지 못했지만 질서 유지에 미국 같은 최고 권력이나 서구 같은 일부 국가 집단이 필요한 것은 아니다. 오히려 질서는 세계 여러 곳에서 등장한 근본 사상과 제도에 기반을 둔다. 한 걸음 더 나아가, 이 책은 서구 지배의 종식이 실제로는 세계 전체에 좋은 일이 될 것이라고 주장한다. 현재의 세계질서에서는 약탈적 식민지화, 폭력, 인종차별주의, 불의로 인해 나머지 세계를 희생시키면서 서구에 불균형적으로 주된 혜택이 돌아갔다. 몇 세기 동안의 지배는 서구에서 오만과 무지를 낳았고, 이로 인해 역사를 통틀어 다른 문명들의 사상과 기여를 잊어버리거나 무시해 왔다. 나머지 세계의 귀환을 바라볼 세계질서는 더욱 공평하고 상호 존중하는 글로벌 질서를 만들어낼 것이다. 이는 서구 지배가 불러온 최악의 폐해를 완화하면서 비서구 국가들의 발전과 지위, 인정에 대한 필요를 충족시킬 것이다.

지난 3세기 동안 서구에 돌아간 역사적 이점을 고려할 때 서구의 지배에 도전하며 떠오르는 국가들보다는 미국과 유럽에서 미래에 대한 두려움이 더 분명하게 나타나는 것도 당연한 사실이다. 어떤 미래 세계질서도 질서와 혼돈의 끊임없는 대결을 재현하겠지만 서구의 쇠퇴 자체가 혼돈이 지배하는 세상을 장담한다고 생각할 이유는 없다. 서구는 피할 수 없는 쇠퇴를 받아들이고 나머지 세계와 협력해야 한다. 그들의 사상과 접근 방식은 글로벌 지식 풀을 풍요롭게 하며, 국가들 간에 진정 다문화적이고 상호 관용적인 관계를 형성할 테고, 그렇게 함으로써 안정과 번영, 정의를 위한 새로운 조건과 메커니즘을 창출할 수 있기 때문이다.

〈학교가 개학〉

새로운 세계질서로의 전환을 이해하는 데는 1899년 1월 25일 미국 최초의 유머 잡지 《퍽 매거진Puck Magazine》에 실린 오래된 만화 〈학교가 개학School Begins〉이 도움이 될 수 있다. 이 만화는 엉클 샘을 선생님으로 묘사하며, 아이들 네 명이 맨 앞줄에 앉아 있는 모습을 보여준다. 네 아이들은 필리핀(대표적인 아이는 필리핀 반군 지도자 에밀리오 아기날도와 놀라울 정도로 닮았다), 하와이, 푸에르토리코(포르토 리코Porto Rico로 표기됨), 쿠바다. 이 그룹과 멀리 떨어진 교실 입구 근처에는 'ABC'라고 씌어진 책을 거꾸로 들고 있는 아메리카 원주민 아이가 있다. 중국인 소년은 책가방을 메고 문밖에 서 있고, 흑인 소년은 옆 창문을 닦고 있다. 엉클 샘의 책상 위에는 《미국 자치 정부 첫 수업U. S. First Lessons in Self-Government》이라는 책과 새로 온 아이들의 나라 이름을 적은 서류들이 놓여 있다. 원래 캡션에는 "엉클 샘: (새로운 문명 수업 학생들에게) 자, 얘들아, 너희는 원하든 원치

그림 15: 루이스 달림플, 〈학교가 개학〉, 《퍽 매거진》(1899).

않든 이 교훈들을 배워야 한다! 하지만 앞에 왔던 반을 보면서, 그들이 그 랬듯이 너희도 조금 후에는 이곳에 오게 된 것을 기뻐할 거란 사실을 기 억해!"라고 씌어 있다.[2]

오늘날 서구의 역사, 정치 또는 국제 문제 수업을 상상해 보라. 학생 들은 식민지 출신이 아니라 옛 식민지 출신과 식민지화되지 않은 비서구 독립국 출신일 것이다. 그러나 어떤 것들은 크게 변하지 않았을 것이다. 커 리큘럼에는 여전히 유럽 또는 서구의 사상과 역사가 많이 포함될 것이다. 비서구 국가에서 진행되는 수업도 마찬가지일 것이다. 그 이유는 대부분 의 교과서 및 필수 독서 목록에 들어 있는 학술지 논문이나 단행본 장章 등의 자료들을 여전히 서구에서 작성하고 생산하기 때문이다. 수많은 비서구 국가 학생들이 서구로 유학을 가서 학위를 받는데, 그들은 그곳에서 서구가 지배하는 역사와 그로부터 파생된 이론 및 개념을 계속해서 강조하는 커리큘럼으로 가르침을 받는다.

서구가 세계사를 장악하고 있기에 설령 비서구 국가들이 자국 문명의 성과를 다른 문명과 비교한 역사서나 서사를 제작한다 해도 그러한 텍스트들은 쉽게 선전으로 폄하되고 만다. 해당 국가 밖의 교실에서는 그러한 텍스트를 사용하지 않는다. 서구의 출판사와 기관들은 서구뿐 아니라 전 세계에서 가르치는 내용에 대한 거의 전적인 통제권을 여전히 가지고 있다. 윌리엄 맥닐, 헨리 키신저, 니얼 퍼거슨의 책들이 지배하는 서구의 문명사 저작물에 비견될 만한 것은 전혀 존재하지 않는다. 어떤 비서구 출판사도 서구나 나머지 세계에서 널리 사용할 역사 교과서를 제작한 적이 없다. 영어로 출간되고, 비서구 학자가 집필하고, 주요 국제 출판사가 출판한 세계 주요 문명의 비교역사서는 존재하지 않는다. 이븐 할둔의 저작이 아마도 그런 작품 가운데 마지막일 것이다.

교육 과정과 교과서를 바꾸거나 '탈식민지화'하여 세계 역사의 진정한 글로벌 버전을 제공하려는 시도는 드물었고, 간혹 있었다 해도 거의 성공을 거두지 못했다. 역사, 철학, 정치학 등 사회과학 및 인문학의 서구 교실들은 편협한 역사 읽기를 고착화하고 비서구 사회를 계속해서 무시해 왔다. 예를 들어 아프리카가 "유럽과의 만남을 통해서만 역사 속으로 끌려 들어 갔다"는 것은 아프리카의 "사회적·정치적·문화적 삶과 지적 기여 그리고 사상가들의 전기를 거의 완벽한 지우개"처럼 세계사 기록에서 지워 버리는 결과를 낳았다.[3] 잊어버리거나 무시한 곳은 아프리카만이 아니다.

세계사 및 국제 문제에 관한 1학년 학부 강의에서 나는 대부분 서구 출신으로 구성된 학생들이 내 말을 듣고 진심으로 놀라움과 불신 그리고 때로는 감탄을 표하는 것을 자주 보았다. 인도의 아쇼카 왕이 일반인들

을 잔인하고 부당하게 처벌하는 것을 금지한 일, 유럽의 능력 위주 공무
원 채용 제도 수립에 중국 과거제도가 미친 영향, 인도양의 광대하고 개방
적이며 규칙에 기반한 무역체제, 잉카인과 몽골인의 광범위하고 효율적인
통신 네트워크, 노예에 대한 박해를 금지하고 개인 재산권을 허용한 말리
〈만뎅헌장〉(《쿠루칸 푸가》)의 규칙 그리고 유럽 르네상스와 계몽주의를 가
능하게 하는 데 이슬람 과학과 철학이 수행한 필수적 역할에 대한 이야기
였다.

국제 관계(이하 IR로 표기) 분야는 비서구의 소외를 보여주는 또 다른
생생한 예시이다. 학문 분야로서의 IR은 영국이 여전히 세계 최대의 식민
제국이었을 때 시작되었다. 그러나 이 학문은 영국을 대체하여 세계 최고
강대국이 된 미국에서 비로소 전성기를 맞았다. IR 이론과 서사, 교육, 연
구에 대한 미국의 지배는 너무나 완전해서 하버드대학교 교수였던 고故 스
탠리 호프만은 IR을 "미국 사회과학"[4]이라고 불렀으며, 그로부터 몇십 년
후에도 이 별명은 여전히 유효하다. 그런데 IR의 서구 중심적 서사는 그
범위가 전 세계적이다. 2019년 발표된 10개국의 '국제 관계 입문' 강의 계
획서 48편을 조사한 바에 따르면 읽어야 할 자료 3분의 2 이상이 서구(미
국과 유럽)에 지리적 초점을 맞추고 있었다.[5] 중국의 주요 IR 학자 중 하나
인 친야칭의 말처럼 "국제 관계에서 무엇을 이론화하든 그 영혼은 서구적
이다".[6]

요컨대 역사, 철학, 정치학 그리고 국제 관계의 '학파'는 여전히 서구
를 창조자, 지도자, 스승으로 설정하고, 비서구를 창조된 존재, 추종자, 학
생으로 제시한다. 그들은 현재의 세계질서가 어떻게 생겨났는지, 누가 그
것을 만들었는지 그리고 어디로 향하고 있는지에 대해 매우 선별적 이야
기만 들려준다. 이 책은 이러한 낡은 학파를 끝내고, 세계질서의 과거와
미래에 대한 핵심 주장들을 중심으로 새로운 학파를 설립할 것을 촉구

한다.

역사 연결하기

세계질서의 역사를 이해함에 있어서 우리는 문명들을 단순히 비교하는 것을 넘어 연결해야 한다.[7](표 3 참조) 문명들이 독립적으로 그리고 상호 접촉과 전파를 통해 세계질서에 대해 매우 유사한 사상과 접근 방식을 발전시켰다는 사실을 잊어서는 안 된다. 이러한 연결을 양방향 통행으로 볼 수 있다. 모든 문명은 가르치는 자이자 배우는 자였다. 많은 경우 서구는 가르치는 자가 아니라 배우는 자 쪽이었다.

역사를 연결함에 있어서 우리는 모든 문명이 통합의 산물이라는 점을 잊어서는 안 된다. 자신의 문명과 세계질서를 발전시키기 위해 타인의 사상과 혁신을 차용하는 것은 지역적 사상과 독창성 또는 기여를 포기한다는 의미가 아니다. 모든 사회는 다른 사회로부터 무엇을 받아들일지 선택적으로 판단하며, 이를 수용할 때 자신들의 사상과 방법으로 대체하지 않는다. 대신 그들은 외래 사상을 수정하고, 현지화하고, 현지 사상과 조화시켜 융합된 형태를 만들어내는 경우가 자주 있다. 이는 종교, 경제, 정치 등 세계질서 구축의 모든 측면에서 찾아볼 수 있는 현상이다.

그리스인들은 이집트의 최고신 아문-레를 자신들의 토착 수호신 제우스와 결합하여 혼합된 제우스-아문을 탄생시켰고, 알렉산드로스 대왕은 보편 통치자 지위를 확립하기 위해 이를 널리 선전했다. 코르도바의 무슬림 철학자 이븐 루슈드는 우주가 신이 아닌 자연력에 의해 창조되었다는 그리스(또한 인도) 사상을 발전시켰는데, 이는 전통적 무슬림과 기독교인들에게는 심히 이단적 주장이었다. 그러나 이븐 루슈드는 전통적 이슬

주: →는 사상의 흐름 방향을 나타낸다.

이집트, 메소포타미아, 페르시아 → 그리스: 천문학, 화학, 의학, 수학, 신성 왕권

페니키아 → 그리스: 언어

그리스 → 로마: 예술, 과학, 철학

그리스 → 아랍-이슬람 세계/인도: 예술, 철학, 과학, 의학

로마 → 유럽: 법, 제국 사상 및 행정

인도 → 중국: 불교 종교 및 철학

인도 → 동남아시아, 중앙아시아, 이슬람 세계: 산스크리트어, 서사문학, 법, 힌두-불교 종교·정치 사상 및 제도, '아라비아' 숫자

인도 → 아시아, 유럽 기타 지역: 0을 포함한 숫자, 면직물 기술, 강철

페르시아, 이슬람 세계 → 인도: 이슬람, 행정, 음식, 법규, 항해

중국 → 한국 → 일본: 불교, 유교, 예술, 정치 사상 및 제도

중국 → 유럽: 비단, 화약, 나침반, 종이, 인쇄술, 공무원 공개경쟁 시험

이슬람 세계 → 유럽: 의학, 화학, 광학, 철학(보존되고 확장된 그리스 철학 포함)

유럽 → 나머지: 과학, 기술, 정치 사상 및 제도

나머지 → 세계: 반제국주의, 민족주의, 반인종차별주의, 보편적 주권

람 신념을 버리기보다는 창조 과정에 결정적 추진력을 제공하는 촉매자로 신을 제시했다. 이로써 그는 서유럽 합리주의 철학에 도움이 되고, 세계질서에 대한 세속적 이해에도 영향을 미칠 통합을 창조해 냈다. 중국인들은 수입한 인도 불교를 유교적이고 도교적인 신념과 조화롭게 유지했다. 이처럼 그리스, 인도, 중국, 아프리카, 이슬람, 유럽의 문명들은 외부 사상을

차용하여 발전하면서도 자기네 문화의 핵심 요소들은 유지하면서 차용한 많은 것들을 자신들의 필요에 맞게 변경했다.

외래 사상과 현지 사상의 이러한 지속적 융합을 염두에 두는 것은 오늘날의 서구가 지닌 편협한 견해, 즉 현 세계질서의 창조를 서구의 공으로 보는 것을 거부하고, 서구의 쇠퇴가 모든 것의 붕괴를 의미한다는 두려움을 피하는 데 큰 도움이 될 것이다. 더욱이 연결과 차용이 항상 그 자체로 좋은 것은 아니라는 점을 명심할 필요가 있다. 새로운 세계질서가 출현하면 인종차별주의나 권위주의 같은 나쁜 사상들은 좋은 사상들만큼이나 쉽게 퍼져나간다. 문명들 간의 이러한 연결 중 일부는 약탈적이었다. 역사적으로 세계에서 가장 큰 연결자는 제국주의였으며, 가장 대표적인 예는 부상하는 서구의 제국주의였다. 콜럼버스 교환은 콜럼버스 약탈 또는 도둑질이라고 불러야 한다. 원래는 금, 은, 동물, 과일, 채소, 고무 등 자원들이 유럽으로 이동하여 즉각적이고 막대한 이익을 가져다준 일방적 거래였기 때문이다. 한편, 이 같은 물품이 유래한 사회들은 유럽인들과 함께 온 질병과 착취로 인해 붕괴했다. 이러한 약탈, 인도 면화와 세금 수입, 대서양 노예 무역, 북미 토지 강탈 그리고 이슬람, 중국, 인도에서 온 선행 지식이 없었다면 서구는 결코 그렇게 멀리 그리고 그렇게 빨리 부상할 수 없었을 것이다. 또한 서구는 제국주의, 노예제도, 인종차별주의의 혼합물인 '마법 물약'이 없었어도 부상하지 못했을 것이다.

그렇다고 사상 교류와 상호 학습을 통한 역사 연결 과정이 항상 또는 본질적으로 충돌적이라는 의미는 아니다. 문명들은 충돌하면서도 평화적으로 상호작용하는 것이 가능하다. 인도 종교와 정치 사상의 아시아, 특히 동남아시아와 동북아시아 전역으로의 확산은 대부분 평화로웠으며, 중국 문화와 사상의 확산도 대체로 그랬다.

어떤 문명도 다른 문명으로부터 배우지 않고는 발전하지 못한다. 문명은 이전 문명으로부터 필요한 것을 배우거나 '다운로드'(니얼 퍼거슨의 용어)한 후에는 자신만의 적응과 창조물을 '업로드'(나의 용어)하여 다른 문명들이 그 혜택을 받도록 한다.[8] 그리스인들은 수메르, 이집트 그리고 다른 이전 문명들로부터의 차용이 없었다면 도약하지 못했을 것이다. 이슬람은 그리스, 인도, 페르시아, 중국의 과학과 철학을 활용한 다음 자신만의 혁신을 더하고 이를 유럽으로 수출함으로써 위대함에 이르렀다. 유럽은 이슬람, 중국, 인도, 신세계, 아프리카로부터 사상과 기술, 자원을 차용하지 않았다면 암흑시대에서 벗어나지 못했을 것이다. 그제야 유럽은 세계 무대에서 두각을 나타냈고, 식민지화를 통해 주권과 민주주의 사상을 포함한 과학 사상과 정치 사상을 나머지 세계에 전파했다. 우리는 이제 결코 수동적 학습자가 아니었던 나머지 세계가 다시 사상의 기여자가 되어 서구와 나머지 사이의 분열이 희미해지게 하고, 글로벌 융합이 가능한 조건을 만들고 있는 새로운 단계를 목도 중인지도 모른다.

　이 책의 또 다른 중요한 요점은 후진 대 진보, 잔혹 대 자비, 정체 대 역동, 과학 대 미신, 익숙한 문명 대 이국적 문명, 순수한 문명 대 성숙한 문명 등 극단적이고 이분법적인 범주로 나누며 문명에 대한 고정관념을 갖는 것을 피해야 한다는 데 있다. 이 책은 모든 문명 그리고 그 문명들이 만들거나 기여하는 세계질서가 서로 절충적이라는 사실을 보여주었다. 순전히 이것 아니면 저것인 문명은 존재하지 않는다. 이는 정치적 올바름의 문제가 아니라 역사적 현실과 일치한다. 예를 들어 과학 대 미신이라는 이분법을 보자. 유럽, 심지어 근대 유럽도 신학과 계시를 과학과 이성보다 우선시한 반면 소위 미신을 믿는다는 인도와 이슬람 문명은 때때로 그 반대였다. 이슬람은 부흥주의자 알-가잘리와 합리주의자 이븐 시나, 이븐 루슈드를 모두 배출했다. 홉스의 《리바이어던Leviathan》이나 베스트팔렌 평화조약 같은 유럽 정치제도의 이른바 합리주의는 어느 정도 기독교 신학에서 영감을 받았다.

또 다른 예로, 모든 문명에서 자비와 무자비함은 하나의 패키지 안에 존재한다. 인도 마우리아 시대에는 이상주의자 아쇼카와 제국주의 이념의 대사제 카우틸야가 함께 존재했다. 중국에서는 한편에 이상주의적인 유교와 도교가, 또 한편에는 무자비한 법가의 현실 정치가 거의 동시대에 꽃피웠다. 정치 이념에 있어서도 모든 문명은 절충적이다. 그리스, 인도, 중국, 이슬람, 콜럼버스 이전 아메리카, 아프리카는 모두 이상주의와 현실 정치, 무정부와 계층, 이성과 계시 같은 다양하거나 상충하는 요소들을 그 자체 내에 포함하고 있었다. 미래의 세계는 이러한 절충적 특성을 유지할 것이다.

두려움의 균형

이를 염두에 두고, 내가 본질적으로 주장하는 것은 서구의 쇠퇴와 비서구 문명의 부상이 반드시 더 나쁜 방향으로 가는 것을 의미하지는 않는다는 점이다. 이는 우리에게 더 나은 장기적 미래로 이어질 수 있다. 여기서 나는 서론의 한 지점으로 돌아가고자 한다. 나머지 세계의 부상은 분명히 다음 세계질서가 무엇을 가져올지에 대한 서구의 두려움을 증가시켰다. 이러한 두려움에는 여러 측면이 있는데, 그중 세 가지가 특히 주목할 만하다.

첫째는 권위주의와 갈등, 혼돈이 부상함에 따라 '문명국가civilization states'들이 분열되고 삶의 터전이 위험해진다는 두려움이다.《파이낸셜 타임스Financial Times》의 수석 외교 논평가 기디온 라크먼은 문명국가를 "단순히 역사적 영토나 특정 언어 또는 민족 집단을 대표하는 것이 아니라 독특한 문명을 주장하는 국가"로 정의한다.[9] 그러한 문명국가 목록의 맨 위에는 중국, 인도, 튀르키예가 있다. 유럽 국가가 아닌 유라시아 국가 및 문화의 정체성을 받아들인 블라디미르 푸틴의 러시아도 그들 중 하나다. 여기서 핵심은 비서구 세계의 주요 강대국들이 민족국가 모델을 버리고 자신들의 전통적 가치, 정치체제, 제국적 외교 관계로 돌아감으로써 서구와의 갈등을 심화시키고 세계 무질서를 초래할 것이라는 생각이다. 라크 먼은 문명국가들이 "보편적 인권이나 공통된 민주적 기준"을 거부할 것이라고 주장한다.[10] 영국의 크리스토퍼 코커 교수는 문명국가들이 "모든 사람이 동의하는 보편적 가치 체계"였던 "자유 문명의 꿈"을 소멸시킬 위협을 가한다고 결론 내린다.[11] 또 다른 서구 작가 에이드리언 파브스트는 문명국가들의 부상이 "단순히 세계 권력균형을 바꾸는 것이 아니다. 또한 그것은 냉전 이후의 지정학을 자유주의적 보편주의에서 문화적 예외주의로 전환시키고 있다"고 경고한다.[12]

하지만 이는 믿기 어려운 주장들이다. 소위 자유주의적 보편주의 질서가 권위주의와 인권 침해를 용인하지도 조장하지도 않았다고 암시하기 때문이다. 미국은 비서구 세계의 모든 지역에 걸쳐 독재 정권을 지원한 오랜 역사가 있다. 더욱이 반공주의만이 이러한 지원에 영감을 준 것이 아니다. 이는 자원과 군사기지를 찾으려는 미국의 욕구, 바로 미국 주도 자유주의적 질서라는 토대에서 비롯되었다. 냉전 종식 이후에도 미국은 이집트, 파키스탄, 사우디아라비아 등 몇몇 국가의 권위주의 정권을 계속 지원해 왔다.

어쨌든 서구 최고 지도자들 일부는 이러한 공포의 합창에 자신들의 목소리를 보탰다. 트럼프 대통령은 취임 직후 폴란드에서 연설하며 "문명을 전복하고 파괴하려는 자들에 맞서 우리의 문명을 보존하려는 열망과 용기가 우리에게 있습니까?"라고 물었다.[13] 그 2년 후, 미국 국무부 고위 관리 카이론 스키너는 미국과 중국의 관계를 "정말로 다른 문명, 다른 이념과의 싸움이며, 미국은 이전에 그런 싸움을 해본 적이 없다"고 규정했다.[14] 그런데 서구 분석가들은 미국, 호주, 유럽연합, NATO 관리들이 그랬듯이 자국 지도자들이 문명적이고 인종차별적 정체성을 언급할 때는 눈에 띄게 덜 우려하는 태도를 보인다. 그리고 이는 익히 예상된 결과였다.[15] 한편, 미국 보수 세력은 남부의 주들에서 학교에 성경을 도입하려는 노력을 통해 자신들의 나라를 문명국가로 만들기를 원한다.

물론 중국, 인도, 튀르키예, 러시아 지도자들의 발언이 이러한 경고음을 촉발하기는 했다. 예를 들어 2019년 시진핑 중국 국가 주석은 아시아 국가들에게 "문화적 자신감을 강화하고" "선조들이 이룩한 빛나는 업적을 기반으로" "아시아 문명의 새로운 영광"에 도달할 것을 촉구했다.[16] 시진핑과 마찬가지로 인도 총리 나렌드라 모디도 인더스 계곡 문명과 그 이후 베다 시대로 거슬러 올라가는 자국 문명의 업적을 강조해 왔다.[17]

2019년 3월, 호주인 총격범이 뉴질랜드 크라이스트처치의 모스크 두 곳에서 무슬림 51명을 살해했을 때 그는 이민자들이 '백인 국가'에 인구통계학적이고 문화적인 위협이 된다는 사실을 강조하는 선언문을 남겼다.[18] 튀르키예 총리 레제프 타이이프 에르도안은 이를 무슬림 문명에 대한 공격으로 간주했고, "십자군 잔당은 튀르키예의 부상을 막을 수 없을 것이며" "이스탄불을 콘스탄티노플로 만들지 못하게 할 것"이라고 맹세했다.[19] 에르도안은 오스만 제국 이후의 지도자 무스타파 케말 아타튀르크가 주요 원칙으로 삼았던 세속주의에서 벗어나 튀르키예를 이슬람 국가로 재편하려고 시도해 왔다.

문명국가에 대한 경고는 1990년대 새뮤얼 헌팅턴의 '문명 충돌' 이론을 부활시킨다. 요컨대 헌팅턴은 냉전 이후 세계 정치의 주요 갈등 축이 더 이상 이념이나 경제가 아니라 서구, 유교(중국), 일본, 이슬람, 힌두, 슬라브-정교회, 라틴아메리카 그리고 '아마도' 아프리카라는 여덟 문명 간의 문화가 될 것이라고 주장했다. 이 이론은 주요 국제 위기가 발생할 때마다 다시 나타나는 전 세계적 논쟁을 촉발했다. 헌팅턴은 단순하고 선정적인 아이디어를 제시했다고 비판받았지만 서구의 전문가들과 정책 입안자들은 그의 이론에서 국제 분쟁이 발생할 때마다 관련 프레임을 만들 수 있는 편리한 방식을 찾아냈다.[20]

문명국가 개념은 헌팅턴의 이론을 새로운 차원으로 끌어올린다. 오늘날 서구의 두려움은 더욱 커졌다. 헌팅턴이 자신의 주장을 처음 내세웠을 때는 중국과 인도가 지금만큼 강력하지 않았기 때문이다. 더욱이 튀르키예와 러시아뿐 아니라 이들 국가들의 외교 정책도 1990년대보다 오늘날 문명으로서의 자신들의 정체성을 훨씬 더 강조한다.

그러나 문명국가의 부상이 필연적으로 갈등으로 이어지는 것은 아니다. 또한 어떤 문명의 경계를 넘어서는 협력의 단절을 의미하지도 않는다. 인도와 미국 간, 인도네시아와 호주 간, 미국과 사우디아라비아나 이집트 같은 이슬람 국가들 간의 안보 및 경제 관계는 여전히 강력하며 성장하는 중이다. 이러한 경우를 비롯한 많은 사례들에서 실용주의와 편의주의가 문명 충돌을 능가한다. 비서구 국가들이 서구가 자신들의 문화를 거부하거나 경시하는 것에 대응하여 문명적 민족주의로 돌아서고, 그들의 지도자들이 이를 국내의 정치적 지지를 동원하는 데 사용할 수도 있다. 하지만 그렇다고 그들이 나머지 세계와의 통합을 거부한다는 의미는 아니다.

더욱이, 강력한 특정 비서구 지도자들이 문명을 내세운다고 해서 그들의 문화에 서구가 배울 만한 보편적인 인본주의적 가치가 존재하지 않는다는 의미도 아니다. 일부 서구인들은 중국이 '천하' 등의 문명에 기반한 개념을 사용해 권위주의 통치와 세계 지배 계획을 정당화할까 봐 두려워한다. 그러나 그 때문에 정의, 자비, 개방성, 인간적 통치라는 보편적인 윤리적 원칙을 진정으로 지지하는 중국 문명의 요소들을 부정해서는 안될 것이다. 이 책에서 보았듯이 비서구 문명의 이상은 배울 점이 많으며, 문명국가에 대한 현재의 담론이 이를 가려버릴 위험이 있다. 일반적으로, 경쟁하는 문명국가들이 자기 확대와 악행에 몰두한다는 견해는 과장된 것이다. 이는 서구와 나머지 세계 사이에 거짓된 이분법을 설정한다.

서구의 더 구체적인 두 번째 두려움은 대안적인 중국 주도 세계질서의 출현이다. 토니 블링컨 미국 국무장관은 2022년 "중국은 국제질서를 재편하려는 의도가 있을 뿐 아니라 그 실현을 위해 경제, 외교, 군사, 기술적 힘을 점점 더 갖추어가는 유일한 국가다"라고 하면서 "베이징의 비전은 지난 75년간 세계 발전에 많은 기여를 해온 보편적 가치에서 우리를 멀어지게 할 것"이라고 언급했다.[21] 중국은 서구가 품는 세계질서의 미래에 대한 모든 낙관주의에 가장 큰 도전을 제시한다. 이는 상당 부분 중국의 성장하는 경제적·군사적 중요성과 관련이 있으며, 서구식 개발의 대안을 제시하는 글로벌 사우스에서의 영향력 확대와도 관련이 있다. 다시 말해 세계 강대국으로서 중국의 등장은 세계 곳곳에서 서구 지배에 직접적으로 도전한다. 그것이 다가 아니다. 서구는 또한 자국민 감시를 위한 중국의 기술 사용, 현재 최고 지도자 시진핑 체제에서 증가하는 권위주의, 야심 찬 군비 증강, 타이완과 남지나해에서의 공격적 행동을 자유주의와 민주적 가치에 반하는 해로운 방식으로 세계를 재편하려는 노력으로 본다.

그러나 이러한 재편이 전 세계에 적용된다면 심각한 한계에 직면할 것이다. 앞서 논의했듯이 중국은 세계 최대 경제 대국으로서는 미국을 대체할 수도 있지만 주요 군사 강국으로서는 그러지 못할 것이다. 중국은 병력 투사나 공중 및 해상 공간을 포함한 글로벌 공유지 통제에서 미국을 능가할 만한 능력을 갖추지 못할 것이다.

일부 중국 분석가들은 베이징의 목표가 몇 세기 전 중국이 세계의 중심이고 나머지 세계는 일종의 복종을 표현하던 조공 체계를 부활시키는 것이라고 믿는다. 2013년 시진핑이 시작한 일대일로Belt and Road Initiative, BRI는 이러한 의심의 주된 근거가 된다. 이는 중국의 재정 및 기술 지원과 중국 노동자 파견을 통해 개발도상국에 인프라를 구축한다는 거대 프로젝트다. 비록 일대일로의 가장 직접적이고 즉각적인 초점은 지역적이며 특히 유라시아를 대상으로 하지만 일대일로의 범위는 전 세계 모든 곳으로 확장된다. 예상 비용은 3조~6조 달러로 다양하다(중국 정부는 비용에 대해 놀라울 정도로 불투명하며, 정부는 주기적으로 추정치를 수정한다).[22] 약 150개 나라가 어떤 식으로든 이에 서명한 것으로 보이지만 참여 정도는 국가마다 상당히 다르다. 인도네시아에는 자카르타에서 반둥을 연결하는 단일한 고속철도 프로젝트가 있다. 한편 이 쇼의 주인공인 중국-파키스탄 경제회랑China-Pakistan Economic Corridor은 620억 달러 규모의 해상 및 육상 인프라 개발로서 무엇보다도 중국의 중요한 중동산 에너지 수입 거리를 극적으로 줄이고 유럽과의 연결을 가속화할 것이다.[23]

규모와 비용이 어떠하든, 일대일로는 중국의 부상에 대한 서구의 두려움에 상당한 영향을 미친다. 서구 주도 세계질서를 옹호하는 가장 영향력 있는 매체인 《이코노미스트》는 일대일로에 대한 특별 보고서에서 중국이 일대일로를 이용해 "자신들이 선호하는 세계질서를 재편"하고 있다고 분석했다.[24] 중국은 이 프로젝트를 "옛 조공 체계"라는 "더 넓은 역사적 맥락"에 두고 그러한 목표를 달성하기 위한 "온건한" 방법으로 제시했다. 《이코노미스트》는 다음과 같이 언급한다. 이 비전에서는 "중국이 세계의 중심에 앉아 먼저 인근 지역에 자신의 부와 힘을 집중시키고, 중국이 자비로운 세력이자 서구의 대안적 중심지라는 개념으로 사람들을 연결한다. 이를 받아들이는 사람들은 베이징으로부터 관대한 대접을 받지만 그렇지 못한 사람들은 홀대받는다." 그러면서 미국의 불안정한 관리로 "규칙 기반

질서가 흔들리는 이 시기에 중국은 부상하는 지정학적 세력의 원형을 대표한다"고 결론 내린다.

그러나 이러한 말들은 새로운 세계질서를 만들거나 중국 조공 체계를 부활시킬 만한 일대일로의 잠재력을 지나치게 과장한다.[25] 설령 베이징이 그러한 임무를 수행할 의향이 있다 해도 마찬가지일 것이다. 일대일로는 부패, 투명성 부족, 수많은 파트너 국가의 정치적 불안정, 프로젝트가 현지 주민들에게 이익이 될지에 대한 의문 그리고 수혜국들의 부채를 상당히 증가시킬 것이라는 우려로 골머리를 앓게 한다. 국내 경제성장률 감소에 직면한 중국은 이 이니셔티브를 지속할 역량이 있는지 갈수록 미덥지 못한 인상을 준다. 더 중요한 점은 일대일로가 서구뿐 아니라 중국의 이웃 국가들로부터도 반발을 불러왔다는 것이다. 일대일로로 인한 부채를 갚기 위해 주요 항구를 중국의 통제하에 넘겨야 했던 스리랑카의 사례처럼 일부 극적 실패들은 프로젝트의 약탈적 성격을 인식하게끔 했다.

요컨대, 일대일로는 중국에 막대한 부담을 지우고 있을 뿐 아니라 부상하는 세력으로서의 중국이 신뢰할 만한지 시험하는 장이기도 하다. 베이징은 결과를 내놓으라는 극심한 국제적 압력을 받고 있다. 글로벌 사우스에 일대일로의 지지자들이 있기는 하지만 실패하거나 심지어 부분적으로만 성공한다면 세계 무대에서 중국의 이미지는 손상될 것이다.[26]

중국의 역사적 외교 관계가 평화롭지 않았다는 사실을 감안할 때 오늘날 조공 체계를 부활시키려는 중국의 어떤 시도도 일본, 미국, 러시아, 인도 같은 이웃 국가들이나 주요 강대국들에서 저지당할 것이다. 과거에는 일본과 일부 유목민/스텝 정치체제를 제외하고는 중국에 주된 경쟁자가 없었다. 요컨대 조공 체계를 부활시키려는 중국의 어떤 노력도 만약 중국이 실제로 실행하려고 한다면 팽배한 장애물 및 반격 가능성과 맞닥뜨릴 것이다. 글로벌 사우스에서 미국의 헤게모니에 대항하여 정치적 반발을 일으키는 수많은 요인들이 헤게모니를 가진 중국에 대항해서도 동일하게 작용할 것이다.

경제적·정치적 장애물이 중국의 세계 지배를 가로막을 뿐 아니라, 시진핑이 제안한 '글로벌 문명 이니셔티브Global Civilization Initiative'에 명시된 계획에도 불구하고 중국은 글로벌 문명을 창조하는 데 있어 문화적 매력을 선도하지 못할 것이다. 서론에서 언급했듯이 글로벌 문명은 이전에 바츨라프 하벨과 아마르티아 센 같은 자유주의 사상가들이 제안한 바 있다. 이러한 제안에는 문명들 간의 평등과 상호 존중에 대한 이상이 포함되는데, 이는 중국의 이니셔티브에서도 두드러진다. 그러나 2023년 중국 공산당이 외국 정당들 간의 비밀 회담에서 이 이니셔티브를 출범시키려 한 사실에서 보듯이 중국의 현 지도부가 이 문화 프로젝트의 주된 옹호자로 나선다면 이는 실패할 가능성이 높다. 중국이 글로벌 문명의 주도권 획득을 시도한다 해도 이것은 서구적 사상이 아닌 것만큼이나 중국적 사상도 아니다.

중국의 부상에 대한 서구의 또 다른 두려움은 중국이 주로 서구적 가치를 의미하는 '보편적 가치'를 희생시키면서 자신들의 이념과 통치 모델을 전파하려 들지도 모른다는 것이다. 이러한 중국적 가치는 개인주의보다 집단적 이익, 민주주의 대신 권위주의적 통치, 시장을 희생시키는 국가 주도 경제 발전인 소위 '중국 모델'로 여겨진다.

이러한 두려움은 대체로 잘못된 것이다. 중국이 민주주의와 인권의 보루가 되지는 않겠지만 그렇다고 이것이 전 세계를 향한 독재의 성공적 수출이나 인권 억압이 가능하다는 의미는 아니다. 오늘날 민주주의와 인권이 서구 안팎에서 후퇴하고 있는 것이 중국과 러시아의 잘못은 아니며, 이러한 추세를 되돌릴 수 없다고 본다면 시기상조다. 서구에서는 주로 국내 요인, 특히 우익 포퓰리즘 운동과 우익 정당의 부상 때문에 이러한 현상이 발생한다. 물론 중국이나 인도 같은 신흥 강대국과의 경제 경쟁에서 서구 정부가 실패함으로써 그에 대한 분노를 촉발해 이 운동들이 힘을 얻었지만 대부분은 중국의 부상 이전에도 존재한 심화되는 경제 불평등, 반이민 정서, 국내 인종 갈등에서 비롯된 것이다.[27]

또한 중국이 자신들의 경제 성과와 문화적 매력을 세계에 과시하고 있긴 하지만 베이징은 마오쩌둥이 공산주의를 수출한 이후 정치 이념을 홍보하는 사업에 나서지는 않았다. 오히려 이념 홍보는 세계질서를 구축하는 매우 미국적인 방식이다.

다가오는 세계질서에서도 과거의 서구 지배 질서와 마찬가지로 권위주의가 만연할 것이며, 때때로 서구는 이를 용인하고 지지할 것이다. 앞서 언급했듯이 권위주의의 사촌 격인 포퓰리즘이 유럽과 미국에서 부상하고 있다. 이러한 분위기에서 캄보디아, 헝가리, 싱가포르 같은 일부 국가들은 중국의 권위주의적 통치 모델을 매력적으로 볼 수 있으나 전 세계가 이를 포용한다고 말한다면 지나친 과장일 것이다. 지난 30년 동안 중국이 부상했음에도 그 주변을, 비록 결함은 있다 해도 민주주의 국가들이 둘러싸고 있다는 점은 주목할 만하다. 바로 일본, 한국, 타이완, 인도, 인도네시아, 말레이시아, 필리핀 등이다. 중국의 체제를 채택하도록 아시아에 있는 중국의 이웃 국가들을 설득할 수 없다면 어떻게 그런 일을 나머지 세계에 기대할 수 있겠는가. 민주주의와 인권은 오늘날 서구만의 고유한 독점물이 아니다, 물론 그랬던 적이 있었다는 전제가 필요하겠지만. 더욱이 중국 모델의 또 다른 요소인 국가 주도 경제 발전은 일본, 한국, 타이완, 싱가포르를 포함한 다른 많은 동아시아 정부의 특징이었다. 요컨대, 이들 국가들은 중국의 선풍적 성장이 시작되기 전부터 이미 동아시아 기적의 일원이었다.

탈서구 세계질서에 대한 서구의 세 번째 두려움은 혼돈, 폭력, 갈등의 가능성이 증대되리라는 것이다. 즉 '불타는 세계'가 닥치고 서구, 특히 미국의 리더십 상실로 인해 그러한 사태를 막을 수 없다는 두려움이다. 우리는 지난 몇십 년 동안 9. 11 테러 공격, 이라크, 아프가니스탄, 리비아, 시리아에서의 분쟁 그리고 최근의 러시아-우크라이나 전쟁과 이스라엘-하마스 분쟁 등에서 이러한 징후를 충분히 보았다. 타이완 문제로 인한 전쟁 가능성도 점점 더 커지고 있다. 그러나 이러한 두려움을 제대로 파악할 필요가 있다.

첫째, 어떤 세계질서도 평화의 낙원이 될 수는 없다. 서구 지배 세계질서 속에서도 수많은 전쟁을 피할 수 없었다. 비록 러시아-우크라이나 전쟁으로 인해 주요 전쟁이 다시 유럽의 심장부로 돌아왔지만 이 전쟁들은 대부분 비서구 세계에서 일어난 것이었다. 둘째, 이러한 전쟁은 대부분 서구가 여전히 명백하게 지배하던 시기에 일어났으므로 새로운 전쟁이 서구의 쇠퇴 때문인지, 아니면 결함 있고 실패한 서구의 정책 때문인지가 전혀 명확하지 않다. 식민 시대의 폭력은 차치하고라도 성급하거나 잘못 구상된 서구의 정책들은 탈식민지 시대의 장기 갈등 유발에 일조했다. 몇십만 명의 목숨을 확실히 앗아가고 그 영향이 오늘날까지 지속되는 2003년 미국의 이라크 침공은 이라크가 테러를 지원하고 대량 살상 무기 획득 프로그램을 계획했다는 미국의 전혀 입증되지 않은 주장에서 비롯된 피할 수 있는 선택적 전쟁이었다.

냉전 종식 이후의 갈등과 폭력 추세는 획일적이거나 선형적인 패턴을 보이지 않는다. 최소 1000명의 목숨을 앗아간 무력 충돌은 냉전 종식 후 첫 20년 동안 크게 감소했으며, 그 후 몇 년마다 증감을 반복했다. 러시아-우크라이나 전쟁, 이스라엘-하마스 전쟁, 미얀마 내전으로 전반적 갈등이 고조되고 그로 인한 사망자 수는 증가했다. 하지만 일반적으로 국가 간 갈등은 매우 드물게 남아 있는 반면 외국의 개입 여부와 관계없이 국내 갈등은 증가했다. 그러나 일부 널리 알려진 평화를 위협한다는 요소들은 감소했다. 특히 테러 공격은 아프가니스탄, 이라크, 나이지리아, 소말리아, 시리아 등 소수 국가에 국한된 지역적 위협이다. 이와 관련해 세계 모든 지역의 무질서가 동일하지는 않으며, 안정성의 정도는 지역마다 크게 다르다는 주장도 있을 수 있다. 특히 다른 지역보다 갈등에 더 취약한 특정 지역들도 있다. 남아메리카는 중동보다 안정적일 가능성이 높고, 동북아시아는 동남아시아보다 전쟁 위험이 높을 것이다. 따라서 전 세계가 벼랑 끝에 있는 것처럼 말한다면 지나친 과장이다.

서구가 더 이상 지배하지 않는 미래 세계질서에 대한 두려움은 이러한 이유들로 인해 글로벌 사우스보다는 미국과 유럽에서 분명히 더 크게 나타난다. 마찬가지로 세계질서의 미래에 대한 비관주의도 나머지 세계보다 서구에서 더 크게 나타난다. 2023년 스팀슨센터가 실시한 설문 조사에 따르면 중국과 인도의 응답자 대다수가 "전 세계적으로 상황이 올바른 방향으로 나아가고 있다"고 믿는다는 사실이 드러났다. 중국은 긍정 82퍼센트, 부정 11퍼센트라는 점수를 기록했으며, 인도는 긍정 64퍼센트, 부정 23퍼센트를 기록했고, 나머지는 불확실했다.[28] 더욱 주목할 결과는 BRICS 국가들의 '세계 상태'에 대한 낙관주의가 G7 국가들보다 더 크게 나타났다는 점이다. 그리고 가장 중요한 것은 젊은 세대에서 미래에 대한 낙관주의가 더 크게 나타났다는 점이다. "세계가 잘 돌아가고 있는가?"라는 질문에 40세 미만 50퍼센트가 그렇다고 답한 반면 40세 이상은 35퍼센트만이 그렇다고 답했다. "세계가 '올바른 방향'으로 가고 있는가?"라는 질문에 40세 미만은 39퍼센트가 긍정적으로 답했고, 40세 이상은 23퍼센트만이 긍정적으로 답했다.[29]

글로벌 멀티플렉스

새로운 세계질서에 대한 서구의 두려움이 과장되었다면 미래 세계는 정확히 어떤 모습일까? 우선, 나는 이 세계질서를 오늘날 대부분의 전문가와 지도자들이 말하는 '다극multipolar'이 아니라 '멀티플렉스multiplex'라고 부른다. 두 단어는 비슷하게 들릴 수 있지만 세 가지 중요한 차이점이 있다. 첫째, 다극체제에서는 소수의 주요 강대국들이 우월한 군사적·경제적 역량을 사용하여 갈등과 협력을 조성한다. 19세기와 20세기 초 영국, 프랑스, 러시아, 프로이센, 오스트리아-헝가리가 그랬다. 21세기에는 중국, 인도, 미국, 유럽연합, 러시아가 이 역할을 맡을 후보가 될 것이다. 반면 멀티플렉스 영화관에서 다양한 제작자, 감독, 배우, 시나리오의 영화를 볼 수 있는 것처럼 멀티플렉스 세계질서는 기업, 재단, 비정부 기구 그리고 소셜 미디어를 통해 영향력을 발휘하는 사람들을 포함하는 훨씬 더 많은 행위자들 간의 상호작용을 통해 관리된다. 둘째, 다극화된 세계에서는 군사적·경제적 수단이 가장 중요하다. 반면 멀티플렉스 세계는 사상과 문화의 역할을 고려한다. 셋째, 멀티플렉스 세계에서는 주요 강대국의 수가 증가할 뿐 아니라 새로운 형태의 리더십과 협력이 나타난다. 전통적 강대국들이 사실상 모든 분야에서 선도할 수는 없다. 오히려 리더십 역량은 사안마다 달라질 것이다. 이 세계에서는 아무리 강력한 국가라도 모든 분야에서 선도할 수 없을 것이다.

2014년 웨스트포인트 사관학교에서 당시 미국 대통령 버락 오바마는 유명한 연설을 했다. "미국은 항상 세계 무대에서 선도해야 합니다. 우리가 하지 않으면 아무도 하지 않을 것입니다."[30] 그러나 미국이 '항상' 세계를 선도할 수는 없다. 이는 미국의 자원이 부족해서도 아니고, 비록 예전보다 경제적 영향력이 줄긴 했으나 중국과 러시아와의 경쟁 때문도 아니다. 그것은 점점 더 당파적이 되어가는 미국 의회, 트럼프 같은 포퓰리스트 지도자들 그리고 글로벌 개입을 경멸하는 상당수 미국 국민들 때문이다.

동시에 멀티플렉스 세계는 리더십이 없는 세계 혹은 'G-제로' 세계가 아닐 것이다. 여기서 제로는 G7 또는 G20 유형의 그룹이 부재할 뿐 아니라 지도자와 협력이 없는 세계를 의미한다. 우리는 적은 수의 리더가 아니라 많은 수의 리더가 존재하는 세계로 진입하고 있다.[31] 새로운 형태의 협력은 유엔과 그 산하 기관, IMF, 세계은행, 세계무역기구 또는 G20에만 전적으로 의존하지 않을 것이다. 서구와 비서구 정부들은 협력 촉진을 위해 중요한 역할을 계속해 나가겠지만 빈곤 감소에서 공중 보건에 이르기까지 다양한 목적을 가진 민간 기업과 비영리 단체 등 다양한 비국가 행위자들이 참여할 것이다. 나는 이것을 G-플러스G-Plus 세계라고 부른다.

이러한 G-플러스 협력을 보여주는 많은 사례들이 이미 진행 중이다. 국제형사재판소 설립과 지뢰 금지 조약은 미국, 중국, 러시아를 포함한 주요 강대국들의 초기 반대를 무릅쓰고 지지 단체들의 주도하에 이루어졌다. 또 다른 예는 빌앤드멜린다게이츠재단이 주도하는 민간 자금의 지원 없이는 불가능했을 '에이즈, 결핵, 말라리아 퇴치를 위한 글로벌 펀드'이다. 인터넷 도메인 이름을 할당하는 국제인터넷주소관리기구ICANN는 처음에는 미국이 조직했으나 이제는 정부, 소비자, 전문가를 포함한 이해관계자 그룹이 독립적으로 관리한다. 글로벌 기후변화 평가 및 완화의 핵심 동력 중 하나는 거의 800명가량 되는 과학자들의 전문 지식을 활용하는 '기후변화에 관한 정부 간 협의체IPCC'다. 에너지, 소비재, 운송 부문의 많은 기업들이 2015년 파리기후협정 초안 작성에 참여했으며, 탄소발자국 감소와 재생 에너지 사용 노력을 강화함으로써 협정의 이행에 전념해 왔다. 비국가 단체들인 이들의 기준은 각국 정부들과 국제기구들의 지지를 받고 수용되었다. G-플러스 세계에서는 비정부 단체들이 글로벌 협력의 동력을 만들고 이를 가능하게 할 전문 지식과 자원을 제공한다.

글로벌 멀티플렉스에서는 여러 국가가 다양한 지역 및 문제 영역에서 리더십을 발휘할 것이다. 가까운 미래에도 미국은 전 세계적으로 최고의 전략적 행위자로 남을 것이며, 특히 NATO 같은 동맹을 통해 집단 방어 작전을 이끌 것이다. 그러나 중국도 선도에 나설 것이며, 실제로 이미 무역 및 개발 분야에서 선두를 차지했다. 유럽연합은 기후변화 대응을 선도한다. 인도는 세계 최대 백신 생산국이다. 일본은 글로벌 경제력에서는 4위로 밀려났지만 개발 원조 분야에서는 여전히 세계 선두 자리에 있다.

리더십은 힘과 자원뿐 아니라 사상과 주도권에도 달려 있다. 과거에는 캐나다, 호주, 노르웨이 등 소위 중견 강대국으로 표현되는 이등급 국가들이 평화 유지, 인간 안보, 인도주의적 개입 등의 분야에서 리더십을 제공했다. 멀티플렉스 세계에서는 이러저러한 분야들에서 탈식민지 국가들이 리더십을 제공하는 서구의 중견 강대국들에 합류하거나 이 국가들을 대체할 것이다. 여기서 나는 비록 자국이 글로벌 사우스라고 내세우면서도 그 구성원은 아닌 중국이나 점점 더 강경해지면서 개발도상국을 이끌고 싶어 하는 인도에 대해 말하려는 것이 아니다. 오히려 브라질, 남아프리카 공화국, 나이지리아, 멕시코, 인도네시아, 케냐, 아르헨티나, 한국, 사우디아라비아, 아랍에미리트 같은 국가들이 다양한 문제 영역에서 글로벌 협력에 더 큰 영향을 미칠 것이다. 이들 국가 중 일부와 바베이도스, 보츠와나, 방글라데시에 이르는 크고 작은 수많은 국가들은 자신들의 지역에서 협력을 구축하는 데 깊이 관여하고 있으며, 이는 글로벌 평화와 발전을 도모하는 데 필수적이다. 동남아시아국가연합은 회원국 간에 심각한 갈등이 발생하지 않았던 비교적 평화로운 지역을 조직했다. 아프리카연합은 전쟁, 대량 학살, 정부 붕괴로 위협받는 생명을 보호하기 위해 고안하고 사용하는 세계 최초의 인도주의적 개입을 위한 지역 메커니즘을 만들었다.

이는 분명 서구 국가들의 우려를 불러일으킬 것이다. 그들은 여전히 탈식민지 국가들을 다루기 힘든 무리로 보고, 자신들의 안보와 전반적인 세계의 안정에 대한 도전으로 간주한다. 하지만 현실적으로 탈식민지 국가들은 서구가 때때로 묘사하는 것처럼 규칙 위반자가 아니라 규칙 제정자였다. 그들 대다수는 우크라이나 전쟁을 시작한 러시아의 공격을 비침략 및 영토 보전이라는 국제 원칙의 위반으로 보았고, 이를 규탄하는 데 찬성표를 던졌다. 2023년 10월 하마스 테러 공격에 대한 이스라엘의 군사 보복과 관련하여, 탈식민지 국가들은 휴전 노력과 대량 학살 방지 노력을 압도적으로 지지했다. 하지만 미국은 초기에는 이를 막았고 그러는 동안 팔레스타인 민간인 몇만 명이 사망했다.

탈식민지 국가들은 서구 주도 자유주의적 국제질서(때로는 규칙 기반 질서라고도 한다)의 규칙이 자신들에게 불공정할 때면 반기를 들었다. 이러한 불공정성의 좋은 예는 코로나19 팬데믹 기간 동안 나타났다. 이때 부유한 G7 국가들은 IMF의 비상 금융 준비금에서 세계에서 가장 가난한 국가들에 할당된 금액보다 30배 이상을 챙겼다. 유엔 사무총장 안토니우 구테흐스가 자인했듯이 이 같은 "심각하게 불공정한" 할당은 "규칙에 따라 이루어졌다". 그는 "이러한 유의 절차를 확립한 규칙에 도덕적으로 잘못된 점이 있다"고 지적했다.[32]

선진국과 개발도상국 모두를 아우르는 글로벌 협력은 더욱 중요해질 것이다. 예를 들어 G20은 1997년과 2008년에 있었던 글로벌 금융 위기에 대처하기 위한 메커니즘으로 등장했으며 미국, 중국, 독일, 프랑스, 호주, 러시아, 인도, 남아프리카 공화국, 브라질 등을 포함한다. 또 다른 예시는 2020년에 출범한 세계 최대 무역 그룹인 역내포괄적경제동반자협정

RCEP으로 중국, 일본, 호주, 인도네시아를 포함한다. 이것은 단순히 다양한 문명들을 대변할 뿐 아니라 서구와 비서구 국가들 간의 파트너십을 상징한다.

이는 글로벌 멀티플렉스의 또 다른 특징으로 이어진다. 바로 경제적 상호 의존성과 세계화가 서구보다는 나머지 세계를 통해서 더 많이 형성되리라는 점이다. 코로나19 팬데믹 이후의 세계 무역에서는 글로벌 사우스 국가들 간의 무역이 점점 더 지배하는 추세다. 19세기에는 거의 전적으로 부유한 서구 국가들 간에 무역이 이루어졌으며, 이 무역은 전체 글로벌 무역의 약 80~90퍼센트에 달했다. 식민 시대의 이러한 유산은 탈식민지화 이후에도 계속되었다. 심지어 1990년대 초에도 부유한 서구 국가들 간의 무역은 여전히 전체 세계 무역의 거의 60퍼센트를 차지했다. 그러나 오늘날에는 글로벌 상품 무역의 약 35퍼센트가 글로벌 사우스 국가들 사이에서 이루어지는 반면 부유한 서구 국가들 간의 무역은 25퍼센트로 감소했다.[33]

다음으로, 글로벌 멀티플렉스는 그 개념이 의미하듯이 정치적·문화적 다양성의 세계가 될 것이다. 조 바이든 대통령 같은 서구 지도자들이 종종 사용하는 단순한 틀인 민주주의 대 독재의 싸움이 아닐 것이다. 권위주의적·민주적·공동체주의적·포퓰리즘적 정치체제 등 다양한 체제가 나란히 존재할 것이다. 많은 정치체제는 하이브리드 형태를 띠게 될 텐데 이는 서구 옹호 단체 프리덤 하우스가 사용하는 것 같은 현재의 국가 정치체제 분류 방식으로는 완전히 포착할 수 없는 현실이다.

마지막으로, 세계 문화 형성에 대한 서구의 영향력 또한 다른 국가들에 비해 감소할 것이다. 이는 이미 영화와 음식에서 나타나는 현상이다. 한동안 할리우드 영화의 가장 큰 해외시장이던 중국은 세계 최대 박스오피스 시장으로서 미국을 추월했으며 서구의 문화 자산에서 벗어나고 있

다. 2023년 할리우드 최대 블록버스터 중 두 편인 〈오펜하이머〉와 〈바비〉
는 중국 박스오피스 상위 30위에도 들지 못했다. 이는 민족주의나 미국-
중국 간 긴장 때문일 수도 있지만 중국이 이제 다양한 고품질 영화 제작
에 있어 할리우드와 대등해지고 있는 현실에 기인할 수도 있다.[34] 매년 가
장 많은 영화를 제작하는 인도에서는 할리우드 영화가 박스오피스의 12
퍼센트만을 차지한다.[35] 인도의 볼리우드Bollywood는 동남아시아에서, 심지
어 중국에서도 오랫동안 인기를 끌었다. 2016년의 설문 조사에 따르면 중
동의 아랍 6개국에서 시청자 99퍼센트가 아랍어로 TV를 시청하고, 11퍼
센트만이 영어로도 TV를 시청하는 것으로 나타났다.[36] 그리고 잘 알려지
지 않은 사실이 있다. 나이지리아 영화 산업 놀리우드Nollywood가 규모 면
에서 할리우드를 추월하여 볼리우드에 이어 세계 2위의 영화 산업이 되었
다는 점이다.

글로벌 사우스는 자국 영화를 더 많이 볼 뿐 아니라 문화도 더 많이
수출하는 중이다. K팝은 뉴진스, 피프티 피프티, 정국(그의 노래 〈세븐〉은
2023년 여름 빌보드 글로벌 차트 1위를 차지한다) 등의 그룹이 차트 상위권에
오르면서 전 세계적으로 엄청난 인기를 얻고 있다. 또한 요리의 확산도 있
다. 피키 이터Picky Eater라는 블로그에서 인스타그램 해시태그를 사용해 전
세계 50개 도시를 조사한 결과 이탈리아 요리가 세계적으로 가장 인기가
많았지만 일본 요리와 인도 요리도 크게 뒤처지지 않았으며 한국, 멕시코,
태국, 중국, 인도네시아, 베트남, 필리핀 요리가 전 세계 상위 10위권에 들
었다.[37]

물론 문화와 요리의 세계적 확산이 국가 간 경쟁을 종식시키지는 못
할 것이다. 글로벌 문명이라는 개념은 "분열과 상호 의존성"을 모두 수용
한다.[38] 그러나 이러한 교류는 문명 충돌을 부추기거나 단일한 동질적 문
명을 창조하는 대신, 시간이 흐를수록 이해를 증진시키고 갈등을 감소시

킬 수 있는 "문화적 혼합"을 가져올 것이다.[39] 너무 낙관적으로 들릴 수도 있지만 전적으로 근거 없는 말은 아니다. 그러므로 적어도 미래를 덜 불길하고 불안하게 바라보도록 우리 스스로를 격려해야 한다.

두려움에서 희망으로

이 책의 기본 전제는 서구 및 미국 주도 질서의 종말이 글로벌 붕괴를 의미하지는 않으며, 실제로는 세계 전체에 좋은 일이 될 수도 있다는 것이다. 그렇지만 인류 전체의 안정과 번영을 보장하기 위해서는 서구가 비서구 국가들과 협력할 방법을 찾아야 한다. 비관주의와 두려움에 굴복하고 지배의 종말에 저항하는 대신, 서구 국가들은 나머지 세계의 부상에 적응하고 함께 사는 법을 배워야 한다. 국가와 문명 간의 화해와 존중이라는 글로벌 프로젝트를 위해 노력하는 것이 변화에 저항하려 들면서 헛되이 최후의 노력을 기울이는 것보다 생산적일 것이다.

이는 두 가지 밀접하게 관련된 과제를 포함할 것이다. 첫째는 지난 몇 백 년의 기억과 관련이 있다. 서구 국가들은 비서구 사회에 대한 자신들의 인종차별적 식민주의에 대한 책임을 인정하고, 국내의 인종차별주의 문제를 해결해야 한다. 이는 인도-파키스탄 분쟁이나 이스라엘-팔레스타인 분쟁 등 오늘날 세계에서 진행 중인 분쟁에 대해 서구도 책임 분담을 해야 한다는 의미일 수 있다. 이런 갈등은 모두 식민지적이고 근시안적인 서구 정책에서 비롯되었기 때문이다. 실제로 일어났던 대로 과거를 기억함으로써 서구는 문명적 오만이라는 실수를 반복하지 않도록 경고받을 것이다. 이는 자의적 영토 해결책이나 정치적 조치를 포함해 이질적인 문화권의 사람들에게 자기네 의지를 강요하는 것을 말한다. 탈식민지 국가들을 완전히 달래기는 어려울 것이다. 하지만 모든 곳에서 모든 형태의 식민주의와 인종차별주의에 대한 기억을 완전히 지우지는 못한다 해도 희석시키도록 도울 수는 있을 것이다. 적어도 탈식민지 국가들로서는 자신들의 현재 문제를 과거 서구의 지배 탓으로 돌릴 명분이 줄어들 것이다. 그들은 자국 시민과 세계 전체의 경제적 복지와 정치적 안정의 보장이라는 과제를 계속 수행할 필요성을 상기하게 될 것이다.

그러나 이것만으로는 충분하지 않다. 이 책에서 제시했듯이 비서구 국가와 문명들이 부분적으로 세계질서에 역사적 공헌을 했던 사실을 더 잘 이해함으로써 서구와 나머지 세계 간의 상호 존중을 발전시키는 것 또한 똑같이 중요하다. 어떤 문명도 순전히 온건하거나 순전히 악의적이지는 않다. 그러나 현재의 역사 서사는 서구 문명의 온건한 요소에 너무 편파적으로 치우쳐 있는 반면 나머지 문명들의 이상과 매력을 경시하거나 폄하한다. 서구의 교실과 주류 언론들에서는 나머지 문명들의 기여 그리고 문명들 간의 오랜 상호 학습의 역사에서 나머지 문명들이 수행한 역할을 소개해야 한다. 많은 사람들, 특히 보수주의 사상가들은 서구 교실에서 고전 역사를 가르치지 않는다고 한탄한다. 그러나 그리스-로마의 업적에 초점을 맞추면서도 중국, 인도, 이슬람, 아프리카, 콜럼버스 이전 아메리카의 많은 업적을 등한시하는 커리큘럼은 새로운 세계로 진입하는 젊은 세대 학생들과 지도자들에게 도움이 되지 않을 것이다. 이 같은 또 다른 기여를 인정한다고 해서 세상을 칸트적인 '영원한 평화'의 낙원으로 만들지는 못하겠지만 서구와 나머지 세계 간 주요 분열의 원인은 해결해 줄 것이다.

이 책을 그저 모든 것이 잘되리라는 예측으로 끝낸다면 터무니없는 일이다. 그렇지는 않을 것이다. 그러나 이 책에서 제시하는 교훈 가운데 하나를 진지하게 받아들인다면 희망은 있다. 역사는 서구가 만들었든 다른 문명이 만들었든 특정 문명이나 세계질서의 승리로 이어지는 단일하고 연속적인 진보의 실타래가 아니다. 한 역사의 종말은 또 다른 역사를 낳는다. 그리고 우리의 눈앞에서 빠르게 끝나가는 역사는 문명의 긴 행진 속에서 비교적 짧은 시기인 서구가 헤게모니를 쥐었던 기간이다.[40] 역사는 이제 완전히 새로운 탈서구적이고 다문명적인 방향, 지정학적으로는 멀티 플렉스의 방향으로 나아가고 있다.

이러한 변화가 전개됨에 따라 우리는 서구 대 나머지라는 분열 개념을 극복해야 한다. 이는 서구 문명의 종말을 바라거나 인간 발전에 대한 서구의 기여를 무시하는 것을 의미하지 않는다. 오히려 이는 인종적으로, 정치적으로, 지적으로 나머지 세계보다 자신이 우월하다고 계속 생각하는 자화자찬적 개념으로서의 서구의 종말을 요구한다. 이 책에서 보여주었듯이 서구라는 현대적 개념은 유럽의 제국주의, 문화적 오만, 인종적 배제에 기반을 두고 있다. 이는 다른 문명들의 기여를 보이지 않게 만들었을 뿐 아니라 저항과 대안적 세계질서 구축을 위한 운동으로서 나머지 세계, 즉 제3세계와 글로벌 사우스라는 개념을 촉발했다. 이러한 의미에서 서구의 지배가 쇠퇴한다는 것은 그것이 야기했던 갈등과 불의를 완화하고, 그것에 대한 불만을 치유한다는 의미일 것이다. 그럼으로써 글로벌 문명과 포괄적 세계질서의 실현을 가능하게 할 것이다. 세계질서가 서구의 독점이 아니라 오랜 역사에 걸친 여러 문명의 공동 창조물이라는 이 책의 주된 교훈은 그러한 목표에 기여한다. 이는 미래를 위한 새로운 가능성을 열어주며, 우리는 이를 받아들이고 발전시켜야 한다. 이븐 할둔이 말했듯이 "마치 온 창조물이 변하고 온 세상이 바뀐 것 같으며, 마치 새로운 창조가 반복되어 새로운 세상이 존재하게 된 것 같다".[41]

감사의 말

세계질서의 5천 년 역사를 쓰는 데 있어 235년 전에 세운 도시보다 더 적합한 장소는 없을 것이다. 워싱턴 DC는 철저히 현재 지향적인 곳이며, 그곳에서 역사는 '미국산made in America' 세계관 안에서 종종 시작되고 끝이 난다. 2차 세계대전 이후 인류에 이롭게 작용했다고 지지자들이 주장하는 바로 그 세계관이다. 나는 뉴델리, 베이징, 토론토, 싱가포르, 브리스톨, 옥스퍼드, 매사추세츠주 케임브리지 등에서 살고 일했으며, 수많은 곳들을 여행했다. 이 모든 장소들은 영감을 주고 정보를 제공하지만 특히 세계질서의 서사에 관해 정신을 자극하는 능력에 있어 워싱턴 DC에 필적할 만한 곳은 없다. 워싱턴은 외부의 시각에 지나치게 반발함으로써, 오히려 스스로의 주장에 대한 깊은 의구심을 자아낸다.

나는 지난 15년간 워싱턴에 있으면서도 워싱턴 사람이 되지는 못한 완전한 외부인이다. 그럼에도 아메리칸대학교 국제관계대학원에서 일할 수 있었던 것은 행운이다. 도시의 정원 같은 북서쪽 끝에 자리 잡은 이곳에서는 다양하고 역동적인 학생들과 교수진 공동체가 이 책에 대한 나의 사고가 발전해 나가는 과정에서 귀중한 동반자가 되어주었다. 내 견해에 동의하든 반대하든 상관없이, 그들은 세계질서 그리고 그 깊은 과거와 장기적 미래에 대한 대안적 사고에 끊임없는 호기심을 보였으며, 이는 교과서나 주류 언론이 전해 주는 것을 훨씬 뛰어넘었다. 지난 10년간 내가 가르친 1학년 과목인 '문명, 제국 그리고 세계질서Civilizations, Empires, and World Orders' 수업을 들은 학생들은 미국과 세계의 젊은 세대가 내가 이 책에서 다루는 내용을 어떻게 받아들일지 적절히 충고하는 동시에 많은 희망을 안겨주기도 했다.

하지만 훨씬 더 큰 세계의 일부가 되지 않고서는 질서 구축에 대한 글로벌 스토리를 만들어내는 것은 불가능했을 것이다. 나는 인도 오디샤에서 이 여정을 시작했는데, 내가 처음으로 세계질서 구축 현장으로 방문한 장소는 사실 집에서 그리 멀지 않은 곳이었다. 마우리아 왕조의 아쇼카 왕은 BCE 3세기 중엽 다울리 언덕 바위에 새긴 글귀에서 자신의 모든 신민에게 "완전한 안녕과 행복"을 제공하겠다고 맹세했다. 마치 자신의 자녀들에게 하는 것처럼 "부당한 감금이나 가혹한 처우"로부터 그들을 보호하는 것도 여기에 포함되었다. 이 말이 특히 인상적이었던 이유는 아쇼카가 칼링가(오디샤의 고대 이름)와의 잔혹한 전쟁에서 승리한 후에 씌어진 것이었기 때문이다. 스스로 고백한 바에 따르면 이 전쟁에서 10만 명이 죽고 또 다른 15만 명을 포로로 사로잡았다. 하지만 아쇼카는 다시는 전쟁을 벌이지 않았고, 고대 인도 최대의 제국을 통치하면서 아시아 전역에 평화적으로 불교를 전파하는 캠페인을 시작했으며, 오늘날까지도 그 영향이 뚜렷이 남아 있다. 이는 고대 중국에서 중세 아라비아 그리고 근대 미국에 이르기까지 많은 통치자들이 자신들의 제국을 관리한 방식과는 전혀 달랐다. 또한 서구 유럽인들이 자신들의 세계질서를 구축하고 신념을 전파하기 위해 사용한 폭력 및 강압과는 확실히 현저한 대조를 이룬다.

이는 나를 매료시켰고 세계질서를 구축할 수 있는 다양한 방식에 대해 평생의 관심을 북돋았다. 이러한 경험들은 내가 전 세계 여러 곳을 여행하면서 더욱 풍부해졌다. 나는 카이로에서 코르도바까지, 보드가야에서 보로부두르까지, 플라카에서 마추픽추까지, 뤄양에서 런던까지 그리고 여기에 일일이 나열하지 못할 만큼 많은 곳들을 방문했다. 고고학 유적지, 기념물, 박물관, 기록 보관소, 도서관, 연구 기관을 방문하면서 나는 고립 속의 연결, 차이점 속의 유사점, 무질서 속의 질서에 점점 더 익숙해졌다. 이러한 경험들은 나의 훌륭한 호스트들 덕분에 가능했다. 그들은 학자, 예술가, 고고학자, 모험가였을 뿐 아니라 이 책에서 묘사하는 문명들에 대한 최고의 창을 제공해 준 평범한 사람들이기도 했다.

7세기 팔렝케의 통치자 키니치 자나브 파칼의 무덤으로 나를 데려간 마야 지도자, 카르타고인과 코린토스인에 의한 시칠리아 식민지화를 연구하려는 나를 태우고 섬을 돌아다니게 해준 시칠리아 학생, 둔황 사막의 격렬한 모래 폭풍 속에서 나와 함께 살아남은 중국인 친구들, 알렉산드로스 대왕이 땅의 왕으로 즉위한 것을 탐구하는 데 도움을 준 이집트 가이드들, 에콰도르-페루 국경을 따라 잉카 트레일의 일부를 나와 함께 걸었던 안데스 친구들 그리고 아파르트 헤이트 시절 흑인들의 분리 거주지, 간디가 운영했던 공동체 아쉬람, 넬슨 만델라의 출생지를 방문하게 해준 남아프리카 학생들과의 만남은 진정 잊을 수 없는 경험이었다.

아내 샐리와 아들 아룬은 소울메이트이자 조언자였고, 사기를 북돋아주는 존재였으며, 여행의 동반자였다. 그들은 내가 아무리 불합리한 요구를 해도 기꺼이 참았고, 가족 행사에 가지 못하거나 더 심하게는 아들이 이글 스카우트Eagle Scout* 등급을 따기 위해 이수해야 하는 캠핑이나 하이킹, 자전거 타기 활동을 놓치게 했을 때도 나를 용서했다(이 책이 거의

---

* 　미국 보이스카우트에서 달성할 수 있는 최고 계급.

완성될 무렵 아들은 그 이정표에 도달했다!) 그들 없이는 이 책을 쓸 수 없었다고 말하는 것은 내 인생에서 가장 절제된 표현일 것이다.

다양한 문명 분야의 저명한 역사가들이 책의 초고 제안서나 장들에 대해 친절하게 논평해 주었다. 여기에는 아메리칸대학교 아크바르 아흐메드, 호주 국립대학교 아민 사이칼, 예일대학교 아르네 베스타, 베이징대학교 로저 에임스, 텍사스대학교 오스틴 캠퍼스 패트릭 올리벨이 포함된다. 또한 떠오르는 노련한 전문가들인 아메리칸대학교 루이스 굿맨, 보스턴대학교 호르헤 하이네, 웨스턴온타리오대학교 킹스 칼리지 토머스 티에쿠, 뉴질랜드 웰링턴에 위치한 빅토리아대학교 만지트 파르데시 등은 비서구 세계에 대한 나의 이해가 매우 풍부해지도록 도움을 주었다. 다양한 주제와 장에 대한 토론과 제안을 해준 것에 특히 존 홉슨, 다니엘 벨, 탄센 센, 윌리엄 베인, 피터 카첸슈타인, 테레사 베르가라, 카르멘 에스칼란테, 살리마 코센스, 앤드류 허렐, 루이스 포싯, 아이세 자라콜, 프라작티 칼라, 켄 부틴, 마이클 마자르에게 감사드린다.

전 세계 여러 기관이 친절하게도 자신들 소유의 혹은 인근에 위치한 역사적 유적지, 박물관, 도서관에서 연구하도록 도움을 주었다. 특히 산둥대학교, 페루 교황청 가톨릭대학교, 쿠스코 산안토니오 아바드국립대학교, 멕시코 국립자치대학교, 에콰도르 라틴아메리카 사회과학대학원, 카타니아대학교, 베를린 자유대학교, 로즈대학교, 상트페테르부르크 국립대학교, 유니버시티칼리지런던, 난카이대학교, 칭화대학교, 타이완 국립칭화대학교, 자미아 밀리아 이슬라미아, 가자마다대학교, 마가다대학교, 마르마라대학교, 둔황연구원, 시앙스 포, 란저우대학교, 옥스퍼드대학교, 카이로아메리칸대학교, 리쓰메이칸대학교, 이화여자대학교에 깊이 감사드린다. 이 책의 가장 중요한 역사적 장소들을 방문하게 해준 로마의 알레산드로 곱비치, 시칠리아의 안젤라 페니시, 멕시코시티의 알레한드로 빌라로보스,

상트페테르부르크의 마리아 라구티나, 캐나다의 줄리아 벤틀리(아시아에서 자주 살고 일했다), 중국의 위샤오펑과 팔린 장, 에콰도르와 페루의 라울 살가도, 인도의 아르빈드 쿠마르와 우트팔 파티, 동남아시아의 M. 라자레트남(라자), 한국의 권지영, 남아프리카의 케빈 마린코위츠와 폴 비쇼프에게 특별히 감사드린다.

나는 이 책의 핵심 사상과 주장을 발표하기 위해 대면 및 온라인으로 여러 차례 강연과 세미나를 실시했다. 특히 이 책의 형태를 직접적으로 형성하는 데 중요했던 것은 뉴델리의 자미아 밀리아 이슬라미아에서 진행된 12회의 강연 시리즈, 시칠리아 카타니아대학교에서의 강의, 브리티시컬럼비아대학교에서의 마크 재커 특별 강연, 둔황연구원에서의 강연, 존 이컨베리가 주도한 프린스턴대학교의 '세계질서 재구상Reimagining Word Order' 프로젝트 그리고 루이스 포싯이 감독한 옥스퍼드대학교 마틴 스쿨의 '변화하는 글로벌 질서Changing Global Order' 프로젝트였다.

아메리칸대학교의 떠오르는 학자들로 구성된 팀은 이 책을 위한 귀중한 연구 지원을 제공했다. 모하메드 오스만이 팀을 이끌었으며, 스펜서 콜린스, 노아 로젠, 시시르 반다리, 사힐 마투르, 냐엔덩 V. 가장이 여기에 포함된다. 나의 학생들인 마리아 아다무, 야틴 자인, 이도 레이드너는 초고의 장들에 대해 통찰력 있는 의견을 제시했다. 인도의 아르코 다스굽타와 내가 베이징에서 안식년을 보낼 때 함께 공부했던 타이완 학자 클라우스 카오-추 송도 중요한 연구 지원을 해주었다.

나의 출판 에이전트 피터와 에이미 번스타인은 이 책의 출판사를 성공적으로 찾고, 그 구성과 완성을 위한 귀중한 조언을 해주었다. 리처드 번스타인은 더 넓은 독자층을 위해 원고를 다듬는 데 도움을 주었다. 베이식 북스의 편집자 마이클 케일러는 세계질서의 역사에 대한 기존의 수많은 통념에 도전하는 프로젝트를 과감하게 맡아 출판 과정 내내 나를 이끌었다. 지도 제작을 도와준 패티 아이삭스, 교정 및 교열 과정을 감독한 셰나 레드먼드, 원고 최종 편집을 담당한 엘리자베스 다나에게 감사드린다. 전 세계 여러 곳의 수많은 사람들 도움 없이는 이 책을 완성할 수 없었겠지만 그 내용, 해석, 주장에 대한 책임은 오롯이 나에게 있다.

주

서론

1   Henry Kissinger, "The Coronavirus Pandemic Will Forever Alter the World Order," *Wall Street Journal*, April 3, 2020, www.wsj.com/articles/the-coronavirus-pandemic-will-forever-alter-the-world-order-11585953005.

2   Robert D. Blackwill and Thomas Wright, *The End of World Order and American Foreign Policy*(New York: Council on Foreign Relations, 2020), www.cfr.org/report/end-world-order-and-american-foreign-policy.

3   "The New World Disorder," *Economist*, June 17, 2020, www.economist.com/leaders/2020/06/18/the-new-world-disorder.

4   Joschka Fischer, "No World Order," *Project Syndicate*, December 18, 2023, www.project-syndicate.org/commentary/russia-ukraine-war-and-middle-east-chaos-symptoms-of-international-breakdown-by-joschka-fischer-2023-12.

5   Francis Fukuyama, "The End of History?," *The National Interest*, no. 16(Summer 1989): 3~18.

6   National Geographic Society, "Key Components of Civilization," *National Geographic*, last updated March 6, 2024, https://education.nationalgeographic.org/resource/key-components-civilization/.

7   Michael Rundell, ed., *Macmillan English Dictionary*, 2nd ed.(Oxford: Macmillan, 2010), 1634.

8   John King Fairbank, *The Chinese World Order: Traditional China's Foreign Relations*(Cambridge, MA: Harvard University Press, 1968).

9   Henry Kissinger, *World Order*(New York: Penguin Press, 2014), 2.

10 Olúfẹmi Táíwò, "It Never Existed," *Aeon*, January 13, 2023, https://aeon.co/essays/the-idea-of-precolonial-africa-is-vacuous-and-wrong.

11 John M. Hobson, *The Eastern Origins of Western Civilization*(Cambridge: Cambridge University Press, 2004); Peter Frankopan, *The Silk Roads: A New History of the World*(New York: Vintage, 2017); Josephin Quinn, *How the World Made the West: A 4,000 Year History*(London: Penguin Random House, 2024).

12 독일의 이집트 학자 얀 아스만은 이집트의 질서ma'at와 혼돈isfet 개념("혼돈의 자리에 질서를 세우다")과 인도 및 유럽의 이원론 사이의 유사점을 발견했다. Jan Assmann, "State and Religion in the New Kingdom," in *Religion and Philosophy in Ancient Egypt*, ed. James P. Allen(New Haven, CT: Yale University Press, 1989), 61. 나는 이 논리가 인도, 페르시아 그리고 콜럼버스 이전의 아메리카 문명 등 다른 문명에도 적용될 수 있다고 주장한다.

13 G. John Ikenberry, *Liberal Leviathan: The Origins, Crisis, and Transformation of the American World Order*(Princeton, NJ: Princeton University Press, 2011).

14 "Champions of Human Rights: Eleanor Roosevelt(1884-1962)," United for Human Rights, n.d., www.humanrights.com/voices-for-human-rights/eleanor-roosevelt.html.

15 Amartya Kumar Sen, "Universal Truths: Human Rights and the Westernizing Illusion," *Harvard International Review* 20, no. 3(1998): 42.

16 Yuen Foong Khong, "The American Tributary System," *Chinese Journal of International Politics* 6, no. 1(March 2013): 1~47.

17 Samuel P. Huntington, "The Clash of Civilizations?," *Foreign Affairs* 72, no. 3(Summer 1993): 41.

18 Amitav Acharya, *The End of American World Order*(Cambridge: Polity, 2014).

19 Cornelius Tacitus, "The History," in *The Complete Works of Tacitus*, ed. Moses Hadas, trans. Alfred John Church and William Jackson Brodribb(New York: Modern Library, 1942), 420.

20 Václav Havel, "The Search for Meaning in a Global Civilization," *English Academy Review* 16, no. 1(December 1, 1999): 3~7; Amartya Kumar Sen, "Our Global Civilization," *Procedia Social and Behavioral Sciences* 2, no. 5(2010), www.researchgate.net/publication/238384820_Our_Global_Civilization.

21 Havel, "The Search for Meaning in a Global Civilization," 3.

22 "마치 온 창조물이 변하고 온 세상이 바뀐 것 같으며, 마치 새로운 창조가 반복되어 새로운 세상이 존재하게 된 것 같다." Ibn Khaldun, *The Muqaddimah: An Introduction to History*, abr. and ed. N. J. Dawood, trans. Franz Rosenthal(Princeton, NJ: Princeton

University Press, 2015), 3.

제1장 최초의 기반

1 수메르와 이집트는 예술과 금속공예 분야에서 서로 영향을 미쳤다. 도공의 돌림판은 수메르에서 이집트로 전파되었을 가능성이 있다. 이집트의 상형문자는, 완전히 다른 언어였음에도 수메르의 쐐기문자와의 접촉으로 인해 자극을 받았을 수 있다. William H. McNeill, *The Rise of the West: A History of the Human Community*(New York: Mentor Books, 1965), 90.

2 John H. Clarke, introduction to *Introduction to African Civilizations*, by John G. Jackson(Secaucus, NJ: Citadel Press, 2001), 4.

3 McNeill, *The Rise of the West*, 64, 66~67.

4 Christopher Ehert, "Africa in World History: The Long, Long View," in *The Oxford Handbook of World History*, ed. Jerry H. Bentley(Oxford: Oxford University Press, 2011), 461.

5 László Török, *The Kingdom of Kush: Handbook of the Napatan-Meroitic Civilization*(Leiden, Netherlands: Brill, 1997), 62.

6 Julian Reade, *Mesopotamia*(London: British Museum Press, 1991), 41~42; *Cone of Entemena*, 2400 BCE, terra-cotta, 27×12.70cm, Museé du Louvre, Paris.

7 *The Epic of Gilgamesh*, trans. Andrew George(London: Penguin, 1999), 24, 94~95; *The Epic of Gilgamesh*, trans. N. K. Sandars(Harmondsworth, UK: Penguin Books, 1960), 70~71, 40~41.

8 McNeill, *The Rise of the West*, 67.

9 John Haywood, *The Ancient World*(New York: Metro Books, 2010), 24~25.

10 Samuel N. Kramer, *The Sumerians: Their History, Culture, and Character*(Chicago: University of Chicago Press, 1963), 84에서 인용.

11 H. Dieter Viel, trans., *The New Complete Code of Hammurabi*(Lanham, MD: University Press of America, 2012).

12 Albert K. Grayson, "The Empire of Sargon of Akkad," *Archiv für Orientforschung* 25(1974): 56~64.

13 Irmgard Woldering, *The Art of Egypt: The Time of the Pharaohs*(New York: Crown Publisher, 1963), 36, 49; Bruce G. Trigger, *Understanding Early Civilizations: A Comparative Study*(Cambridge: Cambridge University Press, 2003), 80.

14 Ogden Goelet, "Memphis and Thebes: Disaster and Renewal in Ancient Egyptian

Consciousness," *Classical World* 97, no. 1(2003): 19~29; Maulana Karenga, *Maat, the Moral Ideal in Ancient Egypt: A Study in Classical African Ethics*(New York: Routledge, 2004).

15 Stuart Tyson Smith, *Wretched Kush: Ethnic Identities and Boundaries in Egypt's Nubian Empire*(London: Routledge, 2003), 173.

16 Toby A. H. Wilkinson, ed., *The Egyptian World*(London: Routledge, 2007), 223.

17 Raymond Cohen and Raymond Westbrook, "Introduction: The Amarna System," in *Amarna Diplomacy: The Beginnings of International Relations*, eds. Raymond Cohen and Raymond Westbrook(Baltimore: Johns Hopkins University Press, 2000), 4.

18 Steven R. David, "Realism, Constructivism, and the Amarna Letters," in *Amarna Diplomacy*, eds. Cohen and Westbrook, 54~67.

19 *Amarna Letter: Royal Letter from Ashur-Uballit, the King of Assyria, to the King of Egypt*, ca. 1353~1336 BCE, clay, 7.7×5.5cm, Metropolitan Museum of Art, New York, www.metmuseum.org/art/collection/search/544695.

20 Carlo Zaccagnini, "The Interdependence of the Great Powers,' in *Amarna Diplomacy*, eds. Cohen and Westbrook, 149에서 인용.

21 ibid., 150에서 인용.

22 Geoffrey Berridge, "Amarna Diplomacy: A Full-Fledged Diplomatic System?," in *Amarna Diplomacy*, eds. Cohen and Westbrook, 220.

23 Raymond Cohen and Raymond Westbrook, "Conclusion," in *Amarna Diplomacy*, eds. Cohen and Westbrook, 233.

24 *Ibid.*

25 Adam Watson, *The Evolution of International Society*(New York: Routledge, 1992), 31.

26 Iclal Vanwesenbeeck, "The Kadesh Peace Treaty and Translating Peace: A Conversation with Anthony Spalinger and Veysel Donbaz by Iclal Vanwesenbeeck," *World Literature Today*, June 26, 2019, www.worldliteraturetoday.org/blog/interviews/kadesh-peace-treaty-and-translating-peace-conversation-anthony-spalinger-and-veysel.

27 James Bennett Pritchard, ed., *Ancient Near Eastern Texts Relating to the Old Testament*, 3rd ed.(Princeton, NJ: Princeton University Press, 1992), 199~201.

28 United Nations, "Turkey Gives Peace Treaty Replica to United Nations for Display at Headquarters," news release, September 24, 1970, https://digitallibrary.un.org/record/3813099?v=pdf.

29 McNeill, *The Rise of the West*, 136; Henry W. F. Saggs, "Assyrian Warfare in the Sargonid Period," *Iraq* 25, no. 2(1963): 145~154.

30 Stephen Bourke, *The Middle East: The Cradle of Civilization Revealed*(London: Thames&Hudson, 2018), 195.

31 A. Leo Oppenheim, *Ancient Mesopotamia: Portrait of a Dead Civilization*(Chicago: University

of Chicago Press, 1977), 98.

32 Bourke, *The Middle East*, 174.

33 *Ibid.*, 199.

34 Elias J. Bickerman, "Nebuchadnezzar and Jerusalem," *Proceedings of the American Academy for Jewish Research* 46, no. 1(1979): 69~85.

35 *The Map of the World*, sixth century BCE, clay tablet, 12.20×8.20cm, British Museum, London, www.britishmuseum.org/collection/object/W_1882-0714-509.

36 Pierre Briant, *Alexander the Great and His Empire: A Short Introduction*(Princeton, NJ: Princeton University Press, 2010).

37 James Hall, *A History of Ideas and Images in Italian Art*(New York: Harper&Row, 1983), 47~48.

제2장 그리스 신화와 페르시아의 힘

1 Aristotle, *Politics*, trans. Benjamin Jowett(Kitchener, Ontario: Batoche Books, 1999), 161~162.

2 Fernand Braudel, *The Mediterranean in the Ancient World*(London: Penguin Books, 2001), 259.

3 Pavel Oliva, *The Birth of Greek Civilization*(London: Orbis Books, 1981), 105.

4 Fernand Braudel, *Memory and the Mediterranean*(New York: Vintage, 2002), 254; Braudel, *Mediterranean in the Ancient World*, 289.

5 Josiah Ober, *The Rise and Fall of Classical Greece*(Princeton, NJ: Princeton University Press, 2015), 41~42.

6 Braudel, *Mediterranean in the Ancient World*, 289.

7 Leonard Cottrell, *The Anvil of Civilization*(New York: Mentor Books, 1957), 179~180.

8 Eric W. Robinson, *Democracy Beyond Athens: Popular Government in the Greek Classical Age*(Cambridge: Cambridge University Press, 2011).

9 John Thorley, *Athenian Democracy*, 2nd ed.(London: Routledge, 2004), 79.

10 Braudel, *Mediterranean in the Ancient World*, 272.

11 Thucydides, *History of the Peloponnesian War*, trans. Rex Warner(London: Penguin Books, 1954), 145~147.

12 Jawaharlal Nehru, *The Discovery of India*(New Delhi, India: Penguin Books, 2004), 550.

13 Arlene W. Saxonhouse, "Democratic Origins," in *Encyclopedia of Democratic Thought*, eds. Paul B. Clarke and Joe Foweraker(London: Taylor&Francis, 2001), 246.

14 Robert W. Wallace, "Law, Freedom, and the Concept of Citizens' Rights in Democratic Athens," in *Demokratia: A Conversation on Democracies, Ancient and Modern*, eds. Josiah Ober and Charles Hedrick(Princeton, NJ: Princeton University Press, 1996), 115.

15 Aristotle, *The Athenian Constitution*, trans. Harris Rackham(Cambridge, MA: Harvard University Press, 1935), ch. 2, section 2.

16 Herbert J. Muller, *The Uses of the Past*(New York: Oxford University Press, 1957), 118~119. 그리스인들은 페르시아인, 로마인, 몽골인 그리고 잉카인들이 가지고 있던 것과 같은 연결성이나 교통 체계를 갖추지 못했다.

17 Thucydides, *History of the Peloponnesian War*, 49.

18 Graham T. Allison, *Destined for War: Can America and China Escape Thucydides's Trap?*(New York: HarperCollins, 2017).

19 D. D. Kosambi, *The Culture and Civilisation of Ancient India in Historical Outline*, 2nd ed.(London: Routledge&Kegan Paul, 1965), 141.

20 Charles C. Mann, *1491: New Revelations of the Americas Before Columbus*(New York: Vintage, 2011), 137.

21 Tamar Hodos, *Local Responses to Colonization in the Iron Age Mediterranean*(London: Routledge, 2006), 89~90.

22 Lorena Jannelli and Fausto Longo, *The Greeks in Sicily*(Venice, Italy: Arsenale Editrice, 2004), 6.

23 Ober, *Rise and Fall*, 41.

24 Edward A. Freeman, *The History of Sicily from the Earliest Times*(Oxford: Clarendon Press, 1891), 1:320.

25 조로아스터가 언제 살았는지에 대해 학계에서 확고한 합의가 없다. 다음 참조. Mary Boyce, *A History of Zoroastrianism*, vol. 1, *The Early Period*(Leiden, Netherlands: Brill, 1996), 189~191; Solomon Alexander Nigosian, *The Zoroastrian Faith: Tradition and Modern Research*(Montreal: McGill-Queen's University Press, 1993), 15~16.

26 Reza Aslan, *God: A Human History*(New York: Random House, 2018), 95~97.

27 *Ibid.*, 97~98.

28 John O. Hyland, *Persian Interventions: The Achaemenid Empire, Athens and Sparta, 450–386 BCE*(Baltimore: Johns Hopkins University Press, 2018), 5.

29 Herodotus, *The Histories*, trans. Aubrey De Selincourt(Harmondsworth, UK: Penguin Books, 1972).

30 Robin Lane Fox, *The Classical World: An Epic History of Greece and Rome*(London: Penguin, 2006), 101.

31 *Ibid.*, 107.

32 *Encyclopaedia Britannica Online*, s.v. "Darius I," by J. M. Munn-Rankin, February 26,

2024, www.britannica.com/biography/Darius-I.

33 Herodotus, *Histories*, 398.

34 Thucydides, *History of the Peloponnesian War*, 408.

35 Dinah Shelton, ed., *Encyclopedia of Genocide and Crimes Against Humanity*(Detroit: Macmillan Reference, 2005), 95.

36 *Ibid.*, 94.

37 Plato, *Laws*, Volume I: Books 1~6, trans. R. G. Bury(Cambridge, MA: Harvard University Press, 1926), 225, www.loebclassics.com/view/LCL187/1926/volume.xml.

38 *The Cyrus Cylinder*, c. 539 BCE, fired clay, British Museum, London, www.britishmuseum.org/collection/object/W_1880-0617-1941; *Encyclopaedia Britannica Online*, s.v. "Cyrus the Great," by Richard N. Frye, February 26, 2024, www.britannica.com/biography/Cyrus-the-Great.

39 "Cyrus Cylinder: How a Persian Monarch Inspired Jefferson," BBC, March 11, 2013, www.bbc.com/news/world-us-canada-21747567.

40 로빈 레인 폭스는 페르시아가 그리스를 이겼다면 그리스의 철학적·예술적 성취가 "억제되었을 것"이라고 주장하지만, 그럼에도 그리스 철학의 기원을 페르시아의 아나톨리아 정복이 시작된 시기와 겹치는 BCE 580~BCE 500년 사이로 추정한다. 이 기간 동안 "우리는 새로운 그리스의 혁신인 철학에 대해 처음으로 듣게 된다. 이 중 일부는 세계 최초의 과학적 사고로도 분류될 수 있다." Fox, *Classical World*, 84, 106.

41 *Encyclopaedia Britannica Online*, s.v. "ancient Greek civilization," by Simon Hornblower, August 13, 2024, www.britannica.com/place/ancient-Greece.

42 Adam Watson, *The Evolution of International Society*(New York: Routledge, 1992), 58.

43 William C. Wohlforth et al., "Testing Balance-of-Power Theory in World History," *European Journal of International Relations* 13, no. 2(June 1, 2007): 165, https://doi.org/10.1177/1354066107076951.

44 Braudel, *Mediterranean in the Ancient World*, 256.

45 Watson, *Evolution of International Society*, 47.

46 Hyland, *Persian Interventions*, 5.

47 Susan Wise Bauer, *The History of the Ancient World: From the Earliest Accounts to the Fall of Rome*(New York: W. W. Norton, 2007), 527.

48 아케메네스 제국은 알렉산드로스에 의해 멸망했지만, 페르시아 문명과 페르시아의 정치체제는 함께 사라지지 않았다. 페르시아 제국은 여러 번 부활했다. 예를 들어 로마가 그리스 도시국가들을 정복한 후, 이란 동북부에 위치한 강력한 페르시아 문명인 파르티아는 카르타고의 한니발과 함께 로마의 가장 큰 위협이 되었다. Maria Brosius, *The Persians: An Introduction*(New York: Routledge, 2006), 91~92. 후에 사산 왕조(CE 224~651년)는 또 다른 광대한 제국을 건설했으며, 그 전성기에는 다리우스 대왕의 제국과 맞먹

는 규모를 자랑했다. 아르다시르 1세(CE 180~242년)가 건국한 사산 왕조는 키루스 대왕의 아케메네스 왕조의 후계자로 자처했다. 따라서 페르시아 제국은 고대 그리스 정치체제보다 더 오래 지속되었으며, 고대 그리스는 로마 제국에 흡수되었다.

49 Peter Green, *Alexander the Great*(New York: Praeger, 1970), 144.

50 Arrian, "The Campaigns of Alexander," in *The Landmark Arrian*, ed. James S. Romm, trans. Pamela Mensch(New York: Anchor Books, 2012), 104.

51 Charles A. Robinson Jr., "The Extraordinary Ideas of Alexander the Great," *American Historical Review* 62, no. 2(January 1957): 326~344, 331, https://doi.org/10.1086/ahr/62.2.326.

52 Arrian, "Campaigns of Alexander," 106.

53 Green, *Alexander the Great*, 144.

54 Arrian, "Campaigns of Alexander," 81.

55 J. P. V. D. Balsdon, "The 'Divinity' of Alexander," *Historia: Zeitschrift für Alte Geschichte* 1(1950): 363~388.

56 Isocrates, "To Philip, II," letter 3, *Isocrates*, vol. 1, ed. and trans. George Norlin(Cambridge, MA, Harvard University Press, 1980; Perseus Digital Library), www.perseus.tufts.edu/hopper/text?doc=Perseus%3Atext%3A1999.01.0246%3Acollection%3Dl.%3Aletter%3D3.

57 그는 아리스토텔레스의 가르침을 매우 소중히 여겼다고 전해지며, 그 가르침을 출판하는 것을 반대했다고 한다. 그는 아리스토텔레스에게 보낸 편지에서 이렇게 물었다. "만약 내가 배운 이 이론들이 일반의 소유가 된다면, 내가 다른 사람보다 어떤 이점을 가질 수 있겠습니까?" Plutarch, *The Age of Alexander: Nine Greek Lives*, trans. Ian Scott-Kilvert(London: Penguin Books, 1973), 259.

58 *Encyclopaedia Britannica Online*, s.v. "Aristotle," by Anselm H. Amadio and Anthony J. P. Kenny, January 5, 2024, www.britannica.com/biography/Aristotle.

59 D. Brendan Nagle, "Alexander and Aristotle's 'Pambasileus,'" *L'Antiquité Classique* 69(2000): 129

60 Justin D. Lyons, *Alexander the Great and Hernán Cortés: Ambiguous Legacies of Leadership*(Lanham, MD: Lexington Books, 2015), 31.

61 P. J. Rhodes, *A History of the Classical Greek World, 478-323 BC*, 2nd ed.(Hoboken, NJ: Wiley-Blackwell, 2010), 367.

62 Stephen Bourke, *The Middle East: The Cradle of Civilization Revealed*(London: Thames&Hudson, 2018), 161.

63 William W. Tarn, *Alexander the Great*, vol. 1, *Narrative*(Cambridge: Cambridge University Press, 1948).

64 Arrian, "Campaigns of Alexander," 314, 382. 또한 다음 참조. Plutarch, *Age of Alexander*,

312.

65 Quintus Curtius Rufus, *The Complete Works of Quintus Curtius Rufus*, trans. J. C. Rolfe(Hastings, UK: Delphi Classics, 2017).

66 Arrian, "Campaigns of Alexander," 166~168.

67 C. Suetonius Tranquillus, *The Lives of the Twelve Caesars*(New York: Modern Library, 1931), 63.

68 Romila Thapar, *Ashoka and the Decline of the Mauryas*, 3rd ed.(New Delhi, India: Oxford University Press, 2012), 268.

69 Plutarch, *Age of Alexander*, 320.

제3장 정복과 연민

1 Rohan Venkataramakrishnan, "Who Was Here First? A New Study Explains the Origins of Ancient Indians," *Quartz*, April 3, 2018, https://qz.com/india/1243436/aryan-migration-scientists-use-dna-to-explain-origins-of-ancient-indians/.

2 베다Veda는 원래 구전으로 전해진 찬가로 시작된 네 권의 경전이다. 이들은 《리그베다Rig Veda》(시의 지식, 네 권 중 가장 오래된 것), 《야주르베다Yajurveda》(제사 의식), 《삼베다Samveda》(찬가), 《아타르바베다Atharvaveda》(일상생활의 절차, 네 권 중 마지막 것)로 구성된다. 베다 경전들은 힌두교에서 알려진 가장 오래된 종교적·철학적·의식적 지식의 집대성이다. 그러나 인더스 계곡 문명을 포함한 인도 초기 주민들의 신앙과 관습을 흡수했을 가능성이 있다.

3 John Haywood, *The Ancient World*(London: Quercus, 2010), 58.

4 Arthur L. Basham, *The Wonder That Was India: A Survey of the History and Culture of the Indian Sub-Continent Before the Coming of the Muslims*, 3rd ed.(London: Picador, 2004), 97.

5 K. A. Nilakants Sastri, *Age of the Nandas and Mauryas*, 2nd ed.(Delhi, India: Motilal Banarsidass, 1967), 173.

6 Basham, *Wonder That Was India*, 34.

7 Romila Thapar, *Early India: From the Origins to AD 1300*(Berkeley: University of California Press, 2004), 148.

8 *Ibid.*, 149~150.

9 힌두교의 네 계급은 브라만(사제, 종교 지도자), 크샤트리아(전사, 통치자, 귀족), 바이샤(상인 및 농민), 수드라(노동자 및 장인)이다.

10 Hermann Kulke and Dietmar Rothermund, *A History of India*, 6th ed.(London: Routledge, 2016), 63.

11 Ram Sharan Sharma, *Aspects of Political Ideas and Institutions in Ancient India*, 4th ed.(New Delhi, India: Motilal Banarsidass, 1996), 122.

12 D. D. Kosambi, *An Introduction to the Study of Indian History*(Bombay, India: Popular Prakashan, 1975), 55.

13 샤스트라Shastra(또는 sastra로도 표기됨)는 일반적으로 전문적인 지식의 체계(또는 텍스트나 매뉴얼)를 의미한다. 아르타artha는 좁은 의미에서는 부나 물질적 이익을 의미하지만, 넓은 의미에서는 정치적·경제적 목적을 모두 포함한다. 인도 힌두 철학은 인간의 목적이나 활동을 다음과 같은 네 가지 주요 유형으로 구분한다. 다르마dharma(덕이나 도덕), 카마kama(감각적 쾌락), 모크샤moksha(해탈), 아르타(물질적·정치적·경제적 삶의 측면). 또 다른 번역가에 따르면 《아르타샤스트라》는 '정치의 과학'과 '가장 넓은 의미에서의 통치 예술'을 의미한다. Kautilya, *The Arthashastra*, ed. and trans. L. N. Rangarajan(New Delhi: Penguin Books India, 1992), 15.

14 몇 세기 동안 사라졌던 《아르타샤스트라》의 텍스트는 1905년 인도 남부의 도시 마이소르(현재 카르나타카주에 속한다)에서 발견되었다. 이 텍스트의 최초 작성 시기는 마우리아 왕조 시대인 BCE 4세기경부터 CE 3세기경까지로 추정된다. 또 다른 견해에 따르면 《아르타샤스트라》의 첫 번째 문서 버전은 CE 1세기 중반경에 작성되었지만, 이 텍스트는 이전 세기의 구전(그리고 아마도 문서) 자료를 포함했을 가능성이 있다. 이 텍스트는 후대에도 수정을 거쳤을 것으로 추정된다. 1905년에 발견된 텍스트는 단일 개인의 작품이 아닐 수 있으며, 적어도 여러 저자와 주석가의 견해를 반영해 정치 학파의 선언문 역할을 했다고 볼 수 있다. 이 텍스트의 기원에 대한 통찰을 제공해 준 《아르타샤스트라》 번역자 패트릭 올리벨에게 감사를 표한다.

15 만다라 체계의 배열 원리는 다음과 같다. "직접적인 이웃은 적이며, 간접적인 이웃은 친구다. (…) 그러나 친구와 적을 넘어 중간 상태(마드히마madhyama)가 존재하며, 이는 '활동가' 상태와 그 동맹국 및 적국과 접경하고 있다. 또한 '활동가' 국가가 관여한 갈등에서 (적어도 일시적으로) 벗어나 있는 강력한 또는 중립적 국가들(우다시나udāsīna)이 존재한다." Michael Liebig and Saurabh Mishra, introduction to *The Arthaśāstra in a Transcultural Perspective: Comparing Kautilya with Sun-Zi, Nizam al-Mulk, Barani and Machiavelli*(New Delhi, India: Pentagon Press, 2017), 9.

16 Kautilya, *Arthashastra*, trans. R. Shamashastry(Bangalore: Government Press, 1915), book 7, https://franpritchett.com/00litlinks/kautilya/book07.htm.

17 Deepshikha Shahi, " 'Arthashastra' Beyond Realpolitik: The 'Eclectic' Face of Kautilya," *Economic and Political Weekly* 49, no. 41(2014): 72.

18 Kautilya, *The Kautilya Arthasastra*, Part 2, trans. R. P. Kangle(New Delhi: Motilal Banarsidass, 2010), 319, https://archive.org/details/OdAH_artha-shastra-part-2-r.-p.-kangle/page/n7/mode/1up?view=theater.

19 *Ibid.*, 314.

20 *Ibid.*, 492. 또한 다음 참조. Shahi, "'Arthashastra' Beyond Realpolitik," 72.

21 Nayanjot Lahiri, *Ashoka in Ancient India*(Cambridge, MA: Harvard University Press, 2015), 101~102.

22 Romila Thapar, "A Translation of the Edicts of Asoka," in *Asoka and the Decline of the Mauryas*, 3rd ed.(New Delhi, India: Oxford University Press, 2012), 382.

23 *Ibid.*, 384.

24 Gerald Draper, "The Contribution of the Emperor Asoka Maurya to the Development of the Humanitarian Ideal in Warfare," *International Review of the Red Cross* 35, no. 305(April 1995): 192~206, https://doi.org/10.1017/S0020860400090604.

25 *Ibid.*

26 Thapar, "Translation of the Edicts of Asoka," 385.

27 S. Dhammika, trans., *The Edicts of King Ashoka*(Kandy, Sri Lanka: Buddhist Publication Society, 1993), www.cs.colostate.edu/~malaiya/ashoka.html. 같은 칙령에 대한 타파르의 번역은 다음과 같다. "시 관리는 언제나 남자들이 정당한 이유 없이 감금되거나 고문당하지 않도록 반드시 확인해야 한다." Thapar, "Translation of the Edicts of Asoka," 385.

28 Thapar, *Asoka and the Decline of the Mauryas*, 214.

29 Amartya Kumar Sen, "Universal Truths: Human Rights and the Westernizing Illusion," *Harvard International Review* 20, no. 3(1998): 42.

30 Patrick Olivelle, "Appendix: Ashoka's Inscriptional Corpus," in *Ashoka: Portrait of a Philosopher King*(New Delhi, India: HarperCollins, 2023).

31 Thapar, "Translation of the Edicts of Asoka," 383.

32 Stanley J. Tambiah, *World Conqueror and World Renouncer: A Study of Buddhism and Polity in Thailand Against a Historical Background*(Cambridge: Cambridge University Press, 1976), 46~47.

33 John S. Strong, *The Legend of King Ashoka: A Study and Translation of the Aśokāvadāna*(New Delhi, India: Motilal Banarasidass, 1989), 6:50.

34 Kautilya, *The Kautilya Arthasastra*, trans. R. P. Kangle, 389.

35 Basham, *Wonder That Was India*, 8~9.

36 CE 2세기 그리스 지리학자 파우사니아스는 다음과 같이 기록했다. "나는 칼데아인과 인도 현자들이 인간 영혼이 불멸이라고 처음 주장했으며, 이 주장을 그리스인 중 일부, 특히 아리스토텔레스의 아들 플라톤이 따랐다는 것을 알고 있다." Pausanias, *Description of Greece*, Aikaterini Laskaridis Foundation, https://topostext.org/work/213.

37 Third Geneva Convention, art. 3, no. 1, https://ihl-databases.icrc.org/en/ihl-treaties/gciii-1949/article-3

38 F. Max Muller, ed., *The Sacred Books of the East*, vol. 1(Oxford: Clarendon Press, 1886), 231.

39 "저것은 내 것이고 다른 것은 낯선 것이라는 개념은 작은 마음의 생각입니다. 하지만

큰 마음을 가진 이들에게는 세상 자체가 그들의 가족입니다." 인도 의회에서의 버락 오바마 대통령 연설, *Times of India*, November 8, 2010, https://timesofindia.indiatimes.com/india/Text-of-President-Barack-Obamas-address-to-Indias-parliament/articleshow/6889675.cms. 하지만 이 표현에는 어두운 의미도 있다. 인도 민담에서는 교활한 여우가 이 말을 사용해 순진한 사슴을 유인해 죽였기 때문에, 일부 사람들은 이 말을 해를 입히기 전에 진정한 의도를 숨기는 것으로 해석하기도 한다.

40 Wendy Doniger O'Flaherty, trans., *The Rig Veda*(London: Penguin Books, 1981), 25.

41 Damodar P. Singhal, *India and World Civilization*(New Delhi, India: Rupa Publications, 2014), 1:25.

42 상키야Sankhya 또는 샹카Samkhya라는 용어는 논리적 추론, 조사, 분석, 계산, 해석 그리고 합리적 사고(정확한 사고)와 연관되어 있다. Gerald James Larson, *Classical Sāṃkhya: An Interpretation of Its History and Meaning*(Delhi, India: Motilal Banarsidass, 1998), 1~3; Gerald James Larson, "Introduction to the Philosophy of Samkhya," in *The Encyclopedia of Indian Philosophies*, ed. Gerald James Larson and Ram Shankar Bhattacharya(Princeton, NJ: Princeton University Press, 2014), 4~5.

43 일부 학자들은 프라크리티prakriti를 빅뱅이 만들어낸 원시 물질(현대 과학으로 아직 '관측'되거나 증명되지 않은 것)에 비유하며, 의식이나 생명체가 없는 상태에서 의식이나 생명을 가진 존재로 진화하는 초기 모델로 설명한다. 이는 찰스 다윈의 이론이 다루지 않은 부분이다. Somparn Promta, *Classical Indian Philosophy: A Critical Introduction*(Bangkok, Thailand: Chulalongkorn University Press, 2011), 173~174.

44 Singhal, *India and World Civilization*, 1:159.

45 *Ibid.*, 1:158.

46 *Ibid.*

47 S. Radhakrishnan, *Eastern Religions and Western Thought*(New Delhi, India: Oxford University Press, 1940), 294.

48 주 36 참조.

49 이 아바타들은 인간, 동물, 또는 혼합된 형태를 취할 수 있다. 열 가지 아바타는 물고기, 거북이, 멧돼지, 나라싱하(반인간, 반사자), 난쟁이, 파라슈라마(전사 브라만), 라마(서사시 《라마야나》의 영웅), 크리슈나(인간의 형태지만 신성한 힘을 지닌, 서사시 《마하바라타》의 주요 인물), 부처, 칼키(미래의 열 번째 화신으로, 현재의 칼리 시대를 종결시킬 것으로 예상되는 존재)다.

50 Thapar, *Early India*, 99.

51 *Ibid.*, 100.

52 Julian E. Reade, "The Indus-Mesopotamia Relationship Reconsidered," in *Intercultural Relations Between South and Southwest Asia*, ed. Eric Olijdam and Richard H. Spoor(Oxford: Archaeopress, 2008), 12~18

53 Erik Zürcher, "The Buddhist Conquest of China: The Spread and Adaptation of Buddhism in Early Medieval China," *Sinica Leidensia* 11(2007): 23.

54 Margarita Angelica Delgado Creamer, "The Funerary Buddha: Material Culture and Religious Change in 'The Introduction of Buddhism to China'"(doctoral diss., University of Pittsburgh, 2016), 31~36.

55 George Coedes, *The Indianized States of Southeast Asia*, ed. Walter F. Vella, trans. Sue Brown Cowing(Honolulu: University of Hawaii Press, 1968); Ian W. Mabbett, "The 'Indianization' of Southeast Asia: Reflections on the Prehistoric Sources," *Journal of Southeast Asian Studies* 8, no. 1(1977): 1~14.

56 Jacob C. van Leur, *Indonesian Trade and Society: Essays in Asian Social and Economic History*, trans. James S. Holmes and A. van Marle(The Hague, Netherlands: W. van Hoeve, 1955), 103~104.

57 Abraham Eraly, *The First Spring: The Golden Age of India*(New Delhi: Penguin Books India, 2011), 102.

제4장 천하의 도

1 "The Chinese nation does not carry aggressive or hegemonic traits in its genes." Xinhua, "Xi Focus-Quotable Quotes: Highlights of Xi Jinping's Remarks at CPC Centenary Ceremony," 100th Anniversary of the Founding of the Communist Party of China, July 7, 2021, www.xinhuanet.com/english/special/2021-07/01/c_1310038364.htm.

2 Charles P. Fitzgerald, *The Southern Expansion of the Chinese People: "Southern Fields and Southern Ocea"*(London: Barrie&Jenkins, 1972).

3 고대 중국 문헌들은 중국 북부 황허 유역을 기반으로 한 하나라를 약 BCE 2205~BCE 1766년경으로 기록하고 있다. Edwin O. Reischauer and John K. Fairbank, *East Asia: The Great Tradition*(Boston: Houghton Mifflin, 1960), 38~39; Claudio Cioffi-Revilla and David Lai, "War and Politics in Ancient China, 2700 BC to 722 BC: Measurement and Comparative Analysis," *Journal of Conflict Resolution* 39, no. 3(September 1995): 467~494. 그러나 하나라의 존재에 대한 의문은 지속되고 있는데, 이는 하나라가 훨씬 후대인 주나라(BCE 1046~BCE 256년) 시대 이후에 쓰어진 중국 문학 자료에서만 언급되었기 때문이다. 1950년대 후반 뤄양 근처 얼리터우의 황허 남쪽 굽이에서 실시한 발굴 작업에서 궁전 같은 구조물들이 발견되었고, 일부 전문가들은 이를 하나라와 연관시키지만 이것만으로는 논쟁이 종결되지 않았다. 민족주의가 인도 문명의 기원에 대한 논쟁을 흐린 것처럼, 중국의 경우에도 "이론적 결함, 민족주의 그리고 학문적 한계가 중국 건국

왕조로서의 하나라의 존재를 포함해 국가 기원에 대한 연구의 복잡한 실상을 흐려지게 했다". Xu Hong and Yin Zhang, "An Archaeological Proposal of the Origin of State in China," *Journal of Chinese Humanities* 5, no. 1(November 28, 2019): 43. 또한 다음 참조. Qi Sun, "Editor's Preface," *Journal of Chinese Humanities* 5, no. 1(November 28, 2019): 3~5.

4　John K. Fairbank, *China: A New History*(Cambridge, MA: Belknap, 1994), 37~38.

5　중국인의 천국 개념은 자연, 문화, 조상, 지역 신들을 결합한 모호한 용어로, 아브라함계 종교의 초월적이며 자족적인 창조주 신이 존재하는 장소라는 개념과 근본적으로 구분할 필요가 있다. 중국 천국의 신들과 구약성경의 하나님을 혼동해서는 안 된다. 이 구분을 명확히 해주신 베이징대학교 로저 에임스 교수님께 감사드린다.

6　"Ode 260," in *A Source Book in Chinese Philosophy*, ed. and trans. Wing-tsit Chan(Princeton, NJ: Princeton University Press, 1969), 5.

7　"Ode 267," in Chan, *Source Book*, 6.

8　Zhao Tingyang, "Redefining the Concept of Politics via 'Tianxia': The Problems, Conditions and Methodology," ed. Sun Lan, trans. Lu Guobin, *World Economics and Politics(Beijing)*, no. 6(2015): 4~22; Zhao Tingyang, "A Political World Philosophy in Terms of All-Under-Heaven(Tian-Xia)," *Diogenes*, no. 221(2009): 5~18.

9　Feng Zhang, "The Tianxia System: World Order in a Chinese Utopia," *China Heritage Quarterly*, no. 21(March 2010), www.chinaheritagequarterly.org/tien-hsia.php?searchterm=021_utopia.inc&issue=021.

10　William A. Callahan, "Chinese Visions of World Order: Post-Hegemonic or a New Hegemony?," *International Studies Review* 10, no. 4(December 2008): 749~761.

11　Li Feng, *Early China: A Social and Cultural History*(Cambridge: Cambridge University Press, 2013).

12　Yan Xuetong, *Ancient Chinese Thought, Modern Chinese Power*, ed. Daniel A. Bell and Sun Zhe, trans. Edmund Ryden(Princeton, NJ: Princeton University Press, 2013), 44~45, 49, 54, 64~65.

13　Daniel A. Bell, "Just War and Confucianism: Implications for the Contemporary World," in *Beyond Liberal Democracy: Political Thinking for an East Asian Context*(Princeton, NJ: Princeton University Press, 2006), 39에서 인용.

14　John Haywood, *The Ancient World*(London: Quercus, 2010), 106.

15　*The Book of Lord Shang*, Yuri Pines, "Legalism in Chinese Philosophy," *Stanford Encyclopedia of Philosophy*(Winter 2018)에서 인용, https://plato.stanford.edu/archives/win2018/entries/chinese-legalism/.

16　*Ibid*.

17　Hanfeizi, Jianying Zha, "China's Heart of Darkness: Prince Han Fei and Chairman Xi Jinping: Part III: The Revenant Han Fei," *China Heritage*, July 20, 2020에서 인용,

https://chinaheritage.net/journal/chinas-heart-of-darkness-part-iii/.

18 현재 중국의 지도자 시진핑은 한비자를 인용해 중국이 법을 준수하는 강력한 지도자(법치주의가 아닌 법에 의한 통치)를 필요로 한다는 점을 정당화했다. Chris Buckley, "Leader Taps into Chinese Classics in Seeking to Cement Power," *New York Times*, October 11, 2014, www.nytimes.com/2014/10/12/world/leader-taps-into-chinese-classics-in-seeking-to-cement-power.html.

19 Yan, *Ancient Chinese Thought*, 39.

20 *Ibid.*, 218.

21 Ge Zhaoguang, *What Is China? Territory, Ethnicity, Culture, and History*, trans. Michael Gibbs Hill(Cambridge, MA: Harvard University Press, 2018), 44~46.

22 Tansen Sen, *Buddhism, Diplomacy, and Trade: The Realignment of Sino-Indian Relations, 600-1400*(Honolulu: University of Hawaii Press, 2003), 97.

23 Fairbank, *China*, 112.

24 Warren I. Cohen, *East Asia at the Center: Four Thousand Years of Engagement with the World*(New York: Columbia University Press, 2000), 26.

25 Gakusho Nakajima, "The Structure and Transformation of the Ming Tribute Trade System," in *Global History and New Polycentric Approaches: Europe, Asia and the Americas in a World Network System*, ed. Manuel Perez Garcia and Lucio De Sousa(Singapore: Springer Nature Singapore, 2018), 137~162.

26 Cohen, *East Asia at the Center*, 151.

27 Geoff Wade, "The Zheng He Voyages: A Reassessment," *Journal of the Malaysian Branch of the Royal Asiatic Society* 78, no. 1(2005): 37~58.

28 15세기 초 영락제가 시암의 보롬마라차티랏 왕에게 보낸 편지. Geoff Wade, "The Ming Shi-Lu as a Source for Thai History—Fourteenth to Seventeenth Centuries," *Journal of Southeast Asian Studies* 31, no. 2(September 2000): 253에서 인용.

29 Reischauer and Fairbank, *East Asia*, 319.

30 Zhang Feng, "Rethinking the 'Tribute System': Broadening the Conceptual Horizon of Historical East Asian Politics," *Chinese Journal of International Politics* 2, no. 4(Winter 2009): 560~561, https://doi.org/10.1093/cjip/pop010.

31 Qin Yaqing, "Why Is There No Chinese International Relations Theory?," *International Relations of the Asia-acific* 7, no. 3(September 1, 2007): 323, https://doi.org/10.1093/irap/lcm013.

32 Kurt A. Raaflaub, "Introduction: Searching for Peace in the Ancient World," in *War and Peace in the Ancient World*(Oxford: Blackwell, 2007), 22.

33 Peter C. Perdue, *China Marches West: The Qing Conquest of Central Eurasia*(Cambridge, MA: Harvard University Press, 2005), 285.

34 Edward L. Dreyer, *Zheng He: China and the Oceans in the Early Ming Dynasty, 1405–1433*(New York: Pearson, 2006).

35 Cohen, *East Asia at the Center*, 160~161.

36 Wade, "Zheng He Voyages," 37~58.

37 *Ibid.* 이 점에서 중국의 역할은 로마와 유사했지만 로마 제국주의의 강제성은 중국 조공 체계하에서보다 훨씬 더 컸다.

38 Tansen Sen, "Zheng He's Military Interventions in South Asia, 1405–1433," *China and Asia* 1, no. 2(December 20, 2019): 159, https://doi.org/10.1163/2589465X-00102003.

39 John Man, *Kublai Khan: The Mongol King Who Remade China*(London: Bantam, 2007), 281.

40 Yingcong Dai, "A Disguised Defeat: The Myanmar Campaign of the Qing Dynasty," *Modern Asian Studies* 38, no. 1(February 2004): 145.

41 Cohen, *East Asia at the Center*, 243~244.

42 Zhang, "Rethinking the 'Tribute System.'"

43 *Ibid.*, 556.

44 *Ibid.*

45 *Ibid.*, 555.

46 Wang Gungwu, ibid., 567에서 인용.

47 Zhang, "Rethinking the 'Tribute System,'" 569.

48 *Ibid.*, 566.

49 Charles Holcombe, *The Genesis of East Asia: 221 B.C.–A.D. 907*(Honolulu: University of Hawaii Press, 2001), 56~57.

50 Michael J. Seth, *A History of Korea: From Antiquity to the Present*(Lanham, MD: Rowman&Littlefield, 2011), 4~5.

51 Holcombe, *Genesis of East Asia*, 58~59.

52 *Samguk yusa*[Memorabilia of the three kingdoms], trans. Tae-Hung Ha and Grafton K. Mintz(Seoul, Korea: Yonsei University Press, 1972), 2.

53 Reischauer and Fairbank, *East Asia*, 476.

54 Hyman Kublin, *Japan: Selected Readings*(Boston: Houghton Mifflin, 1968), 31~34.

55 Kamata Toji, *Myth and Deity in Japan: The Interplay of Kami and Buddhas*, trans. Gaynor Sekimori(Tokyo: Japan Publishing Industry Foundation for Culture, 2017), 30~31.

56 Liu Haifeng, "Influence of China's Imperial Examinations on Japan, Korea and Vietnam," *Frontiers of History in China* 2, no. 4(2007): 493~512.

57 Youru Wang, *Historical Dictionary of Chan Buddhism*(Lanham, MD: Rowman&Littlefield, 2017).

58 George Coedes, *The Indianized States of Southeast Asia*, ed. Walter F. Vella, trans. Sue Brown Cowing(Honolulu: University of Hawaii Press, 1968), 34.

59 Craig A. Lockard, "Chinese Migration and Settlement in Southeast Asia Before 1850: Making Fields from the Sea," *History Compass* 11, no. 9(September 2013): 765~781.

60 William H. McNeill, *The Rise of the West: A History of the Human Community*(New York: Mentor Books, 1965), 777.

61 John M. Hobson, *The Eastern Origins of Western Civilization*(Cambridge: Cambridge University Press, 2004), 194에서 인용.

62 Liang-li T'ang, *The Foundations of Modern China*(London: Nole Douglas, 1928), 198에서 인용.

63 "The Ancient Chinese Exam That Inspired Modern Job Recruitment," BBC, July 23, 2013, www.bbc.com/news/magazine-23376561.

64 Ssu-yu Teng, "Chinese Influence on the Western Examination System," *Harvard Journal of Asiatic Studies* 7, no. 4(September 1943): 308.

65 *The Executive Documents: Senate of the United States, for the First Session of the Forty-Third Congress, 1873–74*(Washington, DC: US Government Printing Office, 1874), 2:24.

제5장 로마의 분노

1 Michael Koortbojian, *The Divinization of Caesar and Augustus: Precedents, Consequences, Implications*(New York: Cambridge University Press, 2013), 84.

2 Plutarch, *Fall of the Roman Republic*, ed. Robin Seager, trans. Rex Warner, rev. ed.(Harmondsworth, UK: Penguin Books, 1972), 307.

3 Henry F. Burton, "The Worship of the Roman Emperors," *Biblical World* 40, no. 2(August 1, 1912): 80~91, 83.

4 Gwynaeth McIntyre, *Imperial Cult*(Leiden, Netherlands: Brill, 2019).

5 이집트에서도 마찬가지였다. 예를 들어 이집트인들은 파라오의 죽음 이후에도 사람들이 계속 숭배할 수 있도록 추모 신전을 건설했다.

6 Lily Ross Taylor, *Roman Voting Assemblies: From the Hannibalic War to the Dictatorship of Caesar*(Ann Arbor: University of Michigan Press, 1990).

7 Harriet I. Flower, *Roman Republics*(Princeton, NJ: Princeton University Press, 2011), 210.

8 Mark Cartwright, "Etruscan Civilization," *World History Encyclopedia*, February 24, 2017, 24, www.worldhistory.org/Etruscan_Civilization/; 에트루리아인의 로마 동화에 관한 추가적인 사항은 다음 참조. John Franklin Hall, ed., *Etruscan Italy: Etruscan Influences on the Civilizations of Italy from Antiquity to the Modern Era*(Provo, UT: Brigham Young University and Museum of Art, 1996).

9   Aristotle, *Politics*, trans. Benjamin Jowett(Kitchener, Ontario: Batoche Books, 1999), 139.

10 Alan Lloyd, *Destroy Carthage! The Death Throes of an Ancient Culture*(London: Souvenir Press, 1977), 178. 10만이라는 추산치는 페르낭 브로델에 따른 것이다. Fernand Braudel, *The Mediterranean in the Ancient World*(London: Penguin Books, 2001), 224.

11 Polybius, *The Histories of Polybius,* trans. Evelyn S. Shuckburgh, vol. 2(London: Macmillan and Co., 1889), book 38, 516.

12 William D. Rubinstein, *Genocide*(London: Routledge, 2014).

13 카이사르 본인에 따른 숫자. 역사학자 데이비드 헤니지는 이 숫자가 과장되었을 가능성이 높다고 주장한다. David Henige, "He Came, He Saw, We Counted: The Historiography and Demography of Caesar's Gallic Numbers," *Annales de Demographie Historique*, no. 1(1998): 215~242.

14 *Encyclopaedia Britannica Online,* s.v., "imperium," June 20, 2017, www.britannica.com/topic/imperium-Roman-law.

15 *Ibid.*

16 Erich S. Gruen, "Augustus and the Making of the Principate," in *The Cambridge Companion to the Age of Augustus*, ed. Karl Galinsky(Cambridge: Cambridge University Press, 2005), 38~39.

17 Adrian Goldsworthy, *Pax Romana: War, Peace and Conquest in the Roman World*(New Haven, CT: Yale University Press, 2016).

18 Paul W. Blank, "The Pacific: A Mediterranean in the Making?," *Geographical Review* 89, no. 2(April 1999): 270.

19 C. Suetonius Tranquillus, *The Lives of the Twelve Caesars*(New York: Modern Library, 1931), 113.

20 이 이론은 '헤게모니 안정 이론'으로 알려져 있으며, 지배적인 강대국이 안보, 자유 무역, 공중 및 해상 공간 보호 등의 분야에서 모든 국가에 혜택을 제공하는 방식을 설명한다. 미국 경제학자 찰스 킨들버거의 연구를 바탕으로 미국 국제관계학 학자들이 개발한 이론이다. Charles P. Kindleberger, *The World in Depression, 1929–1939*(Berkeley: University of California Press, 2013). 이 이론에 대한 비판은 다음 참조. Duncan Snidal, "The Limits of Hegemonic Stability Theory," *International Organization* 39, no. 4(1985): 579~614.

21 Gaius Stern, "Women, Children, and Senators on the Ara Pacis Augustae: A Study of Augustus' Vision of a New World Order in 13 BC"(PhD diss., University of California, Berkeley, 2006), www.proquest.com/dissertations-theses/women-children-senators-on-i-ara- pacis-augustae/docview/305365124/se-2.

22 Martin Goodman, *The Roman World: 44 BC–AD 180*(London: Routledge, 1997), 110~112.

23 Neville Morley, *The Roman Empire: Roots of Imperialism*(London: Pluto Press, 2010), 69.

24 Cornelius Tacitus, *The Agricola and Germania*, trans. R. B. Townshend(London: Aberdeen University Press, 1894), 33~34. 물론 이 말은 타키투스가 의역한 것이며(고전 역사가들 사이에서 흔히 볼 수 있는 관행이다), 진위 여부에 관해서는 논란의 여지가 있다. 고대 로마의 가장 위대한 역사가 중 한 명인 타키투스는 아그리콜라의 사위였기 때문에 이야기를 순화할 수 있었을 것이다. 그가 그렇게 하지 않았다는 사실은 로마 제국주의의 피해자들이 느낀 로마 제국주의의 잔인함을 보여주는 강력한 증거다.

25 로마 역사학자 카시우스 디오의 이러한 평가는 다음에 보고되어 있다. Thorsten Opper, ed., *Hadrian: Empire and Conflict*(Cambridge, MA: Harvard University Press, 2008), 95. 이 책은 2008년 7월 24일부터 10월 26일까지 영국 박물관에서 열린 같은 제목의 전시회(필자가 방문한 전시회)에 공식 동반하기 위해 출판되었다.

26 이 인용문은 아에리우스 스파르티아누스가 쓴 《히스토리아 아우구스타*Historia Augusta*》에 수록된 하드리아누스의 전기에 나오는 내용이다. Opper, *Hadrian*, 26에서 인용.

27 Souren Melikian, "The 'Peaceful' Hadrian and His Endless Wars," *New York Times*, August 22, 2008, www.nytimes.com/2008/08/23/arts/23iht-melik23.1.15537945.html.

28 Morley, *Roman Empire*, 69.

29 Goodman, *Roman World*, 159.

30 Francois P. Retief and Louise Cilliers, "Causes of Death Among the Caesars(27 BC~AD 476)," *Acta Theologica Supplementum* 26, no. 2(2010): 89~106. 또 다른 추산에 따르면 로마의 82명의 황제 중 약 20퍼센트가 암살당했다. Cornelius Christian and Liam Elbourne, "Shocks to Military Support and Subsequent Assassinations in Ancient Rome," *Economics Letters* 171(October 1, 2018): 79~82, https://doi.org/10.1016/j.econlet.2018.06.030.

31 카일 하퍼는 후기 제국 시대(CE 260~425년) 동안 노예의 수가 230만 명에서 960만 명 사이였으며, 이는 전체 로마 인구의 약 4.5퍼센트에서 19.5퍼센트에 해당한다고 추정한다. Kyle Harper, *Slavery in the Late Roman World, AD 275–425*(New York: Cambridge University Press, 2011), 59.

32 Walter Scheidel, "Human Mobility in Roman Italy, II: The Slave Population," *Journal of Roman Studies* 95(2005): 67.

33 Julian Bennett, *Trajan: Optimus Princeps*(London: Routledge, 1997), 104.

34 John G. Jackson, *Introduction to African Civilizations*(Secaucus, NJ: Citadel Press, 2001), 160; Damodar P. Singhal, *India and World Civilization*(New Delhi, India: Rupa Publications, 2014), 84.

35 Myles Lavan, "The Spread of Roman Citizenship, 14~212 CE: Quantification in the Face of High Uncertainty," *Past & Present* 230, no. 1(February 2016): 3~46.

36 Susan Wise Bauer, *The History of the Ancient World: From the Earliest Accounts to the Fall of Rome*(New York: W. W. Norton, 2007), 761.

37 Goodman, *Roman World*, 141.

38 Singhal, *India and World Civilization*, 84.

39 Cristin O'Keefe Aptowicz, "Could You Stomach the Horrors of 'Halftime' in Ancient Rome?," *Live Science*, July 21, 2022, www.livescience.com/53615-horrors-of-the-colosseum.html.

40 Richard A. Bauman, *Crime and Punishment in Ancient Rome*(London: Routledge, 2002), 23~24.

41 Polybius, *Histories*, 1.

42 Tacitus, *The History*, 2.38, in *Complete Works of Tacitus*, 499.

43 George W. Botsford, "Roman Imperialism," *American Historical Review* 23(October 1917~July 1918, repr. 1982): 773.

44 David Potter, *Rome in the Ancient World: From Romulus to Justinian*(London: Thames&Hudson, 2009), 142~143.

45 Gotthard Karl Galinsky, *Augustus: Introduction to the Life of an Emperor*(New York: Cambridge University Press, 2012), 56.

46 Goodman, *Roman World*, 257.

47 예를 들어 티베리우스 황제는 "황제의 허락 없이 알렉산드리아를 방문한 한 상원 의원에 대해 아우구스투스의 규정을 위반했음을 들어 크게 비난했다." Cornelius Tacitus, "The Annals," 2.59, in *Complete Works of Tacitus*, 87.

48 Walter Scheidel, "The Road from Rome," *Aeon*, April 15, 2021, https://aeon.co/essays/how-the-fall-of-the-roman-empire-paved-the-road-to-modernity.

49 Jan Nelis, "Constructing Fascist Identity: Benito Mussolini and the Myth of 'Romanità,'" *Classical World* 100, no. 4(July 2007): 403.

50 Emma Yeomans, "The Far Right Is Using Antiquity to Re-brand Itself—but Classicists Are Fighting Back," *New Statesman*, July 4, 2018, www.newstatesman.com/science-tech/2018/07/far-right-using-antiquity-re-brand-itself-classicists-are-fighting-back; Sean Illing, "Why the Alt-Right Loves Ancient Rome," *Vox*, November 6, 2019, www.vox.com/2019/11/6/20919221/alt-right-history-greece-rome-donna-zuckerberg.

51 Philip Burton, "The Values of a Classical Education: Satirical Elements in Robert Graves's Claudius Novels," *Review of English Studies* 46, no. 182(May 1995): 192~193.

52 "America: An Empire to Rival Rome?," BBC, January 26, 2004, http://news.bbc.co.uk/2/hi/americas/3430199.stm.

53 Moises Mendez II, "According to a New TikTok Trend, Men Think About the Roman Empire All the Time," *Time*, September 15, 2023, https://time.com/6314544/tiktok-roman-empire-trend.

1   The Oxford Dictionary of Islam, ed. John L. Esposito(New York: Oxford University Press, 2003), s.v. "Dar Al-arb."

2   Albert Hourani, A History of the Arab Peoples(Cambridge, MA: Belknap, 1991), 83.

3   Albert Hourani, Arabic Thought in the Liberal Age 1798–1939(New York: Cambridge University Press, 1983), 7.

4   Ibid.

5   Oxford Dictionary of Islam, s.v. "ummah."

6   Karen Armstrong, Islam: A Short History(New York: Modern Library, 2002), 30.

7   Ali Murat Kurşun, "Deconstructing the Sykes–Picot Myth: Frontiers, Boundaries, Borders and the Evolution of Ottoman Territoriality," All Azimuth 9, no. 1(2020): 83~104.

8   Selim Deringil, The Well-Protected Domains: Ideology and the Legitimation of Power in the Ottoman Empire, 1876–1909(London: I. B. Tauris, 1998).

9   Bernard Lewis, The Multiple Identities of the Middle East(New York: Knopf, 2001), 120에서 인용.

10   Ibid., 120.

11   Ibid., 122.

12   Ibid., 119.

13   Ibid.

14   Encyclopaedia Britannica Online, s.v. "jihad," by Asma Afsaruddin, February 4, 2024, www.britannica.com/topic/jihad.

15   Ibid.

16   Mohammed Ayoob, The Many Faces of Political Islam: Religion and Politics in the Muslim World(Ann Arbor: University of Michigan Press, 2008), 8.

17   Yousuf H. Aboul-Enein and Sherifa Zuhur, Islamic Rulings on Warfare(Carlisle, PA: US Army War College Press, 2004), 22.

18   Megan Specia, "Who Are Sufi Muslims and Why Do Some Extremists Hate Them?," New York Times, November 24, 2017, www.nytimes.com/2017/11/24/world/middleeast/sufi-muslim-explainer.html.

19   The Imperial Gazetteer of India, vol. 2, Descriptive(Oxford: Clarendon Press, 1909), 366.

20   William D. Rubinstein, Genocide(London: Routledge, 2014).

21   Thomas Swan, "40 Facts About Tamerlane—Timur the Lame," UK Disability History Month, 최종 수정은 April 19, 2015, https://ukdhm.org/40-facts-about-tamerlane-timur-the-lame/#:~:text=It%20is%20estimated%20that%20his,Khan"s%20

descendents%2C%20the%20Borjigin%20clan; John Joseph Saunders, *The History of the Mongol Conquests*(Philadelphia: University of Pennsylvania Press, 2001), 174.

22 Alexander Gillespie, *The Causes of War: Volume IV: 1650–1800*(New York: Bloomsbury, 2021), 401.

23 Fernand Braudel, *A History of Civilizations*, trans. Richard Mayne(New York: Penguin Books, 1995), 232.

24 Dara Shukoh, *Majma 'Ul-ahrain: The Mingling of the Two Oceans*(Morrisville, NC: Lulu.com, 2022).

25 Braudel, *History of Civilizations*, 41.

26 *Oxford Dictionary of Islam*, s.v. "ijtihad."

27 John M. Hobson, *The Eastern Origins of Western Civilization*(Cambridge: Cambridge University Press, 2004), 178.

28 Braudel, *History of Civilizations*, 76.

29 Jonathan Lyons, *The House of Wisdom: How the Arabs Transformed Western Civilization*(London: Bloomsbury, 2010).

30 "Centuries in the House of Wisdom," *Guardian*, September 22, 2004, www.theguardian.com/education/2004/sep/23/research.highereducation1.

31 Jared M. Diamond, *Guns, Germs, and Steel: The Fates of Human Societies*(New York: W. W. Norton, 1999), 253.

32 Hourani, *History of Arab Peoples*, 76에서 인용.

33 Dimitri Gutas, "Ibn Sina [Avicenna]," *Stanford Encyclopedia of Philosophy*, Fall 2024 edition, https://plato.stanford.edu/archives/fall2024/entries/ibn-sina/.

34 Arun Bala, *The Dialogue of Civilizations in the Birth of Modern Science*(New York: Palgrave Macmillan, 2006), 53~62.

35 Hobson, *Eastern Origins*, 178~180.

36 Hans Belting, *Florence and Baghdad: Renaissance Art and Arab Science*, trans. Deborah Lucas Schneider(Cambridge, MA: Belknap, 2011); Bob Duggan, "Did the Italian Renaissance Begin in Baghdad?," *Big Think*, October 20, 2011, https://bigthink.com/guest-thinkers/did-the-italian-renaissance-begin-in-baghdad/.

37 Prince of Wales, "Islam and the West," October 27, 1993, Sheldonian Theatre, Oxford, transcript, https://eweb.furman.edu/~ateipen/pr_charles_speech.html.

38 *Ibid.*

39 Lyons, *House of Wisdom*, 174.

40 Nicolas Pelham, "The People Who Shaped Islamic Civilisation," *1843 Magazine*, December 5, 2016, www.economist.com/1843/2016/12/05/the-people-who-shaped-islamic-civilisation.

41 Kenneth Seeskin, "Maimonides," *Stanford Encyclopedia of Philosophy*, 최종 수정은 February 4, 2021, https://plato.stanford.edu/entries/Maimonides.

42 Akbar S. Ahmed, *The Flying Man: Aristotle, and the Philosophers of the Golden Age of Islam*(Beltsville, MD: Amana Publications, 2021).

43 Arnold J. Toynbee, *A Study of History*(London: Oxford University Press, 1934), 3:322.

44 Ibn Khaldun, *The Muqaddimah: An Introduction to History*, ed. N. J. Dawood, trans. Franz Rosenthal(Princeton, NJ: Princeton University Press, 2015), 133.

45 Hobson, *Eastern Origins*, 48~49. 이 맥락에서 주목해야 할 사실은 몽골 제국을 종종 파괴적인 세력으로 인식하지만 중국과 유럽 사이의 장거리 무역이 번영할 수 있는 안정된 지역을 제공했다는 점이다.

46 Diamond, *Guns, Germs, and Steel*, 253.

47 Hobson, *Eastern Origins*, 32.

48 James Piscatori and Amin Saikal, *Islam Beyond Borders: The Umma in World Politics*(New York: Cambridge University Press, 2019).

제7장 세계를 연결하는 자들

1 Jack Weatherford, *Genghis Khan and the Making of the Modern World*(New York: Three Rivers Press, 2004), 115~118.

2 Brian Baumann, "By the Power of Eternal Heaven: The Meaning of Tenggeri to the Government of the Pre-Buddhist Mongols," *Extrême-Orient Extrême-Occident* 2013, no. 35(May 1): 251.

3 Urgunge Onon, ed., trans., *The Secret History of the Mongols: The Life and Times of Chinggis Khan*(London: Routledge, 2001), 93.

4 Ayse Zarakol, *Before the West: The Rise and Fall of Eastern World Orders*(Cambridge: Cambridge University Press, 2022), 77.

5 Weatherford, *Genghis Khan*, 105에서 인용.

6 Prajatki Kalra, *The Silk Road and the Political Economy of the Mongol Empire*(London: Routledge, 2021), 119.

7 David O. Morgan, *The Mongols*, 2nd ed.(Oxford: Blackwell, 2007), 40.

8 Erik Ringmar, *History of International Relations: A Non-European Perspective*(Cambridge: Open Book Publishers, 2019), 116~119, www.openbookpublishers.com/reader/228#page/150/mode/2up.

9 William H. McNeill, *Plagues and Peoples*(Garden City, NY: Anchor Books, 1976), 134.

10 Sam Safavi-Abbasi et al., "The Fate of Medical Knowledge and the Neurosciences During the Time of Genghis Khan and the Mongolian Empire," *Neurosurgical Focus* 23, no. 1(2007): 1~6, https://doi.org/10.3171/foc.2007.23.1.13.

11 Janet Abu-Lughod, *Before European Hegemony*(New York: Oxford University Press, 1989), 158.

12 Peter Frankopan, *The Silk Roads: A New History of the World*(New York: Vintage, 2017), 178.

13 Vikram Doctor, "The Naming of Seas: The Associated Problems and Their Resolutions," *Economic Times*, August 5, 2017, https://economictimes.indiatimes.com/news/politics-and-nation/heres-how-seas-receive-names-and-the-associated-problems-and-resolutions/articleshow/59922770.cms.

14 *Encyclopaedia of Islam Online*, s.v. "Baḥr Al-ind," by R. Hartmann and D. M. Dunlop, April 24, 2012, https://referenceworks.brillonline.com/entries/encyclopaedia-of-islam-2/bahr-al-hind-SIM_1060.

15 *Online Etymology Dictionary*, s.v. "Indian Ocean," 최종 수정은 October 10, 2017, www.etymonline.com/word/indian%20ocean.

16 Abdul Sheriff, "Globalisation with a Difference: An Overview," in *The Indian Ocean: Oceanic Connection and the Creation of New Societies*, ed. Abdul Sheriff and Engseng Ho(London: Hurst, 2014), 20.

17 William J. Bernstein, *A Splendid Exchange: How Trade Shaped the World*(New York: Grove Press, 2008), 155~156.

18 Edward A. Alpers, *The Indian Ocean in World History*(Oxford: Oxford University Press, 2014), 93에서 인용.

19 *The New Cambridge History of India*, vol. II. 5, *European Commercial Enterprise in Pre-Colonial India*, by Om Prakash(Cambridge: Cambridge University Press, 1998), 140에서 인용.

20 K. N. Chaudhuri, *Trade and Civilisation in the Indian Ocean: An Economic History from the Rise of Islam to 1750*(Cambridge: Cambridge University Press, 1985), 112.

21 Tome Pires, *The Suma Oriental of Tome Pires, and the Book of Francisco Rodrigues*, ed. Armando Cortesão, vol. 2(New Delhi, India: Asian Educational Services, 2005), 285~287.

22 Chaudhuri, *Trade and Civilisation*, 112~113; *Undang-Undang Laut Melaka*(Kuala Lumpur: Multimedia University, 2019/2020), https://www.studocu.com/my/document/multimedia-university/malaysian-legal-history/undang-undang-laut-melaka/8222382; Manjeet S. Pardesi, "Decentering Hegemony and 'Open' Orders: Fifteenth-Century Melaka in a World of Orders," *Global Studies Quarterly* 2, no. 2(October 2022), https://doi.org/10.1093/isagsq/ksac072.

23 Paul W. Blank, "The Pacific: A Mediterranean in the Making?," *Geographical Review* 89,

no. 2(April 1999): 276.

24 Tansen Sen, "Zheng He's Military Interventions in South Asia, 1405-1433," *China and Asia* 1, no. 2(December 20, 2019): 161, https://doi.org/10.1163/2589465X-00102003. 센과 미국 역사학자 빅토르 마이어Victor Mair는 명나라 제독의 항해가 인도양의 해상 네트워크 간 연결을 강화했다고 주장한다. 이 연결은 이후 유럽의 상업 기업들에 유익하게 작용했으며, 정화의 항해가 끝난 후 유럽의 선박들이 동일한 네트워크를 통해 아시아 대부분을 식민지화하는 데 기여했다.

25 Wang Gungwu, *The Nahai Trade: The Early History of Chinese Trade in the South China Sea*(Singapore: Eastern Universities Press, 2003), 56, 62.

26 Manuel Joaquim Pintado, trans., *Portuguese Documents on Malacca*, vol. 1(Kuala Lumpur: National Archives of Malaysia, 1993), 341.

27 Alpers, *Indian Ocean in World History*, 86.

28 Bernstein, *Splendid Exchange*, 155.

29 Alpers, *Indian Ocean in World History*, 80~81.

30 *Ibid.*, 83.

31 Ruby Maloni, "Control of the Seas: The Historical Exegesis of the Portuguese 'Cartaz,'" *Proceedings of the Indian History Congress* 72(2011): 476~484.

32 Bernstein, *Splendid Exchange*, 194.

33 *Ibid.*, 196~197.

34 Alpers, *Indian Ocean in World History*, 111.

35 Charles H. Alexandrowicz, *An Introduction to the History of the Law of Nations in the East Indies(16th, 17th and 18th Centuries)*(Oxford: Oxford University Press, 1967), 65.

36 Percy Thomas Fenn, "Justinian and the Freedom of the Sea," *American Journal of International Law* 19, no. 4(October 1925): 716~727.

37 Alexandrowicz, *Law of Nations in the East Indies*, 65. 그로티우스의 해양자유가 다음과 같은 부제를 가지고 있다는 점은 중요하다. "*De ivre qvod Batavis competit ad Indicana commercia*(네덜란드인들이 인도 무역에 참여할 권리)". Hugo Grotius, *The Freedom of the Seas*, ed. James Brown Scott, trans. Ralph van Deman Magoffin(New York: Oxford University Press, 1916) 참조, September 14, 2024 접속, https://oll.libertyfund.org/title/scott-the-freedom-of-the-seas-latin-and-english-version-magoffin-trans. 이것은 그가 인도양 사건에서 영감을 받았음을 명확히 보여준다. 네덜란드 학자 페터 보르슈베르크가 확인하듯이 그로티우스는 법적 논문을 책으로 출판할 때 네덜란드 동인도 회사로부터 인도양에서의 포르투갈 해상 업무에 관한 문서를 받았으며, 이는 그의 법적 논문에 반영되었다. Peter Borschberg, "Hugo Grotius' Theory of Trans-Oceanic Trade Regulation: Revisiting Mare Liberum(1609)"(IILJ working paper no. 2005/14, Institute for International Law and Justice, New York, 2005). 또한 인도양에서 그런 해양자유가 존재했다는 것은 이

븐 바투타 같은 무슬림 여행자들의 기록을 포함한 다른 자료에서도 확인할 수 있다.
38 Borschberg, "Hugo Grotius," 3.

제8장 서구의 부상

1 Marcin Wojciech Solarz, "'Third World': The 60th Anniversary of a Concept That Changed History," *Third World Quarterly* 33, no. 9(October 2012):1561~1573.

2 Daron Acemoglu, Simon Johnson, and James Robinson, "The Rise of Europe: Atlantic Trade, Institutional Change, and Economic Growth," *American Economic Review* 95, no. 3(June 2005): 546. 대분기는 때로는 두 단계로 나뉘며, 첫 번째 단계는 1500년부터 1800년까지, 두 번째 단계는 19세기 동안에 해당된다.

3 David S. Landes, *The Wealth and Poverty of Nations: Why Some Are So Rich and Some So Poor*(New York: W. W. Norton, 1998).

4 Philip T. Hoffman, *Why Did Europe Conquer the World?*(Princeton, NJ: Princeton University Press, 2015).

5 Ian Morris, *Why the West Rules—For Now: The Patterns of History, and What They Reveal About the Future*(New York: Farrar, Straus and Giroux, 2010).

6 Mark Elvin, *The Pattern of the Chinese Past: A Social and Economic Interpretation*(Stanford, CA: Stanford University Press, 1973).

7 Jared M. Diamond, *Guns, Germs, and Steel: The Fates of Human Societies*(New York: W. W. Norton, 1999), 253.

8 *Ibid.*, 414.

9 *Ibid.*

10 Kenneth Pomeranz, *The Great Divergence: China, Europe, and the Making of the Modern World Economy*(Princeton, NJ: Princeton University Press, 2000).

11 Eric L. Jones, *The European Miracle: Environments, Economies, and Geopolitics in the History of Europe and Asia*, 2nd ed.(Cambridge: Cambridge University Press, 2003).

12 Niall Ferguson, *Civilization: The Six Killer Apps of Western Power*(London: Penguin Books, 2012). 동일한 책이 다음과 같은 부제로 출판되었다. *The West and the Rest*, by Penguin.

13 *Ibid.*, 8.

14 Niall Ferguson, "The 6 Killer Apps of Prosperity," July 2011, Edinburgh, Scotland, TED video, 20:02, www.ted.com/talks/niall_ferguson_the_6_killer_apps_of_prosperity?language=en.

15 퍼거슨의 《문명》에 대한 강력한 비판 가운데 하나는 런던에서 활동 중인 인도 작가 판

카즈 미슈라의 "Watch This Man," *London Review of Books* 33, no. 21[November 2011]에서 제기되었으며, 퍼거슨은 이에 대해 "명예훼손적"이라고 평가했다. 미슈라의 서평과 퍼거슨의 답변 그리고 그들의 후속 논쟁은 다음에서 확인할 수 있다. www.lrb.co.uk/the-paper/v33/n21/pankaj-mishra/watch-this-man.

16 John M. Hobson, *The Eastern Origins of Western Civilization*(Cambridge: Cambridge University Press, 2004).

17 Ferguson, *Civilization*, 146.

18 *Ibid.*, 170.

19 *Ibid.*, 176.

20 Jamie E. Ehrenpreis and Eli D. Ehrenpreis, "A Historical Perspective of Healthcare Disparity and Infectious Disease in the Native American Population," *American Journal of the Medical Sciences* 363, no. 4(April 1, 2022): 288~294, https://doi.org/10.1016/j.amjms.2022.01.005.

21 Ferguson, *Civilization*, 198.

22 "산업혁명에서 수요 측면은 인간의 옷에 대한 끝없는 욕망이 주도했다. 이 욕망을 자극하는 데 가장 큰 역할을 한 것은 17세기부터 동인도 회사가 인도에서 대규모로 수입한 인도 직물이었다." Ferguson, *Civilization*, 201.

23 Sven Beckert, *Empire of Cotton: A Global History*(New York: Vintage, 2014), 46.

24 Dieter Schlingloff, "Cotton-Manufacture in Ancient India," *Journal of the Economic and Social History of the Orient* 17, no. 1(1974): 81~90에서 인용.

25 April Munday, "Medieval Linen," *A Writer's Perspective*(blog), March 3, 2019, https://aprilmunday.wordpress.com/2019/03/03/medieval-linen/.

26 "Manufacture of Cotton in India," in *Fisher's National Magazine and Industrial Record*, vol. 3(New York: Redwood Fisher, 1846), 126에서 인용.

27 Beckert, *Empire of Cotton*, 45. 베커트는 이에 대해 인도 자료를 인용했다.

28 Ferguson, *Civilization*, 201.

29 Beckert, *Empire of Cotton*, 47~48.

30 *Ibid.*, 48.

31 Ferguson, *Civilization*, 201. 같은 단락에서 퍼거슨은 인도 등에서 제조 후 수입한 면직물은 영국뿐 아니라 유럽 전체의 소비 사회화를 촉진했다고 지적하며, 이는 그의 또 다른 '킬러 앱' 중 하나라고 설명한다. "유럽인은 스스로 생산하는 방법을 배우기 훨씬 이전에 저렴한 공장 생산 직물에 대한 취약성을 갖게 되었다"(201~202).

32 Beckert, *Empire of Cotton*, 75.

33 Birendranath Ganguli, *Dadabhai Naoroji and the Drain Theory*(New York: Asia Publishing House, 1965).

34 Atul Kohli, *Imperialism and the Developing World*(New York: Oxford University Press, 2021),

199.

35 Ajai Sreevatsan, "British Raj Siphoned out $45 Trillion from India: Utsa Patnaik," *Mint*, November 21, 2018, www.livemint.com/Companies/HNZA71LNVNNVXQ1eaIKu6M/British-Raj-siphoned-out-45-trillion-from-India-Utsa-Patna.html; Shubhra Chakrabarti and Utsa Patnaik, eds., *Agrarian and Other Histories: Essays for Binay Bhushan Chaudhuri*(New Delhi, India: Tulika Books, 2017).

36 *Speeches by Lord Curzon of Kedleston, 1898–1900*, vol. 1(Calcutta, India: Office of the Superintendent of Government Printing, 1900), xxiv.

37 Kohli, *Imperialism and the Developing World*, 163, 168.

38 Acemoglu, Johnson, and Robinson, "Rise of Europe."

39 *Ibid.*, 548.

40 *Ibid.*, 572.

41 *Ibid.*

42 퍼거슨의 논지는 19세기 중반을 넘어 더 넓은 범위에 적용될 수 있으며, 특히 퍼거슨이 이러한 구분을 명확히 하지 않았지만 19세기 동안 발생한 두 번째 대분기에 더 적합할 수 있다. 그러나 그 경우에도, 2차 대분기 기간에 등장한 혁신적 기술은 1차 대분기 기간(1500~1800년)의 빠른 경제성장으로 가능해진 번영(그리고 연구와 학습의 확대)에 기인하며, 이는 대서양 무역업자들의 식민주의 및 노예 무역과 관련이 있다.

43 Acemoglu, Johnson, and Robinson, "Rise of Europe," 549~550.

44 Ferguson, *Civilization*, 5.

45 Angus Maddison, *The World Economy: A Millennial Perspective*(Paris: OECD Development Centre Studies, 2001), 215.

46 Azar Gat, *War in Human Civilization*(Oxford: Oxford University Press, 2008), 543~544; 가트는 다음 책에서 인용한다. Daniel Headrick, *Tools of Empire: Technology and European Imperialism in the Nineteenth Century*(Oxford: Oxford University Press, 1981).

47 Hobson, *Eastern Origins*, 136.

48 National Geographic Society, "June 7, 1494 CE: Treaty of Tordesillas," *National Geographic*, 최종 수정은 October 19, 2023, https://education.nationalgeographic.org/resource/treaty-tordesillas/.

49 Ferguson, *Civilization*, 142.

50 J. H. Elliott, *The Old World and the New: 1492–1650*(Cambridge: Cambridge University Press, 1992), 59.

1 마야 문화와 옥수수 재배 같은 독특한 농업은 훨씬 이전 시대로 거슬러 올라가지만 국가와 도시 중심지가 있는 문명으로서의 마야는 BCE 2000~BCE 1500년에 등장했다. 역사가들은 마야 문명의 성장과 쇠퇴를 BCE 2000~CE 250년, CE 250~909년, CE 909~1697년 등 세 시기로 구분한다. John Haywood, *The Ancient World*(London: Quercus, 2010), 180. 각 시대의 정확한 시점과 종점에는 다음과 같이 약간의 차이가 있다. 고전 이전: BCE 1800~CE 250년, 고전 시대: CE 250~900년, 고전 이후: CE 950~1500년.

2 Allen J. Christenson, trans., *Popol Vuh: The Sacred Book of the Maya: The Great Classic of Central American Spirituality, Translated from the Original Maya Text*(Winchester, UK: O Books, 2007).

3 Ignacio Bernal, *Mexico Before Cortez: Art, History and Legend*, trans. Willis Barnstone(Garden City, NY: Anchor Books, 1975), 39~40.

4 Rober J. Sharer and Loa P. Traxler, *The Ancient Maya*, 6th ed.(Stanford, CA: Stanford University Press, 2006).

5 Michon Scott, "Mayan Mysteries," NASA Earth Observatory, August 24, 2004, https://earthobservatory.nasa.gov/features/Maya.

6 *Ibid.*

7 Sharer and Traxler, *Ancient Maya*, 499~505.

8 *Ibid.*

9 *Ibid.*, 764.

10 "Mayan Government," Mayan Architecture of the Yucatan Peninsula, University of Idaho, January 24, 2021 접속, www.webpages.uidaho.edu/arch499/nonwest/mayan/agriculture.htm.

11 Haywood, *Ancient World*, 184.

12 Antonia E. Foias, *Ancient Maya Political Dynamics*(Gainesville: University Press of Florida, 2013); Haywood, *Ancient World*, 184.

13 Hernán Cortés, *Letters of Cortes: The Five Letters of Relation from Fernando Cortes to the Emperor Charles V*, vol. 1, ed. and trans. Francis Augustus MacNutt(New York: G. P. Putnam, 1908), 263.

14 *Ibid.*, 210.

15 Charles C. Mann, *1491: New Revelations of the Americas Before Columbus*(New York: Vintage, 2011), 137.

16 Sarah C. Clayton, "After Teotihuacan: A View of Collapse and Reorganization from the Southern Basin of Mexico," *American Anthropologist* 118, no. 1(March 2016): 104~120.

17 Patricia Rieff Anawalt, "The Emperors' Cloak: Aztec Pomp, Toltec Circumstances," *American Antiquity* 55, no. 2(April 1990): 291~307.

18 Michael E. Smith, *The Aztecs*, 3rd ed.(Hoboken, NJ: Wiley-Blackwell, 2012).

19 Michael E. Smith, "Aztec City-States," in *A Comparative Study of Thirty City-State Cultures: An Investigation*, ed. Mogens Herman Hansen(Copenhagen, Denmark: Royal Danish Academy of Sciences and Letters, 2000), 581~596.

20 *Ibid.*, 589.

21 *Ibid.*, 585.

22 Mann, *1491*, 134.

23 *Ibid.*, 135.

24 *Ibid.*

25 John M. Ingham, "Human Sacrifice at Tenochtitlán," *Comparative Studies in Society and History* 26, no. 3(1984): 379~400.

26 John M. Roberts, *The New Penguin History of the World*, 5th ed.(London: Penguin Books, 2007), 486.

27 "How Many People Did the Aztecs Sacrifice?," HistoryExtra, *BBC History Revealed*, August 27, 2018, www.historyextra.com/period/ancient-history/how-many-people-did-the-aztecs-sacrifice/.

28 Mann, *1491*, 136.

29 Damodar P. Singhal, *India and World Civilization*(New Delhi, India: Rupa Publications, 2014), 84.

30 Mann, *1491*, 137.

31 Camilla Townsend, *Fifth Sun: A New History of the Aztecs*(New York: Oxford University Press, 2019).

32 Gordon F. McEwan, *The Incas: New Perspectives*(New York: W. W. Norton, 2008), 42.

33 Pedro Sarmiento De Gamboa, *The History of the Incas*, trans. Clements Markham(Cambridge: Hakluyt Society, 1907), 28~58, www.sacred-texts.com/nam/inca/inca01.htm. 페드로 사르미엔토 데 감보아는 스페인 정복 직후 쿠스코에 살았던 스페인 작가로, 1572년 원주민의 자료를 바탕으로 이 이야기를 완성했다.

34 Victor Wolfgang von Hagen, *The Realm of the Incas*(New York: New American Library, 1957), 210에서 인용. 폰 하겐이 이 구절을 인용한 출처는 미국 인류학자 민즈의 다음 책이다. Philip Ainsworth Means, "Pre-Spanish Navigation off the Andean Coast," *American Neptune*.

35 Heather Pringle, "The Lofty Ambitions of the Inca," *National Geographic*, April 2011, www.nationalgeographic.com/magazine/article/inca-empire.

36 Mann, *1491*, 74.

37 McEwan, *The Incas*, 95.

38 Charles Stanish, "Regional Research on the Inca," *Journal of Archaeological Research* 9, no. 3(September 2001): 213.

39 Doug Bonderud, "Navigating the Inca Road System That United an Empire," *Now*, March 5, 2021, https://now.northropgrumman.com/navigating-the-inca-road-system-that-united-an-empire.

40 Joshua Rapp Learn, "How the Inca Road System Tied Together an Empire and Facilitated Its Fall," *Discover*, December 14, 2020, www.discovermagazine.com/planet-earth/how-the-inca-road-system-tied-together-an-empire-and-facilitated-its-fall.

41 Wiliam H. Prescott, *History of the Conquest of Peru*(London: J. M. Dent and Sons, 1908), 7~8, 42~43. 비평가들은 프레스콧이 잉카인을 평화를 사랑하는 민족이라고 생각하지 않았음에도 프레스콧의 견해가 지나치게 낭만적이라고 평가한다.

42 Robert M. Hayden and Timothy D. Walker, "Intersecting Religioscapes: A Comparative Approach to Trajectories of Change, Scale, and Competitive Sharing of Religious Spaces," *Journal of the American Academy of Religion* 81, no. 2(June 2013): 403.

43 Felipe Guamán Poma de Ayala, *The First New Chronicle and Good Government*, trans. Ronald Hamilton(Austin: University of Texas Press, 2009), 269. 일부 과장된 내용이 있음에도 현대 페루 학자들은 아얄라를 잉카 역사에 대한 가장 신뢰할 수 있는 자료 중 하나로 여긴다(2023년 5월 20일 쿠스코 산안토니오 아바드국립대학교의 카르멘 에스칼란테 박사와의 인터뷰). 이 책은 1615년경 완성되어 스페인 왕에게 보내졌지만 왕은 이를 받지 못했으며, 1908년 코펜하겐에서 발견되었다.

44 Francisco Garrido and Diego Salazar, "Imperial Expansion and Local Agency: A Case Study of Labor Organization Under Inca Rule," *American Anthropologist* 119, no. 4(December 2017): 631~644.

45 Prescott, *History of the Conquest of Peru*, 43. 또한 다음 참조. Geoffrey W. Conrad and Arthur Andrew Demarest, *Religion and Empire: The Dynamics of Aztec and Inca Expansionism*(Cambridge: Cambridge University Press, 1984).

46 Garcilaso de la Vega, *Royal Commentaries of the Incas and General History of Peru*, ed. Karen Spalding, trans. Harlod V. Livermore(Indianapolis, IN: Hackett Publishing, 2006), 33; Justin Jennings, "The Fragility of Imperialist Ideology and the End of Local Traditions, an Inca Example," *Cambridge Archaeological Journal* 13, no. 1(2003): 107~120.

47 Prescott, *History of the Conquest of Peru*, 30.

48 알렉산드로스 대왕이 인도 국경에서 포로스 왕의 생명을 살려주고 추가적인 영토를 더해서 그의 왕국을 돌려준 행위가 떠오른다.

49 Christopher Columbus, *The Spanish Letter of Columbus to Luis de Sant Angel, February 15,*

1493(London: Ellis&Elvey, 1889), 35, 37.

50 Christopher Columbus, "Letter of Columbus to the Nurse of Prince John, c. 1500," in *The Northmen, Columbus and Cabot, 985–1503 [and] the Voyages of Columbus and of John Cabot*, eds. Julius E. Olson and Edward Gaylord Bourne(New York: Charles Scribner's Sons, 1906), 378.

51 Spencer McDaniel, "Why Are We Still Celebrating 'Columbus Day'?," *Tales of Times Forgotten*(blog), October 12, 2018, https://talesoftimesforgotten.com/2018/10/12/why-a re-we-still-celebrating-columbus-day/.

52 Anthony Brandt, "Perfect Storm at Tenochtitlan 1521," *HistoryNet*, April 5, 2017, www. historynet.com/perfect-storm-tenochtitlan-1521/.

53 Eduardo Galeano, *Open Veins of Latin America: Five Centuries of the Pillage of a Continent*(New York: Monthly Review Press, 1973), 23.

54 Juan Forero, "In Bolivia, Miners Pick Away at Storied Rich Mountain, but It Takes a Toll," *Washington Post*, September 25, 2012, www.washingtonpost.com/world/the_ americas/in-bolivia-miners-pick-away-at-rich-mountain-but-it-takes-back-its-own -toll/2012/09/25/5f6aac74-01d0-11e2-bbf0-e33b4ee2f0e8_story.html.

55 Galeano, *Open Veins of Latin America*, 23

56 Patrick Greenfield, "Story of Cities #6: How Silver Turned Potosí into 'the First City of Capitalism,' " *Guardian*, March 21, 2016, www.theguardian.com/cities/2016/mar/21/sto ry-of-cities-6-potosi-bolivia-peru-inca-first-city- capitalism.

57 Galeano, *Open Veins of Latin America*, 40에서 인용.

58 Christopher Minster, "Where Is the Lost Treasure of the Inca?," *ThoughtCo*, July 19, 2019, www.thoughtco.com/lost-treasure-of-the-inca-2136548.

59 Nathan Nunn and Nancy Qian, "The Columbian Exchange: A History of Disease, Food, and Ideas," *Journal of Economic Perspectives* 24, no. 2(May 1, 2010): 163.

60 Christoph Niemann, "The Legend of the Potato King," *New York Times*, October 10, 2012, https://archive.nytimes.com/niemann.blogs.nytimes.com/2012/10/11/the-legend- of-the-potato-king/.

61 Ellsworth Boyd, "The Manila Galleons: Treasures for the 'Queen of the Orient,'" National Underwater and Maritime Agency, July 2, 2012, https://numa.net/2012/07/th e-manila-galleons-treasures-for-the--queen-of-the-orient/.

62 Javier Mejia, "The Economics of the Manila Galleon," *Journal of Chinese Economic and Foreign Trade Studies* 15, no. 1(2022): 35~62.

1 예를 들면 다음 참조. Barbara Krasner, *Mansa Musa: The Most Famous African Traveler to Mecca*(New York: Rosen, 2017).

2 "Manden Charter, Proclaimed in Kurukan Fuga," UNESCO, July 13, 2024 접속, https://ich.unesco.org/en/RL/manden-charter-proclaimed-in-kurukan-fuga-00290.

3 이 텍스트는 1998년 3월 3~12일 기니 캉칸에서 열린 전통 커뮤네이터들과 현대 커뮤니케이터들 간의 회의에서 작성한 〈만뎅헌장〉 버전에서 발췌한 것이다. Mangoné Niang, "The Kurukan Fuga Charter: An Example of an Endogenous Governance Mechanism for Conflict Prevention," in *Intergenerational Forum on Endogenous Governance in West Africa*, vol. 2(Paris: Sahel and West Africa Club and OECD, 2006), annex 1, 75~77.

4 Georg W. F. Hegel, *The Philosophy of History*, trans. J. Sibree, 재출판(Kitchener, ON: Batoche Books, 2001), 117.

5 Samuel P. Huntington, *The Clash of Civilizations and the Remaking of World Order*(New York: Simon&Schuster, 1996), 47.

6 Niall Ferguson, *Civilization: The Six Killer Apps of Western Power*(London: Penguin Books, 2012), 170.

7 John Iliffe, *Africans: The History of a Continent*(Cambridge: Cambridge University Press, 2007), 1.

8 Fernand Braudel, *A History of Civilizations*, trans. Richard Mayne(New York: Penguin Books, 1995), 126.

9 John M. Roberts, *The New Penguin History of the World*, 5th ed.(London: Penguin Books, 2007), 480.

10 Richard Olaniyan, "African History and Culture: An Overview," in *African History and Culture*, ed. Richard Olaniyan(Lagos: Longman Nigeria, 1982), 14~15.

11 머스크가 트윗한 https://x.com/elonmusk/status/1289051795763769345; BBC, "Egypt Tells Elon Musk Its Pyramids Were Not Built by Aliens," August 2, 2020, www.bbc.com/news/world-africa-53627888.

12 Mawuna Koutonin, "Lost Cities #9: Racism and Ruins—the Plundering of Great Zimbabwe," *Guardian*, August 18, 2016, www.theguardian.com/cities/2016/aug/18/great-zimbabwe-medieval-lost-city-racism-ruins-plundering; Peter Tyson, "Mysteries of Great Zimbabwe," *NOVA*, February 22, 2000, www.pbs.org/wgbh/nova/article/mysteries-of-great-zimbabwe/.

13 Koutonin, "Lost Cities #9."

14 Olúfẹ́mi Táíwò, "Out of Africa," *Foreign Affairs* 11, no. 3(June 2022): 182.

15 Carolyn M. Warner, "The Rise of the State System in Africa," *Review of International*

Studies 27, no. 5(2001): 65~89.

16 Aidan Southhall, "The Segmentary State in Africa and Asia," *Comparative Studies in Society and History* 30, no. 1(January 1988): 52~82.

17 Robert H. Jackson, *Quasi-States: Sovereignty, International Relations and the Third World*(Cambridge: Cambridge University Press, 1990).

18 Jolayemi Solanke, "Traditional Social and Political Institutions," in *African History and Culture*, 32~35.

19 John Thornton, *Africa and Africans in the Making of the Atlantic World, 1400–1800*, 2nd ed.(Cambridge: Cambridge University Press, 1998), 105.

20 Ibn Khaldun, Basil Davidson, Francis Kwanina Buah Ma, and Jacob Festus Ade Ajayi, "A History of West Africa 1000 –1800," in *The Growth of African Civilization*, 9th ed.(Harlow, UK: Longman, 1996), 42에서 인용.

21 Olúfẹ́mi Táíwò, "It Never Existed," *Aeon*, January 13, 2023, https://aeon.co/essays/the-idea-of-precolonial-africa-is-vacuous-and-wrong.

22 Michał Tymowski, "Early Imperial Formations in Africa and the Segmentation of Power," in *Tributary Empires in Global History*, ed. Peter Fibiger Bang and C. A. Bayly(London: Palgrave Macmillan UK, 2011), 109~110.

23 *Encyclopaedia Britannica Online*, s.v. "Sundiata Keita," January 1, 2023, www.britannica.com/biography/Sundiata-Keita.

24 Stanley M. Burstein, "Axum and the Fall of Meroe," *Journal of the American Research Center in Egypt* 18(1981): 47~50, https://doi.org/10.2307/40000342.

25 Michael Gomez, *African Dominion: A New History of Empire in Early and Medieval West Africa*(Princeton, NJ: Princeton University Press, 2019), 81.

26 Patricia McKissack and Fredrick McKissack, *The Royal Kingdoms of Ghana, Mali, and Songhay: Life in Medieval Africa*(New York: Henry Holt, 2016), 88.

27 *Ibid.*, 99.

28 Roland Oliver and Anthony Atmore, *Medieval Africa, 1250–1800*(Cambridge: Cambridge University Press, 2001), 209.

29 Gabriel E. Idang, "African Culture and Values," *Phronimon* 16, no. 2(January 2015): 97~111, https://journals.co.za/doi/10.10520/EJC189182.

30 Mark Cartwright, "Kingdom of Kanem," *World History Encyclopedia*, April 23, 2019에서 인용, www.worldhistory.org/Kingdom_of_Kanem/.

31 Olaniyan, "African History and Culture: An Overview," 8.

32 Idang, "African Culture and Values"; E. O. Ugiagbe and G. Vincent-Osaghae, "An Evaluation of the Indigenous Practice of Osusu Cooperatives Among the Benins of South-South, Nigeria," *AFRREV IJAH* 3, no. 1(April 25, 2014): 1~17.

33 John Scharges, "(…) Ubuntu?," CapeTownMagazine.Com, July 13, 2024 접속, www.capetownmagazine.com/whats-the-deal-with/ubuntu/125_22_17348.

34 Idang, "African Culture and Values."

35 Basil Davidson, *A History of East and Central Africa to the Late Nineteenth Century*(New York: Anchor Books, 1969), 28~29.

36 *Ibid.*, 29~30.

37 Dirk Hoerder, *Cultures in Contact: World Migrations in the Second Millennium*(Durham, NC: Duke University Press, 2002), 36.

38 Martin Hall and Rebecca Stefoff, *Great Zimbabwe*(New York: Oxford University Press, 2006), 37.

39 *Ibid.*

40 Ibn Khaldun, Jacqueline Passon et al., "Traders, Nomades and Slaves," in *Across the Sahara: Tracks, Trade and Cross-Cultural Exchange in Libya*, eds. Klaus Braun and Jacqueline Passon(Cham, Switzerland: Springer International Publishing, 2020), 61에서 인용, https://doi.org/10.1007/978-3-030-00145-2_3.

41 Davidson, Ma, and Ajayi, "History of West Africa," 25.

42 Roberts, *New Penguin History of the World*, 479.

43 David C. Conrad, *Empires of Medieval West Africa: Ghana, Mali, and Songhay*(New York: Chelsea House, 2010), 26.

44 Shadreck Chirikure, "New Perspectives on the Political Economy of Great Zimbabwe," *Journal of Archaeological Research* 28, no. 2(2020): 139~186.

45 David N. Abdulai, *African-Centred Management Education: A New Paradigm for an Emerging Continent*(London: Routledge, 2016), 26.

46 Abdel Kader Haidara, "The State of Manuscripts in Mali and Efforts to Preserve Them," in *The Meanings of Timbuktu*, eds. Shamil Jeppie and Souleymane Bachir Diagne(Cape Town, South Africa: HSRC Press, 2008), 265~269.

47 Ousmane Kane, *Beyond Timbuktu: An Intellectual History of Muslim West Africa*(Cambridge, MA: Harvard University Press, 2016), 76~77.

48 Timothy Cleaveland, "Ahmad Baba Al-Timbukti and His Islamic Critique of Racial Slavery in the Maghrib," *Journal of North African Studies* 20, no. 1(January 1, 2015): 42~64, https://doi.org/10.1080/13629387.2014.983825.

49 J. Alexander, "Islam, Archaeology and Slavery in Africa," *World Archaeology* 33, no. 1(2001): 44~60.

50 SlaveVoyages, Rice University, July 13, 2024 접속, www.slavevoyages.org.

51 주요 도착지는 브라질(45퍼센트), 영국, 프랑스, 네덜란드, 덴마크의 카리브해 식민지(37퍼센트), 스페인령 아메리카(11퍼센트), 북미(4퍼센트)였다. 노예선 공급국 중에서는 포르

투갈과 포르투갈령 브라질이 47.6퍼센트로 가장 많았고 영국(25.5퍼센트), 프랑스(10.8퍼센트), 스페인과 스페인령 미국(8.2퍼센트), 네덜란드(4.4퍼센트), 식민지 북미와 미국(2.3퍼센트), 덴마크와 발틱 3국가(0.8퍼센트)가 그 뒤를 이었다. *Digital Encyclopedia of European History*, s.v. "the Atlantic slave trade," by Pieter Emmer, February 5, 2021, https://ehne.fr/en/node/21292.

52 Charles C. Mann, *1493: Uncovering the New World Columbus Created*(New York: Knopf, 2011), 338.

53 *Ibid.*

54 Stanton A. Coblentz, *The Long Road to Humanity*(New York: Thomas Yoseloff, 1959), 325.

55 Luis Angeles, "On the Causes of the African Slave Trade," *Kyklos* 66, no. 1(February 2013): 5.

56 Robert Tombs, *The English and Their History*(New York: Knopf, 2014), 550~553.

57 Kevin Rawlinson, "Lloyd's of London and Greene King to Make Slave Trade Reparations," *Guardian*, June 17, 2020, www.theguardian.com/world/2020/jun/18/lloyds-of-london-and-greene-king-to-make-slave-trade-reparations.

58 Virginie Chaillou-Atrous, "Indentured Labour in European Colonies During the 19th Century," *Digital Encyclopedia of European History*, July 21, 2024 접속, https://ehne.fr/en/encyclopedia/themes/europe-europeans-and-world/forced-migration-and-work-in-european-colonies/indentured-labour-in-european-colonies-during-19th-century.

59 Thio Termorshuizen, "Indentured Labour in the Dutch Colonial Empire 1800-1940," in *Dutch Colonialism, Migration and Cultural Heritage*, ed. Gert Oostindie(Leiden, Netherlands: KITLV Press, 2008), 261~314.

60 Olatunji Ojo, "The Atlantic Slave Trade and Local Ethics of Slavery in Yorubaland," *African Economic History* 41(2013): 73~100.

61 Nonso Obikili, "The Trans-Atlantic Slave Trade and Local Political Fragmentation in Africa," African Economic History Network, September 12, 2016, www.aehnetwork.org/blog/the-trans-atlantic-slave-trade-and-local-political-fragmentation-in-africa/.

62 Joseph Conrad, *Heart of Darkness*(Boston: Bedford Books of St. Martin's Press, 1996), 74.

63 *Encyclopaedia Britannica Online*, s.v. "Congo Free State," November 3, 2023, www.britannica.com/place/Congo-Free-State.

64 *Encyclopedia of Africa*, eds. Kwame Anthony Appiah and Henry Louis Gates(Oxford: Oxford University Press, 2010), s.v. "Scramble for Africa."

65 *Encyclopaedia of Africa*, s.v. "Berlin Conference of 1884-1885."

66 Howard W. French, *Born in Blackness: Africa, Africans, and the Making of the Modern World, 1471 to the Second World War*(New York: Liveright, 2021), 2.

67 Delano George Bell, "10 Quotes by Jamaican Poet Mutabaruka You Should Know,"

Jamaicans.com, July 19, 2024 접속, https://jamaicans.com/10-quotes-by-jamaican-dub
-poet-mutabaruka-you-should-know/.

제11장 유럽의 이중 잣대

1 Kalevi J. Holsti, *Peace and War: Armed Conflicts and International Order,
1648–1989*(Cambridge: Cambridge University Press, 1991), 20~21.

2 Stephen Krasner, *Sovereignty: Organized Hypocrisy*(Princeton, NJ: Princeton University Press,
1999), 82.

3 Henry Kissinger, *World Order*(New York: Penguin Press, 2014), 26.

4 *Ibid.*, 27.

5 Andreas Osiander, "Sovereignty, International Relations, and the Westphalian Myth,"
International Organization 55, no. 2(2001): 251~287.

6 Kissinger, *World Order*, 31.

7 Alan Philps, "Why the Peace Treaty of 1648 Merits Scrutiny Today," *National*, January
28, 2016, www.thenationalnews.com/opinion/why-the-peace-treaty-of-1648-merits-s
crutiny-today-1.203678.

8 William Bain, *Political Theology of International Order*(Oxford: Oxford University Press,
2020), 60. 또한 다음 참조. James H. Burns, introduction to *The Cambridge History of
Political Thought, 1450–1700*(Cambridge: Cambridge University Press, 1991), 2~3.

9 Bain, *Political Theology*, 115.

10 Carl Schmitt, *Political Theology: Four Chapters on the Concept of Sovereignty,* trans. George
Schwab(Chicago, IL: University of Chicago Press, 1985), 36.

11 Osiander, "Sovereignty, International Relations."

12 University of Munster, "The Peace of Westphalia Also Had Its Dark Side," News
release, September 19, 2018, www.uni-muenster.de/Religion-und-Politik/en/
aktuelles/2018/sep/PM_Westfaelischer_Frieden_hatte_auch_Schattenseiten.html.

13 *Ibid.*

14 *Ibid.*

15 William C. Wohlforth et al., "Testing Balance-of-Power Theory in World History,"
European Journal of International Relations 13, no. 2(June 1, 2007): 165, https://doi.
org/10.1177/1354066107076951. Stuart J. Kaufman, Richard Little, and William C.
Wohlforth, *Balance of Power in World History*(London: Palgrave Macmillan, 2007).

16 Benjamin Miller, "A 'New World Order': From Balancing to Hegemony, Concert or

Collective Security?," *International Interactions* 18, no. 1(1992): 10.

17 Richard Elrod, "The Concert of Europe: A Fresh Look at an International System," *World Politics* 28, no. 2(1976): 163~167.

18 Raymond Cohen and Raymond Westbrook, "Introduction: The Amarna System," in *Amarna Diplomacy: The Beginnings of International Relations*, eds. Raymond Cohen and Raymond Westbrook(Baltimore: Johns Hopkins University Press, 2000), 11.

19 Melvin E. Page and Penny M. Sonnenburg, eds., *Colonialism: An International, Social, Cultural, and Political Encyclopedia*, vol. 2(Santa Barbara, CA: ABCCLIO, 2003), 614.

20 Fukuzawa Yukichi, "Datsu-Ron 'On Leaving Asia'—from the *Jiji shinpō* Newspaper, March 16, 1885," *Education About Asia* 21, no. 1(Spring 2016), July 25, 2024 접속, www.asianstudies.org/publications/eaa/archives/lesson-plan-on-leaving-asia-primary-source-document/.

21 Cemil Aydin, "A Global Anti-Western Moment? The Russo-Japanese War, Decolonization, and Asian Modernity," in *Competing Visions of World Order: Global Moments and Movements, 1880s-1930s*, eds. Sebastian Conrad and Dominic Sachsenmaier(New York: Palgrave Macmillan, 2007), 213, https://doi.org/10.1057/9780230604285_8.

22 Reginald Kearney, "The Pro-Japanese Utterances of W. E. B. Du Bois," *Contributions in Black Studies*, 13/14(1995/1996): 201에서 인용, https://scholarworks.umass.edu/cgi/viewcontent.cgi?article=1128&context=cibs.

23 Peter Duus, *The Abacus and the Sword: The Japanese Penetration of Korea*(Berkeley: University of California Press, 1998), 49에서 인용.

24 Abû Ûthmân al-Jâhiz, "On the Zanj['Black Africans']," in *The Essays*(c. 860 CE), Internet Medieval Sourcebook, Fordham University, 최종 수정은 June 28, 2024, https://sourcebooks.fordham.edu/source/860jahiz.asp.

25 Eric Williams, *Capitalism and Slavery*(Chapel Hill: University of North Carolina Press, 1994), 7.

26 Genesis 21:9~10; Samuel Sewall, "The Selling of Joseph: A Memorial," 1700, Electronic Texts in American Studies, University of Nebraska, Lincoln, July 5, 2007, https://digitalcommons.unl.edu/cgi/viewcontent.cgi?article=1026&context=etas. 식민지 북미에서 최초로 잘 알려진 노예제도 반대 글은 그 제도의 네 가지 정당성으로 주장되던 사항들을 검토했다. 사람들을 노예화하고 세례를 줌으로써 문명화시켰음, 정당한 전쟁, 함(Ham)의 저주, 아브라함의 노예 등이다.

27 힐러리 베클스 경과의 이메일 대화, July 2, 2020. 그의 분석에 대한 내용은 다음에서 확인할 수 있다. Hilary Beckles, *The First Black Slave Society: Britain's "Barbarity Time" in Barbados, 1636–1876*(Kingston, Jamaica: University of the West Indies Press, 2016).

28 The Fundamental Constitutions of Carolina, March 1, 1669, Avalon Project, Yale Law School, 2008, https://avalon.law.yale.edu/17th_century/nc05.asp.

29 제퍼슨의 초안은 다음 참조. Thomas Jefferson, "Draft of Declaration of Independence," 1776, Library of Congress, www.loc.gov/exhibits/jefferson/jeffdec.html#049.

30 David McCabe, "Kant Was a Racist. Now What?," *American Philosophical Association* 18, no. 2(2019): 2에서 인용.

31 Immanuel Kant, *Observations on the Feeling of the Beautiful and Sublime*, McCabe, "Kant Was a Racist," 3에서 인용. 또한 칸트는 1764년에 "이 친구는 상당히 흑인이었다. (…) 그가 말한 것이 어리석다는 명백한 증거다"라고 썼다. Ali Rattansi, *Racism: A Very Short Introduction*(Oxford: Oxford University Press, 2020), 14에서 인용.

32 Raphael Falk, "Genetic Markers Cannot Determine Jewish Descent," *Frontiers in Genetics* 5(January 21, 2015): 3에서 인용, https://doi.org/10.3389/fgene.2014.00462.

33 Robert Bernasconi, "Proto-Racism: Carolina in Locke's Mind," in *Racism and Modernity: Festschrift for Wulf D. Hund*, eds. Iris Wigger and Sabine Ritter(Münster, Germany: Lit Verlag, 2011), 75에서 인용.

34 Partha Chatterjee, "Empires, Nations, Peoples: The Imperial Prerogative and Colonial Exceptions," *Thesis Eleven* 139, no. 1(April 1, 2017): 84~96, https://doi.org/10.1177/0725513617700040.

35 Mark Tunick, "Tolerant Imperialism: John Stuart Mill's Defense of British Rule in India," *Review of Politics* 68, no. 4(2006): 586~611.

36 John A. Hobson, *Imperialism: A Study*(Ann Arbor: University of Michigan Press, 1965), 232.

37 Norman Angell, *The Great Illusion*(London: G. P. Putnam and Sons, 1913), 146, 236~237.

38 *Ibid.*, 236~237.

39 Shawn Kelley, *Racializing Jesus: Race, Ideology, and the Formation of Modern Biblical Scholarship*(London: Routledge, 2002), 49.

40 Alexis de Tocqueville, "Essay on Algeria," in *Writings on Empire and Slavery*, ed. and trans. Jennifer Pitts(Baltimore, MD: Johns Hopkins University Press, 2001), 59~116.

41 Mark Antliff and Patricia Leighten, 'Primitive,' in *Critical Terms for Art History*, eds. Robert S. Nelson and Richard Shiff, 2nd ed.(Chicago: University of Chicago Press, 2003), 225.

42 *Ibid.*, 226.

43 John M. Hobson, *The Eastern Origins of Western Civilization*(Cambridge: Cambridge University Press, 2004), 7.

44 Edward W. Said, *Orientalism*(New York: Vintage, 1979).

45 Antliff and Leighten, "Primitive," 224.

46 Halford J. Mackinder, "The Geographical Pivot of History," *Geographical Journal* 23, no.

4(1904): 423.

47 Alfred Thayer Mahan, *The Interest of America in Sea Power and Future*(Boston: Little, Brown, 1897), 118.

48 *Ibid.*, 31.

49 James A. Tyner, "The Geopolitics of Eugenics and the Exclusion of Philippine Immigrants from the United States," *Geographical Review* 89, no. 1(1999): 58.

50 Tracey Banivanua-Mar, *Violence and Colonial Dialogue: The Australian-Pacific Indentured Labor Trade*(Honolulu: University of Hawaii Press, 2007), 23.

51 Richard Lansdown, introduction to *Strangers in the South Seas: The Idea of the Pacific in Western Thought*(Honolulu: University of Hawaii Press, 2006), 12~16, 21에서 인용.

52 Lansdown, *Strangers in the South Seas*, 18.

53 *Ibid.*

54 *Ibid.*, 24.

55 Australian Bureau of Statistics, "Aboriginal and Torres Strait Islander Population," *Year Book of Australia 2008*, www.abs.gov.au/ausstats/abs@.nsf/0/68AE74ED632E17A6CA257 3D200110075?opendocument.

56 Lansdown, *Strangers in the South Seas*, 19; Robert Johnson, *British Imperialism*(New York: Bloomsbury, 2017), 69; B. S. Penman, S. Gupta, and G. D. Shanks, "Rapid Mortality Transition of Pacific Islands in the 19th Century," *Epidemiology and Infection* 145, no. 1(January 2017): 1~11, https://doi.org/10.1017/S0950268816001989.

57 "Discussion on Heredity and Disease at the Pathological Society of Manchester," *British Medical Journal* 2, no. 2706(November 9, 1912): 1319.

58 Kerry R. Howe, "The Fate of the Savage in Pacific Historiography," *New Zealand Journal of History* 11, no. 2(October 1977): 138에서 인용.

59 Edward Wilson, "The Aborigines," *Argus*, March 16, 1856, 4.

60 Niall Ferguson, *Empire: The Rise and Demise of the British World Order and the Lessons for Global Power*(New York: Basic Books, 2004), 300.

61 Robert H. Jackson, "The Weight of Ideas in Decolonization: Normative Change in International Relations," in *Ideas and Foreign Policy: Beliefs, Institutions, and Political Change*, eds. Judith Goldstein and Robert O. Keohane(Ithaca, NY: Cornell University Press, 1993), 128.

62 *Ibid.*, 227~228.

63 벤저민 디즈레일리, 런던 크리스털 궁전에서 한 연설, 1872, 녹취, 중간, June 13, 2022, https://medium.com/@Pechhacker/the-maintenance-of-empire-1872-by-benjamin-di sraeli-7d4082e7d8fd.

64 Avner Offer, "The British Empire, 1870–1914: A Waste of Money?," *Economic History*

Review 46, no. 2(May 1993): 215에서 인용.

65 "From the Archive: Mr. Churchill on Our One Aim," *Guardian*, November 11, 1942, November 11, 2009 재출간, www.theguardian.com/theguardian/2009/nov/11/churchill-blood-sweat-tears.

66 Jürgen Osterhammel, *The Transformation of the World*, trans. Patrick Camiller(Princeton, NJ: Princeton University Press, 2014), 917~918.

67 Covenant of the League of Nations, art. 22, www.ungeneva.org/en/about/league-of-nations/covenant.

68 Robert J. McMahon, *Colonialism and Cold War: The United States and the Struggle for Indonesian Independence, 1945-49*(Ithaca, NY: Cornell University Press, 1981), 45.

69 John Darwin, *After Tamerlane*(New York: Bloomsbury Publishing, 2008), 442, 504~505.

제12장 언덕 위의 도시

1 Henry Kissinger, *World Order*(New York: Penguin Press, 2014), 234.

2 Phil Cerny, 편집자에게 보내는 편지, *International Herald Tribune*, May 9, 2002에서 인용. www.nytimes.com/2002/05/09/opinion/IHT-america-in-the-world-letters-to-the-editor.html.

3 Jared M. Diamond, *Guns, Germs, and Steel: The Fates of Human Societies*(New York: W. W. Norton, 1999), 210~212.

4 James Daniel Richardson, *A Compilation of the Messages and Papers of the Presidents*(Washington, DC: Government Printing Office, 1897), 1:104~105. 코노토카리우스라는 호칭은 스케한나 부족이 워싱턴의 증조부 존 워싱턴에게 부여한 이름이다. 그가 식민지 주민들이 원주민 추장 다섯 명을 학살한 사건에 가담했기 때문이다. 워싱턴이 1753년 원주민들과 만났을 때 그들은 그를 같은 이름으로 불렀으며, 워싱턴은 1755년 오나이더 부족과 교환했던 일부 서신에서 이 이름을 사용했다. George Washington Presidential Library, July 27, 2024 접속, www.mountvernon.org/library/digitalhistory/digital-encyclopedia/article/conotocarious/.

5 Ulysses S. Grant, "Third Annual Message," December 4, 1871, American Presidency Project, www.presidency.ucsb.edu/documents/third-annual-message-11.

6 Hiram Price, "Rules Governing the Court of Indian Offenses," March 30, 1883, 1, University of North Dakota Scholarly Commons, https://commons.und.edu/indigenous-gov-docs/131/.

7 Robert N. Clinton, "Code of Indian Offenses," *For the Seventh Generation*(blog), February

24, 2008, http://tribal-law.blogspot.com/2008/02/code-of-indian-offenses.html.

8 Frederick J. Turner, "The Significance of the Frontier in American History," January 1, 1893, American Historical Association, www.historians.org/resource/the-significance-of-the-frontier-in-american-history/.

9 David Eugene Wilkins and K. Tsianina Lomawaima, *Uneven Ground: American Indian Sovereignty and Federal Law*(Norman: University of Oklahoma Press, 2001), 116에서 인용

10 Price, "Rules Governing the Court of Indian Offenses," 2.

11 Jack D. Forbes, "Indigenous Americans: Spirituality and Ecos," *Daedalus* 130, no. 4(Fall 2001): 283~300에서 인용. 포브스는 캘리포니아대학교 데이비스 캠퍼스 원주민 연구학과 교수.

12 Charles C. Mann, *1491: New Revelations of the Americas Before Columbus*(New York: Vintage, 2011), 295~301, 363~367.

13 Gerald McMaster and Clifford E. Trafzer, eds., "Sitting Bull(Tantanka Yotanka)," in *Native Universe: Voices of Indian America*(Washington, DC: National Museum of the American Indian, 2008); McMaster and Trafzer, "This Land Belongs to Us," in *Native Universe*, 192.

14 Charles C. Mann, "The Founding Sachems," *New York Times*, July 4, 2005, www.nytimes.com/2005/07/04/opinion/the-founding-sachems.html.

15 Cadwallader Colden, *The History of the Five Indian Nations of Canada Which Are Dependent on the Province of New York*(New York: New Amsterdam Book Company, 1902), www.loc.gov/item/02030132/.

16 Iroquois Confederacy of Nations, *Hearing Before the Select Committee on Indian Affairs, United States Senate*, 100th Cong., December 2, 1987(Washington, DC: U.S. Government Printing Office, 1988), 7, 13.

17 "Iroquois Constitution: A Forerunner to Colonists' Democratic Principles," *New York Times*, June 28, 1987에서 인용, www.nytimes.com/1987/06/28/us/iroquois-constitution-a-forerunner-to-colonists-democratic-principles.html.

18 "Haudenosaunee Impact Recognized by Congress," Oneida Indian Nation, July 13, 2024 접속, www.oneidaindiannation.com/haudenosaunee impactrecognized-by-congress/.

19 Bruce E. Johansen, *Forgotten Founders: Benjamin Franklin, the Iroquois and the Rationale for the American Revolution*(Ipswich, MA: Gambit Incorporated, 1982), https://ratical.org/many_worlds/6Nations/FF.html.

20 Iroquois Confederacy of Nations, *Hearing Before the Select Committee*, 11.

21 Bernard Bailyn, *The Ideological Origins of the American Revolution*(Cambridge, MA: Harvard University Press, 2017), 24.

22 Carl J. Richard, "A Dialogue with the Ancients: Thomas Jefferson and Classical

Philosophy and History," *Journal of the Early Republic* 9, no. 4(1989): 431~455, https://doi.org/10.2307/3123751.

23 Jackie Craven, "The Public Architecture of Washington, DC," *ThoughtCo,* 최종 수정은 July 3, 2019, www.thoughtco.com/diverse-architecture-of-washington-dc-4065271.

24 "House Rostrum," History, Art&Archives, US House of Representatives, https://history.house.gov/Education/FactSheets/RostrumFactSheet2/.

25 Thomas Jefferson, "Notes on the State of Virginia, Query 14, 1781–1782(excerpt)," ed. Zachary M. Schrag(History 120, George Mason University, Fairfax, VA, 2005), https://mason.gmu.edu/~zschrag/hist120spring05/jeffersonquery14.htm. 제퍼슨은 노예제를 비난했지만 몬티첼로 저택의 가치는 그곳에서 태어난 흑인 어린이들을 팔아 이익을 얻을 수 있기 때문에 매년 4퍼센트씩 증가했다고 인정했다. 따라서 그는 노예를 소처럼 번식시키는 것을 "투자 전략"으로 생각했으며, 이 아이디어를 친구들에게만 추천한 것이 아니라 조지 워싱턴에게도 권유했다. 워싱턴은 이 제안에 "역겨움을 느꼈다"고 전해진다. Henry Wiencek, "The Dark Side of Thomas Jefferson," *Smithsonian Magazine*, October 2012, www.smithsonianmag.com/history/the-dark-side-of-thomas-jefferson-35976004/.

26 Galleries of National Museum of African American History, Washington, DC(개인 방문, July 30, 2017).

27 "How Slavery Helped Build a World Economy," *National Geographic*, January 3, 2003, https://api.nationalgeographic.com/distribution/public/amp/news/2003/1/how-slavery-helped-build-a-world-economy.

28 Ta-Nehisi Coates, "Slavery Made America," *Atlantic*, June 24, 2014, www.theatlantic.com/business/archive/2014/06/slavery-made-america/373288/. 이 숫자들은 예일대학교 데이비드 블라이트의 다음 강연에서 인용했다. David W. Blight, the Civil War and Reconstruction Era, 1845-1877.

29 "The Annexation of Texas, the Mexican-American War, and the Treaty of Guadalupe-Hidalgo, 1845-1848," Office of the Historian, US State Department, July 13, 2023 접속, https://history.state.gov/milestones/1830-1860/texas-annexation.

30 J. Van Fenstermaker and John E. Filer, "The U.S. Embargo Act of 1807: Its Impact on New England Money, Banking, and Economic Activity," *Economic Inquiry* 28, no. 1(1990): 163~184; Joshua L. Rosenbloom, "Path Dependence and the Origins of Cotton Textile Manufacturing in New England"(NBER working paper no. 9182, National Bureau of Economic Research, Cambridge, MA, September 2002), http://doi.org/10.3386/w9182.

31 Dee Brown, *Bury My Heart at Wounded Knee: An Indian History of the American West*(New York: Holt, Rinehart&Winston, 1971).

32 Daniel Immerwahr, *How to Hide an Empire: A History of the Greater United States*(New York:

Farrar, Straus and Giroux, 2019)에서 인용.

33 "Monroe Doctrine, 1823," US Department of State Archive, July 13, 2024 접속, https://2001-2009.state.gov/r/pa/ho/time/jd/16321.htm.

34 "Roosevelt Corollary to the Monroe Doctrine, 1904," Office of the Historian, US State Department, July 13, 2024 접속, https://history.state.gov/milestones/1899-1913/roosevelt-and-monroe-doctrine.

35 Theodore Roosevelt, Howard K. Beale, *Theodore Roosevelt and the Rise of America to World Power*(Baltimore, MD: Johns Hopkins University Press, 1956), 160~161에서 인용.

36 Christopher Benfey, "America: Beaver or Bear?," *New York Review of Books*, July 4, 2015, www.nybooks.com/online/2015/07/04/america-beaver-bear-roosevelt-kipling/.

37 Rudyard Kipling, *The Letters of Rudyard Kipling*, ed. Thomas Pinney(London: Palgrave Macmillan, 1990), 2:350.

38 Martin F. Nolan, "American Empire/The Day Teddy Roosevelt, Admiral Dewey and 'Bayonet Rule' Converged in S.F.," *SFGATE*, May 11, 2003, www.sfgate.com/opinion/article/American-Empire-The-day-Teddy-Roosevelt-2649139.php. 또한 다음 참조. Stephen Kinzer, *The True Flag: Theodore Roosevelt, Mark Twain, and the Birth of American Empire*(New York: Henry Holt and Company, 2017), 120.

39 Theodore Roosevelt, *Letters and Speeches*(New York: Library of America, 2004); Patrick Brantlinger, "Kipling's 'The White Man's Burden' and Its Afterlives," *English Literature in Transition, 1880–1920* 50, no. 2(2007): 177.

40 Brantlinger, "Kipling's 'The White Man's Burden," 176.

41 Sidney Milkis, "Theodore Roosevelt: Foreign Affairs," Miller Center of Public Affairs, University of Virginia, October 4, 2016 접속, https://millercenter.org/president/roosevelt/foreign-affairs.

42 Woodrow Wilson, "President Woodrow Wilson's Fourteen Points," January 8, 1918, Avalon Project, Yale Law School, 2008, https://avalon.law.yale.edu/20th_century/wilson14.asp.

43 *Ibid.*

44 *Ibid.*

45 Kristofer Allerfeldt, "Wilsonian Pragmatism? Woodrow Wilson, Japanese Immigration, and the Paris Peace Conference," *Diplomacy & Statecraft* 15, no. 3(2004): 545~572.

46 *Ibid.*

47 Naoko Shimazu, "Japan at the Paris Peace Conference of 1919: A Centennial Reflection," *Japan Review* 3, no. 1(2019): 4에서 인용.

48 Woodrow Wilson, "The Reconstruction of the Southern States," *Atlantic,* January 1, 1901, www.theatlantic.com/magazine/archive/1901/01/the-reconstruction-of-the-sout

hern-states/520035/.

49 Henry Kissinger, *World Order*(New York: Penguin Press, 2014), 256.

50 G. John Ikenberry, *Liberal Leviathan: The Origins, Crisis, and Transformation of the American World Order*(Princeton, NJ: Princeton University Press, 2011), 26~27, 142.

51 Andrew J. Bacevich, "Hillary Clinton's 'American Moment' Was Nothing but American Blather," *New Republic*, September 13, 2010에서 인용, https://newrepublic.com/article/77612/hillary-clintons-american-moment-was-nothing-american-blather.

52 Nishant Yonzan et al., "Estimates of Global Poverty from WWII to the Fall of the Berlin Wall," *Data Blog*, World Bank, November 23, 2022, https://blogs.worldbank.org/opendata/estimates-global-poverty-wwii-fall-berlin-wall.

53 "Evolution of Trade Under the WTO: Handy Statistics," World Trade Organization, July 13, 2024 접속, www.wto.org/english/res_e/statis_e/trade_evolution_e/evolution_trade_wto_e.htm.

54 Ikenberry, *Liberal Leviathan*, 224.

55 Amitav Acharya, *The End of American World Order*(Cambridge: Polity, 2014), 37.

56 Joseph S. Nye Jr., review of *The End of American World Order*, by Amitav Acharya, *International Affairs* 90, no. 5(2014): 1246~1247. 나이는 이후 에세이에서 이 점을 반복했다, "The Future of American Power: Dominance and Decline in Perspective," *Foreign Affairs* 89, no. 6(2010): 2~12, www.foreignaffairs.com/united-states/future-american-power.

57 Micah Zenko, "The Myth of the Indispensable Nation," *Foreign Policy*, November 6, 2014에서 인용. https://foreignpolicy.com/2014/11/06/the-myth-of-the-indispensable-nation/. 1998년 10월, 올브라이트는 또 다른 기여를 했는데, 칼럼니스트 윌리엄 사피어가 주빈에 대한 농담을 하는 코믹한 행사에서 농담 반 진담 반으로 한 말이었다. "어떤 사람들은 우리의 외교 정책이 패권주의적이고 오만하며 우리의 견해와 가치를 다른 나라에 강요하려 한다고 말합니다. 하지만 솔직해지죠. 그들이 어떻게 생각하든 무슨 상관이겠습니까?" Michael Dobbs, *Madeleine Albright: A Twentieth-Century Odyssey*(New York: Henry Holt, 1999), 409.

58 Ikenberry, *Liberal Leviathan*, 224.

59 Evan Luard, *War in International Society*(London: I. B. Tauris, 1986), appendix 5.

60 Mohammed Ayoob, "Regional Security and the Third World," in *Regional Security in the Third World: Case Studies from Southeast Asia and the Middle East*, ed. Mohammed Ayoob(London: Croom Helm, 1986), 3~23.

61 Nye, "Future of American Power," 2~12.

62 White House, "Remarks by the President in State of the Union Address," news release, January 24, 2012, https://obamawhitehouse.archives.gov/the-press-office/2012/01/24/

remarks-President-state-union-address.

63 Jim Manzi, "A Post-American World?," *National Review*, May 7, 2008, www. nationalreview.com/corner/post-american-world-jim-manzi/; Christopher Chase-Dunn et al., "The Trajectory of the United States in the World-System: A Quantitative Reflection," *Sociological Perspectives* 48, no. 2(2005): 233~254, https://doi. org/10.1525/sop.2005.48.2.233; Stephen G. Brooks and William C. Wohlforth, *World Out of Balance: International Relations and the Challenge of American Primacy*(Princeton, NJ: Princeton University Press, 2008), 31.

64 Malcolm Scott and Cedric Sam, "Here's How Fast China's Economy Is Catching Up to the U.S.," *Bloomberg*, May 12, 2016, www.bloomberg.com/graphics/2016-us-vs-china-e conomy/.

제13장 나머지의 귀환

1 "Speech by President Sukarno of Indonesia at the Opening of the Conference," in *Asia-Africa Speaks from Bandung*(Jakarta, Indonesia: Toko Gunung Agung, 2005), 5. 이 문서 는 인도네시아 공화국 외교부가 1955년 처음 발표한 텍스트의 복사본이다.

2 *Ibid.*, 6.

3 F. S. Tomlinson, "Position Regarding Afro-Asian Conference," January 12, 1955, Foreign Office, National Archives, London.

4 Roger Makins, 영국 대사관(워싱턴)에서 외무부(런던)로 보낸 전보, London, February 26, 1955, National Archives, London.

5 J. E. Cable, "Afro-Asian Conference," March 2, 1955, Foreign Office, Far Eastern Department, National Archives, London.

6 Tomlinson, "Position Regarding Afro-Asian Conference."

7 "Results of the Bandung Conference: A Preliminary Analysis," US Department of State, intelligence report No. 6903, April 27, 1955, 영국 대사관(워싱턴)에서 외무부(런던)로 보낸 전보에 포함된 내용, April 27, 1955, National Archives, London.

8 O. C. Morland, "Some Impressions of the Bandung Conference by R.W. Parkes," 반둥회 의에서 영국 외무부 맥밀란 씨Mr. Macmillan에게 보낸 메모, CO 936~350, TNA, PRO.

9 Cable, "Afro-Asian Conference."

10 Fareed Zakaria, *The Post-American World: And the Rise of the Rest*(New York: Penguin Books, 2011).

11 T. R. Sareen, "Subhas Chandra Bose, Japan and British Imperialism," *European Journal*

of East Asian Studies 3, no. 1(March 2004): 69~97.

12 *Merriam-Webster*, s.v. "nation(n.)," July 13, 2024 접속, www.merriam-webster.com/dictionary/nation#word-history; *Online Etymology Dictionary*, s.v. "nation (n.)," 최종 수정은 January 29, 2024, www.etymonline.com/word/nation.

13 Göran Therborn, "States, Nations, and Civilizations," *Fudan Journal of the Humanities and Social Sciences* 14, no. 2(June 2021): 225~242.

14 *Ibid.*

15 Chin-Hao Huang and David C. Kang, "State Formation in Korea and Japan, 400-800 CE: Emulation and Learning, Not Bellicist Competition," *International Organization* 76, no. 1(2022): 1~31.

16 Anthony D. Smith, "The Diffusion of Nationalism: Some Historical and Sociological Perspectives," *British Journal of Sociology* 29, no. 2(June 1978): 236, 238, 240.

17 Daniel Philpott, *Revolutions in Sovereignty: How Ideas Shaped Modern International Relations*(Princeton, NJ: Princeton University Press, 2001), 191.

18 Benedict Anderson, *Imagined Communities: Reflections on the Origin and Spread of Nationalism*, rev. ed.(London: Verso, 2016).

19 Pramoedya Ananta Toer, *This Earth of Mankind*, trans. Max Lane(New York: Penguin Books, 1975), 336.

20 Jawaharlal Nehru, "The Unity of India," *Foreign Affairs* 16, no. 2(January 1938): 231~243.

21 Arthur L. Basham, *The Wonder That Was India: A Survey of the History and Culture of the Indian Sub-Continent Before the Coming of the Muslims*, 3rd ed.(London: Picador, 2004), 34.

22 Sun Yat-sen, *China and Japan: Natural Friends—Unnatural Enemies: A Guide for China's Foreign Policy*(Shanghai: China United Press, 1941), 15.

23 Francisco J. Yanes, "A Glance at Latin-American Civilization," *Journal of Race Development* 4, no. 4(1914): 384.

24 Arie Marcelo Kacowicz, *The Impact of Norms in International Society: The Latin American Experience, 1881-2001*(Notre Dame, IN: University of Notre Dame Press, 2005), 50.

25 *Ibid.*

26 Eric Helleiner and Antulio Rosales, "Toward Global IPE: The Overlooked Significance of the Haya-Mariátegui Debate," *International Studies Review* 19, no. 4(December 1, 2017): 670, https://doi.org/10.1093/isr/vix034에서 인용

27 Asian Relations Organization, *Asian Relations: Being Report of the Proceedings and Documentation of the First Asian Relations Conference*(New Delhi: Indian Council of World Affairs, 1947).

28 *Ibid.*, 302.

29 Rebecca E. Karl, "Creating Asia: China in the World at the Beginning of the Twentieth

Century," *The American Historical Review* 103, no. 4(October 1998): 1106에서 인용.

30 *Encyclopaedia Britannica Online*, s.v. "Jamāl al-Dīn al-Afghānī," by Elie Kedourie, March 15, 2024, www.britannica.com/biography/Jamal-al-Din-al-Afghani.

31 Kenneth Ray Glaudell, "An Afghan of Unknown Views: Sayyid Jamal al-Din al-Afghani and the Role of Shi'ism in Islamic Political Thought"(PhD diss., University of Wisconsin, Madison, 1996), 245, www.proquest.com/docview/304291433/abstract/3283B499955646EEPQ/1.

32 W. E. B. DuBois, *The Wisdom of W. E. B. DuBois*, ed. Aberjhani(New York: Citadel Press, 2003), 8.

33 *Ibid.*, 83.

34 Kwame Nkrumah, *Africa Must Unite*(New York: Praeger, 1963), 136.

35 샌프란시스코강화회의에서의 논의 내용은 잘 정리되어 있고 다음에서 확인 가능하다. *Documents of the United Nations Conference on International Organization, San Francisco, 1945*(New York: United Nations Information Organizations, 1945), https://digitallibrary.un.org/record/1300969. 또한 다음 참조. Amitav Acharya, "Race and Racism in the Founding of the Modern World Order," *International Affairs*, 98, no. 1(January 2022): 23~43.

36 Adom Getachew, *Worldmaking After Empire: The Rise and Fall of Self-Determination*(Princeton, NJ: Princeton University Press, 2019), 71.

37 Johannes Morsink, *The Universal Declaration of Human Rights: Origins, Drafting and Intent*(Philadelphia: University of Pennsylvania Press, 1999).

38 "Final Communique of the Asian-African Conference," in *Asia-Africa Speaks from Bandung*, 156, 158.

39 Declaration on the Granting of Independence to Colonial Countries and Peoples, UN Res. 1514, General Assembly 15th Session, December 14, 1960.

40 Rupert Emerson, *From Empire to Nation: The Rise of Self Assertion of Asian and African Peoples*(Cambridge, MA: Harvard University Press, 1962), 395.

41 "A Review of the Afro-Asian Conference," Research Department, Foreign Office, London, May 5, 1955, National Archives, London.

42 Liliana Obregon, "The Universal Declaration of Human Rights and Latin America," *Maryland Journal of International Law* 24, no. 1(2009): 95~96.

43 "History of the Declaration," United Nations, July 13, 2024 접속, www.un.org/en/about-us/udhr/history-of-the-declaration.

44 Niraja Gopal Jayal, "Hansa Mehta: An Early Indian Feminist," London School of Economics Blogs, March 6, 2024, https://blogs.lse.ac.uk/lsehistory/2024/03/06/hansa-mehta-an-early-indian-feminist/.

45 Devaki Jain, *Women, Development, and the UN: A Sixty-Year Quest for Equality and Justice*(Bloomington: Indiana University Press, 2005), 20; Rebecca Adami, *Women and the Universal Declaration of Human Rights*(New York: Routledge, 2018), 65~68. 아다미가 지적하듯이 프랑스의 초안은 "모든 인간은 이성을 갖춘 형제자매로서 한 가족의 구성원이다"라는 내용을 제안한다. 이는 〈세계인권선언〉 서문에서 "인류 가족의 모든 구성원"으로 변경되었으며, 제1조는 "모든 사람"으로 수정되어 "모든 남성" 대신 사용되었다.

46 Morsink, *Universal Declaration of Human Rights*, 102.

47 *Ibid.*, 103.

48 Acharya, "Race and Racism in the Founding of the Modern World Order"; Morsink, *Universal Declaration of Human Rights*, 103. 인도의 개정안은 '인종'에 '피부색'을 추가하는 내용으로 찬성 10표, 반대 0표, 기권 6표로 통과되었다.

49 UN, "History of the Declaration."

50 Christian Reus-Smit, "Building the Liberal International Order: Locating American Agency"(논문은 Annual Meeting of the American Political Science Association, Washington, DC, August 28~31, 2014을 위해 준비되었다), 12~13.

51 Harry Truman, "Inaugural Address," January 20, 1949, Harry S. Truman Library, www.trumanlibrary.gov/library/public-papers/19/inaugural-address.

52 Wolfgang Sachs, "The Archeology of the Development Idea," *Interculture* 28, no. 4(1990): 3.

53 Lamont C. Colucci, *The National Security Doctrines of the American Presidency: How They Shape Our Present and Future*(Santa Barbara, CA: Bloomsbury Publishing USA, 2012), 2:532에서 인용.

54 Eric Helleiner, "Southern Pioneers of International Development," *Global Governance* 20, no. 3(2014): 379~380.

55 Sun Yat-sen, *The International Development of China*(New York: G. P. Putnam's Sons, 1922), www.gutenberg.org/files/45188/45188-h/45188-h.htm.

56 Ha-joon Chang, *The East Asian Development Experience: The Miracle, the Crisis and the Future*(Penang, Malaysia: Third World Network, 2006).

57 *Khadija Haq and Richard Ponzio, introduction to Pioneering the Human Development Revolution: An Intellectual Biography of Mahbub ul Haq*(New Delhi, India: Oxford University Press, 2008), 8에서 인용.

58 Amitav Acharya, "'Idea-Shift': How Ideas from the Rest Are Reshaping Global Order," *Third World Quarterly* 37, no. 7(July 2, 2016): 1156~1170에서 인용. https://doi.org/10.10 80/01436597.2016.1154433.

59 Amartya Sen, "A 20th Anniversary Human Development Discussion with Amartya Sen," Red Bag, n.d., www.scribd.com/doc/88007185/Amartya-Sen-Interview-Transcri

pt-1.

60 Heather Smith and Tari Ajadi, "Canada's Feminist Foreign Policy and Human Security Compared," *International Journal* 75, no. 3(September 1, 2020): 367~382, https://doi.org/10.1177/0020702020954547.

61 Francis Deng, *Idealism and Realism: Negotiating Sovereignty in Divided Nations*(Uppsala, Sweden: Dag Hammarskjold Foundation, 2010), 13, www.daghammarskjold.se/wp-content/uploads/2014/08/DH_Lecture_2010.pdf.

62 "Statement by Mr. Francis M. Deng, Representative of the Secretary-General of Internally Displaced Persons—Commission on Human Rights, 57th Session," UN Office of the Human Rights Commissioner, April 12, 2001, www.ohchr.org/en/statements/2009/10/statement-mr-francis-m-deng-representative-secretary-general-internally.

63 Mohamed Sahnoun, "Africa: Uphold Continent's Contribution to Human Rights, Urges Diplomat," *All Africa*, July 21, 2009, https://allafrica.com/stories/200907210549.html.

64 Einar H. Dyvik, "Top Contributors of Troops to UN Peacekeeping Efforts Globally in 2023," Statista, September 11, 2023, www.statista.com/statistics/871432/largest-contributors-of-troops-to-united-nations-peacekeeping/.

65 Bruce Jones and Adrianna Pita, "UN Reform and the Global South at the 2023 General Assembly," September 29, 2023, in *Current*, podcast, Brookings Institution, www.brookings.edu/articles/un-reform-and-the-global-south-at-the-2023-general-assembly/.

66 Dominic Wilson, Alex L. Kelston, and Swarnali Ahmed, "Is This the 'BRICs Decade'?," *BRICs Monthly* 10, no. 3(May 20, 2010), www.goldmansachs.com/intelligence/archive/archive-pdfs/brics-decade-pdf.pdf.

67 Council of Councils, "The BRICS Summit 2023: Seeking an Alternate World Order?," Council on Foreign Relations, August 31, 2023, www.cfr.org/councilofcouncils/global-memos/brics-summit-2023-seeking-alternate-world-order.

68 Paul Blustein et al., *Recovery or Relapse: The Role of the G-20 in the Global Economy*(Washington, DC: Global Economy and Development at Brookings, 2010)에서 인용, www.brookings.edu/wp-content/uploads/2016/06/0618_g20_summit.pdf.

69 Javier Solana, "The Cracks in the G-0," *Project Syndicate*, September 8, 2010, www.project-syndicate.org/commentary/the-cracks-in-the-g-20.

70 David Shorr and Thomas Wright, "The G20 and Global Governance: An Exchange," *Survival* 52, no. 2(May 2010): 181~198.

71 Barbara Stallings, "Save a Seat for the Global South," *East Asia Forum*, January 19, 2024, https://eastasiaforum.org/2024/01/19/save-a-seat-for-the-global-south/.

72 Joakim Reiter, "UNCTAD and South-South Cooperation"(연설, Conference on South-South Cooperation, New Delhi, India, March 10, 2016), https://unctad.org/osgstatement/conference-south-south-cooperation.

73 World Bank, "GDP, PPP(Current International $)," July 13, 2024 접속, https://data.worldbank.org/indicator/NY.GDP.MKTP.PP.CD.

74 National Intelligence Council, *Global Trends 2040: A More Contested World*, March 2021, www.dni.gov/files/ODNI/documents/assessments/GlobalTrends_2040.pdf.

75 PwC, *The World in 2050: Will the Shift in Global Economic Power Continue?*, February 2015, www.pwc.com/gx/en/issues/the-economy/assets/world-in-2050-february-2015.pdf.

76 "GDP Based on PPP, Share of World," IMF, 2023 접속, www.imf.org/external/datamapper/PPPSH@WEO/OEMDC/ADVEC/WEOWORLD.

77 Nada Hamadeh, Catherine Van Rompaey, and Eric Metreau, "World Bank Group Country Classifications by Income Level for FY24," *Data Blog*, World Bank, June 1, 2023, https://blogs.worldbank.org/opendata/new-world-bank-group-country-classifications-income-level-fy24.

78 Andrew Mold, "Why South-South Trade Is Already Greater than North-North Trade-and What It Means for Africa," Brookings Institution, December 11, 2023, brookings.edu/articles/why-south-south-trade-is-already-greater-than-north-north-trade-and-what-it-means-for-africa/.

79 Xiaojun Grace Wang, "South-South Cooperation Brings Strong Partnerships to the New Development Agenda," *South-South Global Thinkers*(blog), UN, January 23, 2017, www.ssc-globalthinkers.org/news/blog/South-South-Cooperation-brings-strong-partnerships-to-the-new-development-agenda.

80 Diego Lopes da Silva et al., *Trends in World Military Expenditure, 2021*(Solna, Sweden: Stockholm International Peace Research Institute, 2022), www.sipri.org/publications/2022/sipri-fact-sheets/trends-world-military-expenditure-2021.

81 US Department of Defense, *Military and Security Developments Involving the People's Republic of China 2023: Annual Report to Congress, 2023*, https://media.defense.gov/2023/Oct/19/2003323409/-1/-1/1/2023-military-and-security-developments-involving-the-peoples-republic-of-china.pdf.

82 *Ibid.*

83 Eric Heginbotham et al., *The U.S.-China Military Scorecard: Forces, Geography, and the Evolving Balance of Power, 1996–2017*(Santa Monica, CA: RAND Corporation, 2015), 343, www.rand.org/pubs/research_reports/RR392.html.

84 "An Interactive Look at the U.S.-China Military Scorecard," RAND Corporation, September 14, 2015, www.rand.org/paf/projects/us-china-scorecard.html. 미국이 남지

나해에서 보유한 군사적 우위에 대한 종합적 평가

85 Press Trust of India, "US Worried Over China's Military Goals," *Deccan Herald*, March 27, 2010, www.deccanherald.com/sports/us-worried-over-chinas-military-2481105.

86 Peter Apps, "For First Time in Centuries, Asia's Military Spending Overtakes Europe," Atlantic Council, March 7, 2012, www.atlanticcouncil.org/blogs/natosource/for-first-time-in-centuries-asias-military-spending-overtakes-europe/.

87 Eric Schmidt, "Innovation Power: Why Technology Will Define the Future of Geopolitics," *Foreign Affairs*, February 28, 2023, www.foreignaffairs.com/united-states/eric-schmidt-innovation-power-technology-geopolitics.

88 개인적 대화, November 3, 2023, Washington, DC.

제14장 세계질서의 과거와 미래

1 Wang Gungwu, *The Universal and the Historical: My Faith in History*(Singapore: Soka Association, 2006), 27.

2 Louis Dalrymple, *School Begins*, January 25, 1899, chromolithograph, Library of Congress Prints and Photographs Division, Washington, DC, www.loc.gov/pictures/item/2012647459/.

3 Olúfẹ́mi Táíwò, "Out of Africa," *Foreign Affairs*, April 19, 2022, www.foreignaffairs.com/reviews/review-essay/2022-04-19/out-africa.

4 Stanley Hoffmann, "An American Social Science: International Relations," *Daedalus* 106, no. 3(1977): 41~60.

5 Sarah Cleeland Knight, "Even Today, a Western and Gendered Social Science: Persistent Geographic and Gender Biases in Undergraduate IR Teaching," *International Studies Perspectives* 20, no. 2(2019): 203~225.

6 Qin Yaqing, "Why Is There No Chinese International Relations Theory?," *International Relations of the Asia-Pacific* 7, no. 3(September 1, 2007): 313~340, https://doi.org/10.1093/irap/lcm013.

7 Sanjay Subrahmanyam, *Connected History: Essays and Arguments*(London: Verso, 2022).

8 Niall Ferguson, *Civilization: The Six Killer Apps of Western Power*(London: Penguin Books, 2012), 306.

9 Gideon Rachman, "China, India and the Rise of the 'Civilisation State,'" *Financial Times*, March 4, 2019, www.ft.com/content/b6bc9ac2-3e5b-11e9-9bee-efab61506f44.

10 *Ibid.*

11 Christopher Coker, *The Rise of the Civilizational State* (Cambridge: Polity, 2019), Kindle edition.

12 Adrian Pabst, "China, Russia and the Return of the Civilisational State," *New Statesman*, May 8, 2019, www.newstatesman.com/world/2019/05/china-russia-and-the-return.of.the-civilisational-state.

13 Glenn Thrush and Julie Hirschfeld Davis, "Trump, in Poland, Asks if West Has the 'Will to Survive,'" *New York Times*, July 6, 2017, www.nytimes.com/2017/07/06/world/europe/donald-trump-poland-speech.html.

14 Joel Gehrke, "State Department Preparing for Clash of Civilizations with China," *Washington Examiner*, April 30, 2019, www.washingtonexaminercom/policy/defense-national-security/state-department-preparing-for-clash.of.civilizations-with-china.

15 Somdeep Sen, "NATO and the Global Colour Line," *International Affairs* 100, no. 2(2024): 491~507; Marwan Bishara, "Josep Borrell as Europe's Racist 'Gardener,'" *Al Jazeera*, October 17, 2022, www.aljazeera.com/opinions/2022/10/17/josep-borrell.eu.racist-gardener.

16 "Xi Says 'No Clash' of Civilizations amid US Trade War," Tasnim News Agency, May 15, 2019, www.tasnimnews.com/en/news/2019/05/15/2011893/xi.says.no.clash.of.civilizations-amid.us.trade-war.

17 Narendra Modi, "Prime Minister's Keynote Address at Shangri La Dialogue," June 1, 2018, Indian Ministry of External Affairs, https://mea.gov.in/Speeches-Statements.htm?dtl/29943/Prime_Ministers_Keynote_Address_at_Shangri_La_Dialogue_June_01_2018; Rupam Jain and Tom Lasseter, "By Rewriting History, Hindu Nationalists Aim to Assert Their Dominance over India," Reuters, March 6, 2018, www.reuters.com/investigates/special-report/india-modi-culture/.

18 Alejandro Beutel, "The New Zealand Terrorist's Manifesto: A Look at Some of the Key Narratives, Beliefs and Tropes," National Consortium for the Study of Terrorism and Responses to Terrorism, April 30, 2019, www.start.umd.edu/news/new-zealand-terrorists-manifesto-look-some-key-narratives-beliefs-and-tropes.

19 Borzou Daragahi, "How the New Zealand Terror Attack Has Become a Key Factor in Turkey's Upcoming Elections," *Independent*, March 19, 2019, www.independent.co.uk/news/world/middle-east/new-zealand-terror-attack-turkey-elections-erdogan-christchurch-mosques-islam-crusades-a8828396.html.

20 이 논쟁에 대해서는 다음 참조. Fouad Ajami, "The Summoning: 'But They Said, We Will Not Hearken,'" *Foreign Affairs* 72, no. 4(October 1993): 2~9; Liu Binyan, "Civilization Grafting: No Culture Is an Island," *Foreign Affairs* 72, no. 4(October 1993):

19~21; Mark Beeson, "Play It Again, Sam," *Conversation*, August 15, 2014, https://theconversation.com/play-it-again-sam-30588; Joshua R. Fattal, "Israel vs. Hamas: A Clash of Civilizations?," *Huffington Post*, August 22, 2014, www.huffingtonpost.com/joshua-r-fattal/israel-vs-hamas-a-clash-o_b_5699216.html.

21 Antony J. Blinken, "The Administration's Approach to the People's Republic of China"(연설, George Washington University, Washington, DC, May 26, 2022), www.state.gov/the-administrations-approach-to-the-peoples-republic-of-china/.

22 S. Cendrowski, "Inside China's Global Spending Spree," *Fortune*, December 12, 2016, http://fortune.com/china-belt-road-investment/; "China Wants to Put Itself Back at the Centre of the World," *Economist*, February 6, 2020, www.economist.com/special-report/2020/02/06/china-wants-to-put-itself-back-at-the-centre-of-the-world.

23 Madiha Afzal, *"At All Costs": How Pakistan and China Control the Narrative on the China-Pakistan Economic Corridor*(Washington, DC: Brookings Institution, 2020), www.brookings.edu/wp-content/uploads/2020/06/FP_20200615_china_pakistan_afzal_v2.pdf.

24 *Economist*, "China Wants."

25 일대일로의 범위화 한계에 대해서는 다음 참조. Charles Clover and Lucy Hornby, "China's Great Game: Road to a New Empire," *Financial Times*, October 13, 2015, www.ft.com/content/6e098274-587a-11e5-a28b-50226830d644; Brook Larmer, "Is China the World's New Colonial Power?," *New York Times*, February 2, 2017, www.nytimes.com/2017/05/02/magazine/is-china-the-worlds-new-colonial-power.html.

26 Amitav Acharya, *The End of American World Order*(Cambridge: Polity, 2014).

27 Amitav Acharya, "Hierarchies of Weakness: The Social Divisions That Hold Countries Back," *Foreign Affairs* 101, no. 4(2022): 74~82.

28 Craig Charney, *Global Governance Survey 2023*(Washington, DC: Stimson Center, 2023), 13, www.stimson.org/2023/global-governance-survey-2023/.29.

29 *Ibid.*, 17~18.

30 White House, "Remarks by the President at the United States Military Academy Commencement Ceremony," news release, May 28, 2014, https://obamawhitehouse.archives.gov/the-press-office/2014/05/28/remarks-president-united-states-military-academy-commencement-ceremony.

31 토머스 프리드먼, 이안 브레머와의 인터뷰, "How the Israel-Gaza War Could End—if Netanyahu Wants It To," April 7, 2024, in *GZERO World*, podcast, www.gzeromedia.com/gzero-world-with-ian-bremmer/how-the-israel-gaza-war-could-end-if-netanyahu-wants-it-to.

32 UN Secretary-General, "Launching Three Our Common Agenda Policy Briefs, Secretary-General Urges Member States to Tackle New Challenges That Restore Trust in International Cooperation," news release, June 5, 2023, https://press.un.org/en/2023/sgsm21824.doc.htm.

33 Andrew Mold, "Why South-South Trade Is Already Greater than North-North Trade—and What It Means for Africa," Brookings Institution, December 11, 2023, brookings.edu/articles/why-south-south-trade-is-already-greater-than-north-north-trade-and-what-it-means-for-africa/.

34 Claire Fu, Brooks Barnes, and Daisuke Wakabayashi, "Why China Has Lost Interest in Hollywood Movies," *New York Times*, January 23, 2024, www.nytimes.com/2024/01/23/business/china-box-office-hollywood.html.

35 Tanushree Basuroy, "Box Office Distribution in India 2022 by Language," Statista, March 22, 2023, www.statista.com/statistics/948615/india-box-office-share-by-language/.

36 Daya Kishan Thussu, *International Communication: Continuity and Change*, 3rd ed.(London: Bloomsbury Academic, 2018), 185.

37 "Taste the World: New Study Reveals the Most Popular Cuisines of 2023," *Oklahoma Farm Report*, April 11, 2024, www.oklahomafarmreport.com/okfr/2023/04/11/%F0%9F%8D%95-taste-the-world-new-study-reveals-the-most-popular-cuisines-of-2023/.

38 Amartya Sen, "Our Global Civilization," *Procedia Social and Behavioral Sciences* 2, no. 5(2010): 6996~6999, https://doi.org/10.1016/j.sbspro.2010.05.052.

39 Jan Nederveen Pieterse, *Globalization and Culture: Global Mélange*, 4th ed.(Lanham, MD: Rowman&Littlefield, 2019); Thussu, *International Communication*.

40 Amitav Acharya, "How the Two Big Ideas of the Post-Cold War Era Failed," *Washington Post*, June 24, 2015, www.washingtonpost.com/news/monkey-cage/wp/2015/06/24/how-the-two-big-ideas-of-the-post-cold-war-era-failed/.

41 Ibn Khaldun, *The Muqaddimah: An Introduction to History*, abr. and ed. N. J. Dawood, trans. Franz Rosenthal(Princeton, NJ: Princeton University Press, 2015), 30.

찾아보기

그림 자료 출처

1. The Narmer Palette (Source: Alamy)
2. Gudea, the Sumerian king of Lagash (Source: Pixabay)
3. Alexander the Great as divine king of Egypt (Source: Shutterbox)
4. Chakravartin, Amaravati Stupa (Source: Alamy)
5. Foreign envoys bringing tribute to the Qing emperor (Source: Pixabay)
6. Relief of a Javanese outrigger ship in the Buddhist monument of Borobudur, Indonesia (Source: Photo by Amitav Acharya)
7. Dress made by the Mochi community in India and sold in Britain (Source: Photo by Amitav Acharya at the Ashmolean Museum, Oxford)
8. The royal palace of the Mayan city of Palenque (Source: Photo by Amitav Acharya)
9. Depiction of Mansa Musa, the emperor of Mali, in the Catalan Atlas (Source: Alamy)
10. Civilization versus barbarism: "From the Cape to Cairo" (Source: Library of Congress)
11. Slave auction notices, Cape Town (Source: Photo by Amitav Acharya at the Stellenbosch Village Museum)
12. Visualization of "British Imperial Federation" (Source: Boston Public Library, Norman B. Leventhal Map and Education Center Collection)
13. The extent of the Iroquois Confederacy in the eighteenth century (Source: Yale University Library)
14. An informal chat at the Bandung Conference (Source: Photo by Amitav Acharya of archival print. Courtesy of the Indonesian government)
15. "School Begins," by Louis Dalrymple (Source: Library of Congress)

21세기 지정학

1판 1쇄 발행 2026년 1월 7일
1판 3쇄 발행 2026년 2월 20일

지은이 아미타브 아차리아
옮긴이 최준영
펴낸이 김영곤   **펴낸곳** (주)북이십일

TF팀 팀장 김종민
기획편집 진상원   **마케팅** 정성은 김지선
편집 박선미   **디자인** 박지영 박숙희
영업팀 정지은 장철용 강경남 황성진 김도연
해외기획팀 홍희정 소은선
제작팀 이영민 권경민

출판등록 2000년 5월 6일 제406-2003-061호
주소 (우10881) 경기도 파주시 회동길 201(문발동)
대표전화 031-955-2100   **팩스** 031-955-2151   **이메일** book21@book21.co.kr

(주)북이십일 경계를 허무는 콘텐츠 리더

21세기북스 채널에서 도서 정보와 다양한 영상자료, 이벤트를 만나세요!
페이스북 facebook.com/jiinpill21   포스터 post.naver.com/21c_editors
인스타그램 instagram.com/jiinpill21   홈페이지 www.book21.com
유튜브 youtube.com/book21pub

ISBN 979-11-7357-722-2 (03900)

리더를 위한 정치와 사상의 교양

그레이트 하모니

그레이트 하모니는 다양한 요소의 조화로 정치가 완성된다는 철학을 담은 시리즈입니다. 정치적 통찰을 바탕으로 리더십을 꿈꾸는 독자들을 위해 엄선한 도서를 소개합니다. 복잡한 정세 속에서 조화를 이루는 리더로 성장하는 길을 제시합니다.